成都市志

1990—2005

成都市地方志编纂委员会 编

第六册

人物 附录

方志出版社
Publishing House of Local Records

图书在版编目（CIP）数据

成都市志. 人物、附录. 1990—2005 / 成都市地方志编纂委员会编. -- 北京：方志出版社，2018.10
ISBN 978-7-5144-3260-2

Ⅰ. ①成… Ⅱ. ①成… Ⅲ. ①成都－地方志－1990－2005②人物－生平事迹－成都 Ⅳ. ①K297.11 ②K820.871

中国版本图书馆CIP数据核字（2018）第215789号

成都市志·人物、附录（1990—2005）

编　　者：成都市地方志编纂委员会
责任编辑：顾洁

出 版 者：方志出版社
地址　北京市朝阳区潘家园东里9号（国家方志馆4层）
邮编　100021
网址　http://www.fzph.org
发　　行：方志出版社图书经销中心
电话（010）67110500
经　　销：各地新华书店
排　　版：成都三五文化传播有限公司
印　　刷：成都三五文化传播有限公司

开　　本：889×1194　1/16
印　　张：36.75
字　　数：1092千字
版　　次：2018年10月第1版　2018年10月第1次印刷
印　　数：0001～2000册

ISBN 978-7-5144-3260-2　定价：268.00元

目 录 / CONTENTS

人 物

附 录

人物

概　述

成都地处天府腹心，随处都搏动着人文的脉息。钟灵毓秀，才俊辈出，无论军政界、经济界、文化界，在各个历史时期，皆人才辈出，充分展示了成都巨大的人才优势。

成都军政界的风云人物历来甚多。在1990—2005年16年内去世的入志人物中，有著名外交家李一氓，他是老一辈革命家，曾任中共中央对外联络部常务副部长、中纪委副书记、中顾委常委。有曾任四川省副省长兼省教育厅厅长的张秀熟，他早年曾代理中共四川省委书记，舍生忘死干革命；20世纪60年代兼任省地方志编委会副主任，主持编纂《四川省志》，对四川的文化建设亦有重大贡献。成都人胡兰畦(女)是一位传奇人物，参加过黄埔军校女生队，组织过上海劳动妇女战地服务团，会见过高尔基，进过希特勒的女牢，曾任宋庆龄秘书，是中国历史上第一位女少将。曾任国民政府行政院院长的张群在任四川省主席期间力护古迹，提倡植树，一生清廉不治私产，痛恨为官贪腐值得肯定。成都人李璜，早年参加王光祈、李大钊等人发起组建的“少年中国学会”，后来竭力宣传国家主义，成为呼风唤雨的中国青年党党魁。

成都经济繁荣，农工商各界皆有非凡的弄潮儿。农业方面，罗世发在20世纪50年代串联8户农民率先在新繁办起农业生产互助组，成为川西农村互助合作运动的带头人。工业方面，金广路在光学器材领域成就突出，是中国第一家光学仪器制造企业的创始人；40年代后期，又在上海建成中国第一家圆珠笔厂，破灭了美国人在上海制造的“原子笔”神话。中共地下党员王建立，在抗战时期成都启明电力公司濒临破产之际接任经理职务，旋即大刀阔斧对公司进行全面整顿，终使公司奇迹般地起死回生。运输行业的梁永恒，学徒出身，30年代从合伙经营一辆客车起家，后来发展成为成都的运输大户。对于近代著名女企业家董竹君来说，成都，是她创业传奇人生开始的地方，而且上海“锦江饭店”这一极富成都人文元素的企业，伴随她大半人生并走向事业的辉煌。

成都作为西南科技中心。不仅有丰厚的科技人才资源，而且在各个领域都有名家。数学界的魏时珍早在30年代便在国内讲授偏微分方程、变分法、相对论等新兴学科，他对康德数学有极深的研究，又是最早向国内介绍爱因斯坦相对论的学者。柯召在学生时代便被称为“清华五杰”之一，28岁即任四川大学数学系教授，1950年代当选中国科学(以下简称“中科院”)首批学部委员(院士)，后任四川大学副校长、名誉校长。曾任华西协合大学教务长的蓝天鹤，是全国闻名的生物化学家，1949年以前便在华西协合大学创立中国第一个生物化学研究所，他去世后，四川大学在华西校区为他铸塑了铜像。著名易学天文学家刘子华，龙泉区人，留法勤工俭学期间利用课余钻研易学，发现太阳系的各锐体与八卦的卦位存在对应关系，并推算出地球距太阳的平均距离，还论证了木王星的存在，在巴黎和西欧引起轰动。成都拥有一批在科技领域造诣精深的学术带头人，截至2005年底，已有中科院和中国工程院院士22人。2000年去世的郫县籍院士萧伦，是中国放射性同位素事业的开创者之一，又是“两弹一星”元勋之一，为中国爆炸原子弹、氢弹做出重要贡献。成都人陈春先，改革开放后在北京中关村创办中国第一个民办科研机构、第一个民营科技企业，被誉为“中关村民营科技第一人”。此外，还有岩土工程专家吴炳琨，他是中国力学和基础工程学科的开创者之一。著名水电专家邓治安，是四川农村小水电建设的奠基者和开拓者。

成都的医疗卫生，无论中、西医皆是人才济济。1910年，由外国教会在成都创办的华西协合大学医学院（后称四川医学院、华西医科大学），数十年来为成都、四川乃至全国培养了大批杰出的医生和药物学家。成都人陈华，于1935年在南京创办中国第一所牙科学校，5年后又在成都布后街创办由中国人自办的第一所牙症医院，对中国口腔医学做出巨大贡献。陈安玉是口腔修复学著名专家、中国口腔种植学奠基人。高贤华是著名解剖学家，他主持开展对胰腺的有关研究，被誉为“胰腺学科发展的里程碑”。吴和光曾任四川医学院副院长，在西南地区最早开展肾移植、肝移植手术。陈钦材是著名病理学家，在国内最早发表有关胆道蛔虫及钩端螺旋体病理的论文，引起全国医卫界的高度重视。张君儒（女）是著名儿科专家，是中国儿科界的先驱者之一。邓蓉仙（女）经23年苦心钻研，研制成功能治疗各种疟疾的抗疟新药，获中国药学领域唯一的国家级发明一等奖。陈志潜是著名的公共卫生学专家，是中国公共卫生事业的开拓者和奠基者。乐以成（女）是华西协合大学招收的第一名女生，也是华西医学院妇产科的创建人。中医药方面，凌一揆曾任成都中医学院副院长，是新中国第一位中药学博士生导师、国家级重点学科中药学学术带头人。杜琼书（女）是现代中医骨科十大流派之一——杜氏骨科的代表人物和第六代传人。唐步祺是极有成就的民间中医，曾应邀赴德国、瑞士、荷兰等国讲授中医中药，门人广布国内及欧亚澳三洲。杨天鹏年轻时摆摊卖草药，后为全国著名骨科专家、成都骨科医院的创始人。

成都的人文科学研究，也是卓尔之士代不乏人。入志人物中有如：著名史学家、古文字学家徐中舒，学识堪称博大精深，1979年后相继主持编纂列入国家级科研项目的《甲骨文字典》和《汉语大字典》。同样是著作等身的文史学家、大师级学者缪钺，1980年代初为四川大学培养出第一位博士，1989年获优秀教学成果国家级特等奖。著名经济学家彭迪先，向有“南彭北马（寅初）”之誉。著名哲学家贺麟，是中国现代新儒学早期代表人物之一，又是研究黑格尔哲学和西方哲学的大师级学者。著名国学大师杨明照，所著《文心雕龙校注拾遗》，具有划时代的意义，他在世时便被誉为“龙学泰斗”。

成都教育自古称盛，当代更是专家辈出、名师荟萃。入志人物中，有特殊教育的先驱性人物，有德高望重的专家学者类导师，有各类学校、学院学科的奠基者，还有中小学特级教师。其中杨重炎和谢国光是小学特级教师。前者善于利用数学固有的逻辑魅力，让学生“在数学王国里愉快地探索”，是成都市有突出贡献的中青年拔尖人才；后者则是“乐园中育人”整体教改的倡导者和前期设计者。张毓松是中学教师，他研制的多功能教具“摆仪”，1990 年获比利时布鲁塞尔“尤里卡世界发明博览会”银奖。

文学方面，20 世纪 20—30 年代是成都现代文学发展的重要阶段，一批成都当地作家和旅居外地的成都籍作家在文坛迅速崛起。这一时期，堪称成都现代文学的黄金时代。这批作家中，成就最大者首推巴金。他的一系列充满激情的小说，自 20 年代末以来，在广大读者中产生震撼性影响；他在“文化大革命”后写出的五卷本《随想录》，被文艺界誉为“一部说真话的大书”；2003 年，国务院授予他“人民作家”荣誉称号，被载入中国文学史的著名作家。还有巴金的同龄人沙汀、艾芜。沙汀被誉为短篇小说圣手、“中国的契诃夫”；艾芜则以《南行记》驰誉海内外，被称为“脖子上挂着墨水瓶的作家”。著名老一辈作家还有曾任上海市作家协会主席的成都人罗洛，他是中国现代诗史上“七月派”诗群中重要的一家。民间文学方面，领军人物有安县人萧崇素和新都人袁珂。70 年代以后成长起来的著名作家，有以长篇小说《许茂和他的女儿们》荣获茅盾文学奖的周克芹；有与王朔、王海翎共同创作《爱你没商量》《渴望》《编辑部的故事》等家喻户晓的电视剧本的乔瑜。

音乐方面，陈济略是四川音乐学院资深教授、著名琵琶演奏家，他于 1935 年创建中国近现代第一支国乐队，并将大后方的“国乐热”引向高潮。常苏民是著名音乐教育家、作曲家，曾任四川音乐学院院长。曲艺方面，李月秋(女)是著名清音演唱家，被称为“成都周璇”，1956 年参加世界青年联欢节获金质奖章。王永梭是四川谐剧、四川方言诗创始人。吴遐林是四川方言相声创始人。周少稷是著名评书艺人，他培养了不少说书艺人，李伯清即其薪传弟子之一。戏剧方面，席明真是著名戏剧家，曾任省川剧学校校长、省川剧研究院院长。竞华(女)和曾荣华是著名川剧表演艺术家，前者是全国首届“金唱片奖”获得者，后者是“乃文乃武，卓尔不群”的小生。书画方面，黄稚荃(女)在青年时代便被称为“诗书画三绝的蜀中才女”；朱佩君(女)是成都画院院长，以工笔画知名全国；赵蕴玉被称为“画儒”，工笔写意重彩无不得心应手，真草篆隶并属一流。雕塑方面，刘开渠是中国现代雕塑大师，早在 20 世纪 40 年代便为成都设计制作了抗日无名英雄铜像和孙中山、尹昌龄、王铭章铜像。

宗教方面，数十年来成都涌现出一批有较大影响的高僧。毕业于四川大学的王治平是西藏密宗上师，对法相唯识尤有深刻研究，且是将针灸医学传向西藏的第一人。宽霖法师曾任四川省佛教协会会长、文殊院方丈。清定法师于 1930 年弃官出家，20 世纪 80 年代先后任石经寺、昭觉寺方丈，曾到美国为 160 名僧俗弟子灌顶传法。释遍能先后任乌龙寺、宝光寺方丈，是省佛学院首任院长、《四川省佛教志》的主要撰稿人。释贞意曾任石经寺、宝光寺方丈，历任成都市和四川省佛教协会会长。道教方面，成都是道教的发祥地，全真派盛行于成都各大丛林。傅圆天是全真龙门派大师、中国道教协会会长；“文化大革命”期间，他倾尽心力保护了青城山的道教宫观、文物古迹和森林。

1949 年以后，成都市贡献突出的英雄人物辈出，有在上甘岭战斗中一天内打退敌人十余次进攻、歼敌280余人的中国人民志愿军一级战斗英雄、特等功臣胡修道；有在平凡岗位上做出不平凡贡献的先进人物，其中大邑县人杨学琼(女)先后获“中国女警十杰”“成都市十大女杰”称号。

人物传

一、政　治

李　璜

李璜(1895—1991),别名幼椿,号学纯,又号八千,成都市人。中国青年党创始人之一,曾任中国青年党主席,台湾政界名人。

1908年,考入成都洋务局创办的英法文官学堂学习。1914—1916年,在上海震旦学院修法语。在校期间,与曾琦、左舜生等相识订交。1918年,在北京参加王光祈、李大钊、曾琦等发起组织的“少年中国学会”。1919年,离开上海赴法国留学,临行前留下《留别少年中国学会同仁书》,反对盲从马克思主义和俄国十月革命。在法国入读巴黎大学期间,钟情于社会学,毕业后获文科硕士学位。

1923年12月2日,在巴黎与曾琦、左舜生、陈天启等组建“中国青年党”(当时对外称国家主义青年团,1929年始公开青年党党名),标榜国家主义,要求以国家利益为前提,任何民族、宗教、阶级、党派、个人,都要以国家利益为重,极力鼓吹提倡超阶级的国家意识,反对阶级斗争和无产阶级专政。当时的中国青年党基本上是留法学生的组织,李璜任党的执行委员,执掌外务部。

1924年9月与曾琦等一道回国,李璜被聘任为武昌大学历史学教授。同年10月10日,与曾琦、左舜生等在上海创办《醒狮周报》,作为中国青年党的机关报,李璜在报上发表多篇宣传国家主义思想的文章。故此国家主义派又被人称为“醒狮派”。1925年夏秋之交,从武昌大学转到北京大学任教,编辑出版《国魂周刊》。

1926年,李璜回到成都,任成都大学教授,同时担任中国青年党中央执行委员。“七七”事变前,奉蒋介石召唤参加庐山谈话会,后被聘为参议院参议员,暨国民参政会参政员,并连任参政会主席团主席。1941年发起组织中国民主政团同盟。1945年4月,代表青年党参加中国代表团,出席旧金山联合国“制宪”大会。抗战胜利后,被任命为国民政府行政院政务委员兼经济部长,因病未就任。1947年,代表青年党出任国大代表。1948年8月,任青年党代理主席。

1949年8月,在国民党大溃败之际,避居香港,任香港大学中文系教授,频频来往于港台之间。后相继转赴美国、台湾。在台期间,曾参加《中华民国史》编纂组织工作,并担任阐释该书的主要发言人。1981年任台湾当局“国策顾问委员会委员”。1969—1990年,一直担任中国青年党主席,同时在台湾一些大学任教授并从事著述。

政治学著作主要有《国家主义正名》《释国家

主义》《国家主义浅说》，并著有《法国文学史》《法国汉学论集》。晚年撰写并出版《学纯室回忆录》。1991年11月，李璜在台北逝世，终年96岁。

张秀熟

张秀熟(1895—1994)，又名秀蜀、绣书，四川省绵阳市平武县龙安镇人。著名革命家、学者、教育家。

1911年，高小毕业后，张秀熟到江油考入龙郡中学，结识马克思运动的先驱、龙郡中学教务长王佑木，二人自此建立深厚的师生情谊。1915年中学毕业，考入国立成都高等师范学校。又结识倾向革命、热爱新文化的袁诗荛。1917年升入高师本科国文部。是年俄国爆发十月革命，介绍新文化的书刊大量流入成都，他很快成为《新青年》的忠实读者，人生观出现质的变化。五四运动期间，任四川学生联合会执行部理事长，领导全省学生开展爱国反帝运动。1920年毕业，回乡任高等小学校长。1924年，应聘到成都高师附中教书。次年春赴重庆，任督办署参议，兼任江北致平中学国文教员。在重庆期间，结识共产党人萧楚女。1926年3月，加入中国共产党，任中共四川省委委员。1927年任川西特委书记兼中共成都特别支部代理书记。同年7月，在江油省二中任教务长，迅即建立绵阳第一个党支部——中共成都特别支部省二中支部。这个支部当即成为绵阳地区各县“学运”“青运”等革命运动的中心。他发动学生参加反抗军阀横征暴敛的斗争，组织演出由他改编的话剧《农民泪和士兵泪》，传播新文化和进步思想。10月，任中共成都市委第一任书记。1928年2月，出席中共四川省第一次党代表大会，被选为省委常委。同年3月，重庆发生四川临时省委被破坏的“三九”事件，省委书记傅烈、组织部长周贤植等9名共产党员被杀害；4月张秀熟被推举为代理省委书记。10月，由于叛徒出卖，在重庆被捕入狱。在狱中，他坚贞不屈，大义凛然，舌战卫戍司令王陵基，把敌人的审讯变为对敌人的揭露与控诉。1936年10月经党营救出狱。1937年1月，从成都回到平武，创办平武简易乡村师范、县立中学。1937年8月，任中共川康特委委员，在成都从事地下斗争。为推动川军出川抗战，受党指派开展上层统战工作，曾代刘湘起草出川抗战宣言——《为民族救亡抗战告四川各界人士书》。1940年8月，中共地下组织安排他回平武，指示他“长期隐蔽，以待时机”，他利用主持平武简易师范学校工作的合法身份秘密开展革命工作。曾任平武县参议长、四川省参议员。解放战争期间，按党组织部署，秘密联系地方武装，筹集物资，准备迎接解放军入川。1949年，策动平武县驻军和政府起义。

中华人民共和国成立后，先后任成都树德中学校长，川西行署文教厅长，中苏友好协会川西分会会长，中国人民保卫世界和平委员会川西分会副会长，四川省副省长兼教育厅长，政协四川省第四届委员会副主席，四川省第五、六届人大常委会副主任。1960年，省委决定成立四川省地方志编纂委员会，他以副省长的身份兼任编委会副主任，主持《四川省志》编修工作。他赞成清代方志学家章学诚“志者史之一隅”“方志为国史羽翼”的观点，认为“地方志就是地方史”，“是地方的百科全书”。部分专业志正有序开展之际，“文化大革命”突然来临，工作被迫中断。后相继担任四川省哲学社会科学学会联合会名誉主席、省文物管理委员会主任、中共四川省顾问委员会常委。他素受川人敬重，与巴金、马识途、沙汀、艾芜并称“蜀中五老”。

他长期主持四川文教战线的工作，是一位德高望重的长者，学识渊博，学风严谨，勤于著述，被人们亲切地称为“张秀老”。他又是文史学家，主张四川人“认识历史，要从巴蜀文化抓起”。他对巴蜀古史传说和四川古代史有独到见解，对四川的民族、宗教和考古亦有深刻研究。他立足于巴蜀文化，努力“塑造四川的新形象”，从“黄帝与蜀民族的血肉渊源”，到李、杜、苏、杨(慎)的生平事迹，都有比较系统的论述。他还把将近一个世纪四川的许多重大事件，以亲身经历的方式记述下来，为巴蜀历史增写了新的篇章，谓为四川近代历史的百科。他对成都的历史尤为关注，在《成都三论》中，概略记述了成都近代学术、绘画等盛况。在他的倡导下，1985 年 3 月 18 日，彭州市人民政府将牡丹列为市花，并确定每年 4 月举办彭州牡丹花会。他为首届花会题诗云：“为爱名花访胜迹，风流久著盛唐诗。而今重振天彭帜，胜似洛阳冠当时。”

数十年来撰著大量散文、诗歌和回忆录，有散文集《二声集》、诗集《畅言诗录》传世。主持编辑省政协《文史资料》20 余期，主持编注《刘光第集》。

他对家乡感情深厚，新中国成立后多次将珍藏图书赠予平武县图书馆，总数逾万册(卷)。20 世纪 80 年代回平武，适逢平武正编修新县志，欣然担任县志编委会顾问。

1994 年 3 月 25 日，张秀熟在成都逝世，终年 99 岁。

文幼章

文幼章(1898—1993)，加拿大人，1899 年出生于四川乐山。世界著名和平战士，被中国政府授予“人民友好使者”称号。

1892 年，其父母受卫理公会派遣到成都传教，1895 年因“成都教案”避居乐山。1898 年 12 月 24 日，文幼章出生于乐山白塔街 212 号。1904 年，随父迁居成都，父亲负责管理教会在成都少城公园附近的一个印刷所。11 岁入成都“加拿大子弟学校”学习。1910 年，返回加拿大，入多伦多市迪尤森街公立学校读书。1919 年夏，入多伦多大学维多利亚神学院学习。1925 年 6 月 7 日，任大公教会牧师，旋被派遣到重庆，他和妻子文月华住市郊南岸鸭儿凼村，每日来往于乡间、学校、小镇传教。后任西南联大英语教授、成都市传教士语言训练学校校长。1944 年在华西协合大学(下简称“华大”)”教英语和伦理学，同时在华西协和中学任英语教员，并帮助四川省教育厅改革英语教学法。他支持华大进步学生的活动，担任进步团体“星星团契”顾问。他在华西坝东巷子 11 号的住所，逐渐成为进步学生聚会和开展活动的场所。

1945 年 12 月 1 日，国民党军警镇压昆明反内战的学生。12 月 9 日，成都数千师名生聚集少城公园声援昆明学生。原准备在会上发表演说的人，因受特务威胁未能到会，他成为仅有的应邀在会上发表演说的人。演说刚开始，有人即向讲台扔手榴弹。他不予理睬，在众多师生保护下，继续慷慨激昂地演讲，坚决支持学生为反对内战、争取民主和平所做的种种努力。

1945 年 12 月，中国教育部照会加拿大联合教会和华西差会，要求文幼章在一个月内离开中国。1946 年 5 月，他辞去牧师和华西差会干事职务，动身回加拿大。赴上海途中，意外收到周恩来信，请他留在上海创办报刊，向世界报道中国的实际情况。他以在英国教会所办圣约翰大学梅德赫斯特学院任教作掩护，于 1946 年 6 月 19 日出版第一期《上海时事通讯》。为避开国民党的邮政检查，他通过在联合国善后救济总署工作的朋友哈罗德·布朗，将自己所编《通讯》邮寄给中国和英语各国的政治家、教会领袖、新闻单位、政策研究机构和各界友好人士。一些西方报刊因此指责《上海时事通讯》是“来历不明的共产党报刊”。1947年5月的一天，文幼章向成都的学生做公开演讲，呼吁民主，反对内战。当天晚上，一些三青团员在他的住宅周围贴满中文、英文标语：“文幼章是共产国际的走狗！”“滚蛋，反上帝的家伙！”为了避免可能出现的危险，在友人敦促下，文幼章于1947年6月19日离开成都返回加拿大。此后，他频频奔走于加拿大各地，向本国民众宣讲中国革命的性质和目的，争取加拿大人民支持中国的革命。1949年5月，在加拿大和平大会全国代表大会上，他被选为主席。从此以毕生精力奔波于世界各国，致力于和平友好事业，出席有关世界和平会议，揭露帝国主义在第三世界的所作所为，宣传被压迫人民争取自由的斗争，成为世界著名的和平战士。

中华人民共和国成立后，为争取世界各国承认中国新政权并接纳加入联合国，他作了不懈的努力。1952年12月，荣获“斯大林国际和平奖金”。1955年，进入世界和平理事会执委会，1957年当选世界和平理事会副主席、国际和平学会第一会长。1965年，世界和平理事会书记处授予他最高荣誉——弗雷德里克·约里奥居里金质奖章。

1952—1983年，他先后7次访问中国。在《加拿大远东通讯》上大力宣传新中国的成就。1983年10月，文幼章回到成都，访问四川医学院，他说：“我对中国革命帮助很小，而中国革命却把我由一个传教士变成了新人。”他还应邀到四川大学做题为《我所经历的中国革命》的讲演，勉励青年学生为祖国的繁荣富强贡献力量。留蓉期间，出席四川人民出版社举行的《文幼章传》出版和赠书仪式。

1984年7月12日，乐山市人民政府将白塔街文幼章旧居列为市级重点文物保护单位。1992年8月，中国人民对外友好协会授予文幼章“人民友好使者”称号。

1993年11月27日，文幼章逝世，终年95岁。

临终前，嘱咐家人将骨灰撒在日夜思念的第二故乡中国四川乐山。去世后，他的骨灰由儿子文忠志带到乐山，撒入滔滔奔流的长江。

张　群

张群（1889—1990），字岳军，成都市郫县庆合乡（今郫筒镇）人，后随父母迁居华阳。国民党元老。

幼时家贫，其母为使女出身，其父早年为州县幕宾。童年读私塾，16岁入读华阳县立中学第一班。后考入清政府在保定创办的陆军速成学校。1908年春，考取官费留学日本，在由大连开往日本的船上，结识同为保定生的蒋介石，二人志气相投，彼此相见恨晚。到日本后，入东京陆军士官学校学习，结识四川同乡熊克武、但懋辛等。同年加入同盟会，参加推翻满清政府的革命。1911年辛亥革命爆发后，应蒋介石邀约潜回上海，任上海都督府参军，继任二十三师参谋长。1912年，袁世凯在北京就任临时大总统，孙中山发动讨袁战争，张群被任命为沪宁讨袁军副官长。讨袁失败后，随孙中山、黄兴等再度流亡日本。1914年，孙中山在日本建立“中华革命党”，次年发表讨袁宣言，张群奉命前往印度尼西亚，动员海外侨胞支持孙中山。1917年8月，孙中山就任广州护法军政府大元帅，张群与蒋介石同任大元帅府参军。不久，受四川督军熊克武邀请，回川任四川省会警察厅长。1926年初，蒋介石任北伐军总司令，委派张群为总司令部总参议，并作为北伐军代表与军阀孙传芳谈判。次年 蒋介石发动“四一二”政变，得力于张群等人的支持和谋划，1928年被蒋委任为军政部次长兼兵工署长。1929年4月，任上海特别市市长。1932年，任鄂豫皖三省“剿匪”总司令部党政委员兼政务指导委员会常务委员。1933年7月，调任湖北省政府主席。1934年，支持蒋介石控制四川，并建议组成参谋团，以追剿中国工农红军的名义入川，借“整军”为名改编川军，促使四川军政统一于“中央政府”。1935年12月，任国民政府外交部长。1937年改任国民党中央政治委员会秘书长兼外交专门委员会主任委员，辅助蒋介石处理中枢事务及外交大事。他是国民党内“新政学系”的主要成员。

1937年抗日战争爆发后，国民政府于同年11月迁都重庆，张群出任行政院副院长，兼军事委员会委员长重庆行营主任，主持筹建抗战后方基地。1939年任国防最高委员会秘书长。翌年任成都行辕主任，兼理四川省政府主席，任期长达六年之久，成为蒋介石控制四川的大员。

1942年2月，在重庆设立川康兴业公司，作为开发川康两省的经济实体。张群亲任公司筹备委员会主任委员。公司广泛吸收民间资本，先后创设四川机械公司、四川农业公司、炼油厂等企业，并向四川丝业公司投资1450万元，短期内取得较好经济效益，促进四川民族工业的发展。

抗日战争时期，四川为抗战做出重要贡献。他尝言：“就八年以来川人对于抗战之贡献言之，如征兵，则应征赴敌之壮丁达300万人以上；以言征实，自(中华民国)三十年至三十三年止，购、借、捐、献粮食总数约7100万石；以言建筑空军基地，前后共33处，征工90万人；此外如各处公路之赶修，各项运输之役供，各种储蓄之劝派，以及各种捐税之推行，综计川人直接间接负担数字，亦无不超过其他各省。试求其效，固由于全川地区安全无缺，迥非其他残破省份可比。而吾川民之深明大义，克尽维护国家与世界人类正义之职责，要为其主因，虽不容以之自矜自伐，其忠韧牺牲之精神，自堪永垂不朽！”

1945年，抗日战争胜利后，中国共产党与国民党进行和平谈判，1946年1月，张群与马歇尔、周恩来组成军事调停三人小组，正式签署国共双方停战命令，该命令后被国民党单方撕毁。1947年，国民党准备由“政训”过渡为“宪政”，同年4月，张群被蒋介石任命为行政院长。1948年蒋介石任总统后，张群任“总统府资政”，曾以“总统”代表身份出访日本。1948年12月25日，新华社发布43名国民党战犯名单，他被列为第11号战犯。国民党在大陆的统治濒临倾覆之际，他奉命担任重庆绥靖公署主任，旋改任西南长官公署长官。

1949年12月8日，从成都飞抵昆明，代表蒋介石安抚云南省主席卢汉。当晚卢汉借口宴请张群及蒋介石派驻昆明的军政要员，将他们全部扣留，并发出起义通电。12月11日，卢汉允准张群偕秘书周君亮及副官等飞赴香港。同月21日乘船到台湾，被蒋介石委任为总统府资政。1950年初，出任台湾国民党中央非常委员会委员。同年，台湾国民党中央改组，任中央评议委员。1951年兼任台湾当局设计委员会委员。1952年，张群在台湾创设“中日文化经济协会”，奉蒋之命频繁往来于台北、东京之间，广泛结交日本朝野上层右派，鼓吹“台日全面合作，共同积极反共”，他是台湾当局与日本方面合作的代表人物。1954年5月任台湾当局领导人办公室“秘书长”，协助蒋介石处理台湾内外事务，并兼任革命实践研究院主任。1972年5月31日，向蒋介石提出“勉循所请”，依例自退，改任台湾国民党中央评议委员会主席团主席。

1979年5月2日，台湾国民党中央常委会决议，授予他中山奖章。

晚年喜研讨养身之道，曾提出“人生七十方开始”的名言。主张国共两党为统一大业举行和谈，常嘱四川同乡要爱乡爱国。著有《中日关系与美国》《我与日本七十年》《谈修养》等书。

张群被人称为“华阳相国”，是“国民政府”中履任高级职务时间最久的人。1989年，以台湾国民党中央评议委员会主席团主席的身份退职。

他任四川省主席时，常练书法，力护古迹，提倡植树。1941年10月，到新都桂湖参加“中山纪念堂”落成典礼，亲书“中山纪念堂”匾额。在升庵祠瞻仰圣贤塑像后，率领随行人员在祠内植桂树150株，嗣后新都当政者在该处立“岳军林”石碑以记其事。张群居官廉洁，一生不治私产，其官邸故址在今成都西门外金牛坝，不常住，离任后即将府邸退还省政府。他痛恨为官徇私，从不为自己的子侄、亲戚谋官开后门。他的儿子留学归来后，嘱儿子自谋职业；儿子在成都联系到一所高校，坦然做一名普通教师。妻马育英是虔诚的基督教徒，为便于做礼拜，夫妇二人常在华西后坝赁屋别居。

1990年12月14日，张群在台北逝世，终年101岁。

肖绍成

肖绍成（1900—1991），名仕鸿，字绍成，以字行，成都市大邑县人。曾任民革中央委员、民革成都市委主委，成都市政协副主席。

17岁考取成都乙种工业学校，学习织染。毕业后在新津县一所染坊当学徒，不久患病回乡。病愈后，感到“实业救国”渺茫，到成都刘文辉部当兵。1934年，升任第二十四军第五旅第二十一团团长，驻防雅安荥经县一带。

1935年5月24日晚，红军占领石棉县上游大渡河畔重镇安顺场，发起大渡河战役。肖绍成奉命率部赶到安顺场大渡河东岸以北30余公里处“挖角坝”堵防。27日下午，右路红军先锋团在离挖角坝10余公里处与其部前锋营交火，该营迅速败退。肖绍成为保存实力，立即率团撤离挖角坝，连夜返回荥经县城休整。刘文辉很快将他撤职，送他一百个大洋，让他回大邑县休息。同年底，奉命到峨眉山报国寺“康滇黔军官训练团”学习。结业后被刘文辉任命为西康省康定警察局局长。抗战爆发后，调往西昌，任刘文辉部一三六师少将参军副师长，兼西昌市城防司令。

肖绍成早年即对共产党有所了解和接触。少年时期即与倾向革命的邛崃人孙宏图认识。20世纪20年代初，孙宏图受中共四川领导人吴玉章之派遣，在川军中从事地下工作，常到肖绍成部宣传革命思想。1926年末，孙宏图在成都组织黄包车工人罢工，被省主席刘文辉逮捕。肖绍成出面力保，刘文辉同意将孙宏图放出交给他监管。肖绍成的两个妻舅兰敬明、兰绍恒都在延安加入了中国共产党，1939年被党派遣回到西康从事统战工作，得到姐夫肖绍成的保护。1947年，另一名中共地下党员周趣涛在西昌搞地下工作被捕，肖即派手枪队队长酉玉成率员以司令部提审为名，将周从监狱救出，半路将其释放。

1948年，肖绍成辞去军职从西昌回到成都后，明显倾向革命，积极从事革命活动。中共川西边临时工作委员会派人在刘文辉部开展策反工作，并通过肖绍成做刘文辉的工作。1949年初，他的几个子女都参加了中共地下党组织领导的各种进步活动；他在娘娘庙街将军衙门的公馆，成为中共地下党组织的秘密聚集地。同年10月，中共川西党委为配合解放军解放大西南，决定成立“川康边人民游击纵队”。肖绍成被发展为“特别党员”，任“川康边人民游击纵队”司令员。11月上旬，他与政委李维嘉率部在名山县百丈关召开誓师大会，旋即带领一千余名游击队员转战于川西一些州县，配合解放成都的战斗，成功堵截了胡宗南部第21军溃逃，并击溃省保安团、军校团等国民党武装部队。1950年1月，纵队与第二野战军第十二军在邛崃桑园机场会师。

1951年，任川西军分区副司令员。部队开赴朝鲜后，先后调任眉山专区、乐山专区专员。继将成都娘娘庙街的豪宅捐献给国家。1957年反右倾斗争中，被内定为“右派”分子，受到不公正待遇，取消了党籍。后改任成都市政协副主席。“文化大革命”中，被下放到“五七”干校劳动。中共十一届三中全会后被平反，恢复党籍。

1991年1月，肖绍成在成都逝世，终年91岁。

任觉五

任觉五（1900—1994），成都市灌县（今都江堰市）人。历任国民党中央革命实践研究院副主任（蒋介石为主任）、国民党中央委员、中央评议委员、国大代表、国民党台湾省党部主任委员。

幼年就读于蒲阳镇公立小学，后入读成都联合县立中学校（石室中学前身）。1922年，考入南开大学。两年后，由于家境困难无力负担学杂费，转入东南大学（后为中央大学）学习。1925年，经杨杏佛教授介绍，与灌县同学肖彝等投笔从戎，入黄埔军官学校第四期，被分到入伍生第二团。在校加入“孙文主义学会”。北伐开始后，在第二师做军官。后被调到上海兵工厂政治部，任中校秘书。1927年11月被派往日本留学，1928年进入明政大学。1931年夏毕业，取得政学学士学位。“九一八”事变后回到上海，未久转赴南京并加入“三民主义力行社”。

1932秋，蒋介石派他与潘佑强、杨周熙等前往意大利、德国考察。1933年回国，任南京中国日报社副社长，同时任“革命青年同志会”书记。

1935年秋，调中央军校成都分校，任少将政训科长，负责军校政训工作。“七七”事变后，任军事委员会西安行营政训处长，兼陕西省行政人员训练所教育长及新闻检查所主任。1938年成立三民主义青年团，任中央团部组织处副处长，主持创办“四川省乡村服务团”。后兼任三民主义青年团四川支团部主任。1945年任三民主义青年团重庆市支团部主任，兼重庆市教育局长。1947年党团合并，由中央干事转任国民党中央委员，并代表国民党中央前往康定主持西康省党团合并工作。同年5月，任四川省政府教育厅长。1947年12月，由原籍灌县（今都江堰市）选举为第一届国民大会代表。

1949年12月9日，刘文辉、邓锡侯、潘文华等在彭县通电起义，任觉五于12月22日乘机经海口到台湾。1950年夏，主持台湾省大专毕业生就业训练及台湾省党部文化运动会工作。1951年秋，任台湾国民党中央训练委员会副主任委员，后改任中央第四组副主任。1953年，任革命实践研究院分院主任，主持地方干部、妇女干部、海外干部的党务政务训练工作。1958年春，任台湾省党部主任委员。1959年秋，任革命实践研究院分院主任。研究院本院与分院合并后，调任院务委员兼副主任。退休后定居美国。

专著有《哲学思想》《生的宇宙论与民生史观》《行为准则》《生活规范》《律己之道》《交友待人之道》《修养讲述》。

1994年11月10日，任觉五在美国旧金山去世，终年94岁。

胡兰畦

胡兰畦(1901—1994),女,成都市人。中国革命和妇女解放运动杰出人物。著名报告文学、散文作家。曾当选全国政协委员,四川省文史研究馆馆员。

出生于酱园公所街一胡姓世家。先祖胡大海曾是明代开国功臣,其父是袍哥大爷,崇奉以义气相尚,一直从事"反清复明"的活动。她从小接受"忠孝""正义"的观念。五四运动时期,投入反帝反封建运动。1921年秋,为摆脱封建包办婚姻的束缚,到泸州川南师范学校读书。1922年5月4日,参加恽代英在泸州组织的马克思主义研究会,受到进步思想的熏陶。1923年,与杜黄、王凛若等在成都发起组织四川省女界联合会,并先后参与筹备川南女界联合会、成都妇女公会,从事妇女运动。1924年,作为四川女界代表,赴上海参加全国学联第六届代表大会。1926年,在广州追随何香凝从事妇女运动,其间认识宋庆龄、邓颖超等人。1927年大革命时期,进入黄埔军校武汉分校,是黄埔一期女生队学员之一。大革命失败后,到江西省政府任湘鄂赣妇女运动指导委员,从事妇女工作。1929年,省政府委派她以江西省救济院孤儿所兼妇女教养所主任的名义赴欧洲考察社会救济事业。1930年到德国,在柏林大学学习语言。经成仿吾介绍加入德国共产党中国语言组柏林分组。"九一八"事变后,党组织决定让她居留德国,参加反法西斯运动。1933年春,被捕入德国女牢。经宋庆龄、鲁迅等人在上海以民权大同盟名义向德国领事馆提出严正抗议,3个月后,得以获释被驱逐出境。流落欧洲期间,她将被法西斯关押的亲身经历写成《在德国女牢中》一文,经法国《世界报》连载后,在欧洲大陆引起强烈反响,立即被译成英语、德语、俄语、西班牙语4种文字。1936年,由沈兹九在上海主编的《妇女生活》杂志将这本书全文连载,继由生活书店出版单行本。

《在德国女牢中》的发表,使其名声传遍欧洲。1935年,出席苏联作家代表大会,受到高尔基的赏识,在向其他苏联文学艺术家介绍时,盛赞她:"这是一个真正的人!"她的极富传奇色彩的经历,经女友秦德君向茅盾介绍,茅盾在其小说《虹》里以她为原型,塑造了女主角梅女士。抗日战争爆发后,胡兰畦回到祖国。1937年10月,组织上海劳动妇女战地服务团,任团长,发动群众组织担架队、运输队,上前线救伤兵、运弹药。1937年11月上海沦陷,胡兰畦率服务团随军撤退。其后辗转于抗日前线,从事抗战宣传,鼓舞国人士气。1939年7月,周恩来在延安中国女子大学开学典礼上高度赞扬中国妇女在抗战中的积极作用,特别提到:"中国妇女热烈参加前线工作,如胡兰畦、丁玲等所组织的战地服务团,在前线艰苦奋斗,获得全国人民的称颂。"在三年多时间里,她率领服务团的姑娘们,足迹遍及上海、江苏、安徽、浙江、江西、湖南、湖北、河南等各个战场,行程两万多里,为伤兵医院服务,开展文艺演出,宣传抗日,被誉为"战地之花""当代花木兰"。期间,她还创作大量报告文学和散文,真实地再现抗日前线的斗争和生活。1940年,十九路集团军罗卓英总司令赋诗一首赞誉胡兰畦所率妇女群体:"八百关山非浪迹,三年汗血可成河。伫看荡寇收疆日,汝辈勋劳永不磨。"后上海劳动妇女战地服务团宣布解散,队员们大多参加新四军,深入皖南地区继续抗战。

20世纪30年代初,她曾任宋庆龄的秘书,后被授予国民革命军少将军衔,并作为中国历史上第一个女将军视察抗日战区。以后又为实现中共和平解决西安事变的主张,促成抗日统一战线而奔走于国民党上层之间。再后来又到江西举办孤儿院农场，又曾帮助李济深开展工作。解放战争中，她不顾个人安危抢救被捕的同志，并积极地开展对国民党军政人员的策反工作，成功策动张轸部起义。后到上海，参加中共地下党工作。

中华人民共和国成立后，由于她过去在国内外与国共两党众多高级人物的复杂关系，深受误解。后被安排到在北京华北大学工学院管理总务。“三反”“五反”运动时，被打成“贪污分子”。“反胡风运动”时，被打成“胡风分子”。后因查无实证平反。1957 年被划为“右派”，下放劳动改造。1975 年退休回四川。1978 年平反，并重新入党。她尽自己所能，为一些人的冤假错案奔走，找材料做证明；不顾自己年老、多病，为四川老龄事业而奔忙。使四川的老年事业得到中央、省有关领导的支持。她与热心老年事业的同志一起，先后办起老年大学、老年康乐园，为“老有所学，老有所养，老有所乐”，尽到应尽的责任。

1994 年 12 月 13 日，胡兰畦在成都逝世，终年 93 岁。

有《胡兰畦回忆录》于 1995 年出版。生前她在这部 61 万字巨著的扉页上写道：“此书献给第四次世界妇女大会——暨纪念世界反法西斯战争胜利五十周年。”

曾涌泉

曾涌泉（1902—1993），原名吴大猷，又名吴大成、吴梓材，成都市新都区人。曾任中华人民共和国外交部副部长。

其父蒙冤入狱早亡，母子受到叔父虐待，儿时即备尝人世之辛酸。在新都县谕亭小学读书时，受爱国教师的影响，当时便胸怀报国雪耻之志。在成都华阳中学就读时，正值五四运动发生，他是成都市学联领导成员之一，积极参加并领导抵制日货的罢课和示威游行。还在“劳工神圣”口号的影响下，常到贫民学校义务讲课。1922 年考入唐山交通大学，学习铁路工程。其间，曾参加援助开滦煤矿罢工工人的爱国宣传活动，并与同学一道走上街头募捐，援助罢工工人。1924 年参加中国共产主义青年团，不久加入中国共产党。

1924 年 7 月，根据形势发展的需要，中共党组织派遣武怀让带领曾涌泉等 8 人到莫斯科东方劳动大学学习，寻求革命真理。当时在该校学习的，有王若飞、李富春、蔡畅、聂荣臻、刘伯坚等。他们互勉互助，共同学习马克思主义。为宣传革命，武怀让和曾涌泉等人创办《前进报》，其间，曾奉派作赴苏学习的冯玉祥及其部下的政治工作。后转入列宁格勒军政学院学习。1929 年后，任苏联远东国家出版部中文部主任兼远东共产主义大学教员。1932 年春，共产国际东方部派他回国，他与吉合等人在包头坚持开展地下隐蔽斗争。1932 年年底，离开包头返回苏联。1939 年后相继任延安中共中央军委编译处处长、第四局副局长、编译局局长兼俄文学校、外语学校校长，后又一度担任晋察冀军区电讯工程专科学校校长。1945 年后，历任晋察冀军区副参谋长、石家庄警备区司令员、华北军区补训兵团司令员兼政委、华北军政大学副校长、党委书记，为人民解放军的思想建设和军事建设做出了重要贡献。

1949 年年底，出任中国驻苏联公使馆参赞，协助王稼祥大使开展工作。1952 年后相继任驻波兰大使、驻东德大使、驻罗马尼亚大使。1957 年 2 月，任外交部副部长。1978 年在中共十一届三中全会上，当选为中央纪委常务委员；1980 年任中央纪委专职常务委员。

晚年对家乡的建设情况尤为关注。1982 年 6 月，曾回新都探望，专程到桂湖乡西北村、高架村、天元乡团结村参观，走访农家。

1993 年，曾涌泉在北京逝世，终年 91 岁。《人民日报》及时发表文章表示悼念。

李一氓

李一氓(1903—1990)，又名李民治，成都市彭州人。中国共产党高级干部。

在上海大同、沪江、东吴大学求学期间，积极参加反帝爱国学生运动。后赴法国勤工俭学，攻读政治经济学。回国后在广州加入郭沫若等组织的创造社，为革命文学呐喊。1925 年，加入中国共产党，参加北伐和南昌起义，曾任国民革命军总政治部宣传部科长，南昌起义参谋团秘书长。起义失败后潜回上海从事无产阶级文学运动，翻译、介绍马克思主义理论。先后在《洪水》《流沙》《思想》等刊物发表理论文章，还发表了总题为《游击》的短论、杂文计二十余篇，著名的有《我们的态度》《革命与文学》《我对于历史剧的主张》等。1930 年，加入左翼作家联盟，主编左联刊物《巴尔底山》。1932 年，到中央革命根据地，任国家保卫局局长。红军长征到达陕北后，先后任中共陕甘省委、陕甘宁省委、陕西省委宣传部部长等职。1937 年，奉中共中央之命回到成都，与刘湘、刘文辉等建立联系，转交了毛泽东主席给四川政要的亲笔信，尽心尽力开展统战工作。刘湘去世后，奉调返回延安。抗日战争时期，协助叶挺组建新四军，相继任新四军秘书长、东南分局秘书长。1942 年后，先后担任中共淮海区委副书记、中共苏北区委副书记、行署主任。解放战争时期，先后任中共苏北区委书记、华中分局宣传部长、苏皖边区政府主席。1947—1949 年，先后任中共旅大区委副书记、财委会书记，大连大学校长。

中华人民共和国成立后，任世界和平理事会常务理事及书记。1958 年 4 月至 1963 年 9 月，任驻缅甸大使。1962 年后，任国务院外事办公室副主任。“文化大革命”中，受到林彪、江青反革命集团的残酷迫害，入狱六年。1974—1982 年，任中共中央对外联络部常务副部长。在中共十一届三中全会上当选为中纪委副书记。在中共十二大、十三大上，先后当选为中顾委委员、常委。

李一氓亦是一位谙熟版本目录学的学者，并收藏大量珍稀古籍，后俱捐献国家。他的学术著作颇丰，主要有《花间集校后记及补记》《宋本杜工部草堂诗笺》《陈老莲水浒叶子跋》《避暑山庄图序》等。

他一直关心家乡的文化建设。1962 年和 1982 年两次回到彭县(后改称彭州)，都提出家乡应尽快建立图书馆。在他大力呼吁和支持下，彭州市图书馆于 1988 年竣工投入使用。他的书法苍劲挺拔，极具个性，他亲自为图书馆题名，并将自己珍藏多年的书刊文献分 25 批次，共 4200 余册捐赠给图书馆。所赠书刊主要以历史类印版书为主，图书馆专设“一氓书屋”予以珍藏。为支持家乡的修志事业，1982 年修志伊始，他分别为《彭县志》《郫县志》等市县志题写了书名。

1990 年 12 月，李一氓在北京逝世，终年 87 岁。

宋益清

宋益清(1904—2005)，字涟波，成都市崇州人。中国青年党党中央常务执行委员，曾任国民代表大会主席团主席、国民政府“宪政研讨委员会常务委员”。

少时就读于家乡歇马台太平小学。后随父就读于天民寺高等小学堂。小学毕业后，考入成都联合中学。1924 年毕业后，到北京考入中国大学，半年后辍学自修。1925 年，入清华大学政治系，主修国际政治。在校期间，对新闻事业产生兴趣,除广泛阅读各种报纸,长期自订北京的《晨报》、天津的《大公报》和英文版的 Peking Leader(《北京导报》)。1926 年成为《北京晨报》特约撰稿人,同时接受国际周刊(《北京晨报》副刊之一)主编刘勉邀约为该刊翻译外文稿件,使他对国际文化学术界的情况有更多了解,经常撰写时评之类的短文在《北京晨报·国际周刊》上发表。

1929 年,宋益清从清华大学毕业后,返回四川,先后任教于成都大学(后改为四川大学)、四川法政专门学校,讲授国际政治。1930 年,将 R. B.MoWat《国际关系论》一书译为中文,由南京正中书局出版,把西方国家的国际关系理论介绍到中国。受国家主义思想潮流的影响,是年,加入中国青年党,逐渐成为该党的上层人物。1931 年"九一八"事变后,在爱国热情驱使下,毅然放弃教职,在军人谢德堪帮助下,每月拿出 100 大洋,在成都创办《国难日报》,他负责社务,聘请欧尚孩任总编辑、彭云生为编审。《国难日报》创刊初为晚报,日出一大张,一个月后改为日报,为抗日救亡呐喊呼号。在"共赴国难"的感召下,他很快受到成都民众的欢迎和关爱。

1932 年冬,离开成都到南京、上海等地,后落脚于北平,四处奔走,为《国难日报》扩版筹款。延至次年,四川发生内战,刘湘攻入成都,刘文辉败退雅安,《国难日报》在战乱中遭受惨重损失,被迫停刊。在北平期间,适逢青年党中央派人暗杀"叛党"的青年党员霍维周,警方在平津一带缉捕有作案嫌疑的青年党员,他与正北上从事青年党党务工作的杨叔明等被警察局系狱 40 余日,后判明与杀人案无关获释。身心遭此挫折,报纸又因战乱停刊,只得仍从事教育事业。

1938 年,接任青年党党刊新中国日报社社长。汉口沦陷后,国民政府迁四川,他历尽艰辛将报社从汉口迁到成都。经苦心筹划,多方努力,使该报于"9.18"日本侵华纪念日在成都复刊。抗战期间,历任四川省参议会参议员、国民参政会参政员。1941 年 10 月,任四川省民盟支部委员。抗日战争胜利后,1946 年青年党机关报《中华时报》于上海创刊,取代成都的《新中国日报》,遂离开成都到上海。初任《中华时报》发行人,后任中华时报社副社长、社长。鉴于他自"九一八"事变以来"办报救国"的业绩,国民政府于 1947 年授予他"胜利勋章"。

1947 年 12 月,制宪"国民大会"召开,他被推选赴会,参与制订宪法。1948 年,被推选为第一届"国大代表"。1949 年,到台湾,继续从事新闻工作,先后主持台湾《现代国家》月刊、台湾《民主国家》半月刊、台湾《中国新闻摄影》等刊物的领导工作。1997 年香港回归后,移居香港。

出版有专著《国际关系论》(译著)、《中国农民的命运》《十年报人》等。

2005 年 6 月 25 日,宋益清在香港逝世,终年 101 岁。

弥留之际,宋益清叮嘱家人将其骨灰带回家乡,使之"魂归故里"。家人遵嘱将他安葬于崇州市白塔山公墓。

乔　诚

乔诚(1905—2005),又名乔名善,四川省绵竹县人。北京大学肄业,日本明治大学毕业。历任原中国国民党南京文化学院教授、中央军校政治教官、教务科长,川康绥靖主任公署顾问,二十二集团军少将联络组长,四川彰明县、简阳县县长,陕西省政府秘书,安康县、褒城县县长,重庆教育局秘书,四川省教育学院、重庆大学、四川大学、华西大学教授,成都市市长,省立图书馆馆长。于 1949 年起义。后安排为政协第五届四川省委员会委员,1975 年被任命为四川省人民政府参事。

乔诚热爱党、热爱社会主义祖国。起义后顾全大局，不计个人得失，从未向组织提出过多要求。他常说："没有党就没有我的今天，我要在有生之年为党和人民多做贡献。"他被任命为省政府参事以来，认真学习中共路线方针政策，努力提高自己的政治思想水平，关心国家大事。他多次参加社会调查，在参事室的组织下，先后到什邡、双流、平武、绵竹等地进行教育、扶贫等专题调研，认真分析，提出建议，为改进当地工作做出积极贡献。

乔诚在耄耋之年积极著书立说，广有建树。他与杨续云参事合著的《刘湘》一书，获省社会科学研究优秀成果奖；他参与编写的《四川军阀史料》，获四川省哲学社会科学研究成果二等奖。先后发表《刘、邓、潘起义与川西决战幻想的破灭》《刘湘出川前后》《潘文华彭县起义前后》《周孝怀谈戊戌维新中的刘光第》等历史资料十余篇，约11万字，受到好评。

乔诚为祖国统一尽心尽力，为引进外资牵线搭桥。多年来，热心祖国统一工作，曾撰写《蓉城四郊换新貌，触景生情念旧人》《听琴音怀旧友》《保路英烈永垂千古》等对台宣传文稿，被中央广播电台对台部、福建前线广播电台、香港电台、中国新闻社分别广播和发表，产生较好影响。

乔诚是一位跨世纪的百岁老人，生活朴素、心态平和、待人诚恳，对党和祖国充满深情。曾多次说："党中央领导班子，个个符合全国人民愿望，党的政策件件合民愿，形势一天比一天好，我的子女个个都是党教育出来的。我对党感激的心情一天天增强。共产党的领导就是英明、伟大，我们的国家繁荣富强更有希望。"进入高龄后，基本足不出户，所求甚少，对参事室的工作却依然历历在心，每天读书看报，关心国家大事，对祖国日新月异的变化感到欣慰。2004年，庆贺他百岁寿诞时，中共四川省委统战部、省政府参事室的领导专程到他家看望，送去温暖和关怀，他再三表示对党和政府的感激之情。

2005年11月2日，乔诚在成都逝世，享年100岁。

邓止戈

邓止戈（1906—1991），原名邓跃林、邓国忠，四川省筠连县中城镇人。政协四川省委员会常委。

1924年，在四川筠连高小毕业，到宜宾考入陆军第九师刘文辉的军事干部养成所。1925年，在刘文辉所办军官讲习所学习。1926年，随军驻雅安。

1927年8月，经驻邛崃县二十四军第六混成旅张志和部秘书官百中（地下党员）介绍加入中国共产党。1928年春，被派到潼南，参加邝继勋组织的武装起义。后在涪陵、丰都、江津、合川等地国民党军中组织策划4次起义。1930年，参加忠、丰、涪边区的武装斗争。1932年，遭四川军阀通缉，由川入滇，在袁品之部做兵运工作。1935年1月，任贵州省工委委员，负责军事工作。8月，迎接红军二、六军团进驻毕节。1936年2月，任贵州抗日救国军参谋长。后带领二支队随红军长征，任六军团参谋、新兵团参谋长，在长征中作战负伤，留在红六军团政治部任总务处长，后到延安抗日军政大学学习。1937年7月，任陕北公学大队长兼军工科主任。次年1月，被中组部派回贵州，任贵州省工委书记，领导贵州省的地下工作。1940年9月，在贵州平越被国民党特工人员逮捕，不久越狱。1946年7月，被派到华东区工作，历任华东局群众工作委员会委员、研究室研究员，滨海地委研究室副主任等职。

1949年，任华东人民革命大学三部副主任。

后随军南下，任西南服务团四支队政委，留在四川工作。历任西南人民革命大学教育长、西南局党校副校长、中央第七中级党校副校长、中共遂宁县委书记、中科院四川分院副院长、四川省哲学社会科学研究所所长、分党组书记。“文化大革命”中，受到诬陷和迫害。“文化大革命”结束后，恢复工作。1982 年 6 月，退居二线，任四川省社科院顾问、省政协常委。于 1985 年离职休养。

1991 年 11 月，邓止戈在成都逝世，终年 85 岁。

郝德青

郝德青(1906—1993)，山西省平遥县西羌城村人。著名外交家。

幼时在乡下念私塾。1922 年，考入县城高等小学堂，开始接触五四运动后的新文化。1924 年，考入太谷铭贤中学。1926 年春，参加国民党(左派)，当选为学生会主席，率领同学与反动学监渠达成展开斗争，被学校当局开除 。次年，复学后加入中国共产党。1928 年，考入北平师范大学文学系预科学习；次年暑假又考入北平大学法学院政治系，同时在两所大学挂名读书，主要从事革命活动。先后担任中共法学院党支部书记、中共北平西城区委书记、中共北平文委成员，及北平反帝大同盟、北平市社联领导职务，参与主办刊物《北方青年》。1930 年。参加“八一”示威游行中被捕，经受了法庭刑讯和坐牢的考验，后经营救出狱。1932 年下半年，在代县、蔚县、太原、洛阳等地，以中学教师身份为掩护，从事党的革命宣传活动。1933 年，在山西省立第五师范学校任教时，带动一批进步学生先后组建“读书会”“史地研究会”，传播进步思想，宣传抗日救国，推动抗日民主进步力量发展。

1937 年抗日战争爆发后，先后担任介休、汾西中共县委书记、决死二纵队四团政治部主任。1939 年冬，在“晋西事变”中，参与发动和领导反对顽固派的自卫反击战。次年，重回四团任政委，领导整军运动。1941 年，担任决死二纵队政治部主任兼第八军分区政治部主任。1943 年到延安，先后在马克思列宁学院、中央党校学习。多次聆听毛泽东等中央领导人的讲话。

抗日战争胜利后，回晋西北任实验学校校长，以后相继任抗战日报社总编、晋绥日报社社长。1946 年任中共中央晋绥分局秘书长。1948 年任土改工作团副团长，在山西代县一带开展土地改革运动。同年 4 月 6 日，毛泽东率中央机关到达代县，深夜接见郝德清了解当地农民情况。

1949 年，随军南下四川，任川西北军政委员会秘书长，兼任贺龙的政治秘书。中共川西区委员会成立后，任常委兼秘书长，分管政法、统战、外事工作。1951 年，主持开展新都、金堂、华阳三县的土地改革运动。1952 年初，任中共成都市委第一书记兼四川省委委员。1954 年秋，调外交部工作。先后任驻匈牙利、朝鲜、挪威、荷兰、伊朗等国大使，其间，任国务院外事办公室副主任六年。1977 年，离任回国后，任中国人民外交学会会长。1984 年，担任国务委员。1978—1988 年，当选为第五届、六届全国人大常委。他在长期外交生涯中，为增进中国人民同世界各国人民的友谊，做了卓有成效的工作。曾获匈牙利最高荣誉一级国旗勋章。1990 年年底底离休。

1993 年，郝德青在北京逝世，终年 87 岁。

郭汝瑰

郭汝瑰(1907—1997)原名汝桂，重庆市人。全国政协委员，成都市黄埔军校同学会会长。

毕业于黄埔军校武汉分校第五期、陆军大学第十期。曾在国民革命军第二十军任职。1929

年，加入中国共产党。1930年，赴日本陆军士官学校第二十四期学习，脱离组织关系。“九一八”事变后退学回国。1935年，任陆军大学研究院研究员，次年任战史系教官。1937年5月，任第十八军十四师参谋长。抗日战争爆发后，任第十八军十四师四十二旅代旅长，参加淞沪会战。1937年9月，重任第十八军十四师参谋长，参加南京保卫战。1938年6月，任第五十四军少将参谋长，参加武汉会战。1940年，任第二十集团军参谋长，1941年10月，任第七十三军暂编第五师师长，参加第三次长沙会战。1943年初，任国防研究院研究委员；4月，任中央训练团第1大队大队附。1944年，任中国驻英国使馆副武官兼军事代表。1945年2月，回国任军政部军务署副署长，兼任国防研究院副院长。在任廉儒安排下，分别于1945年5月、1946年3月与中共南方局负责人之一、中共驻重庆的国民参政员董必武碰面，提出恢复党籍和去延安的要求。党组织要求郭汝瑰留在国民党内部，以发挥更大的作用。

1946年6月，任国防部第5厅副厅长；8月任中国驻美国军事代表团团员；10月，任参谋总长办公厅副厅长，旋又改任国防部第5厅副厅长。1947年3月，任第3厅厅长；5月调任陆军总司令部徐州司令部参谋长；1948年7月复任国防部第3厅厅长。1949年1月，任第七十二军中将军长兼叙泸警备司令。1945年起，郭汝瑰向共产党提供大量情报，为人民解放军迅速打垮国民党军队做出特殊贡献。1949年11月，任第二十二兵团司令官兼第七十二军军长，12月11日在四川宜宾率部起义。

中华人民共和国成立后，任川南人民行署委员兼交通厅厅长。后调解放军南京军事学院任教员、司令部工作教授会教学组长、军事史料研究处副处长。在新中国成立后的历次政治运动中，均受到斗争和冲击。“文化大革命”中，被划为“牛鬼蛇神”“反动学术权威”，受到批斗。1970年，南京军事学院撤销建制，郭汝瑰回到重庆北碚定居。1980年4月，被重新吸收为中共党员。1981年，被成都军区党委评为全军区优秀共产党员。曾任全国政协委员、江苏省政协委员、黄埔军校同学会副会长，成都市黄埔军校同学会会长。

主编《中国军事史》，撰著有《中国抗日战争正面战场作战记》《郭汝瑰回忆录》。

1997年10月23日，郭汝瑰在重庆逝世，终年90岁。

田一平

田一平（1907—1993），云南省漾濞县人。历任政协四川省委员会副主席，民盟中央常委、四川省委副主任委员。

1931年，毕业于上海劳动大学。1938年，加入中国共产党。1944年，加入中国民主同盟。曾任成都《华西日报》经理、《华西晚报》总经理，从事党的统战工作。同年10月，受组织派遣，到第二十八集团军总司令潘文华将军侍从室工作，任上校参谋，为潘文华与进步人士的交流做了许多沟通、引见工作，并利用各种机会对潘文华及其周围的高级将领做潜移默化的宣传工作。1945年，潘文华任川黔湘鄂边区绥靖公署主任，转赴黔江，田一平离开侍从室，留在华西晚报社从事党的舆论宣传工作。1947年6月1日，华西晚报社被查封，田一平被国民党特务逮捕。1949年4月，经多方营救释放出狱。回到成都后，立即与中共地下党负责人罗髫渔、胡春浦、易野源等共同商讨，成立中国共产党四川省临时工作委员会，开展国民党军政界上层人士的策反工作，为保卫成都、迎接解放做出贡献。

中华人民共和国成立后，任西南军政委员会

文教委员会副秘书长。1958 年 10 月，当选为民盟成都市委员会主任委员。历任四川省社会主义学院副院长、四川省政协副主席，民盟中央常委、四川省委副主任委员。先后当选全国人大代表、全国政协委员，为国家建设积极建言献策。

1993 年 1 月 30 日，田一平在成都逝世，终年 86 岁。

谢伟思

谢伟思(John Stewart Service)(1909—1999)，美国友好人士、著名外交家。

1909 年，谢伟思出生于成都一个美国传教士家庭。11 岁被送到上海一家美国学校学习。于 1926 年回美国，入俄亥俄州奥伯林大学学习。1931 年毕业，通过外交官资格考试；同年 6 月，被美国驻昆明领事馆任用为书记官。1935 年 10 月，被派到北平美国大使馆任外语研修官。其后两年间，主要从事中国语言、历史、地理、经济与法律的研究。1937 年 12 月，调往上海总领事馆工作。1941 年 5 月，再调重庆美国大使馆，负责起草公文、备忘录，并为大使与外国高官会谈作笔录。1942 年夏，访问兰州和新发现的新疆油田等地区，历时 4 个月，途中访问很多传教士，接触许多到过中共根据地的人。他善于搜集和分析有关中国政治问题的情报，侧重于研究中国政治形势的背景。1943 年 1 月，返回华盛顿，发表关于中国形势的备忘录。他指出：问题已不在于内战能否避免，而在于能否把它推迟到抗日战争胜利以后。一旦内战爆发，国民党很难保证取胜。1943—1945 年间，作为美、中、印、缅战区总指挥部的政治官员，他负责与八路军驻渝办事处联系。1944 年、1945 年，两次随美军观察组到延安，与毛泽东、周恩来和朱德等领导人进行多次交谈。他在给美国政府的报告中指出，中国共产党是一支积极抗日、非常活跃的政治力量，抗战结束后，国共内战势在必起，共产党必然胜利；共产党始终在寻求美国的友谊和支持；为了协同抗日，美国政府应向中共军队提供军援。但他的建议当即被美国政府拒绝。他认为，赫尔利的政策妨碍了中国问题的解决，恶化了美国政府的立场。赫尔利与谢伟思等人的对立达到顶点。1945 年 4 月，谢伟思接到归国命令，被迫离开中国。

回到美国国务院后，1945 年 6 月，因涉嫌所谓《亚美》杂志间谍案被捕。大陪审团最终否决对他的指控。但在 1950 年，麦卡锡参议员又以此作为指控谢伟思的一大“罪状”；时任驻加尔各答总领事的谢伟思又被参议院外交委员会的小组委员会传讯。最后不得不离职，到纽约一家蒸汽机制造公司工作。为此，公正的美国舆论评论说：“谢伟思是麦卡锡当政的那个美国历史上最黑暗时代中受到最严重伤害的人。”在强权压迫下，他没有低头，没有后悔，反而说：“我最感到高兴的是被称为中国的朋友。”

1962 年 5 月，谢伟思提前退休，回到伯克利定居。1964 年，取得文学硕士学位，接着进修哲学博士的课程。后受聘担任加利福尼亚大学中国问题研究中心图书馆馆长。

退休后，他仍关心中美友好事业。曾任美中人民友好协会旧金山分会名誉会长。1971 年秋，谢伟思夫妇应周恩来总理邀请访问中国。周总理会见并回答了他们提出的许多国际和双边问题。美国国务卿基辛格在谢伟思访华前后两次单独约见他，了解他对中美关系发展的看法以及访华的感受。停留中国期间，曾专程到成都参观访问。回到美国后，他著文、演讲，向美国人民客观地介绍中国情况，支持尼克松访华和实现中美关系正常化。1973 年，美国外交协会在国务院大厦举办盛大的午餐会，专门宴请二十世纪 40 年代在华的外交官。当谢伟思被介绍给大家时，受到与会者长时间的欢呼。1975年，他再次访华，呼吁美国政府改善中美关系，不要再干涉中国内政。提出从台湾完全撤军并与中国正式建交。1998年5月11日，在接受中国学者采访时，他用这样一段话表达了对中国人民的深厚情感："我出生在中国。我把中国当成第二故乡。我爱中国和她的人民。我衷心祝愿中国人民幸福，祝他们的国家繁荣昌盛。"

1999年2月3日，谢伟思在加利福尼亚逝世，终年90岁。

熊宇忠

熊宇忠(1910—1991)，四川省邻水县人。中共成都市委书记、政协成都市委员会主席。

1930年，加入中国共产党。1947年，任中共华中党校校长。1949年7月，任西南服务团苏南分团副团长，随团入川。

1950年，任中国人民保卫世界和平委员会川东分会、中国人民抗美援朝总会川东分会副主席、铁道部副部长。1964年，开发建设攀枝花，熊宇忠任国家计委攀枝花调查工作组副组长。1965年，任西南三线建设委员会常委、西南铁路建设总指挥部副指挥。1972年10月，任中共成都市委书记。次年6月，任成都市革命委员会副主任。1982年，任第七届成都市政协主席。曾任中国老年书画研究会四川分会名誉副会长，成都市地方志编纂委员会、成都市老龄问题委员会顾问，中共四川省委顾问委员会委员。成都科技出版社出版有《熊宇忠同志纪念文集》。

1991年，熊宇忠在成都逝世，终年81岁。

刘元瑄

刘元瑄(1911—1996)，字俊琳，成都市大邑县安仁镇人。国民革命军中将。历任中国人民解放军第六十二军副军长，西康省军区副司令员，西康省民政厅厅长，四川省体委副主任，政协四川省委员会副主席、全国政协常委，民革四川省主委。

1926年从军，陆军大学将官班乙级第四期毕业。1934年任国民革命军川康边防军第十三旅旅长，1935年任第二十四军一三七师二旅旅长，1937年8月，任第二二四军直属旅少将旅长，1944年任第二十四军一三六师师长，1946年7月，任整编第二十四师代师长，1948年，任第二十四军中将代军长。1949年12月，随刘文辉在雅安率部起义，西康省获得和平解放。12月12日，刘元瑄根据中共地下党组织的意见，在雅安召开隆重的起义誓师大会；14日，宣布西康起义临时军政委员会成立(后改为军政会议)，由刘元瑄等负责，作为指导全省起义的最高机构。

新中国成立后，于1950年6月二十四军被全部并入中国人民解放军第六十二军，他任六十二军副军长，1952年7月，调任西康省军区副司令员。1953年，转业后出任西康省人民政府民政厅厅长，西康省人民政府委员；同年10月加入民革。1955年1月，调任四川省人民政府体委副主任。1956年3月，当选为民革中央委员；1978年2月，当选为全国政协委员。1983年4月，当选为政协四川省副主席；6月，当选为全国政协常务委员。1984年4月，当选为民革四川省副主任委员兼秘书长。1992年7月，当选为民革四川省主任委员。

1996年2月29日，刘元瑄在成都逝世，终年85岁。

贾启允

贾启允(1914—2004),山西省闻喜县党家庄人。历任中共四川温江地委书记,中共成都市委第三书记,中共四川省委书记处书记,中共贵州省委第一书记,中共中央西南局书记处书记,云南省委第一书记。

早年接受进步思想、信仰马克思主义,参加革命工作。1937年,参加薄一波领导的“山西牺牲救国同盟会”代表大会,于同年10月加入中国共产党。曾任翼城中心县委武装部长、山西青年抗敌决死队第三纵队团政委。解放战争时期,历任中共太岳区三地委副书记兼组织部长、中共太岳区运城地委副书记、中共晋绥分局第十一地委书记。中华人民共和国成立后,担任川西区党委委员、中共四川温江地委书记、中共成都市委第三书记。1958年11月,任国家统计局局长、党组书记。后调任中共四川省委书记处书记、中共贵州省委第一书记、中共中央西南局书记处书记。当选为中国共产党第八次全国代表大会代表。“文化大革命”期间,受到批斗迫害。1972年,恢复工作后,任云南省委第一书记。1979年3月,任河北省石家庄地区行署副专员。1983年4月,任政协河北省第五届委员会副主席、党组副书记。1986年离休。

他一生忠于党的事业,任劳任怨,工作兢兢业业,“文化大革命”时敢与邪恶斗争。离休后仍热爱学习。

2004年4月,贾启允在河北省石家庄市逝世,终年90岁。

樊建德

樊建德(1914—1990),山西省定襄县北庄村人。四川省高级人民法院、成都市人民法院首任院长。

1936年秋,樊建德加入中国共产党领导的山西牺牲救国同盟会组织,先后以联络员、视导员身份率领会员在忻县、静乐、神池、岚县、五寨、苛岚等县宣传抗日救国主张,发展山西牺牲救国同盟会会员,组织训练战时运输力量。1937年6月,毕业于太原第一师范学校。同年11月,加入中国共产党。1938年3月,与彭文龙、黄凯等人赴山西隰县组织开展特工委工作。历任汾西代理县长、晋西北行政公署秘书处秘书、保德县抗日民主政府县长、二专署粮食科长、研究室副主任。1943年,先后赴晋绥党校、晋绥分局城市工作部学习。1945年8月,任晋绥边区高等法院秘书兼司法行政科长、党支部书记。1947年11月,因反对晋绥边区某主要领导在法院系统“搬石头”(即打击一大片,党中央已予纠正其错误做法)的做法,被撤销党内职务,调任临襄县长。1948年,临汾市解放,就任临汾市市长、中共临汾市委委员。该市改名临汾中心县后,继任县长。

1949年10月,随军南下,率队接管国民政府四川高等法院、成都地方法院和由西安逃到成都的陕西高等法院。1950年1月1日,中国人民解放军成都市军事管制委员会司法处成立,就任处长。同年10月1日,川西人民法院和成都市人民法院成立,就任川西人民法院常务副院长兼成都市人民法院院长。同年11月1日,成都市人民法庭成立,兼任该法庭审判长。1952年4月,成都市“五反”人民法庭成立,兼任该法庭审判长。同年8月,川东、川南、川西、川北四行政区撤销成立四川省,任四川省人民法院院长、省政法党组成员、省人民法院分党组书记兼该院党总支书记、成都市人民法院院长(1953年6月,免去成都市人民法院院长职务)。樊建德坚持实事求是原则，不听信长官意志办案，省委主要负责人认为其“不听话”“包庇坏人”“思想右倾”，未经支部讨论，1955年2月，即报中监委撤消其党内职务，降职调任省农业厅垦殖局局长。在垦殖局工作期间，多次向省委、省监委和中央监委申诉，要求调查处理。1958年3月13日，农业厅党组织被授意以“屡教不改的严重资产阶级个人主义分子”为由，将樊建德开除出党，行政上降职、降级（由行政11级降至15级），留用察看，下到梁平农场劳动改造，不准申辩。后经梁平县委书记明朗推荐，1961年12月1日，樊建德被任命为万县专区农水局副局长。万县专区林业局成立后，改任为林业局副局长。1978年，中共四川省委恢复樊建德党籍和行政11级工资待遇。1979年，中共四川省委任命樊建德为四川省高级人民法院顾问。

1990年4月17日，樊建德在成都逝世，终年66岁。

叶　明

叶明（1914—2002），原名德贵，成都市人。少将。历任第四高级步兵学校政治部主任、武汉军区副政委兼政治部主任。

幼年家境贫困，父亲去世后，为姑母收养，11岁到工厂做工，先后在成都造币厂、鞋店、织缎厂、兵工厂当学徒。1927年，在兵工厂参加共青团，1931年，转为中共党员。1932年，党组织将他调离兵工厂，由罗南辉（叶明的家乡人，后任红军副军长）介绍到四川军阀田颂尧部当兵，开展兵运工作。红四方面军入川，田颂尧部在川北阻击红军，上级要求叶明带领所在连队哗变。叶明不顾身负重病，坚持带领本连官兵投奔红军。后被分配到红四方面军政治部工作，任川陕少年先锋队总指挥。

1933年，被派往上海寻找党中央，因无法接上关系，只好返回。当时苏区已被封锁，只好暂到国民党部队当兵，后利用放哨的机会从敌人阵地跑回苏区。次年，出席中华苏维埃共和国第二次全国代表大会，当选为候补执行委员。后因得罪张国焘，遭大会批斗，被免除团中央委员职务，派到地方工作。红军北上时未通知他，他带领所率地方武装昼夜兼程赶上了红军。抗日战争时期，历任抗大政治指导员、军委考察团组长、延安军政学院队长、陕甘宁留守兵团直属政治部主任、抗大总校科长、东北军大北满分校副政委、东北军大总校团政委。

中华人民共和国成立后，历任第四高级步兵学校政治部主任、武汉军区副政委兼政治部主任。1955年被授予少将军衔，获二级八一勋章、二级独立自由勋章、一级解放勋章、一级红星功勋荣誉章。“文化大革命”中受到迫害，于1973年被迫申请离休。1979年，被中央军委任命为武汉军区副政委。1983年，再次离休。

2002年，叶明在武汉逝世，终年88岁。

黎　强

黎强（1915—1999），四川省安岳县人，原名李碧光，曾用名李唯平，潜伏特务机关时用名李长亨；董必武为其在党内起化名黎强，后一直沿用。

黎强出生在一个袍哥大爷家庭，父亲李可廷曾任安岳县民团团总、县督察区督办。黎强追求进步，1939年5月，从延安被派回四川，到重庆红岩中共中央南方局报到。1940年年底，奉命到成都，寄住在成都一个友人家中，寻找机会打入国民党内部。他偶然发现友人和两个国民党政府工作人员来往密切。在取得国民党政府工作人员的信任后，成功进入成都中央军校政治研究班学习。后打入国民党中统特务组织,先后任中统成都区干事、四川省特委会主任干事。并负责主管情报工作的一组,掌握大量绝密情报,营救上千名共产党员的生命,挽救许多地区的党组织。为深入潜伏做足准备,1946年,娶时任国民党成都县党部书记长之女赵蜀芳为妻。赵蜀芳直到新中国成立后才知道身为国民党高级军官的丈夫是位共产党员。

黎强和接头人见面的地点一直都在成都的一个茶馆。黎强把情报用极小的字写在纸上,然后卷成“香烟”,在茶馆给接头人。这样即便有人盘查,也可把情报“抽掉”。有时,黎强也会把情报放进点心或者煮熟的鸡蛋里悄悄送出。1946年,黎强的入党介绍人周俊烈被叛徒在大街上认出,意外被捕。周俊烈是除接头人外,在成都唯一知道他真实身份的人。好在周俊烈是有着丰富秘密斗争经验的老同志,他始终装傻充愣,骗得审讯他的特务法官也相信他早已脱离共产党。黎强趁机动用各种关系,将周俊烈放掉,迅速安排他离开成都。1947年5月,国民党重庆和成都两地当局,为配合军队对中原解放区大举进攻,发动全面内战,决定于6月1日在成都、重庆两地同时开始抓捕行动。凭借职权,黎强从情报名单上直接“抹掉”一半同志的名字。但在参加由上级特务机关召开的特务头目秘密会议时,他发现有一些党内高级领导的名字,自己无论如何“抹不掉”。于是,他记下这些名字,冒死在6月1日前夕联系接头人,及时通报这一重大情报。1949年年初,黎强升任国民党第四十五军下属的三一二师副师长。1949年4月21日,中国人民解放军百万雄师渡江前夕,三一二师奉命沿宁杭公路撤离,预备跟随败军至台湾继续卧底,结果在途中被解放军部队全部俘获。当时,黎强说出自己的真实身份却没人相信,被关数日后才托人将暗语致电党中央,中央紧急回电,命令将其送至北平。由此,黎强回到党组织怀抱。

中华人民共和国成立后,先后担任西南镇反办公室主任、公安大学副校长。20世纪80年代初期,安全部在内部的一份文件中号召党员向黎强学习。

1999年,黎强在北京逝世,安葬于八宝山革命公墓红军墙。

张力行

张力行(1915—2002),山西省文水县人。历任四川省人民政府副省长、中共四川省委书记处候补书记、中共四川省委常委,中央纪律检查委员会委员,四川省关心下一代工作委员会常务副主任,四川省老年书画研究会会长、全国老年书画研究会顾问。

早年就读于山西方山县平民学校和太原师范学校。1936年,参加“山西牺牲救国同盟会”,任协助员。次年冬参加八路军,1938年3月,加入中国共产党。抗日战争期间,先后任延安抗日军政大学政治部组织干事、党支部书记,八路军总部巡视团政治研究室干部组副组长,八路军野战政治部组织干事,八路军总部特务团(朱德警卫团)党总支书记、政治处副主任、主任。解放战争期间,历任晋冀鲁豫军区三纵队七旅二十一团副政委,三十七团政委,二野十军三十师九十团政委。先后参加过上党、邯郸、陇海、鲁西南、豫北诸战役,大别山斗争和渡江战役。1949年渡江战役后,随二野部队进军西南,参加解放四川的战斗。同年12月,调地方工作。先后任中共乐山地委宣传部长、行署专员,中共乐山地委书记兼乐山军分区政委,四川省人民委员会秘书长。1958年,任四川省人委暨成都市人委外事办公室主任。1964年,当选为四川省人民政府副省长兼省计委主任。1965年春,任中共四川省委书记处候补书记。“文化大革命”后期,先后任省农业组副组长、中共宜宾地委书记。1971年任中共四川省委常委。1982年10月,在中共十二大会议上,当选为中央纪律检查委员会委员。1990年离休后,受省委委托担任四川省关心下一代工作委员会常务副主任。

2002年7月29日,张力行在成都逝世,终年87岁。

余述生

余述生(1915—1993),曾用名余淑慎,湖北省麻城县人。成都军区副政委。

余述生出生于一农民家庭,幼年丧父,家境日贫,半耕半读上过3年私塾。1927年,共产党在其家乡开展农民革命运动,他踊跃参加童子团并担任分队长、中队长。1930年,加入中国共产主义青年团,同年参加红军,1932年10月,随红四方面军西征入川,途中经历湖北枣阳新集、陕西漫川关、傍徨镇等战斗。1933年2月,随副团长潘友清率领的一个连突入四川南江县的大河口、大平山一带袭击敌人时,反被国民党田颂尧部4个团的兵力包围,激战两昼夜,最后弹尽粮绝,在突围中,余述生克服各种困难,将身负重伤的副团长救出。之后,参加了粉碎四川军阀田颂尧、刘湘对川陕革命根据地的“三路围攻”和“六路围攻”。同年8月,加入中国共产党。历任红二十五军七十三师班长、师部宣传队队长,红31军政治部组织干事、教导营二连指导员、独立师政治委员。抗日战争时期,任八路军一二九师三八五旅七九六团政治处组织股干事、股长,第十三团政治处副主任,旅直属队总支书记,八路军前方指挥部野战供给部政治部主任、副政治委员。解放战争时期,任晋冀鲁豫军区供给部副政治委员,军区卫生部政治委员,第十八兵团政治部组织部部长,参加阳明堡、响堂铺、昔阳沾土镇等战役。

中华人民共和国成立后,任川西军区政治部主任、川西人民行政公署委员。1951年,任川西区兼成都市转业建设委员会副秘书长、四川省军区政治部主任。1955年,被授予少将军衔,先后任成都军区政治部主任、成都军区副政治委员、顾问。获二级八一勋章、二级独立自由勋章、一级解放勋章、一级红星功勋荣誉章。曾当选为第四届全国人民代表大会代表、中国共产党第十一次全国代表大会代表、第十二次全国代表大会代表,并在十二次全国代表大会上当选为中共中央纪律检查委员会委员。

1993年,余述生在成都逝世,终年78岁。

景廷瑞

景廷瑞(1917—1991),山西省灵石县军营坊村人。四川省温江地委宣传部部长。

在两渡镇高级小学学习时,开始接触时事和进步书籍,学习刻苦。1932年,以优异成绩考入山西省第一师范学校。由于母亲去世,家庭的贫穷,迫使他因无学费而辍学。在其求学无路、彷徨无策之时,灵石县教育局聘任他为小学教员,派他到离家不远的赵家庄村执教。1936年初春,中国工农红军抗日先锋军到吕梁山区,红十五军团地方工作委员会在双池镇发动群众,打土豪,召开抗日救国动员大会,成立双池苏维埃革命委员会。10月,他辞去教职,考入牺盟会领导的村政协助员训练班,分配到万泉县任村政联络员。1937年9月,在祁县参加山西青年抗敌决死队二总队,分配到国民兵军官教导团任政治工作员。太原失陷后,决死二总队撤到洪洞、赵城一带,发动群众,组织武装,开展游击战争。被派任汾西县分会宣传部长，发动群众，成立人民武装自卫队，组织群众进行生产，以供军需民用。1938年6月，加入中国共产党。1939年8月，由汾西县委介绍，到延安中央党校学习。1940年9月，分配到中共中央农委工作，直到1943年9月。在中央农委工作期间，在大生产运动中，不仅出色地完成农委各个阶段的每项工作，还被中央评为大生产劳动模范。

1943年9月，奉调晋绥边区八地委，在交城县任组织委员。为了工作方便，组织上让其改名为陈富源(后又改陈岱)搞经营性活动，协助政府解决给养。他以小商贩的身份，在文水、交城、汾阳、清徐一带，组织发动群众，开展斗争。1945年8月15日，日军投降。中共吕梁区党委成立九地委，开辟晋西南地区工作，遂被分配任灵石河西县人民政府县长。1946年8月，调回地委，历任晋绥九分区民联秘书、临汾师范教导主任，晋南工委宣传部教育科长，晋绥党校秘书等职。1949年，景廷瑞所在部队整编为中国人民解放军第一野战军(贺龙领导)四梯队，他担任作战参谋，随军南下后分配到四川省温江专员公署军事接管。历任温江专署秘书主任。1953年，调任四川省温江地区大邑县县委书记；1954年调任温江地委，历任宣传部部长、地委委员、宣传部顾问等职。

1958年“大跃进”期间，反对浮夸风，实事求是讲真话，写情况反映：“大跃进违背了经济规律，大跃进的生产关系不符合生产力发展现状，人民公社‘一大二公’不能调动人民群众的积极性”。被降职调到交通部门，整天和道班工人泡在一起担石铺路，并继续向上级反映问题。不久后恢复职务调任地委宣传部长。1959年7月，成都青城山因毛猪问题召开部分县委书记座谈会上，他提出“喂私猪大有潜力，要鼓励”“说发展私有猪有大危险，我看不见得”“不要不放手，把猪下放给社员变不成资本主义”。由于“不识时务”的观点和做法，许多言论和行为都遭到无情的批判斗争，岗位从一线退居二线为宣传部顾问。1980年11月，温江地委、行署成立修志工作领导小组，任小组成员。1983年，离职休养后，用文学的形式，写出80万字的革命斗争题材纪实长篇小说《血沃汾滨》，写出40万字的社会主义建设时期题材纪实长篇小说《粮食》，写出4万字的与反动武装开展斗争的中篇传奇小说《可怜英雄死红妆》，撰写回忆录《为有牺牲多壮志，敢叫日月换新天》《蔡福勤同志传略》等。

1991年8月17日，景廷瑞在温江逝世，终年74岁。

吴汉家

吴汉家(1917—1995)，又名寒笳、抗生、万众、吴越、柏年，四川省遂宁市人。著名新闻工作者。民盟中央常委、民盟四川省委副主委。

1937年，毕业于成都业余救亡学校新闻专修班，历任成都新民报、重庆新蜀报记者、编辑，川康通讯社编辑、副总编辑、总经理。因工作关系，先后结识中共地下党员王达非、杨伯恺、张友渔、杜桴生等，并与王达非等发起组织抗日进步团体中国青年记者学会成都分会。1942年，与杨伯恺、王达非等主办《华西日报》，任总编辑。接纳共产党员和进步人士在报社工作，撰文揭露反动派的黑暗统治，抨击时弊，宣传进步。1944年10月，由杨伯恺介绍加入中国民主同盟，任干事，分管组织建设和成都市民盟组织工作。1946年，在杜桴生的帮助下，与王达非共同创办《成都工商导报》，任总编辑，在报上连续登载反独裁、反垄断、反重税剥削、维护工商业者合法权益的文章。1947年，和盟员蔡梦慰、中共地下党员李伯达等共同创办现代书报社，任总经理，经营进步书刊，向青年传播革命思想。1949年，反动军警在成都进行“六一”大逮捕之后，吴汉家专职从事民盟工作，先后任民盟四川省支部宣传委员兼组织委员，民盟成都市分部宣传委员会主任、秘书处副主任，配合中共地下组织开展学生运动，组织盟员到三台、南充、中江等地农村发动群众，从事策反和迎接解放等工作。

中华人民共和国成立后，任成都市首届各界人民代表会议、首届政治协商会议秘书处副处长，以后相继任成都市人民政府副秘书长，成都市文化局局长，政协第五、六届成都市委员会副主席，政协第四、五届四川省委员会常务委员兼副秘书长，政协第六届四川省委员会副主席，政协第四至七届全国委员会委员，四川省文化局副局长、文物管理委员会副主任委员，民盟中央常委、执行局副主任兼组织部部长，民盟四川省委常委兼宣传部部长、秘书长、副主委、常务副主委、名誉副主委，四川省青联第五届委员会副主席，四川函授大学董事长、凉山大学名誉董事长。

晚年出版回忆录《风雨同舟》，记述中共在四川建立和发展统一战线的历程。此外还为省市文史刊物撰写了多篇文史资料。

1995年11月25日，吴汉家在成都逝世，终年78岁。

曾 笳

曾笳（1917—1999），四川省蓬溪县蓬南乡人。历任中共温江地委副书记，温江行署副专员。

父亲是破产小地主。曾笳性格活跃，善言谈，曾在家乡任小学教员。1938年，在中共四川省委地下党领导人车耀先的介绍下，与蓬南乡两个青年步行前往延安。1939年，任太原分区青委书记，1941年，任县委宣传部长，1947年，任神池县农会主任，开展土地改革工作。1948年，任县委书记，1949年年底，随军南下。中华人民共和国成立后，任温江地委宣传部部长。1952年，任温江地委副书记，兼纪委书记。同年12月，兼任温江地委统战部部长。后又兼任温江地委工矿管理委员会书记。“大跃进”中，分管农业。他痛恨见风使舵、阿谀逢迎、弄虚作假。曾派人到郫县红光公社实地调查，坚持实事求是，反对浮夸风，反对说假话，反对全民大炼钢铁，为此受到处分、撤职。后任行署副专员。20世纪80年代离休。

1999年2月1日，曾笳在温江逝世，终年82岁。前温江地区在世的老干部和各界友人一千多人参加了追悼会。当即有人写了一首题为《哀叹老领导曾笳同志》的诗，分外引人注目。诗云：“曾老伊如苍劲松，高风不与世俗同。为反浮夸呈忠谏，被诬是向党进攻。耿耿丹心为国是，面临风险仍从容。下放农村第一线，为民依然勇顶风。农村产量如实报，公共食堂不推崇。所行深得民称颂，当时潮流不能容。累遭批斗‘肃流毒’，傲雪托霜自凌空。身居劣境心自若，平生豪气贯长虹。景仰高风吊长者，悼词有限意无穷。”

苏维廉

苏维廉（1917—2003），出生于四川省乐山市。加拿大加中友好协会创始人之一，多伦多市加中友好协会主席，多伦多大学副校长。

其父母是加拿大基督教联合教会的传教士，在四川省内传教并协助创办华西协和大学。其父主要负责校内建筑工程建设，被人们称为“苏木匠”。1934年，苏维廉回到多伦多，完成高中学业并在多伦多大学获得行政管理学学士学位。1941年，回到华西协和大学(现四川大学华西医学院)担任会计主任及英语讲师，后担任总务长顾问。中华人民共和国成立后，外籍人士纷纷离去，他自愿留在华西协和大学教授体育和英文，1952

年，返回加拿大。

1973年6月25日，苏维廉偕夫人——多伦多大学社会学副教授、文幼章的女儿雪莱·库克，在中国外交部李恩求陪同下到成都访问，参观四川医学院，看望老朋友。1978年9月，苏维廉率加拿大安大略省加中友协代表团再次访问成都、重庆等地，向四川医学院（现四川大学华西医学研究中心）、西南民族学院赠送图书及花种。2000年，应邀同三个女儿参加华西医科大学90周年校庆。

苏维廉在中国生活20多年，对其出生地及中国人民有着深厚的情谊。他目睹中国人民在旧社会所遭受的苦难，为新中国的巨变及人民生活大为改善感到无限欣慰。然而回国后他看到的却是西方媒体充斥着对新中国歪曲的报道，致使很多加拿大人对新中国产生误解。为促进加拿大人民对新中国的了解，他不辞辛劳，通过演讲、做报告和撰写文章等多种形式，广为介绍新中国取得的巨大成就，并为促进加拿大与中国建立外交关系做出不懈努力。在多伦多大学任职及担任约克大学副校长期间，一直开设有关介绍中国的课程。1972年，作为发起人之一，创办加中友好协会，并连任会长，致力于加中两国人民之间的友好交往，并为中国到加拿大的留学生和访问学者提供许多帮助。

2003年2月4日，苏维廉在多伦多逝世，终年86岁。

张黎群

张黎群（1918—2003），原名黎储力、张佛翔，成都市蒲江县人。历任中共中央纪律检查委员会教育室主任，中国青少年犯罪研究会会长、名誉会长，孔子基金会副会长、中华名人协会副会长。

1934-1936年，在南京中央大学化工系当旁听生，继后上海大夏大学中级部国光机械科攻读。1936年夏，加入中华民族解放先锋队，1937年春，奔赴延安，加入中国共产党，先后在陕北公学、马克思列宁学院学习。1938年年底，调重庆中央南方局工作，任中共成都西北区委书记、成都市青年抗敌协会党总支委员、星芒抗敌宣传团团长。解放战争时期，先后任中共四川乐山地区中心县委组织部长，中共济南市委青委书记兼市委学校党委书记、共青团市委书记。

中华人民共和国成立后，历任中国青年报社副总编辑、社长兼总编辑，中国新闻记者协会常委，团中央办公厅副主任，共青团中央委员、常委，全国青联委员，团中央宣传部副部长，1956年，当选为中国共产党第八次全国代表大会代表。1957年，“反右”运动中，被指责犯了严重的新闻观点错误，撤职下放陕北米脂县，任县委书记处书记。1960年年初，调任中央工业部办公厅副主任。1961年，调任中共中央西南局办公厅副主任兼办公室主任。1965年，任中共绵阳地委副书记。“文化大革命”初期，因写《巴山漫话》专栏文章，被定为四川“三家村”头子、反革命修正主义分子，受监禁达七年之久。1973年，任四川维尼纶厂党委书记兼厂长，重庆市委委员。中共十一届三中全会后，得以平反恢复组织生活。1978年，任浙江大学党委第二书记兼副校长，1980—1982年，调任中国社会科学院青少年研究所所长、党组书记，领导创立中国青少年犯罪研究会。1983年，调任中共中央纪律检查委员会教育室主任。1986年3月，离休后仍发挥余热继任中国青少年犯罪研究会会长，并先后担任孔子基金会副会长、《中华老年报》董事会会长。

他长期从事青年工作，深入开展调查研究工作，组织编纂国家重点科研项目专著《中国青少年犯罪学》，受到各方面高度评价，获“中国保护未成年人模范”称号和“创建、发展中国青少年犯罪研究事业特别贡献奖”。主持创办《中国青少年犯罪研究》杂志，组织编写《青少年犯罪年鉴》，于1998年举办全国首次禁毒教育展览并组织编写《禁毒教育丛书》。曾出版自传《一本未写完的书》和《黎群青年研究文集》。

2003年3月11日，张黎群在北京逝世，终年85岁。

李　均

李均(1918—2005)，山东省昌邑市人。历任中共成都市委书记、市人大主任、市政协主席。

早年放在山东省立济南第一乡村师范学习，1936年3月参加革命，同年加入中国共产党。1938年参加徂徕山抗日武装起义。曾任中共山东省委机要秘书、秘书主任、秘书长，中共鲁东南特委常委、宣传部部长，滨海地委宣传部部长兼山东纵队九支队政治部主任，中共山东滨海区日照中心县委书记，中共山东滨海区滨中地委常委、组织部长。新中国成立后，历任中共华东局组织部干部处处长、中央组织部干部二处副处长，中共鞍山市委常委、组织部部长，中共辽宁省委常委、组织部部长，中科院辽宁分院副院长，中共四川省宜宾地委常委、书记，中共四川省成都市委常委、副市长，成都市革委会副主任，中共成都市委书记、成都市人大常委会主任、成都市政协主席等职。1985年12月，离职休养。

2005年10月3日，在成都逝世。

许梦侠

许梦侠(1919—2004)，山东省冠县人，1919年12月，出生于一个贫苦农民家庭。早年受爱国主义教育和进步思想的熏陶，于1935年6月，参加革命，同年7月加入中国共产党。

抗日战争爆发后，任冠县县委委员。在冠县、临清一带以教书为掩护，从事革命活动。先后担任冠县抗日游击队副队长，范筑先抗日卫队营党支部书记，冠县县委书记兼组织部部长，鲁西区地委组织部部长、地委书记，冀鲁豫区地委书记，冀南地委书记兼军分区政委。在游击区，坚持党的抗日方针和各项主张，发动群众，建设政权，发展中共组织和武装力量，开展“反封锁、反蚕食、反清剿”斗争，建设和巩固抗日根据地，为夺取抗日战争的胜利做出贡献。解放战争期间，任中国人民解放军二野二纵队政治部主任、第十军政治部主任。先后参加豫北战役、强渡黄河天险、千里跃进大别山及淮海战役、渡江战役、进军大西南和成都战役等，为夺取解放战争的胜利做出贡献。

中华人民共和国成立后，历任中共川南区党委委员兼组织部长、川南军区政治部主任，中共四川省委常委、组织部部长，中共四川省委副书记、省委书记处书记兼省委秘书长。他坚决贯彻执行中央和省委的重大决策部署，积极开展“剿匪”“征粮”“反霸”斗争，带领干部群众胜利完成巩固人民政权和发展国民经济的繁重任务。1953年，身患严重的肺病，仍坚持领导全省粮食统购统销工作。长期分管组织人事工作，始终坚持任人唯贤原则，为全省干部队伍建设和党的组织建设做出重大贡献。“文化大革命”中受到迫害，1971年5月，恢复工作后被安排到成都市工作，历任中共四川省委常委、中共成都市委书记、市委第一书记、市革委副主任、主任。工作中，贯彻党中央关于全面整顿的方针，努力恢复正常生产和生活秩序，维持安定的局面，积极消除“文化大革命”带来的负面影响。1976年1月，周恩来总理去世，江青反革命集团借此“批邓倒邓”。1976年3月他和省委书记段君毅被成都、重庆两地造反派挟持到北京“告状”，要其检举批邓“钢鞭”，达到改组四川省委和成都市委的目的。在京被造反派关禁达一月之久，在异常困难的情况下，他不顾个人安危，坚持党性原则，始终刚正不阿，与林彪、江青反革命集团进行坚决斗争，体现了共产党人的浩然正气和革命气节。改革开放后，他坚决拥护中共十一届三中全会的路线、方针、政策，在政治上、思想上、行动上与党中央保持高度一致，为端正党风和社会风气，为全省经济社会的全面发展做出贡献。1979 年 1 月，任中共四川省委书记，兼成都市委第一书记(至同年 12 月免去)、省纪律检查委员会第一书记。1985 年 7 月起，任中共四川省顾问委员会主任，一如既往地关心四川改革发展大业，热忱支持省领导班子的工作。1994 年 12 月离休后，撰写并出版回忆录，把自己毕生实践的丰富经验贡献给社会，为后人留下宝贵的精神财富。

2004 年 11 月 9 日，许梦侠在成都逝世，终年 86 岁。

李香山

李香山(1919—1991) 原名王延安，山东省掖县(今莱州市)人。历任中共达县地委第一书记，中共成都市委第二书记，曾为中共"八大"代表、"十二大"代表。第五届全国人民代表大会代表，中共四川省第二、三届委员会委员，中共四川省委顾问委员会委员。

1937 年 8 月，参加革命，1939 年 8 月，加入中国共产党。自 1940 年 8 月起，先后担任掖县西七区区委书记、双山分区区委书记、南掖二区区委书记、区中队指导员。1945 年 7 月至 1948 年 11 月，历任昌南县委宣传部部长、组织部部长、县委委员。淮海战役期间，担任昌南支前大队大队长、政委、党委书记、华东支前司令部支前干部第三中队党总支书记。1949 年，随西南服务团南下入川，其间，兼任安徽省庐江县县委委员、组织部部长，江西省贵溪专署财政科副科长、粮食局副局长。1949 年 12 月，任中共大竹县委副书记(主持县委工作)、大竹县委书记、大竹县剿匪指挥部和县独立营政委。1952 年，任渠县县委书记、渠县独立营政委，大竹地委委员兼组织部部长，达县地委委员，组织部部长兼监委书记。1953 年，任达县地委副书记兼组织部部长。1955 年 4 月，任达县地委第一书记、达县军分区党委书记、第一政委，工作平易近人，虽然年龄大、工作忙，但他还是挤出时间，不辞劳苦，同广大干部一起参加集体劳动，种植机关蔬菜。“文化大革命”期间，遭受江青反革命集团的残酷迫害，身心遭受严重摧残。1971 年，恢复工作后，继续担任达县地委第一书记、军分区党委第一书记、第一政委。1981 年 10 月，调任中共成都市委第二书记，在主持市委工作期间，按照四川省委要求，在“文化大革命”冤假错案、解放战争起义投诚人员政策落实、知识分子政策落实方面做了许多工作，并积极推进簇桥人民公社政社合一体制改革试点工作和治理城市脏乱差工作。1983 年 2 月，主动要求退休。1983 年 5 月，调四川省委任中共四川省委顾问委员会委员，兼任成都市老龄问题委员会顾问。

1991 年在 3 月 30 日，李香山在成都去世，终年 72 岁。

孙洪道

孙洪道(1919—1995)，四川省南江县大河镇人。历任中共四川省委常委、成都市委第一书记、成都市革命委员会主任、中国人民解放军第五十军军长、陕西军区司令员。

1919 年 12 月，出生于贫农家庭。1931 年 1

月，参加中国工农红军第四方面军。1935年10月，红四方面军红军大学在四川松岗成立，调校部作司号员兼通信员。1938年12月，加入中国共产党。历任八路军第一一五师教导第五旅排长、连长，第四野战军38军营长。抗美援朝期间，任三十八军一一四师三四二团团长，后任一一二师师长。1955年授上校军衔，荣获八一勋章、独立自由勋章、解放勋章。1960年6月，晋升大校。以后相继任第五十军军长，成都军区副参谋长。

1968年，任中共四川省委常委、成都市委第一书记、成都市革命委员会主任。在消除派性，恢复发展生产，维护社会安定方面做了大量工作。1974年年初，按照省委决定关于"三支两军"人员分期分批撤回部队的要求，重新回到部队工作，1980年，任陕西省军区司令员，1983年任成都军区顾问。曾当选为中共第九次、第十次全国代表大会代表。于1984年12月离休。

孙洪道在60余年戎马生涯中，忠于党、忠于共产主义事业。土地革命战争时期，加入工农红军，参加二万五千里长征，转战川西，抢渡大渡。抗日战争中，冲锋陷阵，转战晋察冀、苏鲁皖，先后参加"百团大战"、滨海战役以及陈道口、甲子山、关子堡、安东卫、岭平、诸城等战斗，为夺取抗日战争的胜利立下功勋。解放战争时期，先后参加和指挥四战四平、三下江南等战斗百余次，为取得战役胜利，发挥了重要作用。在战略大决战中，率部参加了著名的辽沈战役、黑山阻击战、平津战役。尔后又横渡长江，转战黔桂滇，参加解放大西南的许多战役、战斗，为建立新中国做出贡献。

抗美援朝战争中，参加一至五次战役和汉江防御战，并亲自指挥著名的戛日岑战斗，为抗美援朝战争的胜利做出贡献。

社会主义革命和建设时期，为解放军的革命化、现代化、正规化建设，建立了新的功勋。十年动乱中，立场坚定，旗帜鲜明，与林彪江青反革命集团进行坚决斗争。中共十一届三中全会后，自觉在思想上、政治上、行动上与党中央保持一致。他襟怀坦白，思想作风正派，艰苦朴素，清正廉洁，对家属子女要求严格，不搞特殊化。

离休后，积极支持和关心干休所工作，热忱教育和帮助青少年一代，讲传统做报告，不辞辛劳，发挥余热。

1995年9月13日，孙洪道在成都逝世，终年76岁。

李　澄

李澄(1920—2003)，原名彭为果。四川省夹江县人，中华民族解放先锋队成都部队的发起人之一。

1929年，其父(著名实业家彭劭农)弃政经商，李澄随父迁居成都。由于父母与许多中共地下党员频频交往，家中实际成为四川地下党的联络点。从小受到革命熏陶，向往革命。青少年时期即参加过一些力所能及的革命活动，如传送信件、探望狱中革命者等。1934—1935年，在四川省立第一师范学校与进步同学胡绩伟、周敏文等组织读书会，学习马克思列宁相关著作，阅读进步书籍。1936年10月，参与发起成立中华民族解放先锋队成都部队，成为第一批队员，先后任小队长，西城区区队长。并以新闻记者身份采访各界人士，撰写文稿，编辑报纸，宣传动员群众参加抗日救国运动。1937年10月，经中共四川地下党省委介绍，去延安学习。1938年2月，在延安入党；同年5月，回四川，受中共川康特委派遣到乐山地区开辟地下党的工作。曾任嘉定特别支部书记、嘉定县委书记、嘉定中心县委常委兼嘉定县委书记。其间，曾在夹江县甘江乡发展党员，建立地下党甘江支部。1939年3月，调回成都，以朝阳大学经济系学生身份作掩护，任朝阳大学地下党支部书记，领导学生开展抗敌宣传活动，矛头直指国民党投降派。同年5月，成立中共成都市外南区委，任区委书记，领导成都外南地区各大学、各工厂职工开展工人运动和学生运动。9月，调任中共川康特委会委员，和韩天石、康乃尔等一起负责四川、西康地区的工人运动和学生运动。1940年4月，国民党当局逮捕地下党四川省委书记罗世文、军委书记车耀先，白色恐怖笼罩成都，根据中共中央南方局的通知，转移到延安，分配到中央青年干部学校学习，任学员第一班党支部书记。1941年4月，调中央研究院中国经济研究室学习，广泛阅读中外经济学理论著作，结合国情开展研究工作。

1945年抗日战争胜利后，党中央号召党员干部到东北开辟解放区。他立即报名参加东北干部队，到东北从事地方工作，建立巩固敌后游击根据地。1947年7月后，先后任安东市委宣传部部长、市委秘书长、市委副书记。1950年朝鲜战争爆发后，代理安东市委第一书记。1951年5月，调任辽东省委办公厅主任。1954年，任辽宁省委建设部部长、辽宁省基本建设委员会主任。1964年，任沈阳市副市长，1980年，任沈阳市人大常委会副主任，1985年，任中共沈阳顾问委员会常委。

2003年，李澄在沈阳逝世，终年83岁。

何雨农

何雨农(1920—1996)，羌族，阿坝州茂县人。曾任四川省人大常委，四川省民族委员会委员，成都地区羌族联谊会会长。

1935年春，参加红军。1936年1月，被选送到“中国工农红军大学”(以下简称“红大”)学习。“红大”毕业后，回到三十一军九十三师任师部测绘训练班班长。1938年，任一二九师师部作战科地图文印股股长。1939年，八路军总部为建立敌后根据地，要求尽快将晋冀豫三省边地连接不起的五万分之一地形图完整连接起来，并将兵要地志调查清楚。他率小分队爬遍太行山，用将近一年时间完成此项任务，刘伯承赞誉他：“不愧是红大的毕业生！”在师直机关党员大会上，被授予优秀党员称号。

1944年秋，陈纳德将军的飞虎队受命轰炸郑州黄河大桥，未能成功，返航途中一架B25坠毁于山西平顺县山中，九名机组人员散落于深山老林之内，三千日兵尾随而来。司令员李达命他前往营救。在当地老百姓配合下，成功营救出飞虎队员。1945年，任豫北军分区第五十四团团长，配合主力部队，接受道清沿线日军投降。

1949年，任二野司令部军政处副处长，随军南下。

1950年1月8日，中央批准十八军进藏，任支援进军康藏司令部参谋长。后任第18军后方部队司令兼参谋长。1955年7月，到北京总后勤学院学习。7月后毕业，回西藏军区任后勤部长。1961年春，到北京高等军事学院学习，毕业后留军事院校任院务部副部长。

在“文化大革命”中受到批斗。后被派往国家科委军管会下属的中国测试科学院任军管组长。1971年2月，调任成都军区后勤部副部长。1983年10月，离休后参加羌族联谊会，任会长，致力于民族文化建设工作。

何雨农先后被授予三级八一勋章、二级独立自由勋章、二级解放勋章、二级红星功勋荣誉章。

1996年8月12日，何雨农在成都逝世，终年76岁。

彭 塞

彭塞(1921—2002)，原名彭为商，曾用名李思聪，四川省夹江县人。20世纪40年代成都学运的领导人之一，曾任中共成都市委副书记。

其父彭劭农是辛亥革命志士，成都著名实业家。彭塞从小受到革命思想教育。1936年10月，在四川省立第一师范学校读书时，与大哥彭为果(李澄)一起参加中华民族解放先锋队。抗日战争爆发后，在校内发展民族先锋队组织，发行车耀先创办的《大声》周刊。1937年秋，同吴雪等组织"旅外剧团"，沿川陕公路步行北上，沿途开展抗日救亡宣传活动。1938年3月，经中共四川省委书记罗世文介绍，赴延安抗日军政大学学习。1939年2月，奉中组部派遣回四川做地下工作，复读四川大学，后转入华西大学哲学历史系读研究生，领导开展本校和成都地区的学生运动。1944年，在中共南方局青委的直接领导下，与谢韬等同志一起，建立"成都民主青年协会"，从事党的地下工作。1945年，到重庆，在八路军办事处接受乡村工作训练后，在洪雅、夹江一带从事农村工作。1946年，调回成都，任中共华西大学党支部书记，从事学生运动。1947年后，先后任中共成都市工委书记、中共成都市委副书记。

中华人民共和国成立后，历任青年团川西区工委第二副书记、青年团成都市委书记、中共成都市委委员、市委统战部部长、市委常委。1957年，在"反右"斗争中受到错误处理，被下放到基层。先后任成都电工器材厂副厂长、成都市科委副主任。中共十一届三中全会后，得到平反纠正。1979年，任四川省医药管理局副局长。1983年，任中共四川省委党史工作委员会副主任。于1990年离休。

2002年2月，彭塞在成都逝世，终年81岁。马识途特撰书纪念辞云："南征北战年华逝，戎马倥偬，正气长虹，阅尽风流在险峰；老来更觉春光好，绵薄全奉，夕照匆匆，留得丹心一片红"。

张 慎

张慎(1928—1998)，成都崇州市人，原姓李，读书时取名继业。曾用笔名"直言"。西南财经大学教师。

幼年父母先后去世，姐弟二人由二伯父照顾生活。初中毕业后，考入省立成都中学。高中毕业考入重庆勉仁学院。大学期间，参加进步学生组织的读书会。毕业后返回崇庆县，在表兄王才秀和进步人士带动下，参加崇庆县第四区王家、崇德、中和等乡地方武装的策反活动。1947年7月，参加党的外围组织"岷江纵队"从事地下工作，改名张慎。1949年11月，到岷江纵队总部负责宣传工作，编辑出版《岷江报》。温江地委成立后，安排在团地委工作，担任宣传部部长。于1952年7月入党。20世纪50年代中期，调地委办公室工作。1956年，因政治历史问题被开除党籍。1957年，到温江县公平乡调研，写出调查报告，反映农业合作化运动中存在的问题，被内定划成"右派"分子，下放温江县清平乡石牛社(万春镇万春村)劳动改造。1958年"大跃进"中，他化名"直言"，三次上书中央，反映温江"大跃进"的真实情况，力求得到纠正。中共十一届三中全会后，落实政策，其问题得到纠正，但是党籍没有被恢复。他一边写申述材料，一边下基层、走农户，了解农情，写调查报告。1979年，借调四川省社会科学院工作。他带着课题到重庆市巴县调研，写成10余万字的调研报告。1981年1月，调四川财经学院农经系任教。著有《平衡论》《牧(农)工商联合企业研究》《农工商一体化与社会主义商品经济》等。于1991年离休。1994年，中共成都市纪律检查委员会经核查，恢复张慎的党籍。

1998年3月24日，张慎在温江逝世，终年70岁。

曾祥发

曾祥发（1929—1996），台湾省屏东县西势村人。中国共产党党员。历任省、市台湾同胞联谊会副会长，成都市客家协会副会长。

出生于农民家庭。在日本统治下的台湾，能考上中学的学生很少，曾祥发小学毕业后，西势村只有他一人被录取到屏东中学。他学习成绩优秀，在同学中有号召力。日本学生经常欺负台湾学生，他看不惯，爱打抱不平，常因寡不敌众被日本学生打得鼻青脸肿。

二次世界大战后，国民政府收复台湾，对台湾民众实行专制统治。1949年2月28日傍晚，以台北缉私烟事件为导火线，引起台北市爆发大规模群众示威游行，很快席卷全岛。他投身到“二二八”运动中，与同学一起到国民党部队的弹药库夺取枪支，赶到屏东市参战。“二二八”起义失败后，曾祥发对国民党益发不满。

同年夏，曾祥发高中毕业，以优异成绩考取台湾大学公费生。他不想在台湾上大学，毅然与杨威理、吕平、林台等17名公费生回祖国大陆求学。为了给家里减轻负担，他到北京师范大学读书。在学校逐步接受马克思主义思想，对中国共产党有了初步认识。继经台盟同学蔡子民介绍，加入了台盟组织。

1951年9月，抗美援朝战争爆发，他响应中共的号召，投笔从戎，入中国人民解放军石家庄第四空军学校任教官，从事地勤工作。1954年8月，自愿到山西临汾一中任教。因教学成绩突出，被评为特级教师。

“文化大革命”中，被诬为反动学术权威、美蒋特务，受到批斗。后被下放到农村劳动改造。1973年，党组织照顾曾祥发夫妇，将他从山西调到成都市第二十四中任教。到成都的数年间，他年年被评为先进工作者。1976年，当选为成都市人大代表、政协委员。1979年，调成都市教育学院任教。

他兢兢业业对待教学工作，取得优异成绩，他的教学经验被推广到全市各校。在教育学院函授班任教期间，撰写论文《应用“讲读法”进行数学尝试》，获四川省教育专业会二等奖。1985年被评为四川省优秀教师，获四川省劳动模范称号。1982年5月，与华西医科大学数学教研室毛正中合作翻译《日文高中数学公式活用指南》；1983年，又与四川大学教授吴素华合作翻译日文《数学的精神、思想和方法》，二书分别由四川人民出版社和四川教育出版社出版。

中共十一届三中全会后，负责省、市台联的筹建工作。他在台湾的同学有的已是政界要人，有的已是大学教授、校长。台湾同学纷纷写信邀他回台定居、任教，被他婉言谢绝。他说：“我受党教育四十多年，信仰已定，我要在内地发挥余热。”他利用在台湾的关系，为祖国统一大业做了不少工作。1985年，在中共成都市委对台工作会议上，他被评为对祖国统一大业做出贡献的先进代表，受到表彰。

任成都台盟支部主委期间，他充分发挥民主党派参政议政的作用，利用自己在台湾的关系开展招商引资工作，为实现祖国的统一，加强大陆与台湾民间来往做了大量工作。在他热心帮助下，部分大陆台胞找到失散40多年的亲人。在台湾探亲期间，得知台北张雪筠22岁的儿子患肾脏病多年，生活不能自理，只能靠透析维持生命；回到成都后，他及时与中医学院联系。得知重庆医院能换肾，且成功率高，当即与台北张先生联系。张带儿子到重庆做换肾手术后，身体很快康复。四川江安一名老台胞因冤案特到成都向台湾同胞联谊会求助，他亲自提笔为该台胞写汇报材料，半月后这位台胞身无分文，他又和几位在蓉台胞一起凑钱，帮助该台胞解决生活困难。

1996年9月14日，曾祥发因车祸去世，终年67岁。

谭绍文

谭绍文（1929—1993），成都市新津县永商镇人。中共中央政治局委员、中共天津市委书记。

1948年，毕业于成都列五中学，考入成都铭贤学院纺织工程系，后转西北工学院纺织工程系学习。于1952年9月毕业，被分配到天津国营第三棉纺织厂任技术员。1953年，任天津纺织工业学校机织科教师、副主任。1955年，加入中国共产党。1958年，任河北纺织工学院教务处副处长。“文化大革命”期间，被下放劳动。恢复工作后，任天津纺织工学院教务处处长，院党委常委。1978年后，历任副院长、党委副书记、院长。

1981年8月，任天津市文教委员会副主任、党组副书记，不久晋升主任。1982年5月，任天津市委常委、秘书长。次年3月，任天津市委副书记。1988年5月，任天津市政协主席。1989年9月，任中共天津市委书记、天津警备区党委第一书记。先后当选为中共十二大、十四大代表。在中共十四大和十四届一中全会上，当选为中共中央委员、政治局委员。

长期主管教育、科技、统战、宣传等项工作。曾主持领导教育结构调整，发展中等职业教育，在高等院校增设急需专业等工作。

工作作风朴实，严于律己，不搞特殊，严格要求子女和身边工作人员，曾说：“我的责任不是帮助自己的孩子，而是让全天津市的老百姓都过上富裕生活。”

1993年2月3日，谭绍文在天津逝世，终年64岁。

王德功

王德功（1923—2005），山西省屯留县人。历任中共温江地委第一书记、中共成都市委常委，成都市十届人大常委会主任，成都市老龄问题委员会顾问。

于1936年12月参加革命，1939年5月加入中国共产党。历任山西省寿阳县教导团战士，决死队组长、班长，排长；太岳军区排长，武工队队员、分队长、指导员、连长。中华人民共和国成立后，先后任华阳县警卫营教导员、武装部长；温江军分区科长、副参谋长、参谋长，副司令员；温江地委常委、书记，地革委副主任，温江地委第一书记，军分区第一政委、党组书记。成都市委常委，市第十届人大常委会主任、党组书记。中共四川省第四届委员会委员，中共成都市第六届委员会委员，第六、七届全国人大代表。1989年12月，离职修养。2005年7月1日在成都逝世。

章文伦

章文伦（1927—2004），四川省达县人。1949年中华人民共和国建立前积极从事争民主运动。1949年后历任中共成都市委统战部部长、政协成都市委员会副主席。

1945年，先后在复旦大学（当时内迁重庆）政治系、四川大学教育系学习。1946年11月，加入四川大学民主协会，任干事，并担任进步社团中国教师社副社长，积极从事追求民主自由的活动。1947年年末，针对当时成都物价飞涨、民不聊生、许多学生生活极为困难的状况，在川大发起并组织帮助贫困学生的“助学运动”，以“要吃饭，要和平，要自由”为口号，实为“反饥饿、反内战、反迫害”口号的另一种提法，旨在动员群众建立反对美蒋的人民民主统一战线。1948年，积极参加四川大学学生冲击蒋介石独裁统治的“四九”运动，血案发生后，主持成立“四九”血案后援会，开展罢课斗争，争取社会各界的广泛声援，迫使当局释放被捕学生。同年4月，加入中国共产党。同年10月，任川西先遣工作组组长，到重庆开展中共地下工作。1950年，回成都，先后担任共青团成都市委联络部副部长、秘书长、宣传部部长、副书记。其间，为做好青少年思想政治工作，曾组织开展青少年违法犯罪问题和街道行业青年情况开展典型调研，调研报告经市委转发，对做好全市近十万待业青年的思想政治工作和安置工作发挥了重要作用。1964年4月，调成都日报社，历任副总编辑、党委副书记，革委会副主任、党委书记、革委会主任，文革化大革命初期，因遭造反派诬陷转移“黑材料”而被撤销成都晚报社领导职务。1977年6月，任中共成都市委副秘书长兼办公厅主任，1982年，任市委宣传部副部长。1983年5月，任成都市委统战部部长。1985年12月，任政协成都市委员会副主席、党组副书记。于1994年3月离休。

2004年3月31日，章文伦在成都逝世，终年77岁。

肖　秧

肖秧(1929—1998)，原名陈铮，成都市金堂县人，祖籍四川省阆中市。青年时期，就读于重庆兼善中学。1944年，在重庆参加学生运动。1946年，在四川省立教育学院数学系学习。1947年10月，在清华大学电机系、建筑系学习，同年加入中国共产党，改名肖秧。1948年，先后在中共华北局城市工作部、北京军管会、北京电信局军事接管组工作。1949年，历任北京玻璃总厂军代表、厂长、党委书记。

1954年，到民主德国硅酸盐研究院进修。1956年回国，任北京玻璃总厂厂长、书记。1966年，在“文化大革命”运动中受到批斗，被下放劳动。1973—1977年，任北京玻璃总厂技术组组长、副书记、革委会副主任。1977—1984年，历任北京市革委公交办副主任、市经委副主任、工业调整办公室主任、电子领导小组副组长、北京市进出口委副主任兼北京经济建设总公司总经理、市外经贸委常务副主任。1984年，到四川省，历任重庆市副市长、市长、中共重庆市委副书记、书记。1992年11月，任四川省副省长、中共四川省委副书记、四川省省长。1993年1月，调任国务院三峡工程建设委员会副主任。先后任第六、七、八届全国人大代表，第九届全国政协委员，中国共产党第十四大代表、十四届中央候补委员。

1998年10月9日，肖秧在成都逝世，终年69岁。

许　川

许川(1929—1991)，江苏省泰县人。中共四川省委宣传部部长，四川省新闻学会会长。

1947年，到山东解放区，在新华社济南分社做见习记者。1949年，随第三野战军渡江解放上海，在《上海解放日报》社当记者。同年8月，参加西南服务团，随刘、邓大军南下四川。1953年加入中国共产党。先后在新华日报、四川日报社工作，历任《四川日报》编辑组副组长、组长、编委、副社长、总编辑。1981年，四川大学中文系成立新闻专业，许川主动到川大给新闻专业本科班讲授《实事求是与党报的党性原则》等课程。1982年年底，调中共四川省委，任省委常委、宣传部部长。1985 年，被聘为四川大学新闻系名誉系主任、兼职教授。提议成立四川干部函授学院，任首位院长。1991 年，当选为全国记协副主席。曾任四川省新闻学会会长、省新闻工作者协会主席。

许川把全部精力奉献给了新闻事业，采写了大量来自一线的鲜活新闻。20 世纪 50 年代，采写揭露重庆百货公司领导严重官僚主义等舆论监督报道及一批重大典型报道，在青年记者中崭露头角。1979 年夏，有报纸公开刊登批判包产到组的报道，时许川主持《四川日报》的新闻宣传工作，坚持在《四川日报》一版显著位置陆续刊出宣传“包产到组、联产计酬”的报道，并在总结这一报道经验时指出，办报不能随风倒，一定要实事求是，坚持实践是检验真理的唯一标准。80 年代初，为改变《四川日报》“稳而不活”的状况，推进新闻改革，许川反复强调“新闻要新要短”“要加强新闻的思想性、指导性，同时也要增加新闻的知识性、趣味性，使报纸办得既有正确的政治方向，又生动活泼”，要求新闻报道“求新而不猎奇，求精而不晦涩，求快而不粗糙，求博而不芜杂”，在编委会的组织推动下，《四川日报》从内容到形式有明显的改进。在中央和省级主要报刊上发表《新时期新闻工作的调查研究》《新时期道德建设与新闻传播》《社会主义商品经济与精神文明》《社会主义商品经济与社会主义法制》《试论社会主义商品经济条件下人们的行为准则》等文章，出版有《探索之声》。

1991 年 3 月 6 日，许川在成都逝世，终年 62 岁。

许川逝世 15 周年之际，其亲属在四川大学文学与新闻学院捐资设立“许川奖学金”。

康仲伦

康仲伦（1934—1991），成都市崇州人。历任四川省轻工业厅厅长、轻工业部副部长。

少年时期到成都当学徒。1952 年 8 月，加入中国共产党。后任川康毛纺厂厂长，参加川康毛纺厂公私合营筹建工作。在厂工作期间，组织研究开发出口产品，获四川省首批纺织工业出口优胜单位奖。后历任乐山地区轻工业局局长，经委、计委主任，专署副专员。1959—1962 年困难时期，负责所在区轻工企业改扩建工程。1978 年后，任四川省轻工业厅厅长。任职期间，深入基层，对省内 500 余家轻工企业进行调查研究，寻求轻工业发展的新路子，提出变资源优势为商品优势和经济优势的战略构想，开展横向经济联合，打破四川轻工业长期闭关自守、自给自足的局面。后调任国家轻工业部副部长，在任期间，深入各地各轻工行业、企业一线开展调查研究，积极推动全国轻工业系统“双增双节”（即增产节约、增收节支）运动，高度重视并切实推动轻工行业企业管理现代化工作。

1991 年，在北京去世。

二、经　济

董竹君

董竹君（1900—1997）曾用名董篑，原籍江苏省海门市，上海市人。著名民主爱国人士，中国早期女企业家。

出生于上海洋泾浜的贫民窟里。1914 年春末，与革命党人夏之时在上海结婚，随后旅居日本。

1919 年年初，夏之时奉熊克武之命率军抵达成都，董竹君亦随后到达成都，先租住猫猫巷（后为将军街）的一座独院，并决心留居，出资一万银元购买下东胜街大院。1926 年，董竹君在桂花巷租房创办飞鹰黄包车公司及织袜厂，由其父母协助经营。1928年，夏之时到上海。董竹君将黄包车公司及织袜厂变卖后，于1929年春举家回到上海。1930年，与夏之时离婚后独自在上海创办群益纱厂，由于资本周转不足，产品无销路，群益纱厂一度难以为继，在时任国民政府考试院院长戴季陶帮助下渡过难关。在此期间，董竹君接触到进步青年、共产党员、左倾文艺工作者，经常参加共产党的政治活动。1932年1月28日，日军进攻上海，董竹君创办的工厂被摧毁。1935年3月15日，她借了2000银元，在上海华格臬路31号租下房子，开创“锦江小餐”，经营川菜，后改作“锦江川菜馆”。1936年1月28日，为掩护地下工作者联络见面，在华龙路租赁82号房屋开办锦江茶室，表面上周旋于上海警备司令杨虎、杜月笙、黄金荣等权贵之间，秘密里帮助、掩护共产党人进行地下革命工作，并资助中国共产党地下组织和革命人士，著名革命家、新中国成立后成为上海市公安局局长的杨帆、以及淞沪警备司令部司令员宋时轮将军等当年都曾受到董竹君的保护和资助。

1937年1月24日，董竹君流亡菲律宾。直到8年后的1945年年初方回到上海，在马浪路377号创办水业印刷所，继续参与共产党地下工作，包括营救多位革命同志，输送进步青年到苏北解放区，资助上海地下印刷厂“协森印务”等。1947年8月，新开办美文印刷股份有限公司，任董事长；后合资开办锦华进出口公司。但物价飞涨，经营形势恶化，至1948年5月，两家公司先后停业。

1949年上海解放后，董竹君继续经营锦江川菜馆和锦江茶室两店。1951年春，上海市委决定，将锦江两店迁移到长乐路39号13层楼，作为招待中央首长、外宾的食宿场所，更名为锦江饭店。 1953年秋，董竹君到北京，受到周恩来和邓颖超的接见。1960年后，迁居北京。曾任上海市第一、二、三届人民代表大会代表、全国政协委员。“文化大革命”初，因历史问题受到迫害，于1967年10月23日被捕，先后被关押在秦城监狱、功德林监狱、半步桥监狱；1973年5月获释，同时恢复其全国政协委员身份及有关待遇。晚年出版长篇回忆录《我的一个世纪》。

1997年12月6日，董竹君在北京逝世，终年97岁。

李泽轩

李泽轩(1902—1991)，成都市蒲江县复兴乡人，养猪模范。

1955年，李泽轩饲养的猪一般能够达300多公斤，猪圈四方只有两三根木杆拦着，群众形容猪像牛一样圈在圈里，一时家喻户晓，名噪全川。《畜牧与兽医》(1954年02期)上记载，蒲江县复兴乡养猪模范李泽轩，他喂猪的饲料，只有野猪草、葫豆叶、红薯叶、豌、葫豆糠、芋荷秆、红苕藤等粗料和少许谷物加工副产品米糠。1954年，《中国农报》第5期刊登四川省农林厅所撰《养猪模范李泽轩改进饲养管理节约粮食利用粗料喂猪的经验》，将他的养猪经验进行归纳总结。是年，四川省人民政府农林厅编纂的《四川养猪模范李泽轩喂猪的方法》，由四川人民出版社发行出版。人们将李泽轩养猪方法称“一根笋”养猪法，在全国加以推广。合作社见李泽轩具有喂猪经验，专门划6分地给他种饲料喂猪。1956年起，李泽轩任大队副大队长，分管农副业生产。当年喂4头猪，最大的重约400公斤，其他几头也在250公斤以上。当时，8个壮实青年用抬棺材用的杠子，将最大的一头猪抬到半边街川康大路上，再用架架车拉着，敲锣打鼓送到邛崃去展览，沿途千百群众争相观看。蒲江县委农工部总结李泽轩喂猪经验，在全县推广。年底，李泽轩加入中国共产党。李泽轩总结买猪经验“白家子脚、狮子头，会吃濉水长边油；嘴巴齐、狮子腰，会吃猪草又长膘”。喂饲时，先喂水牛草拌干胡豆粉和红苕藤，后喂煮芋禾叶加稀饭，猪长得又快又肥。同年，李泽轩出席蒲江县人民代表大会，多次接受省、县新闻媒体采访，各地代表团到李泽轩家里参观学习，《四川日报》大版刊登李泽轩的模范事迹和照片。李泽轩的事迹编成顺口溜在各地表演，流传广、影响大，激发群众养猪积极性。1957年，李泽轩当选为四川省人民代表，被推荐出席北京群英会。

1991年3月，李泽轩在蒲江县逝世，终年89岁。

金广路

金广路（1904—1993），成都邛崃市临邛镇人，出生于小地主家庭。著名光学器材专家。

1921年，在邛崃县中学毕业后，本欲到成都报考军官学校，经在刘成勋部任秘书长的姨夫劝阻，决心到上海读工科，改走科学救国的道路。1922年，考入上海同济大学电工机械系。1925年，上海发生“五卅”惨案，金广路积极参加游行示威和抗日宣传工作。是年冬，同济大学无法进行正常教学，加上生活费无着，只好回到邛崃，先后在小学和邛州联合中学教书。后在刘文辉部一位师长及县教育局局长的支持下，与几位进步同学共同创办邛崃县通俗图书馆，团结了一批城乡进步青年。

1927年，金广路等以通俗图书馆为基地，成立邛崃县农民协会，发动农民打土豪，并创办鼓吹农运的报纸《鹤泪》，宣传海陆丰农民运动，公开提出减租减息、打倒军阀、打倒列强的口号。1929年，刘文辉部驻军镇压农运，杀害革命人士，金广路被迫离开家乡，于1930年重返上海。

同济大学允许他回校复学，可是他毫无经济来源，只好求助于二十四军驻沪代表、曾任邛崃联合中学校长的冷融。其时车耀先正避祸居上海，任冷融的秘书。车耀先慷慨解囊，欣然同意赞助金广路完成大学学业，先后接济他两百个大洋。

1934年，大学毕业后，留校任德籍教授华莱革的助手。1936年，转赴南京军用光学器材厂筹备处工作，筹备处处长周自新曾留学德国，未久即派金广路赴德国学习望远镜制造技术。以后又相继到奥地利学习迫击炮瞄准镜制造技术，到匈牙利学习高射炮弹头的定时引信技术。1939年年初，辗转经欧洲回到昆明。(当时南京军用光学仪器厂筹备处已内迁至昆明)。在他主持下，很快建成中国第一家军用光学仪器厂，金广路任总工程师，于同年6月试制成功中国的第一批望远镜。

1941年，回乡探亲途径成都，得知四川急需磨制光学玻璃的进口金刚砂，一些光学器械厂已停工待料，处境十分艰难。金广路采集许多石头进行对比试验，终于发现农民常用的打火石经煅烧、骤冷、崩裂并碎成粉末后，其性能几与进口金刚砂无异，遂约集几位朋友，在成都创建坚信工业器材厂，主要生产金刚砂等工业材料，从而让四川一些光学工厂起死回生。

1945年，日本投降后，金广路任二十二兵工厂顾问工程师，被派赴东北、天津等地接受日军留下的光学器材和机器设备。可是到东北一看，大部分机器已被苏联人运走。他辞去顾问工程师职务，再赴上海。1947年，上海《申报》刊登消息说，美国人莱乐掌握生产原子笔的绝技，愿意帮中国人办原子笔厂，把莱乐吹得神乎其神，宋美龄极感兴趣，特设宴招待他。在金广路看来，所谓原子笔就是圆珠笔,他对一位校友说:“圆珠笔有什么了不起?我们自己来造,不要让外国人笑中国人无能!”是年底,由资本家郑惠成出钱,金广路在上海建成中国第一家生产圆珠笔的丰华圆珠笔厂,第二年,南京路永安公司开始出售中国人自己生产的圆珠笔。

1951年,中国科学院院长郭沫若亲笔签署聘任通知书,聘请金广路赴京筹建中科院仪器馆。当时上海急需技术人才,坚持留他在上海建筑机械厂任总工程师。两年内,他设计制造了十多种重要的建筑机械,其中配合黄坛口和新安江水电站建设,主持设计制造了高10米、重200吨、时产150立方米混凝土的大型半自动遥控式搅拌楼,以及跨度1000米,吊重20吨的缆索式起重机。有人笑问金广路:“你的胆子怎么这么大?”他答:“国家需要,非干不可。肩膀上有压力,屁股上加鞭子,我的胆子自然就大了。”后又主持设计了上海中苏友好大厦塔顶的巨型红五星及支撑红五星的重达28吨的鎏金钢塔。这颗红五星距地面88.5米,是当时上海最高的建筑物,至今仍在上海夜空熠熠生辉。

1993年,金广路在上海去世,终年89岁。

王彦立

王彦立(1913—1993),又名汪一立、王贵虔,土家族,四川酉阳土家族苗族自治县龙潭镇人。

他出身于工商业兼地主家庭。1927年,到上海考入江湾立达学园读中学。学习期间,与同学举办读书会,参加进步活动,后被当局发觉,被迫离校去杭州躲避。两月后回到上海,改名为王彦立,在暨南大学和复旦大学旁听、自修。1935年,考入复旦大学经济系。在校期间,加入中国民主革命同盟,与康乃尔、李冰洁等一起参加救国会工作。1937年抗战爆发后,上海局势危急,回到成都就读于四川大学经济系。

同年12月,由同学侯方岳介绍加入中国共产党。1938年夏,被任命为中共四川大学党支部书记。同年冬,复旦大学搬迁到重庆,经组织同意,回到复旦大学读书,旋被任命为中共复旦大学党支部书记。

1940年,大学毕业后,经姑父向传义介绍,到四川省银行任三等银行员。一年后,应友人邀请到重庆安康银行任襄理,于1942年,党组织调他去延安,因胃出血未能前往,与党组织失去联系。1944年春,到成都启明电力公司任副经理。不久,与地下党员胡春浦接上关系。并介绍胡到成都启明电力公司关口购煤处任主任。

他任副经理职务期间,启明电力公司早已入不敷出,加之日机频繁轰炸成都,公司仅电线、电杆及电表、电灯的损失即达20万元以上,此时公司已不能正常生产和供电,市区经常停电,商户无灯,工厂停产,引起民众指责,报纸批评。前任经理文藻青辞职后,他升任公司经理。在负债30多亿元(法币)、存炭仅能供给一日使用、职工工资发放困难的情况下,他及时对公司进行整顿,提出“两发”口号:即一要发电、二要发薪。公司职工的工资经调整后,经理、工程师和工人的工资收入差距大大缩小,安定了工人生活,激发了工人的工作热情。同时创办对内对外储蓄会,利息略高于市面,吸收了不少资金。所有存款,大部分用于购买煤炭,从而基本保证了生产。他抽出部分资金调整线路,减少线耗。同时深入车间了解职工疾苦,与职工打成一片。在干部职工共同努力下,公司生产逐步发展。以后,为了解决地下党的活动经费,他又与胡春浦一起开办了小煤窑、煤炭厂、大有字号、群生公司。

启明电厂厂长曾宪武是国民党启明电力公

司的党组织书记，动员他加入国民党。经中共地下党组织同意，他加入国民党，于1946年挂名任四川省政府视察室视察员、四川省警察局专员。1947年，国民党“六一二”大逮捕前夕，他得知消息，深夜赶到胡春浦处报信，此时胡春浦已被特务跟踪监视不能脱身。他冒着生命危险与地下党取得联系，传递消息，并将胡春浦送到安全处躲避。同年10月，胡春浦被捕，继经他多方奔走设法营救出狱。1949年，为配合成都解放，他在中共地下党组织领导下，积极参与策划并购买、保管、运送枪支弹药，支持川康特委在仁寿举行武装起义。同时利用亲戚关系积极开展上层统战工作，促使向传义以四川省参议会参议长的名义，通电四川各县，反对蒋介石征粮。

1950年初，加入民主建国会成都市委员会。在国民经济恢复和发展时期，他团结带动成都市民建和工商联的全体成员遵守政府政策法令、努力发展生产、改善经营，协助税收，推销公债，发动会员捐献钱物救灾济困。1956年1月，又多方促进实现成都市全行业公私合营。中共十一届三中全会后，加强与会员中的“三胞”和海外工商界人士的联系。1985年12月，王彦立率四川省经济代表团赴香港考察，与厚田（国际）有限公司、固有公司、庆成企业公司等20多家公司和企业进行广泛接触和交流。为扩大对外开放，协助“三引进”他大为牵线搭桥。

“文化大革命”后，他多次向党组织申请恢复党籍。经查证，1987年1月12日，中央组织部批复，同意恢复他自1937年12月以来被中断的党籍。

新中国成立后历任成都市电业局副局长，成都市人民政府委员，四川省人民委员会委员，民建中央委员、四川省委副主任委员兼秘书长、成都市委主任委员，全国工商联常委，四川省工商联主任委员，成都市政协副主席，四川省政协常委，四川省人大副主任，全国人大代表。

1993年9月3日，王彦立在成都逝世，终年80岁。

梁永恒

梁永恒（1913—2005），安徽省合肥市六安县人。1949年中华人民共和国成立前为成都汽车运输大户，在成都工商界有较大影响。曾任成都市工商联副主任，四川省工商联顾问，全国工商联委员，政协四川省委员会常委。

幼年丧父，15岁时到钱麻店当学徒。满师后，回家协助祖父经营杂货铺。1934年，到六安县城振兴汽车运输公司做工。1935年，到南京干记汽车运输商行学习驾驶技术。抗日战争爆发后，随车行老板迁重庆。1938年，因老板去世离开车行，与同事合伙购买一辆小汽车在重庆市区经营客运。次年，又与同事合伙购买一辆货车，在成渝路跑运输。1941年，由重庆移居成都，独立经营货运。1945年发展到4辆货车，货运业务由成渝路扩大到川陕路和兰州地区。1946年，组建“通渭汽车运输公司”，任经理。到1949年已拥有7辆货车。1950年，“通渭汽车运输公司”与同行合营，成立“105汽车联营社”，后向公私合营过渡，一直担任联营社常委。1956年6月，联营社并入国营成都汽车运输公司，任副经理。1980年8月，任成都市西城区副区长，1984年4月，任西城区人大副主任。曾任西城区工商联名誉主任委员，政协西城区委员会副主席。1991年3月，任青羊区人大常委会副主任，1993年退休。

民国时期，他是成都汽车运输业大户。中华人民共和国成立后，坚持社会主义改造，由资本家转变为国家干部，在公私合营、认购公债、纳税完赋和爱国捐献等方面都发挥带头作用，在成都工商界具有一定影响力。

2005 年,梁永恒在成都逝世,终年 92 岁。

杨义安

杨义安(1914—1995),誉称“杨百万”,成都市人。私营企业家,有“中国蚊帐王”之称。

9 岁时辍学从商。1978 年 10 月,携子杨祖伟在成都市青年路开始创业。杨义安发现进口的尼龙纱布大都积压在国营企业的仓库里,这些色彩鲜艳的尼龙面料用来做蚊帐既漂亮又实用,而当时市场上销售的都是白色棉纱方顶蚊帐。杨义安买来积压库存的面料,设计并加工制作成红、绿、粉、蓝等各色蚊帐,配上精致的尼龙花边,投入市场后风靡成都,人们誉称其“杨百万”。1985 年,杨义安父子创办杨百万蚊帐公司,成为成都首家注册的私营企业。1986 年 12 月 13 日,在上海市第一百货商店设立“杨百万专柜”销售蚊帐。5 个半月后,蚊帐销售额突破 100 万元,相当于上海市第一百货商店 1 年蚊帐的销售总额。1987 年 7 月 1 日,《文汇报》发表文章《杨百万的挑战》,《人民日报》发表文章《柜中柜》,介绍成都第一家私营企业将生意做进上海国营商店。

1991 年,杨义安与子杨祖伟商量转行,结束蚊帐生意,在成都万年场开一家大酒店,将街头巷尾的露天麻辣烫变成高档的狮子楼火锅大酒店。其后,逐渐向出租车、食品进出口、超市等领域发展。

1995 年 5 月 27 日,杨义安在成都逝世,终年 81 岁。

赵玉书

赵玉书(1915—1992),安徽省和县人。四川化工厂副厂长。

1938 年 6 月,参加革命工作,在新四军历任班长、排长。1940 年 1 月,加入中国共产党。1943 年,在安徽和县军分区司令部交通联络科任科长。抗日战争胜利后,先后任安徽皖江工委会委员、辽宁安东市镇兴区区长。

1949 年,随军入川。1950 年后,历任自贡市第一区区长、自贡市委办公室主任、自贡市财政委员会第一党组书记、秘书长。1956 年 7 月,调任金堂工业区建设委员会副主任,兼党组书记。1958 年调任四川化工厂办公室主任。1959 年任四川化工厂副厂长。1964 年,调化工部驻成都办事处任主任。1975 年调回四川化工总厂任顾问。在川化厂工作期间,赵玉书注重工厂的建设和发展,关注职工队伍建设和青少年教育。于 1984 年 12 月离休。

1992 年 4 月 14 日,赵玉书在青白江逝世,终年 77 岁。

朱宏祥

朱宏祥(1915—1995),浙江省上虞县人。成都印染厂工人出身的总工程师。

幼时家贫,仅上过两年小学,15 岁入上海三友实业社杭州染织工场当学徒。渴望学习,下工后到工人夜校读书。1936 年,经人介绍到苏州大生染厂当技工。“七七”事变后,工厂停办失业。只得回到杭州,靠走街串巷,为市民染衣度日。后与一农村姑娘结婚,不幸妻子未久即因病去世。1939 年 12 月,经上海西南实业协会介绍到重庆染织厂任技工。因印染技术出色,不久被提升为染色部主任。1942 年 8 月,被重庆东禾染织厂聘为主任技师。10 月,被聘为中国纺织公司染整厂工程师。后经同乡董一峰邀请,在成都筹办第一家机器染厂——民康染厂,任厂长。开工投产后,由于花色品种多、质量好,产品深受欢迎,开工半年即赚回总投资的 1/2。抗日战争胜利后,民康染厂的股东将染厂资金大部分转走，使工厂面临倒闭，他和会计陈浩明依靠剩余资金苦苦支撑。1947年，遭受水灾，使民康染厂雪上加霜。经他和陈浩明(时任总经理)四处奔波，终于从建业银行得到贷款，使工厂免遭倒闭。1949年4月，经人介绍加入“民革”。

中华人民共和国成立后，被选为望江区首任居委会主任、区人大代表、区政协副主席。1952年，和陈浩明一起率先向政府申请公私合营，在清产核资中，主动提出放弃定息，做自食其力的劳动者。1953年，参加市民主建国会。1959年，被推荐为四川省政协委员，出席了全国群英会。1961年，从民康染厂转到手工业管理局，后又转到轻工局技术科。1965年，调到新建成的成都染厂任工程师。“文化大革命”中被诬为“反动权威”受到冲击和批斗。

1975年落实政策，重新走上技术工作岗位。他带领一皮技术人员，将该厂20世纪30年代的1台湾辊丝光机改造为悬浮体轧染机，并采用红外线、可控硅等新技术，终将1台即将报废的老旧机器改造为适应现代化生产的先进机器。投产后，值车人员减少40%，产量提高10倍，质量达到20世纪70年代国内先进水平，每年在电耗、劳务、染化料方面节约38万余元。1978年，为解决18×18平布纬向密度缩水质量问题，他提出将半制品按批号堆放一定时间，使之回缩后再进行染色，实践结果，完全达到国家标准。为了增产节约，他会同财务科提出改善经营管理12条措施，仅建议改纳夫妥染色用液化流体代替肥皂一项，每年可节约肥皂4300多公斤。1979年4月，被任命为副厂长，分管生产、技术并兼经管会主任。他重视在生产中改善经营管理，加强成本核算，健全进货制度，避免资金积压。对多年积压的染化料，决不轻易报废，而是经过分析后投产使用，仅棕V盐一种就减少资金占用5万余元。他爱厂如家，精打细算，被职工喻为“好管家”。20世纪80年代初，他在技术人员中倡导学习和推广华罗庚教授的“优选法”，用于染化料配方。对凡拉明兰盐VB处方、保险粉处方进行优选，年节约23万余元，其中4项获四川省“推优”4等奖，该厂成为推广“优选法”先进工厂。由于他的突出贡献，使原本设备陈旧的成都染厂焕发生机，优质产品1977年仅占60%，两年后(1979年)便达到86%以上，并提前40天完成国家计划，年创利税669万元，被授予成都市先进企业称号。

1995年，朱宏祥在成都逝世，终年80岁。

黄少华

黄少华(1916—2001)，山西省稷山县人。成都420厂党委书记、厂革委会主任。

1937年11月，参加革命。1939年6月入党。1941年10月，任鲁南临沂独立团政委、军区后勤部军事科科长。1944年10月，在山东分局高级党校学习一年后任鲁西工委武工队长，鲁南、华东军区军工科科长、作战科科长。1947年，历任大连新建工业公司副厂长、湘西矿务局局长。1951年后，历任株洲282厂、331厂总工程师、厂长，陕西兴平115厂、南京511厂副厂长、厂长。

1962年9月，黄少华调任成都420厂总工程师，主持制订涡喷六发动机试制、生产方案，组织专业干部、技术人员和工人开展“基本功”训练和培训，在“任务重、时间紧、基础差、经验少”的情况下，于1964年8月提前完成涡喷六发动机的零件加工和总装任务。9月，顺利通过试车，10月，通过航空军工产品定型委员会技术小组审查鉴定，10月14日通过验收，涡喷六发动机试制成功并转入批生产。1965年，完成生产151台涡喷六发动机的任务。1966年5月，任420厂厂长,调整精简机构设置,完善管理及核算体制,明确职能职责,推动生产发展。“文化大革命”开始后,受到冲击和批判。1972 年 7 月,重新恢复工作,任 420 厂党委副书记、革委会副主任。1973 年 8 月,任革委会主任,黄少华作为 42 名代表之一,参加并贯彻北京“重点企业汇报会议”精神,为恢复工厂正常生产工作秩序,扭转半停产、半瘫痪的“老大难”局面,做了大量工作。1975 年 3 月,调离 420 厂。

2001 年,黄少华逝世,终年 85 岁。

王国钧

王国钧(1916—1993),成都市人。特殊钢专家,山西太原钢铁厂大型特殊钢基地创建者。

1937 年,毕业于成都石室中学。1938 年,考入交通大学唐山工程学院矿冶系。1942 年,大学毕业,先后在国民政府资源委员会所属的威远铁厂、四川机械公司工作。1944 年,考取留美实习资格,1945 年 5 月,赴美学习合金钢冶炼技术。1946 年冬,结业回国后,到鞍山钢铁公司技术室工作。次年 4 月,任抚顺制钢厂厂长室副工程师。1949 年,参与筹建广州制钢厂。广州解放前夕,该厂关闭,王国钧从香港绕道回到四川。

中华人民共和国成立后,于 1950 年被聘到北京钢铁工业局技术室工作,负责电炉炼钢技术,协助苏联专家到各厂巡视并指导工作。其间编译出版有关电炉、平炉的近代炼钢技术书籍,并获得钢铁工业局工作成绩优良乙等奖。抗美援朝开始后,国家急需特殊钢,于 1951 年 1 月被派往太原钢铁厂,筹建电炉炼钢车间,任电炉炼钢部主任。以后相继任中心试验室主任、太钢副总工程师、总工程师。后为中国金属学会理事、山西省金属学会副理事长,中国金属学会荣誉会员、山西省科学技术协会副主席,全国政协委员。于 1988 年退休。曾获山西省劳动模范称号。

他长期从事特殊钢生产、科研工作。20 世纪 50 年代,为培养特殊钢的专业技术人才,亲自给工人上技术课,并进行现场指导,手把手地传授各种特殊钢冶炼技术。组织创建太钢电炉炼钢车间,主持冶炼工业纯铁、硅钢、枪弹钢和炮弹用钢。为适应国家对特殊钢的需求,组织技术攻关,开发新产品,研制和生产多种新型钢材。1957—1966 年,太原钢铁厂共试制新产品 1539 项。为推进不锈钢氩氧炉精炼技术投入工业生产,与钢铁研究院和北京钢铁设计院共同协作,于 1983 年建成中国第一台工业性生产装置 18 吨氩氧精炼炉,使不锈钢产量大幅度增加,质量提高,成本降低,一年便收回全部投资。主持设计建成国内第一台立式不锈钢板坯连铸机,使不锈钢生产线达到现代化水平。1982 年,太钢生产的炮弹钢获冶金工业部优质产品奖。1984 年,太钢研制的电磁纯铁冷轧薄板获国家优质产品金质奖牌。1985 年,在国防军工协作工作会议上,太钢获得先进单位奖,王国钧获先进个人奖。

1951 年,草拟中国第一部《电炉炼钢操作规程》,经讨论修改后,1955 年颁布施行。编译出版《近代炼钢平炉》《近代电弧炼钢炉》《不锈钢的选用和使用设计手册》,编著出版《电炉炼钢生产程序》《钢材性能》《钢材的规格性能和用途》《我从事特殊钢事业四十年》。1988 年,应邀为《军工冶金卷》撰写“弹用钢材”一章。

1993 年 7 月 4 日,王国均在山西省太原市逝世,终年 77 岁。

李德崇

李德崇(1921—1999),江苏省阜东县人。成都 420 厂党委书记、厂革委会主任。

1940 年 5 月,参加革命工作,历任江苏省阜东县乡文书、区委书记兼乡长、随军工作队队长，安徽省滁县民运部部长、县长、县委书记，沈阳410厂党委副书记，陕西宝鸡212厂党委书记，西安庆安公司党委书记，湖南湘西013基地领导小组成员、副主任。1973年6月，调任成都420厂党委书记、厂革委会主任(1973年8月免去厂革委主任职务)。1977年6月，调湖南长沙第三设计院工作。

由于受“文化大革命”影响，420工厂处于半瘫痪的动荡局面，工作难以推进，职工生活基本靠贷款过日子。李德崇到厂后，着手加强领导班子建设，调整领导班子成员，实施分工负责制，恢复和调整工厂的管理体制，理顺和加强各部门的工作职责，加强生产管理，使工厂的生产和各项工作得到初步恢复。1975年，结合实际开展“工业学大庆”活动，组织全厂“出满勤、干满点、使满劲”的生产大会战，完成上级下达的生产任务，使工厂扭亏为盈。1975—1976年，420厂累计实现利润784万元。1977年5月，420厂被国务院命名为全国工业学大庆先进单位。

1999年，李德崇逝世，终年78岁。

吕璞修

吕璞修(1921—1998)，成都市新津县兴乐乡人，20世纪80年代闻名全国的“冬瓜大王”。

20世纪50年代初期，吕璞修就开始种植冬瓜。他熟悉冬瓜的“脾气”，与冬瓜结下不解之缘。他从野生的冬瓜苗长得特别健壮的现象得到启发，创造腐沤选种法。用这种方法精选的种子，瓜苗茎粗叶壮，尖梢茁壮，结出的冬瓜整齐、个大，每株能保20公斤的产量。他还用在书本上学到的生物聚敛力知识，经过反复实践，发现冬瓜“摘嫩点，多结些；摘老点，少结些”的高产诀窍，待冬瓜刚上粉就采收，一季收三批。在冬瓜病虫害的防治上，他将烂冬瓜或蔬果切成小块，在上面涂上敌百虫糖浆，分散挂在冬瓜架上，吸引冬瓜害虫大实蝇，取得良好效果。他不仅从实践中总结经验，还坚持向书本学习。先后购买两百多本科技书籍，订阅《四川农业科技》《科学种田》《植物保护》等十多种科技杂志。1972年，他种植的冬瓜，亩产1万公斤斤；1982年亩产达1.2万公斤；1983年突破亩产1.5万公斤大关，成为闻名省内外的“冬瓜大王”。

1982年春，参加全国技术承包经验交流会，决心把高产冬瓜技术送到人们手里，让更多的人富裕起来。他首先选择本乡东华村农民王启明家做试点，无偿支援瓜苗，亲自给予指导。这一年王启明家种六厘九毫地的冬瓜，收获695公斤，按亩折算达到万公斤以上。为了鼓励王启明扩大冬瓜种植面积，他奖给王启明20元。为了让更多的社员多一条致富之路，他在全县设立“冬瓜奖”，负责无偿提供技术和种苗，凡冬瓜亩产达到1万公斤的，由他私人掏钱每亩发给奖金一百元。1982年12月31日，四川人民广播电台播出《“吕冬瓜”设立冬瓜奖》的录音报道以后，引起强烈反响，全县有四十多户农民踊跃报名参加“冬瓜奖”活动。1983年3月，为了保证全县报名参加“冬瓜奖”活动的41户农民实现计划，他用几天时间挨家挨户去看了一遍，四天往返里程近300公里。育苗开始前，他又专门为冬瓜种植户举行一次“冬瓜高产栽培和管理”讲座，散发自己编写的技术资料。在他的精心指导下，全县有11户“冬瓜奖”参赛户种植的冬瓜，都获得较大幅度的增产，其中有两户冬瓜亩产达到1.65万公斤以上，获得颁发的奖金。“冬瓜奖”设置以后，全国先后有二十多个省、市、区的一千多人前来或投函要求购买他的冬瓜种子和技术资料，学习他的种瓜技术。1983年4月，江西省金溪县的“冬瓜大王”黄富民得知吕璞修设“冬瓜奖”的消息后，很受鼓舞。他托《江西日报》记者给吕捎信，提出：“如果你的冬瓜达到我的亩产三万五千斤的水平，我也奖给你一百元。”强者的挑战激励吕璞修，他加紧南瓜与冬瓜的嫁接试验，采用嫁接后南瓜与冬瓜根部同时保留的措施，终于获得成功。嫁接苗结的两个瓜，分别达到29公斤和26公斤斤，比不用嫁接法的冬瓜大得多。不久，吕璞修亲赴江西，登门拜访黄富民。在黄富民家中，他看到罕见的七十多公斤的大冬瓜，十分钦佩，并风趣地说：“今天我这个‘小冬瓜’见到‘大冬瓜’了！”他俩一起交流种瓜经验，互换种子和资料。两个“冬瓜王”千里相会论瓜经，被传为佳话。由于在冬瓜种植上取得突出成绩，1984年3月，吕璞修出席全国科协农村科普协会工作经验交流会，成为全国种、养业高产“四大王”之一。《人民日报》以《四大王相会在北京》为题，对其事迹作综合报道。同时，吕璞修被收入四川省社科院出版的《蜀乡状元谱(四川农村专业户列传)》一书。

1998年3月25日，吕璞修在新津逝世，终年77岁。

罗元俊

罗元俊(1921—2004)，成都市人。政协成都市委员会副主席、政协四川省委员会副主席。

1941—1949年，先后任成都智育电影院经理，华瀛、春熙、蓉光电影院，锦屏大戏院董事长、总经理，成都市影剧同业公会理事长，是成都工商界知名企业家。抗日战争期间，罗元俊把影剧院作为宣传阵地，公开放映反法西斯影片和演出宣传抗日救亡的话剧，激发群众抗日热情。民主革命时期，利用自己的经营场所掩护共产党员从事地下革命活动，提供所需经费，为革命做了大量的工作。国民党当局多次对其进行恐吓，派出特务进行骚扰，被迫离家暂避。

1950年秋，赴北京参加全国百家私营企业模范工作者会议。20世纪50年代初，响应党和政府号召，带头参加公私合营，将自己的四家企业无偿地交给国家，并协助党和政府做工商界人士的工作，为成都市顺利实现全行业公私合营，完成私营工商业的社会主义改造做出贡献，受到党和政府肯定。“文化大革命”中，受到不公正对待。曾当选成都市人民代表，历任成都市政协副主席，四川省政协委员会常委、副主席，民建成都市委员会副主任委员，成都市工商联主任委员、成都商会会长，四川省工商联主任委员、商会会长，全国工商联执委，四川省青年联合会常委兼秘书长。

2004年5月1日，罗元俊在成都逝世，终年83岁。

彭觉先

彭觉先(1922—1991)，四川省射洪县人。四川省丝绸公司高级会计师。

1950年，参加工作，1984年，加入中国共产党。历任四川省农业厅(局)计划财务处、国营农场管理处多种经营管理处、四川省丝绸公司计划财务处副处长等职务。历任四川省蚕学会常务理事、四川省蚕学会蚕业经济专业委员会主任委员、四川省丝绸技术经济和管理现代化研究会常务理事，四川省退休干部协会丝绸专业委员会主任、四川省会计学会会长、四川省《丝绸经济》主编。

长期从事财务专业工作，为建立健全全省农业财务会计制度，合理利用农业资金和发挥资料效益，整顿良种场及完善经营管理制度，做了大量工作。中共十一届三中全会以来，深入基层调查研究，探索实行生产责任制后的新问题，撰写大量有价值的工作调查报告。参与筹建四川省丝绸公司。1985年退休后，主持四川省丝绸会计学会工作，创办《丝绸会计》刊物。

1991年1月28日，彭觉先在成都逝世，终年69岁。

叶永泰

叶永泰(1934—1996)，成都市双流县人。水果栽培专家。

1948年，小学毕业后在家务农。1951年参军。1958年，调黑龙江省北大荒农场工作。1964年9月后，先后在蒲江县商业局、供销社工作。后任柑桔栽培技术员，在蒲江农村发展美国脐橙。1984年调龙泉驿区供销社任多种经营干部。由于土壤、气候等原因，龙泉驿此前从未栽种过脐橙。他决心利用自己掌握的脐橙栽植技术，采用引种、育苗、培训的方法，在龙泉引种脐橙，三年内取得可喜成果。十二年来他为发展龙泉驿区脐橙，兴办柑桔技术学校，广泛推广脐橙栽培技术，引进良种接穗40多万株，嫁接苗木62万株，定植脐橙110万株，扶持专业户520户，为果农增加收入210万元。到20世纪90年代中期，龙泉驿区脐橙已发展到6000亩，总产量达1000万公斤。1991年，叶永泰被评为成都市劳动模范，同年被中共四川省委授予“优秀共产党员”称号。1996年叶永泰在龙泉驿区逝世。

裴鸿滨

裴鸿滨(1934—1999)，1934年2月17日出生于辽宁省锦西县，夜大毕业。1951年1月参加工作，于1953年12月加入中国共产党。1959年2月，裴鸿滨从沈阳111厂调到420厂工作。1959年2月至1966年5月，任厂检验科副科长、科长等职，1966年5月至1970年12月，调二分厂任总工程师，1970年12月至1973年8月，任厂质量办公室主任，1973年8月至1976年2月，任厂检验处处长。在此期间，他组织贯彻上级的质量方针、政策、法规和指令。主持质量整顿，组织落实创优规划，产品创优，质量管理优质竞赛。组织工厂各级干部质量培训班，不断推行工厂的全面质量管理工作，效果显著，连续多年军品未出等级事故。1976年2月至1981年4月任厂副总工程师，1981年4月至1983年10月，任厂副厂长，主管工厂的质量工作.此时工厂产品结构开始发生变化，由单一军品生产型向军民结合多品种生产经营型转变。为使质量工作适应生产转轨变型发展变化的需要，提出“质量第一、用户第一、信誉第一”的质量方针，不断推进全面质量管理工作的落实，取得显著效果，获优质产品42项，其中国家银质奖1项，部优2项，部省双优1项。质量工作3次获部同行业优质竞赛流动红旗。1983年10月至1984年10月，任420厂总工程师时，努力抓好总工程师系统的业务建设，开展系统管理，强化职能部门作用。在技术业务管理中抓涡喷十三发动机设计定型的技术基础工作。在民用产品上抓单门电冰箱的技术改造、双门电冰箱开发的技术引进和建线工作以及批量生产中的质量控制，为双门电冰箱的生产上批量、上水平打下良好的基础。1984年10月至1990年10月，任厂长。此时正值工厂军转民过渡时期，军品任务不断下滑，经济效益低下，部分干部和工人情绪低落，队伍难带。为振兴工厂，主持制定“艰苦创业、奋力拼搏、争创一流”的企业精神和“军民结合、以民为主、航空为本、军品不断、三足鼎立、分步实施、一业为主、多种经营、质量第一、注重效益”的四十字发展方针。以此来统一全厂干部和职工队伍的思想和行动。结合工厂改革实际研究制定一系列的政策，在厂内实行

"上综合、下实体、内承包、外联营的方针。推行多种经济模式，各专业厂形成相对独立的经济实体。1989年是公司"军转民"以来最艰难时期，在此严峻形势面前迫不得已采取"分兵突围"的方式进行"分层经营、分灶吃饭"的经营体制改革的探索，充分发挥各专业厂的积极性，使工厂形成开放搞活的局面。他依靠党组织及全厂干部职工，充分发挥各级领导干部、专业技术人员和广大职工的积极性，解决产品开发和试制及生产中的实际问题，抓好"短平快"的产品生产，促进生产计划的完成，基本保证工厂的生存。在任厂长将近6年的时间里，经过艰苦创业，"军转民"成绩显著，使民品产值占总产值的比例由任职前的30%提高到80%。外贸创汇不断增加，电冰箱形成年产20万台的生产能力，并多次获得省、部优称号。"六五"期间和1986年，工厂连续荣获部先进企业称号。裴鸿滨个人于1987年被评为成都市劳动模范和四川省优秀企业家。1990年"涡喷十三/涡喷十三AⅡ"获国家科技进步一等奖。1989年3月，经航空航天工业部高级专业技术职务评审委员会评定为研究员级高级工程师。1990年10月，调离工厂到四川航空局工作。

1999年，裴鸿滨在成都逝世，终年65岁。

赵国庆

赵国庆(1951—2005)，祖籍河北省临城，出生于重庆市永川区。历任中国城市影院发展协会会长、上海东方城市影业发展公司董事长、四川峨眉电影公司总经理，并当选四川省第十届人民代表大会代表、政协成都市委员会常委，民革四川省委委员、民革成都市委副主任、成都市政府特邀监察员。

其父赵文才曾任刘伯承元帅的保健医生。后作为南下干部到永(川)荣(昌)矿务局任党委书记。兄妹五人，赵国庆居长。20世纪60年代，其父调四川省煤炭厅工作，赵国庆随父母迁居成都，就读于百花潭中学。1968年3月参军，成为铁道兵5师24团1营2连的司号员。1973年转业回到成都，分配到成都市第13中学，负责学生工作，当过学校政教处主任、校团委书记，兼管学校电影放映组织工作。1979年，将校办工厂翻砂车间改造为室内电影院，从市电影公司以每部20元的价格租影片到学校放映。除放映老戏曲电影，还及时弄到"文化大起大革命"后刚刚解禁的《刘三姐》《洪湖赤卫队》《瓦尔特保卫萨拉热窝》等影片，由此吸引很多人前来观看，甚至有人在放映厅门外倒票。1983年，又把学校旧礼堂改为可容纳1200名观众的电影院。随后通过关系，揽下一些单位的内部看片，并承担电影公司部分试片任务。每场放映，其中200个座位售票，每票2角，收入40元。那时他的经济头脑已开始引起人们的注意。

1986年筹钱做立体声电影，重新装修学校礼堂电影院，首次放映立体声电影《超人》。预售10多万张票，每票1元，观众多达50万至60万人次。与市电影公司四六分成后，净赚20万元，如期还清各方借款。放映立体声电影在成都产生轰动效应，致使电影院所在的青龙街每天下午5点即交通阻塞。其他影院纷纷效法。是年成都几乎所有电影院都装上立体声设备。其后，赵国庆又利用学校"电化教学大楼"扩展第二个影厅"协和厅"，并将原来的礼堂电影院正式命名为华西厅，成立华协电影城。1988年实行双厅放映后，"华协"创"双厅双百万"的票房成绩。这是四川省电影系统的第一个双百万，为此被中央广电部评为全国先进个人，华协影城也被评为全国十佳电影院。

1994年，由于卡拉OK逐渐普及、游戏机盛行、盗版影碟充斥市场等因素，到影院看电影的人明显减少，整个电影市场跌入低谷。1995 年 10 月，四川省电影公司与中国电影公司联合成立全国第一家以资本联结形式组成的影片发行公司——西南影业有限责任公司。1998 年 10 月，由市电影发行放映公司与四川峨眉电影制片厂、华协影城三方共同成立股份制峨眉电影发行放映公司，赵国庆任总经理。从一开始，两个公司就形成激烈的竞争。2000 年 11 月 3 日，中影公司宣布控股西南影业之后第四天，蛾眉公司老总赵国庆宣布，峨影旗下 11 家影院所有场次票价从 15 元降为 5 元。消息传出，全国哗然。“人民需要电影”“把观众请回电影院”的口号很快从成都传遍全国，当地媒体几乎每小时都在更新电影观众人数，据云“看电影的观众人数比平时增加了 7 倍”，多年未在电影院看过电影的人纷纷在各类媒体发表感言，痛陈高票价把他们关在电影院大门之外。“久违了”，一度成为 5 元票价的代名词。为此，赵国庆在报上发表《关于推行“5 元票价”的一点思考》。从 11 月 3 日降价到 11 日，峨眉所属 11 家影院票房总收入达 64 万余元，观众总人次近 13 万，与降价前 10 天的总票房相比，收入增长 3.6 倍，观众人次增长 6.8 倍。2001 年 4 月，赵国庆获邀赴美国洛杉矶参加亚洲电影节，并到当地两所大学演讲“5 元票价在中国引发的震撼风暴”。他说：“我想了想，决定讲电影与市场。美国人月平均收入二千多美元，一张电影票才几块钱；中国人收入低得多，却要花几十块钱看电影，这不合理。我就去给他们讲，中国为什么要实行 5 元票价。”他的演讲大受欢迎，为此成为美国《时代周刊》的风云人物。顺理成章，他获得“全国电影院十佳经理”“四川省文化新闻人物”称号。

赵国庆曾拍摄《国家主席刘少奇》（获 1998 年度华表奖、金鸡奖）及《我心不死》《中国 1949》《不能没有你》等影片。

2005 年 7 月 13 日，赵国庆在成都逝世，终年 54 岁。

2006 年 7 月 13 日，由四川峨眉电影院线公司、四川电影家协会联合主办“《永远的放映师赵国庆》图书首发式”，以纪念这位电影放映界的斗士。是日，峨眉院线旗下的影城纷纷举办“全天半价”活动，向这位“永远的放映师”表示敬意。

孙大国

孙大国（1955—2005），四川省泸州市人。高级经济师，成都日月发展股份有限公司董事长兼总经理。全国优秀青年厂长。

1974 年进入成都水表厂工作，由于生产成绩突出，1979 年提升为副厂长。1984 年晋升为厂长。上任后提出：科技兴厂，民主办厂，依法经营，诚实守信，创造一流的办厂方针。着手对企业进行配套改革，开展社会主义劳动竞赛和技术革新活动，加强产品质量管理，水表质量达到国内同行业先进水平，工厂产值、利润逐年上升，扭转产品滞销的状况。成都水表厂以 30 万只水表年销量跃居全国水表行业第四位，多次被市、区评为先进企业，由单一生产水表的小厂发展成为以生产成都牌加油机等计量器具为主的股份制企业集团。成都牌 LXS-15E-40E 旋翼湿式冷水水表分别获机电部、四川省优质产品称号，成都牌 J600DY 遥控预置加油机获四川省优质产品称号，成都牌 LY-25 螺翼式流量计、LYS-25 手提式螺翼式流量计均获成都市优质产品称号。

1985 年，孙大国被评为全国优秀青年厂长。1987 年、1989 年两次评为成都市劳动模范，青羊区拔尖人才，三次被青羊区委、区政府授予少城企业家称号，享受政府津贴。连续当选青羊区第一、二、三、四届人民代表。《中国青年报》《经济日报》分别报道孙大国的先进事迹。曾任中国计量协会水表工作委员会副秘书长、副主任委员，中国计量协会加油设备工作委员会委员。

2005年，孙大国在成都逝世，终年50岁。

三、科学技术

张振华

张振华(1894—2005) 女，四川省隆昌县人，博士。成都市人民政府参事。

出生于军人家庭。张振华在父亲教育下，从小就立志发奋读书报效祖国。7岁开始读书，14岁到成都上"官学"，16岁毕业，被聘为隆昌县立女子学校校长。1917年，考入成都女子蚕桑学校，毕业后回故乡任隆昌中学校长。1921年秋，经吴玉章引荐得以赴法国勤工俭学，考入巴黎蒙油久多高级蚕桑学校，毕业之后考入里昂大学。1930年夏，获理科蚕桑学博士学位，被聘为巴斯德学院研究员，主要研究蚕软化病等。1931年，赴英国伦敦国家植物院做半年科学研究。1933年年底回国，先后任意大利援华专家翻译、苏州蚕桑研究所研究员。后相继在浙江大学、复旦大学、四川大学任生物系教授，在全国经济委员会蚕桑改良会任技术教导员。

中华人民共和国成立后，曾任四川省商业学校校长。1956年，被聘为成都市人民政府参事室参事。作为蚕桑专家，她通过调查研究，为市人民政府的工作提供许多建设性的意见，引起有关部门的重视，为成都市蚕桑事业发展做出重要贡献。

2005年11月4日，张振华在成都逝世，终年111岁。

魏时珍

魏时珍(1895—1992)，名嗣銮，字时珍，四川省蓬安县周口镇魏家村人。著名数学家、教育家，四川大学教授。

他的祖父魏鼎是清朝举人，戊戌变法后，转而对康有为、梁启超的维新变法产生浓厚兴趣，对童年魏时珍影响很大。他幼承庭训，博览群书。12岁第一次离家到成都，考入四川高等学堂分设中学，后随丙丁班学生并入成都府中学堂(石室中学前身)，得以与周太玄、蒙文通同班。1912年年底毕业，考入上海同济医工学院(同济大学前身)。1915年，在同济大学电机科预科毕业，留校任德语教员。1919年7月1日，参加李大钊与王光祈、周太玄等人发起成立的"少年中国学会"，提倡科学救国、民主救国。同年末，参加王光祈与陈独秀、李大钊、蔡元培等在北京、上海组织的"工读互助团"。后因学会内部出现重大分歧，"工读互助团"解体。1920年3月，与王光祈同赴德国，入法兰克福大学学习。为解决生活和学习费用，常与王光祈在法兰克福图书馆摘译西欧各种资料，写成专稿寄交京、沪报刊，每篇文稿可得大洋10元。1922年，转入具有"数学王国"之誉的哥廷根大学深造，四年后取得博士学位，成为四川省最早的数学博士，也是当时中国留学生在哥廷根大学获得的最高荣誉。在哥廷根学习期间，他是哥廷根中国留学生会会长，也是最早沟通哥廷根学派与中国数学界联系的学者。1923年，朱德赴法考察军事期间，他是朱德的德文教师，选用的教材是布哈林的《共产主义ABC》和《共产党宣言》。他潜心研究德国古典哲学和文学，提出德国批判主义与中国宋儒程朱理学有相通之处，使中国古典哲学的研究内涵为之一新。此外，他还关注国际最新物理学动态，是最早向国内介绍相对论的学者之一。1926年回国，在上海同济大学任教授。1927年，受聘为成都大学教授，同时在成都师范大学兼课。1940年，广大朝野人士呼吁加强抗战后方的文化建设，成立了川康农工学院，张群任董事长，魏时珍任院长。1947年，改任国立成都理学院院长。1949年该院停办，学生并入四川大学。1951年8月，在周恩来和张澜的关怀下，受聘于四川大学数学系任教授。由于早年参加过"青年党"，"文化大革命"中受到冲击。但他始终保持一个学人的风范，坚持"凡是真实的不必都要说，而你所说的却必须都是真实的"。"文化大革命"结束后，回到川大继续任教。

魏时珍主要从事数理方程、偏微分方程的教学工作。他努力让学生接受最新的数学理念，20世纪30年代，即在国内讲授"偏微分方程""变分法""相对论"等新兴学科，讲课开门见山、条理清晰、重点突出，很快被学界公认为数学大师。1935年，成立中国数学会，当选为第一届理事，并担任杂志编委会成员。他提出，大学专业设置不宜过细，文科、理科应相互渗透，以利于扩大学生的知识领域。就任四川大学理学院院长之初，即向学校建议：数学学院应开设文史课程，文学院、法学院也应该适当开设一些自然科学课程。并特聘四川大学教授彭芸生和历史系教授吴天墀在理学院分别讲授中国古典文学、中国通史。

魏时珍的研究领域并不局限于数学，他对哲学、物理学、教育学等学科，亦每有精深的研究和独特的见解。他撰写的教材《偏微分方程》于1936年由商务印书馆出版，这是中国第一本关于偏微分方程的大学教材，对中国现代数学的发展做出重要贡献。1937年，在《哲学评论》学刊上发表《康德与马克思对话》；1958年，主编《相对论》；1980年，在成都撰著《孔子论》，深刻而全面地论述了孔子倡导仁政爱民、有教无类、礼乐修身的观念。1982年，他在国外的朋友、学生收集他在海外发表的论文，汇总出版《魏嗣銮先生科哲论文集》。

1984年6月，德国哥廷根大学向魏时珍颁发"金禧特别纪念证书"，表彰他在半个多世纪中，为增进中德两国学术文化交流作出的贡献。同年11月，四川大学与四川省、成都市数学会及物理学会，联合为他举办九十寿诞暨执教六十年庆祝会。

1992年6月8日，魏时珍在成都逝世，终年97岁。

刘子华

刘子华(1899—1992)，成都市龙泉驿区洛带镇（原简阳县镇子场)人，后迁平安乡尼姑庵附近(今永远村)居住。著名易学家、天文学家。

幼年家境贫寒，父亲送他进城当学徒，他一心想读书，不久即偷跑回家。后由外婆省吃俭用供他读私塾，以后又送他到在简阳中学教书的姑父处学习。

1919年，通过留法勤工俭学考试，赴法国巴黎。先后在汽车厂、化工厂、油漆厂做钳工、磨工、调漆工，以后又在教堂做杂役和清洁工，在医院做护士兼助理。白天做工，晚上到夜校补习法语。不久考入医学院，并在巴黎工艺科学馆夜校和巴黎大学文学博士班听课。1933年，参加国际学生征文比赛，获特别荣誉奖。课余钻研易学，利用"八卦图"原理，将中国古代天文学和西方现代天文学结合起来进行系统研究，发现太阳系的各星体与八卦的卦位存在对应关系，据此利用天文参数进行计算，证明每一对应卦位所属星体的平均轨道速度和密度均分别为一个密值。经反复运算，终于第一个算出第十颗行星的平均轨道运行速度为每秒1.69公里，密度为0.424克/立方厘米,离太阳的平均距离为74亿公里。按照希腊神话命名原则,冥王星后面的行星应叫"木王星"。后又用多种计算论证了木王星的存在。他用卦理和各星球的天文参数推算太阳系的演化过程,竟与法国天文学家琴斯的太阳系演化论不谋而合。

1940年,经反复论证,写出博士论文《八卦宇宙论与现代天文学》,提交法国巴黎大学,并经审查通过。1940年11月11日,由法国国家科学研究中心资助,出版法文专著《八卦宇宙与现代天文—— 一颗新行星的预测》,在巴黎和西欧各国学术界引起轰动,巴黎的报刊、电台及各国驻法记者纷纷给予报道。其论文受到巴黎大学论文评审委员会主席爱米尔卜勒耶和巴黎天文台台长、法国科学院院长爱斯克朗以及法国天文台台长莫洛等权威人士的高度评价,被英国著名科学史专家李约瑟称为"一本最有价值的书"。他留学法国长达26年之久,于1940年从巴黎大学毕业,获博士学位。

刘子华1945年10月回国,重庆《中央日报》等报纸纷纷刊登他载誉归来的消息。国民党中央文化部部长张道藩在《中央日报》上著文介绍他在天文学上的科研成果,使其成为轰动一时的新闻人物,各大学和学术团体竞相邀请他前往讲演。1946年,简阳县政府函准县参议会之请,奖助天文学博士刘子华50万元。然而其学术成果却未受到重视,在贫困中寄居于成都春熙路青年会,靠亲朋接济度日。

中华人民共和国成立后,刘子华被安排在省人民政府参事室任参事。1981年,路透社、合众社报道美国天文学家发现一颗未知行星,《香港晚报》及时刊登《第一个预测出第十颗行星的是中国人—刘子华》予以纠正。之后,《团结报》《龙门阵》《科技文艺》等许多报刊撰文介绍了他的事迹。省教育厅厅长张秀熟专门致函祝贺并支持其论著出版。1986年,龙泉驿区地方志编纂委员会收集到他的资料后,呈请上级领导向国防科委副主任张震寰将军推荐,受到张震寰的高度重视。1987年,美国宇航局发言人宣称根据先驱者10—11号探测到的数据,第十颗行星的存在毋庸置疑。1987—1988年,《科学报》《天津日报》《团结报》《今晚报》等分别报道刘子华的学术成果。1989年,其著作《八卦宇宙论与现代天文》一书,由四川科学技术出版社出版。

1992年4月1日,刘子华在成都逝世,终年93岁。

1999年9月29日,在刘子华百年诞辰之际,英美科学家根据"先锋10号"宇宙探测器发现"一个新天体正围绕着太阳运行",再次证明半个世纪以前刘子华的预测准确无误。刘子华去世后,其家人编印《刘子华博士纪念文集》和《刘子华百年纪念》画册,成立刘子华学术研究会,继于2005年11月创办刘子华易学网。家乡洛带镇亦为建立纪念馆,并竖立雕像。

张洪沅

张洪沅(1902—1992),字佛宁,华阳县(今成都市)人。中国化学工程教育的奠基人之一。

1916年,考取北京清华留美预备学校。1924年8月,毕业后到美国留学,入加州理工学院化工系三年级学习。两年后再到麻省理工学院深造。1928年1月,获硕士学位,在俄亥俄纸厂任化学工程师,后任麻省理工学院应用化学研究室助理研究员。1930年,获博士学位,晋升为副研究员。于1931年回国,应聘到南京中央大学化工系任教授。1932年,到南开大学化工系任教授,兼应用化学研究所副所长。主要讲授"化工原理""化工计算"等课程。同年发起成立中国化学学会。1937年抗战爆发后,被四川大学聘任为中英庚款董事会讲座教授，先后兼任化学系主任、理学院院长。1939年，在化学系增设化验专修科。1941年，任重庆大学整理委员会主任。次年任重庆大学校长。主持校政期间，大力延揽知名学者担任教授，建立健全各项规章制度，扩大学校规模，由原来的三院(理、工、商)十二系发展为六院(理、工、商、法、医、文)二十一系科、三个研究所，成为西南地区院系比较齐全的综合性大学。1944年，任中国化学学会理事长。中华人民共和国成立后，重庆大学改行校务委员制，任校务委员。1952年，调四川化学工业学院；1956年，调成都工学院，历任化工系主任、名誉系主任。

他在化工科研方面具有高深造诣，对接触法制硫酸的反应速率进行了开拓性研究，并取得有价值的成果。其博士论文《接触法硫酸反应速率的研究》，在前人研究的基础上导出更有工业实用价值的硫酸反应动力学方程式，为接触法制硫酸的工业化和设备设计合理化奠定了理论基础。罗吉尔在所著《工业化学手册》一书中对其研究成果做了转载，并称所得的公式为“张氏公式”。他还参与或主持创办了南开大学、四川大学和重庆大学的三个应用化学研究所。在重庆，他针对战时受日军封锁，某些医用及实验化学药品来源断绝的状况，开展技术攻关，基本上做到药品自给。他坚持执行“科研与生产相结合”的方针，重视面向社会、为工矿企业服务，多次帮助企业分析原料，化验成品，并对与生产相关的问题进行研究、设计，对中国橡胶、制盐、制药、制糖、酿造等行业的发展，起到重要作用。

他的论文《由棉籽废油裂解制汽油》《温度对流体阻力的影响》《芦苇纸浆》《大豆乾酪素之提取》《气液传质》《塔设备》《液–液萃取》《搅拌》等，为发展中国化学工业做出了卓越贡献。他与谢明山共同主编出版的《化学工程机械》一书，是中国第一本用中文编写的化学工程教材；此外还主编出版了《化工原理》(中国第一本化工原理教材)，以及《化工过程及设备教学参考》《化工操作原理与设备》等教材，又与丁绪淮、顾毓珍合编出版了《化学工业过程及设备》一书，成为全国第一本统一使用的教材。他是全国统编教材《化学工程》的主审，曾主持并参加翻译苏联化工专著《干燥作业》，历任《中国大百科全书》化工编委会委员，是《化学工程》杂志创办者之一；是中国化工学会、中国化学会创办者之一，国家科委化学工程学科组成员，四川省科技顾问团顾问，历任中国化学工程学会理事长、四川省化工学会副理事长、名誉理事长，成都市化工学会名誉理事长。政协四川省委员会委员、政协成都市委员会常委，九三学社中央委员会顾问，中央参议委员会参议。

1992年10月28日，张洪沅在成都逝世，终年90岁。

韦焕章

韦焕章(1902—1990)，江苏省无锡市人。造纸专家，工程师。

1925年，入上海圣约翰(沪江)大学攻读政史专业。于1930年毕业后，任教于江苏省立教育学院，主授英文。1935年，报考沪江大学化工系，攻读化学工程。毕业后，到广西大学理工学院任教兼教育处处长。1942年，到重庆，在友人金瀚(留美造纸专家，1949年后任福建西平纸厂总工程师)帮助下，协助同乡筹办长寿纸厂，因故未果。继而加入开源公司，赴乐山筹建正中纸厂，获得成功。1943年，公司派他筹建“宜宾中国造纸厂”。次年，出任乐山正中纸厂副经理，1946年复返宜，任宜宾纸厂工程师兼总务处长。中华人民共和国成立后，被任命为西南造纸公司工程师、宜宾纸厂总工程师。1956年，主持试验和制造喷射式黑液燃烧炉，取代造价高、结构复杂、质量波动的转炉，既降低成本，又减轻环境的污染。轻工部为此在宜宾召开全国造纸工业现场会，充分肯定这一技术成果。1958 年，他主持的“空气湿度对成品质量的影响”研究，其成果被轻工部作为制定国家造纸质量标准的参考依据。1958 年至 1961 年，应邀出任灌县特种纸厂总工程师兼筹建处副主任，研制出电容器纸生产技术，填补国内造纸技术空白。1985 年，主持研究的“机浆筛渣高浓复磨”技术荣获四川省科技进步三等奖。

长期从事造纸技术研究，先后在中国造纸学会会刊、《四川造纸》《云南造纸》《北京造纸通讯》等刊物上发表技术论文、英译文章 50 余篇。曾任中国造纸学会理事、名誉理事，四川省造纸学会副理事长，多次当选为省、市人民代表。1980 年，出任宜宾市政协第七届委员会副主席。

1990 年，韦焕章在宜宾逝世，终年 88 岁。

张文德

张文德(1903—1993)，河北省成安县商城镇张辛庄村人。四川大学化工学院皮革工程系教授，中国现代皮革业的奠基人之一，著名皮革化学家、皮革教育家。

少年时就读于北平汇文学校中学部和预科部。1924 年，考入燕京大学化学系制革科。于 1928 年毕业，留校任助教，从事制革研究和教学工作。1934 年，受聘于军政部储备司所属武昌制革厂，历任技正、工务课长和代总工程师。抗日战争期间，率厂转徙于湖南桃源、沅陵和贵州贵阳等地。1940 年，到成都，奉命组建军政部制革厂成都第一分厂，任厂长。后升任第二制革厂(空军麂皮厂)厂长。1946 年后，先后在南京、广州、重庆等地从事制革技术工作。中华人民共和国成立后，任西南农学院教授、副教务长，教授普通化学和制革学。1953 年，调任四川化工学院，参与制革专业建设，在植物丹宁研究室任教授。1956 年 8 月，张文德接受军委后勤军需生产部的邀请，与张铨到西安皮革讲习班讲学。为中国民主同盟盟员，历任中国皮革学会理事、顾问，林产化学化工学会理事，全国皮革教材编委会顾问，四川省皮革学会名誉理事长、顾问，四川省第一届科技顾问团顾问。1991 年 10 月 25 日，在成都科技大学召开皮革专业开拓人之一张文德教学、科研 60 周年庆祝会。

张文德从事皮革教学、科研 60 余年，在植揉化学、植揉工艺方面做出重要研究。主编《皮革工艺学》《制革化学》《毛皮工艺学》《植物辣质化学》等教材，参与编写《制革手册》，主编《植物鞭质化学与糠料》等教材与参考书，先后发表研究论文 30 余篇。主持《快速植物鞭革研究》《植物单宁组分、结构与裸革性能的研究》等研究课题。

1993 年 12 月 17 日，张文德在成都逝世，终年 90 岁。

熊季光

熊季光(1903—1991)，又名熊季鑫，重庆市江津县人。蚕学家，中国近代蚕业开拓者之一。

6 岁入私塾，14 岁入龙门乡高等小学，17 岁入江津县立中学。1924 年 8 月，考入南京东南大学预科读书。“五卅惨案”和“万县惨案”后，参加南京声援上海工人的罢工活动。1926 年秋，在校参加国民党。同年 10 月，在武汉参加北伐军，任第四军二十五师连指导员。1927 年 2 月，因父病故，回家治丧。后到江津中山中学任教员兼教务主任，讲授政治、经济常识。5 月，在中山中学加入中国共产党江津地下组织。熊季光在学校举行的孙中山逝世二周年纪念大会上，宣传新三民主义的三大政策，因其学生作文抨击当局，被逮捕。

1928年2月,经地下党组织营救出狱,后去南京中央大学(原东南大学)农学院蚕桑系复学。1930年2月大学毕业,任江苏淮阴农校教员兼蚕科主任。1931年8月,回中央大学农学院任助教。1932年2月后,在安徽宿县第四职业中学和贵池县第五职业中学任蚕科主任。1933年7月,抱着“科学救国”的理想,熊季光夫妇二人自费去日本,在九州帝国大学农学部养蚕研究室研修家蚕遗传育种学。于1936年2月回国,任江苏省蚕丝试验场研究部主任。“七七”事变后回四川,任四川省蚕丝改良场技正、原种股主任等,四川大学教授、系主任。1949年后,曾任南充蚕校校长,川北蚕管局副局长,四川农业科学院蚕桑研究所所长,中国蚕学会副理事长,四川蚕学会理事长,省农业科学院蚕桑研究所所长、顾问,全国第一届桑蚕品种审定委员会委员,四川家蚕品种审定委员会顾问,全国人大代表,四川省人大代表,全国政协委员。

熊季光主持四川蚕业科研工作30余年,参与创办四川大学蚕桑系、成都原蚕选种场、四川三台蚕种场。20世纪50年代初,与陶代华、蒋同庆等一道,重新制定四川省家蚕选种和繁育制度、技术操作和鉴定规则,以及监管条例等配套法规。组织南充、北碚、成都、乐山等试验场站,采用纯系定向选育法,50年代中期培育出一代杂交蚕品种“川一×华十”。60年代,应用多雄杂交理论做指导,培育出“川蚕3号”(南6×苏13?蜀13),这是国内首次育成和推广的多元杂交新蚕品种,受到蚕种场、农村、丝厂的欢迎,标志着四川蚕品种的第二次换代,该品种获1978年四川省科学大会奖。70年代,四川蚕研所再育成七字号“781×782?734”等蚕品种,实现四川蚕品种的第三次换代,该品种获四川省重大科技成果三等奖,成为养蚕生产的当家品种之一。蚕品种三次换代,使四川省的养蚕单产提高,总产茧量持续增长。在研究中,首次发现家蚕壁虱病(定名为家蚕虱螨病)。

著有《家蚕品种改良法》,此书是中国家蚕育种新法的早期论著。编译有《蚕病防治手册》,参加审编《家蚕遗传育种学》一书。

1991年7月15日,熊季光在成都逝世,终年88岁。

陈祖阛

陈祖阛(1904—2003),重庆开县西区洪僖寺人,铁路桥梁专家,成都市人民代表大会代表。

幼年就读私塾,课余帮着家里割草、放牛、干农活。后就读临江寺新式小学。1919年,在北洋政府交通部路政司考工科任技师的四爷爷出差成都,返程时将其带到北平抚养。就读于孔德学校学习法文。由于经济困难,后又到京奉铁路丰台工务段一边当实习生,一边随四爷爷的好友杜镇远学习法文。后转入励群学院补习文化课并改学英文。1923年,考入北平交通大学预科免费就读俄文班,毕业后公费就读哈尔滨工业大学。公费不久取消,不得不一面工作,一面学习。用十年的时间,半工半读地完成在哈工大土木工程专业的学习。其间,先后在中东铁路卅六棚工人夜校教算数,在中东铁路局商务处作临时职员,还在东省特别区地方法院当俄文翻译。后来其四爷爷去世,留下寡妻幼子,他又挑起供养四奶奶和小叔叔的担子。

陈祖阛富有爱国心,正义感极强,学习期间参加过北平学生要求“收复旅顺、大连”的游行示威,在哈尔滨参加反日的示威游行。1935年,大学毕业入关。1937年,跟随茅以升参加杭州钱塘江大桥的修建。1938—1940年,先后在湘桂铁路、叙昆铁路、綦江铁路工作。1941年,在西北公路工务局张掖工务总段担任总段长。抗日战争胜利后进入成渝铁路局工作。中华人民共和国成立后，于1951年被评选为全国铁路劳动模范，1952年出席在北京召开的劳模大会。同年，调任铁道部第二工程局推广先进经验科的科长，后又任施工技术处的副处长。曾担任资中工务段段长，主持该段的铁路改线工作。多次徒步勘察线路，对原来的方案作重要的改动，缩短2.3公里。原来的线路有许多桥涵靠沱江太近，路基易被冲刷，又主持靠岸改线的工作，对已经建成的桥涵孔径不足的都增加桥孔，避免水流不畅的弊病。成昆铁路建设中，关村坝隧道出口要修一段运输便道，由于地形的限制，修建十分困难。经过实地勘测后，他建议修建一条700米的隧道通过，加快全线的施工进展。“文化大革命”期间，被打成“三朝元老”“反动学术权威”，从1967年底到1972年夏，被剥夺正常工作的权利，受到迫害。于1973年退休。仍然在局科研室和规章制度改革办公室从事技术总结、制度编写、资料翻译等工作，还为来铁路局工作或考察的苏联专家当翻译，协助局领导在局内开办推广苏联先进经验的学习班，参与组织编写《铁路新线施工手册》《技术管理暂行办法》。在建设西南铁路宝成、成昆等线时，多在开工前组织施工调查组，徒步进行设计文件的审核；而且提出重要的修改意见，使线路有较大的改进。曾获得中共四川省直属机关工作委员会授予优秀共产党员称号。

2003年2月21日，陈祖闓在成都逝世，终年99岁。

丁绪淮

丁绪淮（1907—1990），字导之，祖籍安徽省阜阳县，出生于成都市金堂县淮口镇。著名化工工程专家。

早年在安徽省安庆小学与第一中学读书。1920年，就读于北京清华学校留美预备部。1926年3月18日，参加北京各校学生联合召开的反帝国主义侵略、反北洋军阀段祺瑞腐败政府丧权辱国的群众大会及示威游行。1927年，在清华学校毕业后，赴美国密歇根大学学习，先后获化学工程学士、硕士和科学博士学位。于1933年回国，任北洋工学院化学教授。1939年，任重庆大学化工系教授。1948年，任浙江大学化工系教授。1949年，任南开大学化工系教授，兼任天津大学化工原理教研室主任。1952年，任天津大学化工系教授。1986年，退居二线，仍倾注全部心血关心化工原理教研室和化工系的工作。1987年5月，捐赠1.6万元给学校，设立丁绪淮化学工程奖学金。1989年，获天津大学金钥匙奖。曾当选全国人民代表大会代表、天津市人民代表大会代表，任天津市民盟顾问。

主要从事化工原理及化学工程的教学和科研工作，专于工业结晶和传质理论的研究。早在20世纪30年代就开始研究硫酸镁溶液加晶种并进行搅拌使溶液冷却结晶，观察溶液过饱和度和晶体形成的过程。发现晶种的长大与新晶核的形成这两种过程同时进行，且核化时溶液的过饱和度并非一成不变，而是受晶种重量和粒度、溶液冷却速率和搅拌强度等许多因素的影响，这一发现修正了密尔斯等关于此问题的论点。提出常温下硫酸镁的溶解度曲线及代表该曲线的精确方程，修正多年来惯用的数据。这一系列科研成果使丁绪淮被公认为最早开展工业结晶研究的科学家和该领域的奠基人之一。

20世纪50年代中期，丁绪淮与张洪沅、顾毓珍共同编写《化学工业过程及设备》，是中国第一本关于化工原理课程的全国统编教材。他自编教材，为全系教师开设“传热学”课程。率先在国内为研究生开出“传递过程原理”的新课程，使中国培养的研究生同发达国家的研究生处在相同的知识起点上。撰写《硫酸镁加晶种溶液中的过饱和度与晶体的形成》《从泰和山钨矿中提取纯氧化钨》《逆流和平流加料时多效蒸发器的蒸汽用量和各效蒸发量的计算简法》等论文。合著《化工操作原理与设备》《液体搅拌》，合编《化学工业过程与设备》《工业结晶》等。主持翻译出版国外教材和参考资料《化学工程》《化学工程师手册》、《化学工程译辑》。

1990 年 4 月 23 日，丁绪淮在天津逝世，终年 83 岁。

谢立惠

谢立惠(1907—1997)，曾用名谢柳民、谢伯坚，安徽省无为县人。著名电子学家，曾任成都电讯工程学院院长。

少年时，在伯父谢叔骞、舅父卢伯荪、卢伯龙等同盟会员影响下，立志发愤读书，用科学拯救中国。1927 年，考入中央大学数学系，一年后转入物理系。他以全校安徽籍学生前 20 名的优秀成绩，每学期均获得安徽省政府奖学金；为补贴生活费用，同时在校图书馆整理图书。三年级开始在附近私立中学兼任数学课教师。1928 年，参加“中华自然科学社”，开始从事科普活动。同年参加反对日本帝国主义制造“济南惨案”的爱国学生运动，并加入中国共产主义青年团外围组织大地社。于 1931 年毕业，留校任中央大学附属实验中学数理化教员。1932 年，因参加抗日救亡学生运动受到当局迫害，离开南京到合肥第六女中任教。同年秋，经顾衡介绍加入中国共产党，主要从事交通联络工作，并组织进步学生成立“朝曦读书会”，宣传抗日爱国民主思想，在学生中发展党员。

1934 年，合肥地下党遭到破坏，谢立惠与党组织失去联系。他一面继续做青年学生的工作，一面寻找党组织。1937 年，到重庆，终于与党取得联系。同年担任重庆大学讲师，兼任数理系实验室主任，新建电磁学和无线电实验室。由于教学成绩突出，1939 年，破格晋升为物理系教授。在中共中央南方局书记周恩来及重庆新华日报社社长潘梓年的指导下，参加由进步科学家组成的自然科学座谈会。1940 年春，协助编辑《新华日报》的“自然科学副刊”，普及科学知识，宣传抗日救国主张。1941 年后，在重庆中央大学、重庆复旦大学、重庆女子师范学校、兵工学校大学部兼任教授。1945 年由“自然科学座谈会”发起成立“中国科学工作者协会”，谢立惠任组织干事。1945 年，重庆国共谈判期间，他为《新华日报》修理收音机与收发报机，并将收音机改装成收音与收报两用机，以保证南方局与延安中央的通讯联系。1944—1946 年，经重庆地下党负责人同意，兼任重庆国民政府军令部军事技术室研究员，负责雷达的总体设计。他克服困难，试制雏形雷达，成为中国首批研制雷达的专家。1945 年，参与“九三学社”筹备工作，翌年“九三学社”重庆分社成立，任九三学社重庆分社理事。

1951 年，参与筹建西南师范学院(现西南师范大学)。1952 年，任西南师范学院院长后，坚持在第一线教学，并在物理系新建电动力学和无线电技术实验室。1958 年，任成都电讯工程学院(成都电子科技大学)院长。1978 年，以 71 岁高龄改任副院长，1983 年，任院长顾问。1987 年，任电子科大校务委员会副主任。他是中国科普事业的先驱和中国科学工作者协会创始人之一。历任九三学社中央常委、九三学社四川省委副主任委员、九三学社四川省委名誉主任委员、九三学社成都市委主任委员，九三学社中央参议委员会副主任、全国政协常委、成都市政协副主席、四川省科协主席，四川省物理学会理事长，中国电子学会理事、教育工作委员会副主任，四川省自然辩证法研究会理事长。

他在教学中，先后讲授微积分、微分方程、高等微积分、普通物理、电磁学、理论力学、电动力学、光学、无线电原理、应用电子学、无线电技术、电磁场理论等十几门课程。讲授中采用启发式教学，鼓励学生与教师共同讨论问题，收到良好效果。几十年来，他教过的学生达三千余人，其中不少人已成为国内外知名的专家、学者。

1988 年，国防科工委授予他“献身国防科技事业荣誉证书”。

1997 年 7 月，谢立惠在成都逝世，终年 90 岁。

邓治安

邓治安(1907—2005)，成都市崇庆县(崇州市)集贤乡人。著名水电专家、高级工程师。

1930 年，就读于四川大学物理系。1933 年，毕业回乡，在县立女子中学任理化教员。后在崇庆县城东门外主持修建吕家碾电站。他以电站为实验基地，研究多种形式的水轮机和传动装置，并创造性地采用自己设计的木制水轮机。电站建成后影响很大。在他主持下，县内相继建成几座小水电站。牛皮水电厂建成后，安装 1 台日本制打米机，进行农产品加工，开创崇庆县农村用电、机械加工农产品的先例。他还研究漂白粉、烧碱、氯酸钾等化学工业产品的试制。他不仅是四川早期的“办电”人，还是川西地区最早研制电化工产品的人。

1944 年，大邑县安仁镇刘文彩为解决庄园和文彩中学的照明问题，拟在安仁镇刘家碾修建小水电站，聘请他设计并负责施工。该电站使用他设计的木制水轮机，配德国西门子电机，装机容量 7.5 千瓦，开创大邑电力的先河，结束大邑无电站的历史。

中华人民共和国成立后，县人民政府委派他为北门水电厂经理，着手扩建电厂，于 1951 年新安装 30 千瓦交流发电机 1 台，开创崇庆县使用交流发电机的历史。1953 年，负责西门水电站的设计和施工，该电站装机 2 台，容量 260 千瓦，取代北门水电站，成为中华人民共和国建立初期崇庆县的骨干水电站。

他不仅是川西地区诸多县、市小水电的奠基者、开拓者，也是川西地区小水电的规划者、指挥者，被誉为省内 20 世纪 30 年代水电工业技术革新的先驱和早期“追光逐电”的光明使者。他热心帮助一些农业社修建集体电站，足迹遍布川西地区的山山水水，为开发山区水能资源出谋划策。其中，崇庆县安乐乡胜利农业社电站自筹资金，就地取材，安装转轮直径为 1 米的木制水轮机 1 台，3 千瓦发电机 1 台，不到 1 个月即建成投产使用。后经扩建，装机扩大到 10 千瓦，架设输电线路 5 华里，保证了全乡 30%农民的照明和农产品加工的需要。1956 年，四川省水电厅派工作组对电站的建设管理经验进行总结；同年，水电部为推广小水电站建设经验，在崇庆县举办全国小水电技术训练班，并组织学员到电站参观，1958 年 5 月 1 日的《四川日报》特此做专题报导。在安乐乡胜利农业社电站的影响下，省内外农村小水电站建设取得新的进展。

1973 年以后，曾任四川省青峰岭电站修建工程副总指挥。为表彰他对水电事业的贡献，四川省人民政府向他颁发荣誉证书。

历任崇庆县水利电力局副局长、县人民政府副县长、县人大常委会副主任、县政协副主席、温江地区工业学校副校长、地区工业局副局长，成都市科协副主席，成都市水利学会名誉理事长，政协四川省委员会委员、常务委员。

2005年12月21日,邓治安在崇州逝世,终年98岁。

何伟发

何伟发(1908—1996),浙江省杭州市人。中国科学院成都分院一级教授、学术顾问。历任中国化学会理事、四川化学化工学会秘书长、理事,分析专业委员会顾问、分析测试学会顾问。当选为民盟四川省委常委、顾问,民盟成都市委顾问,成都社会大学校长、名誉校长。

1930年,毕业于苏州东吴大学化学系。1932年,获燕京大学研究院化学系理学硕士学位。初在浙江省立医药专科学校任教,以后相继在上海工部局、中华航空研究所油料研究室、重庆资源委员会油料研究所等部门任工程师、研究员。潜心研究四乙基铅汽油添加剂,使普通汽油变成航空汽油;1938年，完成实验并开始用于Hamh战斗机,1944年，获得国防科学委员会5万元奖励。1942年,由张铨介绍到华西协和大学化学系任教,教授有机化学、液体燃料、高等有机化学等课程。1949—1950年在美国得克萨斯州立大学研究生院进修。回国后,历任华西大学理学院院长,四川医学院副教务长。1958年,负责筹建四川省化工研究所,历任化工研究所长、西南有机化学所所长、分析测试中心主任、《皮革化学与工程》杂志顾问。

编译出版油料丛书十余种，著《油料通论》《动力酒精》《油料常识100题》,与王序合编《药用有机化学》,译著《近代高功率航空引擎及其燃料的几个问题》。晚年与华西医科大学化学系校友捐资设立四川大学华西化学奖学金,以鼓励品学兼优的化学专业学生。

1996年,何伟发在成都逝世,终年88岁。

柯　召

柯召(1910—2002),字惠棠,浙江省温岭县人。著名数学家、教育家,中国科学院院士,中国数学会名誉理事长。

出生于地主兼商人家庭。1926年,考入厦门大学预科，两年后升入厦门大学数学系。1931年,通过考试,转学到清华大学数学系三年级,被誉为“清华五杰之一”。1933年毕业,经陈省身介绍,到天津南开大学数学系任助教。

1935年夏,考上中英“庚款”公费留学生,到英国曼彻斯特大学研究院深造。在导师莫德尔指导下,从事数论和二次型研究,在表二次型为线性型平方和研究中,取得突出成绩。旋应邀在伦敦数学会做报告,这是中国人首次登上伦敦数学会的讲台,受到著名数学家哈代的好评。1937年获博士学位，留在曼彻斯特大学数学系工作。1938年夏,不顾老师挽留,回到正受日本侵略军蹂躏的祖国,受聘为四川大学教授。此时他年仅28岁，主要讲授代数和几何方面的课程。翌年夏,任四川大学数学系主任。1942年夏,因不满川大反动校长程天放在川大的法西斯统治,愤然离开川大,受聘西康技艺专科学校任教授。翌年1月,川大校长易人,柯召于是年夏返回川大,任教授,兼教务长。1945年3月,因故离开川大。同年8月,受聘于宜宾县立中学,任数学教员。1946年,赴重庆大学任教授。1948年,兼任重庆大学数学研究所所长。1952年,任重庆大学数学系主任。1953年秋,院系调整,柯召回到四川大学任教,兼四川大学副教务长。不久升任教务长。1955年,当选中国科学院首批院士。长期担任《数学年刊》副主编、《数学学报》编委。1964年,任四川大学副校长。

“文化大革命”中，受到批斗。1980年，任四川大学校长。1984年，改任名誉校长。是年7月任九三学社四川省委主任委员。1993年任名誉主委。1979—1988年，任九三学社中央名誉副主席，在九三学社的组织和建设中做了大量工作。此外曾任全国人大代表、政协四川省委员会副主席，国务院学位委员会第一届理学学科评议组成员。

柯召长期从事数学教学，热心于培养学生，提携优秀人才，反对论资排辈。认为“大学的设备，不如师资重要，西南联合大学就是证明。它的设备不行，还是培养出杨振宁、李政道等多位杰出学者，其原因是西南联合大学的师资力量很强。”早在抗日战争时期主持川大数学系期间，便注意培养学生的研究能力，定期举办全系学术讨论会，造就不少数学人才。

作为学术带头人和学校负责人，柯召在教学和科研工作中，努力提高教学质量，开展基础理论研究，发展应用数学。在数学基础理论研究方面，20世纪40年代，便解决不定方程中著名的《安道什猜想》。1955年，又带领青年教师和学生，在线性型最大不可表数问题上取得进展，发表一系列论文。60年代初期，他以精湛的方法，解决《正定二次型的类数》；在不定方程方面，突破100多年来未能解决的卡塔兰猜想。他关于方程X2-1=Yn的研究成果，不定方程的卡特兰问题，被英国数学大师莫德尔教授称为柯氏定理，其研究方法被称为柯氏方法。柯氏方法后来被一百多篇论文引用，开辟极值集论迅速发展的道路。在组合数学方面，他与安道什、拉多合作的关于有限集相交的成果，被国际数学界称为安道什—柯召—拉多定理，成为组合论的经典定理。

在数学应用方面，早在50年代初期，柯召就在四川大学数学系提出要发展微分方程、概率统计和计算数学这三个有重要应用价值的数学分支。20世纪60年代初，参加线性规划的推广和应用工作。70年代初，与中青年教师一道，到泸州、广元、峨眉、成都等地推广优选法，并举办讲座。80年代初，又带领数论组的教师从事国防应用数学的研究，开拓数论应用的新领域。

教学中，柯召反对“注入式”教学方法，主张搞教学的人要开展科学研究。他讲课深入浅出，富有启发性，深受学生欢迎。同时重视教材建设，翻译出版库洛什的《高等代数教程》、马尔采夫的《线性代数学》、甘特马赫尔的《矩阵论》。主编有《高等代数教程》《线性代数学》，为各大专院校数学系普遍采用。1981年，与魏万迪共同编写出版《组合论》(上册)；1987年，与他的学生孙琦教授合作出版《数论讲义》。曾任《四川大学学报》(自然科学版)主编。1999年，获何梁何利科技进步奖。

柯召长期担任重要的社会工作和行政职务，仍不断写出高质量的论文。他非常善于利用时间。二十世纪五六十年代，常在火车上构思论文。1974年，被自行车撞伤，不得不卧床两个月，而那份著名的组合论讲义，便是养伤期间在病榻上完成的。1990年4月，《四川大学学报》(自然科学版)为庆祝他80寿辰出版专辑，发表献给柯召80寿辰的论文38篇，其中包括爱尔希特、格雷厄姆、王元、陈景润等一批国内外著名数学家撰写的优秀论文，充分表明全球数学界对他的敬重。

2002年11月8日，柯召在北京逝世，终年92岁。

王昌邦

王昌邦(1909—1997)，湖南省醴陵县楚东桥龙源冲人。铁路勘测设计专家。

1922年，考入湖南长沙工业专门学堂附中。1925年，参加国民党。1927年，长沙“马日事变”后，脱离国民党，回到乡下。1930年，考入湖南大学土木工程专业。于1934年毕业，先后在浙江水利局、四川公路局就职。1937年，到湘桂铁路工作，先后在天成铁路、宝天铁路任帮工程师。1943年调入中华民国交通部，任副工程师。1945年，赴美国，在美北太平洋铁路实习。1946年，实习归来后到贵州，参加黔桂线的修建，任工务组施工股长、特种工程队队长。

中华人民共和国成立后，进入西南铁路工程局，先后任副分队长、分队长、勘测科科长。1950年，调往铁道部贵阳第二勘设总队，任勘测分队长，参加川黔铁路跨越娄山山脉的踏勘。1963年，担任铁道部第二勘测设计院勘测处副总工程师。在历次政治运动中受到冲击批斗。

从事铁路勘测设计工作50多年，先后在鹰厦铁路和西南各主要铁路干线的建设中发挥作用。在川黔铁路建设中，蒙渡至楚米铺间翻越凉风垭路段地形地质极为复杂，20世纪50年代初，援华的苏联专家认为凉风垭越岭线路要通过的溶洞发育地区是修建铁路的“禁区”，该方案行不通，需要绕开200多公里另选方案。王昌邦在勘测资料的基础上进行多方论证，说服苏联专家，方案得以采用，为国家节约工程投资500万元，且提高线路标准。在成昆铁路建设中，沿金沙江行走的低线方案因其地质情况复杂被苏联专家称为修筑铁路的“禁区”而予以否定。王昌邦对方案再次进行勘察，提出低线方案，并针对不良地质条件提出相应的处理措施。经研讨论证后，低线方案获得采用。工程建设中，任成昆铁路北段(成都至西昌)现场指挥部线路专业的总体设计负责人。成昆北段的乌斯河至泸沽间为峡谷越岭地段，地形地质条件复杂，为中外铁路建设所罕见。王昌邦与工程技术人员一起深入现场，找到较理想的越岭垭口，确定线路方案。为在短距离内克服巨大的高差，以及绕避不良地质地段和满足越岭隧道条件的要求，设计出著名的“乐武展线”“白果至乃托展线”“韩都路展线”和“两河口展线”，这4处展线被誉为技术与艺术的巧妙结合体。在贵昆线的选线设计中，提出充分利用乌蒙山北的较好地形，将越岭隧道的位置西移，以较长的隧道穿越，该方案取直线路，缩短20公里，节省大量的桥隧工程，改善线路条件。

于1972年退休后，撰写技术论文和铁路选线心得体会等文章20多篇。90年代初，规划修建南昆铁路，王昌邦多次寄函到“南昆铁路指挥部”提出自己的想法，阐述南昆线与贵昆线各接轨地点的优劣，提出对不良地质地段的病害整治办法。1990年，建设部授予王昌邦“中国工程设计大师”的称号。

1997年2月26日，王昌邦在成都逝世，终年88岁。

李　汶

李汶(1909—2002)，江苏镇江人。西南交通大学教授，享受国务院政府津贴专家。

1927年，插班考入唐山交通大学预科，1929年，升入本科。“九一八”事变后，全国掀起抗日高潮，他与同学们一起走上街头宣传抗日，并为唐山工学院附近无钱上学的孩子义务教学。1933年，毕业后留校任助教。1936年，晋升讲师，1941年，升副教授，1944年，升教授。中华人民共和国成立后，任教研室主任，先后教授画法几何、工程制图、材料试验、房屋建筑等课程。1979年，任校图书馆馆长。他是中国建筑学会、中国建筑师学会和中国铁道学会会员。曾任《中国铁路辞典》编纂委员会副主编，四川省高等学校教授、副教授职称评定委员会建筑与测绘学科评审组成员，九三学社西南交大支部主任委员。

李汶热爱教育事业，教学中严格要求自己和学生，坚持不懈地改进教学方法，总结教学经验，做到有针对性地授课。在教学中推广仿宋字作为工程字，促使中国工程界广泛采用仿宋字为图纸上的标准字体。

1986年退休后，被聘任为学校教学质量评估专家组成员、校史编辑委员会副主任。1988年，李汶与范文田教授组织本校九三学社讲师以上教师，承担攀枝花金江实验大学土木建筑专业的教学工作。他不顾80高龄，亲上讲台讲授画法几何和工程制图课，为偏远山区培养专业人才。曾参与成都市建筑学会举办的“新一代住宅优秀设计方案”评选工作，任评委会副主任，后又担任四川日报社新闻大楼、成都市“8211工程”等设计方案评委会评委。

2002年2月14日，李汶在成都逝世，终年93岁。

肖　伦

肖伦(1911—2000)，成都市郫县德源镇人。著名核化学家和放射化学家，中国科学院院士，“两弹一星”元勋之一，放射性同位素事业开创者之一。

其父是清末举人，家学渊源深厚。不到十岁便写出数百字的《秦始皇论》，开始显示出他非凡的天赋和智力。1926年，考入成都大学理预科。1933年，赴北平考入清华大学化学系。于1939年毕业回到四川，先后应邀在内迁成都的金陵大学和金陵女子大学讲课。1947年，赴美留学，就读于美国伊里诺大学，先后获硕士和博士学位。1948年，任伊里诺大学化学系助教；1951年，任物理系副研究员；1952年，任美国矿务局物理化学家。1955年回国，先后任北京大学技术物理系教授、北京原子能研究所研究员、同位素制备研究室主任、同位素生产研究部主任、中国科学院物理研究所第五研究室组长。1958年，在他的带领下，成功试制出33种放射性同位素，促进中国和平利用原子能新时代来临。1960—1966年，任中国原子能研究所第十六研究室主任，主持指导代号为502、503的两项绝密研究任务，为中国成功爆炸原子弹和氢弹做出贡献。1978年，肖伦荣获全国科学大会奖。继于1980年被增选为中科院学部委员(后改称院士)，并当选为第五届全国人大代表。此后又连续获得包括何梁何利科技进步奖在内的诸多奖励和荣誉。历任中国核工业总公司科学技术委员会高级顾问、中国原子能科学研究院研究员、国家同位素工程技术研究中心名誉主任、中国化学会理事、中国核学会第一届常务理事、中国原子能农学会副理事长、中国同位素学会理事长、中国科学院化学部学部委员。

他一生致力于放射化学和同位素研究。在美国留学期间，在保健物理、物理化学的研究中，发现新的放射性核素钽-183、钽-185和钨-185等，由是享誉美国化学界。在从事表面化学研究工作中，发现非离子型洗涤剂在水溶液中带正电的现象。回国后从事放射化学方面的研究和教学工作，是中国人工放射性同位素事业的奠基人。1956年，在北京大学任教时，最先在国内讲授《放射化学引论》。1958年以后，长期从事民用放射性同位素研究、开发、生产和应用，如人指甲、中药的中子活化分析、标记受体显像剂等；在特种军用放射源及氢弹原料氚的研究中，开发制备和提取浓缩氚的技术，为中国热核燃料的开发工作奠定基础，获核工业部颁发的“做出贡献荣誉证书”。改革开放以来，原子能科研院同位素研究所在他的指导下，取得科研成果近千项，并建成规模宏大的国家同位素工程技术研究中心。

已发表的主要论文有《铌–99、钽–185、钨–185 的放射性丙种射线导致新的放射性同位素》《放射性生长系统学的研究》《南极洲冰样中微量元素的仪器中子活化分析》等。出版专著《放射性同性位素技术》一书。曾担任《核化学与放射化学》杂志副主编。

他热心培养中青年科技人员，对他们寄予希望。他在一首诗中写道："君子等前坐，搔首自漫吟。有子事未足，无官身不轻。事业惊天地，勋名贯古今。老夫未做到，且待后中青。"晚年回顾自己的一生，欣慰地说："吾毕生致力于科学救国且又认真实践故无愧于此生。"

2000 年 11 月 15 日，肖伦在北京逝世，终年 89 岁。

杨鸿祖

杨鸿祖(1911—1996)，字纯夫，成都市人。著名薯类专家，中国薯类作物育种的开拓者。

出生于四川省德阳。本姓黄，后过继到舅父家，改名杨鸿祖（"文化大革命"中将"鸿"简化"洪"）。1928 年，考入成都大学理科预科，1930 年，转入天津南开大学理科预科。1932 年，考入南京金陵大学理学院选读医学预科。后转入农学院园艺系，选择植物专业作为辅系。1936 年夏，完成论文《人工授粉对西洋梨结实率的影响》，获学士学位。曾任四川省稻麦改进所技佐，负责四川省甘薯和马铃薯的科研工作。收集全省甘薯农家品种 143 个，从中选出产量较高的"广东茗""绿叶洋红"两个甘薯品种和"彭县大白芋"马铃薯品种，供生产上种植。1938 年，到美国明尼苏达大学研究生院留学，以植物遗传系为主系、园艺系为辅系攻读硕士学位，学习遗传育种基础理论和研究甘薯、马铃薯育种。1939 年夏，随导师克兰茨到明尼苏达州北部的马铃薯杂交育种场实习；年底，顺利地通过《马铃薯实生苗家系在温室条件下及在大田情况下反应之间的相关性研究》论文答辩，获科学硕士学位。归国前专程到美国南部路易斯安那州立大学，向薯类遗传育种家 J.C.米勒学习人工促进甘薯开花结实的理论和技术，带着美国农家甘薯品种"南瑞苕"和"普利苕"回国。

1940 年年初，回国后，在四川省农业改进所任技正。历任中央农业试验所技正，兼任华西协合大学理学院、四川大学农学院、铭贤农工学院教授。中华人民共和国成立后，在四川省农科院作物所等单位工作。曾任技正、教授、副总农技师、研究员、副系主任、副所长等职。"文化大革命"中，受到不公正待遇。1978 年，恢复副所长职务。1984 年，加入中国共产党。历任"六五"四川省甘薯攻关组组长，"七五"攻关领导小组顾问，国家科委"六五"攻关甘薯、马铃薯项目专家组成员，四川省科技干部技术职称评定委员会委员，四川省科委技术顾问团农业组顾问，中国作物学会甘薯专业委员会名誉主任、马铃薯专业委员会顾问，四川省农学会副秘书长、四川省作物学会副理事长，国家和四川省薯类评审委员，四川省科技顾问团农业组顾问、《作物学报》编委等。于 1987 年 11 月退休。杨鸿祖是第二、三届四川省人大代表，第三届全国人大代表，第五届、六届全国政协委员。1956 年，被授予四川省先进工作者称号，1979 年，被国务院授予全国劳动模范称号和奖章，1991 年，被批准享受政府特殊津贴。

从事薯类作物育种工作 57 年，一直主持甘薯、马铃薯良种选育工作。1940 年，引进甘薯品种"南瑞苕"，进行驯化栽培和鉴定比较。1944 年起，在全省示范、推广"南瑞苕"，撰写《甘薯良种南瑞苕》《甘薯贮藏》等文章进行宣传；同时组织有关单位的科技人员到现场观摩。“南瑞苕”成为20世纪50年代四川甘薯生产上栽培面积最大的主栽品种,年最大栽培面积达1312万亩;在西南各省和长江下游地区也有一定的分布。经长达50余年的栽培,“南瑞苕”累计面积达2.5亿亩以上，被全国甘薯育种家公认为最佳杂交亲本之一。杨鸿祖首先把人工促进甘薯开花结实技术用于育种实践,并获得成功,1943年,以《促进甘薯开花结实之初步报告》为题在国内发表,是国内第一篇关于甘薯有性杂交的论文,为国内早期开展甘薯有性杂交育种提供手段。1947年育成马铃薯良种“292—20”,至20世纪60年代,成为黑龙江、内蒙古、晋北的主栽品种。1954年,选育出高抗晚疫病的马铃薯良种“巫峡”。高产红苕良种“红皮早”推广应用于生产,1978年,获四川省科学大会奖,并在四川省农科院先进工作者大会上被授予奖旗和一等奖金。1979年,“红苕一条龙经验”获四川省重大科技成果一等奖。1980年,育成高产、适应性广的甘薯品种“川薯27”,该品种在1983年获四川省重大科技成果二等奖。每年栽培面积均在200万亩以上,1988年高达463万亩,10年累计种植2400万亩左右，增产原粮5.75亿公斤。1977年,选育出甘薯良种“胜南”,在1989年获四川省科技进步三等奖。“提高甘薯育种效率的实用技术体系”获1992年农业部科技进步二等奖。

主要论著有《四川省薯类作物之改进》《甘薯贮藏法》《国外马铃薯抗寒育种（综述)》《甘薯的形态结构》《中国马铃薯生产事业的历史概述》等。主编编纂《全国马铃薯品种资源编目》《中国主要马铃薯品种性状描述》《中国甘薯栽培学》及《中国农业百科全书——农业作物卷》薯类作物分支等专著。杨鸿祖的事迹先后被《中国现代农学家传》《中国现代科技专家传略》《中华群英录》《中国当代名人录》《中国科学家大辞典》及英国剑桥国际传记中心出版的《澳大利亚及远东名人录》《国际知识分子人名录》等传记纳入卷内。

1996年9月3日,杨鸿祖在成都逝世,终年85岁。

周晦若

周晦若(1912—1993),江苏省宜兴县杨巷镇人。四川省丝绸工业研究所总工程师、高级工程师。

早年毕业于日本东京高等蚕丝学校。于1937年回国，在四川丝业公司工作，历任技术员、业务主任、股长、丝厂厂长等职。1938年,受丝业公司委派,与熊子昌、李科进等在南充主持开办为期一年的蚕丝短期学习班，培训学生60余人。次年,参与在南充、三台、西充、阆中、北碚等地举办初中程度的蚕丝技术训练班。1943年,四川丝业公司建立副产品实验工厂,周晦若任厂长,从手纺机到利用棉纺机改制成土织机,将丝厂的下脚料利用起来加工丝绵丝。

1953年，参加中国农工民主党;1983年,加入中国共产党。周晦若是省内农工丝绸支部的奠基人之一。曾任中国农工民主党四川省委第六届、第七届顾问。1982年,周晦若与熊季光、韩惠卿等建议将成都纺织工业学校恢复为成都纺织工业专科学校。1984年12月,四川省政府批复,正式同意成立成都纺织工业专科学校,仍保留成都纺校。历任全国人大代表、政协委员,西南蚕丝事业管理局计划科长、试验室主任,四川省高级蚕丝学校、成都纺织专科学校教师,四川省轻工业厅蚕丝公司筹备处工程师，四川省轻工研究所、四川省纺织工业研究所工程师,四川省丝绸工业研究所总工程师，中国纺织工程学会理事、副理事长,中国农学会理事,中国丝绸协会理事、顾问，全国桑蚕品种审定委员会委员，四川省蚕学会理事、顾问，中国近代纺织史编委顾问，《中国大百科全书》丝绸篇副主编，《四川丝绸》杂志主编等职。

1993 年 8 月 22 日，周晦若在成都逝世，终年 81 岁。

陈志平

陈志平(1912—1998)，台湾新竹人。畜牧兽医研究员，享受国务院政府特殊津贴专家。

因痛恨日本侵略者的压迫、奴役，于 1931 年从台湾到上海。1935 年，毕业于上海兽医专科学校，在上海商品检验局任职。抗日战争时期入川，任四川省家畜保养所技正。1939 年，到华西协合大学理学院农学系任讲师、副教授、农学系主任，教授畜牧兽医学。20 世纪 40 年代初，陈志平接替华西大学农学系主任丁克森职务，购买其 3 头试验奶牛(荷兰牛)，腾出家里的 4 间铺房用作改良奶牛的试验场地。1947 年，在美国密执安大学研究院微生物系学习，1949 年，获硕士学位，同时在该校外文学院教授日文。回国后，任华西协合大学生物系教授兼四川大学农学院教授。陈志平将 14 头良种奶牛无条件捐献给西南农林部，对成都奶牛事业发展做出贡献。1952 年，陈志平任农业部成都兽医生物药品厂监察室主任。1964 年，任四川省畜牧兽医研究所所长、研究员；1984 年后，任名誉所长。曾任全国政协委员，成都市政协副主席，成都市人大代表，成都市台湾同胞联谊会会长，四川省台湾同胞联谊会副会长，中国农学会、中国畜牧医学会理事，顾问，四川省畜牧医学会副理事长。

从事畜牧兽医教学、生产、科研工作 60 余年，在国内外学术界影响广泛。首次在四川确诊耕牛日本血吸虫病、乳牛的 Baher 氏虫病，首次发现免粘液瘤病、鸭瘟、小白鼠绦虫、蛲虫等寄生虫病。在调查和防治省内传染病、寄生虫病，研究制作疫苗等方面有重要贡献，曾获四川省政府科技成果三等奖。发表有《乳牛的妊娠分娩及发育》《乳汁内肠细菌之研究》等论文。撰著《人畜共患传染病》《蚯蚓养殖技术》等专著。

1998 年，陈志平在成都逝世，终年 86 岁。

任　朗

任朗(1913—2005)，原籍山东蓬莱市，辽宁省沈阳市人。电磁、天线专家和教育家，享受国务院政府特殊津贴专家。

1931 年 8 月，考入天津北洋工学院预科学习。1931 年“九一八”事变后，与众多同学卧轨拦火车去南京请愿，呼吁抗日救亡。1933 年 8 月，入北洋工学院土木系本科学习。同年赴上海报考交通大学，被录取入电机学院。1937 年 7 月抗日战争爆发，其时任朗刚从上海交大电机学院电信专业毕业，毅然到国民政府军事委员会工作。曾任无线电教员、工程师和技士。1944 年，公派赴美留学，次年取得美国哈佛大学科学硕士学位。同年 10 月，开始在哈佛大学攻读博士学位，获得哈佛大学奖学金和华美协进社奖学金。1946 年通过博士初试，并完成博士论文的理论部分。其时尚未做完实验，惜因留美期限已到，只好归国。回国后先后任上海沪江大学物理系教授、系主任兼上海交通大学电信研究所教授。

中华人民共和国成立后，于 1950 年 8 月调任交通大学唐山工学院电机系教授、系主任。1952 年，全国高校院系调整，唐山工学院改名唐山铁道学院。辞去系主任职务，致力于培养青年教师，从事基础理论教学和指导硕士研究生工作。1957 年，兼任中国科学院电子学研究所研究员。1986 年，受聘为西安交通大学兼职博士导师，为研究生开设“高等电磁理论”等课程，并主持相关科研项目的研究。以后历任西南交通大学物理系教授、电磁研究所所长，西安交通大学兼职博士导师。同时任中国电子学会和通信学会理事，中国天线学会副主任委员，铁道科学院学术委员，国务院劳动人事部留学生派遣工作顾问，美国IRE学会会员。

他一生致力于电磁理论和天线学科的研究，在探地雷达、铁路移动通信和列车车载卫星接收天线以及导航天线方面，做出突出贡献。在“长椭球函数及其在天线理论中的应用”项目研究中，取得重要成果，获铁道部1989年科技进步一等奖。他提出的“和差变换”，使矢量亥姆霍兹方程在长椭球坐标下，可用分离变量法求解，并给类似的偏微分方程解法开辟了新途径。

专著有《电磁场中数学物理方法》《天线理论基础》。他在电磁理论和天线研究中有许多创见，后系统地载入论著《天线理论基础》，受到国内外学术界的推崇和引用。该专著先后获四川省重大科研成果奖，铁路高等院校科研成果和优秀论文特等奖，世界通信年优秀通信类图书奖，电子工业部全国工科电子类专业优秀教材特等奖，国家教委全国高等学校优秀教材奖，并参加日内瓦、德国莱比锡的国际书展。鉴于他对天线和电磁理论的杰出贡献，被美国电磁科学研究会特邀为会员。

2005年，任朗在成都逝世，终年92岁。

吴炳焜

吴炳焜(1914—2003)，浙江省杭州市人。岩土工程专家，中国土力学及基础工程学科的开拓者之一。

1933年，考入天津北洋工学院（现天津大学)土木系，专修水利专业。在校期间，担任学生会常务干事，从事抗日救亡活动。于1937年夏毕业，在南京资源委员会水利处工作。抗日战争爆发后，先后在昆明大昌建筑公司、重庆工务局、兵工署建库委员会工作。1940年，在昆明与同学创建致远建筑公司，任经理，主要承担机场跑道及房屋建筑建设工作。1947年，赴美留学，在耶鲁大学研究生院学习结构工程和土力学，次年转至威斯康新大学水利系学习；1949年，获科学硕士学位。同年8月回国，受聘为中国交通大学唐山工学院(现西南交通大学)水利工程系教授，筹建水力学实验室，讲授水利工程学课程。1950年，开设土力学课程，先后筹建土力学实验室和土力学地基及基础工程教研室，并担任教研室主任。曾任唐山市城市建设委员会委员。1978年后，历任西南交通大学教授、应用力学研究所所长、博士生导师，中国土木工程学会土力学及基础工程委员会理事、名誉理事，国际土力学与基础工程学会会员，铁路高等学校桥梁与隧道专业教材编审委员会委员。于1986年12月退休。

他长期致力于土力学及基础工程的教学和科学研究工作，尤在桩基理论方面具有深厚造诣，并取得丰硕成果，为该学科的发展和中国铁路工程建设做出重要贡献。20世纪50年代主要从事土力学理论及黄土方面的研究工作。1954年，在《土木工程学报》上发表论文《散体的限界平衡》，将索柯洛夫斯基的粒性介质理论系统地介绍到国内。后又发表论文，对土力学中两个经典土压理论提出独到见解，澄清了学界的一些模糊认识。“一五”期间，在大西北大规模基本建设中，因对黄土的工程力学性质认识不清，造成铁路路基及厂矿建筑基础病害频繁。1956年，他带领一批教师参加铁道部组织的考察组，前往西北地区进行实地调查，开展对黄土的研究。在历时一年半的试验期间，他亲临工地指导和参加试验工作。根据试验数据,对黄土地基的承载特性进行深入的理论分析,发表论文《由地基加载试验研究兰州台地浅层黄土的变形》《兰州黄土的变形性质和抗剪强度》，确定出黄土的强度及变形性质,为中国黄土地基基础规范的制定做出重要贡献。60年代至80年代初,致力于桩基础的理论研究工作。在修建武汉长江大桥和南京长江大桥时,承担桥下基础采用管柱新型基础形式科研工作。他对管柱振沉过程中土阻力的变化规律及管柱岩石地基承载力这两个重要问题进行深入系统的研究。发表论文《管柱振沉运动》《大直径钢筋混凝土管柱振沉过程中的土阻力》产生较大学术影响。对管柱岩石地基承载力的确定,提出极限荷载的计算公式,为铁道部制定嵌岩柱基岩石承载力规范公式提供参考依据。80年代开始,从概率角度研究粒性介质力学,进行土力学基本理论的探索。教学中,注重教材在教学中的作用,认为教科书应与生产实践密切结合,同时应反映本学科国内外最新成就。

由于贡献突出，吴炳焜于1978年被评为铁道部铁路科技战线先进个人、四川省科学技术先进工作者。1985年,获得“南京长江大桥建桥新技术”首届国家科学技术进步特等奖。论文《桩和桩基的刚度系数及其应用》，在第一届全国科技大会上,被评为优秀科技论文。编著有《土力学地基和基础》教材。1998年,中国铁道出版社编辑出版《吴炳焜土力学与基础工程论文选集》。

2003年11月6日，吴炳焜在成都逝世,终年89岁。

孙竹生

孙竹生(1914—2000）,浙江省绍兴县人。著名机车车辆专家,西南交通大学教授。

1929年初中毕业后，考入哈尔滨工业大学预科,1932年，升入哈尔滨工业大学机械系。1937年,毕业后到北平。抗日战争爆发后,到武昌机车车辆厂实习。1938年,随工厂迁往湖南郴县,后转到衡阳机务段实习。1939年,调昆明川滇铁路机务室，在总工程师程孝刚指导下翻译英、俄文资料。1941年11月,通过程孝刚介绍赴美留学,在普渡大学研究生院取得硕士学位。以后相继在费城鲍尔温机车公司和加拿大蒙特利尔机车公司工作。

1946年5月回国后，立即去沈阳参加接管日本满州机车株式会社,并筹办沈阳机车车辆制造公司,任公司总工程师。1948年,受公司委派赴上海创办冷铸车轮厂,旋赴台任台湾机械公司顾问。其父孙越崎为资源委员会委员长兼经济部部长,准备在香港起义,遂让儿子长期离台赴港。孙竹生在港期间,编辑出版《铁路机车车辆工程名词》。

1950年年初，受聘唐山交通大学任教授;1952年,任机械系主任。1956年,在全国科学规划会议上,与程孝刚共同建议国家大力发展大功率蒸汽机车,争取生产内燃机车、电力机车。同年,因改造蒸汽机车有功,被评为全国铁路先进生产者。1957年,在唐山铁道学院组建中国第一个内燃机车专业,完成中国第一部《内燃机车总体与机械部分》教材。同年,在反右斗争中受到批判,从此历经劫难。1978年后,在西南交通大学任教。

长期从事机车车辆科研与教学。在机车牵引力方面,在中国首次提出粘着功率的概念,分析粘着牵引力、持续牵引力、计算牵引力的关系,提出不同用途机车关键牵引参数的选择方法,成为中国机车设计的理论基础。“文化大革命”结束后,率先将国外机车车辆动力学理论的新观点介绍到国内,促使机车走行部的设计提高到新的水平。1980年,主持编写《内燃机车总体及机车走行部》教材,汇入大量反映技术发展的新内容,成为中国铁路高等院校普遍使用的内燃机车总体教材。他注重学校科研队伍培养,建成机车车辆研究所。大力倡导发展铁路重载运输及双层客车,与学生孙翔一道,开展重载列车动力学研究,并主持编写《铁路运输发展战略对策》,为中国重载列车的开行奠定理论基础。1989年8月,中国第一列双层旅客列车在上海一南京区间投入运行。1990年5月,参加大秦铁路万吨单元重载列车纵向动力学试验并取得成功,中中国铁路发展做出新的贡献。

1988年,参与“组合列车研究试验推广应用”课题,获国家科技进步二等奖;主持“重载列车动力学研究”课题,获1990年铁道部科技进步二等奖;主研“双层旅客列车研制”课题,获1991年国家科技进步一等奖,个人获得全国铁路优秀知识分子荣誉称号。

2000年4月14日,孙竹生在唐山逝世,终年86岁。

刘兴祥

刘兴祥(1916—2002),别号星翔,成都市蒲江县人。四川省农业管理干部学院土壤教研室主任、副教授。

1934年2月,入成都市石室中学高中第五班学习。城1937年1月毕业回乡,在寿安镇任小学教员。1940年6月,考入国立四川大学农学院农业经济系。1944年8月毕业后,受聘任四川省立宜宾高等农业职业学校蚕桑科主任。1945年9月,任彭县公立简易师范学校理化科专任教员兼教务主任。1946年7月28日,四川大学蒲江县同学会,向县政府推荐刘兴祥为蒲江初级中学校长。同年8月5日,蒲江县士绅罗平之、汪伯渊、王栋华、钱英、李天治等,联名向蒲江县长强兆馥推荐刘为蒲江中学校长。9月1日,四川省政府委任刘兴祥为蒲江县中学校长。刘兴祥从严治校,学校面貌为之一新,并禁止国民党、三青团在蒲江中学发展组织。1947年7月28日,国民党蒲江县党部密函县长郭鸿厚、省教育厅厅长任觉五、省政府主席邓锡侯,称“县中校长刘兴祥利用职务,勾结异党,发展组织,并公开诋毁本党,危害本党,应由县政府、党部分别电请省政府将该校长撤职”。邓锡侯批复“暂从缓议”。1949年8月,刘兴祥辞职,与妻罗淑华(峨眉县人,川大园林系毕业)回寿安乡(寿安镇)种植苹果。1950年2月,刘兴祥受川大农艺系主任、农业改进所所长杨永奎邀请,任成都农校教员。1958年9月,调任四川省农业干部学校教员。1960年,刘兴祥从成都造纸厂废水中提取出氟硅酸钠应用于农业,开综合利用造纸废水之先河。1973年,调四川省农业厅科教处工作。1980年,参加农干校调查组,赴陕西、湖北、湖南、浙江、贵州等省,调查农业管理干部专业班的课程设置和考试办法。1982年1月,任四川省农业管理干部学院土壤教研室主任,被评为副教授。

刘兴祥治学严谨,为四川省农干院编写和审定《土壤肥料基础知识》等教材,多次参加省中等农校及农业干部学校教学计划、教学大纲编写和审定工作。1985年7月,加入中国共产党。

2002年8月11日,刘兴祥在成都逝世,终年86岁。

熊达成

熊达成(1916—2000),四川省井研县人。著名水利专家,成都“府南河整治工程”的最早倡导者。

熊达成的兄长熊克武是四川著名的军人。幼

年随兄到上海读书，1937年，毕业于上海市雷斯德工程学院土木系。返回四川后，受聘为蜀华实业公司助理工程师。先后参与成都新村、成都新南门大桥、四川大学和光华大学校区的建设工程。1940年，在自贡市川康盐务管理局工程处任帮办工程师。中华人民共和国成立后，先后在成都工学院、四川大学任教。历任四川大学教授、四川省水利学会名誉理事、成都市水利学会理事长、政协成都市委员会常委、成都市城市科学研究会顾问、成都市地方志编纂委员会委员。

一生从事水利事业。在川康盐务局工程处工作期间，整顿威远河和盐井河的渠化工程，采用拦河壅水的办法，整理险滩恶水，提高水运能力。1946年，任四川省建设厅技正期间，负责四川省水利工程，不分寒暑深入现场，实地踏勘，积累了大量珍贵资料。在四川大学土木水利系任教期间，先后开设水文学、水力学试验、工程材料、工程材料实验、房屋建筑、城市计划等课程。此外还在农艺系讲授农田水利课程，在林学系讲授相关建筑课程。

1962—1963年，应邀参加《四川省志》编纂工作。为此广泛阅读四川各县县志，并大量搜集相关重要史料，共摘抄灾情资料卡片两千余张，然后按年序排列，总结出近两千年来四川水旱灾害发生的规律。按规律推算，1981年应是中等洪灾之年。他及时上书省市有关部门，未引起重视。1981年的洪水果然远远超过警戒线，摧毁常规防范准备，造成较大损失。事实证明他对灾情的预测具有重要的科学价值。以后在他主持的成都市水利学会第二届年会上，他再次大声疾呼应重视对洪泛的预见、预测和预防工作。为表彰他为成都市防洪工作做出的贡献，市人民政府授予他成都市抗洪救灾先进个人称号。80年代，新方志编纂工作启动后，任成都市地方志编纂委员会委员。

他不仅是成都府南河整治工程最早的倡导者。而且一直关注成都水环境的综合治理，府南河城市中心段整治工程完成后，他说了八个字："了而未了，方生方死"。他认为，府南河整治的初步目标虽然达到，但无论上游治污还是下游排洪工程，都远未完成，"如果我们不继续整治，如果不把已建成的工程保护好、管理好，那么工程建成之日就是破坏之始，整个工程将会前功尽弃"。

一生著作甚多，代表作有：《水利工程施工》《水利工程施工导截流图集》《都江堰》《四川水利事业发展史简史》《成都水利史话》《从成都市的历史看水利建设在城市发展中的意义和作用》《中国水利科学技术史概论》(合著)等。其中，《古都江堰治水防沙经验和系统工程辩证法》一文曾获中国自然辩证法学会优秀论文奖。

2000年，熊达成在成都逝世，终年84岁。

曹建猷

曹建猷(1917—1997)，湖南长沙人。中国科学院院士，中国铁道电气化事业奠基人，铁道牵引电气化与自动化学科创始人。

1936年，考入上海国立交通大学电机工程系。1940年6月毕业后，在昆明西南联合大学工学院任助教，主要承担电机学及电力系统方面的教学工作。1945年，在美国波士顿麻省理工学院攻读研究生，主要钻研电力系统及自动化。1950年9月，获博士学位后，任麻省理工学院、纽约市国立学院讲师。1951年8月回国，历任唐山铁道学院(西南交通大学)教授、电机系主任。西南交大副校长，博士生导师，中国电机工程学会理事，铁道部电气化领导小组成员，中国电工技术学会、中国高教学会常务理事，全国人大代表。

他长期致力于铁道电气化教育和开发研究

工作，20世纪50年代初，为学院创办铁路电气化专业出大力，培养了许多工程技术人才。在他主持下，该专业的铁道牵引电气化与自动化学科，长期处于国内领先地位。1978年后，主要从事计算机算法和理论的教学和研究，并建立西南交通大学电子信息学科。1983年，学校成为国内第一批有权授予“计算机应用”硕士学位的院校之一。1985年，被授予四川省劳动模范、四川省优秀教师、铁道部优秀教师称号。

他十分重视科学研究和学科建设。1960年开始，支持和指导电气化铁道远动系统的研究课题。1963年，完成宝凤段无接点综合远动装置，获国家新产品二等奖。1978年，完成石太线晶体管远动装置，获全国科学大会奖、铁道部高校科研一等奖、四川省重大科技成果奖。1987年，指导多微机远动系统研制，获四川省科技进步一等奖、国家科技进步三等奖。他是国内电气化铁道采用25千伏工频单相交流制的主要决策者和论证者，解决了关于山区铁路供电计算、负序计算、牵引网电计算等电力铁道供电理论与计算及设计中的一系列问题。

编著有《电力铁道供电系统》《电力铁道供电》《牵引变电所》《电子计算机技术讲座》《离散数学》等教材，撰著有《中国电力铁道应该采用何种电压制》、《交流牵引网电计算的普遍公式》等论文。

1997年9月19日，曹建猷在成都逝世，终年80岁。

遵照遗言，他的骨灰撒在中国第一条电气化铁路宝成线的宝凤段。

司徒愈旺

司徒愈旺（1917—1992），祖籍广东，出生于韩国首尔。中国早期著名的地质家。

1930年回国，考入天津南开中学。1942年6月，毕业西南联合大学地质系，曾任技佐。1946年，在中国石油公司甘青分公司探勘处，开展石油地质勘查。其间，与杜博民等完成玉门老君庙油田的地质图、构造图等。1951年5月，与赵铭渠、孙泽芹等进行玉门石油沟构造的细测工作，基本上确定构造形态、断层性质。在石油天然气理论研究中，他将中国天然气藏分为构造圈闭、岩性圈闭和地层圈闭3大类11亚类。1952年，调入石油管理总局勘探处工作。后调入四川石油局工作。曾与包茨合作，编制第一本石油地质地面调查操作规程，为石油勘探提供一个可操作的规程。曾参与四川盆地天然气勘探古隆起的地质科研项目，研究古隆起演化过程、油气成藏机理。参与国内第一部《天然气地质学》撰写工作。著有《如何寻找石油》《试论中国气藏的圈闭类型及其分布特点》。曾任中国人民政治协商会议第五届、第六届全国委员会委员，第三届全国人大代表。四川石油管理局副总地质师。中国地质学会理事。

1992年，司徒愈旺在成都逝世，终年75岁。

刘允中

刘允中（1917—1996），河南省安阳市人，中国科学院成都分院党组书记、院长。

20世纪30年代，在中福医院护校医务训练班训练3年。1938年8月，到延安，学习医学知识、钻研医疗技术，先后在外科、内科、传染科等岗位工作，与张羽合作撰写《战伤外科》一书。1939年11月，延安中央医院成立后，需要能精确时间的计量工具，但整个医院只有一个旧闹钟，使用极不方便。刘允中发明一种叫“沙漏”（亦称“沙表”）的工具来计时，做了30秒和60秒两种沙漏，用以计算呼吸次数、数脉搏和输液快慢等,有效解决医院难题。曾任西北军区陆军总医院院长、政委。1956年,响应国家“向科学进军”的号召,转到科技战线。“文化大革命”期间,刘允中与妻子被下放到吉林省榆树县新立公社插队当农民。1972年年初,国防科委1018所(即长春光机所）决定分迁约500人到四川大邑建立1019所(1975年划归中国科学院,更名为光电技术研究所)。刘允中带头奔赴四川大邑山沟筹建新所,并带头将家人(包括80高龄的母亲)一起搬进山沟。1978年,恢复建立中国科学院成都分院,刘允中任副院长。在刘允中的主导下,中国科学院成都分院系统掀起学习外文、学习计算机热潮,并建立中国科学院成都外语培训点。西南、西北地区院属单位的首批出国留学、访问学者大都经过该培训点培训。曾任国防科委“6569”工程核心小组组长,甘肃省委、省人民政府委员,第五、六届全国人大代表等职。

1996年8月,刘允中在成都逝世,终年79岁。临终遗言:“我死后,不火化,把尸体捐给医院,眼角膜,有用,捐了”。家属遵照刘允中的遗嘱,将其遗体捐给华西医科大学用于医学研究和教学。

徐德祖

徐德祖(1917—1998),成都市人。著名家蚕育种家,副研究员。

1941年,四川大学农学院蚕学系毕业,先后在四川省丝业公司三台分公司、四川省蚕丝改良场、西南蚕丝公司、四川省农业厅蚕管局、成都家蚕选种站、四川省农业科学院院蚕业研究所工作。曾任蚕丝改良场场长、成都选种站副站长,省蚕研所家蚕育种室主任。1985年退休。

长期从事蚕丝事业,在蚕品种研究方面贡献卓越。从事品种整理、鉴定、选出“川一x华十”春秋兼用品种,成效显著。该品种20世纪50年代后期扩大推广，大见成效，成为省内60年代至70年代初的当家品种，是省内第一次品种更新换代。他主持成功选育出多丝量新品种“川蚕三号”,为克服该品种繁殖难,采用三元杂交型式,属国内组配多元杂交种之首例。该品种好养、高产、优质,是省内20世纪70年代中期的当家品种,1975年,占全年发种总量的56%以上,是省内第二次蚕品种更新换代。70年代中期,他主持全省选育种大协作,成功选育组配出“东肥×671”“中华三元”杂交种,在全省进行推广。曾任四川省蚕学会第三、四届理事。

1998年6月17日，徐德祖在成都逝世,终年81岁。

夏雨人

夏雨人(1918—1990),成都市新都区人。农业专家,台湾圣约翰科技大学教授。

1942年,毕业于四川大学农学院,任四川省农业改进所甘蔗改良场技士。1946年,到台湾,任台湾糖业公司糖业试验所技师。1955年,毕业于美国夏威夷大学,取得硕士学位。于1962年赴利比亚、1971年赴盖亚纳，担任农技团团长,开展农业技术指导工作。曾任嘉义农业专科学校教授,并封立为圣公会义务牧师。1976年2月,任新埔工业专科学校校长,为学校增设“电机工程科”,并建成电子工程馆。20世纪80年代任圣约翰科技大学教授。

曾任研究所所长多年,在农业方面有重要成就与贡献。后将研究方向转移到神学与史学。他是中国台湾杰出的自然科学家。

著作有《新埔十年》《基督教浅释》《人生哲学》《中国人的故事》《中国历史与圣经故事》《中国神学导论》《甘蔗营养》等,所著《甘蔗营养》获台湾中山学术著作奖。所著《中国人的故事》是他研读上百部历史典籍之后，写成的中国版《人类的故事》，该书与黄仁宇《万历十五年》、钱穆《中国历史精神》、余英时《史学与传统》，被并列推荐为台湾大、中学生必读的历史名著，时人誉为“将枯燥无味的历史故事化、趣味化”的典范之作。

1990 年 3 月 11 日，夏雨人在台湾逝世，终年 72 岁。

刘俨然

刘俨然（1918—2000），河北省沙河县南旺村人。岩石矿物学专家、研究员。

1943 年 7 月，毕业于北京大学地质系，同年参加地质工作。中华人民共和国成立后，在西南地质研究所云南 12 地质队工作。后调入中国地质科学院成都地质矿产研究所，历任地质矿产研究所学术委员会副主任、四川省矿物岩石地球化学学会副理事长，中国地质科学院成都地质矿产研究所所刊副主编。

长期致力于岩石矿物的研究工作，合作完成《云南洱海以东地区含镁铝榴石煌斑岩及其含矿性》《红格基性超基性复合岩体的岩石类型、岩相特征及其成岩时代机理的研究报告》《西昌—滇中地区地质构造特征及地史演化》、《西昌—滇中地区花岗岩类及其含矿特征》等科研成果，1989 年，《西昌—滇中地区地质构造特征及地史演化》获地质矿产部科技成果二等奖。中国地质科学院建院 30 周年时，刘俨然获模范工作者称号。1993 年 7 月，受到四川省地质学会第五届理事会表彰。

2000 年 9 月 29 日，刘俨然在成都逝世，终年 82 岁。

华国祥

华国祥（1919—2004），四川大学河流泥沙学科奠基人，中国著名水利专家，享受国务院政府特殊津贴专家。历任中国水利学会泥沙专业委员会副主任、三峡工程论证专家组成员，中国水利学会理事，四川大学水利水电工程学院教授，中国科学院水利部成都山地灾害与环境研究所学位评定委员会委员，政协成都市委员会委员、成都市九三学社社员。

毕生致力于水利水电建设事业和教育事业，学术造诣精湛、教育经验丰富，先后主讲水力学、河流动力学、泥沙运动力学、河工学等 10 余门课程，为四川大学水力学及河流动力学国家重点学科的建立和建设做出重要贡献。为了探索高含沙水流模型试验方法，于 1981 年先后发表高含沙水流模型律的研究成果，为建立黄河高含沙水流模型试验方法奠定基础。

曾担任《泥沙研究》（季刊）编委，与张书农撰著《河流动力学》。

2004 年，华国祥在成都逝世，终年 85 岁。

2005 年，他的学生、家人及友人共同捐资，在四川大学设立每年金额 1 万元的华国祥泥沙奖（助）学金，奖励优秀本科生和研究生，并单设 5000 元/人年“华国祥泥沙奖”1 人，奖励在泥沙研究方面具有突出成绩的硕士、博士研究生。

隆言泉

隆言泉（1919—2004），成都市人。造纸学家、享受国务院政府特殊津贴专家。

1944 年，毕业于国立西南联合大学化工系。1949 年定为副教授，1979 年晋升为教授，先后在四川大学、四川化工学院、成都工学院、天津大学、天津轻工业学院任教，于 1980—1985 年任天津轻工业学院副院长、院长，兼任国务院第一、二届学位委员会纺轻学科成员兼召集人，国务院学位委员会工学学科评议组成员，国家教委第一届科技委纺轻学科组委员，中国轻工协会第一、二届常务理事，中国造纸学会第一届理事兼学术委员会副主任、第二届名誉理事，天津市造纸学会第四届名誉理事长，天津市科协第二届副主席。为美国制浆造纸技术协会(Tappi)国际会员，国际干燥学术会议(IDS)第五、六、七届顾问局委员，华南理工大学顾问教授。

长期从事荻草、稻草、麦草与落叶松纤维分离和流变学在造纸工业中的应用研究。1953年，编著国内第一部《纸浆学》，先后编著和主编9本著作。1985年，开始招收制浆造纸专业博士研究生，成为国内第一批制浆造纸专业博士导师，1985年、1992年两次获国务院学位委员会颁发的学科组奖。在科学研究工作中取得不少重大成果，多次获省、部、市级科学技术奖。其中，《造纸助剂和湿部化学的研究》Z.S. 两性淀粉填补国内空白。A-PAM-8701阴离子和Cu-2阳离子聚丙烯酰胺的合成工艺属国内首创；《造纸植物纤维微观结构及制浆造纸机理的研究》，获轻工业部三等科技进步奖。在国内外刊物上发表论文90多篇，其中15篇在国际学术会议上宣读和在国外刊物上发表。1990年，获国家教委"从事高教科技工作40年成绩显著荣誉证书"，收入中国社会科学院《中国名人辞典》。1991年，获政府特殊津贴。1992年，获首届"全国大学生实用科技发明大奖赛"一等奖的园丁奖。

2004年，隆言泉在天津逝世，终年85岁。

高渠清

高渠清(1920—2001)，福建省福州市人。中国隧道及地下工程学科奠基人

中学期间，其姐与中共地下党有接触，常在家里举办读书会，使他深受进步思想的影响。高中时，英文教师常让他阅读进步书刊，促使他加深对社会的认识。1938年，考入唐山交通大学。抗战期间，随交大内迁贵州平越。1942年，毕业于交通大学贵州分校，留校任助教三年。1945年，考取公费留学生，入英国新堡大学攻读研究生，主要研究“含氧混凝土与钢筋的黏着力”，1949年，获土木工程博士学位。毕业后经过努力，取得英国皇家结构工程师会员资格，继经导师推荐到 Palmers Hebburn 设计事务所任工程师。

1950年年底，辞去国外优厚的报酬，回国参加建设。1951年年初，到交通大学任教。1960年，出席全国文教群英会。历任教授、教研室主任、系主任，校学位委员会副主任。“文化大革命”中被打成“英国特务”“反动学术权威”，受到迫害。1976年唐山大地震，妻子和儿子遇难，他很快从悲痛中振作起来，把全部精力投入到教学、科研工作中。以后历任西南交通大学岩土工程研究所、桥梁及结构工程专业教授、博士生导师，中国土木工程学会常务理事、隧道及地下工程学会理事长，国际隧道协会执行委员。曾任国际岩石力学学会会员、中国专家小组成员，第二届国务院学校委员会铁路、公路、水运学科评议组成员、四川省科学技术协会常务委员、中国地下铁道工程设计咨询公司专家委员会顾问。1993年退休后，被学校返聘继续担任博士生导师。

他长期从事钢筋混凝土结构及隧道、地下铁道和岩石力学的教学与科研工作，是中国隧道学科的创始人。为满足中国铁道建设的需要，1954年学校决定发展隧道学科，在桥隧系成立隧道教研组，委派他担任教研组组长。后主编出版中国第一部专业教材《山岭隧道》，并开设《山岭隧道》课程；提出迅速发展中国隧道技术科学的全面规

划工作，并为其他高等院校和现场培训一批教学和技术骨干，奠定中国隧道技术发展的基础。为了提高有关隧道工程的理论水平，1977年在铁路系统率先选定岩石力学作为研究方向，编写出岩石力学讲义，作为研究生和校内外教师的教材。在他的推动下，学校的岩石力学研究与教学，长期在国内处于领先地位。他还对“岩石本构性能”“岩石流变本构关系”“数值计算在隧道结构分析上的应用”“相似材料的模型试验”等方面进行全面深入的研究，指导并完成研究报告并发表多篇论文。1980年，国家批准隧道学科设立博士点，他成为中国第一批博士生导师。1982年，在土木学会年会上发表《隧道及地铁修建状况》报告，被城建部选作决策参考文献。20世纪80年代，先后与一些国家的相关单位进行合作，对“隧道及地下铁路理论分析及设计、施工新技术的开发”进行广泛研究，并将一些国家的先进技术向国内作广泛介绍。1983年，经中国土木学会推荐，在国际隧协波兰华沙会议上，他被选为该协会11名执委之一。

长期担任《中国大百科全书土木工程卷》编委、铁路系统教材编审委员会及职称委员会副主任、国际隧协机关刊物《修建隧道技术及地下空间利用》《地下工程》《地铁与轻轨》等杂志编委。20世纪90年代初，在西南交大主持召开第16届国际隧协年会，并主编年会论文集。编著教材主要有《山岭隧道》《地下铁道》等。

2001年6月7日，高渠清在成都逝世，终年81岁。

倪志锵

倪志锵(1920—2002)上海市浦东县人。西南交通大学教授，铁道部专家组成员。

幼年就读于闸北三育中小学，“一二八”事变学校被毁，转学到武汉。1932年考入武昌教会学校——文华中学。1938年高中毕业，因毕业会考成绩第一被保送至重庆大学土木系学习。1939年夏，参加统考，考入唐山工学院土木系学习。1944年毕业，志愿参加修筑保山—密支那公路，为盟军打通交通线，分配在第一工程处。抗日战争胜利后复员。1946年年初，在交通部公路总局机械筑路工程总队上海分队任工务员，参加和主持市政道路工程和民航机场跑道工程。

1949年年底，调唐山工学院工程制图组任讲师，负责机械制图和画法几何的教学工作。1954年，调入唐山铁道学院机械系，参与起重及工程机械专业筹备工作。1961年，任起重及工程机械教研室代理主任；1979年，任教研室主任。历任铁道部“机械化”专业教材编审委员会主任、西南交大学报副主委、系学术委员会委员、校工会副主席。1987年4月离休后，先后被聘为学校教学质量评估专家组成员、青年教师课堂教学比赛机电类学科评比组组长和校评委副主任，西南交通大学学报英文版主编。

长期从事工程机械科研和教学。曾主持科研项目捣固钣参数研究和西南工程指挥部战斗组隧道机械半断面台车设计，提交研究报告和设计图纸。教学中，着力于加强师资培养、实验室建设和教材建设，为专业教学组织出版一系列专业必修课、选修课、重点技术基础课教材和参考书，使专业教材建设逐步完善。坚持“教育必须与生产劳动相结合”，重视理论学习与生产工地现场教学的结合。在现场教学取得经验基础上，根据现场不同情况，编写补充教材，使课程体系日渐成熟。采用重点讲授结合自学的方式，辅以施工大作业，使学生掌握基本概念和方法并能在实际工作中应用。主编出版教材《铁道工程机械化施工》《线性规划与网络计划技术》。《铁道工程机械化施工》获1983年度铁道部优秀教材二等奖。

2002年11月24日，倪志锵在成都逝世，终年82岁。

赵长庚

赵长庚(1920—1998)，成都市崇州人。著名风景园林专家、古建筑专家，重庆建筑大学教授。历任中国城市规划学术委员会委员、中国风景园林学会理事、重庆园林学会理事长、重庆城市科学研究会副理事长、四川省科技顾问团顾问。

1946年，毕业于南京中央大学建筑系。1950年，任四川省艺术专科学校建筑科讲师、教务委员。1952年，调重庆建筑工程学院(重庆建筑大学)任教，先后任民用建筑研究室、城市规划教研室主任、建筑系副主任。他对开发邛崃天台山风景区、建造自贡市贡井“精石源”及涪陵翼王台等许多著名景区景观，曾提出极宝贵的意见。

参与编纂《中国大百科全书》，撰著《西蜀历史名人纪念园林》《论都江堰市山水堰城寺庙与园林》等多篇论文。

1998年，赵长庚在重庆逝世，终年78岁。

刘昌诚

刘昌诚(1920—2002)，成都市人。城市规划专家。

1938年12月，就读于中央大学建筑系。于1943年毕业，任成都蜀华公司工程部工程员。1945年9月，在成都艺术专科学校任教。1952年，在成都城建委及规划局任工程师。1961年，任主任工程师。1971年，调成都市勘探队任工程师。1982年当选为成都市第九届人大常委。1979—1989年，先后担任成都市规划管理局(院)副局长、副院长、总工程师。

20世纪50年代，开始从建筑设计转为致力于城市规划研究。他是成都城市规划界的元老，对成都城市规划事业的开创、发展和人员培养做出重要贡献。在技术上，指导、修订和调整成都市历次总体规划，组织城市现状调查，编写城市沿革及风景名胜地历史沿革资料等。对历史文化名城规划有独到见解，对街道、广场、绿地，特别是小区规划有深入研究，先后在青白江、龙泉驿区开展调研，主持编写了《小城镇如何贯彻工农结合、有利生产、方便生活的方针》的总结材料，以指导小城镇规划建设。对个体建筑设计方案及建筑透视、色彩渲染，尤有丰富的知识和经验。还承担了宽巷子部分建筑的设计工作。他熟悉英语，曾翻译编制国外建筑规划设计方面的长篇范例资料。1956—1985年，当选为中国建筑学会城市规划学术委员会第1—3届委员。后改任中国城市规划学会名誉理事。1984年，被市人民政府经济研究中心和市科技研究中心聘任为特约研究员。1988年，任成都市城市雕塑艺术委员会主任委员、省职称改革工程技术高级职务评审委员，暨成都工业与民用建筑专家组组长。1989年，任中国历史文化名城研究会成都分会顾问。

为表彰他对城市科学研究做出的突出贡献，1982年，获得《成都市建筑学会活动积极分子证书》；1993年，获得中国城市规划学会资深委员证书；1997年，获得成都市城市科学研究会颁发的荣誉证书。

撰写发表的学术论文主要有《成都市白丝街街坊民居维修改善方法探讨》(合著)、《保护与继承成都古城风貌的探索》、《继承用地布局新特点，适应就业新方向》、《从成都市东西干道建设看我市干道规划与管理工作》、《三十五年来成都市区人口增长与对策的简要回顾》等。

2002年10月23日，刘昌诚在成都逝世，终年82岁。

梁璧成

梁璧成(1920—1993),女,成都市郫县唐昌镇人。中国科学院高分子化学研究所副研究员。

1945年,毕业于国立武汉大学化学系,回乡任崇宁县(郫县唐昌镇)初中女生部主任,兼化学教员。后去成都中华女中任教。1949年,参加崇宁县人民解放工作服务团。中华人民共和国成立后,先后在成都成城中学、中华联中任副校长。1953年,调上海科学院化学研究所从事科研工作。1956年,化学研究所并入中国科学院,调北京工作。

长期从事高分子化学研究。撰有《无机离子交换剂》《三种放线菌的抗生物质研究》《漆粉结构的初步研究》《高交换量离子交换树脂—聚乙烯黄酸离子交换树脂的研究》。与人合译《离子交换树脂》。1955年,参与"有关链霉素试制剂的菌种选育、发酵及提炼的研究"。1977年,参与"乙烯吡啶阴离子交换树脂的研究",获中国科学院重大科技成果奖。

1993年,梁璧成在北京逝世,终年73岁。

何先祺

何先祺(1922—1999),原籍成都市彭县(今彭州市),出生于乐山。四川大学教授,博士生导师,享受国务院政府特殊津贴专家。"皮革科技先导"称号获得者。中国民主建国会会员。

1947年,在华西协合大学化学系毕业后,留校任助教兼化学系制革实习工厂负责人。1952年后,相继在四川化工学院、成都工学院、成都科技大学任教,历任讲师、副教授、教授、博士生导师;1986年,任轻工学院副院长,皮革研究所所长。

长期从事皮革化学、工艺学、栲胶改性、皮革组织学及结合鞣法的研究。国内高校皮革专业博士点和学术刊物《皮革科学与工程》的创建人。指导博士生发明的"橡椀栲胶改性制造新鞣剂"方法,获国家发明二等奖。主编教材《制革化学及工艺学》被收入《世界百科名著大辞典》。1991年,中国皮革工业协会授予"皮革科技先导"称号。

曾任国务院学位委员会轻纺学科组成员、国家科委发明委员会特邀评审员,中国畜产品加工研究会顾问及中国皮革工业协会名誉副会长。四川省第六、第七届人大代表。

1999年,何先祺逝世,终年77岁。

段墉川

段墉川(1922—2003),内蒙古呼和浩特市人。机车车辆工程专家,九三学社西南交大支社副主任委员。

其父段履庄原籍山西祁县,后到呼和浩特市经商。抗日战争时期参加抗日救国会,为革命筹集资金,积极奔走宣传抗日救国。1940年,由于叛徒告密被捕牺牲。1936年9月,段墉川考入中央政校包头分校初中班。"七七"事变后,该校向青海西宁方向撤退。开始长途的集体流亡生活,学校边走边休整,边上课。1939年,初中毕业,由于经费和生源缺乏,学校宣布解散。他与七位同学,决定徒步到重庆求学。1939年9月,进入重庆国立边疆学校高中班学习。1942年,高中毕业后,考入江津教育部白沙大学先修班。1943年9月,考入上海交通大学机械系工业门。1947年7月,毕业于上海交通大学机械系,在唐山机车厂实习。1948年10月,调北京平津路局机务处工作,11月,加入中共地下组织"北京职业青年联盟"。1950年10月,调唐山工学院机械系任教,参与机械系的建设工作。1952年,晋升为讲师。1956年,参加中国第一个内燃机车专业的筹建工作。1979年5月,任西南交通大学机械系副教授;次年,晋升教授。

他长期从事内燃机车与叶片式机械的科学研究及人才培养工作,在中国铁路牵引动力改革和内燃机车研制工作中做出突出贡献。先后主讲蒸汽机车附属装置、内燃机、往复机、机车制动、内燃机车柴油机、内燃机车总体、内燃机车电传动、内燃机液力传动、内燃机车概要等课程。教学中,重视课堂知识与现场实践相结合,有效提高学生分析问题和解决问题的能力。

先后参与并主持内燃机车试验室建设工作,负责完成750马力内燃机车电传动及液力传动试验台主要设备的购置及安装调试工作,参加国内第一台电传动内燃机车试制工作、3000马力内燃机车设计工作、2000马力液力传动内燃机车的研制工作。20世纪70年代初期,参加大连内燃机车研究所主持的对液力传动内燃机车液力传动装置的起动变扭器进行性能改进的研究,其效力、性能参数有所改善提高,1978年,获得全国科学大会奖。80年代初,参与中科院力学所研制氦氖激光一维多普勒测速仪。

历任内燃机车专业教材编委会委员,铁道部内燃机车教学指导委员会委员,铁道部科学论文评审委员会机械类液压组委员,西南交通大学学位委员会机械学科评委会委员,西南交大学报编委,铁路词典副总编,中国第一台内燃机机车研制总顾问。参与翻译苏联《热工学》《TЭ3新型干线内燃机车》教材,编译《内燃机车液力传动补充讲义》,主编《内燃机车液力传动实验指导书》,参加编著《内燃机车液力传动》教材,主持“利用激光多普勒测速仪对JIB2型变扭器导轮叶片的水洞测试与研究”,该论文获四川省铁道学会、四川省科学技术协会优秀学术论文奖。

2003年,段墉川在成都逝世,终年81岁。

李尧权

李尧权（1922—2004),成都市人,农业教育家、作物栽培学家,四川农业大学教授,享受国务院政府特殊津贴专家。

1948年,毕业于四川大学农艺系,留校任教。院系调整后,随学校迁至雅安。教学工作出色,先后获得四川省优秀教师、省劳动模范称号。历任四川省作物学会理事、省科技顾问团顾问,当选为雅安市政协委员,雅安地区农学会理事长。

从事高等农业教学、科研和行政管理工作三十多年,工作卓有建树。先后编写《作物栽培学》《薯类栽培生理》等多部教材。注重科学研究,关注作物栽培与耕作学学科建设和发展,是四川农业大学作物栽培与耕作学科首位硕士研究生导师。从20世纪50年代起,从事甘薯块根发育研究,特别是在小麦和马铃薯的干物质积累和产量形成研究上成果颇丰,发表过不少论文,有关小麦干物质积累和产量形成的研究被同行誉为经典。主编的《作物栽培学概论》教材获得农业部优秀农科教材奖,参与和主持的科研课题先后获省科技进步一等奖、三等奖。

2004年2月27日,李尧权在成都逝世,终年82岁。

孙训方

孙训方(1923—2000),安徽省寿县人。著名力学家,西南交大博士生导师,享受国务院政府特殊津贴专家。

1945年,在昆明西南联合大学土木系毕业后,留校任助教。1946年,任清华大学助教。1948年,到美国哈佛大学工程研究院应用力学专业学习;1949年获硕士学位。

中华人民共和国成立后,任中国交通大学土木系讲师,1950年,任副教授。后相继调北方交通大学唐山工学院和唐山铁道学院任教。1972年后,先后任西南交通大学教授、基础课部副主任、数理力学系副主任、应用力学研究所副所长、代理所长。1981年,任首批博士生导师。1984年,先后任南京化工学院、成都科技大学兼职教授。1986年,任大连铁道学院兼职教授。1988年,任东南大学兼职教授。1989年,被评为铁道部优秀教师。1991年,被评为四川省优秀博士生导师。他在校外还担任许多职务,历任中国力学学会副理事长,中国力学学会反应堆结构力学委员会主任委员,中国机械工程学会高级会员、失效分析专家,全国高等学校工科力学课程指导委员会主任,四川省力学学会副理事长,四川省机械工程学会、金属学会常务理事,美国材料与实验学会、机械工程师学会会员。四川省科技顾问团成员、成都市专家联谊会顾问。

他长期从事团体力学中有关断裂、损伤、疲劳、蠕变的研究。20世纪70年代初,在四川省科委支持下,较早开展断裂力学应用研究,是中国断裂力学研究的倡导者。后在中国电站大锻件、大铸件、大焊件上首先取得成功,开辟了运用断裂力学研究解决中国生产建设实际问题的路子,为断裂力学的发展和国民经济建设做出贡献。他最早提出"损伤局部性"概念,并揭示损伤非均匀性的物理本质,发展适用于疲劳、蠕变条件下的非均匀损伤模型有限元计算方法和实验方法。他的多项研究成果在国内外产生重要影响。

主编《材料力学》,获国家教委优秀教材奖。参加翻译《屈服后的断裂力学》,参加国际上第一部《延性材料断裂韧性J积分测试》标准制定,参与《含缺陷压力容器的安全评定》(CV-DA)部颁标准的制定。

2000年11月25日,孙训方在成都逝世,终年77岁。

黄安基

黄安基(1923—2003),字静之,江西省赣县(今赣州市)人。著名理论力学家。西南交通大学教授。享受国务院特殊津贴专家。

1940年高中毕业后,考入国立交通大学唐山工程学院土木工程系。在校期间勤奋学习,1945年毕业时,获斐陶斐励学会分会会员荣誉称号。交大毕业后,被推荐到资源委员会全国水力发电工程总处(当时在四川省长寿县)工作。抗战胜利后随单位迁往南京。1947年7月,调江西南昌浙赣铁路局第二区大桥工程处工作,任工务员。1948年9月,再调赣江桥渡工程处工作。1949年11月,调唐山铁道学院教数学。1952年,调理论力学教研室(后称一般力学教研室)任教。1962和1979年,先后晋升副教授、教授。历任唐山铁道学院一分部教学委员会副主任、西南交通大学一般力学教研室主任、校学术委员会委员、校学报编委,数理力学系工会主席、国家教委高校工科力学课程教学指导委员会委员、四川省力学学会理事兼一般力学学科委员会主任,全国铁路工科高校理论力学协作组组长、西南地区工科高校一般力学协作组组长。

他治学严谨,授课推理严密,讲解娴熟、细致,阐释概念清晰、准确,所讲理论力学课程连续被评为铁道部的重点课及学校的一类课程。注重学科建设,1977年,教育部召开工科院校力学教材会议,他受命担任《理论力学》教材的编写任务和美国《工程力学》教材的翻译任务。1980年,教育部召开修订工科力学课程教学大纲会议,他建议将相对运动动力学即关于非惯性参考系的问题列入大纲,得到采纳,使理论力学在理论体系上更为完整。1986年，经批准设立西南地区高校中唯一的一般力学硕士点。

编著教材《理论力学》（上、下册）、《非线性振动》。在《唐山铁道学院学报》《西南交通大学学报》《理论力学教学与教材研究》等学报和文集上发表论文20余篇。

2003年，黄安基在成都逝世，终年80岁。

舒仲周

舒仲周（1924—2004），原名永济，湖南省溆浦县严家湾人。西南交通大学教授，享受国务院政府特殊津贴专家。

1944年春高中毕业后，考入唐山工学院。抗战胜利后学校迁回唐山，休学一年，回乡任溆浦简易师范学校教师。1947年秋，返回唐山复学。在校期间担任学生自治会学术股理事，创办铅印刊物《唐院导报》，任社长。他积极支持并领导同学开展进步活动，反对国民党政府的黑暗统治。

1950年，在唐山工学院毕业后，留校作黄寿恒教授的助教。后调入理论力学教研室，1954年升讲师。1956年加入中国共产党，不久担任总支宣传委员兼数力化支部书记。1964年秋，代理数理力学系总支书记。1965年冬，在四川眉山参加“四清”工作，被任命为伏龙公社“四清”工作队副队长兼党委副书记。半年后，调学校峨眉新址担任工程处党总支书记，因病未到任。“文化大革命”期间受到审查批判。1975年，教研室解散，被分配到电机连队，直到“文化大革命”结束。

1978年，学院恢复理论力学教研室，不久更名为一般力学教研室。1979年，升副教授；1981年升教授。1989年，被聘任为《力学学报》编委。历任《力学词典》编辑部主撰、中国力学学会运动稳定性与振动专业组组长，美国工业与数学学会会员、美国数学会会员。

他长期致力于运动稳定性、冲击系统的振动、稳定与定性理论的教学与科研工作，并在特定领域进入研究前沿阵地。其论文《关于利用已知积分解运动稳定性问题》阐述的定理四，早于国外的研究。在大系统稳定性的矢量李雅普诺夫函数法的研究中，侧重于方法的完善。对冲击系统的振动、稳定与定性理论的研究，着重研究了任意多个质体的碰撞振动与稳定以及定性理论，并推广到一般冲击系统。同时超越一般力学范围研究经典力学的理论基础，并据此推导出牛顿三定律以及其他基本公式，解决了三定律的逻辑矛盾。对于狭义相对论，他放弃爱因斯坦的两个公设，建立一个公理体系，与牛顿力学一一对应，并以此为基础推导出洛仑兹变换以及狭义相对论的其他基本公式。

1969年，参与新型振动落砂机的设计制造工作，负责振动与稳定的机理研究（后该项研究获1978年科学大会奖）。主持研究《鲁里叶控制系统核大系统的稳定性》，于1990年获四川省科技进步三等奖。学术著作《运动稳定性》，于1992年获国家教委高等学校出版社学术专著优秀奖。参与编著《多体系统的碰撞振动稳定与分叉》，于1995年获国家教委科技进步二等奖。另还主编《稳定、振动、分叉与混沌研究》等论著。

2004年，舒仲周在成都逝世，终年80岁。

陈　杰

陈杰（1924—2005），成都市人。政协内蒙古自治区委员会副主席、内蒙古自治区主委，内蒙古大学副校长，内蒙古自然科学基金委员会主任委员。全国政协委员，九三学社中央常委。

1947年，在四川大学数学系毕业后，考入国民政府中央研究院数学研究所，师从陈省身、苏步青、陈建功等著名数学家，从事拓扑学与复变函数论研究。中华人民共和国成立初，在成都理学院和四川大学任教。不久调北京大学数学力学系任教。1957年支边到内蒙古大学筹建数学系，为内蒙古大学数学学科的创建和发展做出贡献。1981年，基础数学、应用数学被首批批准为硕士学位授权学科；1984年，应用数学被批准为博士学位授权学科，两年后被首批确定为自治区重点学科。历任内蒙古大学数学系副主任、主任，内蒙古大学副校长，九三学社内蒙古直属小组组长，九三学社内蒙古筹备工作委员会主任委员，九三学社内蒙古自治区区委主委、名誉主委，九三学社中央委员会委员、常委。曾任内蒙古数学会理事长、《内蒙古大学学报》自然科学版主编。

一身致力于数学教学与研究。“文化大革命”结束后，从事模糊数学与格论研究，在内蒙古大学开创了新的研究领域。专著《格论初步》，获自治区优秀教学成果二等奖。早年在北京大学任教期间，参与翻译《高等微积分》《数学分析简明教程》《复变函数引论》等教材；著有《广义逆矩阵与正则化方法》。1986年，被授予全国教育系统劳动模范称号，并获人民教师奖章。1993年主编出版《内蒙古自然科学基金项目论文集》。

2005年1月27日，陈杰在内蒙古逝世，终年81岁。

包　茨

包茨(1925—1999)，浙江省兰溪县人。石油天然气地质界著名专家，四川石油管理局总地质师。

1949年，毕业于南京中央大学地质系，获理学学士学位。随即赴上海，进入华东革命大学学习，数月后，分配中国石油公司，在勘探室太湖地质队任实习员。先后在西安陕北石油勘探大队、北京石油管理总局任实习员、技术员。1953年，调成都西南石油勘探处任地质队队长、地质师。1955年，任四川石油勘探局地质调查处主任地质师。1958—1962年，先后担任四川石油管理局川南矿务局、川中矿务局副总地质师。1962年，任四川石油管理局副总地质师、总地质师。1965-1974年，任西南石油学院地质系主任。1974-1988年，任四川石油管理局总地质师。1991年，被评为教授级高级工程师，获得“石油工业有突出贡献科技专家”称号，享受政府特殊津贴。先后担任四川省地质学会、石油学会、能源研究会副理事长，四川省科学技术顾问团顾问，西南石油学院兼职教，《天然气工业》杂志主编。

毕生从事石油天然气地质勘探开发事业。1950年，燃料工业部调集全国石油地质队伍主攻陕北，包茨编入沈乃清教授任队长的地质小队，在陕北地区进行地质普查，发现宜君县境内的四廊庙构造。1951年，调北京石油管理总局苏联专家组工作。在此期间，随同苏联专家到各盆地考察，学习技术知识，专业技能大大提高。他利用录井、测井资料独立进行油气层对比及试油层位的选择。积累丰富的现场实践经验。他与地质师司徒愈旺合作，编制第一本石油地质地面调查操作规程，为全国石油探区提供一个可操作的规程。1953年，离开北京，到四川107地质研究队任队长。在四川盆地开展油气勘探，开发和天然气地质理论学研究。他与彭开启等地质技术人员一起，在龙门山一带翻山越岭，调查地形地貌，收集大量岩石标本，描述多处构造的地层剖面，把龙门山的上中下泥盆系细分为六层，并命以专名，为四川盆地地层分层和油气评价奠定基础。他还对其他几个地质构造进行深入广泛的考察研究，提出《四川广元安县间三叠系、侏罗纪地质研究报告》，把川西北下侏罗系须家河煤系的上部划出，命名为“白田坝煤系”，归为侏罗系。在

《四川北部广元江油间白垩纪、侏罗纪地层储油条件研究初步报告》中，评述野外采样化验的成果。受到莫斯科地台区找到丰富的石油的启示，他对四川盆地的地质资料重新进行审视，1957年，发表《四川应该在那里找油》的报告，明确指出找油方向：川中地台侏罗系。1958年，川中龙女寺2号井、南充5号井、蓬莱1号井相继喷出高产油流，证实他的理论推断。1958年，在几个构造系接连探出有价值的油流，随即成立川南石油矿务局，包茨担任副总地质师。1964年，被任命为总地质师。1966年，主持威远天然气会战。其后，调任西南石油学院地质勘探系主任。“文化大革命”中，下放贵州军垦农场劳动。1976年，回四川石油管理局。1977年，他把目光转向川东地区，开展天然气勘探。10月，川东相一18井开采出天然气，日出气量达到百万立方米。川东有石炭、川东有天然气，他果断决定，将川东正在钻井的井全部加深，实施的两年中，从卧龙场、张家场、雷音铺、相国寺构造，不断在石炭系获得高产气流。在川东石炭系16口获气井中，测试总产量981万立方米/日，探明天然气储量115.12亿立方米。他开展油气勘探的实践和研究，探索天然气的地理和地层分布，天然气藏形成条件的特点等一系列天然气地质学理论问题。邀请国内油气地质理论专家韩耀文、陈定宝、李绍良、司徒愈旺等执笔，主编国内第一部《天然气地质学》，提出天然气田与油田形成的异同，论述不同成因储集层的形成和演化过程，含气盆地的特点和类型，这一著作的问世，震动国内地质学界，对提高理论和实践起到重要作用1984—1990年，包茨主持设计出多种方案，在8个构造上钻探成功，控制天然气储量500亿立方米。不仅拿下川东大气田，也为全国天然气勘探提供丰富的经验。

1999年11月3日，包茨在成都逝世，终年74岁。

卓健成

卓健成（1925—2003），原籍广东省珠海，出生于辽宁省沟帮子。著名工程测量专家，西南交通大学教授、博士生导师，享受国务院政府特殊津贴专家。

父母早逝，高中毕业后，曾在开滦煤矿任中级员司两年。1946年，考入唐山交通大学土木系。1951年，毕业后留校任教。曾参加抗美援朝工程队，并荣立三等功。1958年，赴莫斯科测绘学院攻读研究生；l962年，获科学技术副博士学位。回国后在交大从事测绘教学和科研工作，历任西南交通大学工程测量教研室主任、航测与工程地质系系主任、中国测绘学会理事、中国特种精密工程测量研究中心理事、全国测绘专业教学指导委员会委员、副主任、工程测绘组组长，中国测绘学会工程测量分会委员会副主任，四川省测绘学会副理事长。多次被评为学校、省部级优秀共产党员、优秀教师。先后任《测绘学报》《西南交通大学学报》《测绘技术》《测绘译丛》等杂志编委、《四川测绘》主编。

他毕生从事高等学校测绘工程教育、教学和科研工作。在苏联学习时，选定地下铁道工程测量为研究方向，经过一年努力，取得若干阶段性成果，后因中苏关系恶化，苏方不允许向中国留学生提供苏联地铁的资料与数据，卓健成被迫中途改变研究方向，着力探索纯理论研究的原始数据误差在测量控制网中的传播规律——这是一个国际学术界经常遇到并急待解决的重要理论问题，经努力钻研，终于取得具有开创意义的成果，获科学技术副博士学位。回国后，将其学位论文《考虑原始数据误差的影响时，关于平差量函数中误差的若干问题》译成中文发表，是中国测绘学界首次发表和介绍有关原始数据误差在测量控制网中传播规律的研究成果，首开中国测绘学界在这一方向研究的先河。

20世纪70年代开始，带领一批中青年教师和部分研究生，继续对原始数据误差在测量控制网中的传播规律进行研究，并结合中国各级控制网的建网实际，进行大量的实验计算和野外实验验证，得出一系列用于指导实际工程控制网设计的原则。该研究成果通过鉴定后，已为1993年新修订的国家标准《工程测量规范》所采纳。

1973年，参加铁道部下达的《铁路测量技术规则》编写工作，主持编写“隧道测量篇”。该篇专门研究三角网方向平差时，山岭隧道整体三角网及其局部锁段测量误差对各隧道贯通面横向贯通精度的影响，并导出严密的、合理的精度影响值估算公式，填补了工程测量领域的空白。该研究成果被《铁路测量技术规则》及《新建铁路工程测量规范》所采用并写入说明中。

随着GPS试验卫星、工作卫星不断入轨及GPS信号接收机问世，GPS日益广泛应用于导航和定位测量。他十分关注这一新技术的发展动向，及时组织部分青年教师和研究生研究GPS的相关理论、数据处理及其应用，并取得一系列成果，为GPS数据处理及其在铁路工程中的应用做出重要贡献。

出版专著《工程控制测量建网理论》，参与编著《铁道工程测量学》《铁道工程测量》教材。

2003年4月21日，卓健成在成都逝世，终年78岁。

刘邦元

刘邦元（1925—1992），成都市郫县唐昌镇人。成都发动机公司高级工程师。

1948年，就读于四川大学。其间，追求进步，积极靠拢中国共产党地下组织，参加学生运动。解放初，在崇宁“2.11”匪特暴乱中，曾掩护被土匪追捕的征粮队员。1950年，在四川大学加入新民主主义青年团。1952年夏，毕业于四川大学机械系。同年，加入中国共产党。毕业分配哈尔滨120厂工具车间，历任工艺员、工艺主任，技术室主任、一级技术员，参加航空工业的初建工作，随苏联专家学习，组织工具制造工艺技术。1960年8月，支援内地建设，调河北保定370厂，任技术室主任、代理科长。1961年，370厂下马；12月，调成都420厂，任设备安装办公室技术组长、基建科技术室主任，负责工厂锻造车间大型锻压机到安装组织工作，解决技术关键问题。1973年12月，调工艺处试验科任机研室主任，多次评为厂先进工作者。历任中国机械工程学会会员、成都市机械工程学会机械专业秘书。中国航空学会会员。1984年，郫县县委、政府聘为经济技术信息顾问。

1992年10月19日，刘邦元因车祸遇难逝世，终年67岁。

陈世儒

陈世儒(1925—1990)，成都市人。西南农业大学博士研究生导师。曾任中国园艺学会副理事长，四川省园艺学会理事长，重庆市遗传学会副理事长，全国高等农业院校教材指导委员会副主席兼园艺科组长，农业部蔬菜专家顾问组成员。

陈世儒早年在华西协合大学任教。1950年起，调重庆西南农学院任教，历任蔬菜遗传育种教研室主任、植物遗传工程研究室主任、生物技术研究中心主任、图书馆馆长。曾先后赴美国、日本、荷兰等国合作研究和考察访问。

毕生从事蔬菜遗传育种和生物技术研究。先后培育出番茄新品种1个，芥菜新品种2个，甘蓝新品种5个。20世纪80年代，攀枝花开展南亚热带蔬菜生产与开发，多次到攀枝花考查蔬菜生产，并给予技术指导。“六五”“七五”期间，承担和主持国家攻关课题“甘蓝新品种选育及育种技术研究”。在《芥菜在中国的起源和分化》一文中，提出四川是芥菜许多重要变异类型的分化中心，并将芥菜种分为8个变种。1986年和1989年两度获得国家科委、计委、财政部嘉奖。后参与《优质丰产抗病秋甘蓝新品种“西园四号”的选育》课题，获1995年度四川科技进步奖。

在国内外学术刊物和学术会议上发表研究论文数十篇。主编全国通用教材《蔬菜育种学》（修订本）、《蔬菜种子的原理与实践》《蔬菜育种技术》等专著，并与人合撰《重庆蔬菜品种志》，主持翻译《新鲜果蔬的品质及其分析法》。

1990年，陈世儒在重庆逝世，终年65岁。

陈重穆

陈重穆（1926—1998），四川省巴县人。四川大学基础数学博士生指导教师，西南师范大学兼职教授，享受国务院政府特殊津贴专家。历任西南师范大学校长、中国数学会理事、四川省数学会副理事长。

1949年，毕业于重庆大学数理系。1950年，调西南师范学院数学系任教。1978年，晋升教授。历任数学系系主任，西南师范大学校长，重庆市数学会理事长。1986年，任四川大学基础数学博士生导师。

一生致力于代数学教学与研究，在有限群的研究方面取得优异成果。主持的项目“有限群的构造”获1989年四川省科技进步一等奖；主研项目“有限群单群和临界群”获1990年国家教委科技进步三等奖；与宋乃庆共同主持的“中学数学教材教法的课程改革实验”获1989年四川省优秀教学成果一等奖、国家首届优秀教学成果奖。他参与的中小学教材编写与实验研究在全国高校居领先地位。曾组织编写中小学数学教材5套，其中2套通过国家审定，列为国家义务教育规划教材。1992年，与宋乃庆提出“提高初中数学课堂教学效益”32字诀教学原则（淡化形式，注重实质；积极前进，循环上升；开门见山，适当集中；先做后说，师生共作），在全国数学教育界产生重大影响。

1987年，获“国家级有突出贡献专家”称号；1995年，获香港柏宁顿教育基金会孺子牛金球奖；1996年，获曾宪梓教育基金会三等奖。

主编《高等代数》《有限群基础》《线性规划教材》等本科和研究生教材。专著《内、外Σ群与极小非Σ群》于1988年获国家教委首届全国高校出版社学术专著优秀奖，论文《淡化形式，注重实质》于1998年获教育部社科三等奖。

1998年，陈重穆逝世，终年72岁。

张有纲

张有纲（1927—1991），浙江省湖州市人。教授、博士生导师，电子材料研究专家。

1952年，毕业于交通大学，留校任教。1956年，调成都电讯工程学院，历任教研室副主任、主任，电子材料微观分析中心主任。历任中国电子学会应用磁学专业委员会委员、中国物理学会专业委员会委员，省物理学会副主任、军用电子材料专业组副组长。为中国共产党老党员。

长期从事磁性材料与应用方面的教学和科研工作。在国内率先筹建磁性材料与器件专业，开展软磁、硬磁、微波铁氧体及其应用技术的研究工作。1970年，从事磁记录技术方面的研究，其中YIG磁调振荡器、YIG搜索接收机、磁性参数测量电桥获成都市科技大会奖。20世纪80年代，创建电子材料微观分析中心，由世界银行贷款 200 万美元引进大型精密仪器，开展电子材料微观分析测试工作。1984 年，任磁记录所所长，从事磁光记录方面的研究，主持磁光记录材料老化机理研究、VT 磁迹图显示及测试系统、磁光调制锁相椭偏仪与多层磁光波，薄膜测试、高稳定稀土钴永磁介质片及其应用、SEM 微区磁场分布自动测试系统、磁光彩色录像技术、可擦重写磁光盘寿命研究等课题，其中，高稳定稀土钴永磁介质片及其应用获部科技进步一等奖，1988 年，获国家发明三等奖；磁光调制锁相椭偏仪与多层磁光薄膜测试、SEM 微区磁场分布自动测试系统获部科技进步二等奖。主编《电子材料现代分析概论》第一分册，专著《磁性材料》。

1991 年，张有纲在成都逝世，终年 64 岁。

童国光

童国光（1927—1996），成都市郫县唐昌镇人。选矿专业高级工程师，享受国务院政府特殊津贴专家。

1949 年年初，在重庆大学加入中国共产党。1950 年 7 月，毕业于重庆大学矿冶工程系，分配到沈阳市东北工业部部长办公室工作。1951 年 9 月，被派到苏联斯维尔德洛夫斯克州实习铁矿选矿、烧结两年。1953 年 10 月回国，调鞍山钢铁厂。先后在鞍钢烧结总厂、东鞍钢铁矿、钢铁研究所、鞍山研究所工作，历任科长、室主任、鞍山矿山公司研究所副所长、总工程师等职。1953—1962 年，主持苏联援建项目鞍山选矿厂、东鞍浮选厂和烧结厂的基建、开工、调试、投产等工作。1962 年，负责鞍山选矿厂科研工作。1977 年，负责主持红矿选矿攻关任务。与沈阳矿山机器厂联合研制，试制成功只有联邦德国生产的琼斯型强磁选机，通过冶金部和一机部联合鉴定。利用强磁选机，试验成功国外尚未采用的强磁加浮选或重选联合工艺流程，使选矿指标达到国际水平，通过冶金部鉴定，被推选为新建调军台选矿流程，受到冶金部奖励。在此基础上，试验成功更先进的选矿联合流程，降低电耗和钢耗。此流程被几个鞍钢选矿厂采用，进行技术改造，每年创效益几千万元。

在学术活动中，童国光被推选任中国金属学会选矿学会副理事长，每年召开各种学术会议。兼任中国《选矿手册》编委会副主任委员，负责主持《选矿手册》的编写工作，全书 14 册已全部出版。撰写有论文《铁矿石选矿工艺及国内外铁矿选矿展望》。于 1989 年离休。

1996 年 9 月 10 日，童国光在鞍山逝世，终年 69 岁。

李协生

李协生(1927—1995)，陕西省南郑县连山乡三官庙村人。成都勘测设计院副院长，总工程师。

1952 年 7 月，毕业于西北工学院水利系，留院任助教。1953 年，调水利部计划司工作，并参与官厅水库的设计和施工，被水库管理局评为劳动模范。1954 年 5 月，任水利部办公厅专家工作室和北京勘测设计院专家工作组技术员。1956 年，晋升为工程师。1957 年 9 月，赴苏联全苏水工设计院进修一年。回国后，继任北京勘测设计院赴西藏综合勘，测设计队副队长。并曾支援蒙古水利工程建设。后调水利部成都勘测设计院工作。

长期从事水利工程的建设和设计工作，专著有《地下水电站建设》《厂区地下水工建筑物的施工》，译有苏联名著《水工建筑物的渗透计算》。

1995 年 9 月 13 日，李协生在成都逝世，终年 68 岁。

奚绍中

奚绍中(1928—2003)，江苏省南汇县人。西南交通大学结构力学著名教授、博士生导师，享受国务院特殊津贴专家。

1951年，在唐山铁道学院(西南交通大学前身)毕业后，留校任教。历任西南交通大学数理力学系系主任、西南交通大学工程力学系主任。1983年2月—1984年2月，在美国马里兰大学土木系以访问学者身份进修，并协助指导博士研究生。曾任广东汕头海湾大桥技术顾问、铁道部大桥工程局桥梁科学研究院高级技术顾问、江阴长江公路大桥技术顾问、广东虎门技术咨询公司顾问、铁道部科学研究大型结构试验室学术委员会委员、政协四川省委员会委员、常委。

长期从事结构分析、约束扭转理论及应用和桥梁及高耸结构的风工程研究。其研究成果对京广铁路复线、广东汕头海湾大桥、广东虎门大桥、江阴长江公路大桥、珠海市淇澳大桥、丰都长江公路桥、青藏铁路、首都国际机场等许多工程建设大有助益。1972年，参与空心高桥墩稳定性研究，该项研究成果中关于横隔板作用及设置的结论为铁道部基建局采纳使用。1974年，在国内首先提出在铁路钢筋混凝土桥跨设计中运用约束扭转理论，并据此在计算图式及改进桥跨构造等方面提出具体方案和措施。1975年，顺利解决青藏铁路无碴无枕∩形截面混凝土梁横隔墙的普遍开裂问题。1976年，为九江长江大桥引桥的40米混凝土箱梁提出改进设计的意见，防止梁体开裂。这一理论和技术在生产中获得广泛推广。1978年，参与研究《24—40米无碴无枕预应力钢筋混凝土梁》，该项科技成果获全国科学大会和四川省科学大会奖励，《(整体式)无碴无枕预应力钢筋混凝土梁应用约束扭转计算理论的研究》获铁道部全路科学大会优秀科技成果奖和四川省科学大会奖。参与《约束扭转理论在钢筋混凝土连续箱梁设计中的应用》研究，于1982年获四川省重大科技成果三等奖。

1988年以后，从事桥梁及高耸结构的风工程研究。主持完成抗风课题包含悬索桥、斜拉桥、连续钢构桥以及特殊结构等15个项目。在广东汕头海湾大桥的抗风试验研究中，首次在国内为桥位选择提供通过风洞试验得到的桥位风环境研究成果，缩短了工期，排除了风缆对航道的影响。这一措施在1990年12月(尚未吊装主梁节段)和1991年8月(已吊装部分主梁节段)两次经受十二级台风的考验，并得到香港夏达能顾问工程公司和英国芬茨尼路公司的认可。在为大秦铁路秦皇岛站疏解线上大里营斜拉桥的预应力混凝土斜拉索(杆)抗风模型试验研究中，发现该斜拉索(杆)在低风速下即出现强烈的涡激振动，提出修改截面形状的建议，被设计单位铁道部专业设计院采纳。1991年，主持铁道部科技发展计划项目《铁路高桥墩新技术研究》。1997年，主持《汕头海湾大桥抗风试验》科研项目，获得铁道部科学技术进步二等奖。

从事科学研究的同时，他继承交大重视力学的传统，长期坚持在教学第一线，为本科生和研究生开设“材料力学”“薄壁杆件约束扭转理论”“结构风工程”等课程。1989年，教研成果《发扬老唐山交大重视力学教学传统，培养有竞争能力的工程技术人才》获得国家教委普通高校国家级教研成果优秀奖和四川省普通高校第一届优秀教研成果一等奖。1990年后，在本科生中开设以加深对材料力学基本教学内容的理解和灵活运用基本知识为目的的选修课。教学中，运用丰富的教学经验及对力学中一些概念的深刻认识，对问题做深入浅出的阐述，效果显著。

编著《应用弹性力学》《工程力学》《材料力学精讲》等教材，翻译出版《力学强度理论》，主编《大跨度桥梁和高层建筑抗风研究》。

2003 年，奚绍中在成都逝世，终年 75 岁。

蔡 立

蔡立(1929—1997)，曾用名蔡启明，上海市人。国内牦牛科学的先驱和奠基人之一，享受国务院政府特殊津贴专家。

1947 年，入上海市立七宝农校(上海农学院前身)，攻读畜牧专业。1949 年，参加中国人民解放军西南服务团，随刘邓大军进军大西南。1954 年，入四川大学及四川农学院畜牧兽医专业深造，毕业后在西南民族学院任教。曾任国际牦牛信息中心副主任、国家民族事务委员会学术委员会特邀委员、成都市第九届政协委员。

长期从事民族教育事业和牦牛科研，创办国内第一个以牦牛为研究方向的硕士研究生点。在家畜繁殖学和养牛学以及动物遗传育种学硕士点研究生课程的教学中，结合学生实际和民族地区牧业生产实际，自编讲义、教材，开设牦牛科技专题报告，把牦牛研究成果及国内外养牛业的新技术、新材料研究动态介绍给学生，扩大学生的知识领域。蔡立坚持牦牛科研，每年大约 1/3 的时间工作、生活在高寒草原牦牛生产第一线，藏族牧民亲切地称他为“蔡牦牛”。倡导筹划成立中国牦牛科研协作组，并创办世界上第一份《牦牛》专业杂志，后改名为《中国牦牛》。先后主持完成农业部、国家民委、国家科委、中国科学院、国家自然科学基金委员会和四川省的重点科技项目等 10 余项，研究领域涉及牦牛的解剖生理、生态行为、遗传育种、繁殖改良、产品利用等多个学科，取得一大批研究成果，先后获国家级、省级、部委科技成果一、二、三等奖共 10 项，科研成果《牦牛杂交改良新技术》获国家科委、国家农委技术推广一等奖，《中国牛品种志及图谱》获农业部科技进步一等奖。在国内外刊物上发表科技论文 90 余篇，出版《四川牦牛》《中国牦牛》和世界第一部英文版《THE YAK》等牦牛专著；参与编著《中国牦牛品志》《中国家畜生态》《辞海》等；参加拍摄科教片《中国牦牛》。因科研成绩突出，蔡立被国家民委授予“先进科技工作者”称号，并入选《国际名人录》《中国当代名人录》《中国当代自然科学人物总传》等国内外 10 种著名传记、著作。

1997 年 12 月，蔡立在成都逝世，终年 68 岁。

田婉淑

田婉淑(1929—2000)，女。著名两栖爬行动物学家，四川省动物学会创始人之一。

1950 年，考入华西大学生物系，受业于刘承钊。1952 年，转入四川大学生物系。毕业后分配到四川医学院，在刘承钊指导下从事两栖动物分类学研究，合作发表龙洞山溪鲵新种。1975 年 6 月，与向福田、陈富荣等在平武县王坝楚野外考察中，采集到平武齿突蟾新种。1979 年，调入中国科学院成都生物研究所，被任命为两栖动物组组长，开展对中国两栖类舌骨肌的比较研究。曾任《四川动物》杂志编委、副主编，《蛇蛙研究丛书》编委，世界自然保护联盟中国两栖爬行动物专家组成员。

发表多篇论文、描述若干新种、建立齿蟾亚科和三个新属，在两栖动物分类学研究中，主编出版《中国两栖爬行动物鉴定手册》，成为物种鉴定的主要工具书之一。完成编写《中国动物志.两栖纲》中多个属、种。1985 年退休后，坚持完成《四川脊椎动物志》中两栖纲几个科的编写。

2000 年 10 月 16 日，田婉淑在成都逝世，终年71岁。

刘宝箴

刘宝箴(1929—2004),河北省保定市人。西南交通大学建筑学院创始人。中国建筑学会理事、中国建筑师学会理事、四川省消防协会常务理事、西南交通大学研究生培养质量督察组成员、建筑学院教学指导组组长,中国九三学社社员。

1950年4月,加入中国新民主主义青年团。1950—1953年,先后就读唐山铁道学院、北方交通大学、天津大学。1953年,毕业于天津大学建筑系。以后相继在清华大学、东北工学院攻读研究生。1956年毕业后,分配到唐山铁道学院任助教、教研室秘书。同年在同济大学参加苏联专家业务进修班。1958年,调西南交通大学,历任西南交大土木系建筑学教研室副主任、主任。1986年恢复建筑系,任该系系主任。于1994年退休。

刘宝箴执教40余年，为恢复建筑学专业和建筑系的成立与发展做出贡献。教学中,重视课程建设,组织教师编写教学大纲,精心研究课程与建筑设计、城市规划设计、毕业设计、设计实践等各个环节的关系,并亲自担任教学工作。在建筑学教学中,致力于建筑、环境与人的关系研究。编著有《单元式住宅户型设计图集》《创造幽美的育人环境探索教学楼建筑的新模式》等。

2004年4月23日，刘宝箴逝世，终年75岁。

蒲富恪

蒲富恪(1930—2001),成都市人。著名物理学家。中国科学院院士,中国科学院物理研究所研究员、博士生导师。

1944年,入成都县立中学(1952年后称成都七中)高十九班学习,1948年,考入重庆大学,后转至北京清华大学物理系学习。1952年毕业后,分至中科院物理研究所工作。1956年,在苏联科学院数学研究所研究生班学习;1960年,获副博士学位。后回到中科院工作。1991年,当选为数学物理部学部委员(院士)。共发表论文百余篇。

他在理论物理研究领域具有很高的造诣,取得一系列重要成果,为理论物理学科的发展和中国科技事业的发展做出重要贡献。在早期发展双时热力学格林函数理论中,首先用到磁性理论和非线性过程,得到磁化强度等高温和低温的统一结果。与合作者导出反映元素个性的稀土金属f-f间接交换作用的哈密顿量，得到新的赝偶极作用和各向异性来源。在天线理论中,建立一个与原偏微分方程边值问题完全等价的天线电流一维积分方程以代替著名的Hallen方程,并与合作者用于介质天线,求得数值解和部分解析解。在微磁学研究中，与合作者超越前人线性近似,提出和解决初始成畴问题，建立铁磁体中磁矩连续--不连续变化的统一理论。在量子完全可积系统中，与人合作发展费米型量子反散射理论,精确求解二维量子完全可积系统的首例DSI模型。

2001年5月2日,蒲富恪在北京逝世,享年71岁。

高福晖

高福晖(1930—2001),辽宁省大连市人,副博士,机械学家,享受国务院政府特殊津贴专家。

1955年10月，毕业于大连工学院机械系,被分配到中国科学院机械电机研究所工作。1958年加入中国共产党。1959年,被选派到苏联列宁格勒加里宁工学院机械系深造。学成后回到长春，在中国科学院光学精密机械研究所工作。1970年6月，中国科学院光电技术研究所在四川大邑建立，高福晖作为主要技术负责人，决定将当时代表国内先进水平的一种靶场跟踪测量设备作为试制对象，以此检查自身设计和打造的科研生产条件，经过共同努力，顺利完成试制任务，为国防建设提供合格的测量设备。历任中国科学院光电技术研究所所长，中国科学院成都分院院长，长江三峡工程生态与环境专题论证专家组副组长，成都电子科技大学兼职教授，中共第十一、十二次全国代表大会代表，中共四川省委第三届候补委员，四川省第七、八届人大常委会委员，四川省科技顾问团第一、二届副主任委员，中国光学学会理事，四川省机械学会机电一体化学会名誉理事长，四川省地震学会第一届副理事长。

主要从事机械零件强度、精密机械的研究，先后担任多项研究课题组组长。参与研制的几种跟踪测量设备得到实际应用，并获得国防科工委奖励。在机械零件强度研究中，于 1963 年首先提出用 99.7%不破坏概率确定机器零件强度和疲劳强度许用值的新方法。1974 年，国防单位需要一种高精度的测量设备，高福晖组织科技人员一起攻克技术难题，研制成功测量设备，获国防科技技术委员会二等奖、中国科学院科技进步一等奖。1976 年 7 月，河北唐山发生地震后，高福晖领导的科研小组成功研制出地应力探测器。探测器后被兰州采用，半年内成功预测出 6 次地震，该项成果于 1980 年获得四川省科技成果三等奖。他首次提出水库诱发地震的力学分析方法，解决了几十年未能解决的水库诱发地震的理论问题。1979 年，倡导并开辟自适应光学新领域。参加研制大型光学跟踪测量电影经纬仪、领导并参加研制焦距为 210、450、1000 毫米高精度弹道相机系列、大型光电经纬仪等，于 1978-1984 年先后获全国科学大会奖、国防科委二等奖、中国科学院科技进步一、二等奖；1985 年获《现代国防试验中的动态光学观测及测量技术》国家科技进步特等奖，为国防实验基地建设做出贡献。1983 年 6 月，长江三峡工程可行性报告出台后，高福晖被指定担任科研领导小组副组长，带领 20 余人的科学考察队伍赴三峡库区进行实地考察，开始长达数年的研究。1978—1988 年，带领中国科学院成都分院承担科研项目 2147 项，取得科研成果 517 项，与 70 余个市地（州）县、100 余个生产单位建立科技合作关系。编著有《地震力学》《大型经纬仪轴系晃动的傅里叶谐波分析法》《机械零件强度许用值新标准及大型经纬仪机械设计》《长江三峡工程对生态环境影响及对策》及其《论文集》。

2001 年 4 月，高福晖在成都逝世，终年 71 岁。

杨鹤文

杨鹤文（1930—2000），成都市邛崃市宝林乡人。高级农艺师。

1951 年 1 月，参加中国人民解放军。10 月随军到新疆，任新疆军区青干大队三中队班长。后进入新疆八一农学院农学系学习。毕业后回到兵团，任农业生产部技术员。1966 年 11 月，农三师建立，调任生产科副科长。历任四十三团副参谋长、副团长、团长、党委副书记、书记，农三师司令部参谋长。1977 年 5 月，加入中国共产党。1983 年 10 月，任农三师第一副师长、党委常委。1989 年，调任兵团体改办副师级研究员。1990 年退休。

长期从事农艺生产技术的研究、推广。1981 年，在四十三团引进地膜植棉新技术，使棉花生产大面积增产。获 1987 年兵团“地膜植棉新技术大面积推广特别奖”。发表有《谈谈长绒棉丰产栽培技术》《关于在新疆种植多穗高粱的几个技术问题的意见》等多篇论文。

2000年2月6日，杨鹤文在乌鲁木齐逝世，终年70岁。

林文球

林文球(1933—1999)，上海市人。著名地质专家，成都理工大学教授。

1964年，在四川省开江县金鸡公社老山沟一带发现恐龙化石后，得到中科院古生物研究所的重视。1969年，古生物研究所派人到开江核实情况，并交成都地质学院负责采掘、鉴定。林文球、何信禄两位地质专家和一名实验员组成发掘小组到开江进一步核实情况。1970年，再次到开江开展进一步的发掘工作。经采掘鉴定，化石主要是以蜥臀目为主的脊椎动物群，属原始川东虚骨龙，定名为“开江龙属”.生活在1.5亿年前的中生代侏罗纪时期。1984年，成都理工大学教授何信禄在出版《四川脊椎动物化石》一书中将其定名为“林氏开江龙”，以纪念林文球在发掘中所做的大量工作。

1999年，林文球在成都逝世，终年66岁。

刘照光

刘照光(1934—2001)，四川省成都市双流县人。著名植物学、生态学、生态工程学专家，研究员、博士生导师、学术带头人。

1954年，入读四川大学生物系植物专业。1958年毕业，被分配至中国科学院成都生物研究所工作。历任研究室秘书、副主任、主任、副所长及所学术委员会主任等职，于1991—1995年任所长。

在生物所工作的40多年间，在植物生态学、植物资源学以及恢复生态学等领域做出大量系统性和开创性的贡献，先后获20余项国家和省部级科技成果奖励，为生物所在学科国际化、成果产业化、管理规范化、人才年轻化奠定坚实基础。1958年，参与主持四川野生经济植物普查和《四川野生经济植物志》的编写。1960年，开展“四川省植被现状和动态变化考察研究”的调查，历经18年，与所内同事走遍四川的山山水水。“文化大革命”期间，参与领导四川省薯蓣资源调查的野外考察工作，为后来薯蓣资源的深入研究、综合利用奠定基础，为国家级新药“地奥心血康”提供资源数据基础。刘照光为长江上游地区的生态环境保护和生物资源合理开发利用做出贡献，于1978年组织撰写《四川森林资源开发利用中存在的问题及其后果调查报告》，明确指出长江上游森林过度采伐将带来严重生态问题，提出在四川建立一批自然保护区的建议。报告经新华社、《人民日报》报道后，引起各级领导和社会各界的强烈关注，促使国家对林业政策做出重大调整。同年，向中科院递交《建议在四川建立几个自然保护区的报告》，建议在四川建立南坪县九寨沟亚高山针叶林等8个自然保护区，并转报方毅副总理。20世纪80年代，刘照光主编的《四川植被》出版，填补中国西部植物植被研究空白，为四川省做出一系列国土资源规划提供翔实的依据，成为国内植被研究主要的开创性工作之一。1979–1981年，组织领导“贡嘎山植被研究”和《贡嘎山植被》科学专著的编写。1981年，在《四川植被》的基础上，写出论文《四川省植被分区和农、林、牧的合理布局》，提出停止采伐天然林、合理利用天然草场、退耕还草还林、改善农业生态环境，初步提出把四川建设成为长江上游生态屏障的蓝图。1986年，针对森林被过度开采、生态系统被破坏的实际情况，提出用“混交林”“生物多样性”和“与当地的生产和农民群众的收入挂钩”的思路来治理被破坏的生态环境，主持和建立“中国科学院成都生物研究所茂县生态站”，成功地开展退化生态系统的恢复重建和推广示范。在领导茂县生态站期间，主持研究出用红豆杉提取物制造天然抗癌药的科研成果，在其帮助下，茂县成立“九峰天然药业股份有限公司”，专业从事以红豆杉为主的药品开发，种植红豆杉的群众也因此脱贫致富。1998 年，长江全流域发生特大洪灾。指导学生吴宁赶写出《长江上游环境变迁、生态重建与流域可持续发展研究》报告，成为“九五”国家重大科技攻关项目。1999 年，主持“十五”国家重大科技攻关项目《中国西部典型脆弱生态区综合治理技术与示范》子项目——《岷江上游山地退化生态系统恢复与重建的技术与示范》以及中科院和四川省院地合作重点项目——《岷江上游典型退化生态系统恢复与重建试验示范研究》项目立项启动。刘照光提出把四川建成“长江上游生态屏障”的重大构想，此后，四川省正式把建设长江上游生态屏障作为全省实施西部大开发的两大战略目标之一。

2001 年 12 月 1 日，刘照光在成都逝世，终年 67 岁。

遵照刘照光遗愿，他的骨灰一半撒在海螺沟生态站，另一半撒放茂县生态站。

林三益

林三益(1934—2005)，浙江省舟山市人。水文专家。

1951 年夏，毕业于上海大同大学附中，考入南京大学水利系。1955 年，在华东水利学院(现河海大学)河川建筑专业毕业后，考入华东水利学院陆地水文专业研究生班。于 1957 年毕业，1958 年，在成都工学院(后改名成都科技大学，以后又并入四川大学)水利系任教。历任成都科技大学水利工程系副主任、博士生导师、校长助理、副校长，《四川水力发电》编辑委员会副主任、副主编、顾问。此后，先后担任中国高等院校水利电力类教学指导委员会水文水资源与水环境教学组委员、中国水利教育协会高教分会教学基本建设研究会副主任、中国水利学会水文专业委员会委员、中国可持续发展研究会水问题专业委员会委员、四川省防洪研究会副主任、四川大学水利水电学院教学督导组主任委员，中国水力发电工程学会水文泥沙专业委员会顾问，成都市海外联谊会理事。

他长期从事工程水文和水文水资源开发利用的教学、科研和生产设计。尤擅降雨洪水形成理论与分析计算、流域水文模拟技术以及水文预报方法技术等。对半干旱水文、岩溶水文和森林水文等中国西部地区的主要水文问题进行深入研究，成果具有独特性和创新性，达到国内先进水平。自 1958 年起，一直在教学第一线工作，为本科生讲授“水文学”“水文预报”“中长期水文预报”，为研究生讲授“径流形成理论”“确定性系统水文学”“水文水资源及水环境新进展” 等课程。主持国家自然科学基金资助项目 3 项、水利水电科研基金资助项目 1 项。曾被国家科学技术委员会聘为专家参加有关三峡工程技术“八五”攻关课题立项研究会、“八五”攻关项目研究成果审查会。多次受水利部、电力部邀请主持成果审查会、鉴定会。1993—1994 年，与日本山梨大学合作开展科学研究并进行学术交流。

参与编著全国统编教材《水文预报》，主编《水文学》《水文预报》教材，先后发表《斯坦福第Ⅳ号流域模型和萨克拉门托流域模型的对比分析》《半干旱地区流域水文模型》《黔南安顺地区岩溶水运动与径流形成规律初探》《改进后的 SMAR 模型及其在喀斯特流域上的应用》《应用流域水文模型探索黔中高原喀斯特地区水文水资源规律》《试析都江堰水资源的可持续利用》《山区河流水文特性初步研究》等论著，曾获四川省第一届优秀教学成果二等奖。

2005 年 2 月 23 日，林三益在成都逝世，终年 71 岁。

陆祖雄

陆祖雄(1934—2002)，江苏省常熟市人。四川省地质局高级工程师，享受国务院政府特殊津贴专家，四川省人民政府参事室参事。

毕业于南京大学地质系。历任西南地质局技术员、区技术负责人、工程师、高级工程师。1954 年，西南地质局 508 队开展攀枝花铁矿区的普查勘探工作，1958 年 6 月，经过三年多地质勘查工作，参与编写并提交《攀枝花钒钛磁铁矿储量报告书》，查明攀枝花矿区是一大型矿床，该报告为后来矿山开采设计的依据。1986 年 6 月，任地质局地矿处主任工程师，随局副总工程师秦震到牦牛坪矿区检查工作，实地观察矿脉露头、31 线探槽和老硐，ZK311 孔上部岩心，查看光谱成果，明确指出这里很可能是稀土和放射性元素矿床，铅只是伴生矿，应以稀土为主进行评价。曾任四川省国土经济学研究会理事，四川省资源事业委员会副主任，四川省有色金属学会稀土委员会委员，四川省政协第七届常委。

主编《矿产资源评价》，参与撰写《对开发我省稀土矿产的几点建议》《攀枝花钒钛磁铁矿成矿特征》等。曾获国家科技进步特等奖，四川地质局先进工作者。

2002 年，陆祖雄在成都逝世，终年 68 岁。

陈春先

陈春先(1934—2004)，成都市人。改革开放后，在北京创办了中国第一个民办科研机构、第一个民营科技企业，被誉为“中关村民营科技第一人”。

其父陈子长早年留学美国，回国学后曾任中央大学教授，对儿子向来比较放任，促使陈春先自幼形成兴趣广泛、思维活跃、敢想敢说的性格。中学时代的几位老师，引导他对数学、物理产生浓厚兴趣。少年时代动手能力便很强，十三四岁便自己装了一台收音机。1949 年 10 月 1 日成都尚未解放，他用这台收音机收听了北京广播的开国大典。

1951 年，陈春先以优异成绩考入四川大学物理系。次年，加入中国共产党，不久被学校保送到苏联莫斯科大学核物理专业学习。于 1958 年 12 月毕业，代表中方留学生在毕业典礼上致词，随后受到苏联共产党中央委员会第一书记赫鲁晓夫的接见。回国后分到二机部工作。次年，调到中国科学院物理所。最初从事理论物理、激光新型半导体等新领域的研究开拓工作。1970 年后，主要进行核聚变研究，后在合肥建成中科院等离子物理所(核聚变科研基地)。1978 年，科学的春天来到，因科研成绩突出，与研究数学的陈景润同时从助理研究员破格晋升为正教授级研究员。继经国家学位委员会审定，成为中国第一批、也是当时全国最年轻的博士生导师。同年，作为科研领域的优秀分参加了第一次全国科研大会。

1979 年，应邀到美国进行核聚变技术专项考察。波士顿周围 128 号公路两侧科技转化为产品的状况和硅谷苹果公司的创业传奇，极大地震撼了他。一位创业的教授告诉他：“我们有 idea (思想)，别人有钱，结合起来就办起了公司，于是 idea 就便成了钱。”回国后，他对北京市科协负责人说：“中关村的人才密度并不比旧金山和波士顿地区低，素质也并不差，我总觉得我们有很大的潜力没有挖出来。"1980 年 10 月,在北京新成立的等离子学会常务理事会上，他针对美国的"技术扩散模式" 做了题为《技术扩散与新兴产业》的发言,反复论述美国高速度发展的原因在于技术转化为产品特别快。他没有停留在理论上,决定付诸行动,要在中关村建立"中国的硅谷"。当年 12 月,带领中科院物理所、电子所、力学所和清华大学电机系的 14 名科研人员，利用中关村仓库一角的 2 间木板房,创办了"北京等离子学会先进技术发展服务部"。这是中国历史上第一个民办科研机构,也是中国第一个民营科技企业。这个体制外的实验,由此点燃科技人员下海的火种。

他领导的"服务部"利用人才优势开展高新尖技术咨询,一年内获利两三万元。他感谢同仁的辛勤努力,每月发给他们 10 多元的津贴,相当于每人涨了两级工资。未料到这种运作和分配方式与传统科研体制水火不容,被权威人士指责为"不务正业,歪门邪道,搞乱了科研人员的思想,搞乱了科研秩序。"1982 年,"服务部"被封门查账,业务骨干备受打击,机构面临解体。

由于陈春先的实践顺应当时 "搞活经济"的总方针,最终得到胡耀邦、胡启立、方毅等中央领导的支持,认为他的大方向"完全对头,应予鼓励"。陈春先受中央批示的鼓舞,于 1983 年 4 月成立中关村第一个民办科技开发经济实体——北京华夏新技术研究所。巅峰时期,他组建华夏硅谷集团,分公司遍布深圳、天津、北京、成都、昆明、甚至在香港建立办事机构,资产达数千万元。公司做过的最大一笔业务是帮助一家美国企业做数据录入,为此聘用 100 多名大学生,预计一年可收入 30 万美元,孰料这项业务半途流产。以后经营状况一直不好,纠纷不断,债务累累,用他自己的话说:"经历了企业家的各种磨难,但最终并没有聚集起财富。"究其原因,主要是缺乏管理经验,对市场不够了解,很多项目出现决策失误。1996 年,他退出第一线,华夏硅谷集团也随之烟消云散。次年,他被聘为北京市科技创业中心高级顾问。

陈春先在企业界屡战屡败,但他首尝螃蟹的勇气和超前的思想,却深深影响了下一代。他为后来"两通两海"(四通、信通、科海、京海)的诞生、中关村科技一条街的形成,以及中国民营科技企业的发展,铺下重要的一块基石,他因此被誉为"中关村民营科技第一人"。

1986 年,他毅然决然离开科学院,打碎自己的铁饭碗，断了自己的后路。退职后依然住在 1981 年中科院物理所分配给他的一套老式居民房里。2002 年,又发起创立咨询机构"陈春先工作室",办公室就设在家里。他从不否认自己"不是成功的企业家"，但他在中国改革开放的舞台上,绝对是一个站在前台有杰出贡献的人。

2004 年 8 月 9 日凌晨,陈春先去世,享年 70 岁。8 月 17 日安葬之日,百余名民营科技企业家齐聚八宝山公墓为他送行。去世之日,有关医疗机构遵照他生前遗愿,摘下他的眼角膜,帮助他实现人生最后一个愿望——"把光明留给后人"。

翟清永

翟清永(1935—2004),河南省人,西南技术物理研究所研究员,四川省首批学术和技术带头人,享受国务院政府特殊津贴专家。

1956 年 9 月,毕业于吉林大学物理系。致力于激光晶体的研究,成功创造出一套引上法生长"无核心、无位错"优质激光单晶新技术,使晶体的光学均匀性和晶锭的有效利用率都达到国际先进水平。后带领科研人员攻克散射颗粒的难关,创立独具中国特色的激光单晶体生长的技术路线。翟清永同其他科研人员一道与中国科学院长春应用化学所合作，成功研制出(Nd.Ce)：YAG激光晶体，跃上激光晶体之王的宝座。1982年，凭“无核心、无位错Nd：YAG晶体的生长“获兵器工业部三等成果奖。1983年，参加《超高频铁氧体》译著。1986年，在全国科委举办的全国Nd：YAG质量评比中获总分第一和两个单项第一；研制出的高效率低阈值的”掺钕和铈的钇铝石榴石激光晶体“，获两项发明专利，于1989年获国家科技进步二等奖。研制的高热稳定性的”掺钕、鉽和铈的钇铝石榴石激光晶体“，获发明专利。1993年，获国家”光华科技基金二等奖“。1996年，获得国家技术发明三等奖。

2004年7月，翟清永在成都逝世，终年69岁。

曾万章

曾万章(1935—2005)，云南省广南县人。著名药用植物学专家。成都中医药大学教授、享受国务院政府特殊津贴专家。历任四川省植物学会常务理事兼应用植物专业委员会主任、四川省花卉协会常务理事，全国高等医药院校中药专业教材编审委员。

1959年，毕业于西南师范学院（现西南大学)生物系，分配到成都中医学院。先后任药用植物学教研室副主任、主任，兼任中药品质研究室副主任。

长期致力于药用植物学教学和高等植物分类研究。创建中医学院中药系，先后开设《药用植物学》《被子植物分类学》《种子植物分类学》《植物解剖学》等课程。教学中提倡“三不”和“三允许”的民主精神，即“不迷信名人，不迷信教师，不迷信书本”“允许提问，允许置疑，允许反驳”。主要研究方向为药用植物的品种质量和资源。发现新种2个，新变种1个。致力于教材建设，任全国统编教材《药用植物学》及全国规划教材《药用植物学》副主编，并编绘《被子植物分类学参考图谱》，还主持摄制两部声像同步彩色幻灯片教材；此外还参与编写《常用草药治疗手册》及《四川植物志》第七卷、第十卷，并受聘担任《中华本草》编委、《四川植物志》编委。2005年，曾万章在成都逝世。

缪树华

缪树华(1936—1995)，四川省宜宾市珙县上罗镇人。中国科学院成都生物研究所植物细胞学植物细胞研究室主任，享受国务院政府特殊津贴专家。

1951年，在上罗小学读书。1954年，毕业于珙县初级中学。1957年，毕业于高县中学。1958—1959年，在珙县钢铁厂化验室工作，后考入四川大学。1964年，毕业于四川大学生物系，在中国科学院植物研究所历任研究实习生、课题组长、助理研究员。1980年，在中国科学院成都生物研究所工作，历任副研究员、研究员、硕士生导师、研究室主任。1983年，以访问学者身份公派去美国伊利诺斯大学等院校进修和从事研究工作，1987年回国。历任中国细胞生物学学会理事、中国植物学会植物细胞培养和细胞工程专业委员会委员、中国植物学组织培养专业委员会委员、四川省细胞生物学会副理事长、四川省植物学会理事、四川农业大学客座教授、《植物学报》编委、《应用与环境生物学报》编委。

主要从事玉米花药培养和植物细胞突变体的研究工作。通过玉米花药培养，在国际上首次获得玉米纯系并进行细胞、胚胎和生物学研究，为玉米单倍体育种打下良好的基础。1976年，与广西玉米研究所陈曼玲合作，用玉米花药接种于

N6培养基内,置于培养室内培养,25天后产生愈伤组织,再分化出单倍体植株,1977年6月首次获得玉米花粉植株自交结实穗一苞, 共65粒种子,7月播种,繁殖出新植株,这一科研成果为国际上前所未有。1978年,该成果获广西科学大会奖;同年,获中国科学院重大科技成果奖,缪树华获全国科技大会"先进工作者"称号。缪树华通过组织培养、诱变和选择,获得几个玉米高必需氨基酸突变体和变异体, 这一成果在国内领先、在国际同类研究中也处于先进行列。1982年,主持"花药花粉培养的研究" 项目获中国科学院科技成果二等奖。1994年,获成都分院"优秀研究生导师"称号。在国内外刊物上发表《植物抗性突变体的发生、选择和应用》《抗赖氨酸加苏氨酸玉米突变体的选择》等科研成果文章37篇。1994年9月,赴美国进行科研期间,因过度疲劳患急病晕倒在科研场所,后转回成都治疗。

1995年4月21日, 缪树华在成都逝世,终年59岁。

骆光瑞

骆光瑞(1936—1994),成都市新都区人。高级工程师。

1955年, 毕业于西南第二工业学校机械制造专业,分配黑龙江省国营475厂工作。1956年10月,在反右派斗争中被划为"右派",1960年7月,被遣送至兴凯湖农场劳动。1962年10月,解除劳动教养。1963年1月,返回成都,安置在西城区电器厂工作。1966年,任成都交通电器厂技术员。1978年10月,摘掉"右派"分子的帽子,恢复名誉与职务。1979年5月,调西城区工业二局任工程师, 负责全局技术革新、技术改造工作。1982—1993年,任成都自动化研究会理事、副秘书长。1983年,先后任西城区第二届科学技术协会副主席,第三届科学技术协会常务委员,青羊区第一届科学技术协会委员,西城区电子学会副理事长。1990年9月,调西城区工商业联合会任主任干事。

1966—1974年, 骆光瑞为成都焊料厂研制出"松香焊锡丝加压灌注松香新工艺"。1979年,为金牛区营门口公社设计、指导、制造、安装半自动化养鸡场。1981年,为成都儿童车厂设计"高压静电喷漆联动线",提高工效20倍,使产品成本下降, 产值翻番, 获成都市重大科技成果奖。1983年, 为成都水表厂设计一条高压静电粉末喷漆联动线,节约原材料,降低生产成本40%,全厂每年节约上万度电, 每月节约汽油300公斤,产品生产时间缩短5倍,被国家行业检查组评为全国第一,并获得1983年度四川省推广新工艺、新技术重大科技成果奖。是年,帮助成都硅酸钠厂对硅酸钠生产工艺进行技术改造取得成功,全年生产硅酸钠6吨,节约纯碱60吨,减轻工人劳动强度,达到国内先进水平。同时,对该厂热风助燃炉和余热锅炉的改造获得成功,每年节约原煤400余吨,节约资金2万余元,减少了环境污染。由于技术改造的成功,该厂产品如意牌氯化锌获得四川省优质产品证书。1984年,为成都煤表厂提出使用"环氧粉末喷涂取代搪瓷新工艺"试验成功,节约有色金属锡,并提高煤表使用寿命,为国内首创。1985年,任御河化工厂从日本引进溶解乙炔和塑料袋生产线的负责人,圆满完成安装调试工作。

1981—1988年,先后5次被评为成都市、西城区科学技术先进个人。1984年,当选为成都市人民代表。

1994年,骆光瑞在成都逝世,终年58岁。

张铭让

张铭让(1937—2002),著名天然高分子聚合物专家。四川大学轻纺与食品学院教授,皮革化学与工程学科博士，中国皮革科技委员会主任,国务院学位委员会学科评议组成员。

四川大学毕业后，留校任教并从事科研工作。主要研究方向为生物质的绿色化学与技术。主讲《无机鞣制化学》《有机鞣制化学》等课程。主编的《鞣制化学》,于2002年被列为普通高等教育国家“十五”规划教材,并列为四川大学和四川省级精品教材。

2003年，发起组织四川铭让生物科技有限公司,这是一家经国家认定的高科技生物技术企业。先后承担国家和省部级科技攻关和技术创新项目40余项，获国家和省部级科技教学成果奖励18项,其中中国发明专利金奖1项,四川省科技进步一等奖1项,国家教委科技进步二等奖1项。

其教学成绩也很突出。他培养的博士生林炜,于2001年摘取全国“挑战杯”赛一等奖,并创下7000万元的转让纪录。

2002年,张铭让在成都逝世,终年65岁。

鄢文彬

鄢文彬(1939—1993),重庆市江北县人。西南交通大学著名教授。

1960年7月，考入西安交通大学机械系金相热处理专业学习。1965年7月毕业,考取周惠久教授的研究生。1967年,研究生毕业后,留校从事科研工作,同时指导大学本科毕业生做毕业论文。 1989年10月,调入西南交通大学材料工程系任教,1990年5月,任材料系副主任,兼材料工程研究所副所长。

他长期致力于材料科学的教学与科研工作。在低温测试技术、建立实验室、培养学生和指导青年教师工作中做了大量工作。先后为本科生讲授《失效分析基础》,为硕士研究生讲授《失效物理》。1991年,四川省教委授予他“研究生教育优秀导师”称号。

科研工作中,坚持理论与实际相结合,围绕国家建设急需选择科研项目。1974年,承担机械工业部基础攻关项目“凿岩机易损零件寿命攻关”,于1982年通过机械工业部鉴定,1986年获国家教委优秀成果奖。1979年，承担理论课题“45Cr钢的多次冲击拉伸断裂抗力研究”,于1986年获西安交大科技成果一等奖。后又承担科研新领域即低温用结构材料、低温脆性断裂规律及机理的研究,并筹建低温性能实验室,供访问学者和研究生开展课题研究。其低温脆断研究在国内处于领先地位。他主持的国家自然科学基金项目“发挥金属材料强度潜力理论研究”,相继获国家自然科学三等奖、国家教委科技进步一等奖。国家重点科技攻关项目“低合金高强度结构钢新钢种15MnMoV NRe钢的强韧化机理研究及其生产应用”，获国家教委科技进步二等奖。“七五”国家重点科技攻关项目“高强度焊接结构钢的低温断裂韧性琴断裂机理”，获冶金部科技进步二等奖。后又承担机械电子部机械工业科技发展规划项目“提高一吨矿车轴低温使用性能研究”,其经济效益每年达500万元以上,获中国机械工程学会失效分析二等奖。在他指导下开展的“疲劳断裂机制图的系统研究”,获国家教委科技进步二等奖;“高强度焊接结构钢HQ60、HQ60H及配套焊接材料的研究”，获辽宁省科技进步一等奖;“可焊高强度钢低温脆断安全评价及其在典型产品上的应用”，获国家教委科技进步二等奖;“高强度焊接结构钢HQ60及配套焊接材料的研究”,获冶金工业部科技进步二等奖;“HQ70

铜焊接材料、焊接工艺研究及在工程起重机的应用”,获国家科委科技进步三等奖。

先后参与编著出版专业著作《低温材料》《机器失效分析学》《低合金结构钢低温脆断论文集》,编制教学录像片《低温脆断失效分析与预防》。

1993年,鄢文彬逝世,终年54岁。

孙　翔

孙翔(1941—1995),原籍北京,贵州省贵阳市人。西南交通大学校长、博士生导师,中国机车车辆和牵引动力学科带头人。

幼年时期随父母在澳门生活。中华人民共和国成立后,举家从澳门迁回北京。1959年,在北京师范大学附属中学毕业后,考入唐山铁道学院(西南交通大学前身)内燃机车专业。1964年毕业,分配到大连机车车辆厂任技术员,从事工艺设计及科研工作,多次被评为“厂五好职工”“先进工作者”及“工厂标兵”。1971年11月,调四川省资阳内燃机车工厂机车分厂任技术员,负责内燃机车总装工艺,于1978年晋升工程师。1980年1月和1982年10月,两次选派赴联邦德国Krauss—Maffei公司轮轨研究部进修。1982年,晋升高级工程师。1983年12月,调入成都机车车辆工厂技术科,任高级工程师。后任机车车辆研究所副所长。1984年,调西南交通大学。于1986年晋升教授,后相继任西南交大副校长、校长。

他长期从事机车车辆研究工作,参与铁路科技发展宏观战略研究,提出一系列具有开拓性的新技术思想,对中国铁路牵引动力革命及铁路技术发展做出突出贡献。他率先提出的粘着--功率关系,成为内燃机车设计的指导原则。在动轮驱动系统动力学方面,开创性地研究解决了新型机车研制中的关键技术,为中国首台准高速客运内燃机车的试制成功做出重要贡献。1975年以来,致力于机车车辆动力学研究,完成一批重要课题,如:机车轴重转移分析、机车磨耗型踏面研究、机车曲线通过理论、机车测力轮对研制;完成轴重转移的通用算法、电算程序,改变了传统的解析计算方式并达到新的水平;研究提出数学模型到数值算法的一整套方法,以及万向轴动力系统桥墩设计的定量分析方法;用轮—轨黏滑振动的失稳解释国内外长期未解决的万向轴机车的空转问题,提出结构改进措施,并经大量试验证明该理论的正确性。他在国内外首先开展机车万向轴驱动系统动力学研究,其论文《万向轴驱动机车粘着机理分析》,被著名专家杨居漳鉴定为“这是一项具有国际水平的新探讨”。在孙竹生主持下,参加铁道部委托进行的《铁路发展战略对策》的编写工作,该文获得铁道部及有关专家的好评;随后又参与铁道部制定“重载运输发展规划”的咨询工作,以及“轮轨系统研究规划”的制定,完成铁道部科技局委托主持的《轮轨系统软件研究综述》一文撰写工作。1986年,“重载列车动力学的研究”被列为“七五”国家重点科技攻关项目,在课题组同志的共同努力下,编制出中国第一套列车纵向动力学模拟程序,研制出便携式列车动力学线路测试装置和重载列车运行模拟装置,于1990年获铁道部科技进步二等奖。

“八五”期间,主持高速铁路与重载运输领域的两项国家科技攻关项目:“高速动力车体转向架关键部件的研究”和“减轻重载列车与线路相互作用及操纵优化的研究”,并担任高速动力车体及转向架研制的总设计师,率先向高速列车关键技术冲击,提出中国发展机车径向转向架的技术方案,研制成功轮对空心轴式高速动力车转向架,为研制200千米/小时篮箭号高速列车、270

千米/小时中华之星号高速列车、中国首台机车径向转向架研制打下坚实的基础。他多次获得国家级、部级奖励，被评为国家级有突出贡献中青年科技专家。他取得多项成就的机车车辆学科被推为博士点、评为国家级重点学科，并由国家确定建立"牵引动力国家开放试验室"。

1995 年 3 月 30 日，孙翔在成都逝世，终年 54 岁。

黄天明

黄天明(1942—1996)，出生在重庆市南岸区一个工人家庭。1961 年，考入北京航空学院航空发动机专业学习，1966 年，毕业分配到成都 420 厂工作。1984 年 6 月 9 日，加入中国共产党。

1986 年前，黄天明先后任 42 车间工艺员和工艺室主任，负责涡喷六前机匣装配、传装，后机匣装配，大修机有关部件修理等工艺。参与涡喷六滑油管折断、燃油总管断裂、放气带折断、I 级压气机叶片折断、中轴承划伤等技术攻关。参加涡喷六全面整质复查，发动机试车中故障排除等工作。

在涡喷十三试制过程中，编制双转子发动机立体装配工艺规程 4 本，有关工艺说明书 2 本；参与涡喷十三主体试制装配工艺规程的编制和第一台发动机的总装及有关故障排除。在涡喷十三试制工艺定型中，先后写出技术总结 5 篇、高压转子打 9 吨压力试验程序标准等 TQC 成果 2 篇。1984 年，航空工业部授予其国家研制科技三等奖，荣立三等功。

1986 年后，黄天明调任生准处技术改造科任技术员、副科长，先后负责公司洗衣机建线、洗衣机总装改单门冰箱线、洗衣机双门总装线、高压发泡机试制排故、新建冰箱、五十铃汽车发动机装配线等建线的技术改造工作。

1996 年 3 月，公司开展以 FT8 为龙头的大会战。承担 FT8 动力涡轮试制技改项目大件荧光线、七号试车台及总装厂房改造等的组织协调实施工作。他深入合作单位，进行技术协议、供货合同的谈判签订，设备的预验收和运输等工作。在七号试车台的改造中，认真核算材料、外购件和工时等费用，协调解决台架过渡段简体吹沙、定架动架安装、首次吸尘车间温度高、进排气筒体内固定阀螺栓保险等问题。确保 FT8 动力涡轮试车的顺利进行。

1996 年 9 月 5 日，单位领导得知黄天明患肝癌后，让他立即住院。其实黄天明此前已知病情，为不影响工作，自己买白蛋白注射，一直坚持在生产一线，直到下午 6 点多钟，黄天明才接受住院治疗。

1996 年 10 月 10 日，黄天明因病逝世。1996 年 11 月 22 日，公司党委追认黄天明为公司模范共产党员。

孔祥安

孔祥安(1948—2000)，成都市人。著名力学家。西南交通大学教授、博士生导师，应用力学与工程系主任、固体力学研究所所长，中国力学学会理事，四川省力学学会常务理事、副秘书长。

曾在法国贡比涅大学机械工程系攻读应用力学和材料专业，获博士学位。较长时间与加拿大 LAVAL 大学机械工程系合作开展科研工作。

1995~1999 年，先后 3 次应邀前往法国巴黎工艺学院和法国阿尔斯通大学工作访问和讲学，历时总计 18 个月。

他长期致力于力学学科的发展和研究，在固体力学和数值计算方法、金属材料振动疲劳方法、固体接触力学，特别是高速列车轮轨接触力学等研究领域，取得一系列成果。尤其在接触力学的算法及其工程应用方面造诣颇深,其研究成果居国际先进水平。

在加拿大与同事合作出版《接触力学中的计算方法》《固体接触力学》等专著。曾任《欧洲高等材料和技术》通讯编委,《机械强度》、《欧洲高等材料与工艺》杂志编委;主编《TGV——法国高速铁路》;编著主要有《C++语言和面向对象有限元程序设计》等。

2000年11月19日,孔祥安在成都逝世,终年52岁

刘廷华

刘廷华(1955—2005),重庆市人。中国共产党党员。四川大学高分子科学与工程学院教授。

1982年,毕业于北京化工大学塑料机械设计专业,被分配到成都科技大学塑料工程系任教。1990年,在成都科技大学获聚合物成型原理方向硕士学位。1995年,在北京化工大学获聚合物加工原理及装备方向博士学位。1997年年初,赴香港大学从事新型螺杆挤塑理论研究。1998年年初,赴美国康奈尔大学,从事聚合物注塑过程集成化的博士后研究。1999年年底回国,在四川大学高分子科学与工程学院任教,晋升为教授。历任高分子学院高分子材料加工工程系副主任、塑料工程及机械研究所所长,兼任中国电子学会工程塑料应用专委会主任委员、中国模具标准化委员会委员、中国模协技术委员会委员及中国模协教育委员会委员。

刘廷华主要从事聚合物成型原理及装备的基础理论与应用研究,参与和承担过多项国家、部委和企业的科学研究及新产品开发,在注塑CAD/CAE及挤塑可视化研究方面成绩卓著,曾获国家教委科技进步二等奖。主编专著《塑料成型机械使用维修手册》和教材《聚合物成型机械》《高分子材料成型机械及模具基础》(上册)等,在国内外重要会议及学术刊物上合作发表《木塑复合材料发泡成型技术研究进展》《汽车塑料化及其前景》《橡塑技术与装备》等论文60多篇,获专利数项。2003年,与陈剑玲等人和上海克朗宁技术设备有限公司合作,成功研制出将CD碟包装盒单层普通流道模具转变为2×2的双层叠层式热流道注射模具。

2005年8月6日,刘廷华在成都逝世,终年50岁。

杨　柳

杨柳(1958—1998),重庆市涪陵区人。西南交通大学材料工程系教授,享受国务院政府特殊津贴专家。

1978年,在上海交通大学读大学本科和硕士研究生,1984—1985年,在四川工业学院材料工程系任助教,1985—1988年,在清华大学材料科学工程系攻读博士研究生,1988年,到西南交通大学材料工程系任教。1991年,晋升副教授;1993年晋升教授;担任教研室主任、党支部书记、系科研秘书、副系主任。1995年7月,作为铁道部青年基金的高级访问学者去日本进行学术交流和研修。

致力于金属材料固态相交和陶瓷材料的研究,曾主持国家自然科学基金资助项目,是西南交通大学材料学科的学术带头人之一。曾获学校陆氏青年教师奖、校优秀教学成果奖。在日本工作期间,任东京大学先瑞科学技术研究中心客座研究员,从事微观结构学科领域的研究,发表论文20余篇。

1998年3月,杨柳在日本逝世,终年40岁。

四、医疗卫生

杨国亮

杨国亮(1899—2005)，成都市邛崃高埂人。著名皮肤病专家，中国皮肤病学的主要奠基人之一。

出生于耕读人家。其父曾在家设私塾。5岁开始随父读书，6岁便熟读四书五经，并开始作文。1914年，到县城读初中。毕业后赴上海读高中，接受了新思想，于1919年与学校进步师生一道参加五四运动。毕业后立志从医，1924年，考入长沙湘雅医学院预科。1927年，参加共产主义青年团。是年11月，考入上海中央大学医学院(上海第一医院前身)。1932年毕业后，留附属教学医院皮肤科工作；同年，任《中华医学杂志》外文版编委和该杂志第一副总编。为适应教学的需要，于1934年编写了学校第一本皮肤病学教科书。1944年，晋升教授。抗日战争胜利后，受学校派遣赴美留学，学习皮肤病理学、医学霉菌学。1949年回国，带回不少珍贵的病理切片和菌种。1952年，担任卫生部教材编审委员会特约编委。1956年以来，历任上海医科大学皮肤病学教研室主任、皮肤病学研究所所长，一级教授，博士研究生导师，上海皮肤病防治所顾问，中华医学会皮肤科学会第一副主任委员，卫生部医学科学委员会委员，美国皮肤病科研究学会荣誉会员。

毕生从事皮肤病学研究，致力于中国皮肤病学科的建设。早在1937年便提出应用免疫学原理诊断和治疗性病。1940年，提出足癣和丹毒、象皮病发病的关系，受到各国学者的重视。他首先提出“大疱性表皮松懈萎缩型药疹”的诊断，从而使国内医学界对这种极度凶险的病症有了新的认识。创用对白癜疯、冻疮、浅部真菌病、系统性红斑狼疮、皮肤疤痕疙瘩等疾病行之有效的治疗方法，为中国防治梅毒、麻风、雅司、疥疮等慢性传染性皮肤病做了大量工作。此外还研究并开发了音频电疗机的临床新用途。他多次代表国家出席国际皮肤病学术会议；1979年5月被美国皮肤病科研究学会推选为荣誉会员。此外还发起和领导上海地区稻农皮炎的防治研究，该项研究于1978年获全国医药科技奖。

他治学严谨，医术精湛，长期深入临床研究实践，积累丰富的临床经验，设立多种皮肤病专病门诊；设立基础研究室，加强基础理论研究；开展中西两法治疗，所主持的研究所为国内皮肤病学术中心和皮肤科骨干人才的培训基地，为中国培养了一代皮肤病医疗教研的骨干人才，为皮肤病学和医学事业的发展做出贡献。

他严守工作纪律，当医生50余年，从不迟到、早退。严格要求学生练好基本功，认真写好病史，随时总结经验教训，长期随访病人。他从不脱离临床实践，70多岁还坚持每周参加一次门诊和查一次病房；直到80多岁，还经常到病房检查和指导工作。1985年退休后，86岁的杨国亮仍坚持为青年医生修改论文并为研究生做辅导，还毅然承担了组织编写200余万字的大型皮肤科参考书的重任。

主编《杨国亮皮肤病学》《医学百科全书》(皮肤病学分册)《药物反应》；长期担任《中华医学杂志》外文版编委、《中华医学杂志》第一副总编辑。

2005年9月13日，杨国亮在上海逝世，终年106岁。

王文雄

王文雄(1900—1996)，福建省福州市人。著名中医内科专家。

早年就学于福州马江海军学校机械系。1923年，到英国和美国留学，先后在英国皇家海军学校学军事技术，在哈佛大学学习空气动力学。回国后，曾任英语教员。后在空军训练大队担任翻译。抗日战争期间，随部队转移到成都。因患伤寒，半个多月高烧不退，使用盘尼西林也没有效果，经成都名中医顾荠卿诊治后痊愈。王文雄由此对中医产生浓厚兴趣，拜顾荠卿为师。1945年，考取中医师资格，在成都开业行医。1955年，在成都市第一人民医院工作，历任主任医师、成都市中医药研究所副所长。1978年，被评选为成都市科技战线先进工作者。王文雄工作到92岁，不慎摔伤股骨才离开岗位。曾任成都市中医学会副理事长、四川省医学科学技术评审委员会委员、四川省中医学会常务理事。

王文雄采取中西医结合的方式问诊，坐诊带听诊器，用温度计，看化验单。擅治内科杂病及温病，对儿科疾病有较深研究，以治败血症闻名蜀中，被誉为名中医“成都十三太保”之一。提出并动用温病学说中卫气营血理论对败血症进行辨证施治，取得显著疗效。撰有《中西医结合治疗败血症有关中医辨证施治的初步体会》《脉学心悟举隅》《营卫气血之探讨》等论文。擅治肾病，与学生一道研制《电子计算机中医肾病治疗系统》，记录其治疗肾病的经验。1982年，通过省科委主持的鉴定会，获四川省重大科技成果奖。1985年，该程序在全国50多家《电脑中医》程序的竞争中名列前茅，被列为送日本参加国际科技博览会的6套程序之一。擅山水国画、诗词歌赋。

1996年10月，王文雄在成都逝世，终年96岁。

杨天鹏

杨天鹏（1902—2005），原籍四川省安岳县。全国著名骨科专家，四川杨氏流派创始人。成都市名老中医，成都骨科医院创始人，农工民主党党员。

幼年读私塾，继因家庭经济困难辍学，随父在成都推车维持生活。后投师名医周云武、刘元福，学习中医骨伤治疗兼习少林武术。20世纪30年代初，开始来往于内江、自贡、合江、泸州、宜宾、重庆、赤水、遵义等地行医。他广学博采，每到一处，必拜访当地名医，请予指点教诲。在遵义摆摊卖草药时，曾拜120岁的圆通长老为师，学习益寿功和骨科按摩手法。先后参拜师傅20余人，从中精取各家之长，不断充实和完善自己，精研博究，融会贯通，自成一体，成为一代名师。1940年，在自贡开设“天元堂”诊所；1943年，将诊所迁到成都。1956年，参加成都市卫生工作者协会，将“天元堂”诊所奉献给人民政府，更名为成都市东城区正骨科联合诊所，任所长。诊所的病人不断增多，规模日益扩大，1964年，改建为成都市东城区骨科医院，任院长。

“文化大革命”中，杨天鹏被打成反动学术权威，受到批斗迫害，这位年届古稀的老人，在成都市宁夏街监狱度过了3个春秋。出狱后，并未因此而消沉。在他的领导下，东城区骨科医院于1982年更名为“成都骨科医院”，仍由他担任院长，医院日门诊量高达100人次以上。由于医术医德博得世人尊敬，他多次被评为四川省、成都市及东城区的先进工作者，当选为成都市东城区第四、五届人大代表，曾任成都市东城区政协委员、常委。除长期担任骨科医院院长、名誉院长，先后任成都中医药大学教授，中国中医药学会骨伤科分会第一届、第二届理事会顾问，中华中医药会骨科专委会顾问，《中国骨伤》《中医正臂》杂志编辑委员会顾问。

他十分注重医德修养，常说：作为一名好医生，应该做到“精”与“诚”。精，就是对医术的精益求精；诚，就是以诚心对待病人，把病人的痛苦当成自己的痛苦。他对病人不仅精心施治,而且对无钱付药费的穷苦人常予免费，有的还赠送路费,赢得广大病员的钦佩和崇敬。治疗中,常以“胆欲大而心欲小,智欲圆而行欲方”的格言要求弟子。反复强调,临诊看病,既要当机立断,又要小心谨慎;既要灵活多变,又不墨守成规,因症施治。几十年来,他培养了上千名骨科专业技术人才,分布在四川各地,很多都成长为主要技术骨干、学科带头人、名中医。

在临床医疗中,擅长骨与关节创伤和骨病治疗,对骨质疏松症、骨迟缓愈合、骨坏死、骨骺炎、骨质增生症、椎间盘突出症的治疗,尤有精深研究。在医疗实践中,总结出一套行之有效的治伤方法。临床上强调因人而异,辨证施治。手法上强调刚柔相济,借力发挥。独创的“理筋法”特色鲜明,疗效显著。除理筋手法外,注重手法后的练功。在用药方面,不拘泥于骨折的治疗常规,强调“治损重在固肾”“温养方能通痹”“通窍当从风治”“活血尤重行气”。认为内外兼治是加速患者生理机能迅速改善和调节生长的必要手段,是促进骨折愈合的重要条件。在骨折的整复方面,主张一次性整复成功，这样既可减少病人的痛苦，又可防止反复性整复造成愈合后的功能障碍或畸形。

晚年多次应全国和省市骨伤科专业委员会邀请,先后奔赴长沙、武汉、石家庄、洛阳(国际学术交流会)、西安、资阳、渡口、乐山、宜宾、什邡、成都等地做专题学术报告和骨伤正骨、理筋手法操作示范。1991年,获卫生部中华医学会颁发的“全国德艺双馨医护工作者”荣誉证书。1995年2月,拍摄杨天鹏《壮元益寿功》电视片,该片成为中国对外文化交流的健康保健专题片之一。1995年7月,在四川第三次骨科学术研讨会上献出秘方“虎穴散”。1995年9月,拍摄《杨天鹏理筋手法》教学片。1996年3月,编纂出版《杨天鹏骨伤科治验心法》。同年，成都中医药大学整理出版《杨天鹏理筋手法》。先后发表学术论文《理筋手法应用心得》《肩周炎的治疗经验》《胸部伤筋的治疗经验》等。

在他撰著的《杨氏养生法》一书中,他认为长寿的根本在于“三通”,即精神通、二便通、气血通。气血是人体生命活动的基础,要经常参加锻炼,打通血脉。主张从起居、饮食、药物等手段进行调节。坚持锻炼身体,到90多岁每天仍早晚锻炼一小时。1998年,在成都成立“杨天鹏长寿研究所”。

2005年8月26日，杨天鹏在成都逝世,终年103岁。

陈　华

陈华(1902—1990),字明孝,号棠村,成都市人。著名口腔医学家。

幼时其父在教会工作,母亲早逝,继由伯父抚养。15岁入成都县立中学。后因伯父生意萧条,家境日衰,转入由外国教会资助的华西协合中学借读。在校期间,到教会开办的牙症医院工作一年,对口腔医学有了初步认识。1923年春中学毕业后,考入华西协合大学牙科学习。同年暑假,不顾长途跋涉的辛劳,到四川西北的灌县、汶川、威州、理县、茂县等地进行牙病调查。后撰成《夷疆旅行琐记》一文,连载于天津《国闻周报》。1930年毕业,获牙科博士学位,留任成都华西协合大学医学院牙科临床助理医师。1931年,任北京协和医学院口腔外科助教。1932年,任南京中央医院牙科主任医师。1934年,张查理教授主编《军医必携》,特邀他编写《牙科篇》。1935年,参与创办中国第一所牙科学校——中央大学医学院牙医专科学校。1937年抗日战争爆发后,随中央大学迁至成都。1938年，被聘为国立中央大学医学院暨国立牙医专科学校副教授，兼任国立中央大学医学院、私立华西协合大学医学院、私立齐鲁大学医学院三大学联合医院门诊部牙科主任。为了解决教学和实习的困难，1940年9月，与同事一道在成都市布后街创办第一所由中国人自办的牙症医院。1945年，赴美国纽约哥伦比亚大学牙医牙学院攻读正畸学。1947年回国，任国立中央大学医学院教授、附属牙症医院院长。

中华人民共和国成立后，先后担任南京大学医学院教授、第五军医大学教授。1952年，参与组建中国人民解放军第四军医大学口腔医学系、口腔医院，历任教授兼口腔学系主任、口腔医院院长。“文化大革命”中，陈华受到批斗、迫害，口腔学系、口腔医院被撤销。1973年，口腔学系、口腔医院恢复建制。1979年，任第四军医大学副校长兼口腔医学系主任，口腔医院院长。1987年，受聘为解放军总后勤部、卫生部专家组成员，同时任中华医学会口腔学会副主任委员。

他毕生致力于口腔医学教育、医疗和科学研究，在第四军医大学组建了口腔学系、口腔医院。1939年，组织牙科名词研究会，广为收集中文名词，并选用“齿”和“牙”二字为部首创造牙科用字。1951年，卫生部设立牙科名词审查委员会，即以陈华等人原拟的牙科名词为基础，补充若干名词(如龋、龈等)，编成《口腔医学名词》一书出版。1959年，主持“成品总义齿”研制成功，填补了国内空白，为此荣立二等功。他是中国口腔正畸学早期开发人之一，大力开展活动矫治器的临床应用和研究，以及缩短正畸疗程的实验研究，创造“三联别针簧”“闭隙卡”“收弓簧”，改进眼圈簧，并设计翼护弓矫治器，可同步扩大上下牙弓，纠正过去沿用的在舌侧基板内加簧的弊病。

他治学严谨，勤于著述。主编《颌面颈部创伤学》《实用口腔正畸学》《实用拔牙学》《临床口腔学》《口腔卫生常识问答》《口腔医学》《口腔组织胚胎学》《牙病预防学》《牙体解剖学》《牙髓病学》《全口义齿学》等教材，参加全军《医疗护理技术操作常规》《临床疾病诊断依据治愈好转标准》的编写，长期担任《中华口腔杂志》编委、《实用口腔杂志》主编。

他先后被选为江苏省第一届人大代表，陕西省和西安市人大代表，全国政协第五届委员。无论行政工作多么繁忙，社会活动多么频繁，他从不脱离临床实践。直至80多岁高龄，仍经常出门诊、参加会议、指导业务、培养研究生和进修生。他的许多学生，都已成为中国口腔医疗领域的骨干。

1990年10月20日，陈华在西安逝世，终年88岁。

蓝天鹤

蓝天鹤(1903—1991)，字瑞祥，号见东，四川省荣县人。著名生物化学家，四川大学华西医学中心教授、博士生导师，享受国务院政府特殊津贴专家。曾任全国生物化学会理事，卫生部生化教材编审委员。

幼年家贫，得家族亲友资助，进入自贡市教会小学，毕业后考入成都华西协和中学。1927年，以优异成绩考入山东齐鲁大学。1929年，转学北平燕京大学化学系；1930年，获理学硕士学位。1931年，入燕京大学研究生院。1934年，在北平协和医学院师从吴宪教授研究生物化学。1937年，受聘成都华西协合大学化学系，先后任化学系讲师、生物化学系副教授和主任，讲授生物化学，高级生物化学。1940年，获美国洛克菲勒委员会奖学金，入罗切斯特大学研究院，进修生物化学及生命经济学。1943年，获哲学博士学位并荣获金钥匙奖，先后任该校生化系讲师和副教授、国际肿瘤研究基金委员会研究员、纽约州立科学院院士。1946年回国，任华西协合大学教授、教务长、医药基金总干事。1948年，在华西协合大学创办中国第一个生物化学研究所，任所长。1954年后，历任四川医学院教授、生物化学教研室主任。1957年"反右倾"运动中被打成右派分子；"文化大革命"中受到批斗。"文化大革命"结束后落实政策，恢复名誉和工作。1981年，任博士生导师。1988年，在学校生物化学与分子生物学研究所成立会上，倡议并捐资设立"研究生优秀论文奖励基金"。

蓝天鹤长期从事生物化学研究和教学工作。抗战时期，与中央大学教授郑集、齐鲁大学教授李缵文，协同推动成都生物化学学术研究活动，对中国早期生物化学教学、科研和人才培养做出了重要贡献。蓝天鹤在科研中，曾以自身代替大白鼠为实验对象，研究黄豆、鸡蛋与肉类混合蛋白质的生理价值，其结果被载入《中国生理学杂志》及郑集教授编写的营养学专著中。1940年，在《中国化学会杂志》上发表《中药鸦胆子结晶的研究》。在美国期间，研究《维生素C与氨基酸的调控作用》，在美国《生物化学杂志》上发表。此间，任国际癌瘤基金会研究员、美国肿瘤科学院士、美国曼哈顿原子能计划医学部高级生物化学家和副组长。应邀参加曼哈顿计划，对铀的生化学研究论文被载入美国原子能委员会的报告书中（"曼哈顿计划"是美国第一颗原子弹试爆计划，他是测试第一颗原子弹爆炸辐射对生物影响试验的唯一华人）。与Dounce合作，进行正常细胞与肿瘤细胞核酶活性的研究，较早认识到癌变须从细胞核着手，提出应着重从细胞核深入研究肿瘤的见解，在国际上有重要影响。曾任美国化学学会、生物化学学会、实验生物学会、肿瘤研究学会、科学家学会、科学促进协会会员。1950年，在道孚八美一带，与人合作发现野生植物醋柳，经分析证明醋柳果汁中富含稳定的维生素C。使醋柳在中国食品工业、轻化工、药物中广为利用。指导《绒毛膜促进腺激素(HCG)的受体体外放射分析》的研究，获得1985年四川省科技进步二等奖。

曾担任《中国生物化学》杂志编委，编著《毒气检验法》《有机化合物命名法》，参与编纂教材《生物化学》。

1991年11月23日，蓝天鹤在成都逝世，终年88岁。

2006年8月25日，四川大学在华西校区逸夫基础医学楼举办蓝天鹤教授诞辰100周年纪念大会，并进行蓝天鹤教授铜像揭幕仪式。

陈志潜

陈志潜(1903—2000)，成都市人。著名公共卫生专家，中国公共卫生事业的开拓者和奠基人。

1921年，考入北京协和医学院，并以优异成绩获得学院设立的奖学金。在校期间，受五卅运动的影响，参加北京市学联，并负责组织协和医学院的学生参加反帝爱国斗争。1926年，和几位好友创建《丙寅医学社》和《丙寅周刊》，普及医学知识，受到社会各界的关注。于1929年毕业，获医学博士学位，被聘为协和医学院内科临床医师。但他志在预防医学，谢绝学校的挽留，与新婚妻子王文瑾一道报名去南京晓庄师范学校，参加陶行知创建的晓庄卫生实验区的工作，任晓庄卫生实验区主任，兼卫生署实验处技正。他一面从事农民卫生知识教育，一面在晓庄舍子岗和燕子矶开办诊所，编写中国第一部《农民卫生知识讲义》。1930年，晓庄卫生实验区被南京政府封闭。

他转赴美国哈佛大学攻读公共卫生学。次年，获硕士学位后，赴德国进修健康教育法。

1931 年 9 月回国，在北京协和医学院任教，同时兼任中华平民教育促进会卫生教育部主任。并参加平民教育家晏阳初在河北定县平民教育实验区的工作。他强调治疗与预防相结合，创立县、乡、村三级卫生保健机构，培训卫生人员，编写农村卫生教材。短短几年间，河北定县明显减少农村常见病，赢得海内外人士的赞誉。在此期间，相继发表《中国农村卫生问题》《定县应用医学科学经验》《农村卫生工作人员的系统训练》等论文，在国内外产生重大影响。1934 年，受国际卫生组织派遣，赴苏联、南斯拉夫、印度考察农村卫生工作，发表《对苏联、南斯拉夫、印度卫生考察报告》。

1937 年，抗日战争爆发后，定县卫生实验区被迫停办。陈志潜随协和医学院内迁至成都，任协和医学院副教授，兼任华北农协卫生组主任、乡村建设学院代理院长。1939 年，任四川省卫生处处长，兼任华西协合大学、中央大学教授。在他的努力下，克服重重困难，相继创办四川传染病医院、四川省妇幼保健院，还与中央大学合办成都公立医院。以后几年内，又创建了温江农村卫生实验区和 80 多个农村卫生中心，初步奠定四川省农村卫生建设的基础。1946 年，应重庆大学之聘，任重大医学院院长，创办了四川省第一所国立医学院和西南地区第一个公共卫生专业，为国家培养了大批医学卫生人才。

1953 年，调四川医学院任教授，代理卫生系主任。他带领学生深入到云南芒市地区防治恶性疟疾和腺性鼠疫，到广元县防治麻风病和梅毒病，到德阳县防治血吸虫病。1957 年，被划为“右派分子”，长期受到不公正待遇。1979 年得以平反纠正。以后历任中华医学会副会长，中华预防医学会名誉理事，中国农村卫生协会及四川省农村卫生协会名誉理事。

陈志潜多次应邀出国讲学、考察。在他的努力下，美国恢复向中国提供已中断 30 年的医学基金，中国利用此基金每年向美国派遣 20 名留学生。同期，还争取到美国洛氏基金提供的流行病奖学金，用此奖学金，中国每年可派遣 5 名赴美留学生。此外，他还用自己出国讲学结余的美元，为学校购买了一批教学急需的设备。

在中国最早翻译出版《健康教育原理》。1985 年，应邀去美国加利福尼亚大学讲学期间，用英文撰写《中国农村医学——我的回忆》，总结自己数十年从事农村卫生工作的经验，成为加州大学为第三世界国家出版的系列专著之一，由联合国儿童基金会向世界推荐发行。该书于 1998 年出版中文版。

他是中国社区医学的创始人和健康教育事业的奠基人，被誉为中国初级卫生保健的先驱、中国公共卫生之父。由他创建的适合中国农村实际的三级医疗卫生保健网等经验，一直被世界卫生组织所采纳，并作为在全球推广的初级卫生保健的基本模式。加州大学伯克利分校为表彰他的业绩，特设立陈志潜奖学金，专门资助中国青年学者到美国学习公共卫生学。

2000 年 9 月，陈志潜在成都逝世，终年 97 岁。

2004 年 6 月 16 日，四川大学举办陈志潜教授百年诞辰纪念活动，会后在四川大学公共卫生学院新科教大楼前举行陈志潜教授铜像揭幕仪式。

乐以成

乐以成(1905—2001)，女，字韵樵，四川省芦山县人。著名妇产科学家、医学教育家、一级教授，享受国务院政府特殊津贴专家。

1914年，考入雅安明德女子教会学校，于1918年毕业。由于亲父重男轻女，被迫辍学两年，在家学习女红和持家。1920年夏，因不满家庭包办婚姻离家出走，先后考入成都华英女子中学、四川省立第一女师附中。1924年夏，从女师附中考入华西协合大学医学院，成为该校的第一个女生。1932年夏，她以优异成绩毕业，成为华西协合大学第一个女医学博士，同时获得美国纽约州立大学医学博士学位，留校任妇产科助教。

1933年在，北京协和医院妇产科进修，师从著名专家林巧稚教授。一年后，回到华西协合大学附属医院，任妇产科助理医师，后晋升为住院总医师。她热爱妇产科，待病人如亲人，受到同行交口称赞。1934年，晋升为妇产科主治医师。1939年，应邀赴加拿大多伦多大学医院进修，任妇产科住院总医师。1940年应邀到美国加利福尼亚大学医院见习。1942年回国，任华西协合大学医学院副教授；1944年晋升为教授。1949年秋，应邀到英国伦敦大学皇家医学院进修。

中华人民共和国成立后，英国移民局多次与她面谈，许以丰厚的待遇和条件，希望她留在英国工作，被她婉言谢绝。1950年冬，经历各种艰辛和阻挠，她携带多件新型医疗器械和珍贵药品、书籍回到成都，继续在华西协和大学医学院工作。1952年院系调整，任四川医学院教授、妇产科主任、医学系副主任。1959年，任九三学社中央委员。20世纪80年代以后，历任四川大学华西医学中心医学系副主任、附属医院妇产科主任。曾当选全国人大代表、全国政协委员，九三学社中央委员、顾问，九三学社成都分社副主任委员，政协成都市委员会副主席。中华医学会妇产科四川分会常务理事、会长。

她是西南地区妇产科学的开拓者，曾立言："为妇女同胞解除苦难，为每一位母亲和每一个孩子送去健康"。她一手创建华西大学附属医院妇产科，并建立一套规范的工作和管理制度，成功开展"无痛分娩法"。她在教学上严格要求学生，先后培养数百名研究生和大批临床骨干，使华西医科大学的妇产科享誉全国。她把自己无私的爱，奉献给数以千万计的孩子和母亲，她87岁高龄，仍坚持看门诊。

在医学院，她不仅担负讲学和临床医疗的任务，还积极撰写专著。主要著作有《阴道手术学图谱》《妇产科医师手册》《妇产科疑难病症》《临床实践》。并与人合作撰写《妇产科疑难问题解答》《急病手册》。专著《阴道手术学图谱》再版5次，总印量达310万册。

2001年4月28日，乐以成在成都逝世，终年96岁。

王季槐

王季槐(1905—1999)，原名王孝章，四川省乐山市人。主任医师。

1931年5月，毕业于上海南洋医学院。同年7月，入日本东京高等预备学校学习(肄业)。"九一八"事变后回国，先后在上海水月医院，上海市立上海医院任职。1940年2月，毕业于四川省公共卫生人员训练所医师班，后在荣昌县安富镇地方医院、温江县卫生院作医疗、保健工作。1942年5月，任四川省卫生处第二科科长、技士。1943年4月，调任成都市卫生事务所任所长，后任成都市政府卫生科科长。1946年10月，被民国政府委任为四川省卫生处技正。

1950年3月，任成都市卫生局防疫保健科科长。1953年3月，调任成都市卫生防疫站任副站长。1983年7月，被四川省卫生厅核定为主任医师。1986年7月退休。曾任中国农工民主党成都市委常委、中国农工民主党四川省委员会顾问,四川省政协委员,中华医学会成都分会副会长,兼任流行病学分科协会副主任委员。

致力于卫生防疫工作,建立技术资料交换渠道多方收集资料，组建成都市卫生防疫站资料室,组织疫情汇审,编写成都市疫情预测预报,以指导卫生防病工作,为全市卫生防病事业做出贡献。

1999 年,王季槐在成都逝世,终年 94 岁。

刘云波

刘云波(1905—2000),女,四川省遂宁县人。著名妇产科专家。中华医学会四川省分会副理事长,中国红十字会四川分会副会长,中国抗癌协会四川分会名誉理事长,四川省计划生育协会名誉理事长,四川省优生协会名誉会长。历任四川省人大常委会副主任、政协四川省委员会副主席,四川省妇联副主任,农工民主党中央常委、咨监委员会常委，农工民主党四川省委主任委员、名誉主任委员,曾当选全国第三届人大代表。

1927 年,就读北京女子大学,后赴日本东京女子医专和德国耶那大学医学院留学。1937 年,获德国医科大学医学博士学位。回国后,先后任成都私立宏济医院院长兼中央军校眷属医院妇产科主任,成都市立医院妇产科主任,四川省高级医士职业学校校长和附属医院院长。中华人民共和国成立后,历任川西卫校、成都医专副校长、四川省卫生干部进修学院副院长，川西行署委员,四川省人民政府委员。

刘云波一生致力于妇幼工作,对病人无论贫富都无微不至地关怀。抗日战争时期,文学家朱自清曾亲笔书写“慈母之心”横幅相赠。1979 年被评为全国“三八”红旗手。

著有《实用妇产科学》《国产期保健》《老年妇女保健》等医学著作。

2000 年,刘云波在成都逝世,终年 95 岁。

樊培禄

樊培禄(1906—1998),河南省信阳县(今信阳市)人。儿科专家、国家卫生一级专家。享受国务院政府特殊津贴专家。

1932 年,毕业于齐鲁大学医学院,被授予医学学士,并被加拿大政府授予医学博士学位。先后任齐鲁大学医学院讲师、中央大学医学院、华西三大学联合医院儿科讲师、副教授,四川省立医院儿科主任。1937 年,参与发起成立中华医学会儿科学会。中华人民共和国成立后,历任四川省人民医院主任医师、儿科主任、副院长,成都市儿童医院名誉院长,中华医学会四川分会副理事长。曾担任中华医学会儿科学会委员、《中华儿科杂志》副总编辑、中华医学会四川省分会和成都市医学会副会长、儿科专业委员会主任委员、顾问、四川省科普协会副主任委员、四川省科技顾问团顾问等职务。从 1977 年起,主持四川省人民医院儿童保健门诊工作,坚持每天上班,直至退休。1979 年,获全国劳动模范称号,1982 年、1991 年被评为全国少年儿童先进工作者,1992 年,被评为全国健康老人,1996 年,被评为全国家庭教育优秀园丁。曾当选为全国第三、五、六届人大代表和四川省第一、二、三、五、六届人大代表。

20 世纪 30 年代,樊培禄在齐鲁大学深入研究流行的黑热病,采用五价锑治疗,使大批黑热病患儿痊愈。后积极开展猩红热、白喉、先天梅毒、麻疹等急性传染病的防治工作,显著降低患儿的病死率。50 年代,深入开展细菌性脑膜炎的研究、诊断与治疗。60 年代中期,开展金黄色葡萄球菌感染(包括败血症、脑膜炎、肺炎、脓胸、心包积脓) 的研究,取得重要成果。20 世纪 70 年代起，致力于儿童保健事业，在四川省人民医院建立儿童保健门诊，带队到工厂、街道、农村进行大规模的儿童死亡率调查，对数千名儿童进行健康检查，总结四川省3万多儿童生长发育五项度量衡指标，填补四川省0—7岁儿童生长发育评价的空白。1977年，参加全国第一次佝偻病会议，并领导主持四川省佝偻病的普查工作。经广泛调查和研究，找出当地用维生素D3防治佝偻病的最小剂量，提出基层医疗单位在缺乏X线和血生化检查条件下对该病的简易诊断方法，使成都地区佝偻病的发病率由1977~1978年的30%下降到1982年的13. 8%，达到国家要求。该治疗方案在其他地区推广应用也取得较好疗效。“文化大革命”期间，四川省儿童结核性脑膜炎的发病率和病死率较高。自1975年起，樊培禄带领医务人员在城市和农村开展结核病感染率调查，作了3万多人的结核菌素试验和近2万人的卡介苗接种，降低接种地区儿童结核病的发病率，基本上杜绝结核性脑膜炎的发生。1979年为国际儿童年，樊培禄主持四川省学龄前儿童健康检查工作，在全省采用四咪唑为2800万1—7岁儿童免费驱虫，无一例发生意外，取得显著效果。为响应“一对夫妻只生一个孩子”的号召，樊培禄建议儿科医师进产房参加新生儿的医疗管理和急症抢救工作，并率先在西南地区开展儿童出生缺陷监测。1982年，发动基层医务人员用两年时间调查四川100个县出生缺陷监测情况，与他人合作撰写对全国有指导意义的调查报告，为贯彻落实计划生育、优生优育的基本国策奠定基础。为促进妇幼保健事业的发展，摸清全省妇幼保健工作的基本情况，樊培禄深入基层做调查，足迹遍及全省18个地市州的50多个县，走村串户下厂矿，与工人、农民同吃同住，每到一处都耐心细致地向群众宣讲儿童保健知识，并为当地培养一批儿童保健医师。在历次省人大会上，呼吁建立四川省儿童医院。使四川省妇幼保健院、成都市妇幼保健院得以先后建立。1985年，被成都市儿童医院聘为名誉院长后，努力促进健全和巩固全省各级妇幼保健网。在全国第五届人大会上，与儿科老专家诸福棠提出戒烟问题。在全国第六届人大会上，与妇产科专家严仁英提出，为做好母乳喂养工作，应将产妇的产假延长到半年。先后撰写《319例葡萄球菌败血症的抗菌素治疗和死亡原因的探讨》《农村儿童和少年结核病的防治调查研究》等50多篇学术论文，曾赴瑞典进行学术交流。并参与《实用儿科学》《系统儿科学》等专著的撰写工作。

1998年3月23日，樊培禄在成都逝世，终年92岁。

甘定中

甘定中(1906—1990)，名心正，四川省蓬溪县白土坝人。中医针灸专家。

出生于中医世家，4岁入私塾，10岁改读小学并肄业。1921年，入读蓬溪县中。利用寒暑假研读伤寒论、金匮玉 函经、本草纲目、名医类案等古代医籍和家传治验笔录。1924年，中学毕业，因家贫辍学。次年2月，随祖父绍卿及嫡堂伯父文溪学医。1929年8月，在南充考入四川陆军11师罗开洲部军官教育团学生队，受训一年，毕业后驻岳池县城，就任该师王元虎二十二旅四十三团团部中尉副官(护旗官)。1931年3月，调该团二营七连任排长，改驻遂宁县城。带兵五年间，通读《外台秘要》《中国医学辞典》《皇汉医学丛书》，为所部官兵治病。驻地居民慕名相率请诊，皆有求必应，不索人酬仪。1931年12月，调川康边防军第三师第一混成旅第一团三营八连任连长。1932年11月，调任四川陆军新编二十三师别动大队上尉队副和代理队长。1934年2月,祖父去世奔丧回家,告假留乡奉养双亲。县内名医匮缺,甘定中乃应患者所求坐诊行医,兼任蓬溪天福乡玉皇宫初小教员。1935年春,应聘为天福乡小学教员。1935—1939年年底,蜀中名医任俊生、蒲湘澄在射洪洋溪镇创办国医研究会针灸传习所,甘定中往学,甚受俩先生赏识,尽得任师所创"升降针法"真传。毕业后执业乡里。1940年春,被成都空军机械学校录用为司书。1941年春,任蓬溪县土地陈报办事处总务组长。1943年.蓬溪土地陈报办事处撤销,转任广安县地籍整理办事处总务组长。1944年2月,改任教育科督学,11月,调任建设科农业技士。1946年6月,回遂宁大西街开业应诊。1947年3月,携眷赴重庆过街楼宏昌字号行医,兼营商业。治病以针灸为主,辅以方药,声誉日隆。1949年9月2日,因重庆火灾殃及宏昌字号,衣物书籍、医师证书、开业执照悉被焚毁,回遂宁在大北街开业。

1951年1月,应川西行署五月文化社范森逸约请,到成都为其妻治腹水痼疾。后被大众川剧院聘为义务医师,客居北新街剧院宿舍。后定居成都行医。同年,加入成都市卫生协会。1953年5月,考入市中医进修班习现代医学。1954年4月,供职祠堂街成立联合诊所。1955年3月,调成都市公费医疗第一门诊部任针灸科主治医师,从事诊病及实习生带教、针灸训练班教学等工作。1959年1月,调成都中医学校,讲授"针灸学""中国医学史",并在成都医专校及市卫生协会针灸学习班教学,参与市中医药研究所肝炎治疗和科研论文审查,为龙潭寺中医药训练班做教学辅导,到成都市三医院开展针灸业务、带教一、三医院及中医院实习学员。1960年,时逢灾害,带队深入三圣、苏坡、天回、春照等公社巡治浮肿。于1980年退休。曾任成都中医学会针灸委员会委员、四川省中医学会顾问、四川省针灸学会顾问。1981年,在四川省中医学会暨中医研究院举办针灸理论提高班主讲"灵枢经"。

甘定中精针灸之学,被誉为"神针"。所创"右升左降""阴经多用右, 阳经多用左""动病静治,静病动治"等针疗方法独树一帜,影响深远。1961年,撰成《针灸学讲义》,在国内率先将针刺法列为首章。自编《针灸歌诀》,每穴六句,对辅助针灸教学收效甚佳。先后撰写《常用中药分类歌诀》《十四经穴位分寸歌》《中国医学史简编》《中医诊断学讲义》《师传针灸急救法》《师传疑难病症解决法》《简述针灸治疗的理法方穴效果》《阴升阳降右升左降的理论根据与针灸临床应用》等论著,自创"灸疮灵药",用以去脓生肌敛皮,卓有奇效。

1990年11月28日,甘定中在成都逝世,终年84岁。

郑元瑛

郑元瑛(1906—2003),女,又名郑宜,四川荣县人。华西医科大学(四川大学华西医学中心)教授。

1932年,在华西协合大学毕业后,到成都华英女中任教。1935年秋,赴南开大学学习,次年春,转入燕京大学有机化学攻读研究生,于1938年毕业,获化学硕士学位,经教会介绍任成都华英女中校长。1941年,赴加拿大多伦多大学家政系进修。1941—1944年,先后在多伦多大学和美国可奈尔大学研究食物学及营养学;1944年取得美国康奈尔大学营养学院博士学位。于1945年回国,复任华英女中校长。1948—1950年相继兼任华西大学家政系、营保系教授兼系主任,并先后兼任四圣祠、华西大学教会董事、会长、主席。

1953年，院系调整取消家政系后，任四川医学院附属医院营养科主任兼生化教研组教授。是学校营养卫生学，婴幼儿营养学教学、科研的开创人之一。2003年，郑元瑛逝世，终年97岁。

蒋高第

蒋高弟(1906—2005)，女，四川省资中县人。成都市二医院大内科奠基人、大内科主任。

毕业于山东齐鲁大学，抗日战争时期到华西医院任职。1950年，进入成都市第二人民医院，是该院第一批大内科主任。于1984年退休。

蒋高弟医风严谨，采取措施杜绝医生病历写“天书”，她说：“一个字不清楚都会酿成大错，我们从事的可是性命攸关的职业啊。”查房时无论多晚，都会把所有病人病历看完，做到心中有数。蒋高弟把全部的精力都用在病人身上，一生未婚。带出来的医生分布在成都各大医院，很多已成为骨干。

2005年3月12日，蒋高弟在成都逝世，终年99岁。

黄克维

黄克维(1907—1996)，江西省樟树市人。著名神经外科专家。

1933年，毕业于北平协和医学院，获医学博士学位。1936—1939年，先后在英国里兹大学医学院、伦敦大学医学院病理研究院、英国皇家进修学院学习普通病理、临床病理及神经病理学。1939年回国，任成都中央大学医学院教授。1946年，任四川省立医院院长，兼华西大学医学院教授。1949年，赴美国哈佛大学医学院专修神经病理学。1950年回国，在重庆大学医学院任病理学教授，兼中央医院内科主任。1952年，任四川医学院医学系教授，兼副教务长。1962年，调中国人民解放军总医院，任内科主任、副院长，总后勤部卫生部医学科技委员会委员，兼任中华医学会神经精神科学会副主任委员、《中华医学杂志》副主编、第三届全国人大代表。1982年，加入中国共产党。

黄克维长期从事神经病理学的教学、科研和医疗工作，是国内神经病理学的奠基人之一。在四川医学院期间，与吴和光创建西南地区第一个神经外科，开展各种脑外科手术。神经内、外科联合组建神经疾患研究室后，任主任。调北京后，每月组织神经科临床病理讨论会，举办10余期神经病理学专修班。1956年，撰写国内第一部《神经病理学》专著。1960年，参与编辑高等院校教材《神经病学》。1983年，在国内外率先提出成人脊髓性肌萎缩为一独立性疾病。1984年，在国内首次报道婴儿中枢神经海绵体变性病例，并提出该病病因。1985年，对100多年来公认的进行性皮层下动脉硬化性白质脑瘤的成因提出质疑，证实其病因是静脉回流障碍造成，引起国际神经病理学界广泛重视。先后在国内外杂志上发表学术论文50多篇。

1996年7月24日，黄克维在北京逝世，终年89岁。

肖卓然

肖卓然(1908—1998)，成都市新都区人。口腔内科学专家，四川大学华西医学院教授、博士生导师，享受国务院政府特殊津贴专家。历任卫生部医学科学委员会委员、国际牙科学会院士。曾当选为成都市人大代表。

1932年，毕业于华西协合大学牙科，获医学博士学位，留校任教。1936年，应聘广西医学院创办牙科，任主任。1939年，任中央大学讲师、副教授。1943年，任军医学校牙科科长。1945年，任国防医学院教授、主任。1948 年，留学美国哥伦比亚大学及哈弗茨大学，任牙周专业医师。于 1949 年归国。1950 年任教于华西协合大学，历任教授、系主任，牙学院三人委员会主任委员，教研室主任。1981 年任博士生导师。1986 年退休后，被学校返聘为博士生导师。

一生始终致力于口腔医学的发展及培养口腔医学专门人才，对牙周组织的防治和再生有深入研究，治学严谨。1957 年，在成都主持 10 余万人的龋病、牙周病流行病学调查，撰写《龋病在不同人群中的发病情况的调查分析》及《注射醋酸皮质素对豚鼠牙周组织的影响》等论文，不仅丰富了调查统计资料，还对治疗措施做深入探索。20 世纪 80 年代，主持卫生部科研课题《口腔白斑和扁平苔藓的研究与防治》；所指导的《口腔白斑、扁平苔藓及其癌变研究》获 1986 年卫生部乙等奖，与成都制药一厂协作研制的“消斑膜”获四川省科技进步二等奖。1986 年，主编《临床牙周病学》获卫生部科技成果乙级奖；此外还先后主编《口腔内科学》《口腔卫生》。曾担任《中华口腔医学杂志》社社长、《汉英大辞典》编委。

1998 年，肖卓然在成都逝世，终年 90 岁。其遗体捐赠给学校人体解剖教研室供师生研究。

盖宝璜

盖宝璜(1908—1998)，安徽亳县人。华西医科大学流行病学奠基人，享受国务院政府特殊津贴专家，政协四川省委员会委员。

1938 年，毕业于上海医学院，1947-1948 年，在美国明尼苏达大学进修，获公共卫生硕士学位。回国后，先后任浙江医学院副教授、杭州卫生局长。1955 年 9 月，调四川医学院工作。1983 年，任教授。历任流行病教研室主任、卫生系代理系主任，硕士生导师。

一生从事流行病学的教学和科研，华西医科大学流行病学奠基人之一。主持和指导教研室建立细菌、肝炎、病毒、寄生虫四个实验室。1979 年，发表颇富创见的论文《乙型肝炎垂直传播初探》。指导研究生进行《血清中乙型肝炎病毒核心抗原提取的研究》，于 1982 年获省卫生厅科技成果四等奖。参与主编国内首部《流行病学》教材，其后又与上海医学院、武汉医学院相关专家共同主编《流行病学》新教材。1984 年，主编《中国医学百科全书?流行病学》相关条目。

1980 年，随中国医学代表团参加世界卫生组织在马尼拉召开的流行病学教学经验交流座谈会。随后又参加世界卫生组织在中国举办的流行病学培训班的教学工作。

1998 年，盖宝璜逝世，终年 90 岁。

彭吉人

彭吉人(1909—2005)，又名彭素心，重庆巴县人。著名耳鼻喉科专家、四川大学华西医学中心教授，享受国务院政府特殊津贴专家。

出生于中医世家，于 1928 年考入华西协合大学医学系；1935 年 7 月毕业，获理科学士和医学博士学位，同时获得美国纽约州立大学医学博士学位。其后考入华西协合大学医学院眼耳鼻喉研究班，1937 年毕业后，受聘于成都存仁眼耳鼻喉医院。

抗日战争时期，南京中央大学等 7 所大学部分专业先后迁到成都，并与华西协合大学联合办学。1938 年，华西协合大学、齐鲁大学和中央大学 3 所大学的下属医学院在华大教学医院成立“华大、中大、齐大三大学联合医院”，彭吉人被任命为存仁眼耳鼻喉医院院长兼华西协合大学医学院耳鼻喉科主任。存仁眼耳鼻喉医院成为抗战时期享誉全国的眼耳鼻喉科学术中心之一。他自行设计制作观察眼球震颤的双目放大镜、上颌窦透照灯、喉模型教具、内腔镜异物钳等。成功地开展鼻咽血管纤维瘤切除术和全麻小儿气管异物取出术，对噪声性聋病和职业性喉病做大量研究，为国内耳鼻喉科事业的发展奠定良好基础。

1947—1949年，先后到加拿大多伦多大学医学院及美国坦伯尔大学杰克逊喉外科、内腔镜检科进修，后受聘于加拿大汉米尔登结核病院内腔镜检科，任住院总医师。于1949年回国，并带回国外先进的支气管镜。他继续主持存仁眼耳鼻喉医院，先后担任耳鼻喉科主任、副院长、院长等职。并曾兼任川西军区陆军医院五官科主任及川西军区卫生学校教员。1953年起，在四川医学院附属医院工作。历任卫生部医学科学委员会专题委员会委员，中华医学会耳鼻喉科科学会委员、常委、常务理事，中华医学会四川分会、成都分会耳鼻喉科学会主任委员，成都市政协医疗组副组长。

他从事耳鼻喉科教学、临床治疗六十余年，在内腔镜学，检查、诊断、临床手术方面有丰富的经验。抗日战争时期，他所主持的存仁医院与来自华北、华东、华中的耳鼻喉专家精诚合作，在设备简陋的条件下，设计并制作观察眼球震颤的双目放大镜、上额窦透照灯、喉模型教具、内腔镜异物剪等，建立专科实验室，成功开展耳鼻血管纤维瘤切除术、全麻小儿气管异物取出术，使存仁医院成为享誉全国的耳鼻喉科学术中心之一。20世纪50年代，先后开展气管食管镜临床应用研究、鼻咽纤维瘤手术技巧研究。1955年，支持科内开展西南地区第一例“内耳开窗术”；60年代对聋哑人和职业喉病展开调查。

在教学工作中，关心学生的全面成长。20世纪50年代初期，为解决急需的专业人才，提高西南地区耳鼻喉科的医疗水平，共承办3期五官科专业班，培训学员150余人。这些学生毕业后分配到全国各地，多数成为耳鼻喉科的骨干力量。

他生活俭朴，家里的床、书桌、书橱、沙发二十多年来从未更换过，家中最值钱的东西是他一生积攒下来的上千册医学书籍，以及挂在墙壁上的四幅字：“诚实”“俭朴”“认真”“负责”。退休后仍经常到医院各科室查看。

出版《中国耳鼻喉科概论》《中国医科全书》等5部著作，在《中华耳鼻喉科杂志》《中华医学杂志》等学术期刊上发表学术论文30多篇。技术革新方面，曾主持并研制“眼球震颤观察镜”“简便携带手电筒式鼻副窦测照灯”“食管镜检查用活动导管”。长期担任《中华耳鼻喉科杂志》编委。

2005年10月29日，彭吉人在成都逝世，终年96岁。

吴和光

吴和光(1910—1994)，重庆市巴县人。著名医学家，四川医学院一级教授、副院长，享受国务院政府津贴专家。

1936年，毕业于华西协合大学，同时获得美国纽约州立大学医学博士学位。毕业后，在四圣祠医院任外科医师。抗日战争中，任华西、中央、齐鲁三所大学联合医院外科助教。华西大学医院建成后，晋升副教授，任大学医院、省人民医院、重庆西南医院外科主任。1947—1949年，先后到加拿大多伦多大学医学院附属总医院、美国麻省理工学院综合医院及哈佛大学医学院进修、考察。1949年6月回国。1950年，任华西大学医院院长，并被卫生部授予一级教授职称。以后相继担任《中华外科杂志》《华西医讯》《生物医学工程杂志》和华西医大生物技术研究所顾问。1984年，开始招收研究生。历任WHO专家咨询委员、中华医学会会员、卫生部医学科学委员会委员，四川省科技顾问团第一届成员，四川省政协第五届常委，中华医学会第十一届理事会理事，中国生物医学工程学会理事，成都市高级技术顾问，中华医学会成都分会理事、顾问，四川省医学工程学会名誉理事长。

在临床医学中，他于1949年首次开展十二指肠胰头癌切除术。1954年，参与创建西南地区第一个神经外科，培养了大批神经外科专业人才和普外科专业人才。1971年，主持西南首家器官移植临床研究工作。1976年，在医院首次施行自体肾移植术。1978年，开展急性坏死性胰腺炎(ANP)的系列研究，创建ANP的动物模型；同时开展从后上腰部对ANP腹膜后间隔引流手术，并实施辅以中药制剂的中西医结合治疗新方案。首次发现血液流变学异常在胰腺炎发病机理中的重要地位，采用B超监测病情变化，成功治疗18例，使死亡率由30%—50%下降到16.7%，该成果获1991年度四川省科技进步一等奖。担任副院长后，主持全院科研工作，先后组织和创建口腔、药学、肿瘤、生物医学工程研究室，建立四川省生物医学中心、四川省生物医学学会，创办刊物《临床医讯》《生物医学工程杂志》。组织开展医学高分子材料的研制及应用，先后取得人工皮、人工脑膜、骨水泥等十多项成果。1979年，领导和组织医生开展西南地区首例肾移植、肝移植。同时组织开展心脏瓣膜研制及临床应用，还组织中青年医生开展急性坏死性胰腺炎治疗和研究，使该院对急性重症胰腺炎的治疗达到国内先进水平。

先后发表学术论文数十篇，主编《现代中国医学》中英文版各一卷。由于在医疗、科研、教学工作和人才培养方面的突出贡献，先后被评为全国优秀研究生指导教师、四川省自然科学界精神文明标兵，并获得国家教委、卫生部、省政府从教50年奖章，以及从事高校科技工作和医政管理40年表彰。他主持的“急性坏死性胰腺炎综合研究”获四川省科技进步一等奖，“胎肝移植可行性研究”获四川省科技进步三等奖。

1994年，吴和光在成都逝世，终年84岁。

王正仪

王正仪（1910–2005），湖北省孝感市大梧县人。著名热带医学专家。

幼年接受私塾教育。1922年，随家迁入武昌念初中，后至上海大夏大学念预科(高中)。1929年，考入金陵大学农学院，1934年毕业。同年考入北平协和医学院，于1939年毕业，获医学博士学位。1943年，在加尔各答热带医学院进修，获DTM学位。1944年，赴美国留学，先后在美国士伦大学医学院、密歇根大学研究院攻读寄生虫学及病毒学。1948年，在美国密歇根大学研究院获公共卫生博士学位。于1948年年底回国，历任重庆大学医学院、四川医学院教授、四川省第三届人大代表。1975年，调北京热带医学研究所，任副所长、教授、研究员，中华医学杂志英文版及多种全国性杂志编委、特邀编委《内科理论与实践》寄生虫病主编。曾任北京市卫生技术干部职称评定委员、北京友谊医院学术委员，卫生部医学科学委员会委员。

王正仪在钩虫病的流行病学研究中，其定性、定量诊断方法的改进，治疗药物的检测与筛选、预防方法的探寻卓有成就。20世纪60年代，在四川开展狗寄生钩虫的实验，阐明钩虫病贫血机理，指出狗十二指肠中寄生的钩虫和人十二指肠中寄生的钩虫至少在吸血量上是有差异的，对西方寄生虫学者韦尔斯将对狗寄生钩虫的研究成果盲目用于人提出质疑，修正国际上广泛引用的韦尔斯的错误数据，得到国际上的高度评价，获全国科学大会奖。对兰氏贾第鞭毛虫、阿米巴病及弓形虫病进行涉及流行病学、免疫学诊断、发病机理及实验动物模型等的系列研究，显示它们是影响国内人群健康不可忽视的寄生虫病，在长爪沙鼠建立的兰氏贾第鞭毛虫动物模型被国际学者认为有国际意义。1995年，与著名寄生虫学者钟惠源、唐仲璋、毛守白、金大雄等筹划成立中国动物学会寄生虫学专业学会。专著有《钩虫病》《钩虫病防治手册》等。

2005年9月15日，王正仪在北京逝世，终年95岁。

过基同

过基同(1910—1999)，江苏省无锡市人。四川大学华西医学中心教授，享受国务院政府特殊津贴专家。

1934年，毕业于中央大学土木工程系，获工学学士学位。1943年，到印度哈夫金研究所进修鼠疫防治。1948年，毕业于美国明尼苏达大学医学院，获公共卫生学硕士学位。回国后在浙江省主管全省环境卫生工作。1951年，到浙江医学院筹建公共卫生系。1955年，调四川医学院(现四川大学华西医学院)筹建公共卫生关系学，组建环境卫生学教研室，历任副教授，教授，环境卫生学教研室主任。后任民进四川省委员会顾问，卫生部医学科学委员会委员，中华环境科学会理事，四川省环境科学会副理事长，中华医学会环境卫生学会常务委员，环境卫生学会名誉顾问。

他是中国环境卫生学的奠基人之一。1949年，在浙江高级医士学校创办环境卫生学科。1951年，在浙江医学院创建公共卫生学系本科，任代系主任，并承担本科、专科及师资培训班的教学工作。1955年调四川医学院后，及时组建环境卫生教研室，亲自编写教材，并指导青年教师开展科研。主持“氯丁橡胶厂工业废水中7种有害物质在地面水中最高容许浓度的研究”课题，获全国科学大会奖；指导开展“中国二十六城市大气污染与居民死亡情况调查”课题，获卫生部1986年重大医药卫生科技成果乙级奖。主持“成都市大气污染对人体健康的影响”课题，获省科技进步奖和卫生部重大医药成果乙级奖。1988年，获四川省人民政府环境保护先进工作者称号。

发表论文60余篇。曾担任《中国医学百科全书?公共卫生工程学》《环境卫生学》分卷副主编，先后编写《环境卫生学》教材10余种，并参与审核《自然环境保护概论》《实用英汉环境保护词汇》《环境影响评价原理和方法》等专著。

1999年1月，过基同在成都逝世，终年89岁。

陆振山

陆振山(1910—1997)，辽宁建平人。著名组织胚胎学专家，华西医科大学(四川大学华西医学院)博士生导师，享受国务院政府特殊津贴专家。中国民主同盟盟员。

1934年，毕业于辽宁医学院；1946年，在美国明尼苏达大学深造，以白血病研究论文获硕士学位。回国后，曾在在中央大学医学院任教。1948年，到成都华西协合大学医学院任教。中华人民共和国成立后，任四川医学院解剖教研组主任。1985年，成为首批博士生导师，兼任全国解剖学会理事，四川省解剖学会理事长，《四川解剖学》杂志主编。

长期从事解剖学和组织胚胎学研究，对狗肾、肾上腺、卵巢、肝的神经支配、神经细胞分裂、脑干网状结构及脑的神经核、神经分泌等进行深入研究。1940年，发表《华西人颅骨非测量性形态特点的研究》，其后相继开展“内脏感受器”“脑干网状结构”“神经核团的定量”“丘脑下部核团的神经肽”及“松果腺的神经供给”等研究。20世纪60年代初期，在国内率先开展形态计量研究，并领先使用原位杂交和免疫电镜胶体金双标技术，其论文《加压素和催产素神经元在大鼠丘脑下部的配布，免疫组化PAP法》获四川省优秀论文奖；论文《大白鼠脑干一些脑神经核的定量研究》在国内受到重视和好评。发表《骨学详要》《四川干尸的研究》《中国人鼻骨的研究》《大鼠脑干网状结构的定量研究》等10余篇论文；主编《神经解剖学》《组织学与胚胎学》教材；主译《解剖学方法》《机能电镜组织学》等专著。参与编著《外科实用解剖学》。担任《组织学参考书》《组织学百科全书》编委。

1997年，陆振山逝世，终年87岁。

庄贻信

庄贻信(1910—1994) 福建省惠安县人。四川大学华西医学研究中心教授。

1949年，毕业于私立华西协合大学医学院，获医学博士学位，留任大学医院外科助教、助理住院医师。1953年，任四川医学院附属医院主治医师。1979年，晋升为副教授；1983年，晋升为教授.

临床医学中侧重于消化外科，在应用激光技术治疗外科疾病方面具有丰富经验。先后在各级刊物上发表学术论文10余篇，参与编写出版《诊断技术操作常规与功能试验》《急症外科手册》《中国现代医学》等。

1994年，庄贻信在成都逝世，终年84岁。

张君儒

张君儒(1911—1997)，女，四川省璧山县(今重庆市璧山区)人。儿科学专家，中国儿科界先驱者之一。

她是华西协合大学首任华籍校长张凌高之女。1937年，毕业于成都华西协合大学，获得美国纽约州立大学医学博士学位。毕业后在华西、齐鲁、中央三大学联合医院工作。由于喜爱天真活泼的儿童，毅然选择了儿科专业，与杜顺德教授共同创建华西协合大学医学院儿科，成为华西医科大学儿科的奠基人之一。历任儿科住院医师、讲师、副教授。1947年，赴加拿大多伦多大学儿童医院进修。1949年秋，与在美国留学的丈夫杨振华教授一起回到成都。20世纪50年代初起，带领学生深入农村防病治病、巡回医疗和培训赤脚医生，使许多病儿恢复健康。1958年冬，流行性脑膜炎大流行期间，她亲临乐山流行区，及时向当地医生讲授该病的诊断和治疗方法，使大批脑膜炎病人获救。1970年，在凉山彝族自治州工作期间，成功抢救一批克山病患儿和急性中毒性菌痢病儿。1975年和1976年，两次到贫困县仁寿“开门办学”，招收多批农村学员，传播实用医疗技术。1978年起，开始招收硕士研究生，培养儿科专业人才。历任华西医科大学儿科主任、成都市儿科学会主任委员、中华医学会四川省分会理事，四川省儿科学会主任委员、顾问，全国儿科学会委员。

他在医学战线上工作长达半个多世纪，尤擅小儿腹泻治疗。在医学实践中，她体会到婴幼儿腹泻是危及小儿生命的常见病。在加拿大多伦多大学儿童医院进修期间，开始进行小儿体液平衡的学习和研究。回国后，运用小儿体液平衡失调的病理生理知识，改进静脉输液疗法，在国内首先引进和使用Linger液，使小儿脱水抢救成功率明显提高，极大地降低了西南地区婴幼儿腹泻的死亡率。20世纪60年代初，开始对小儿腹泻的致病原因进行研究，查出成都地区夏季小儿腹泻的病原菌——致病性大肠杆菌（EPEC），并分离出12种血清型。1962年，首次报告一次致病性大肠杆菌O55:B5肠炎在婴儿室流行，并及时采取措施，控制腹泻，将病婴全部治愈，被誉为“孩子们的救星”。

1965年，诊断出四川省首例脑型肺吸虫病。1978年，建立华西医科大学儿科消化实验室。次年，用电镜观察法，确定成都地区秋冬季腹泻的病原主要为轮状病毒。此后，带领课题小组对小儿轮状病毒肠炎的发病机制、诊断、治疗、预防等进行一系列研究，首先在成都地区推广口服补液盐。该研究成果获四川省科技成果奖。20世纪80年代，先后开展小儿空肠弯曲菌肠炎的致病机理和诊治研究，对成都地区空肠弯曲菌进行血清分型，并对其产生的肠毒素进行检测，提出有效治疗方法。其后又主持“四川省仁寿妇幼示范县小儿急性腹泻研究”，与全国多家科研单位横向合作，用3年时间进行4万人次流行病学调查，撰写《340例患儿的病原学分析》，寻找出发病规律与病原，该课题获1993年省卫生厅医药科技进步奖，并获北京市科技进步一等奖、四川省卫生科技进步四等奖、建国40周年百项科技贡献优秀奖。

曾参与编著《实用儿科学》等教材。

1997年7月11日，张君儒在成都逝世，终年86岁。

文琢之

文琢之（1911—1991），四川省射洪县人。著名中医外科学家。

10岁即从师四川名医释灵溪大师，继承其治疗内外科病症及杂证经验，以及各种膏丹丸散的制作技术。1925年，在成都开业行医。后考入成都中医切实学校深造，毕业后继续在成都行医。曾在益中医学讲习所、国医学校伤科训练班任教。1957年，调成都中医学院（成都中医药大学）任教，任中医内科、外伤科及中医诊断学的教学工作。1963年，调成都中医学院附属医院从事外科临床工作。1993年，晋升为中医外科主任医师，并承担硕士研究生培养及本科生、成人教育的后期临床教学任务。历任成都市国医公会、中医师公会、全国中医师公会联合会理事，四川省医药学术研究会、四川省中医师公会常务理事。

临床医学中，擅长中医外科疮疡、皮肤病、体表肿瘤和其他杂证的诊疗。强调外治必习刀圭之术以应急，必亲制膏丹丸散以增效，如此则内外皆通，合而治之，其效如桴鼓之应。治疗体表肿块和怪病，则多从痰入手，常言见痰休治痰，当以顺气为先。他将数十年治肿块之验方“消核散”研制成消核片，用于治疗乳腺增生、瘰疬、甲状腺肿瘤，均有较好疗效。对难治的系统性红斑狼疮，认为其病因主要是肾虚邪实，肾虚为本，邪实为标。根据该病各阶段所表现的不同症状体征，他制定出治疗的三个步骤：急性发作期，以补邪为主，佐以辅正；缓解期，以辅正与祛邪相结合；慢性稳定期，以辅正为主，佐以祛邪。对顽固性痤疮，则用以毒攻毒之理，取巴豆炖猪肉服，具有显著疗效。他研制了多种方药，其中首乌地黄汤，主要治疗皮肤瘙痒性疾病；脱疽1号丸、脱疽2号丸、脱疽3号丸，治疗血栓闭塞性脉管炎；皮肤粘膜散，对慢性久治不愈的浅表溃疡疗效确切，尤其对产妇会阴裂伤疗效独优；加味虎潜丸，主要用于骨痨，他治愈了不少慢性骨髓炎及骨结核病人。

他不仅在医学实践中业绩显著，而且勤于著述，成果迭出。主要论著有《医学心悟阐注》《中医脉诊》《实用胎产必备》《文琢之中医外科经验集》《卫气营血实际运用》《皮肤瘙痒症辨证施治》《十问歌阐注》《乳痈临床经验》、《溃疡性结肠炎中医药治疗》《用药点滴经验》《红斑狼疮辨证论治》，此外还编辑有《医林人物剪影》《霍乱集粹》《分类用药歌注解》《戒烟宝筏》《外科常用方选》等书刊。长期担任《健康报》《四川医药特刊》《四川省医药学技术研究会特刊》主编。

1991 年，文琢之在成都逝世，终年 80 岁。

陈钦材

陈钦材(1912—1993)，成都市郫县人。著名病理学家。

1938 年，在华西协合大学医学院毕业后，留校任病理系助教。1939 年，赴齐鲁大学病理师资班进修。1941 年，任讲师；1944 年，任副教授。1947—1948 年，先后赴加拿大、美国，在哈佛大学医学院、纽约斯隆凯塞琳肿瘤研究中心、尤氏肿瘤纪念医院及加拿大多伦多大学斑丁研究院及蒙特利尔大学皇家病理研究院等处进修。1949 年，在满地可麦盖尔大学病理学研究院从事血液病研究。1950 年，返回华西协合大学，继续从事教学和研究工作。相继任教授兼病理教研室主任、病理系主任，博士生导师。于 1980 年以后是享受国务院政府特殊津贴专家。

他一生致力于病理学研究。1943 年，在国内最早发表有关胆道蛔虫的论著，促进医学界对该病的认识。20 世纪 50 年代，推广巴氏阴道细胞学检查，并开办学习班，对子宫颈癌的防治起到重要作用。1958 年，对钩端螺旋体病进行病理研究，发表尸检资料的病理分析。1962 年，与江晴芬共同主持编写《肿瘤病理诊断手册》，是第一部采用国内资料撰写的肿瘤病学专著。1978 年，组织并领导对淋巴造血系统肿瘤的研究，指导建立免疫组织化学、电子显微镜及分子生物学等实验室，使病理教研室成为国内淋巴瘤研究中心之一。在他指导下开展的“非何杰金氏恶性淋巴瘤组织--细胞分类及其诊断指标”研究课题，获 1981 年四川省科技成果三等奖。

他治学严谨，重视标本、切片的收集整理。坚持指导尸解及参加冰冻切片和疑难病例的复诊。担任教研室主任期间，重视师资培养，主持建立附属医院病理科，支持设立口腔病理、职业病病理和法医病理教研室。并为教研室建立严格的尸检制度和临床病理讨论、外科病理会诊等制度。古稀之年仍在带博士生。晚年将自己积蓄的 5 万元捐给教研室，作为培养青年病理工作者基金。

1993 年，陈钦材在成都逝世，终年 81 岁。

魏治统

魏治统(1912—1997)，女，四川省资中县人。口腔修复学专家、四川医学院(今四川大学华西医学院)教授、博士生导师，享受国务院政府特殊津贴专家。中国民主同盟盟员。

1938 年，毕业于华西协合大学牙学院，获医学博士学位。留校历任助教、讲师、副教授。1946 年起，先后赴美国、加拿大留学。在美国哈佛大学主要进修冠桥学与烤瓷学。于 1950 年回国，任牙学院副主任。1979 年，任口腔修复学教授、副系主任。1981 年，任博士生导师。

她是华西医科大学口腔修复学的创始人。擅长口腔矫形，对烤瓷钴铬合金、中熔合金的固定修复生物力学有较深研究。教学严谨，言传身教，把自己在固定修复中的丰富知识和临床经验毫无保留地传授给学生。主持《牙周膜面积测量的研究》课题，提供了国人正常恒牙牙周膜面积的数据。在《75 例牙周病矫形治疗的临床分析》研究中，总结该病的矫形治疗，提高了治疗效果。指导研究生主攻《烤瓷熔附金属的固定修复的研究》《生物力学在口腔固定修复中的应用》《用光弹性方法对固定桥基牙槽骨受力的实验研究》。研究课题《SDA-1 型牙用中熔合金的研制及其应用》，于 1985 年获四川省科技进步三等奖。指导《CW-PA 型烤瓷镍铬铌合金的研制及应用》研究，该合金具有良好的抗腐蚀、抗变色能力和生物相容性，接近美国的镍铬瓷合金水平，获 1990 年度卫生部医药科技进步三等奖。高校教材《口腔矫形学》编委，中华口腔科杂志编委，撰著论文《用光弹性方法对固定桥基牙牙槽骨受力的实验研究》《烤瓷熔附金属固定修复的临床应用》《软质钴铬合金作固定修复的临床评价》等。

1997 年 9 月 2 日，魏治统在成都逝世，终年 85 岁。

林志靖

林志靖(1912—1999)，广东省南海县人。华西医科大学(四川大学华西医学中心)教授，享受国务院政府特殊津贴专家，中国微生物学会理事，四川微生物学会名誉理事长。

1939 年，毕业于齐鲁大学医学院，1948-1949 年，在美国 Michigen 州立卫生试验所进修，回国后，先后在中央大学医学院细菌系、重庆大学医学院细菌系工作。1952 年，调四川医学院微生物教研室任教授。曾任《微生物学杂志》(英文版)编委，国家科委发明评选委员会特邀审查员。

长期致力于细菌致病机理研究。1941 年，在《中华医学杂志》上发表《有关痢疾杆菌噬菌体的研究》。其代表性论文有《小蘗碱对细菌的抗生作用及其机制的初步研究》《老年慢性支气管炎的痰液细菌学分析》等。其中，论文《变性链球菌的血清学分型及大白鼠致龋模型的初步研究》于 1981 年，获卫生部医药卫生科技成果乙级奖，四川省重大科技成果奖；论文《空肠弯曲菌电镜形态结构研究》获省卫生厅科技成果奖。参与编著全国统编教材《微生物学》，译著有《癌的病理生理学》。

1999 年，林志靖逝世，终年 87 岁。

余仲权

余仲权(1912—1991)，重庆市万州区人。著名中医针灸学家，成都中医药大学教授。

1941 年，毕业于四川国医学院。1942 年，开始在万县、靖化、金堂、成都等地行医。1954 年，进入成都中医进修学校针灸班学习，结业后留校任教。后调入成都中医学院(成都中医药大学)，主讲《针灸学》。以后相继任针灸教研室主任、硕士研究生导师，四川省教委中医中药高级职称评审组成员，全国高等中医院校中医专业教材编审委员会委员，四川省科技顾问团顾问。

余仲权运用中医辨证施治、整体观念及脏腑经络学说，指导遣方配穴，紧扣病机设计治疗方案。善于把皮肤滚针和毫针结合起来治病，针刺手法精湛，进针轻松自如，针感柔和舒适，病人几无痛感。早在 20 世纪 50 年代，余仲权就大胆创新，开始运用耳针，主张找出敏感点，以小竹签代针。以后又不断改进，用电丸药贴压耳穴，除物理压迫作用外，还利用皮肤的吸收作用发挥药物在耳穴上的治疗作用。1954 年，与同仁合作研究制作皮肤滚针、弹簧进针器。皮肤滚针据《内经》毛刺法原理制成，适用于一切皮肤针的适应症。在探索中医学理过程中，不为古人之说所囿。研究子午流注针法时发现，在纳支法中应用范围仅局限于 66 个俞穴。认为十二经脉气血流注按十二时辰而盛衰，每一时辰的经气盛衰应当是指整体经脉而言，临床运用中不应受 66 个俞穴的限制，选取经脉经气旺盛的时辰开穴。比如寅时为肺经经气旺盛之时，此时可选取11个穴位中任何一穴作为开穴，其余经脉推而广之。其简化流注针法，发展经气盛衰理论在临床上的应用，扩大取穴范围，临床疗效提高。

长期从事《针灸学》教学，深入研究教材，改进教学方法，制作大量的教学用具、挂图，其主持设计制作的十四经循行挂图、子午流注针法开穴转盘等，教学效果较好。先后发表《针灸疗法原理初步体会》《针灸对气滞血瘀的临床运用》等50余篇论文。专著有《针灸学辑要》《灵枢语释》，并与人合著《经穴辨证应用学》等。曾参加编写全国中医高等学校教材《针灸学》。

1991年，余仲权在成都逝世，终年79岁。

陈官玺

陈官玺(1912—1995)，四川省隆昌县人。教授、硕士生导师。

1939年，毕业于华西协合大学医学院，获医学博士学位，留校工作。先后任中央大学、齐鲁大学、华西大学联合医院放射科医师；1942年任放射科讲师。1948—1950年，先后赴美国哥伦比亚大学医学院、哈佛大学医学院和加拿大麦格尔医学院留学。1950年9月回国后，先后任华西医科大学附属医院放射科主任、放射教研室主任，成都市放射学分会主任委员，四川省立医院放射科主任，四川省放射学会副主任委员，中华放射学会常委，《中华放射学》杂志编委，卫生部医学科学临床放射学专题组委员。

在人体放射诊断方面造诣精深，特别擅长急腹症平片诊断，是中国急腹症X线诊断的先驱者。在他的指导下，医院急腹症平片诊断达到国内先进水平。1958年，主持放射性反应研究和干片实验，获卫生部技术革命先锋集体奖。指导并参加撰写小肠扭转、胆源性肝脓肿等论文数十篇。指导《胆总管结石嵌顿的低张造影表现与治疗法的研究》课题，于1982年获卫生部医药卫生科技成果乙级奖。

1995年，陈官玺在成都逝世，终年83岁。

刘金科

刘金科(1913—1998)，四川省南充市人。成都市第三人民医院皮肤科主任，中共党员。

1935年，考入华西协合大学医学院，经7年学习，毕业后就职于学校附属医院，任内科兼皮肤科医师。1944年秋，调重庆军医署医疗器械修配厂卫生所任医师，先后就职于四川省卫生实验处。后派遂宁县卫生院任院长。1950年4月，调四川省立医院任皮肤科主治医师。是年秋，资阳流行天花，受命组建医疗队，担任队长前往灭病，历时3个多月，完成任务。1951年秋，奉调川西区卫生厅计划科任科员。1952年，调成都市卫生局医疗预防科任副科长、科长。两次被评为市卫生系统先进个人。1965年，调成都市第三人民医院，任皮肤科主任。1984年，任皮肤科顾问。为中共党员、农工民主党成都市委委员，曾任中华医学会成都分会秘书长、成都市人民代表。

在皮肤科任主任期间，贯彻“西医学中医，中西医结合”方针，组织全科人员学习中医，皮肤科技术水平不断提高，其门诊量达百人次以上。20世纪80年代，在40%~60%的门诊病人中用中西医结合治疗，取得良好疗效。并从实践中筛选出一些特具疗效的方剂，如“药物性剥脱性皮炎”中西医结合方剂。1978年，与西药制剂室协作研制“大蒜注射液”治疗银屑病取得良好的疗效，并先后研制“甘草枯矾液”“雷白洗剂”，治疗皮肤病都取得满意疗效。编著有《中西医结合对皮肤病的防治》讲义、《皮肤外用药物常见处方集》等。

1998年2月，刘金科在成都逝世，终年85岁。

王顺靖

王顺靖(1913—1998),四川忠县(今重庆忠县)人。华西医科大学(四川大学华西医学院)口腔研究所所长,享受国务院政府特殊津贴专家。

1942年,毕业于华西协合大学牙学院,获牙医学博士学位，留校任牙周病教学及医疗工作。1946年,参与英文杂志《West China DentalJow-nal》编辑出版工作,中华人民共和国成立后更名《中华口腔医学》,任总编辑;1953年合并于《中华医学会口腔科》杂志，任该杂志社副总编辑。1958年,奉卫生部调派,协助创建青海医学院,任教务长。1963年,青海医学院建成后,回四川医学院,先后任口腔研究所长、四川医学院学报编委、《华西口腔医学》杂志副主编。1993年,《华西口腔医学》创建40周年之际因贡献突出受到表彰。

他长期致力于牙周病病源因素研究,其论文《中国人牙周炎的分析》,提出机体反应与牙周病的发病关系，其论点得到免疫学发展的支持,具有重要的现实意义。该文及另外两篇论文旋被美国牙医学会和国家图书馆编辑出版的《Index To Dental Litenalavce》收录。著作有《军医参考丛书——口腔医学》《口腔内科牙周病学》《牙周病学》,参与编著全国高等医药院校教材《口腔内科学》《口腔学》；历任《中国医学百科全书口腔医学》《中国口腔医学年鉴》《中国现代医学》编委。

1998年,王顺靖逝世,终年85岁。

赵棣华

赵棣华(1913—1990),江苏省沭阳县人,四川省、成都市名老中医。成都市中西医结合研究会理事长,四川省中医学辩证法研究会理事。

1937年,毕业于苏北恩光医学专科学校,在江苏省沭阳县红十字会医院任住院医师，创办《恩光杂志》,撰写《赵氏临床结晶集》等3部书。

1949年,在南京参加中国人民解放军,在部队担任医学教学工作,多次获得表彰。1954年转业到成都市三医院。1963年,被选送到中医学院研究班学习,在学习期间发表《考古问今探三焦》等五篇论文。于1965年毕业。1979年,调成都中医医院。历任四川省技术人员高级职务评审委员会中西医结合专业组组长,四川省卫生技术中医药人员高级职务评审委员会委员,成都市卫生技术中西医结合中级技术职务任职评审委员会委员,中华医学会老年医学会筹备组副组长,中华医学会老年医学讲习班讲师,《四川中医》编委。

从事医学工作50余年，致力于中西医结合研究,对《内经》有独到理解。先后撰写医学专著9部,已出版《内经新识》《金匮杂病新识》《中西医结合探脏腑》《赵棣华临床经验选集》等7部。其中《内经新识》一书曾选送世界图书博览会参展。

1990年3月29日，赵棣华在成都逝世,终年77岁。

何光篪

何光篪(1913—2003),又名何仲音,成都市新都区新繁镇人。著名医学专家。

1932年，考入华西协合大学医牙学院医科(即医疗系),1939年,以优异成绩毕业。获本校和美国纽约州立大学医学博士学位,留校任解剖学助教。1940年,入中央大学医学院,从张查理(张霖)进修人体解剖。1941年,任华西协合大学解剖学讲师。1947年,获加拿大红十字会奖学金和多伦多大学查理兹奖学金。获奖学金后留在多伦多大学学习,师从著名解剖学家郭兰特氏进修人体解剖学。1948年,获多伦多大学医理学士学位。于 1949 年回到成都,任华西协合大学医学院人体解剖学副教授。1952 年,被任命为中国人民解放军第三军医大学解剖学教授、教研室主任,训练部副部长。历任中国解剖学会常务理事、四川省解剖学会副理事长,曾当选四川省政协委员。

一生从事人体解剖学的教学和研究工作,成绩卓著。20 世纪 60 年代即阐明中国人肺段支气管、血管分支及其局部解剖的关系,论证中国人手的形态特点。70 年代以来,主要从事皮瓣血管的起源和分布规律的研究。并致力于中青年教师培养,获得中国人民解放军总后勤部授予的“伯乐”奖。

曾从事《中国人体解剖学名词》《中国人体质调查》《中国医学百科全书解剖学分册》等书籍的编审工作。主要论著有《推测中国人颅骨颅高及容量之公式》(英文、合著)、《异常之颈枕联接》(英文)、《已知年龄、性别的 110 个脊柱的观察》(英文)、《实地解剖手册》(译著)、《可塑体内耳灌注法》《中国人肺的支气管和血管》(合著)、《手背肌腱的类型及变异》《中国人气管和支气管固定标本的观察和测量》(合著)、《中国人指型的观察》(合著)、《手的活体测量》(合著)、《足背皮瓣的动脉》(合著)、《中枢神经系统》(合译)、《人类腓骨的形态》(合著)等。曾担任《中国解剖学报》《四川解剖学》杂志编委等。

2003 年,何光篪在重庆逝世,终年 90 岁。

王永贵

王永贵(1913—2004),河北省保定市人。四川医学院(现四川大学华西医学院)教授,享受国务院政府特殊津贴专家。全国解剖学会理事,四川省解剖学会副理事长、四川解剖学杂志副主编。政协四川省委员会常委。

1940 年,毕业于齐鲁大学医学院,获医学博士学位,1941 年,开始从事人体解剖研究工作。1952 年,院系调整调入四川医学院,历任解剖学教研室主任、基础医学部主任。1990 年,被评为全国优秀教师。一生从事人体解剖学和组织胚胎学的教学和科研工作。曾主持《腹部断层解剖学研究》课题,历时 5 年,探讨了腹部实质性器官的断层剖面及其 CT、MR 图像的应用,获 1994 年度卫生部医药卫生科技进步三等奖。

主编全国统编教材《人体解剖学》(第二版),获教育部优秀教材一等奖。此外还主编《解剖学》《中国人体解剖学名词》,翻译《表面透视解剖学》《外科解剖学萃要》。2004 年,王永贵在成都逝世。为了教学和科研,曾于 20 世纪 60 年代将自己病故孩子的遗体捐给解剖教研室。他逝世后,家属遵照他的遗愿,将其遗体捐给人体解剖学教研室用于教学和科研。

章尔仓

章尔仓(1914—1996),成都市人。西安医科大学教授、附属口腔医院名誉院长、中华医学会口腔科学会理事、中华医学陕西分会口腔科学会主任委员。

1940 年,毕业于华西协合大学牙医学院,获牙医学博士学位,留校任教,并担任医师。1941 年,受聘赴河南建立牙科医院,任医师。1943 年至陕西,历任西北大学医学院副教授、教授。

中华人民共和国成立后,西北大学医学院独立为西北医学院(今西安医科大学),任该院教授、口腔科教研室主任。1953 年,受西北行政委员会委托创办口腔专修班(三年制),为西北地区培养了一批大专程度口腔专科医师。1975 年参与创建口腔医学系。学校更名为西安医学院后,任口腔教研室主任,第一、第二附属医院副院长,主管教学和科研。1982年,任口腔系主任,并筹建口腔医院;该医院既是教学基地,又开展口腔疾病防治工作。

毕生从事口腔医学防治、教学、科研工作。在中西医结合和老年口腔医学防治方面有深入研究,编著有《口疮之中医治疗研究》《祖国医学口腔疾患命名释义》《老年口腔常见疾病防治》《谈谈有关老年口腔医学几个问题》。历任《中华口腔科杂志》编委、《实用口腔科杂志》副主编、《临床口腔医学杂志》名誉副主编,《华西口腔医学杂志》《口腔医学》《口腔医学纵横》《现代口腔医学杂志》《国外医学·口腔医学分册》特约编委。

1996年,章尔仓在西安逝世,终年82岁。

刘昌永

刘昌永(1914—1995),四川资中人。精神病学专家,四川医学院(现四川大学华西医学中心)附属第二医院院长、教授。历任中华医学会神经精神科学会委员、四川分会常务委员专业委员会主任委员、四川省心理学会理事长、政协四川省委员会委员、中国民主同盟盟员。

1938年,华西协合大学医学院毕业,获医学博士学位。留校任助教、讲师,讲授神经学及精神病学。1944年,任成都市立精神病院院长。1947年,任副教授、神经精神病学系主任、四圣祠医院院长。1948年,赴加拿大麦格尔大学精神病研究所进修,于1949年回国。1952年,任川西精神病院院长。1954年,精神病院归属四川医学院更名第二附属医院,任院长兼神经精神病学教研组主任、教授。1963年,参与创建四川省心理学会。曾任《中华精神科学》杂志编委。

刘昌永擅长神经官能症诊治,对神经衰弱诊治尤为见长。1944年,创办西南第一所精神病院,开始专攻精神医学的医疗、教学和科研。1954年,采用电抽搐疗法代替戊四氮治疗精神病患者,后陆续开展睡眠疗法、个别和集体心理治疗、低血糖疗法和集体综合治疗,推动精神医学发展,使华西医科大学精神病学教研室进入全国先进行列。1959年,领导开展成都市精神病和癫痫的流行病学调查。主编国内第一部高校统编教材《精神病学》,主编《内科学讲座》,撰著《神经衰弱的病因分析》《神经衰弱的综合治疗》等论文。

1995年,刘昌永逝世,终年81岁。

吴德诚

吴德诚(1914—2005),成都市人。四川省人民医院内科专家。

1940年,毕业于华西协合大学医学院,获医学博士学位。历任重庆中央医院内科副主任、重庆医学院副教授。1948年,留学美国。于1951年回国,任华西协合大学副教授。后调入四川省人民医院,任内科主任、主任医师。1980年,加入中国共产党。

致力于心脏、血液疾病研究,擅长诊治心血管疾病,撰有《成都平原各类心脏病的比较发病率》《硫酸软骨素A与心血康对冠心病的治疗》《凉山彝族农民血压调查报告》《成都地区慢性风湿性瓣膜性心脏病自然病史的探讨》等论文。20世纪60年代,主持开展血吸虫病调查,证实该病早在成都平原存在。

2005年,吴德诚在成都市逝世,终年91岁。

丁嶙山

丁嶙山(1914—1996),河北省博野县北杨村人。四川大学华西医学中心基础医学院人体解剖学教研室教授,享受国务院政府特殊津贴专家。

1947年,毕业于上海国防医学院医疗系,获医学学士学位。1948—1949年,在武昌湖北省医院任外科医师。1949—1952年,在重庆大学医学院任解剖学和组织学助教。1952—1996年,历任华西医科大学解剖学教研室讲师、副教授、教授。曾任中国解剖学会四川分会副秘书长、常务理事,局部解剖学统编教材第一版编委,《四川解剖学》杂志编委,《中国医学百科全书.解剖学》分册编委。

从事解剖学教学40余年,参加翻译《外科解剖学萃要》等医学参考书3部,主编供临床医学生、口腔医学生使用的人体解剖学各两册,撰写论文多篇。曾参与《成都地区3—16岁儿童、青少年恒牙生理成熟度研究》。

1996年10月30日,丁嶙山在成都逝世,终年82岁。

龙曼莉

龙曼莉(1914—1991),女,广东省顺德县人。成都市第二人民医院皮肤科主任医师。

1930年,毕业于国立中山大学附属护士学校,先后在中山大学附属医院、岭南大学和上海、杭州、四川等地医院工作。1950年,在成都市立医院任护士主任。1951年,到成都市第二人民医院工作,历任皮肤科医师、主治医师、副主任医师、主任医师。

在长期临床医学实践中积累了丰富的临床经验,解决了不少皮肤科疑难问题,尤擅用浅层X线治疗各种皮肤病,如治疗各型血管瘤、瘢痕疙瘩、神经性皮炎,以及一些久治不愈的皮肤病,并将浅层X线放射运用于基底细胞癌、皮肤上皮癌、癌前期女阴白斑等的治疗,并取得较好疗效。在皮肤病学科方面有较深造诣,在成都市皮肤科学界有较高声望。1991年1月,在成都逝世,终年77岁。

杜琼书

杜琼书(1915—1994),女,满族,成都市人。现代中医骨科十大流派之一杜氏骨科代表人物。享受国务院政府津贴专家。历任成都铁路局中心医院骨科主治医师,四川省人民医院骨科主治医师,成都中医学院附属医院骨科主任、副教授,四川省中医研究所主任医师、副所长,成都第一骨科医院名誉院长,中华全国中医学会理事,中华全国中医骨科学会顾问,中国传统医学手法研究会常务理事,四川省中医药研究院顾问,四川省科技顾问团顾问,四川省中医高级职称评审委员。全国人大代表,省人大常委会委员,省政协委员兼医卫组副组长,农工民主党四川省委副主任委员兼组织部部长。

她出生于中医世家,是著名中医骨科专家杜自明之独女,杜氏骨科的第六代传人。1928年,就读于成都女子师范学校。1930年,学校教学楼由于年久失修垮塌,100多名女生受伤,经其父杜自明及时抢救,全部治愈,无一致残。中医骨伤医术的神奇效果深深打动了她,决心继承杜氏骨伤医术。1931年,在从成都女师校毕业后,即正式随父行医,与父亲一道主持成都西外柿子巷10号诊所医务。1952年,将柿子巷家中诊所办成联合诊所。1956年在社会主义改造运动中,诊所由成都市西城区(现青羊区)接管,组建为成都西城区柿子巷骨科联合诊所,杜琼书任技术指导(该诊所于1957年迁东御街,易名成都西城区骨科联合诊所;1958年迁东门街,更名为成都西城区骨科医院,后改为成都第一骨科医院)。1956年,调四川省人民医院骨科任主治医师,负责组建中医骨科。1959年,受四川省卫生厅委任,在省医院举办骨科医生培训班,编写了《中医骨伤科讲义》,亲自向学员讲授杜氏骨科的经验。1964

年6月，参与组建四川省中医研究所，后调成都中医学院(成都中医药大学)附属医院工作。在“文化大革命”中受到批斗，家被查抄，但仍坚守医疗岗位。1979年6月，四川省中医研究所恢复重建，出任副所长。1985年，任四川省中医药研究院顾问。1991年，被人事部、卫生部列为全国首批500名继承学术经验老中医之一。

杜氏骨科以手法治疗享誉医界，既可接骨续筋，又可舒筋通络，行气活血。其手法强调沉稳深透，要求力达病所，无一定功力者无法做到。中央新闻电影制片厂曾拍摄介绍杜氏骨科医疗经验的科教片《杜自明》，介绍杜氏练功法和手法疗伤。1986年，全国第一届传统医学手法研究会再次拍摄了关于杜氏疗伤手法的电视片。

杜琼书在继承杜氏传统手法的基础上，博采众家之长，经过几十年运用研究，对杜氏手法进行系统总结整理，并加以发展提高。她将传统的杜氏正骨四法，发展为牵、接、卡、挤、分、旋、端、靠八法；又将伤筋十法演变为按、摩、推、拿、点穴、分筋、理筋、弹筋、拨络、滚摇、升降、镇定十二法；从而使不同病种，全身各部位都有针对性的适用手法。她认为伤科治疗的终极目的在于恢复正常的功能活动。在骨折治疗中，固定的目的在于保证运动的需要。固定时间不宜过长，以免影响关节功能。她改进了传统小夹板四方对称固定法，常采用三方、二方固定，以及不对称固定，以治疗近关节骨折。并强调及早施以手法活血化瘀、祛瘀生新，并开展肌舒缩活动和必要的功能锻炼，促进愈合和功能恢复。

对骨科用药的独特研制，是杜琼书的又一学术成就。杜氏骨科早期用药简洁，常用红丸子、黑丸子、活血散，以三方治百伤，并辅以按摩手法。在长期临床中，她对传统用药进行规范整理。针对伤筋、伤骨的病因病机，对内服、外用药物的不同要求，将家传秘方献给国家，进行整理和开发，运用现代工艺，研制以杜氏秘药“三仙丹胶囊”为代表的一系列骨伤科常用药物，基本满足伤科治疗用药的需要。同时开拓了中西医结合治疗骨伤的新路。

她紧密结合教学与科研，继1959年编写《中医骨伤科》后，于1960年又主持编写了《中医骨科手法治疗图解》，开始对杜氏学术进行系统整理。1981年，先后在什邡举办骨科医师培训班、在四道街省中医研究所举办骨科医师提高班，传授学术经验，培养了一批中医骨科人才。编著《中医骨伤科学》《杜氏骨伤精微》《杜氏骨伤百题解》《中医百科全书·推拿分册》等。

1994年3月29日，杜琼书在成都逝世，终年79岁。

肖倬殷

肖倬殷(1915—2003)，四川江油县人。华西医科大学(四川大学华西医学中心)教授、药学系主任、药学研究所所长，卫生部科学委员会药学委员，中华药学会常务理事，四川省药学会理事长。

1941年，毕业于华西协合大学药学系。1945年，到中央卫生研究院深造，研究生毕业后留校。1949年，返回华西协合大学任教。1954年，任副教授；1979年，晋升教授。

长期从事天然药物成分与结构研究，如醋柳黄酮、五加科人参属化学成分、麦冬化学成分等研究。主持《马桑寄生治疗精神病的研究》课题，获全国科技大会奖。1977年，与肖蓉进行沙棘研究，从药物分析中发现沙棘中含有防治冠心病的黄酮类有效成分，历时八年，提取、分离出沙棘果中的黄酮类物质。1984年，成功完成治疗缺血性心脏病的新药《沙棘黄酮》及其片剂（“心达康片”)的研制，并通过鉴定，于1985年获省科技进步二等奖。他指导开展的《沙棘油抗溃疡活性成分研究》，分离出的两种单体具明显的抗慢性胃溃疡活性，为沙棘油新药研制奠定基础，该课题获1991年省科技进步三等奖。编著《药物化学》(1963年版)和《药学年鉴》共四卷，于1977年后发表论文40余篇，出版有《肖倬殷论文集》。

2003年，肖倬殷逝世，终年88岁。

张羲易

张羲易(1916—2001)，成都市新都区人。耳鼻喉科专家。

1944年6月，毕业于华西协合大学医学院，获医学博士学位。历任华西协合大学医学讲师，附属眼耳鼻喉医院主治医师。中华人民共和国成立后，历任四川省人民医院主任医师、耳鼻喉科主任，全国医学嗓音研究会副主任委员。1959年，加入中国共产党。

张羲易是四川省人民医院耳鼻咽喉科的创始人之一，从事耳鼻咽喉科工作50余年，致力于中西医结合治疗喉疾病的研究。1954年，首创“上颌窦鼻腔吻合术”，设计手术器械12件，于1958年获卫生部技术革新奖状及奖章。1960年，被评为四川省及全国文教卫生先进工作者。1963年，追踪观察300多例手术病人，得到新的数据，改进手术方法，使下鼻道开口通畅率达到96.3%，病状痊愈及好转率达到94%，上颌窦手术前后X线照相对比治愈好转率达到88%，超过欧美的柯罗氏手术及苏联的下鼻道黏膜瓣形成术效果，成为治疗慢性上颌窦炎最好的方法之一。1963年，独创一种歌唱者的发音训练及嗓音保护方法，避免歌唱者产生职业病，能增宽音域，喉部不疲劳，这一方法在歌唱家中普遍应用。1986年，赴东京参加第二十届国际言语矫正与嗓音矫正协会学术讨论会，大会宣读张羲易首创的神经控制声带发声法。同时，开展在当时具有国内先进水平的耳鼓膜修补鼓室成形的Ⅱ、Ⅲ、Ⅳ、Ⅴ型手术、内耳开窗、镫骨撼动、镫骨摘除等手术。

发表有《聋哑的综合治疗及语言训练》《上颌窦针麻50例的效果观察》《气管食管异物300例》《耳鼻喉科肉瘤》《中西医结合治疗慢性咽喉炎287例》《316例中耳成型术》等论文。论著有《耳鼻咽喉科疾病与治疗》。

2001年7月13日，张羲易在成都逝世，终年85岁。

王宪楷

王宪楷(1916—2005)，四川德阳人。华西医科大学教授、博士生导师，享受国务院政府特殊津贴专家。

1942年，在华西协合大学制药系毕业后留校任教。1978年，任教授；1982年任博士生导师。曾任《药学学报》《华西医药杂志》《天然产物》等杂志编委。

1953年，创立“化学成分生药学”，建立天然药化新学科。长期从事天然药物化学成分研究。1958年，从毛地黄中以层次法生产出高纯度强心药毛地黄毒甙，获卫生部奖。同年，对黄连素复方的研究获卫生部表彰，并被誉为研究中药复方的范例。1959年，从植物三颗针根中，以一步法生产出高效广谱抗菌药物黄连素，并培训部分农村合作医疗工作人员在四川推广应用。1960年，从甘孜东莨菪中，以一步逆流分配法生产出高纯度L-莨菪碱，再转为阿托品碱(dl-莨菪碱)，后介绍给成都药厂和昆明药厂生产，缓解了抗农药中毒药品的供应。1975年，从马桑寄生中分离出三种有效结晶供临床研究，于1978年获四川省科技成果二等奖。主持《不同附生主金钗石斛化学成分比较研究》,获1985年省科技进步三等奖及优秀论文奖。在国内外14种刊物上发表论文80余篇。主编全国教材《天然药物化学》,获优秀教材二等奖。

2005年,王宪楷逝世世,终年89岁。

刘承志

刘承志(1916—2000),河北省蠡县人。四川省人民医院放射科专家。

1941年,毕业于华西协和大学医学院,曾任该院附属医院X光医师、空军医院X光医师。中华人民共和国成立后,在四川省人民医院工作,历任放射科主治医师、主任、顾问。1956年,加入中国农工民主党。曾任农工民主党四川省委第四、五届副主任委员,四川省政协第四、五届常委,全国放射学会理事、四川分会理事长,四川省医学会放射分科委员会第一届主任委员。

撰有《神经母细胞瘤》《小肠腺癌》《肾动脉及肾上腺的X线检查》等论文。

2000年,刘承志在成都逝世,终年84岁。

杨化痴

杨化痴(1917—1999),曾用名杨宝乐、杨厢,河北省清苑县人。主任医师。

1938年9月至1939年8月就读于陕西省立医学专科学校;1939年9月至1944年8月,就读于西北医学院。毕业后,相继在成都航空军医训练班学习、成都空军肺疗所、成都空军医院、四川省立医院(后改川西医院)工作,任住院医师。1951年10月,进入川西军区教学医院(现成都军区陆军总医院),任外科主治医师。1959年6月,转业至成都铁路中心医院工作,历任外科主任、主任医师。

擅长普外科,著有《水电解质平衡有关数据、图表、公式、临床汇编》一书。1985年4月退休。

1999年5月,杨化痴在成都逝世,终年82岁。

唐步祺

唐步祺(1917—2004),重庆市永川区人。极有成就的民间中医。

他的祖父唐蓉生以医闻于世,追崇清末伤寒大师郑钦安。唐步祺幼承庭训,习郑氏之学,后又游学于伤寒学家吴棹仙之门,继问难于任应秋氏。1941年,毕业于国立四川大学。后在成都长期个体行医。

他精于辨阳虚阴虚症,对研究咳嗽尤有特别的兴趣,他以历代医家有关论治为指导,钻研数十年,建立了自己的“咳嗽学”。他治咳嗽有独到的见解和处方,认为咳嗽的病因及病理,当为论治者所首先留意,但必须结合病人症状,辩证施治,通过望、闻、问、切“四诊”,辨明病症之阴阳。然后视病情进展之轻重缓急及标本之所在而提出治则。

他博览医书,尤偏爱清末名医郑钦安之“三书”。行医数十年来,始终以此为指导,并逐渐有所积累。他深谙三书精华已到炉火纯青的地步,其行医用药,有过之而无不及。不仅纠正了郑氏三书中的若干错讹,还对三书的某些方面有所发挥和发展。他善用姜附等大辛大热之药治病,许多人称他为“姜附先生”。他效法郑钦安,熟练运用贯穿于郑氏三书中的阴阳五行学说,行医用药全在阴阳上打算,妙于应用姜、桂、附子,治愈不少疑难杂症,被世人誉称为“唐火神”。

1982年,出版专著《咳嗽之辨证论治》。晚年历时十五年阐释濒于失传之郑钦安遗著《医理真传》《医法圆通》《伤寒恒论》。他的阐释,融原著之理法方药与临床运用创新于一体，医理既得真传，医法又极实用。后又将三书及其阐释合订为《郑钦安医书阐释》出版。该书出版后，海内外反应强烈，谓其能自成体系，独立医林。成都中医药大学研究员、副院长侯占元说：“郑氏三书著作精深，未有阐释，所以不为后人所知，想不到一个民间中医竟把这件大事做了。”阐释郑氏的书一经问世，即受到日本医界的重视。日本东洋医学会副会长、汉医专家伊藤良大加赞赏，称他填补了日本研究汉医史缺清伤寒学派的空白。日本北里东洋医学综合研究所所长、汉医权威矢数道明还将该《阐释》收入《汉方临床》丛书。

1991年春，在德国长期用中医针灸按摩为人治病的德籍华人葛宪忠先生参加德国中医考察团到成都。葛先生佩服唐步祺对中国传统医药的博学和精湛的医术，专门拜访他，热情邀请他到德国、瑞士、荷兰等国讲学、授业传艺，并负担其一切费用。次年，他应邀赴柏林、伯尔尼、海牙、杜塞尔多夫、法兰克福等地讲学，听课的人除德、瑞、荷的中医和热爱中医的人士外，还有法国、意大利、奥地利的一些同行。他用深入浅出的语言介绍中国传统医学的真谛。人们尊称他为唐老师。后又再度应邀访问德国、瑞士，为热爱中医、学习中医的人士讲学、答疑，并作行医用药示范，其门人广布国内及欧、亚、澳三洲。

自行医以来，个人或集体登门求医求教者络绎不绝。书法家、成都翰林中国书画艺术学院教授、副院长周浩然赠联云：“养气练心，扬清弃浊；驱邪扶正，济世活人。”

2004年，唐步祺在成都逝世，终年87岁。

杨云书

杨云书(1917—2003)，女，四川省巴县(现重庆市巴南区)人。著名妇产科专家、主任医师，享受国务院政府特殊津贴专家。1942年，毕业于华西协合大学。历任成都市妇幼保健院院长、成都市计划生育技术指导所所长，成都市计划生育协会副会长、四川省计划生育协会常务理事、中华全国医学会理事、四川省政协委员，全国妇联执委，农工民主党中央委员、农工民主党四川省副主任委员兼秘书长、妇委会主任。

一生致力于妇幼保健工作。在妇科疾病、不孕不育、避孕节育等方面有独到的技术专长和经验。1982年，受省人民政府表彰。1983年，获成都市先进工作者称号。1990、1992年，获农工民主党省委“巾帼建功”先进个人称号。

退休后不离岗，每周在成都市计划生育指导所等处上几天门诊。自20世纪70年代末，《妇女生活》杂志和一些报刊陆续刊登她的先进事迹后，来自全国各地问病求医的信件，每年达数百封。她尊重来信者对她的信任，每信必复。2003年，杨云书在成都逝世，终年86岁。

刘臣恒

刘臣恒(1917—1999)，重庆人。四川医学院(今四川大学华西医学院)教授，享受国务院政府特殊津贴专家。

1941年，毕业于华西协合大学牙学院，获牙医学博士学位。历任华西大学、四川医学院口腔颌面外科讲师、副教授，于1979年任教授。历任口腔组织病理教研室主任、口腔医学院副院长。1983年，被卫生部聘为高校口腔专业教材编审委员。此后先后任全国高校统编教材《口腔组织病理学》和《肿瘤诊断学》编委，《中华口腔医学年鉴》《华西口腔医学杂志》《国外口腔医学分册》《中华医学百科全书·口腔医学》及《军医参考丛书·口腔学》等杂志编委。

毕生从事口腔组织病理学的教学、科研工

作。对于氟中毒病、实验性龋病的动物模型和确定致龋食谱等方面的研究，对中国口腔医学病理理论的发展起到推动作用。用中、英文发表《茜素红注射法测定兔牙本质生长速率》《氟中毒病患者骨与牙齿的病理改变》《动物实验性龋齿的研究》《食物对动物龋齿发生的影响》《氟对防止龋病的效果观察》等论文。撰著《肿瘤诊断手册》《涎腺恶性肿瘤371例临床及病理分析》；参与编写的高校教材《口腔组织病理学》(第二版)，于1988年获全国高校优秀教材奖。参与编著《中国口腔医学年鉴》《中国医学百科全书?口腔医学》。

1999年，刘臣恒在成都逝世，终年82岁。

廖工铁

廖工铁(1917—1999)，成都市人。著名药学家、华西医科大学（四川大学华西医学中心）教授、博士生导师，享受国务院政府特殊津贴专家。卫生部医学科学委员会药学专题委员、国家科委医药技术攻关专家组成员、四川省科技顾问团顾问，中国药学会药剂专业委员会、四川省药剂专委会主任委员、名誉主任委员。

1941年，华西协合大学制药系毕业。1978年，任教授；1988年任博士生导师。先后任《Journal of ChinesePharmaceutical Sciences》《中国医院药学杂志》《中成药》《华西药学杂志》编委。

廖工铁长期致力于药剂研究，取得许多重要成果。主持国家“七五”重点科技攻关项目、国家火炬计划项目《生脉注射液及其制备工艺》研制，为古验方《生脉散》的临床扩大应用提供新剂型，为制药工业生产生脉注射液提供新工艺。临床用于治疗心源性和感染性休克、心肌梗塞等疾病，疗效显著，是心血管系统急症抢救的有效中药制剂。1981年，该项目获省科技重大成果二等奖；1982年，获国家乙级奖；1993年获国家发明专利；1997年，被列入全国中医院急诊必备成药目录，被列为“国家重点新产品”“国家中药保护品种”，获“四川名牌产品”称号。他主持研制的《参附注射液》，于1987年获国家中医药管理局科技进步二等奖、四川省科技进步三等奖。负责研制的《复方三生注射液》获1985省科技进步三等奖。20世纪80年代末期，率先开展靶向药物传输系统研究，并承担多项国家自然科学基金项目；在靶向微粒制剂研究中取得重大成果，并出版专著《靶向给药制剂》。1991年，被评为四川省优秀博士生导师。

1999年，廖工铁逝世，终年82岁。

燕龙驹

燕龙驹(1918—2000)，重庆市人。成都市第三人民医院主任医师。

1946年，毕业于华西协合大学医学院，就职于四川省立医院，任外科医生。1950年秋，奉调成都市第一人民医院，任外科主任、主诊医生。1956年12月，调成都市第三人民医院，任业务副院长，兼外科主任、主任医师。20世纪70年代，主办市第三人民医院“721业余医科大学”，并亲自任教。在医院开展心血管疾病的外科临床研究工作。1984年7月，退居二线，被聘任为医院技术顾问。

历任中华医学会四川分会外科学会副主任，中国防痨协会四川分会理事，中华医学会成都分会主办的《心血管病学进展》杂志编委、学术顾问、医学会成都分会顾问，第二至第八届成都市人民代表。1983年，获成都市科技先进工作者称号。撰著有《进展期肝转移癌病人的护理》《急性病毒性肝炎》

2000年3月，燕龙驹在成都逝世，终年

82 岁。

周时锷

周时锷(1919—2000),浙江省奉化县人。主任医师，中国农工民主党成都市委员会主任委员、政协成都市委员会副主席,中华医学会成都分会副会长、成都市红十字会副会长,成都海外联谊会副会长。

1948 年,毕业于国立中央大学医学院,历任成都警察局医生、川康绥靖公署二等医官、三等军佐、四川省立医院住院医生。中华人民共和国成立后,任川西医院内科住院医生,旋调成都市卫生局工作。在解放初期困难的条件下,奉命筹建成都市人民政府门诊部(成都市第九人民医院前身)并担任负责人、医务主任,主持医院的业务工作。1956 年 6 月,加入中国农工民主党。1981 年 9 月,任成都市卫生局副局长。20 世纪 70 年代初，带领一批年轻医生对白血病治疗进行攻关，为成都市白血病治疗的发展奠定了基础。2000 年,周时锷在成都逝世。

方谦逊

方谦逊(1919—2004),祖籍福建省惠安县,出生于马来西亚吡哩州。著名眼科专家,华西医科大学(现四川大学华西医学院)附属医院副院长,博士生导师,享受国务院政府特殊津贴专家。历任中华医学会眼科学会全国委员、全国医用激光学会副主任委员、中华医学会儿童弱视组副组长,四川省、成都市眼科学会主任委员,四川光学会理事,四川省生物医学工程学会常务理事。

1939 年,高中毕业,获英国剑桥中学毕业证书,并获得英国剑桥大学的免试入学资格,但因家庭经济条件限制,选择回国求学。1940 年,只身回国,考取上海圣约翰大学医学院医科。一年后因太平洋战争爆发,上海沦陷,转入成都华西协合大学医学院学习。1947 年,毕业于华西协合大学,获美国纽约州立大学医学博士学位,应聘留校，长期从事眼科学的医疗教学及科研工作。曾担任华西协合大学耳鼻喉医院（存仁医院)院长,四川医学院眼科教研室主任。1973 年,中央保健局调其到北京，为中央领导诊治眼科疾病。1982 年,作为访问学者到美国、加拿大访问,参加国际盲人大会和国际眼科大会，进行学术交流。

他在视光学、眼底病、眼肿瘤、青光眼、眼损伤等研究和诊治方面有很深的造诣,率先从国外引进激光治疗、血管造影技术,在国内外具有一定的影响。他常说:“当医生就不要怕麻烦,怕麻烦就不要当医生！”他还说自己“是解决问题的人”。从不坐而论道,空谈务虚,性格洒脱,总是竭尽全力,为他人排忧解难。查房时凡是遇到工作不认真的医生,他都会毫不留情当面批评。

在 60 多年的行医执教中，为中国的医学教育和眼科事业做出重大贡献,被誉为中国眼科泰斗。参与研制的眼科激光治疗机于 1978 年获得省科技成果二等奖,在全省科技大会上被授予先进个人称号。1983 年,其论文《视神经和视网膜病变诱发电位分析和原发性开角青光眼房组织的超微结构改变》获四川省优秀论文奖；主持的“泡沫硅橡胶义眼胎的研制”1986 年，获化工部二等奖；主持的“视网膜母细胞瘤的遗传研究”分别于 1987 年和 1988 年获得四川省及卫生部科技进步三等奖。历任《中华眼底病杂志》顾问、《中华眼科杂志》编委、《生物医学杂志》副主编。

2004 年 11 月 6 日，方谦逊在北京逝世,终年 85 岁。

李正化

李正化(1920—1992),成都市人。著名药物化学家、药学教育家。

1936年,毕业于华阳县立初级中学;同年,考入四川省立成都高级工业职业学校。1937年,转读成都联立中学(今石室中学前身)高中。1939年,考入西南联合大学化学系;1943年,毕业后再考入金陵大学化学研究部。于1947年毕业,获金陵大学理学硕士学位。旋即受聘于华西协合大学理学院药学系药物研究部,从事药物化学研究工作。1955年,任副教授。1965年,开始招收研究生。1978年,升教授。历任药物化学教研室主任、药物研究所副所长。1981年,被批准为博士研究生导师。他是享受国务院政府特殊津贴的专家。历任中国药典委员会委员、中国药学会药物化学分科学会常务理事、中国药学会四川分会理事长、中国化学会四川分会有机化学专业委员会副主任委员。九三学社社员,政协成都市委员会常委。

他长期致力于药学教育和药物合成工艺及新药研究工作,是学校药物化学专业的奠基人之一。先后讲授药物化学、有机药物化学、药物合成原理、化学制药工艺学、新药设计、有机药物定量设计等课程。教学中,认真剖析教材,并结合自己丰富的理论知识和实践经验进行分析总结,坚持把基本理论、技能和重点、难点讲深讲透,注意培养和提高学生分析问题、解决问题的能力。

在药物合成工艺和新药研究中,重视将理论研究运用于药物合成实践。20世纪50年代,主持研究“甲基硫氧嘧啶一步合成法”受到卫生部奖励。70年代,接受避孕原料药双炔失碳酯的科研任务。经反复试验研究,使药物合成反应步骤由原来的10步缩短为1步。此项成果获得1978年四川省科技奖、1987年全国科学大会奖,并在生产中被普遍采用,取得显著经济效益和社会效益。他最突出的成就是,对中国新药设计领域构效关系进行了开拓性研究,即从原有的定性研究转向定量研究。在从事国家医药管理局下达科研任务新药设计的计算和研究工作中,他主持运用多变量统计分析、模式识别与量子化学理论,建立了一套电子计算机程序。他主持的“新药设计方法探索及计算程序”研究,获得1987年四川省重大科技进步二等奖。在对氨噻肟头孢菌素的生产工艺研究中,得出最佳反应方程,收率达95.66%,该项科研成果转让给有关企业运用于生产,取得明显经济效益。主持抗病毒药物无环鸟苷的生产研究,亦获得成功。以后又致力于第三代抗生素药物的研究探讨,把单环β-内酰胺及非典型内酰胺的新药合成和研究作为科研工作的中心课题。所研制的抗癫痫新药和计划生育药物有的已进入临床试验阶段。主研的“新农药叶枯灵的环境毒理和代谢降解的研究”,获1991年四川省科技进步二等奖。

先后发表《定量构效关系的普遍公式》《芳环上166种取代基的因子分析及聚类分析》等90余篇科研论文。其中有关方法学的10篇,被评为四川省、成都市优秀科技论文。1983年,被评为四川省科协系统先进个人。1985年,被评为成都市“‘五讲四美三热爱’为人师表先进个人”“成都市优秀教师”,被授予成都市劳动模范称号。

曾主编《药物化学》《有机药物合成原理》(1987年获国家卫生部优秀教材奖)。是《中国药典注释选编》一书的副主编;曾参与编写《有机药物合成》《新药设计方法概论》《化学制药工艺学》等教材。是《药学学报》等6种杂志的编委、主编。出版有《李正化教授论文集》。

1992年11月19日,李正化在成都逝世,终年72岁。

徐楚江

徐楚江(1920—2004),成都市人。著名中药学家,中药炮制学硕士研究生导师,享受国务院政府特殊津贴专家。

1934年,受业于成都名医段鹤龄门下,学习药材鉴别和膏丹丸散制作。1951年,调成都第一人民医院中医门诊部,1957年,在四川医学院从事中药教学和科研工作。1962年,调成都中医学院,历任教研室副主任、副教授;1988年晋升为教授。1990年被人事部、国家中医药管理局确定为第一批全国名老中医师带徒指导老师。曾任四川省药学会理事、四川省科技顾问团顾问、国家药典委员会委员、中国中医药学会顾问、成都市药学会理事。

在中药学方面造诣精深,善于鉴别名贵药材真伪优劣,尤长于对药物进行特殊炮制和升降打熬,被誉为"药王菩萨"。自创益肺散、清肝饮、化斑汤、止痒汤、快心汤、牙痛方等方剂,取得较好疗效。曾应邀赴日本进行学术演讲和交流。教学中,先后主讲《中药材形性鉴定》《中药制剂学》《中药炮制学》。主编全国第一部统编教材《中药炮制学》,编著《中药调配学》,指导编著《中药饮片炮制前后成品性状》,并担任《中华本草》编委,发表《中药炮制与临床疗效的关系》等论文。

2004年,徐楚江在成都逝世,终年84岁。

杨经国

杨经国(1920—1990),广东汕头潮阳县人。著名胸外科专家,华西医科大学教授。

1947年,毕业于华西协合大学,获医学博士学位,受聘于本校医院。1950年,任华西大学医院住院总医师、讲师,1952年,任外科主治医师,1956年,任外科教研室副主任,大外科副主任。

长期从事胸外科临床治疗与研究。1957年,成功施行二尖瓣狭窄的闭式分离术。1958年,设计制作人工心肺机,开始进行体外循环动物实验。1960年,在西南地区首先开展低温麻醉下房间隔缺损心内直视修补术和肺动脉瓣狭窄的心内直视修补术,受到全国青年代表大会的表彰。1962年,成功开展体外循环下的心内直视手术。1963年,成功开展胸降主动脉瘤和腹主动脉瘤切除术、人工血管置换术。1978年,开展生物人工心脏瓣膜研究,1979年,成功应用生物瓣膜作二尖瓣置换术,为心胸外科的发展做出贡献。著有《体外循环心脏直视手术》《胆道蛔虫病》《成人肠套叠》《锁骨下动静脉瘘》。1990年,在成都逝世,终年70岁。

曹振家

曹振家(1921—2004),江苏省宝山县人。骨科专家。

1939年,入上海圣约翰大学医科学习;1942年,转赴内地求学。途中遇劫,随同学参加援华英国军事代表团在安徽开设的敌后爆破学校,任少尉翻译。1943年,到华西协合大学读书。1944年,响应知识青年从军抗日,在王耀武第四方面军任外事处上校联络官。抗日战争胜利后,参与湖南芷江举行的日军投降仪式的筹备工作。1945年,重返圣约翰大学生物系就读两年,获生物学学士。后返华西大学继续完成医科学业,1951年毕业。同年,参加中央卫生部组织的华西大学首批抗美援朝手术队,荣立三等功。返校后,在华西医科大学附属医院骨科从事医疗、教学工作。曹振家在历次政治运动中受到审查。"文化大革命"期间,被迫跳楼,摔断腿骨,后在监狱中被关押两年。1972年,患心脏病、膀胱癌,手术治疗后,带病工作。"文化大革命"结束后,落实政策得以平反。1979年，调暨南大学医学院，任教授。曾代表暨南大学赴加拿大等国进行学术交流。1985年，退休后定居香港，在捷成洋行任医学顾问7年。

曹振家擅长骨科手术，被誉为“曹骨头”。1965年，与余宝梁、彭德恕等在西昌为一位工人完成华西首例不全断肢再植。1981—1982年，在广东建立治疗基地近20处，曹振家和小组成员辗转于广东、湖南、广西的一些医院，为病人检查、诊断、施行手术，培训人员、处理来信等，使95%接受治疗的患者肢体运动功能大为改善。《广州日报》曾以《曹骨头的骨气》，概述曹振家的为人与贡献。与邝公道、麦时中合编《小儿麻痹后遗症外科手术治疗》。

2004年10月28日，曹振家在香港逝世，终年83岁。

袁绍沄

袁绍沄（1921—1990），山东章丘人。四川医学院教授、口腔医院副院长。

1950年，毕业于华西协合大学牙学院口腔专业，获口腔博士学位并留校工作。1964年，支援边疆建设，主持创建二机部404厂职工医院口腔科，任主任。于1979年回校，先后任副教授、教授，教研室主任、口腔医学系副主任、口腔医院副院长。

对无牙颌齿槽骨吸收的基础有深入研究。主持《r射线吸收法对无牙下颌骨密度测量研究》课题，用r射线吸收法研制骨密度装置，进行200多次临床测试，经鉴定设计合理，数据可靠，为国内首创，获1990年度四川省科技进步三等奖。参加编写教材和专著2部，历任《国外医学口腔医学分册》《华西口腔医学杂志》副主编、卫生部高校教材《口腔矫形学》编审。1990年，在成都逝世，终年69岁。

李三余

李三余（1921—2005），女，河北省迁西县人。成都市第三人民医院妇产科主任，主任医师。

1947年，毕业于成都华西坝齐鲁大学医学院，就职于华西协合大学附属医院，任妇产科医师。1951年，参加土地改革，任卫生队医师。先后调成都市妇幼保健院、成都市第三人民医院工作，历任主治医师、副主任医师、主任医师、妇产科主任。多次被评为先进工作者。为中共党员，中国民主同盟盟员，成都市政协委员。

2005年7月，李三余在成都逝世，终年84岁。

万惠昌

万惠昌（1922—2001），山东省菏泽县人。著名骨科专家，成都市第二人民医院骨外科主任。

1948年毕，业于西北大学医学院。1950年，到成都市第二人民医院工作。1959年，到天津医院骨科进修班学习一年。回院后率先在成都市级医院创建骨科专科病区，是成都市第二人民医院骨科专科创始人，奠定该院骨科在四川省骨科领域的地位。先后开展各部位骨折的切开复位内固定术和骨与关节结核的病灶清除术等新业务、新技术。1963年，再次去天津医院骨科进修班学习。回蓉后，在创伤、骨病、骨肿瘤、手外科方面，开展各种骨折内固定术、小儿麻痹后遗症矫形术、断肢再植手术等。1975年，成功地完成人工股骨头置换术；在动物实验的基础上，成功开展同种异体带血管神经大块骨移植术以及带血管皮瓣移置术等骨科领域中的高难度手术；同时对中西医结合治疗骨伤，如杉树皮小夹板局部外固定治疗四肢骨折，取得显著疗效。

在医疗培训工作中，开展临床进修、举办学

习班，为部队及省内市、县医院和职工医院培养了大批骨科专业人员。20世纪80年代，率医疗队赴阿坝藏族自治州等地区巡回医疗，受到市卫生局表彰。

历任二医院院刊《医讯》主编，撰写发表《中西医结合治疗四肢骨折》《人工全髋关节置换术》《工作类风湿性关节炎的外科治疗》等20余篇论文。

2001年11月，万惠昌在成都逝世，终年79岁。

殷恭宽

殷恭宽(1922—2005)，江苏吴江县人。华西医科大学教授，享受国务院政府特殊津贴专家。

1944年，毕业于华西协合大学化学系；1946年，再毕业于金陵大学化学研究班。先后在华西医科大学化学系、药学系任讲师、副教授、教授。曾任《药学学报》编委，四川省高等学校教师职务评审委员会化学学科评审组副组长，四川省工程技术干部技术职称评定委员会医药专业组成员、卫生部新药评审委员会委员、四川省科学技术顾问团顾问。

长期从事物理化学和物理药学的教学和科研工作，对药物稳定性和药物分解动力学等有深入研究，是中国物理药学和药物稳定性研究的开创人之一。1977年，开始从事注射剂稳定性研究，在维生素C注射液降解机理、稳定机理研究和维生素稳定性研究中有重要贡献。

参与编写高校统编教材《物理化学》；主编《物理药学》，这是全国该类教材的第一本专著，被卫生部授予1996年度优秀教材二等奖；主编《物理化学与胶体化学》教材。翻译《普通化学》《物理化学》《物理化学教程》；曾承担全国自然科学基金2个项目的研究，并在3项基金项目中担任技术指导。其中获得国家教委科技进步二等奖、省科技进步三等奖各一项。2005年，殷恭宽逝世，终年83岁

孙恪勤

孙恪勤(1922—2001)，女，浙江省绍兴县人。著名妇产科医生。

1956年，在四川医学院医疗系毕业后，分配至成都卫校担任妇产科教学工作。后调入四川省卫生干部学院，1963年，调该院教学基地--成都市第二人民医院。先后任住院医师、主治医师、副主任医师、主任医师，并担任妇产科副主任、主任职务。

她是市二医院妇产科专业学术带头人，省、市妇产科学界公认业务能手，为专业学科的发展和建设做出贡献。精心指导和解决妇产科疑难重大手术，积极开展创新手术，率先在成都市开展子宫颈癌及外阴癌根治术、宫腔镜手术等。早年治愈一批绒毛膜上皮癌病员，总结了一套行之有效的化疗治疗方案。

撰写发表论文10余篇。其中，《成都市部分医院阴道分娩419例产后24小时失血量分析》，于1979年在四川省妇产科学会做大会交流；《妊娠期阴道、前庭及小阴唇的细胞学》1985年发表于《四川医学院学报》，获优秀论文奖；《针麻下腹式子宫切除54例小结》获成都市科技进步三等奖及市卫生局科技成果奖。2001年，孙恪勤在成都逝世，终年79岁。

陈瑞梅

陈瑞梅(1922—1991)，女，成都市金堂县人。著名口腔医学专家，河北医学院口腔系创办人、教授，享受国务院政府特殊津贴专家。历任河北医学院第二医院顾问、中华医学会口腔科学会委

员、中华医学会河北分会口腔科学会名誉主任委员。

1945年，毕业于成都华西协合大学牙医学院，获美国纽约州立大学牙医学博士学位。曾任华西协合大学助教、讲师。1950年，调河北医学院，历任副教授、教授、主任医师。

长期从事牙医学的研究和教学工作。1978年，指导研究生进行“复合异种骨在下颌骨移植实验研究及临床应用”获得成功，居国内领先水平。曾任《中华口腔医学杂志》编委、《现代口腔医学杂志》常务副主编。1991年12月，陈瑞梅在河北省石家庄逝世，终年69岁。

陈安玉

陈安玉（1923—1993），女，四川省开江县人。口腔修复学专家，中国口腔种植学奠基人。

1949年，毕业于华西协合大学牙学院，获牙医学博士学位。历任华西医科大学口腔修复学讲师、教研室主任、副教授、教授，系主任。1986年，任博士生导师，附属口腔医院院长、口腔研究所所长、口腔种植中心主任。享受国务院政府特殊津贴专家，又是《中国口腔医学年鉴》副主编及八个杂志的编委。同时还是国际牙科研究院院士，历任中华医学会口腔分会副主任、口腔修复学副组长，中国医学科学院学术委员，国务院学位委员会临床学科评议组成员，卫生部医学科学口腔专委会委员，四川省生物医学工程学会常务理事。

口腔修复学学科带头人，对口腔疾病的发病机制、口腔缺损的临床修复、胎儿口腔形态的发育等颇有研究。在主持生物医学工程重点实验室期间，开展口腔种植材料、基础理论和临床应用等研究，开发出人工骨、人工牙和新型人工牙种植体技术，逐步发展成医教工科贸一条龙的经济技术产业。主持《正常儿童及青少年颌面生长发育的测量研究》，于1983年获国家科委科技进步一等奖；主持《生物活性玻璃陶瓷人工骨材料》研究，于1986年获中科院科技进步一等奖，于1988年获国家科委科技进步二等奖；主持《锆一羟基磷灰石的研制和临床应用》研究，获1986年省科技进步三等奖。主持《生物活性玻璃陶瓷人工骨基础及临床应用研究》，获卫生部1987年科技成果三等奖。主持人工种植牙技术推广应用项目，被列入国家1992年火炬计划、卫生部1993年科技成果十大推广项目之一。与德国、日本、英国、美国、加拿大及中国香港、台湾地区的人工牙种植界进行广泛交流与合作，曾主持第一届国际口腔种植材料和临床应用学术会议。发表论文40多篇，其中，《人工牙种植的研究》于1986年获全国生物医学工程学优秀论文奖。

倡导口腔医学教育改革，较早提出口腔医学分专业培养设想，并致力于口腔学教材改进。先后编著《口腔矫形学》《口腔种植学》《口腔医学新编》《口腔矫形应用解剖生理学》等。

1959年获卫生部表彰；1960年被评为四川省、全国三八红旗手；1983年再获全国三八红旗手称号；同年，被评为成都市劳动模范；1984年被评为四川省劳动模范。

1993年，陈安玉逝世，终年70岁。

何　铸

何铸（1924—1991），成都市青白江区城厢镇人。著名药用植物学家，教授。历任四川省中药研究所第一研究室副主任、四川省植物学会常务理事及副秘书长、四川省人体科学研究会常务理事，九三学社委员。

1948年，毕业于四川大学生物系。曾在金堂县中学任教。1950年6月，任四川大学生物系助教。次年，调西南农学院，后调四川省中药研究所工作。对传统药物学有高深造诣。长期深入甘孜、阿坝等高寒地区，采集并制作大量植物标本，为中国西南地区药用植物的发掘、整理做出重大贡献，并为西南农业大学、四川省中药研究所及四川大学植物标本室的建设做出重要贡献。治学严谨，培养一大批药用植物研究人才。历任《四川植物志》编委、《四川中药志》主编、《缙云山植物志》副主编。其主编的《四川中药志》和《四川省中药资源调查与研究》，获四川省科技成果奖。1991年，何铸在成都逝世。

陆干甫

陆干甫(1924—1994)，成都市人。四川省名老中医、著名中医内科专家。历任成都市第一人民医院、市中医研究所中医师、四川省中医研究院顾问、临床医学研究所研究员、内科主任、文献研究室主任。成都市九三学社常委，全国、四川省政协委员。四川省科技顾问团顾问、四川省振兴中医领导小组成员、省中医学会理事，被国务院授予有突出贡献专家称号。

他的祖父陆景庭素谙岐黄，是清光绪年间的举人，后居家行医，成为清末民国初期成都四大名医之一，善治温病，对湿温证治尤多发挥。其父仲鹤亦以医术望重锦里。陆干甫幼承家学，博览《内》《难》《伤寒》等经典医籍。十五六岁即考入四川国医学院中医本科深造。于1943年毕业后，先后在成都、重庆等地行医。1950年12月，入西南革命大学学习。历任四川省中医研究所内科主任、省中医研究院临床医学研究所研究员、四川省中医现代研究会副会长。

他对中医学理论有独到研究，提出中西医学都来源于实践，但二者截然殊途。认为中医学的形成和发展，与中国古代唯物辩证的哲学思想密切相关。他尊古不泥古，特别注重从中医经典、现代医学、哲学和自然科学中汲取营养，领悟《伤寒》《金匮》之要，汇萃湿病各家之优长，融会贯通，博采众方，辨证准确，用药精妙，既知灵活变化，又能守方自持。从事临床医疗、科研、教学五十年，经验丰富、疗效显著，尤擅诊治内儿妇科疑难杂病。倡祛邪复正、逐瘀生新之说，主张慎用温补。对喉痹(慢性咽炎)诊治有独特见解。经长期实践和探索，总结出治疗喉痹的新方法。他认为，喉痹的病因病机，系由阳气未能升发温养，造成气化障碍所致；既不是气虚也不是阴虚，而为“阳不化阴”。可据“引火归原”的原理，采用温阳活血开痹的方法治疗本病。慢性咽炎常表现为虚多实少，宜疏肝络，利肺气，兼固营血，其辩证要点为口干不欲饮，舌质正红或偏淡而润，脉重按无力，中按弦缓，浮取不应指，关建在舌脉，根据其病因病机组方。

他对病人，无论贫贱富贵皆亲切和蔼；对弟子教诲谆谆，倾囊相授，毫不私藏，桃李满天下。

1985年，完成“喉痺”“胆胀”两项科研课题，获四川省科技进步三等奖。论著有《中医学辩证法原理》《内儿科学》《胆系疾病》《肝病症候与治法》《温热病辨证纲领》《温阳活血法临床运用》等；论文《肝胆辩证论治》《痰饮学说》先后在日本《汉方医学》杂志上发表。晚年主编《中医中药卷》。

1994年，陆干甫在成都逝世，终年70岁。

敬以庄

敬以庄(1924—1999)，重庆市人。著名外科医生，四川大学华西医学中心教授，享受国务院政府特殊津贴专家。

1949年，毕业于华西协合大学，获医学博士学位，留校工作。先后任大学医院、华西医大附属一院、四川大学华西医院助教、助理住院医师、主治医师、副教授、教授、大外科副主任。1952年，参加抗美援朝医疗队，于1954年返校。

敬以庄在胸外和普外专业积累了丰富的临床经验。1951年，首次使用Hybink麻醉机为肺叶切除病人施行麻醉。1955年，首次在本院开展Dixon直肠癌前切除术。1956年，开展肺叶切除、食道癌切除、膈疝修补及脾肾静脉分流术。20世纪60年代初，在院内首次开展门奇静脉断流术治疗门脉高压所致食道下端及胃底曲张静脉出血。1964年，修改过去对甲状腺癌颈淋巴结清扫按颌面外科传统程序从舌骨下平面开始清扫的术式，并成功开展右半肝及右肝三叶切除术。20世纪70年代后，侧重从事急性坏死性胰腺炎的研究及治疗工作，成功建立经背腹膜后引流术。

先后在《中华医学》等杂志上发表《腹膜后型急性坏死性胰腺炎》《自体大网膜游离移植治疗血栓闭塞性脉管炎》等论文。

1999年，敬以庄在成都逝世，终年75岁。

凌一揆

凌一揆(1925—1992)，四川省永川市(今重庆市永川区)人。著名中药学家。

1942年，考入四川国医专科学校，同年秋，转入四川国医学院就读，于1944年毕业。1953年冬，调成都参与四川省中医代表会议筹备工作。次年，调入成都中医进修学校任教。1956年，调成都中医学院(成都中医药大学)工作。以后相继任教务处教学科研科科长、中药方剂教研组主任、中药教研组主任、教授、副院长、名誉院长。

他是新中国第一位中药学博士生导师。国家级重点学科中药学学术带头人，享受国务院政府特殊津贴专家。历任中华全国中医学会副会长、高等院校中医教材编审委员会主任、国务院学位委员会中医学科评议组召集人、北京“九一”国际传统医药大会学术顾问、卫生部药典委员会委员、卫生部药品审评委员会委员、国家科委中医专业组成员，国务院学位委员会学科评议组成员，四川省科技顾问团成员，成都市人大副主任，全国政协委员，九三学社中央委员、九三学社四川省副主委、第七届全国政协委员。

他在教学中，注重教学内容和方法，强调教学的主要目的在于培养学生的思维能力，使学生掌握良好的治学方法，唯此方能使学生终生受益。他率先建立中药标本室和标本园，经不断充实扩大，成为全国医药院校中内容最丰富、规模最大的中药标本中心之一。20世纪50年代末，完成主编《中药学》统编教材的任务，相继由人民卫生出版社和上海科技出版社出版。

他对中药理论、中药的化学分析及临床应用有突出贡献，在国内外享有盛誉。1985年，应邀赴日本考察和讲学，并被特邀参加日本药学会的年会活动。1988年，应邀至瑞典哥德堡大学讲学，并与日本学者矢数道明博士、田中治教授以及英国、德国、美国、法国、新加坡等国家和香港地区的许多学者进行广泛的学术交流，扩大中医药学在世界的影响。先后主持四川地产药材的系统研究和国家中医药管理局“七五”重大课题“解表方药研究”。主要论著有《中医方剂学讲义》《中国食疗名方300首》。

1992年，凌一揆在成都逝世，终年67岁。

薛振南

薛振南(1925—2005)，上海市松江县人。四川大学华西医学中心教授，享受国务院政府津贴专家。

1950年，毕业于华西协合大学医学院，获博士学位，留校任教。历任学校生理学教研室主任、生物医学工程研究室主任，兼中国时间生物医学（筹）理事长、中国生理学会理事、四川省生理学会理事长。1981—1982年，在美国休斯敦大学土木系访问。1983年，任教授。1988年，参与组织在成都筹建中国时间生物学与时间医学学会筹委会。

长期从事生物医学工程研究。1970年，参与研究“针刺麻醉下胃大部切除术”，1979年，获四川省重大科技成果奖。其后，筹建学校生物医学工程研究室，主研“主动脉内囊反博及生脉注射液对山羊心肌缺血的作用”，获1989年省科技进步三等奖。

2005年5月5日，薛振南在成都逝世，终年80岁。

侯占元

侯占元（1926—2004），河北省武安市人。著名中医发展问题研究专家，曾任成都中医学院副院长。

1938年，参加革命。1949年从事医务工作。1945年，加入中国共产党。1946–1947年，在北方医学院六纵卫生部接受野战外科培训。历任八路军、中国人民解放军助理医生、外科军医、军药股长兼手术队队长。在挺进大别山、淮海战役、进军大西南等战役中，均曾立功受奖。中华人民共和国成立后，任涪陵军分区军药股长，兼教育股长及卫校教员，四川省军区直属门诊部主任助理，兼内科军医。1951年，晋升主治医师。1953–1956年，参与创办成都中医进修学校、成都中医学院（成都中医药大学）。历任教务副主任、诊断学教师，高级西医研究中医班副班主任兼教务科长、医学系主任、教务处处长、副院长。1982年，在中央教育行政学院高级研究班学习半年。1987年，晋升研究员。曾任四川省第二届科技顾问团顾问、省科协委员、市科协常委，兼任全国中医学会理事、省中医学会副理事长兼秘书长，四川省中医现代化研究会会长，省科委生物医学开发中心中医工程首席客座研究员，辽宁中医学院名誉教授，仲景国医大学客座教授，美国明尼苏达大学校董事会董事

在教研工作中，曾参与高等中医教材建设和制订教学计划、教学大纲等，倡导并重视开展中医教育研究。早在1962年即提出“中医教育要早临床、多临床”的经验。在研究中，对中医事业和学术发展的若干重大问题提出自己的见解，如多样化人才培养体制、中医人才结构、发展临床学科、基础学科分化、开展中医基础理论研究、建立独立的中医药管理机构等。1985年，卫生部中医司召开全国高等中医院校教育改革经验交流会，正式采纳他的意见，成立了中医基础学科建设领导小组。作为课题负责人，于1991年承担四川省科委课题“凉山彝族地区卫生事业发展研究”。

他是国内著名的中医问题研究的倡导者和硕果累累的专家。长期担任《健康报》《光明日报》通讯员、《中国中医药年鉴》编委、《中医问题研究》主编、《中国高等医学教育》名誉顾问。在政策研究方面，先后发表《试论中西医合流》《用一分为二的观点对待祖国医药学》等论文。

2004年，侯占元在成都逝世，终年78岁。

邓蓉仙

邓蓉仙(1927—1998)，女，成都人。著名药物化学家。中国军事医学科学院研究员，享受国务院政府特殊津贴专家，军事医学科学院专家组成员。

1945年，考入中央大学电机系，在重庆学习一年，因中央大学迁返南京，遂于1946年回到成都，考入华西协合大学医学院药学系。1950年，

华西大学毕业后留校任助教。1952年，到苏联列宁格勒化学制药学院留学，获药物化学副博士学位。回国后，在上海中科院药物所任助理研究员，从事抗肿瘤药物研究。1959年，调解放军军事医学科学院从事药物研究。1983年后，任研究员、研究室副主任、主任。曾任《中国药学学报》编委、国家新药研究评审专家、全军药品评委和国防专利局专家组成员。

她长期从事药物合成研究与试验工作。1967年，接受国务院和中央军委下达的抗疟疾药物的研究任务，任药物合成专业组组长。她查阅大量中外资料，设计多个化合物，进行漫长的实验，终于从300多种化合物中，找到两个相似的“苗头”，并选中代号为“ME-76028”的苗头。经过长达23年的研究，能治疗各种疟疾的抗疟新药本芴醇及其亚油酸胶丸制剂，终于在1989年通过各项技术鉴定。本芴醇具有结构新、杀虫彻底、治愈率高和毒性低的特点，有效率达95%以上，复发率低于5%，继经国家新药评审委员会1类创新药物鉴定，获军队科技进步一等奖；1990年获中国药学领域唯一的国家发明一等奖，继于1995年获国家发明专利。以本芴醇为基础研制成功的本芴醇复方，在43个国家和地区申请了发明专利。其后，中瑞合作研究的《复方本芴醇》片剂的专利，覆盖世界60多个国家和地区。

主编有《新药评价概论》《药物设计的基本原理》等专著。1990年，获第二届“王丹萍科学奖金”。同年，总政治部、总后勤部授予全军妇女先进个人、全军药材工作先进个人称号，并出席第七次全国妇女代表大会。1992年，总后勤部授予“巾帼建功十佳先进个人”称号。次年，作为总后勤部代表，出席全国第七次妇女代表大会。1995年，获第二届“何梁何利基金”医学、药学科技进步奖，是该届获奖的唯一女性。并被评为总后勤部优秀科技人才“一代名师”，荣立二等功一次、三等功一次。

1998年，邓蓉仙逝世，终年71岁。

高贤华

高贤华（1927—1993），重庆市人。著名解剖学专家，华西医科大学（四川大学华西医学中心）教授、博士生导师，享受国务院政府特殊津贴专家。

1952年，在重庆大学医学院毕业后，被分配到四川医学院任教。20世纪80年代前期，作为访问学者赴加拿大多伦多大学学习、研究。1984—1988年，任四川医学院教务长、解剖学教授、博士后流动站导师。又是美英合办的Clinical Anatomy中国解剖学杂志编委，四川省解剖杂志副主编，全国高等医药院校临床医学教材评审委员会副主任委员。同时任中国解剖学会常务理事及国际交流委员会副主任，国家教委“国家公派出国留学生”评议专家，卫生部视听教材解剖学专家组长，四川省解剖学会理事长，四川省体视学会常务理事、全国人大代表。、

他在解剖学领域声誉卓著。青年时期即对解剖学的许多方面进行深入探讨，后期主要从事肝周、腹、盆腔筋膜、间隙的临床应用解剖学和胰腺微循环形态学应用基础研究。他主持的课题《左膈下脓肿X线特征和膈下间隙及其应用解剖学研究》，经过对105具中国人和50具加拿大人成人尸体的观测，在国内首次指出原膈下间隙划分的错误，提出将肝左上间隙分为前、后两个间隙的正确划分方法，并对29例左隔下脓肿手术探查及X线表现进行对照分析，提出左隔下脓肿新的分型，为影像学诊断及处理、治疗肝周间隔的疾患提供了有价值的解剖学依据，旋被《解剖学》《局部解剖学》等书引用，于1990年获四川省

科技进步二等奖。他主持的 另一课题《左侧肝周腹膜反褶的放射解剖学研究》,相继获 1996 年四川省科技进步一等奖、1997 年卫生部医药科技二等奖、1998 年国家科技进步三等奖。他主持开展的《胰腺微循环形态学的应用基础研究》,被誉为 “胰腺学科发展的里程碑”,“对急性坏死性胰腺炎的研究乃至整个胰腺学科的发展都有深远的影响”, 相继获 1997 年四川省科技进步一等奖、1998 年卫生部医药卫生科技进步一等奖、1999 年国家科技进步三等奖。

他任教务长期间,坚持深入课堂,采取有力措施,推动和改进教学工作,推动英语医学班和 7 年制的设置。曾参与编著《医学百科全书》《人体解剖学》《临床解剖学丛书》,并翻译《解剖学方法》《外科解剖学萃要》。

1993 年,高贤华逝世,终年 66 岁。

张鉴铭

张鉴铭(1927—1999),成都市新都区人。国内著名骨伤专家。四川省、成都市名老中医,全国首批五百名继承老中医药学术专家指导导师之一,享受国务院政府特殊津贴专家。曾任成都西城区政协副主席。

1940 年, 师承中医骨科专家杜自明大徒弟曹德华,出师后行医。1985 年,被评为成都市名老中医。1989 年,晋升中医骨科主任医师。1991 年,被国家中医管理局评为全国师承制度名中医药专家之一。1997 年,被评为“成都市十佳卫生工作者”。先后担任成都第一骨科医院门诊部主任、住院部主任、副院长、名誉副院长;四川省中医骨伤学会理事、中华医学会成都分会常务理事,成都市中医骨科学会副主任委员,成都市中医药学会理事、青羊区中医学会副理事长,四川省高级职称评委。

治学严谨,医理精深,临床经验丰富,在临床实践中不断形成独特的见解。如对髌骨骨折采用绷带绞绳法固定,对老年性股骨颈骨折采用屈膝垫枕固定法,其验方强腰散、“玉龙散”加液化樟脑治疗慢性腰腿痛等具有特殊疗效。1989 年,在“四川省名老中医学术思想与临床诊治经验总结研究”课题中,《玉龙散加液化樟脑治疗慢性腰腿病》专题获省中医管理局颁发的荣誉证书。

1999 年,张鑑铭在成都逝世,终年 72 岁。

何慕陶

何慕陶(1928—1999),成都市灌县(现都江堰市)人,著名精神医学专家。

1952 年,毕业于华西大学(四川大学华西医学中心);同年,被国家卫生部派送高级师资培训班培训, 继被分配到北京医学院精神科进修。1953 年, 任华西医科大学附属一院神经精神科住院医师、助教;1960 年任讲师、党支部书记兼教研室副主任,后晋升为教授。1974 年到北京,专任中共中央领导人的保健医师。1982 年,以访问学者身份赴美国考察学习,回国后继续从事医疗、教学及科研工作。先后担任成都社会学学会理事、副会长,四川省心理卫生协会理事长,中华跨文化精神病学组理事长, 中国心理卫生协会、中华医学行为科学学会常务理事、世界精神病协会会员;《中华神经精神科杂志》《中国神经精神疾病杂志》《中国心理卫生杂志》副主编。

他在精神医学方面卓有创见。1969 年,主持开展用民间验方--马桑寄生方治疗 315 例精神分裂症,有效率达 70%以上,该项目于 1978 年获全国科学大会奖和四川省重大科技成果二等奖。1986 年, 在国内最早开始研究家庭关系与心理卫生的关系, 认为心理病态最重要的是家庭治疗,主张通过在家庭成员内部促进谅解,增进情感交流和相互关心，使每个家庭成员了解家庭中病态情感结构，以纠正其共有的心理病态，改善家庭功能，达到和睦相处。他大力呼吁社会各方人士关心重视老年工作。曾开过一张克服老年孤独的处方：一是重温恋爱生活，丧偶老人也宜择配佳偶，以相互照顾；二是走出家庭，重归社会；三是学习和培养一些业余爱好和兴趣，如书法、绘画、种花等等；与此同时，子女亦须主动创造和睦的家庭气氛，允许老人唠叨，不要阻止老人与别人闲聊谈天。

1987年，主编出版中国第一本《医用行为医学》教材；1994年，主编出版《现代行为医学》。以后又相继主编、编写了21本精神病学、医学心理学及行为科学专著。在他的组织和带领下，华西医科大学附属一院精神科成为国内著名的精神医学教学科研基地。

1999年6月，何慕陶在成都逝世，终年71岁。

潘恩潭

潘恩潭（1928—2005），山东武城人。华西医科大学教授、享受国务院政府特殊津贴专家。

1954年，在四川医学院儿科系毕业后留校任教，历任助教、讲师、副教授。1984-1985年，在美国华盛顿大学西雅图儿童医院进修儿科血液学。1987年，任主任医师、教授。曾任《国外医学输血与血液分册》和《四川医学》编委。

长期从事儿科血液学研究。1973年，任儿科血液学组组长，创建儿科血液学实验室。1985年，主持重建学校医学检验专业本科，任首届医学检验教研室主任、附一院检验科主任。发表《四川所见地中海贫血》《自身免疫性溶血贫血》《亚洲人Ⅸ因子基因缺乏RFCP标记》等论文。参与《DNA末端定量及其应用研究》，于1999年获四川省科技进步三等奖。参与编著《儿科学》《儿科症状鉴别诊断及处理》《现代儿科诊断治疗学》。历任《医学检验大词典》《医学检验多选题库》血液学部分副主编。参与主编《血液学与血液学检验》专业教材，获卫生部1999年科技进步三等奖。2005年，潘恩潭逝世，终年77岁。

何镜清

何镜清（1928—2004），女，成都市彭州人。华西医科大学（四川大学华西医学中心）附属医院护理部主任、主任护师。全国护理学会理事、四川省护理学会常务理事、妇产科专委会主任委员、科普专委会主任。纽约中华医学基金会老年医学项目组成员。

1950年，在华西协合大学医学院护理系毕业后，到北京协和医院工作。1951年后，任华西大学医学院附属医院护士长。1956年后，历任贵阳医学院护理部主任兼护士学校副校长，贵州省护理学会理事长。1978年，调华西医科大学，历任附四院、二院护理部主任。1986年，任主任护师。1983年、1988年，被评为四川省科协系统先进工作者。2004年，何镜清逝世，终年76岁。

郭仲夫

郭仲夫（1929—1994），名城金，成都市温江区人。著名中医内经学专家，成都中医药大学教授、四川省中医学会中医基础理论专业委员会副主任。

幼年习经史，15岁学医。1958年，参加成都中医学院师资班学习，后留校任中医学家李斯炽的助手。先后任内经教研室副主任、主任，《中医刊授》杂志主编。1990年，任成都中医学院刊授大学校务委员会委员。毕生致力于《内经》的研究和教学。研究《内经》强调联系相关经文，联系后世医学，联系临床实践，联系各家注解。通过多年潜心揣摩和深入研究，对《内经》的学术中心思想——阴阳五行学说提出独到的学术见解。指出《内经》阴阳五行学说不仅具有哲学内蕴，而且与自然辩证法的理念一致。

协助李斯教授编撰《实用内经选释义》。承担卫生部重点科研课题“《黄帝内经太素》整理与研究”。主要论著有《内经选读》《黄帝内经讲解》《中医古典著作选编》（合编）、《中医学基础》（合编）、《内经选讲》《运气学概论》。1994 年，郭仲夫在成都逝世，终年 65 岁。

何建新

何建新（1931—2001），河北省沧州市人。曾任成都市第二人民医院病理科主任。

1952 年，毕业于四川医士学校，1955 年，毕业于四川医学院病理专修班。先后在成都医士学校、成都医学专科学校任教。1962 年，调成都市第三人民医院组建病理科。1988 年，调成都市第二人民医院，任副主任医师、主任医师、病理科主任。于 1995 年退休。

何建新研、教能力均强，能指导、解决多种疑难病例的病理诊断，在成都病理学界享有较高声誉。曾参加“煤肺、煤矽肺的病理特点”“老年性气管炎的研究”“男性生殖系统的病理特点-男扎后睾丸的病变”“消化道良性肿瘤-胃肠平滑肌瘤、平滑肌母细胞瘤、胆道系统良性瘤的研究”“外阴白色病变的病理特征”等科研课题的研究。

撰写学术论文数十篇，主要有《活血化瘀药物治疗萎缩性鼻炎 39 例的疗效观察及病变特点》《一例罕见的膈疝》《心脏直视手术后急性肾功衰竭》等。2001 年，在成都市逝世，终年 70 岁。

何廷尉

何廷尉（1932—2003），四川荣县人。华西医科大学（四川大学华西医学中心）教授、博士生导师，享受国务院政府特殊津贴专家。中国预防医学会社会医学会常务理事、副主任。

1957 年，毕业于四川医学院卫生系，留校任教，历任社会医学副教授、教授、教研室主任。曾任《中国卫生事业管理》《中国社会医学》《卫生软科学》等杂志编委。一生从事社会医学、卫生事业管理的教学与研究。参与《四川省常见恶性肿瘤情况和分布规律调查》，于 1982 年获四川省重大成果二等奖。参加卫生部中国农村健康保险等项目的试验研究，并主持“四川省仁寿县妇幼卫生示范县儿童肺炎防治研究”，历时 3 年，为制定相关防治措施提供了科学依据，获 1990 年度四川省科技进步三等奖。参加《四川城市医疗服务研究》，获 1989 年四川省科技进步三等奖。主编《社会医学》和《预防医学》，参与编纂《卫生管理学》《医院统计》《卫生经济学原理与方法》《社会医学理论与实践》，其中《卫生管理学》获 1986 年、1987 年西南、西北地区优秀科技图书三等奖。2003 年，何廷尉逝世，终年 70 岁。

杜　辛

杜辛（1932—1996），贵州省大方县人。中西医结合老年病及心血管病专家，成都中医药大学附属医院主任医师，享受国务院政府特殊津贴专家。历任中国中西医结合学会心血病专业委员会委员、四川省中西医结合学会理事、虚证老年病专业委员会主任、四川省康复医学会理事，国家教委科技成果评审委员。

1949 年，入中国人民解放军二野五兵团医学专科学校，于 1952 年部队整编，调入中国人民解放军二野医科大学。1958 年，在中国人民解放军第七军医大学(原二野军医大学)军医系毕业后,调入成都中医学院(成都中医药大学),历任附属医院中西医结合主任医师、康复科主任。

在长期临床实践及教学中,严格要求,无论讲课、查房或技术操作,都从自身做起,带动临床实习及进修医师的教学工作。主持研究和开发延缓衰老和抗虚证的中成药,贡献突出,获得中国中西医结合学会总会颁发的“从事中西医结合30年荣誉证书”。1989年、1991年,主持治疗虚证和延缓衰老中成药“绞股兰冲剂”“天府秘宝”和降脂药“鳗油精”的临床研究。1990年主持治疗心血管病的降脂中成药“桑葛降脂丸”的临床试验,经卫生部批准为国家新药,投入市场。

从事继承和整理著名老中医李仲愚经验的工作,采用现代科技手段,严格设计,应用客观指标,观察“李仲愚蓝字气功”的健身作用。主持完成国家“七五”攻关项目“李仲愚杵针疗法的临床和实验研究”,获1990年度四川省科技进步二等奖、四川省中医药科技进步二等奖,国家中医管理局1991年度科技进步三等奖。先后在《中华医学杂志》《中华内科杂志》《四川医学》《浙江中医杂志》等刊物上发表论文20余篇。对主持延缓衰老中成药“活力苏”及古方“还少丹胶囊”的临床研究,发表有相关论文并作国际交流。曾任《四川中医》杂志编委。

1996年,杜辛在成都逝世,终年64岁。

俞宝梁

俞宝梁(1933—1993),上海市人。烧伤整形外科专家,享受国务院政府特殊津贴专家。

1956年,毕业于浙江医学院外科系,分配至四川医学院(今华西医科大学),历任助教、讲师、副教授、教授,烧伤外科主任,博士生导师。曾任《中华整形烧伤》《修复重建外科》《中华康复医学》《实用美容整形外科》等杂志编委。历任中华医学会整形外科学会常务理事,中国康复医学会修复重建外科学会委员,中华医学会四川分会理事,四川省烧伤整形外科专委会主任委员,全国自然科学基金评委会委员。

主要从事外科医疗、教学和科研工作,长于烧伤整形外科技术。成功开展不全断肢再植术、头皮撕脱再造术、游离皮瓣移植术、神经束膜缝合术、岛状皮瓣转移术、足趾转移、拇指再造等手术。俞宝梁积累丰富的创面使用人工皮的临床经验,提高抢救大面积创伤的水平。主持的41、T41型全合成高分子人工皮的研制与临床应用,1982年,获成都市科技成果二等奖。主持研究的“硅橡胶皮肤软组织扩张器”获1989年四川省科技进步三等奖,指导的《皮肤软组织扩张术的研究与应用》获1999年四川省科技进步三等奖,主持编制的《烧伤诊断与创面处理》获1987年全国外科视听教材评审二等奖、1988年省高校教材评审一等奖。参与《手部烧伤与畸形的修复》科研课题,获1997年四川科技进步三等奖。协助建立中草药实验室,参加研制雪药、虎杖制剂等。

发表有《血浆蛋白溶液对大面积烧伤早期严重休克的疗效观察》《手部烧伤晚期畸形手术疗效分析》等论文40余篇,参加编著《实用美容整形手册》《美容整形充填材料的选用》《鼻部分缺损的修复》《中国当代医学》《中华医学百科全书?人工皮》,美国MTP公司出版的《中国烧伤整形外科进展》等。

1993年,俞宝梁逝世,终年60岁。

赵立勋

赵立勋(1934—1996),陕西省商州市人。著名中医文献学专家,中医文献研究员。

1962年,在成都中医学院(成都中医药大学前身)医学系毕业后,留校任教。他师承中医学家宋鹭冰教授和儿科名家胡伯安先生。1981年,任成都中医学院科研处副处长。1985-1993年,任成都中医药大学中医古籍文献研究所所长;1987年,任中医文献研究员;1991年,任中医文献专业硕士学位研究生导师;1995年,开始担任全国中医药科技进步奖评审委员会委员、国家科学技术奖励委员会专业评审委员会学科评审组特邀评审员。同时是中国中医药学会文献分会委员,四川省中医学会理事、医史文献专业委员会名誉主任委员。

他长期从事《温病学》《中医文献学》教学。独立编写了相关教材,并在卫生部委托省卫生厅举办的西南地区中医古籍整理班主讲《中医文献学》等课程。在临床研究中,他对温病的养阴学说、温病卫气营血学说的渊源及湿热类温病的病机证治特点,有精到的见解,擅长湿热类疾病、钩端螺旋体病和小儿发疹性病症治疗,对温病与伤寒的关系有深入探讨,强调寒温合一,建立和完善了新的统一的中医外感热病学。

中医古籍文献整理研究方面,在赵立勋推动下,于1986年经省教委批准,中医学院筹建创立了系、部一级中医古籍文献研究所,使之成为中医文献教学研究的基地。1988年,会同辽、冀、粤等11所中医学院编辑出版了中国第一部《中医文献学》教材。此外,还承担和主持《景岳全书》等部、省级古籍整理研究项目。他对道藏医学和四川中医药发展历史亦有深入研究,先后主持《四川省科技志·中医》《四川中医药史话》《四川地区医史文物和遗迹考察研究》等课题。同期担任国家级重点文化工程《中华大典》编委,任《中华大典·医学分典》主编,又是《医药卫生典》的主编之一。出版论著主要有《四川中医药史话》《遵生八笺校注》《古今图书集成医部续录》《湿热条辨类解》等。

1996年,赵立勋在成都逝世,终年62岁。

鲁长豪

鲁长豪(1935—1995),浙江杭州人。华西医科大学(四川大学华西医学中心)教授、博士生导师,享受国务院政府特殊津贴专家。全国卫生检验学会主任委员、卫生检验专业委员会副主任委员,劳动卫生与职业病学会生物监测学组副组长,国家进口食品监督检验顾问。

1958年,四川医学院药学专业毕业后留校,1987年任教授。1987—1988年,在美国威斯康星大学和美国食品与药物管理局天然毒物研究中心做访问学者。历任教研室副主任、主任,卫生系副主任,公共卫生学院副院长,预防医学研究所副所长,兼任国务院学位委员会学科评议组成员、高等医药院校专业教材评审委员,《中国卫生检验》总编,《现代预防医学》副主编。

1974年,参与创建全国第一个卫生检验专业,1986年,参与发起成立全国卫生检验学会,1991年,参与创办《中国卫生检验》杂志。发表《海产品中无机砷的萃取分离和分析法》等论文40余篇。提出的分离分析法于1986年被列为标准方法。“创建卫生检验专业的成功实践”获四川省优秀教学成果二等奖。主编《食品理化检验学》《食品检验》《卫生学与卫生检验技术》《水质理化检验》《生物材料检验》等教材7部。

1995年,鲁长豪逝世,终年60岁。

邓福全

邓福全(1945—1999),四川省合江县人。全省卫生系统先进个人。

1963年,在中国人民解放军148师卫训队学习。1969年,任师医院助理军医,1970年,任师卫生科医务助理员，1971年后，任师医院军医。1979年，转业至成都市西城区卫生防疫站，先后任医师、副站长。1984年调成都市西城区卫生局。1991年，任成都市青羊区卫生局局长。曾任四川省初级卫生保健专家咨询组成员、成都卫生经济学会常务理事。

邓福全积极探索研究城市医疗运行经营机制改革模式及城乡基层卫生综合改革，所领导的青羊区卫生局在全国卫生大会上被卫生部、人事部、国家中医药管理局授予“全国卫生系统先进集体”称号，青羊区成为四川省政府、省卫生厅确定的“全省城乡基层卫生综合改革试点区”“全省城市初级卫生保健试点区”“全省社区卫生服务试点区”，是省内城市和农村初级卫生保健双达标的第一个区（市）县。1992年，四川省卫生厅、省人事厅、省中医药管理局授予邓福全“全省卫生系统先进个人”称号，被评为“成都市先进工作者”。

撰写论文《城市医疗卫生改革模式的探讨》获成都市科协第三届优秀论文二等奖，《医院股份合作制改革研究》《卫生事业经费实行统筹的研究》分别获“成都卫生经济学会1990-1998年”优秀论文一、二等奖。先后在《中国卫生》《中国卫生事业管理》《中国卫生经济》等刊物上发表论文《实行经营管理责任制完善经营运行机制》《加大转制转机力度适应市场经济需要》《四川省高级卫生管理干部培训班赴新加坡学习考察报告》《深化卫生改革完善经营机制》。

1999年，邓福全在成都逝世，终年54岁。

五、社会科学

罗雨苍

罗雨苍（1889—1997）字大汉，别名乃藩，成都市彭州濛阳镇人。

毕业于四川省陆军军官学校，历任靖国川军独立第一旅第二团第二营营长，国民革命军第二十八军第五师五旅十四团团长、旅长，川军第三师司令部军械处处长，川黔鄂陕联军前敌副司令部军械处处长。1924年，任全川江防军总司令部参谋长；1926年，兼任该军第三区司令。后任川甘边防军第四路司令。历任合川、广汉县长，彭县银行董事长。于1942年回乡任职，任彭县临时参议会议长。罗雨苍关心家乡教育事业，多次与县上的政界人物和社会名流商讨在濛阳镇创办中学，为濛阳中学的成立做出努力。1947年4月，当选为县参议会参议长。1949年12月9日，响应刘（文辉）、邓（锡侯）、潘（文华）三将军的起义，于12日和国民党彭县县长刘度主持召开大会，罗雨苍宣读彭县地方拥护起义的《快邮代电》。中华人民共和国成立后，任彭县政协第一至五届政协副主席。

1929年春，广汉县南兴镇真武村村民燕道诚一家在宅旁挖蓄水沟时发现三星堆遗址，大批古董商云集广汉，当地百姓群起发掘玉石器。时任广汉县长的罗雨苍得报后，认为古物出土应归国家所有，下令把遗址保护起来，禁止私人私自乱挖乱掘。1934年3月初，罗雨苍以县政府名义邀请成都博物馆长葛维汉前来发掘，并将出土文物全部捐献给华西大学博物馆。三星堆遗址的发现被誉为世界“第九大奇迹”。

1997年，罗雨苍在彭州逝世，终年108岁。

徐中舒

徐中舒(1898—1991),名裕朝,后改名道威,字中舒。安徽省怀宁(今安庆市)人。著名史学家、古文字学家、文献学家,四川大学一级教授。

3岁时父亲去世,其母走投无路,于1902年带着他进了慈善机构——清节堂。堂内只提供简单食宿,日常费用皆需自筹。为把他抚育成人,母亲在堂内所设织布厂日夜操劳。1913年,考入安庆皖省中学,因家境贫寒,无力负担学习和膳食费用而中途辍学。1915年,考取安庆第一师范学校。开始接触桐城派古文,学习兴趣浓厚。1916年毕业后,在该校附小任教。1918年,曾在武昌高等师范及南京海河工程学校读书。1921年,经人介绍,到桐城方家任教。1922年,又到上海李家任教,均讲授《左传》。1925年,考入清华国学研究院,师从王国维、梁启超、陈寅恪、赵元任等著名学者。一年后,从清华毕业回到安庆,在合肥六中任教。半年后受聘于上海立达学院。其间,曾在《立达》创刊号发表处女作《古诗十九首考》,引起复旦大学中文系主任刘大白的注意。1928年,年仅30岁即任复旦大学和暨南大学中文系教授。所撰《古诗十九首考》一文受到陈寅恪的赏识,于1930年经陈推荐,就职于中央研究院历史语言研究所任编辑员,致力于传统文化的研究。两年后,升研究员,同时在北大历史系兼职,讲授“殷周史料”。在历史语言研究所8年间,发表一系列学术论著。20世纪30年代初,参加整理清代内阁大库所藏明清档案,收获颇丰。1934年,与容庚等共同发起成立考古学社。1937年抗日战争爆发后,应中英庚款和四川大学协聘,任四川大学历史系教授。40年代先后在乐山武汉大学、成都燕京大学、华西协合大学、南京中央大学兼课。

新中国成立后,继续任川大教授,同时兼任四川省博物馆馆长和西南博物院院长。1957年,当选中国科学院哲学社会科学部委员。同期担任国务院古籍整理出版规划小组顾问、四川省历史学会会长、中国先秦史学会理事长、中国古文字学会常务理事、中国考古学会名誉理事,以及《中国大百科全书·中国历史》编辑委员会委员等职务。1962年,受教育部委托举办“先秦史进修班”,为国内兄弟院校培养教学骨干。

“文化大革命”中,他是四川大学第一个被揪出的“反动学术权威”,多次受到批斗,直至1977年始获“解放”恢复工作。1979年后,主持编纂国家级科研项目《甲骨文辞典》和《汉语大字典》。1981年,国家建立第一批博士点,他一人承担了中国古代史和考古学两个博士点的导师,在当时极为罕见。

徐中舒长期从事教学和学术研究工作。他治学严谨,在先秦史、古文字学、民族学和文献学等方面发表大量专著和论文。尤以先秦史方面的成就最为突出。在甲骨文研究方面,撰有《甲骨文中所见的儒》和《周原甲骨初论》,除主持编纂中国第一部详细解释甲骨文的工具书《甲骨文字典》和规模极为宏大的《汉语大字典》外,还编著了《殷周金文集录》和《汉语古文字字形表》等。此外,博涉民族史、地方史、明清史、中国文学史等领域,并将它们熔铸一炉,相互参证,其博大精深,在国际学术界享有盛誉。

在四川大学执教数十年来,他还花费许多心血致力于古代巴蜀史的研究,撰写了《蜀锦》《彭县蒙阳镇出土的殷代二觯》《论<蜀王本纪>成书年代及其作者》《<交州外域记>蜀安阳王子史迹笺证》《古代都江堰情况探源》《巴蜀文化初论》《巴蜀文化续论》等一系列论文,对地方历史和文化的发展做出了开拓性的贡献,受到学术界的高度评价。

在治学方法上，他继承王国维的“二重证据法”，扩大研究视野，尽量利用有关学科知识以体现历史全貌，并树立“新史学”的观念，将古文字学与民族学、社会学、古典文献学和历史学结合起来，创造性地把“二重证据法”发展成为“多重证据法”。1987 年，四川大学历史系为他隆重举办九十寿辰暨执教七十周年纪念会。著名历史学家周谷城致辞祝贺：“先生学问，博大精深。著作创造，精密绝伦。”对他给予极高的赞誉。

他一生待人正直厚道，为人朴实无华，耿直不阿，即使在受到冲击的“文化大革命”时期，也从不违心地说假话。对青年后学，不管其水平如何，有无名声，只要对学问感兴趣，他都会给予鼓励并耐心指教。直至暮年，仍有很多外地学子写信向他求教，他总是嘱咐孙子一一给予回复，并资助那些有困难的学生。

国家和人民给予了徐中舒一系列政治上的荣誉，他先后当选为第三届、第六届全国人大代表，四川省第五届人大代表，全国政协委员，四川省劳动模范。

1991 年 1 月 9 日，徐中舒在成都逝世，终年 93 岁。

1992 年，巴蜀书社整理出版其《先秦史论稿》；1998 年，为了纪念徐中舒诞辰 100 周年，中华书局出版《徐中舒历史论文选辑》。

1992 年，巴蜀书社整理出版徐中舒《先秦史论稿》。1998 年，中华书局出版《徐中舒历史论文选辑》，纪念其诞辰 100 周年。

李剑华

李剑华（1900—1993），笔名李震东、子在，成都市大邑县人。著名社会学家、法学家。

1921 年，赴日本留学，在东京日本大学社会科主修社会学。1925 年，毕业归国。历任安徽公立法政专门学校、上海学艺大学、上海法科大学、上海法学院、国立劳动大学、复旦大学等院校的社会学教授，中国公学社会学系主任，同时兼任中国公学大学部、上海法政大学教授。主要讲授社会学概论、犯罪社会学、劳动法等课程。他对文学艺术亦颇关注，早年是中华学艺社社员，创造社发起人之一。1929 年，参与筹建东南社会学会，1930 年，被推选为中国社会学会理事。1932 年，参加中国共产党领导下的革命文化团体——中国社会科学家联盟，并主编社联机关刊物《现象月刊》，宣传马克思主义。1933 年 12 月，被国民党军警逮捕，次年 3 月，在中共组织营救下出狱。出狱后即加入中国共产党，并接受派遣打入国民党内部，历任南京要塞炮兵学校、南京宪兵学校教官、铁道部警察总局秘书、甘肃省政府建设厅主任秘书、国民党军事委员会政治部秘书、湖北省政府秘书、国际问题研究所指导研究员和行政院经济会议秘书等职，长期从事隐蔽战线的斗争。

中华人民共和国成立后，任华东军政委员会劳动部副部长。19521-1966 年，历任华东教育部视导、上海市高等教育局技术教育处负责人，上海第一医学院、华东政法学院、上海财经学院教授。“文化大革命”中受到冲击。1972 年，调同济大学图书馆工作，于 1975 年退休。20 世纪 80 年代，先后被聘任为上海社会科学院顾问兼社会学研究所负责人、中国社会科学院法学研究所顾问、上海社会科学院学术委员会委员、上海社会学会理事、中国社会学会顾问。1981 年，主编出版《社会学简明辞典》。

他是较早运用马克思主义观点研究社会学、法学以及社会问题的学者之一。主要著作有《劳动问题与劳动法》《犯罪学》《社会学史纲》《社会事业》《劳工法论》《监狱学》《犯罪社会学》等。

1993年,李剑华在上海逝世,终年93岁。

贺 麟

贺麟(1902—1992),字自昭,成都市金堂县五凤镇人。中国著名现代哲学家、翻译家,现代新儒家早期代表人物之一。

其父为前清秀才,曾主持本县教育事务。8岁入私塾,从小便受到儒学熏陶。1917年,就读于四川省立成属联中(成都石室中学前身)。1919年五四运动后,考入清华学堂,受梁启超、吴宓等国学大师学术思想影响,曾撰写《戴东原研究指南》,于1923年12月发表于北平《晨报》副刊。他推崇严复"信、达、雅"的翻译标准,曾写《论严复的翻译》,于1925年11月发表于《东方杂志》。上海五卅惨案发生后,积极投入反帝爱国运动,被选为"沪案(五卅惨案)"后援团宣讲人之一。1926年,毕业后赴美国留学,插读美国奥柏林大学哲学系三年级。于1928年毕业,获哲学学士学位。同年,入芝加哥大学哲学系攻读硕士学位,不久转往哈佛大学学习德国古典哲学。1930年,在哈佛大学获哲学硕士学位后,赴德国柏林大学深造,为以后研究黑格尔哲学和西方哲学奠定了坚实的基础。

1931年"九一八"事变后回国,任北京大学讲师,后升任副教授、教授,同时在清华大学兼课。抗日战争期间,是他学术创作的重要时期。他主张学术建国,在天津《大公报》发表《德国三大哲人歌德、黑格尔、费希特处国难时的态度》,宣传爱国主义思想。1940年,蒋介石在黄山约见贺麟,要他到重庆中央政治学校教书,被他婉拒。1946年,随北京大学迁回北平,次年,任北京大学训导长、哲学系代理主任。1948年,中共地下党员秘密给他送来毛泽东所著《新民主主义论》和《论联合政府》,他从中看到了中国的前途。1949年北平解放前夕,国民党曾派飞机接他去南京,被他拒绝。

1949—1955年,除在北大哲学系任教,还在中国人民大学开设黑格尔哲学课程。1955年,调中国科学院哲学社会科学部哲学所工作,主持外国哲学史研究。在整风反右派斗争和"文化大革命"中,受到不公正对待。"文化大革命"结束后,继续从事研究工作,任中文版《黑格尔全集》编译委员会名誉主编。1985年7月,在四川大学讲学期间返金堂探亲,将多年积蓄的稿费15000元,捐赠给金堂淮口中学和五凤小学作为奖学基金,支持家乡办学。

他治学严谨,从事研究实事求是,力求把握研究对象的内在逻辑,并阐发自己的新意。在学术上,主张有分析地吸取西方哲学中的优秀思想成果,深入研究中国传统哲学,推进中西文化交流。研究中他坚持宣扬爱国主义精神,着力于中华民族文化的深层次开拓,提出的一些问题和见解至今仍有启迪意义。在马克思主义的影响下,他放弃自己的唯心论哲学,思考逐步转向辩证唯物论和历史唯物论,用马克思主义理论指导自己的研究工作,在深入研究马克思主义哲学的理论来源方面,做出重要贡献。

他是中国近现代自严复以来最杰出的翻译家之一。他具有地道的中国文化根基,却以西哲大杰黑格尔的传布者名世。他的翻译既忠实于原文,又明白晓畅。,译作主要有鲁一士的《黑格尔学述》、开尔德的《黑格尔》《精神现象学》《哲学史讲演录》(多卷本),以及斯宾诺莎的一些著作;论著主要有《新道德的动向》《抗战建国与学术建国》《法制的类型》《近代唯心论简释》《文化与人生》《中国当代哲学》等,与王玖兴教授合译《精神现象学》获哲学所科研成果一等奖。其著作《五十年来的中国哲学》,获光明杯优秀哲学社会科学著作荣誉奖。

1983年，贺麟以80高龄加入中国共产党。历任中国民主同盟北京市委委员、中国民主同盟中央委员，第三届、第五届全国政协委员，中国科学院哲学所西方哲学史研究室主任、哲学研究所学术委员会副主任，一级研究员，中华全国外国哲学史学会名誉会长。

1992年9月，中国科学院、北京大学、全国政协、民盟中央为纪念贺麟90诞辰，在北京举行"贺麟学术思想讨论会"，来自全国近百名哲学界的专家、学者出席了研讨会，充分肯定了他的学术业绩和高尚品德。同月23日，贺麟在北京逝世，终年90岁。

潘大逵

潘大逵(1902—1991)，重庆开县人。著名法学家。

他在学生时代即非常活跃，唱歌跳舞打球游泳都在行。1924年，毕业于北京清华大学。次年，赴美国留学，获斯坦福大学学士及威斯康辛大学硕士学位。1928年，到诺威齐陆军大学特别班学习军事。1929年，获威斯康辛大学政治学硕士学位。于1930年回国，先后任教于上海光华大学、上海法学院、暨南大学、四川大学、云南大学等。主要讲授政治学、政治思想史、欧美宪法史、外交史等课程。1932年10月21日，与王造时、彭文应等在上海创办《主张与批评》半月刊，仅办4期，国民党当局即以"言论荒谬""肆意诋毁本党"等罪名通令全国查禁。抗日战争爆发后寓居成都。1940年，任四川省临时参议院、川康绥靖公署顾问。后任西南联合大学法律系教授。1943年，参与筹建昆明民盟组织。次年，被选为中国民主政团同盟中央委员。随后担任《民主周刊》社长，抨击投降主义，宣传抗日民主。1945年11月25日晚，在西南联大被国民党军警宪特包围的情况下，他毫不畏惧，与费孝通、钱端升、伍启元等教授在西南联大的民主草坪一带参加六千余人与会的"反内战讲演"，他从容不迫、激情满怀的演讲把演讲会推向高潮。"七君子"入狱后，参加宋庆龄所领导的为营救"七君子"的联合签名斗争。1946年，应聘赴重庆大学执教。消息传出后，重大师生在校园里挂出数幅"欢迎民主教授潘大逵来校执教"的横标。1949年6月，为促进刘文辉、邓锡侯、潘文华起义。他通过潘清洲(潘文华之子)，向潘文华进言；同时与邓锡侯接触，促邓迅速行动。中华人民共和国成立后，历任西南军政委员会文教部副部长、四川大学法律系名誉系主任、四川省政协副主席、民盟四川省委主任委员、全国政协常委、中国民主同盟中央常委、四川省社会主义学院民誉院长、四川省文史研究馆馆长，中国政治学会理事。

1957年，反右派斗争中，被划为"章罗联盟四川分店"头目受到批判，被划为"右派分子"。"大跃进"期间，被派下乡挖阴沟、掏污泥、拉架子车，潘大逵毫无怨言。"文化大革命"中，再次受到迫害。1980年，落实政策、恢复职务和名誉，重任四川省文史研究馆馆长。1988年，在民主党派领导人中率先请退。

1991年，潘大逵在成都逝世，终年89岁。

主要论著有《近代政治思潮》《中国宪法史纲要》《欧美各国宪法史》等。

张圣奘

张圣奘(1903—1992)，字义端。湖北省江陵人。考古学专家，四川省文物管理委员会主任委员，四川省人民政府参事室参事、省文史研究馆特约馆员。

1918年，毕业于南开中学，考入国立北京大学。其间，师从李大钊和罗素，曾是李大钊马克思学术研究会最早7位发起人之一。1922年，在史学系毕业，考取官费赴英国牛津大学深造。于1925年毕业后，赴美国哈佛大学，获经济学博士。1927年，应张学良之聘，担任东北大学文科学长。其间，撰写《回纥史大纲》。“九一八”事变后，日本军队侵略东北三省，张圣奘重返上海。1934年，受四川总督刘湘邀请入川，任重庆大学史学系及商学院教授。刘湘统一四川后，将张圣奘请到成都，筹办《新四川报》。1936年春，张圣奘向刘湘递交辞呈，回到上海与毕业于上海圣约翰大学的喻灵隐完婚。“七七”事变之后，日军进攻上海。张圣奘携妻流亡到武汉，看望正在武汉万国医院养病的刘湘，并答应刘湘重回重庆大学执教。1939年，任重庆大学商学院专任教授，讲授经济地理，撰著《战时企业管理》《战时运输管理》，结合抗战实际，开展对重大经济问题的研究。并在中央大学等12所大学兼职，他先后教过的有德语、法语、英语、俄语、阿拉伯语、日语、美学、法学、神学、比较学、经济学、商业管理、古代文学、现代文学、明史、清史、哲学、应用数学、内科学、妇科学等28门课程。中央大学校长罗家伦尊称他为“万能教授”。1946年，应王恩洋邀请，到内江圣水寺创办蜀中大学。他为人正直，思想进步，1949年3月17日，他带领重庆大中学学生举行争温饱游行请愿。1951年，兴筑成渝铁路，西南军政委员会文教部任命他为文物调查征集工作小组组长，在铁路沿线开展考察古代文物工作。3月，在资阳城关三贤镇黄鳝溪发掘古代“真人”头骨化石，为蜀人始祖，即举世闻名的“资阳人”，为人类考古学做出突出贡献。1953年，中科院主持人头骨化石学术讨论会，他到会并发表独到的见解。1954年，任四川省文物管理委员会主任委员，在四川各地开展文物调查。文管会撤销后，转到四川省图书馆任研究员。“文化大革命”中，被打成“资产阶级反动学术权威”，受到批判、迫害，曾被多次抄家。中共十一届三中全会后落实政策。晚年寓居宽巷子。

长期从事考古、文物和地方史研究，著述有《大足、安岳石刻研究》《川东各县金石造像调查报告》《四川文物简目提要》《元史探微》《回纥史研究》、《康熙起居注会要》《清史新稿. 华侨志》《三苏评传》《杨升庵评传》《伍嵩生评传》《川军志稿》《四川野史》《巴蜀集》《峨眉集》等。于诗词书画亦有深入钻研，留下不少自绘自题的精妙作品。

1992年，张圣奘在成都逝世，终年89岁。

卢剑波

卢剑波(1904—1991)，四川省合江县人。中国世界语运动先驱者之一。

1920年，在合江中学读书时，开始学习世界语，并写信给远在成都就读外国语学校的同龄人巴金，向他求教世界语的发音。巴金立即回信，用英语注音做了答复。从此，他和巴金结下了友谊。同年，开始向重庆的世界语刊物投稿。1921年，在合川发起组织无政府主义团体觉社。比巴金等青年学生在成都组织的均社时间约早半年以上。1923年，参与南京进步刊物《民锋》的编辑工作，不久该刊被查封。1925年，到南京读书，与巴金经常往来并谈论世界语问题。后转到上海读书，1928年，毕业于上海国民大学政治经济系。1933年，任成都东方美术专科学校美术史教师。1944年起，任四川大学法学系逻辑学讲师、大学部副教授。20世纪50年代任四川大学历史系教授，主要从事世界古代史和文化史方面的教学与研究工作。相继任世界史教研室主任，中国世界古代史研究会副理事长。先后发表有关论文数十篇，主要译著有《法国工团主义》《伊索寓言》《萨樊事件》《爱琴文明探源》《胡司战争》等。

他在推广世界语方面所做贡献尤为引人关注。从1920年起向《渝江评论》投稿，至1991年，他先后为国内许多世界语刊物撰写文章。时间跨度达70年以上，内容涵盖社会、文化、教育、政治、法律、历史、哲学、外文等诸多方面；语种涉及汉语、英语、德语、希腊语、西班牙语、世界语等。即使在"文化大革命"期间，他也没有停下自己的笔，曾将卡洛采的世界语原创诗集《Ezopa Sagxo 伊索的智慧》译为汉语，后由四川人民出版社出版。利用宣传、普及、推广世界语的机会，他积极对外介绍中华文化，用世界语译介了中国许多优秀的古代文学作品。在1985年撰写的《从黎的世界语译<离骚>说起》一文中，他说："用世界语把中国不朽的名作译出来，使得世界上千万世界语同志也享受到中国精美文学的艺术，同时也理解中国的文化，真是盛事，又岂是作了世界语的传播！"

他是国际世界语教师协会在中国最早的负责人，长期兼任四川省世界语学会副理事长。

卢剑波终身教书育人，年逾80还带了3个研究生。业余时间主动担任国内几乎所有世界语函院、函校、函授班的义务辅导员。不仅没有分文报酬，还自己掏钱，为有志学习世界语但素不相识的青年代交学费，代购、代订世界语书籍、杂志。他常以私人通信方式进行世界语义务辅导，学员遍布全国，其中包括后来出了名的张海迪。

1991年12月8日，卢剑波在成都逝世，终年87岁。

缪　钺

缪钺（1904—1995），字彦威，江苏省溧阳人。著名历史学家、文学史家。诗词和书法亦堪称大家，四川大学资深教授。

出生于河北迁安县，后随家寓居保定。1922年，考入北京大学文科。1924年冬，因父亲逝世，遂辍学教书以赡养家人。先后任教于保定私立培德中学、志存中学、省立保定中学高中部。授课之余，刻苦自学。1930年秋赴河南大学中文系任教。1935年赴广州学海书院任教，与谭其骧、龙榆生订交。抗战军兴，携家南下。1938年，应聘到浙江大学中文系任教，后随浙大迁至贵州遵义。抗日战争胜利后，应华西协合大学之聘，任该校中文系教授，同时兼任四川大学历史系教授。常与徐中舒、蒙文通等史学大家往还论学。1952年院系调整，任四川大学历史系教授。以后历任四川大学中国古代史教研室主任、历史研究所副所长、古籍整理研究所名誉所长、历史研究所学术顾问，国务院古籍整理出版规划小组顾问，中国魏晋南北朝史学会、中国唐史学会、中国唐代文学会及中华诗词学会顾问，民盟中央委员会委员、民盟中央参议委员会委员，政协成都市委常委。

一生主要从事中国古代史、中国古典文学、历史文献学的教学与科研工作。治学原以先秦诸子及古典文学为主，20世纪40年代中期以后，转而钻研魏晋南北朝史。1962年，将有关魏晋南北朝史的14篇论文编为《读史存稿》出版，成为国内外研治此段历史的学者案头必备的专著。80年代以后，致力于词学研究。师法陈寅恪治学文史互证的方法，以史说文，以文证史。学术研究中，坚持文史结合、博通与专精结合，博览清代学者著述而兼采诸家之长。毕生推崇顾炎武"博学于文""行己有耻"的经世致用之学。撰著《王静安与叔本华》一文，被称为"中国第一篇从发生学角度揭示王氏为何接受叔氏心理动因的影响比较专论"。

中国古典文学是其治学的重点，其诗词研究成果尤为突出。第一篇论文《诠诗》发表于1929年5月《学衡》杂志，文中析论诗之质、诗之用，受到蜀中著名学者刘咸炘的推重。所撰《杜牧年谱》，为杜牧研究打下科学基础。80年代初，开始与加拿大哥伦比亚大学亚洲学系叶嘉莹教授合作，撰写词学专著《灵溪词说》。1987年，《灵溪词说》由上海古籍出版社出版，该书纵论唐五代两宋著名词人、词作、词论，在体例方面独创一格。每篇文章按论述内容的时代次序编排，足见词史发展之脉络。该书出版后，好评如潮，被誉为“一部高水平的唐宋词史”。

在中国历史文献学研究领域，其成就亦较突出。30岁即发表长文《典籍述略》，显示了“考镜源流”的学术素养和坚实的文献学功底。以后这方面的重要研究成果当推1962年出版的《三国志》注释。这部著不仅是新中国成立后的首部《三国志》选注，且具鲜明特色，观点新，视角新，表述简明通俗。

缪钺在教学中，善于因材施教，不仅传授知识，阐明义理，更注意培养学生独立思考的能力和怀疑探索之精神。他的记忆力惊人，20世纪70年代，患严重白内障，双眼一度完全失明，但仍坚持给研究生上课，全凭记忆引经据典。1981年，被国务院学务委员会批准为首批博士生导师，为四川大学培养出第一位博士。此后，除有时为本科生讲授专题外，主要承担硕士生、博士生的培养工作。他对门下学子明确提出三项要求，即为人耿介、治学谨严、做事勤敏，教育学生正直、坦诚，不曲学阿世，媚俗取容。由于教书育人成果突出，于1989年获普通高等学校优秀教学成果国家级特等奖。

他生性恬淡，生活简朴。文人的习惯中，他对酒没有什么兴趣，但喜欢喝茶，而且非常讲究。业余爱好创作旧体诗词和书法，20岁时已有工诗之名。以后70年中，虽历经播越，南北流转，但读书治学授业之余，不废吟咏。同时精于书法，自谓平生作书，“以萧散秀逸为宗，服膺黄庭坚韵胜之说”。

与人共同主编《唐诗精华》《中国野史集成》，出版有《元遗山年谱汇纂》《诗词散论》《杜牧诗选》《三国志选》《读史存稿》《杜牧传》《杜牧年谱》《三国志选注》(主编)、《冰茧庵序跋辑存》《冰茧庵剩稿》《词学古今谈》(合著)等专著。有旧体诗词集《冰茧庵诗词稿》行世。2004年6月，由河北教育出版社出版《缪钺全集》。1995年，《灵谿词说》获国家教育委员会全国高等学校首届人文社会科学研究优秀成果一等奖。

史学大家周一良曾撰联概括他的成就，联文曰：“文史回翔，绛帐春风三千弟子。诗词并美，灵溪妙谛一代宗师”。

1995年1月6日，缪钺在成都逝世，终年91岁。

张世文

张世文(1905—1996)，满族，浙江绍兴人，出生于北京。著名社会学家，中国社会学学会顾问，四川省统计学会副理事长。

1924年，考入燕京大学社会学系，1928—1929年，先后获文学和理学学士学位。求学期间，在河北定县从事社会调查工作，搜集和整理有关社会风俗、文化娱乐、卫生教育、农村人口、家庭手工业等方面的大量资料，为李景汉所著《定县社会概况调查》(1933)一书的出版做出重要贡献。大学毕业后被派至“中华平民教育促进会”河北定县实验区任干事。“七七”事变后，中华平民教育会迁徙四川，任“平教会”驻渝湘办事处秘书，后又被安排在四川省设计委员会做秘书。

其间，撰写了《新都概论》。后因经费缺乏，省设计委员会于1938年裁撤，此后他在成都各大学任教。相继任华西协合大学社会学系、金陵女子大学文理学院社会学系讲师、副教授，华西协合大学乡村建设学系教授、主任，并兼任国立四川大学农业经济系、成华大学经济系教授。1949年后，历任华西协合大学社会学系教授，四川大学经济系教授、印度研究室研究员。

1952年，院系调整，任四川大学政治经济学系教授。1973年后，历任四川大学印度研究室、人口研究所研究员。1984年，调任哲学系社会学专业教授，所创立的社会学研究室成为西南、西北地区第一个从事社会学研究和培养社会学高级人才的基地。1979年后，任四川大学人口研究所教授、研究员，四川大学哲学系教授。1987年，退休后继续坚持研究工作，有多部著作问世。

他长期致力于社会学、人口学、人口统计学、社会调查学的教学与研究工作，重视社会调查方法在中国社会现状研究中的应用和推广。在教学和研究工作中，强调理论联系实际，特别是联系中国的社会实际，反对本本主义。他认为，西方社会学的理论只能作为借鉴，要通过对中国社区史、社区志的研究，探索社会学中国化的道路。他的研究成果填补了中国农村社会学研究的多项空白，为中国的社会学学科理论及方法建设做出突出贡献。

主要著作有《定县农村工业调查》《衡山师古乡社会概况调查》《生命统计方法》《农村社会调查方法》《农村社会学导论》《社会调查概要》(合著)、《社会与生育》《社会学基础教程》(合著)、《英汉人口学词汇》(合著)《社会学袖珍辞典》(合著)，译著有《社会学原理》《生命统计学概论》《社会学基本知识》等。其中，《英汉人口学词汇》于1984年获四川省科研成果三等奖。

1996年12月12日，张世文在成都逝世，终年91岁。

左治生

左治生(1905—2004)，四川三台县人。著名财政史学家。西南财经大学教授。历任中国财政史研究会副会长、四川省税务学会副会长，民革中央团结委员会委员、民革成都市委员会顾问。

1927年，到日本留学，就读于东京明治大学经济系。1928年5月，参加反对日本帝国主义制造的“济南惨案”示威游行遭逮捕，入狱一年零四个月始获保释。于1931年回国后，先后在北京中国大学、国立四川大学和成都尚志学院任教。抗战时期曾任兰州长江银行经理，先后就职于川、康、滇、黔四省税务局。后任职第八战区司令部。中华人民共和国成立后，在高校从事教学科研工作。先后任成华大学、四川财经学院(西南财经大学)教授，并兼任四川大学、成都会

计专科学校教授。工作六十多年期间，主要致力于财政史教学与研究。治学严谨，主讲《财政学》《国家预算》《苏联经济建设》《中国近代经济史》《财政与信用》等课程。在长期研究中，形成特有的研究思想和方法。坚持以辩证唯物主义和历史唯物主义思想为指导，历史地、科学地评价历史人物与事件，勾勒出财政发展的历史轨迹。研究方法上，坚持以史料为基础，明辨真伪，揭示历史规律，总结历史经验。著述甚丰，主要著作有《今日之西北》《西北经济建设》《政论丛稿》《中国粮食问题与粮食政策》《中国近代财政史丛稿》，主编《中国财政史》《中国财政历史资料选编》第10辑清代后期部分、《中国财政历史资料》第11辑北洋政府部分。科研成果多次获奖。

2004年，左治生在成都逝世，终年99岁。

赵幼文

赵幼文(1906—1993),成都市人。历史学家。

著名学者赵少咸长子,自幼随父学习语言文字之学,毕业于成都石室中学。1929年,搬迁到上海。1935年年底,回到成都。先后到岳池中学、三台中学任教。后回到成都,先后任教于石室中学、西北中学、建国中学。1942年,应聘进入四川大学,于1946年升为副教授。同年,经程千帆、殷孟伦等人介绍,到西北大学中文系任教,升任教授。在中文系讲授《三国志》《韩非子》《荀子》、诸子概论。1948年,返回成都,到乐山师范任教。后任教于铭章中学、成都第二师范学校。

1956年,调中国科学院历史所,被评为副研究员,从事汉魏三国历史研究。在京工作期间,曾协助郭沫若研究曹操与蔡文姬,并参与郭沫若主编的《中国史稿》的编纂。1973年,调回成都,在四川省哲学社会研究所(现四川省社会科学院)工作。

毕生从事《三国志》及三国历史的研究,著有《三国志校录》《三国志裴注述义》《卢弼三国志集解献疑》《殿本三国志考证》《曹子建集注》《三国志校笺》。晚年写成《三国志笺证》,是研究《三国志》的总结性著作,全稿约100万字.

1993年,赵幼文在成都逝世,终年87岁。

郑德坤

郑德坤(1907—2001),福建厦门鼓浪屿人,著名考古学家。

少年时勤奋好学,中学就读于英华书院,1926年,考入燕京大学。初念医学预科,后进入中文系,师从顾颉刚、容庚等。1930年,从燕大毕业;次年,获研究院硕士,留任哈佛燕京学社研究员,从事研究校读《山海经》和《水经注》,并研习古物鉴赏。1934年,赴厦门大学任教。1936年,受哈佛燕京学社委派赴四川,在华西协合大学任教,并主持大学博物馆。1938年,到美国哈佛大学攻读考古学及博物馆管理。1941年,取得博士学位,返回华西协合大学任教兼博物馆馆长。1947年,赴英伦在剑桥、牛津和伦敦三所大学轮流讲学一年。1948年,途经香港,本打算入川,因当时国内政局动荡而未能成行。1951年,受邀再次到剑桥大学任教,于1974年,在剑桥退休。

郑德坤在华西协合大学任博物馆馆长时期,对文物极为看重,指出:“华大博物馆地处古蜀国首都,居川省之中心,在考古学上为未开发之原野,千百原始文化遗址,尚无人问津,其能成为人类学研究中心,当可无疑。”1947年,他提出要使华大博物馆成为“中国标准博物馆之一”“华西研究之中心”,为把博物馆建成教育中心和收藏中心,他用图片的形式举办展览,吸引社会各界人士以至当时援华助战美军等络绎不绝前来参观,成为抗战时期大后方一道特别的风景。博物馆也因之名声大盛。他还先后主持四次对四川的考古发掘,参与一个汉墓、一个唐墓、王建永陵和老孔庙院子的发掘工作,并进行多次的外出考察,收集大量的文物标本。他对成都西北部一些制陶场进行相当程度的研究工作,组织整理、陈列、研究,完成博物馆馆藏目录工作。在华西协合大学兼任博物馆馆长,以27000件的藏品作乡土教材。于1947年离川赴英,他遗留在华西协合大学博物馆的文物和书籍,后来归并入四川大学博物馆。他被日本考古学家水野清一教授誉为“四川考古学之父”。对1930年广汉出土的玉器研究精细入微。在20世纪40年代,他认为,在广汉太平场出土的大量玉石礼器,是祭山埋玉的遗址。1986年,轰动世界的四川三星堆祭祀坑遗址的发现,他有关祭山埋玉的假设得到初步证实。蜀国古老的文明，其规模几可与中原殷商文明相匹敌，古蜀国考古的第一页，郑德坤教授开创之功不可没。专著有《四川史前考古》《四川古代文化史》《中华民族文化史论》《中国文化人类学》《四川陶器入门》《郑德坤古史论集选》。

2001 年，郑德坤在福建厦门逝世，终年 94 岁。

罗孟祯

罗孟祯(1907—1998)，四川省汉源县人。古代文献学专家，四川师范大学历史系教授，民进四川省委顾问，四川省古籍整理出版委员会学术委员。

1926 年，入国立成都高等师范学校。1931 年后，相继在成都公学、省立成都师范学校、石室中学、省立女子中学、成都县中(成都七中)、树德中学教历史、地理。1954 年，调入四川师范学院历史系任教授。1957 年 2 月，加入民主促进会。1964 年在南充师范学院任教；1979 年调四川师范大学历史系任教。于 1989 年退休。

一生致力于古典文献学研究，有很深的造诣。在批判地继承和发展中国古典目录学宝贵遗产的基础上，吸取外国目录学的优秀成果，不断丰富目录学的内容，对研究、整理历史文献做出贡献。著有《古典文献学》《中国古代目录学简编》《黄巢起义考》等专著。1998 年 7 月，在成都逝世，终年 91 岁。

周虚白

周虚白(1907—1997)，原名振钢，又名室阕，成都市新都区新繁镇龙桥人。著名教育家、学者、诗人。

其父曾任龙桥乡乡长和龙桥小学董事长，有子女 10 人，周虚白居长。他自幼聪明好学，入读钟伯春国学馆，从声韵、文字入手，遍读群经及诸子名篇，由此奠定深厚的古文学基础。1925 年，考入成都县中学。课余曾作《成都扬雄墨池》《花市杂诗》《大雨后作》等诗，奉寄蜀中著名诗人庞石帚请教，为庞所赏识，复书数千言谕以学诗之法。1932 年，中学毕业后，考入四川大学中文系，受教于庞石帚、林思进等。于 1936 年大学毕业，先后在成都协进中学、省立女中、省立女子师范、石室中学等十二所学校任高中语文教师，期间曾兼任成华大学(今西南财经大学)副教授，讲授诸子文选、历史文选。

1952 年，调至南充，历任川北大学、四川师范学院副教授、教授，并出任中语科和中文系主任，兼教务主任。1978 年，任四川师范学院学术委员会副主任。1979 年，任师院中文系古典文学硕士研究生毕业论文答辩委员会委员兼评审导师。1992 年，任巴蜀文化研究所名誉所长、南充果州诗社名誉社长。还先后担任《南充文史资料》主编，省、地作家协会、书法家协会顾问，中国书画函授大学南充分校名誉校长。

他教学认真，治学严谨，主张教学与进修相配合，曾说：“自谓学问之道，在于造次颠沛而无所懈，教学进修两相配合。学有专攻，则教有专长。先有牢固的基础，再视其不足而补充之。积日久，用功深，多写笔记，多写文章，加以师友之讲习，攻无不克，所求必遂。”讲课深入浅出，甚受学生敬重。执教六十余年，培养了许多人才。在科研方面，曾任国家重点科研项目《汉语大字典》编委，兼任《汉语大字典》四川第五编写组组长。1990 年，荣获国家新闻出版署颁发的个人荣誉证书。1991 年，整理完成杨升庵《谭苑醍醐》点校十卷稿。平生作诗千余首，部分收入《周虚白诗选》《川大纪念刊》《斗茶集》《五四以来诗词选》《金榜集》等；部分联语收入《对联宝典》；读书札记约六十万言，散见于一些文章中。

他虽长期在成都和南充任教，但对故乡新繁感情深挚。1940年，曾与新繁缙绅一道筹措编修《新繁县志》，并出资移建“四费祠”，重建“三益桥”，为家乡办了许多好事。

他是中国民进促进会会员，历任四川省政协委员，民进四川省委顾问，民进南充市委主委、名誉主委，南充市政协副主席，四川省古籍整理学术委员会委员，四川省社科联理事，四川省诗词学会理事、顾问。

1997年8月6日，周虚白在南充逝世，终年90岁。

赖高翔

赖高翔（1907—1993），名鸿翻，一署皋翔，以字行。四川省简阳县石桥乡人。曾任蜀华中学校长。四川文史研究馆馆员。

1925年，考入国立成都大学中国文学系。师从张澜、林思进、吴虞、龚道耕、向楚诸名师。1931年毕业，先后执教于成都县立中学、锦江公学、省立成都中学、四川大学附中、私立蜀华中学。1945年，抗日战争胜利后，任蜀华中学校长。在校期间，延聘社会名流及历届优秀学生为教员，建立学校声誉，实行经济、操行、成绩三公开；努力偿还学校旧债，减轻学生负担，改善教员待遇，修葺校舍，兴建礼堂，校风焕然一新。1952年后，任教于王恩洋所办东方文教院。以后一度迁居成都东郊董家山务农。后又迁居沙河桥。曾执教于成都纺织专科学校。1984年，被四川文史研究馆聘为馆员。晚年移居城北白家塘街。

他精通古文，善诗词。追崇唐宋八大家，为文骈散兼行，文字清新隽雅；文史杂论，精于考证。20世纪40年代，唐君毅曾赞赏他为“中国文化之代表”。“文化大革命”中，其诗文多被烧毁。留存的著作，论文有《国风流别论》《词赋流别论》、《学本》（上）、《毛诗美刺论》、《二南之作者与时代》《方志论·编撰》《锺嵘诗品后序》《沧浪诗话跋》《马端临文献通考序笺释》《国故论衡原儒志疑》（上下）、《兰苑笔丛》（卷一）、《孟子大义序录》《树蕙滋兰丛稿叙》《简阳怀旧录》及名人传记。1993年在成都逝世。终年86岁。

温嗣芳

温嗣芳（1907—1995），号石珊，回族，重庆市人。著名经济学家，西南财经大学经济系教授。

出生于重庆进步工商业者家庭，于1922年，入上海交通大学附属中学读书，1927年，赴英国爱丁堡大学学习经济学，潜心研究国际贸易与金融理论。1930年回国后，任重庆大学教授。1937年，创办通惠中学，后进入由路易·艾黎和沙千里主持的“中国工业合作协会”，创办进步刊物《Now Defence》，并任英文编辑。1944，武汉大学迁至乐山，被聘为该校经济系教授。1949年，参加西南服务团回到四川，分配在西南军政委员会财委会工作，后调中央财委。1951年，调四川财经学院（西南财经大学前身）任教授，讲授政治经济学、新民主主义经济、工业经济、农业经济、贸易经济、国际贸易、国际金融等课程。历任财政系主任、马列主义教研室副主任、图书馆馆长。

温嗣芳长期从事经济学研究，学识渊博，治学谨严，对国际经济贸易与金融理论颇有造诣，专著有《贸易中的价格政策》《西方国家货币战的演进》《1979年以来本文资本主义世界的货币战及其重大变化》（手稿）等。在教书育人、科学研究方面取得卓越的成就。1995年，温嗣芳在成都逝世，终年88岁。

马继高

马继高(1908—1990),回族,字聘之,经名阿卜都拉,成都市人。著名阿拉伯语言文化学者。

其父早逝,家贫,先后入土桥清真寺与成都西寺念经,1935年,毕业于北平成达师范学校。1938年,赴埃及爱资哈尔大学留学。1939年,参加中国回教朝觐团赴沙特阿拉伯,与日本帝国主义从北平派遣的敌伪代表朝觐团展开针锋相对的斗争。在世界各国的穆斯林面前,揭露日本帝国主义侵华真相和无耻言行。1944年,毕业于埃及爱资哈尔大学,后到印度尼西亚讲学。1945年8月回国,在苏州白寿彝所办文通书局工作。曾将叶圣陶《稻草人》中的11篇故事译成阿拉伯文,发表于埃及《文化》杂志。1949年10月,入华北人民大学学习,毕业后到沈阳中国电影发行公司东北区公司工作。1953—1956年,先后在北京回民学院、中国伊斯兰教经学院担任阿语教学与翻译工作。1956年12月—1960年8月,先后任中国驻叙利亚大使馆、中国驻也门大使馆三等秘书,为中国与阿拉伯国家的交往,增进人民之间的了解和友谊做了大量工作。1960年10月,调中国国际广播电台阿拉伯语组工作,1956年和1964年,先后参加中国伊斯兰朝觐代表团前往麦加朝圣。20世纪60年代,国际形势风云突变,对外广播更是艰辛,马继高负责阿语审稿和监听,工作一丝不苟,直到70岁高龄退休前,他都战斗在国际广播事业的第一线,而且还培养了中国第一代男女阿语播音员,推动了阿文翻译力量的成长。

主要译著有《中国与伊斯兰艺术》《回教复兴的时代背景与理论基础》《中国穆斯林》。1990年,马继高在北京逝世,终年82岁。

彭迪先

彭迪先(1908—1991),原名彭伟烈,四川省眉山县人。著名经济学家,早在20世纪50年代,即有“南彭北马(指马寅初)”之称。历任成华大学、四川大学校长,四川省副省长,民盟中央副主席等职。

1921年,以同等学历考入当时成都最好的中学--成都高等师范附中,杨尚昆是其同班同学。1925年,入北平宏达学院学习。1926年,抱着“读书救国”的愿望,负笈东渡日本留学,先后就读于东京成城学校、东亚补习学校。1929年,考入东京庆应大学经济系预科,1932年,考入九州帝国大学经济系本科,于1935年毕业,留校作经济系助教和研究生。中国留学生在九州帝大任教,他是第一人。此间,他关心国内局势和经济发展状况,将九州帝大教授波多野鼎介绍、分析和批判欧美经济学各主要流派学说的《现代经济学》译成中文,后由商务印书馆出版发行。同时在国内刊物上发表有关马克思主义的学术论文,传播马克思主义经济学说。于1938年抗日战争爆发后回国,应聘西北联合大学法商学院政治经济系教授。是年出版《战时的日本经济》一书,指出日本经济、社会各主要矛盾“将使日本法西斯军阀及其一切机构毁灭无余”。1939年6月,到成都,参与编写由沈志远任主编的大学丛书《世界经济史纲》。同年冬到重庆,任生活书店总馆处馆外编审。在此期间,针对当时风行的奥国学派主观主义说教,写成《实用经济学大纲》,由生活书店出版,该书曾多次再版。其间,还发表了《经济学的根本问题》《评奥国学派经济学》等多篇论文。1940年秋,被武汉大学(抗战时期迁四川乐山)聘任为经济系教授,先后主讲外国经济史、经济思想史等课程。1945年,任四川大学经济系教授兼系主任。其间,参与编著大学丛书《世界经济史纲》。

彭迪先一生追求进步,1947 年,加入中国民主同盟,致力于民盟组织建设,积极参与民主运动。同年发表《新货币学讲话》,由生活书店出版,书中揭露了国民政府财政、货币政策的反动本质。1949 年 2 月 17 日,在《西方日报》发表《地方流通券最好缓发——兼评粮食流通券》一文。1950 年,任四川大学法学院院长、经济系教授,兼任中苏友好协会成都市分会、保卫世界和平大会委员会成都市分会副会长。1951 年秋,任成华大学校长兼经济系教授。并以社会主义条件下信用的本质、职能和中国人民币问题作为研究重点。1952 年 10 月,参与筹建四川财经学院(西南财经大学)。历任川西行署监察委员会主任,西南军政委员会文教委员会委员,四川省人民政府委员兼文教委员会副主任。1953 年,任四川大学校长。1955 年,写出影响甚大的《货币信用论大纲》,由三联书店出版。日本经济学博士武藤守一迅即将此书译为日文出版。十一届三中全会后任四川省副省长。此外,还曾担任四川省第二至四届政协副主席,四川省第六届人大常委会副主任,民盟第五届中央副主席兼四川省委主任委员,民盟中央参议委员会副主任、第六届全国人大常委,成都市政协第一、二届副主席等重要职务。

彭迪先讲课阐述精辟,做报告干脆流畅。平日注重仪表,长年精神奕奕。在四川大学任校长数年间,特别喜欢打网球。在他的带动下,不少教授也爱上了此项运动。

1991 年 7 月 22 日,彭迪先在成都逝世,终年 83 岁。

杨明照

杨明照(1909—2003),字韬甫,四川省大足县人。著名国学大师,《文心雕龙》研究专家,四川大学终身教授。

他的第一个老师是既教私塾又行中医的父亲,少年时期基本上被关在家中读书作文。1926 年,考入大足县一年制简易师范。一年后,考入新办的县立初中。1929 年,考入重庆大学文科预科,开始攻读《文心雕龙》。1935 年,转入四川大学国文系。次年,考入燕京大学研究院国文部,师从著名文学批评史专家郭绍虞,开始深入研究《文心雕龙》。1937 年,在燕京大学《文学年报》发表论文《范文澜文心雕龙注举正》,受到学界好评。1939 年毕业,获文学硕士学位,先后任教于燕京大学、四川大学。1978 年,任四川大学中文系主任,1981 年成为"中国文学批评史"学科首批博士生导师。1989 年,杨明照八十寿辰,四川大学中文系为他隆重举办"庆贺杨明照教授八十寿辰暨执教五十周年学术讨论会",中外记者及受业弟子纷纷赴会、撰文敬贺。台湾著名学者潘重规在贺辞中,称他"精研文心,蜚声国际。著述之丰,钻研之勤,举世罕匹"。进入 90 年代,杨明照老当益壮,不仅撰写了《文心雕龙版本经眼录》等多篇论文,还完成里程碑式著作、逾 80 万字的《抱朴子外篇校笺》。

他毕生致力于中国古代文论及古代文献研究,研究领域涉及《庄子》《左传》《史记》《汉书》《说文解字》《淮南子》《文心雕龙》等古代通籍。对中国古代文学名著《文心雕龙》的研究,被公认为具有划时代意义,由此被誉为"龙学泰斗"。即使在"文化大革命"中被扣上"反动学术权威"的帽子,受到冲击和批斗,仍坚持《文心雕龙》研究。《文心雕龙校注》一书出版后,中外学者给予很高评价,认为"自范文澜、杨明照的注本之后,无论港台或大陆,近三十年来的注本,无不以范、杨二家为基础"。出版有《文心雕龙校注拾遗》《抱朴子外篇校笺》《刘子校注》《学不已斋杂著》等专著。对《文心雕龙校注拾遗》,香港《大公报》曾撰专文介绍,认为是继《文心雕龙校注》之后,积40余年功夫而成的硕果,解决了某些千古疑难。国内学者称此书为“研究《文心雕龙》的小百科全书”,“誉满中外的洋洋巨著”。所著《抱朴子外篇校笺》,被中华书局列为新编《诸子集成》重点著作之一。

他治学严谨,常谓“知无涯,学不已”,心胸开朗,性情豁达。对学生要求严格,招收研究生特别“挑剔”,宁缺毋滥。告诫学生要三勤——勤读书,勤动手,勤用思。晚年80多岁时,仍每天伏案工作至少8小时以上,给博士、硕士生和青年教师做专题讲授,接连两三个小时毫无倦意。

他生活简朴,爱抽烟,而且只抽两三元一盒的便宜烟,尝自嘲:“操得臭,吃甲秀”;但每逢哪里受灾需要捐款,他总是捐得最多。80年代,他还拿出2万元稿费和积蓄,在四川大学文学与新闻学院建立古典文学基金,奖励在古典文学领域有造诣的本科生和研究生。

他治学严谨,“写东西时,哪怕错了一个字,要么把整整一页纸撕掉重写,要么用小刀把错字挖掉,‘补’得好好的”。平时着装整洁,不到40岁便蓄长髯,这在五六十年代的国内高校极为罕见。身体素质好,80多岁仍能每日吃二斤肉,而且喜吃肥肉。年届90,仍常见他身背草帽在校外作长距离散步。

历任四川大学汉语言文学研究所所长、古籍研究所所长、文学与新闻学院中文系名誉系主任、博士生导师,中国古代文学理论学会顾问、全国《昭明文选》学会顾问,全国《文心雕龙》学会副会长、全国苏轼研究会会长、四川省文艺理论学会会长、比较文学学会名誉会长,《续修四库全书》学术顾问等。曾任四川省文联副主席、省作协副主席、成都市文联主席。

2003年12月6日,杨明照在成都逝世,终年94岁。

汤象龙

汤象龙(1909—1998)湖南省湘潭人。著名经济史专家,中国近代经济史学的开拓者。

1923年,考入汉口私立明德大学英文科学习英语。1925年,考入清华大学文科。1928年,选修清华大学中国近代经济史研究生班,写出《道光时期的银贵问题》,这是中国第一篇从经济角度研究鸦片战争爆发原因的专题论文。于1930年毕业,应聘到北平社会调查所,从事中国近代经济史研究。后担任该所经济史组组长,主持选抄整理清政府财政经济档案工作,并主编《中国近代经济史研究集刊》。从1930年10月至1937年7月,他组织大批人员抄录故宫文献馆收藏的清政府档案。每日奔走于故宫文献馆和北京大学文学研究所,共收集财政经济史资料12万余件。后来形成专著《中国近代海关税收和分配统计》。陶孟和先生比喻该项成果为研究中国近代财政经济史工作中的“金矿”。在他收集的12万件财经资料中,有一半以上实行统计表格化。他是中国史学界运用统计方法整理大量史料工作的创始人。

1936—1938年,被中央研究院经济研究所先后派往伦敦经济学院、巴黎大学、波恩大学进修经济史,收集欧美各国近代财政经济史资料,对中国和西方经济史进行比较研究。于1938年归国,出任中央研究院社会所研究员及中国近代经济史研究组长,主编《中日近代经济史研究集刊》。1942年5月,出任国民政府经济部物资局专员。1948年,调上海中国经济研究所任研究员。1949年4月,协助中国人民解放军第二野战军创办西南经济调查研究所，先后任副所长、代所长。

1950年年初，任西南财经委计划局研究室主任，主编《西南统计工作》月刊及《统计工作参考资料》专刊。1952年，调成都，任四川财经学院教务长、科研处长兼经济所所长。1957年，任中国社会科学院经济研究所研究员。1960—1965年，负责《四川省志》财政、金融、贸易三个分志的编纂工作，组织研究人员收集四川省近代财政经济史资料达40000件。1966年“文化大革命”开始后，工作停顿，所收集的资料为后来重新编写四川省财政、金融等志奠定基础。20世纪80年代新方志编纂工作启动后，任《四川省志·财政志》《四川省志·金融志》编委会顾问。

专著有《鸦片战争前夕中国的财政制度》《中国近代海关税收和分配统计》《中国近代财政经济史论文集》《清季50年关税收入及其用途》《汤象龙自传》《左宗棠与外债》《清初的经济政策》《道光时期的银贵问题》《咸丰朝的货币》《民国以前的对外赔款》《民国以前海关担保的外债》《鸦片战争前夕中国的财政制度》《中国近代财政经济史论文集》等；曾主编《税务司制度建立之后中国近代海关税收及其分配统计》。

历任中国经济史学会顾问、四川省文史研究会副主任、四川省经济史学会名誉会长。

1998年，汤象龙在成都逝世，终年89岁。

汤炳正

汤炳正（1910—1998），字景麟，室名渊研楼，山东荣成人。著名声韵学、文字学、《楚辞》学专家。

1934年，毕业于民国大学新闻专业。1935年，南下苏州，考入章太炎主讲的“章氏国学讲习会”。1936年毕业，应聘担任讲习会“预备班”教席，负责教授文字声韵训诂之学。抗日战争爆发后，流寓西南各高校执教。1946年2月，由川入黔就聘国立贵阳师范学院副教授；1947年8月，被聘为国立贵州大学教授，兼贵阳师院教授。于1949年8月返川，就聘川北文学院教授兼中文系主任。1952年以后，任四川师范学院(现四川师范大学)教授。后为硕士生导师、享受国务院政府特殊津贴专家。1978年后，任中国屈原学会会长，中国诗经学会、章太炎研究学会顾问。中国民主同盟盟员。

他在楚辞学、语言文字学诸领域均卓有建树，被同行誉为“国内最著名《楚辞》专家”“传统语言学的一代宗师”。

他治学不存门户之见。学术研究中，既主“发明之学”，即对旧材料的重视胜过新材料；又不废“发现之学”，即对新材料的重视胜过旧材料。其《〈说文〉歧读考源》《〈楚辞〉成书之探索》等，堪称“发明之学”的典范；而《古语“偏举”释例》《从屈赋看古代神话之演变》等，则是其“发现之学”的杰作。其学术思想，最重要的是关于“新”与“真”的认识。他认为：科学研究必须创新，如果陈陈相因，原地踏步，学术就永远不会有进步。但求“新”并不是目的，而在于求“真”，即揭示历史的本来面貌和事物的客观规律。他善于利用出土文物与旧典籍互相印证进行考释；长于多学科互相渗透的研究，尤擅以诗证史、以史解诗。其论著，不但注重文字训诂的考释，还重视阐述其微言大义。在探讨《楚辞》与《山海经》中神话演变的历史轨迹时，发现并揭示出中国古代神话的演变“往往是以语言因素为其媒介”的规律，这个论断被学术界誉为中国神话演变历史上的主要规律之一，被广泛接受与运用。

治学谨严、勇于探索。能于小中见大，于现象中求规律，对屈赋中许多千秋难解之谜，提出新的结论与答案，受到中外学术界的重视。他的《屈赋新探》于1984年出版后，在国内国际学术界引起反响。对学术论著，一贯强调“少而精”，反对粗制滥造、务广而荒。由他所开创的“汤氏学派”，已成为国内辞赋研究乃至传统学术研究领域中最有影响力的学说之一，本人也因此被学界推许为继郭沫若、闻一多、游国恩、姜亮夫之后又一楚辞学大家。

其《〈楚辞〉成书之探索》一文，不仅纠正《楚辞》成书于西汉元、成之世的片面看法，也纠正流行近两千年的《楚辞》是刘向一人所辑的错误传说。认为《楚辞》一书最早的纂辑者当是宋玉，只不过在以后漫长的历史时期，又经过很多人的陆续编纂、辑补，从而解决了有关《楚辞》一书本身的很多疑难问题。该文发表后在海内外学术界引起轰动。

其《屈赋修辞举隅》一文，不仅归纳出屈赋中“譬喻”“借代”“比拟”“双关”“联迭”“重现”“倒置”等七种修辞手法，而且在辞格的分析、解说上，也是新见迭出。在屈赋修辞规律的指导下，解决了前人无法解释的许多语言难题，从而丰富了中国古代修辞语法学的内容。

其《语言起源之商榷》一文，发凡起例，提出语言起源于“容态”与“声感”语的观点。近人认为这个论断，“为世人揭开了人类语言起源之谜”。

他写的旧体诗和散文皆为人称道。长篇歌行《彩云曲》被诗界誉为“有元白遗风”。散文尤其出色，散文集有《无名书屋话沧桑》《剑南忆旧》。1980年，其专著《屈赋新探》《楚辞类稿》结集出版后，被学术界誉为20世纪楚辞研究的重大成果。其专著还有《语言之起源》《广韵订补》《渊研楼屈学存稿》《楚辞今注》(合著)。较长时期担任《楚辞文化丛书》《楚辞研究》主编。

1998年，汤炳正在成都逝世，终年88岁。

张遂五

张遂五(1911—1997)，重庆市开县人。著名哲学史家，四川大学教授。历任中华全国外国哲学史学会常务理事、四川省外国哲学史研究会会长。

1930年，考入清华大学理科，后对哲学产生兴趣，转入哲学系，师从金岳霖先生攻读哲学。“七七”事变后，随清华大学南迁，入西南联合大学清华研究生院。当时哲学系常请教自然科学的教授讲课，如请物理系教授讲授物理学的新成果，并从哲学上给予评论。自然科学与哲学的交汇拓宽了张遂五的视野，为他从事哲学研究打下坚实的基础。毕业后留校任教。

1948年起，先后任四川大学副教授、教授，主讲德国古典哲学。他对西方哲学史和逻辑学尤有深刻研究。主要著作、译作有《亚里士多德论运动》《自然哲学的形而上学基础》《黑格尔论否定的否定和质量互变的内容和特点》等。1997年，张遂五在成都逝世，终年86岁。

李天民

李天民(1911—1993)，成都市华阳县(今双流县)人。著名学者，台湾师范大学东亚研究所教授、台湾国立政治大学历史系教授。

家贫，13岁从军，后因部队解散返家。经何姓乡邻赞助，前往日本留学，获早稻田大学经济学学位。回国后，先后在南京中国日报社任总编辑、中央军校成都分校任教官。抗日战争前参加民族复兴运动，在西安行政训练所办理训导教务、在成都青年团任干事长。1947年，当选为第一届立法委员。1949年，到台湾后离开政坛，将精力转移到国际事务和中国近代史研究。他对国际情势和政治领导人物高度关注，致力于中共问题研究，陆续编纂出版《刘少奇传》《林彪传》《周恩来传》等人物传记。1984年起，接受国立政治大学国际关系研究所东亚所的聘请，在硕士班教授《中共党史》，在博士班开设《中共党史专题研究》和《中共人物专题研究》。

治学态度严谨。讲授中，喜与学生共同讨论问题，并告诫学生："研究任何历史最忌讳的是成见，尤其是研究中共的历史和人物"。晚年思乡心切，曾于1990年返回四川探亲。1993年在台北逝世。

刘君惠

刘君惠(1912—1999)，名道和，成都市人。著名训诂学专家，四川师范大学教授、中文系主任。中国训诂学会理事、四川省语言学会顾问、四川省诗词学会副会长。

1937年，毕业于国立四川大学中国语言文学系，历任国立四川大学、私立金陵大学、中国公学、南林文法学院、四川师范学院教授。1942年，与程千帆、沈祖棻、高文、陈孝章诸诗人成立"正声诗词社"，探讨诗艺，指导学生开展诗词讲论活动。刘君惠汉字学功底深厚，主要研究训诂与词汇。著有《扬雄〈方言〉研究》(合著)、《训诂学略例》《方言疏证续补》《论王国维尔雅草木鸟兽虫鱼释例》。其中《扬雄〈方言〉研究》获国务院1992—1993年度全国古籍优秀图书二等奖、四川省哲学社会科学优秀成果一等奖。1999年6月，为保存、弘扬巴蜀传统文化，呼吁发起编纂《近代巴蜀诗钞》。曾任《汉语大字典》编委。1999年，在成都逝世，终年87岁。

吴天墀

吴天墀(1913—2004)，重庆市万县人。因少年时代即寄寓异乡求学，故别名"浦帆"，藉以寄寓怀乡之情。著名历史学家。

1934年，在四川大学附中毕业后，考入四川大学历史系。1938年6月毕业，成为川大历史系的第一个助教。1940年秋起，先后任四川省教育科学馆研究员、西康省政府秘书兼省立雅安图书馆馆长、芦山县县长兼县立中学校长等职。1945年年底返蓉，在齐鲁大学哲史系任教。1946年夏，赴上海，在原四川大学历史系主任何鲁之创办的中国人文研究所任研究员。1947年，回成都，在四川大学历史系任讲师，先后兼任成都理学院、成都尊经国学专科学校、东方文教学院、川北大学等校副教授、教授。20世纪50年代前期，因其历史背景较复杂，以体力劳动谋生。1956年秋，经四川大学著名教授徐中舒、蒙文通等推荐，回到四川大学，任历史系资料室高级资料员，开始西夏史资料的搜集和研究工作。1978年，重返教坛。历任四川大学历史系教授，硕士、博士生导师，四川师范大学及宁夏大学兼职教授，四川省文史研究馆馆员、中国社会科学院西夏文化研究中心学术委员。

为推动四川大学学科建设，在长期身处逆境的情况下，他以坚忍不拔的毅力治史，他早在30年代便开始发表学术论文，是中国宋史的早期研究者，曾撰著《宋儒之风操与理性主义》《张咏治蜀事辑》《烛影斧声传疑》等名篇。1980年12月，专著《西夏史稿》由四川人民出版社出版，在史学界大获好评。后被1994年出版的《剑桥中国史·辽西夏金元史》评价为"当前最有价值的党项史的综合论著"。

重要论文有《唃厮啰与河湟吐蕃》《王小波、李顺起义为什么在川西地区发生》《水神崇奉与王小波、李顺起义》《龙昌期——被埋没了的"异端"学者》《论党项拓跋氏族属及西夏国名》《西夏称"邦泥定"即"白上国"新解》等。1998年9月，

《吴天墀文史存稿》由四川大学出版社出版。

2004年6月8日，吴天墀在成都逝世，终年91岁。

屈守元

屈守元(1913—2001) 名爱艮，字守元，成都市华阳县(现双流县)中兴镇人。四川师范大学中文系资深教授。

幼年读华阳县立第二高等小学。后在华阳县立中学读初中。1932年，在成都县立中学读高中。中学时期即爱好文史，广泛博览《四部丛刊》《万有文库》中的多部典籍。1936年，入四川大学中文系，师从庞石帚、向楚、刘大杰、朱光潜、李炳英、李培甫等著名教授。同年，开始发表论文。于1940年毕业后留校任助教。1942年起，先后在济川中学教国文，在成都光华大学任讲师，在成华大学任副教授。1950年，任川北大学中文系教授。1951年，调四川师范学院(现四川师范大学)中文系任教授，是年被评为四川省城市劳动模范。1956年被评为全国先进工作者。1957年加入中国共产党。1958年任校图书馆馆长兼学校工会主席。1960年代理中文系系主任。1963年，被评为成都市劳动模范。“文化大革命”后，专事培养硕士研究生和指导青年教师工作。1985年，被评为四川省优秀教师，授予“四川省劳动模范”称号。历任四川师范大学古代文学研究所所长、中国《文选》学研究会顾问、四川省诗词学会顾问、四川省古籍整理规划小组顾问、四川省杜甫学会名誉会长。1990年退休。

屈守元坚持实事求是的治学原则，潜心研究古代文学。1952年，编写的《中国古代文学》新教材，颇受学生欢迎。1980年，出版《中国文学简史》，以后又经国家出版局推荐到美国出版。主编的《中国历代文选》于1981年被《读书》杂志载文推荐，称该书“独具手眼，颇见功力，能摸索到一些为学门径”，继被中央广播大学列为主要参考书。

毕生重视尊师重道的传统美德，对自己的著述从不急于付梓，而对一些老师的遗著却不惜花费许多时间和精力予以整理出版。已整理出版的有向楚的《校雠学》《说苑校正》，庞石帚的《养晴室笔记》等。毕生读书广博，治学追求博古通今，务求精审，善于辞章。主要著作有《中国文学简史》《〈昭明文选〉杂述及选讲》《〈文选〉导读》《经学常谈》《坚多节斋韵文存稿》《览初阁论著辑录》《韩诗外传笺疏》。主编有《中国历代文选》《韩愈全集校注》《中国文学大辞典·宋辽金卷》。发表的文论上百篇，主要有《谈刘禹锡诗文集的两个影宋本》《记残宋本刘梦得文集》《记明范氏卧云山房抄本刘禹锡诗文集》《谈魏长生》《元刊本〈韩诗外传〉题记两首》《谈古诗的吟咏》《关于宋人谢克家、克明兄弟》等。获奖著作甚多，其中《文选杂著及选讲》获1990年省社科荣誉奖，并作为“八五”期间科技成果载入中国科学院科学出版社编选的《中国“八五”科技成果选》；《经学常谈》及《韩诗外传笺疏》获1997年国家图书奖；主编的《韩愈全集校注》获国家教委颁发的优秀成果奖。

2001年3月4日，屈守元在成都逝世，终年88岁。

许廷星

许廷星(1913—1997)，四川省乐山市人。著名经济学家，博士生导师。西南财经大学教授，兼财政系主任。历任中国财政学会理事、四川省财政学会副会长，民革成都市委主委、政协成都市委员会副主席。

1941年，毕业于四川大学经济系，就职于四川省银行经济研究处，从事经济理论研究。抗日战争胜利后，兼任重庆相辉文法学院经济系和重庆正阳法学院经济系副教授，主讲货币银行学、高级财政学等课程；同时兼任重庆《商务日报》《国民公报》编辑、主笔，为两报撰写经济专论和社论，并为上海《财政评论》《银行周报》等杂志撰写金融和财政方面的论文。

中华人民共和国成立后，历任西南军政委员会经济委员会财贸处副处长、物资计划处处长。后调西南财经大学任教。主要从事财政、金融基本理论的教学和研究工作。

在研究中，从国家实现其职能参与社会产品分配形成的分配关系入手，以参与分配的主体为标准，把社会再生产中的分配区分为经济属性分配和财政属性分配两大类型。1957 年，在《关于财政学的对象问题》论文中，在国内首次明确提出“财政学的对象是国家关于社会产品或国民收入分配与再分配过程中的分配关系”及其理论体系的全新见解，从而创立著名的“国家分配论”。该理论对促使财政基础理论从货币关系的圈子脱离出来，并以新的视角研究人们物质利益的分配关系，是一项重大突破，得到学术界的高度评价。他提出的关于财政赤字“临界点”的理论，为调控国民经济运行提供了方法论。其代表性论著有《关于财政学的对象问题》一书和《财政赤字与经济建设》等论文。

由于教育、研究成就突出，被国家教委和人事部评为“全国优秀教师”，被四川省教委评为“优秀研究生指导教师”。

1997 年 9 月 29 日，许廷星在成都逝世，终年 84 岁。

郭诚永

郭诚永(1913—1998)，字君恕，成都市人。语言、音韵学专家。

1928 年，就读于石室中学。1936 年，毕业于四川大学汉语言文学专业。先后师从庞石帚、林山腴、赵少咸、李植等研究语言文字学。1952 年，调四川师范学院任教，历任汉语言研究所教授，硕士研究生导师。

治学广泛，精文字、音韵、训诂，亦善义理、考据、辞章，在哲学、宗教、历史、文化等领域亦有较高素养和造诣。著有《章太炎〈检论〉疏证》《论古汉语词的音义和文字形体的关系》《反切易知》《杨慎之古音学》等。与庞石帚分别疏证章太炎所著《国故论衡》上卷与中卷、下卷，对章氏思想观点多有阐发。2008 年 6 月 1 日，中华书局合并二人疏证出版，具有很高学术价值。

1998 年 5 月 1 日，郭诚永在成都逝世，终年 85 岁。

华忱之

华忱之(1914—2002)，满族，北京市人。著名现代文学史家。

1937 年，毕业于清华大学中国文学系。1939 年，在北大文学院中文系任助教。1940 年，在厦门大学中文系任副教授。后入川，历任四川乐山中央技艺专科学校副教授、教授，华西协合大学教授，四川大学中文系教授。1957 年，任四川大学中文系主任。曾任郭沫若研究室主任、汉语言文学研究所副所长、中国现代文学研究会名誉理事、中国茅盾研究学会顾问，中国现代文学研究丛刊编委、四川省政协委员。

华忱之原治古典文学，后改研现代文学。著有《孟郊年谱》，对孟郊生平事迹作了翔实细致的考证。校订有《顾亭林诗文集》《顾亭林文选》《亭林佚文辑补》，1984 年获四川省哲学社会科学优秀成果二等奖。现代文学研究成果有《曹禺剧作艺术探索》《重读曹禺的〈北京人〉》等。《曹禺剧作艺术探索》1990年获四川省中国现当代文学研究会优秀成果一等奖，同年获四川省哲学社会科学优秀成果二等奖。《关于〈黑字二十八〉和〈编剧术〉——记曹禺抗战初期的一些创作活动》《重评曹禺的<原野>》等，得到日本学者的全面引述和较高评价。1992年，华忱之获中国首届满族文学奖荣誉奖；1999年获中国国际名人协会评审委员会等机构授予"世界文化名人成就奖"。

2002年9月25日，华忱之在成都逝世，终年88岁。

王仲镛

王仲镛（1915—1997），四川省南充人。四川师范大学古代文学研究所教授。

早年就读于华西协合大学中文系，于1939年，毕业后留校任教；1945年，晋升副教授。1957年调四川师范学院（现四川师范大学）历史系任教授，后转中文系古代文学研究所从事教学与研究。

王仲镛对汉魏六朝文学、唐宋诗词有深刻研究。著作有《唐诗纪事校笺》《升庵诗话校笺》《绝句衍义校注》等，其中《唐诗纪事校笺》获第四届中国图书奖二等奖。整理出版《赵熙集》《借槐庐诗集》等。发表论文数十篇，汇成《居易室文史考索》一书。诗词造诣较高，著有《梅荪诗存》。1997年，在成都逝世，终年82岁。

袁　珂

袁珂（1916—2001），本名袁圣时，笔名丙生、高标、袁展，成都市新都区新繁镇人。著名神话学、民间文艺学、古代文学专家。

自幼聪敏好学，13岁参加新繁县高等小学观摩考试，名列第一。继以第一名成绩考入华阳县立初中。在校喜爱文学，曾作两千余言的长诗《苦租谣》，受到老师赞赏。1937年，毕业于成都私立协进中学高中，考入四川大学中文系。其间，写了大量诗歌、散文、童话、小说及文艺评论。1940年，转入华西协合大学中文系，师从著名学者许寿裳教授。在其指导下，完成毕业论文《中国小说名著四种研究》，该论文后来连载于《东方杂志》。

大学毕业后，先后在宜宾、资中、遂宁、重庆等地中专和中学任教。1946年，许寿裳任台湾省编译馆馆长，邀他赴台任编译馆编辑。在许寿裳指导下博览群书，并深受茅盾神话研究著作的启发，埋头研究中国神话，写出《中国古代神话简本》，发表长篇论文《山海经里的诸神》，从此迈入中国神话研究的殿堂。1948年2月，许寿裳在台北被害，袁珂不得不于次年5月离台返回成都。

中华人民共和国成立后，初任《川西日报》副刊编辑；1953年，调中国作家协会重庆分会，后又调四川省文联从事文学创作。1957年，出版《中国神话故事》；1960年，出版《中国神话》；1963年，出版《神话故事新编》。这三部神话普及读物相继问世后，广受读者欢迎，很快引起学界和文坛注意，有的被译成日语、俄语出版。

1978年，四川省社会科学院成立，调任该院文学研究所研究员，从事神话学和民间文学研究与创作。他的著述涉及以下四个方面。一是神话研究，先后出版了《山海经校注》《山海经全译》《古代神话选释》《神话选译百题》。其中，《山海经全译》于1990年被贵州人民出版社列为"中国历代名著全译丛书"出版。二是故事新编。包括《中国古代神话》《中国神话》《中国神话故事》《中国传说故事》等，他将零散的古代神话故事连缀成篇，勾画出中国神话的轮廓及系统，文字浅显，为国内外读者了解中国神话提供极大的方便。三是理论研究。包括《中国神话通论》《神话论文集》。

他在长期实践的基础上提出“广义神话”说。这一理论，对传统的神话定义、概念、范围提出新的看法，引起学术界的重视和讨论，并进而推动国内神话理论研究的发展。四是编纂神话词典，填补中国历史上的空白。1972年开始编纂《中国神话传说词典》，于1985年由上海辞书出版社出版。为了弥补《中国神话传说词典》较少收录各少数民族神话的缺憾，又编纂了《中国民族神话词典》，于1989年3月由四川省社会科学院出版社出版。之后不顾年老体衰，继续补充完善神话词典的内容，最后完成百余万字的《中国神话大词典》。

其成果《〈山海经〉校注》获1984年四川省哲学社会科学科研成果一等奖，《中国神话传说词典》获1985年四川省社会科学院科研成果特别奖，《中国神话史》获1990年四川省优秀科研成果荣誉奖，《中国神话通论》获1994年四川省哲学社会科学优秀科研成果荣誉奖；《中国神话大词典》获2001年四川省哲学社会科学优秀科研成果一等奖。

袁珂还为《简明不列颠百科全书》《中国大百科全书·中国文学》《世界神话辞典》等重要著作撰写多篇神话条文。他的大多数著作在香港、台湾均有翻印，在国外有俄语、日语、英语、法语、西班牙语、朝鲜语、世界语等多种译本，影响广泛。日本学者铃木健之说：“袁珂解放后一直致力于中国神话研究，是该领域的领袖人物。”

在学术上，他从不以学术权威自居，不以学术成果为仕途的敲门砖。同时，对不同的学术派别，以及对不同观点的后学者，都给予无私褒奖和宽容。他珍藏多年的数千册图书，去世后全部捐献给国家，省社科院图书馆专门设立“袁珂神话研究室”，为有志于从事神话研究者提供方便。

长期担任中国神话学会会长，曾当选四川省第七届人大代表。

2001年7月14日，袁珂在成都逝世，终年85岁。

吴世经

吴世经(1916—2000)，江西省九江人(一说河南浚县人)。著名经济学家，西南财经大学博士生导师，享受国务院政府特殊津贴专家。

中学毕业后，先后就读南京金陵大学、武昌中华大学工商管理系及重庆复旦大学经济系。1945年，留学美国费城宾州大学华盛顿学院工业管理系，获硕士学位。回国后任重庆大学工商管理系教授、系主任。1953年，调四川财经学院(西南财经大学前身)，先后任工业经济系主任、副教务长、学校顾问。

他在教学中，十分重视课堂理论教育与培养社会实践能力相结合。为了打破苏联教育模式，建立中国化教育体系，在强调生产实习这一教学环节的同时，重视培养学生的调查研究能力。要求学生到工厂参加生产劳动，掌握生产工艺和计划管理中的第一手资料，总结经验，找出问题和对策，写出调查报告或以之充实毕业论文。他还组织创建了学校生产实习基地的铁工厂，以利学生勤工俭学。在科研方面，他与成都、重庆等地工厂建立了固定联系，密切注意研究社会主义经济管理热点问题。1956年，获全国先进生产者称号。1960年6月，由他担任系主任的工业经济系被评为全国先进集体，

改革开放初期，他率先在四川机械工业系统和成都市委工交部所属企业讲授企业管理知识，为发展四川经济培养了一批骨干。在企业管理与市场营销学方面，他立足中国社会主义建设实际，努力探索中国化的学科建设，重视对中国市场和市场营销特性的研究，成为在中国普及市场

营销学的开创者之一。他先后发起并参与筹建中国高等院校市场学研究会、中国市场学会，率先将孙子兵法，以及范蠡、子贡、白圭等古人的有关战略思想纳入市场经营教材，做到古为今用；同时全面总结不同时期中国市场营销的特点，纠正了理论界介绍“波士顿矩阵法”的错误，其学术水平和影响在全国居于领先地位。

1995 年，在市政协会议上提出《如何搞活国有大中型企业》提案，并做专题发言；继之民革成都市委又将此内容作为党派的集体提案，经市政协正式立案后转给有关单位参考施行。

历任省政协委员、中国企业管理研究会顾问、中国市场学研究会顾问、全国高等院校市场学顾问、全国经济管理院校工业技术学研究会顾问、四川省企业管理协会顾问、四川省财务成本研究会顾问、四川省机械工业学会顾问、四川省技术经济研究会顾问、四川省科技顾问团成员、四川省自考经济管理专业委员会主委。

他是《中国企业管理百科全书》及增补卷编委，曾主持撰写《工业企业管理》《市场营销学》《国际市场营销学》等课程大纲和全国教材；曾主编《市场营销原理与策略》《工业企业经营管理》《工商企业公共关系理论与实务》；与人合著《中国市场与市场营销》；个人专著有《企业市场经营》等。

2000 年春，吴世经在成都逝世，终年 84 岁。

杨希闵

杨希闵（1916—1999），成都市温江区人。西南财经大学财政金融系教授，九三学社社员。

1942 年，毕业于东北大学经济系。曾辗转就业于国民政府基层机关，终因厌恶旧政府中的贪污腐败，弃政从教，先后在南充川北农工学院、自贡市化工专科学校任教。中华人民共和国成立后，在成华大学执教。1952 年，调四川财经学院财政系任教。1957 年，在反右派斗争中被划为“右派”分子，失去公职。1979 年改正后，重返四川财经学院执教。他的知识面极广，先后主讲经济学、财政学、货币银行学、农村经济、税收各论、国家预算、国家税收、工业企业财务、财政金融政策与法令、地方财政等十余门课程。讲授内容充实，深入浅出，突出重点，并注意搜集最新资料和信息，及时传导给学生。勤于著述，曾从事全国性科研项目《中国工商税史》清代后期部分的写作；曾主编高等教育财政专著《国家税收教程》《国际税收简明教程》；所撰论文《“以税代利”初探》《企业扩权中之财权问题》发表后，受到学术界极高的评价。

1999 年，在成都逝世，终年 83 岁。

谭英华

谭英华（1917—1996），祖籍湖南，著名历史学家，四川大学历史系教授。

20 世纪 40 年代，获庚子奖学金，毕业于武汉大学，获历史学硕士学位。50 年代初期，执教于四川大学历史系。研究与教学内容涵盖中国唐史、西藏史、世界史等多个领域。多年潜心研究西方史学诸流派。早在 60 年代，即编写出西方史学史教材，为该领域研究做出奠基性贡献。在“文化大革命”中，历经坎坷，“文化大革命”结束后重登讲台，成为中国首批世界史硕士授权点导师。1985 年，受教育部委托，兼任《西方史学史》全国高校统编教材副主编。治学严谨，博古通今，学贯中西，主要论著有《两唐书食货志校读记》《十九世纪历史学与历史学家》《十六、十七世纪西方史学思想的更新》《试论马考莱的史学》《论卡莱尔的史学》等。1996 年，在成都逝世，终年 79 岁。

冉友侨

冉友侨(1917—2000),四川省万县(今重庆市万州区)人。汉语言文字、训诂学专家。享受国务院政府特殊津贴专家、教授。历任四川师范学院(今四川师范大学)副院长、汉语研究室主任,中国训诂学会研究员、中国语言学会理事、四川省语言学会会长。

1945年8月,毕业于武汉大学中文系。先后在万县中学、重庆中学、重庆适诚商业学校、中正中学任国文教师。1948年,任四川省立教育学院国文系讲师。中华人民共和国成立后,先后在重庆大学、南充师范学院任教。1956年,调四川师范学院任教,80年代,以带研究生为主。

毕生从事汉语言文字、声韵、训诂的教学和研究,主编《汉语大词典》《汉语异体字典》。在学术界享有很高声望。

2000年9月16日,冉友侨在成都逝世,终年83岁。

秦学圣

秦学圣(1918—1998),湖北省光化县老河口人,古人类学家、考古学家、民族学家。

抗日战争爆发后,于1938年入川,就读于华西大学文学院,攻读人类学。曾任文学院院会主席,《东方文化》杂志编辑,百万基金委员会秘书。后留学美国,专攻人类学及民族学。中华人民共和国成立后,回到祖国参加社会主义建设。先后担任华东军政委员会文化部研究员,重庆西南师范学院图书博物馆科教授,四川省博物馆、四川省文物管理委员会、四川省文物考古研究所研究员。历任民革四川省委常委,四川省政协委员、常委,中国自然科学博物馆协会理事,中国人类学会主席团成员,中国"野人"考察研究会主席团成员,四川大学历史系客座教授,四川省文物管理委员会办公室及四川省文物考古研究所顾问和学术委员会委员等。

在古人类和古脊椎动物、体质人类学等方面造诣颇深,在国内外享有极高的声誉。20世纪40年代,曾参与岷江上游民族考察、考古工作。1962年,在资阳人的考古发掘工作中,开展考察研究,做了大量的工作,撰著有《关于资阳人的年龄和性别问题》,他对"资阳人"的研究成果得到学术界一致肯定。译著《考古学概论》《印第安人的房屋建筑与家庭生活》《四川省的一种新石器时代晚期的文化》《中国石器琐记》《宇宙的起源》,校注《无声的交流(婚态、心态、原始掠夺)》,撰著《成都觋师的研究》。

1998年9月22日,秦学圣在成都逝世,享年80岁。

白敦仁

白敦仁(1918—2004),字梅庵,蒙古族,成都市人。著名宋代文学专家。

1931年,考入成都县中初中。1937年,高中毕业,考入四川大学中文系,师从庞石帚学习古典文学。1942年毕业后,任成都县中国文教师。1945年后,先后任华西大学中文系、成华大学中文系讲师。1963年被评为成都市文教系统先进工作者,一度赴波兰华沙大学任东方文学系特聘讲师。1978年后,历任成都大学中文系教授、系主任,成都大学学术委员会主任,四川省社会科学学会联合会理事,李白学会副会长、杜甫研究学会顾问、《杜甫研究学刊》顾问。

学生时代即受蜀中名儒赵熙、向宗鲁、李培甫、林山庾、庞石帚诸名家学术思想的影响。以后潜心从事古典文学研究和教学工作。主要研究宋代文学与晚清文学,具有深厚的学术功底和精妙的教学艺术。赴波兰华沙大学讲授中国文学期间，大受欢迎，被师生称为“渊博的学者”，享誉海外。学术上，他对宋代诗人陈与义的研究用力尤勤。精校雠考证之学，擅诗词。专著有《陈与义年谱》《宋诗略论》《水明楼诗词集》，笺注有《陈与义集校笺》《巢经巢诗钞笺注》《彊村语业笺注》《〈草堂诗馀〉详校》，主编有《周邦彦词赏析集》。此外还下大力气整理辑印老师庞石帚的诗文遗稿《养晴室遗集》。他的著述有很高的学术价值，多次获省、市学术成果奖。钱钟书曾赞其专著《陈与义年谱》“采掘之博，考索之精，绝无仅有，是近世之奇作”。王仲镛在《水明楼诗词集》序中赞他：“词工雅饬，骨力坚苍，取径清真、白石，而益以梦窗之沉丽”。

2004年5月21日，白敦仁在成都逝世，终年86岁。

2006年，巴蜀书社出版《水明楼诗词论集》，收录其有关唐宋诗词研究的论文20余篇及赏析文章10余篇。同年12月8日，其家属向成都杜甫草堂博物馆捐赠白敦仁珍藏的线装书2453册、平装书3329册、手抄本24本。

许大龄

许大龄（1922—1996），成都市人，祖籍四川省宜宾市屏山县。著名明清史专家，享受国务院政府特殊津贴专家。

1931年，随父至北京读书。小学毕业考入辅仁中学。1941年考入辅仁大学历史系，受业于历史学家陈垣、张星烺、柴德赓等。1945年，毕业获学士学位，先后在北京志成中学、盛新女中任教。10月，考取燕京大学文科研究院历史专业研究生，随史学家邓之诚研究明清史。1947年夏毕业，以《清代捐纳制度》一文获文科硕士学位。此后，至天津耀华中学任教，后返北京，经齐思和介绍任中国大学历史系讲师。1948年，经聂崇岐推荐，回燕京大学代替聂崇岐讲授中国通史课程，遂被聘为燕京大学历史系讲师。

中华人民共和国成立后，留在燕京大学任教。1951年5月，被派至四川绵阳县青义乡平政村参加土改工作，编在西南土改工作团川西分团。曾任燕京大学铨叙委员会和节约检查委员会委员。1952年，燕大历史系并入北京大学，许大龄在北京大学历史系中国古代史教研室任教。1958年8月至1959年2月，在云南西双版纳地区参加少数民族社会历史调查。1960年，晋升为副教授，任中国古代史教研室副主任。“文化大革命”时，受到冲击，不再担任教研室副主任一职。1967年6月，调至中华书局参加点校《明史》。1969年11月，调至定陵博物馆指导陈列工作。1971年9月，调至北京市园林局编写园林介绍材料。“文化大革命”结束后，重新投入到教学、科研中。1983年，晋升为教授；1986年被评定为中国古代史专业的博士生导师。1992年起享受国务院特殊津贴。历任中国明史学会顾问、北京历史学会理事、北京史研究会常务理事及副会长，《中国大百科全书·中国历史》之明史部分副主编、《中国文明史》之中国经济史学科主编。

许大龄致力于明清史研究，对明代经济史、明代北京史、资本主义萌芽问题等方面用力尤深，后期将研究重点转向明代政治、社会、制度等方面。撰写有《十六世纪十七世纪初期中国封建社会内部资本主义的萌芽》《明代北京的经济生活》《明朝的官制》等论文。主持《国朝典故》丛书的点校工作。参与撰写《中国史纲要》《北京史》《中国历史大辞典》明史卷，参与编辑《中国近代史料丛刊》。主编《中国古代史教学参考资料》明清部分。出版专著《明清史论集》《清代捐纳制度》。其中，《清代捐纳制度》于1950年由哈佛燕京学社作为《燕京学报》专号在北京出版，后在海外重印，深受学术界好评。

1996年12月15日，许大龄在北京逝世，终年74岁。

曾禾尧

曾禾尧(1922—1996)，曾用名郭敬贤、莘藿。成都市人。世界语学者。

1939年9月，在重庆世界语讲习班向冯文洛、许寿真学习世界语。1940年，任“世界语函授学社”初级世界语班教员。同时，在郭沫若领导的文化工作委员会工作第一组《中国报道》(Heroldo de Cinio)月刊编辑部从事校对、出版、翻译工作。1945年12月，在(重庆)上海民治新闻专科学校毕业。1946—1947年，任重庆《民主报》记者兼《民主青年》专刊编辑。1949年，在中央人民政府燃料工业部部长办公室任秘书。

1951年后，任燃料工业出版社和电力工业出版社副社长兼副总编，后调任水利电力出版社副社长。1979年，当选为中华全国世界语协会理事和常务理事。1980年，负责组建北京市世界语协会，历任副理事长兼秘书长、理事长。1984年11月，任中国科技世界语协会筹备组组长。1985年，召开全国世界语大会，任大会筹备委员。与人合著有《世华词典》。

1996年10月27日，曾禾尧在参加墨尔本蒙纳士大学世界语学术讨论会时，因突发脑溢血逝世，终年74岁。

宋蜀华

宋蜀华(1923—2004)，成都市人。著名民族学家、人类学家、社会学家、教育家和博物馆学家。

出身于知识分子家庭。1942年，考入内迁至成都的齐鲁大学历史系，后于1944年转入成都燕京大学社会学系，师从吴文藻、林耀华等攻读社会学、人类学，1946年获学士学位；同年底，入澳大利亚悉尼大学研究院，师从著名人类学家A.P.Elkin教授攻读人类学专业，1949年获硕士学位。于是年初回国，入华西大学考古与民族博物馆工作。在成都期间，密切接触顾颉刚、钱穆、冯汉骥、闻宥、郑德坤等一代名师，受益良多。1950年，参加政务院文教委员会西藏科学工作队，成为新中国首批进藏考察的学者之一。1952年，全国高校院系调整，调中央民族学院，从事民族学、人类学、民族史、社会学、博物馆学等学科教学与研究工作，相继任讲师、副教授和终身教授。

1983年7月，奉外交部和国家民族委员会之命，出席联合国消除种族歧视委员会第28次会议，代表中国提交关于消除种族和民族歧视的工作报告。以后多次代表学校赴墨西哥、澳大利亚、日本、美国，韩国、瑞士等国进行访问交流，并参与台湾海峡两岸及香港、澳门学术交流，用“中华民族多元一体”的学术理念维护和推动祖国统一。同时还积极参加指导博士后流转站工作、“211”工程实施和国家级重点学科建设，对建设一流民族大学做出重要贡献。历任民族学、人类学博士生导师，联合国消除种族歧视委员会委员，享受国务院政府特殊津贴专家，中国社会科学院民族研究所学术委员，国务院学位评定委员会学科评议组成员、全国博士后管理委员会专家组成员、中国人类学学会顾问、国家民委学术委员会顾问、教育部人文社会科学重点学科基地中国少数民族研究中心学术顾问，英国皇家人类学学会荣誉会员。1989—2002年，任中国民族学学会会长；1981—1987年，任中央民族学院副院长；1994—1996年，任中央民族大学民族学研究院院长。

在教学与研究中，重视田野调查。继承传统，开拓创新，坚持多民族、多种生态、多样文化的“三多”理念，弘扬历史与现实相结合的纵横研究方法。在中国民族学学科建设中，大力倡导历史民族学与生态民族学建设，独树一帜。并一贯坚持民族学研究为民族工作和民族地区发展的现实服务，遵循民族学中国化的发展道路。学术研究中，他学贯中西，兼容并蓄，无门户之见，有包容之量，体现出光彩照人的大家风范。1951年以后，曾参加中国民族识别、中国少数民族社会历史调查，中国少数民族社会形态研究、中国少数民族传统与现代化的协调发展、中国西部民族50年等重大课题，足迹遍及中国西部，于藏族、傣族、景颇族、白族、土族、撒拉族、维吾尔族、黎族等均有深入研究。

他是新中国民族学承前启后的大师，先后发表20部论著（含合作）、80余篇论文。个人专著主要有《对中国藏族、维吾尔族和傣族部分地区解放前农奴制度的初步研究》《中国民族问题研究》《百越》《民族研究文集》《中国民族学理论探索与实践》等；重要论文有《中国的民族学研究必须和历史学紧密结合》《发展有中国特色的民族学》《论中国民族学研究的纵横观》《人类学研究与中国民族生态环境和传统文化的关系》《论历史人类学与西南民族文化研究》《民族学的应用与中国民族地区的现代化》等。以上论著对中国民族学研究具有方向性的指导意义。为推动民族学学科建设与发展，先后主编《中国民族概论》、《中国民族学五十年》《民族学的理论与方法》，并参加编写《中国少数民族》《原始社会史》等专业教材。1999年，被教育部和国务院学位委员会评选为优秀博士学位论文指导教师。2000年，被评为有突出贡献的专家，受到国家民委表彰。

2004年7月9日，宋蜀华在美国洛杉矶探亲时逝世，终年81岁。

王叔云

王叔云（1923—2002），四川省西充县人。著名经济学家。

1945年，毕业于中央大学经济系；1947年，获南开大学硕士学位，先后在达仁商学院、相辉学院、乡村建设学院、重华学院、中国公学等校任教。中华人民共和国成立后，历任西南军政委员会财经委研究员，重庆大学经济系副教授兼系主任，四川财经学院（现西南财经大学）计划系和农经系副教授、教授，兼系主任，学院副院长、院长，四川省第六届政协副主席，四川省第七届、八届人大常委会副主任，第七届、八届全国政协委员，第八届全国政协常委，第八届民革中央委员会常委，四川省第三届社科联顾问，民革四川省委主委，西南财经大学顾问、博士生导师，中国农业经济学会理事，四川省农业经济学会理事长，四川省经济学会常务理事，四川省哲学社会科学联合会常务理事，四川省农村金融学会副理事长，四川省科技顾问团顾问兼农经组组长等职务。

主要著述有《中国农村经济问题浅论》《中国社会主义农业经济学》《农业宏观经济管理的理论与实践》《农村经济改革与发展》《中国农业百科全书?农业经济卷》《中国城乡关系、工农关系发展趋势研究》《中国农民生活由温饱转向小康的对策研究》《九十年代四川农村经济发展战略构想》《四川农业土地生产率研究》（课题组长）、《政治经济学基本知识讲座》《帝国主义论简介和注释》《四川省粮食稳定增长因素及其相应措施的综合报告》《发展四川省农村商品经济的研究报告》《当前农村商品流动中的三个基本问题》等。善作旧体诗词，结集为《云房诗词集》，收录1959年以后创作诗词233题、559首。

2002年4月29日，王叔云在成都逝世，终年 79 岁。

罗元铮

罗元铮(1923—2003),成都市人。著名经济学家,曾任《中国经济年鉴》《世界经济年鉴》总编辑,被称为"第一位为政府改革开放献智献策的经济学家"。

1943 年,考入华西协合大学乡村建设系。他多才多艺,既会唱歌又会写文章。入校后即参加华大学生合唱团,任男高音领唱。二年级时与同学合办进步周刊《人民与时代》,写了多篇反对国民党独裁的文章。当时冯玉祥将军的长女冯达理是内迁成都齐鲁大学学生,合唱团的女高音领唱。罗元铮托冯达理请冯将军为《人民与时代》题词,二人渐由相识、相知而相爱。1947 年大学毕业后,与冯理达在旅美途中结婚,至 1948 年 7 月冯玉祥离美前,罗元铮任冯玉祥将军的秘书和翻译。以后留在美国读书和工作,任旅美和平民主联盟秘书。

中华人民共和国成立后,偕妻子回国。1951 年,作为新中国首批留苏研究生在列宁格勒大学经济系攻读政治经济学,于 1954 年获博士学位。历任经济科学出版社社长、中国科学院经济所室主任、国家计划委员会经济所室主任、中国社会科学院世界经济研究所所长、中国经济学团体联合会党组副书记兼执行主席、国务院学位委员会经济学评议组成员。1986、1989 年,先后当选为国际经济协会执行理事、副主席,是该协会领导层唯一的中国人。1986 年后,任首都经济贸易大学教授、博士生导师、中国科学院干部管理学院研究生院总顾问、中国国际文化交流培训中心校长,国务院学位委员会经济学评议组成员。同时还被北京大学等 20 多所院校及英、美、澳、日等国家高校特聘为教授或顾问。

他被国内外经济学界誉为"第一位为政府改革开放献智献策的经济学家",不仅深入研究世界经济,同时着力探索国内经济问题;既长期从事经济研究工作,又积极参加社会活动与经济管理。他围绕重大的经济问题,客观总结国内外实践经验,冷静分析各种复杂的经济现象,提出有价值的研究成果和参考意见。早在 1947 年的大学毕业论文中,就开始"探讨中国农村的建设与发展问题"。1977 年 4 月,在《人民日报》上发表《自力更生和洋为中用》一文,提出在自力更生的基础上实行对外开放的战略思想。

出版有《罗元铮文选》一、二、三集,收入近 200 篇论文。1995 年应邀到美国考察、访问,被全美传记学会和美国文献研究所授予"20 世纪成就"奖和 1995 年国际名人金质奖,旋被列为《世界 500 名有影响的杰出人物》之一,并荣获象征最高荣誉的"金钥匙"成就奖。1996 年,编著《中国走向世界的求索》文选出版,引起海内外众多学者和有关方面的关注。主要著作有《中国过渡时期经济的特点》《中华人民共和困的经济改造》《当前世界经济与中国经济问题》《关于太平洋经济共同体》,主持《电子政府公务员手册》丛书编纂工作,主编《中华民国实录》。曾任《经济改革文摘》《中国大百科全书(世界经济部分)》《世界经济年鉴》《中国经济年鉴》总编辑、主编等职。曾任全国政协委员。

2003 年,罗元铮在北京逝世,终年 80 岁。

王应常

王应常(1924—1998),笔名雁心,成都市新都区新繁镇人。广西民族大学教授。

1946 年,考入清华大学历史系。在校期间,加入中共地下组织活动。1949 年 3 月,参加中国人民解放军第四野战军南下工作团到广西,参加剿匪反霸、土改工作。同年12月,加入中国共产党,在广西鹿寨县参加地方工作。1952年9月,任中共鹿寨县第五区委员会书记。1953年,先后调中共广西区委组织部、广西纪检委、监察委工作。1957年,先后在区行政干部学校、贺县教育局、芳林中学、梧州师专、富川中学、梧州地区耕读师范、梧州地区八部师范、广西民族学院任教。

长期从事中国古代哲学教学与研究，撰写《孔子不是封建专制主义思想家》《儒墨法三家政治思想评析》《论先秦儒家的义利观》《论柳宗元、刘禹锡的天人观》《儒家"修齐治平"学说的古今意义》《夫子何为者 栖栖一代中——孔丘思想漫谈》等学术论文,其中《论柳宗元、刘禹锡的天人观》获广西第一次社会科学优秀成果三等奖。参与《柳宗元哲学著作注译》。出版专著论文《雁心集》。善作古典诗词,论著两次获广西社科优秀成果二等奖。

1987年离休后,继续讲授中国历史文选课,并新开古汉语课，创作诗词和撰写学术论文,获广西高等教育系统老有所为精英奖、广西晚晴诗词大赛奖。

1998年，王应常在广西南宁逝世，终年74岁。

李世平

李世平(1924—1995),成都市人。四川大学历史系教授、硕士研究生导师,中国现代史学会副会长、中国人口学会副会长、台湾研究会理事。

1947年,在四川大学历史系毕业后,留校任教。1951年,到中国人民大学研究生班进修中国革命史。1953年,复回川大任教。1993年,任中央电大中国通史(三)课程主讲教师,于1994年,被评为全国电大优秀主讲教师。

主要从事中国古代史、中国现代史和人口史的教学和研究工作。著有《中国现代政治思想史》《四川人口史》等专著,主编《中国现代史》《中国现代史纲》《中国现代多党合作史》《周恩来和统一战线》《抗日战争史论丛》《中国革命史简编》《中国现代政治思想史》等著作,担任编委并参与撰写《中国人口·四川分册》《人口学辞典》,发表学术论文50多篇。其中,参与撰写的《中国人口·四川分册》获四川省哲学社会科学优秀科研成果一等奖。1995年,李世平在成都逝世。

尹大贻

尹大贻(1925—2001),成都市人。著名哲学家、教授,民主同盟盟员。历任上海市哲学学会理事、上海市宗教学学会理事。

1947年，毕业于四川大学经济系。1949年起,先后在成都、北京、上海等地民盟从事机关行政工作。1957年后,在复旦大学哲学系任教。

一生好学不倦,博览群书,通晓英语、俄语、德语。主要讲授外国哲学史、宗教学。早在20世纪60年代,即开设有关基督教的课程。专著《基督教哲学》《形式社会学》等,其中,于1987年出版的《基督教哲学》,是中国大陆第一本关于基督教哲学研究的专著。其他主要著译有《现代西方哲学》(合著)、《库萨的尼古拉》《语言、真理与逻辑》(译作)、《基督教思想史》(译作)、《贝特兰·罗素》(译作)、《人类学的"欲望"与古典》(合著)、《西方哲学史》(合著)、《康德对上帝存在证明的批判及其理性宗教观点》,合译有《论有学识的无知》《哲学辞典》等。参与撰写《中国大百科全书》"社会学"类与"哲学"类词条。2001年,尹大贻在上海逝世,终年76岁。

林序达

林序达(1925—1993),成都邛崃市人。西南师范大学教授。

1954年，毕业于西南师范学院汉语言文学系，留校任教。1986年，被评聘为教授，任硕士生导师，汉语言文献研究所兼职研究员。历任汉语言文学系古代汉语教研室主任、古汉语研究室主任，四川省语言学会理事、学术委员会副主任，中国训诂学会会员，中国音韵学研究会理事。

致力于汉语语法研究和音韵学研究。讲授古代汉语、汉语史、音韵学研究、上古汉语语法研究等课程。发表《判断词“是”的形成和发展》《上古汉语的语调问题》《诗骚时代的声调》《说 “之”》《古代汉语语法研究问题》《论汉字结构的形成与发展》《古汉语语气和语气词》等论文。著有《林序达汉语史论集》《反切概说》 等。《反切概说》于1984年获四川省政府三等奖、四川省语言学会优秀奖。主编《中国古代文化知识辞典》，获1994年重庆市政府三等奖。参与编写教材《古代汉语》《现代汉语》。20世纪80年代，被聘为《邛崃县志》编纂顾问，撰写方言志语音部分。

1993年3月，林序达在重庆逝世，终年68岁。

郭付人

郭付人(1925—1993)，原名甫仁，山西省崞县(原平县)人。曾任成都市历史文化名城研究会会长。

1937年，参加抗日游击队，1938年，加入中国共产党。历任陆军暂编第一师机要股长、晋绥第八军分区机要科长、吕梁军区机要科长，河津县委宣传部长。1949年，随军南下到成都，任西南人民革命大学成都分校第三部主任。1951年12月，任成都市第一区党委代理书记，中共成都市委候补委员。1953年6月，任成都市总工会副主席。1955年12月，任中共成都市委对资本主义工商业改造领导小组成员。1958年，参加成都钢铁厂筹建领导小组工作，任成都钢铁厂副厂长。1959年，东山钢厂现场会议后，因反对浮夸冒进，在“火线整风”中受到批判，被撤职下放车间劳动。“文化大革命”中，受到批斗、迫害。

1975年7月，任成都市钢铁厂党委书记。1983年，任成都市城乡建设委员会主任。在城市建设规划中，倡导现代化城市发展方向。在市委、市政府领导下，组织对城市进行旧城改造和城市道路建设、重点工程建设、城市雕塑建设、园林绿化建设等一系列城市基础建设。1989年离休后，主持筹建成都市城市科学研究会，开展《成都区划调整》《成都流动人口》《成都卫星城规划建设》《成都名城保护与发展》《成都撤县设市》等城市建设课题研究，其中，《成都区划调整》课题于1990年经国务院批准，由市政府采纳实施，获中国科协第二届优秀建议一等奖。主编出版《名城成都的保护与发展》《成都城市研究》《城市建设综合开发理论与实践》等系列城市建设研究书籍。在有关名城成都的保护、建设、管理和政府、企业体制改革的探讨和对策研究中，撰写课题报告、专题论文50余篇，其中，10篇先后获得四川省哲学社会科学优秀科研成果、成都市哲学社会科学优秀科研成果一等奖、二等奖。

1993年12月27日，成都市城市科学研究会主持召开“成都市城镇经济社会与生态环境协调发展战略研究”课题报告讨论会期间，突发心脏病逝世，终年68岁。

罗荣渠

罗荣渠(1927—1996)，成都市人。北京大学教授，中国现代化研究的主要开拓者和代表性学者。

出生于书香门第。父亲罗文谟是蜀中知名书

画家和美术教育家，常与张大千、徐悲鸿等著名书画家交游，曾任四川省参议会秘书长。他自幼聪颖好学，在父亲熏陶下，从小学习书画，并自学篆刻、木刻。1943 年，毕业于成都县立中学(成都七中前身)初中，同年，考入成都树德中学(1952 年后更名成都九中)高中部。1945 年，考入西南联大历史社会学系。读初中时，便与成都县中一些同学共同发起组织“四为学会”(以宋代哲学家张载的名言“为天地立心，为生民立命，为往圣继绝学，为万世开太平”为宗旨)，立志报效祖国和人民。入西南联大后，积极参加进步学生运动。1946 年秋，西南联大复员北上后，入北京大学史学系学习。1949 年，以优异成绩毕业，分配到中苏友好协会总会工作，研究中苏关系问题。1951 年 1 月，其父在四川荣县蒙冤去世。他因父亲问题而遭批判，在政治上长期受到株连。1956 年，调入北京大学历史系，任世界史教员，讲授世界现代史。1958—1959 年，在“三反”“ 五反”运动中受到批判。1960 年被评为讲师，旋即下放京郊昌平县农村劳动锻炼，于 1961 年回校，相继讲授世界近代史、拉丁美洲史，并负责指导历史系首批拉丁美洲研究生。“文化大革命”开始后，因撰写《戳穿聂元梓的神话》等大字报，被聂主持的“革委会”打成“历史反革命和现行反革命”，被批斗、抄家、扣发工资。1973 年，“反右倾”运动中，再次成为北大历史系内定的重点批斗对象，几陷绝境。

1978 年，北大历史系党组织正式宣布为他平反。1979 年，晋升为副教授，任历史系学术委员会委员和北京大学学术委员会委员，并当选为中国拉丁美洲史研究会副理事长。1980 年，到美国密歇根大学历史系进修。其间，访问了波士顿、普林斯顿、纽约、华盛顿、休士顿、芝加哥、底特律等城市和一些著名大学，广泛开展学术交流，开始接触西方对世界近代各国历史进行比较研究的现代化理论。他由此得到很大启发，决心在学术研究上开辟新路。回国后开始为研究现代化问题做大量准备工作。1985 年，晋升为教授。1987 年，任北京市高级专业技术职称评审委员会历史专业教授、副教授职称考核评议组成员。1988 年，招收中国首批以世界现代化进程为研究方向的博士生。同时被吸收为美国外交关系历史学家学会会员。1989 年，任太平洋历史学家学会常务理事。1990 年，任北京市历史学会副会长。1991 年，任北京大学校务委员会委员。同年，当选中国拉丁美洲史研究会理事长，并任北京市哲学社会科学优秀成果评奖委员会史学评选组委员。1994 年，任中国史学会理事、清华大学历史系学术顾问、燕园书画会会长。

身处逆境之时，他从未放弃学术研究。对拉丁美洲史、美国史、中美关系史、世界近现代史、第二次世界大战史、中国近现代史、殖民主义史均有建树，撰写和发表了多篇论文，参与编写教材、专著。特别是拉丁美洲史，他是国内这一领域教学和科研的最早开拓者之一。

现代化研究是国际学术界近 40 年来逐渐衍生的一门新兴学科，属于跨学科研究领域。20 世纪 60 年代，现代化研究的先驱学者，多为欧美发达国家的学者。70 年代以后，现代化研究开始向历史学、人类学和其他人文社会科学扩展。中国大陆历史学者正式参与现代化研究，始于 80 年代中期，由罗荣渠主持的国家课题“世界现代化进程研究”首开其端。1986 年，经过长期思考和准备，结合北大历史系制定“七五”科研规划，中国史学界开拓了一个具有重大现实意义和学术价值的新领域——现代化理论和现代化世界进程的研究。该课题被列为“七五”期间国家社会科学研究规划的重点项目。1987 年，以罗荣渠为首在北京大学组建世界现代化进程研究中心，提出以生产力作为社会发展中轴的一元多线历史发展观；从宏观史学角度，探讨现代化世界进程的总趋势，对两个多世纪以来世界的历史巨变做出新概括；在世界大变革的总进程中考察近代中国的巨变和艰难的现代化历程，对一百多年来中国近现代史进行新阐述。他发表许多具有开拓性的重要论著，引起学术界和社会上的广泛赞誉，在国内外学术界产生重大影响。其中《现代化理论与历史研究》一文，获北大科研成果一等奖。1995年，出版《现代化新论》，获国家教委首届人文社会科学优秀成果一等奖。后出专著有《现代化新论续编》《美洲史论》，主编《世界现代化进程研究丛书》。其主要论著和作品结集为四卷本《罗荣渠文集》。其《现代化新论》《扶桑国猜想与美洲的"发现"》《论中美关系史和美国史研究中的一些问题》《论一元多线历史发展观》《论现代化的世界进程》等论著，已成为当代中国研究领域的学术经典。

1996年4月4日，罗荣渠在北京逝世，终年69岁。

唐正序

唐正序(1933—2001)，四川南充县人。享受国务院政府特殊津贴专家，四川大学教授，历任中文系系主任、新闻系系主任，四川大学教务处处长、文学院院长，兼任全国高等教育自学考试委员会中文专业委员会委员、中国文艺理论学会理事、全国毛泽东文艺思想研究会理事、四川省文艺理论研究学会会长、四川省学术技术带头人、四川省作家协会主席团委员、顾问，成都市文学艺术界联合会主席。

在南充读高中时，被选为南充市学联主席兼学校学生会主席。他又是学校文娱活动的骨干分子。中学时常在各种文娱晚会上打金钱板；入四川大学后是学校歌舞剧团川剧队的核心成员，尤擅演唱悲剧《范进中举》。

1957年在川大中文系毕业后，留校任教。1960年任讲师，1980年晋升副教授，1986年晋升教授。20世纪50年代末，开始从事文学评论。1984年，出版专著《文艺学基础》，该书广泛吸收国内外文学研究的最新成果，坚持开放性和原则性相结合，提出"形象是文学的生命，没有形象便没有文学"，拓展了对文学基本属性的认识，在国内产生广泛影响。1986年，出版《文艺批评研究》，是国内首部文学批评理论研究专著，于1988年3月在武汉举行的"首届文学批评学研讨会"上引起反响，推动了国内文学批评学的建设。同年，主编《文艺学基础理论》出版，被学术界称为吸收了1980年代新成果的教材，获得广泛好评。此外，还出版论文集《坚持和发展——马克思主义文艺理论研究》(合作)、《马克思主义文艺批评学》(合作)、《中国文化与中国文论》，与陈厚诚主编《20世纪中国文学与西方现代主义思潮》。论文《要重视和加强文艺批评》获1984年四川省社会科学优秀成果二等奖；《试论毛泽东同志对现实主义理论的发展》(与人合作)，被选入《中国新文艺大系》理论一集。专著《文学批评研究》于1988年获四川省社会科学优秀成果二等奖；论文

2001年9月3日，唐正序在成都逝世，终年68岁。

赵齐平

赵齐平(1934—1993)，成都崇州市人。北京大学中文系教授，中国《三国演义》学会理事，中国《儒林外史》学会理事。

1951年，就读四川大学中文系；1955年，考

入北京大学中文系研究生班；1959年毕业留校任教。1982年，任中央电大中国古代文学课程主讲教师。1984年在《红楼梦》学术研究争论中，在《文艺报》上发表《我看红学》一文，提出“凡是研究与《红楼梦》有关问题的，都属于红学”，驳斥人为划分“红学”与“《红楼梦》研究”的领域鸿沟，基本结束此次论争。长期从事古典文学教学与研究，善于结合历史发展，即事究理；通过作品谈问题，简洁明晰；讲述和评论俱有自己的风格和特点。

著有《谈谈〈三国演义〉》《宋诗臆说》《关于〈红楼梦〉的成书过程》《我看红学》等学术论文。编著教材《中国文学史纲要》宋辽金及明代文学部分，《聊斋志异鉴赏集》《阅读与欣赏》，参与编纂《中国文学史著版本概览》。1993年，在北京逝世。

童恩正

童恩正(1935—1997)，笔名童峻，出生于江西省庐山，籍贯湖南省宁乡。著名考古学家、历史学家、人类学家和科幻文学作家。

1937年抗日战争爆发后，随全家逃难到四川。1939年全家暂居重庆歌乐山。1941年，在湖南宁乡私塾接受启蒙教育，熟读古文。1943年宁乡沦陷后，随家辗转流亡湘西。同年秋，全家回到长沙，父亲任教于湖南大学，童恩正被送入长沙成智小学学习。1947年，考入长沙雅礼中学。1950年，转读长沙一中。1952年，因患肺结核休学一年。其间，受朋友及母亲的影响而爱好文学，读了不少文学书刊，开始写诗词文章。

1954年，在长沙一中高中毕业后，因肺结核病未能参加高考，在家自修俄语、古汉语，阅读了大量古典诗词、传奇小说。1956年，其父调成都电讯工程学院(成都电子科技大学)工作，举家迁至成都；同年，考入四川大学历史系。1957年，开始在《红领巾》上发表小说《我的第一个老师》和《大弟》。以后两年内，先后在《考古》《文物》《四川大学学报》及《少年文艺》等刊物上发表多篇文章。1961年，在四川大学历史系首届考古专门化班毕业后，分配到峨眉电影制片厂任编剧。1962年，调四川大学历史系考古教研室，任冯汉骥教授的助手，先后讲授《西南考古学》《古文字学》等课程。

他在考古学、历史学、人类学等领域均有很深造诣。在西南历史文化考古工作中，参加四川巫山大溪新石器时代遗址、四川广汉商代遗址发掘。主持四川阿坝藏族自治州岷江上游石棺葬、西昌大石墓、西藏昌都卡若新石器时代遗址发掘工作；指导四川甘孜藏族自治州石棺葬、南方丝绸之路和浙江、湖北、四川等省新石器时代古城遗址调查工作，并发表多部(篇)相关学术论著。

1960年，开始科幻小说及科普创作，科幻文学作品主要有《五万年以前的客人》《古峡迷雾》《珊瑚岛上的死光》等，其中《珊瑚岛上的死光》被评为中国科幻小说代表作，继于1978年获全国优秀短篇小说奖，后被改编拍摄为电影。1978年任讲师、四川科普协会副会长；1979年，任副教授、硕士生导师、省政协常委、中国科普协会常务理事、四川电影协会常务理事；1984年任四川大学博物馆馆长、历史系教授、博士生导师。

20世纪80年代，在对外文化交流中，先后到美国哈佛大学人类学系、洛杉矶加州大学人类学研究所、华盛顿大学人类学系、麻省大学亚洲语言文学系、卡内基·梅隆大学艺术系和密歇根大学人类学博物馆做访问学者或讲学。讲学内容广泛，包括《西藏卡若遗址的发掘》《四川的汉代画像砖》《从考古资料看古代中国的信仰》《过去20年中的中国考古学》《中国西南与印度交通道路的考古学证据》《作为艺术中永恒主题的中国神话传说》等等。90年代，相继任匹兹堡大学历史系及东方艺术研究中心客座教授、德国科学院考古研究所通讯院士、美国威斯里安大学艺术系路德·格雷戈·萨利文项目研究员。先后举办《华南考古》《古代中国的文化人类学》《中国考古学》《古代中国》《古代中国文化》《古代中国艺术》《中国民间艺术》《中国的历史与文化》《东亚考古》《四川广汉的器物坑》等一系列讲座。并向美国马里兰大学提交论文《王建墓石雕所描绘的唐代乐妓》，在德国考古研究所出版的刊物上发表《广汉三星堆器物坑与西南古代文明》

他极有才华，成果涉及范围广、数量多、影响大。主要著作有《古代的巴蜀》《中国西南地区青铜戈研究》《近代中国西南地区战国秦汉时代的考古发现及其研究》《文化人类学》《华南与西南亚的早期金属时代》《中国考古学的三十年》《中国北方与南方古代文明发展轨迹之异同》等。

1997年4月20日，童恩正因急性肝炎在美国康涅狄克州逝世，终年62岁。

彭朝贵

彭朝贵(1937—2002)，成都市新都区人。四川省社会科学院历史研究所研究员。

先后就读于新都县外西小学、新都师范附属小学、新都县中学、新都师范学校。1955年参加工作，分配到四川广汉县文教科、广汉县连山中心小学工作。1956年，考入西南师范学院历史系，于1960年毕业。先后在四川省志编纂委员会、中共达县地委宣传部、通川日报社、四川省社会科学院出版社和历史研究所等单位从事历史、经济等多种学科的研究和编辑工作。曾任四川省社会科学院研究员；北京、香港等地7个单位的研究员和科技专家顾问。

长期从事社会经济及历史的研究，著有《价值规律浅说》《社会主义经济规律问题解答》《四川通史》近代卷、《清代四川农村社会经济史》《中英关系系年要录》第一卷(合著)、《最新小学生字典》上下册、《领导科学词典》等，发表《马克思恩格斯论中英第一次鸦片争》《社会主义市场体系的基本特征》等文章100余篇，其中，《简论价值规律对社会主义消费的调节作用》获四川省政治经济学研究会1996年优秀科研成果一等奖和1999年国际优秀论文奖，分别被《中国经济文库》《中国特色社会主义文库》《中国改革二十年》《中国二十一世纪论坛》《探索者的足迹》等收录转载。编辑《中国教案史》《社会主义个人消费品分配研究》《中国社会主义政治学》等40余种。。

2002年1月18日，彭朝贵在成都逝世，终年65岁。

文楚安

文楚安(1941—2005)，文学评论家、翻译家，享受国务院政府特殊津贴专家，四川大学华西医学中心外语系教授，中国作家协会会员。历任四川翻译文学学会副会长、中美比较文化研究会理事。

在四川外国语学院英文系毕业后，留校任教。长期担任学生英汉互译和硕士研究生文学翻译等课程。致力于翻译理论与实践，对美国文学与文化，特别是对美国“垮掉一代”及其文学作品有深入研究和较多译介。出版国内第一部“垮掉一代”研究论文集，在中国读者中引起很大反响，被称为中国“垮掉一代”研究专家和“垮掉一代”文学翻译家。

出版译著15部，发表论文近百篇。代表性译著有《荣格：人和神话》《与狼共舞》《读者反应批评：理论与实践》《金斯伯格文选》《金斯伯格诗集》《马克·吐温幽默作品集》《在路上》《后“垮掉一代”诗选》等。主编《透视美国：金斯伯格论坛》、《BG在东方相遇》(论文集)。其中《在路上》和《金斯伯格诗集》分别获第四届(1999年)、第五届(2001年)全国优秀外国文学奖。

2005年9月23日，文楚安在成都逝世，终年64岁。

六、教育

段可情

段可情(1899—1994)，原名段傅孝，笔名白莼、锦蛮。四川省达县亭子镇人。四川师范大学早期创建人之一。

1918年，毕业于达县县立中学。1919年，留学日本；1922年，赴德国柏林大学学习。1926年年初，赴苏联莫斯科中山大学学习。1927年，回到上海，参与革命文艺团体“创造社”工作，任编辑委员。曾与鲁迅商量过联合出版刊物的事宜。提倡“无产阶级革命文学运动”，同成仿吾、郑伯奇等一道从事革命文学运动。创造社改为“艺术大学”后任教授，艺术大学停办后与友人创办《彗星》杂志。在此期间，创作反映旧社会贫富不均、劳苦大众生活困难而奋起斗争的小说《铁汁》；以达县早期中共党员唐伯壮的革命生涯为素材创作《杜鹃花》；具有反对封建势力的爱情小说集《巴黎之秋》，以及《故乡之梦》《火山下的上海》等短篇小说。同时翻译《死》《新春》《海涅诗集》《蜜蜂玛雅的冒险》等外国文学作品，发表于创造社出版的《创造》杂志。1938年，回到四川，任省立三台中学校长，后回达县与洪秀笙等一起共谋筹办达县私立通川中学。

1950年，任达县师范学校校长。后改任川北大学校长，历任四川川北行署委员、川北文联主席。1952年调至成都，任四川师范学院建校委员会主任委员(院长)。1959年，加入中国作家协会。历任四川省文联副主席、省文史研究馆副馆长、省图书馆馆长、省楹联学会会长、省人大代表、省政协常委。

1994年3月1日，段可情在成都逝世，终年95岁。

丁秀君

丁秀君(1904—2005)，女，四川省南川县人。四川省文史研究馆馆员，四川女子教育的先驱者之一。

四川省立第二女子师范学校毕业后，考入北京师范大学教育系。1931年，毕业留校任教，是北师大历史上第一个留校的女助教。于1932年回川，抱定教育救国的宗旨，成为四川女子教育的先驱者之一。先后在万县女中、江津女中及重庆北碚兼善中学任教务主任，在重庆市立二小学、合川瑞山小学、威远县女师、资中女中、省立成都女师、省立重庆女师、省立成都女中任校长。在她的教育和鼓舞下，无数女性从此改变命运。曾任四川省教育厅编审、教育科学院研究员、国大代表。

抗日战争时期，投入抗日救亡工作。组织师生开展抗战献金活动，组织学生进行抗日宣传，开展慰劳战士募捐演出。1940年11月，一名中国飞行员在成都上空迎战日本轰炸机被击落受重伤，她和校医拼死赶赴现场抢救，终使这名飞行员脱离生命危险。1943年，抗日战争进入艰难阶段，她在教育界带头献物献金。1946年8月至1949年7月，出任重庆女师校长。后来学校一位进步教师、民盟盟员邓虎章被捕，她极力营救，国民党重庆市党部主任委员龙文治力保邓虎章出狱后，丁秀君于1949年1月与龙文治结婚。数月后丈夫猝死。中华人民共和国成立后,丁秀君失去工作,借住在朋友家里,靠做零工为生。1979年,胡兰畦向四川省委统战部等有关部门反映了她的情况,经努力,1981年,丁秀君被聘任为四川省文史研究馆馆员。

2005年5月17日,丁秀君在成都逝世,终年101岁。

罗蜀芳

罗蜀芳(1906—1994),女,成都市人。成都市特殊教育的先驱者,成都市特殊教育学校(原市盲聋哑学校)创始人、首任校长。

青年时代,在五四运动和妇女解放运动的影响下,冲破封建家庭的束缚,考入成都选科师范学校,毕业后从事小学教育。1930年,考入北平朝阳大学。在校期间,受燕京大学王俊贤老师影响,目睹中国盲聋哑教育的落后现状和残疾孩子的悲惨命运,立志投身残疾人教育事业。

1931年,经美籍牧师夏时雨介绍,到中国第一所特殊教育师范学校——烟台启暗师范学校学习。1933年毕业后返川,执教于中西慈善会盲童学校。在教学实践中,深感盲聋哑人需要的不是怜悯和救济,而是教育上的平等。由此使她产生创办聋哑学校的愿望。她捐出自己多年积蓄,并不辞辛劳四处筹措,于1938年在成都市马道街创办私立明声聋哑学校(今成都市特殊教育学校)。抗战时期,她带着几十个残疾孩子,冒着被日机轰炸的危险,战胜饥饿和自然灾害的侵扰,数次搬迁,逐步使学校发展起来。1942年,应中西慈善团盲童学校之聘,兼任该校校长。在条件十分艰苦的情况下,她创办盲哑师资训练班。1944年,为了宣传特教,组织盲聋学生宣传队,沿江而下,先后到乐山、宜宾、泸州、自贡、内江、重庆等地巡回演出,受到社会各界的好评。1947年,世界著名盲聋哑人教育家海伦·凯勒派她的秘书到学校参观考察,对罗蜀芳的办学成绩给予高度评价。

中华人民共和国成立后,盲聋哑学校被人民政府接收。她因受到不公正待遇,离开学校。中共十一届三中全会后,落实政策。1980年,被选为成都市盲聋哑人协会委员、东城区盲聋哑人协会副主席,并出席全国盲聋哑人代表大会。1985年,被聘为四川省特殊教育研究会顾问。1992年8月,由她口述,她的学生王茂华整理编写了她的回忆录《一生献给盲聋哑事业》,后在成都市政协文史委员会主编的《文史资料选辑》上发表。撰写有《怎样管理盲哑学校》《如何与聋哑儿童建立感情》等论文。

1994年2月20日,罗蜀芳在成都逝世,终年88岁。

刘天沛

刘天沛(1911—1995),四川省汉源县人。新都中学副校长。

1936年,毕业于四川大学文学院英语系。先后在四川梁平县初中、犍为县初中、成都市联合中学(石室中学)、树德中学、甫澄中学、民新中学、南薰中学、成公中学、立达中学、防进中学、济川中学、汉源县中学、富顺县中学、三台县高中、新都铭章中学、大邑文彩中学等校任英语教师。1949年,在大邑县参加土改。1951年,调新都中学(新都一中)担任英语、语文教学。1952年9月,任教导主任。1954年后,当选为历届新都县人民代表;1965年,任新都县第一届政协副主席。1978年,被评为新都县先进工作者,1985年,被评为新都县优秀教师。1982—1984年10月任副校长。于1989年6月退休。

刘天沛英语功底深厚。听、说、读、写能力强,早在读书时期就常翻译中国名著和诗词在川大英语月刊发表，翻译岳飞的《满江红》最受师生赞赏。1941年，编著的《高中英文选》由成都正中书局出版；1942年，编著的《初中英语读本》由成都北社书局出版。教学中坚持"六认真"，从不缺课。讲授采取讲清字义、图文并茂、形象记忆、分类归纳、编唱歌词等教学方法，达到使学生发音准确，读音清楚，书写规范之目的。年过花甲除担任行政工作外，还主动承担两个班的英语教学任务，并任文科斑班主任。对成绩差的学生总是耐心个别辅导，对贫困生给予资助，受其资助的学生达100多人。执教53年，曾担任过245个班的教学工作，培养学生达17550人。其中，1962年，为温江地区培训英语教师150人，1973年至1976年间为温江地区师范专科学校培训英语教师120人。

1995年，刘天沛在新都逝世，终年84岁。

解子宜

解子宜（1914—1998），成都市人。著名中学化学教育专家、特级教师。曾当选全国、四川省、成都市人大代表。历任民盟成都市委副主委、常委、顾问，民盟东风大学校长、名誉校长，市化学化工学会理事、市化学化工学会化学专业委员会主任，省教育用品专业标准化技术委员会特聘顾问、市教育学院化学教材教法指导教师。

1939年，毕业于四川大学化学系。20世纪40年代，便在成都中教界享有盛名。曾任安仁中学化学教师、四川大学化学系讲师、省立成都中学（后为成都二中）副校长、四川体育学院副教授。1951年，加入中国民主同盟。1952年起，任石室中学化学教师、化学教研组组长。1956年，被评为成都市优秀教师，1959年，被评为成都市先进工作者；1979年，四川省人民政府首批授予中学特级教师称号。

四川省青年自学丛书中学《化学》主编、《中学化学实验》编辑，四川省音像出版社出版《解子宜化学实验室集锦》。著有中学化学教学研究专著、研究文章等。

1998年，解子宜在成都逝世，终年84岁。

尚宗钊

尚宗钊（1915—1996），成都邛崃市人，研究员、军事教育家。

幼时读私塾，1930年，在邛崃法教堂自立上智高等小学校上学；1934年，入四川省立成都师范学校；1936年9月，考入黄埔军校第十三期炮科学习。1938年，毕业即参加武汉保卫战。抗日战争胜利后，入陆军大学二十一期学习。1948年，毕业后任国防部第三厅第二处综合科长。岳父冉乔松是中共老党员，妻子冉永芳早已参加中共地下组织，尚宗钊受其影响，思想渐倾向进步。国防部南迁广州后，尚宗钊留在南京国防部前线指挥部，寻找合适机会开展策反工作。1949年11月，离开国防部到四川隆昌，在新成立的七十二军三十四师任参谋长。尚宗钊与成都师范同学师长柏恒策划并组织部队起义。

1951年春，由解放军西南军事大学高研班调南京军事学院。任诸兵种协同战术军事教员、军事研究员。1970年，离休回临邛镇定居。20世纪80年代初，参与编写《中国军事史》，与兵法组同事经三年努力，完成60多万字的宋神宗钦定《武经七书》的注释稿，为《中国大百科全书》的编辑出版做出贡献。1972年起，尚宗钊先后撰写《毛主席给了我第二次生命》《都江堰记行》《回忆台湾日月潭》《给台湾国民党外交部次长杨西昆的一封信》《给台湾国防部次长雷开煊的一封信》等十五篇文章，分别被中国新闻社和有关电台采用。1983 年 11 月，参与编写《邛崃县志·军事志》。1984 年，当选为第十届邛崃县人民代表，被聘为县政协顾问。1992 年，加入中国共产党。

1996 年 12 月，尚宗钊在邛崃逝世，终年 81 岁。

王甲纲

王甲纲(1916—1991)，云南省曲靖市富源县中安镇人。成都电讯工程学院院长。

幼时父母相继病故，兄妹 5 人由祖父王怀仁资助抚养。王怀仁去世后，王甲纲由大哥(抗日阵亡将领、革命烈士)王甲本扶养。王甲纲自幼勤奋好学，于 1932 年考入广州中山大学理学院数学天文系。1936 年毕业，其兄王甲本致书朱德，并派员护送王甲纲到西安八路军办事处，转赴延安参加革命。王甲纲先后在陕西安吴堡青训班、延安陕北公学学习。1938 年 3 月，加入中国共产党。1938~1939 年夏，任唐县自卫队、县战委会武装部指导员、部长。1939—1941 年，任晋察冀军区三分区政治部宣传干事、干教干事。1941—1944 年，任华北联大高中部教师。1944—1946 年，任延安自然科学院教干科科长兼党总支书记，并任数理教师。1946—1948 年，任晋察冀边区工业专门学校教导主任、华北工业学校校长。1948—1949 年，任中央军委电信总局干部处处长。1949—1956 年，任中央邮电部人事司、干部司司长。1956 年，任成都电讯工程学院筹备委员会副主任；1957 年 2 月任，电讯工程学院副院长。历任学院革委会副主任、院长、党委代理书记、副书记、院长顾问，中国电子学会第二届理事会常务理事，第三届学术工作委员会名誉委员，咨询工作委员会委员；四川省电子学会理事长，名誉理事长；中国电子学会教育学会第一届、第二届主任委员等职。1990 年 6 月，被批准享受副部级待遇。

一生从事教育工作。1956 年春，王甲纲受国务院的委派，到成都筹建新中国第一所电子信息高等学府——成都电讯工程学院。他坚持教学改革，不断提高教学质量；发展研究生教育，加强学科建设，重视科学研究，发挥学校优势；组建学术性群众团体，重视学术交流；落实党的知识分子政策，大胆举荐人才。在“文化大革命”中受到迫害。中共十一届三中全会后，中共四川省委为其平反昭雪。

1991 年 10 月 26 日，王甲纲在成都逝世，终年 75 岁。根据他生前的遗愿，骨灰撒在校园里，以作为永恒的悼念。

张静虚

张静虚(1918—2005)，四川省南充市人。逻辑学研究专家、四川省社会科学院教授、硕士研究生导师。

1943 年，毕业于武汉大学哲学系。历任川北文学院副院长、川北大学哲文系主任、蜀都学院名誉院长。1952 年，起任四川师范学院教授、历史系主任、副教务长和图书馆馆长等职。1983 年，调入四川省社会科学院从事逻辑学研究和教学工作。曾任中国逻辑学会副会长、常务理事、四川省逻辑学会名誉理事长。

20 世纪 80 年代，张静虚提出教育逻辑学概念，把逻辑学引进教育教学理论和方法中。针对包括爱因斯坦在内的一些中外学者所说，即认为中国是一个缺少逻辑思维的民族。张静虚以墨子《耕柱》篇中的一组判断为例，指出《墨子》一书中确凿无误地运用三段论的演绎推理逻辑。由此证明先秦墨家在形式逻辑的应用上，与亚里士多德相比毫不逊色。

先后出版《课堂教学的逻辑性》《形式逻辑答

问》《逻辑基础知识》《发展幼儿思维的奥秘》《形式逻辑基础》等专著。1985年，张静虚获四川省人民政府颁发的30年教龄教师荣誉证书。后获1988—1989年度四川省先进社科工作者称号。在中华人民共和国成立50周年之际，获中共四川省委、四川省人民政府的荣誉证书。

2005年，张静虚在成都逝世，终年87岁。

袁旭霞

袁旭霞（1920—1993），女，成都市新都区新繁镇人。

1941年，毕业于四川省立成都女子师范学校，在新繁县繁江中心小学任四年级任导师，兼全校音乐教师。教唱抗日歌曲，激发学生抗日救亡的热情。后任教于成都省立师范学校附小、成都实验小学。1944年9月，考入重庆南京国立中央大学历史系。抗日战争胜利后，随学校迁回南京。1947年5月，加入中国共产党领导的新民主主义青年社。9月，加入中国共产党。于1948年7月毕业。同年，参加中共南京市委中学委工作，从事地下斗争。8月，被当局逮捕；11月，获释。12月，在党组织安排下，撤退到苏北解放区，进入华中党校学习。

1949年4月，被编入华东野战军第二军金陵支队七大队，随军解放南京。1950年，参与筹建南京新民主主义青年团，历任白下区委少年部部长。1954年，调南京市第五女子中学，任副校长。先后任第十八中学校长、江苏省教育厅视导员、光明日报社驻江苏站记者。“文化大革命”中，调无锡市，历任第二中学、十六中学副校长。1976年，回到南京，任白下区教师进修学校副校长。于1983年离休，参加南京市党史研究办公室工作，撰著《抗战时期的中央大学白雪国乐社》。

1993年7月12日，袁旭霞在南京逝世，终年73岁。

张毓松

张毓松（1920—1991），成都市郫县人。发明多种获奖教具。

1944年，在北京朝阳法学院毕业后，先后在四川彭县中学、重庆艺术专科学校任教。1952—1991年，在重庆清华中学任数学教师。曾任重庆市九龙坡区人大常委会副主任、区政协副主任。

长期从事数学教学与科研工作，研制的摆规、锥规、弹尺三种教具于，1980年获重庆市教具展览一等奖。1986年，发明“摆仪”，使普遍存在于宏观世界和微观世界的摆线及其复合运动形式得到形象描绘和准确显示，使现存于数学基础应用理论领域的重大课题得到新的突破，是用于教学、科研、生产的多功能工具。1986年，“摆仪”被选为北京国际教具展览会展品；1987年，参加长春第三届全国发明展览会，获铜牌奖；1989年，被重庆市城市发展展览列为现代科技发明展品长期陈列；1990年，获比利时布鲁塞尔第39届“尤里卡世界发明博览会”银奖。张毓松获得重庆市劳动模范、先进工作者、优秀教师等称号。1991年，在重庆去世。

李维先

李维先（1920—1993），成都市人。中等专业教育专家，成都无线电机械高级专科学校教授。

出生于成都市东丁字街。1938年，考入四川省高级工业职业学校机械科。1941年毕业，在彭县经济部资委会白水河铜矿工作。1942年，到宜宾，考入同济大学经济系，学习4年后，因家贫辍学，到新都铭章中学任数理教员。后在茶店子高级工业职业学校任制图金工教员。1947年，再读同济大学，于1949年毕业后回成都，任茶店子高级工业职业学校实习工厂主任，兼制图教员。1952年，学校更名为成都无线电机械学校。任机械专科主任，兼机械专业课教员。1956年，被成都工学院聘为机械专业设计和答辩国家考试委员。每周两次在成都市机械工程学会义务主讲《压力加工原理》。1963年，被评为成都市文教卫生系统先进工作者。1974年，任教育研究室主任。1985年，任电子工业部电子工业中等专业教育研究室主任。为中国共产党老党员，历任学校党支部书记、市机械工程学会常务理事、机械工程学会锻压专委会主任委员、四川省锻压专委会委员、市公桩研究会名誉会长、市科普协会常务理事、市模具协会理事。

致力于中等专业教育，讲授机械制图、金工工艺作法、机械原理、切削原理与刀具、模具制造工艺、公差融合与技术测量、刀具制造工艺、机械加工工艺、压力加工工艺、模具设计等课程。李维先是国家向联合国教科文组织提供的国内著名10名中等专业教育专家之一。1954年，参与翻译《中等专业教学计划》。1979年，借调教育部中专司，撰写反映国内中等专业教育的国家报告，参加联合国在新加坡召开的亚太地区技术和职业教育座谈会。撰有《成都的冷锻手工艺》等文。编著《中专教育学》，参与编写国家教委职教司科研项目《中国职业技术教育史》。1980年，其论文《中国古代冷锻工艺初探》被中国电子学会评为特级论文。退休后，从事科学小说创作。参与"中国少儿科学小说选"系列丛书的创作。

1993年7月，李维先在成都逝世，终年73岁。

李睿谟

李睿谟(1929—2005)，自号李四，湖北省武汉市人。画法几何、工程制图学专家，西南交通大学土木工程学院教授，享受国务院政府特殊津贴专家。

1938年，随父母避难至四川万县。后迁奉节，就读于奉节中学。初中毕业，在省立奉节中学高中部住读。1946年，全家迁回武汉。1948年，考入国立唐山工学院土木系。1952年，毕业留校，分配到画法几何及制图教研室。1953年，任大一教学辅导委员会教学秘书。1980年，任教研室主任。1985年，被评为铁道部优秀教师。1989年，被评为全国优秀教师。于1994年退休。曾任中国工程图学学会图学教育专业委员会委员，四川省工程图学学会理事、常务理事、副理事长。

李睿谟用建立圆所在平面与透视画面场透射对应的方法，研究圆的透视图形的度量性质，被编入为研究生所开的《高等画法几何》课程中。20世纪60年代初，着力研究用画法几何图解四元线性方程组的方法，实际图解一组四元线性方程组，并得出结果。70年代，参与由铁道部第三设计院标准处组织的建筑配件通用图集设计。

教学中，先后开设"测量""物理实验""电工基础""民用建筑设计施工""工业厂房设计与施工" 等课程。80年代，引进新兴学科《计算机图形学》，创建计算机绘图实验室，为研究生开设"微分几何"" 射影几何"" 高等画法几何""曲线、曲面的计算机处理""计算机绘图"等课程。参与编写《画法几何》《工程制图》《画法几何及工程制图习题集》《实用计算机图形学》等教材，《画法几何》于1983年获铁道部优秀教材三等奖，《实用计算机图形学》于1992年获得铁道部优秀教材一等奖。1980年翻译出版《计算机制图学教程》，参与翻译《制图教程》《科学技术各部门应用的画法几何习题汇编》。

2005年，李睿谟在成都逝世，终年76岁。

年74岁。

谢国光

谢国光(1930—2004),成都市人,特级小学教师,成都市教育学会副会长、四川省教育学会学校管理研究会副理事长。

1950年,毕业于成都第二师范学校(今成都师范学校),从事小学教育工作。1958年,开始任龙江路小学校长。重视全面提高教育质量,并带领教职工辛勤建设新校园,终将龙江路小学建设成为省内外知名的学校。“文化大革命”中受到冲击,被迫离开学校。1981年1月,重新担任校长职务。于1990年退休。

他是“乐园中育人”整体教改的倡导者和前期设计师,提出把“校园建设成花园和师生学习工作的乐园”的教育主张,在全省教育界颇有影响。1989年,主持召开在省内外有广泛影响的整体教改研讨会。1990年,龙江路小学成为中国西部唯一一所国家教委向全国推广小学愉快教育的七所实验学校之一。

重视运用现代教育理念治校。善于协调学校管理中制度与情感、竞争与合作、平衡与突破等关系。倡导教职工找准个人发展与学校发展两者的结合点,激励他们自我超越。强调 学 校 领 导 人 要做到知群体意愿、知职工苦乐、知人际关系调节的最佳时机与方法,努力形成领导班子的合力。 认为“班子每个成员的特长发挥了,校长的工作也就成功了一半”。此外还提出 做学生的“忘年知己”,捕捉教育信息,关注人的成长,探求“人本管理”规律,培养帮助和影响了不少教师的成长。他的先进教育理念和教育管理方法,在省、市教育界产生很大影响。

撰写《浅谈校长的修养与领导艺术》《校长一教师的知音》等文。

2004年6月12日，谢国光在成都逝世,终年74岁。

李治非

李治非(1942—2003),祖籍四川省广安市,重庆市人。中学特级教师。

1947年,随父母迁居成都。1960年,中师毕业后到青白江,从事高中语文教学。课堂教学中,利用自己渊博知识和教学艺术,将每一堂课上得深入浅出。结合学生实际因材施教,培养学生兴趣爱好,鼓励学生写作,并帮助他们发表和评奖。所教学生多次获全国竞赛一等奖和省市级奖励。由于教学成绩显著，李治非多次评为厂劳模、生产标兵。1985年,被授予四川省劳动模范称号,1986年,被评为国家化学工业部优秀教师。1988年,被授予成都市劳动模范,同年被评为中学语文高级教师。1991年,被授予四川省中学特级教师称号。

先后发表散文、杂文、诗歌等各种体裁的作品三千余篇,著有《汉语知识与写作》《小言论写作》《川渝口头禅》。《汉语知识与写作》获1991年成都市中学优秀科研成果一等奖、1992年成都市第四届教育科研成果二等奖。论文《讲台春秋》获1995年9月《四川教育》征文活动一等奖,《“理直”与“气壮”》获2001年11月好新闻作品一等奖。

从20世纪90年代初开始,李治非连续任两届青白江区人大代表,并担任多家报纸和区信访办的通讯员,发表大量文章,为群众反映情况,向上级提建议,多次评为优秀通讯员,获得市、区人大和信访办的嘉奖。于2002年退休后,留校担任高三毕业班语文教学。

2003年3月12日，李治非逝世，终年61岁。

杨重炎

杨重炎(1944—2005),成都市人。特级教师。

1961年8月,年仅17岁便开始在成都金马街小学任数学教师。1972年9月,调成都小南街小学任教。1978年9月,转至成都泡桐树小学任教,后任副校长。1994年2月,任四川师范大学实验外国语学校副校长。2001年4月,任成都东城根街小学校长。2002年6月,任东城根街小学视导员。2004年5月退休。退休前是中国教育学会小学数学教学专业委员会常务理事,中国教育学会小学数学教学专业委员会学术委员。

他在数学教学中,注意发掘教材潜藏的智力因素,凭借数学知识固有的“逻辑魅力”,提倡从儿童的认知心理出发,以发展思维为核心,启迪思维为手段,以掌握知识、形成技能和能力为目的的指导思想.因势利导激发学生的兴趣,并尽力为学生创造良好的情境,在学习数学中愉快地探索。课堂教学中,紧紧抓住激发各类学生的学习兴趣和以知识为依托培养学生的能力这两个重要方面,采取多种形式和方法,对学生施以积极正面的影响.使他们始于趣而知其理,明其理而长其能。形成独具特色的教学风格,在全国小学数学界有较高声望。20世纪80年代起,西城区在全区范围推广“杨重炎教改经验”。四川教育杂志以“让学生在数学王国中愉快地探索”为题,对其经验作了专题报道。并在全市中小学校长研讨班上多次交流经验。多次出席全国小学数学教学学术交流大会,曾主持全国第三次小学数学教学学术交流会(福建漳州)。1996年,开始用《学生素质发展报告单》综合反映评价结果,效果显著。1998年,“家乡环境改造方案”系列活动获四川省特等奖,全国优秀奖。

先后被评为四川省特级教师,成都市优秀教师,四川省优秀教师,成都市有突出贡献的中青年拔尖人才,成都市首届中小学教育专家。曾五次担任全国小学数学教学论文评审委员,四届全国小学数学优质课评委,四川省特级教师考核组成员,成都市优秀青年教师、学科带头人评委,四川省电化教育科研成果评委,成都市优秀科研成果18届评委。指导并参与“成都市小学数学启发式教学实验”,任实验组组长,该实验多次受到国家教委的肯定和表彰。

2005年7月,杨重炎在成都逝世,终年61岁。

七、文学

肖　英

肖英(1900—1996),成都市郫县花园场(今花园镇)人。著名作家。

出身于农家,于1918年考入四川省立第一师范学校,先后与沙汀、艾芜同学。五四运动爆发后,与同学创办学校有史以来的第一张壁报《春雷》。1920年秋,又与同学发起成立成都第一个安那其组织无社。追求进步,喜读宣传新文化、新思想的书籍。

1923年,省师校毕业后,考入北京国立医科大学。1924年3月18日,参加北京大学生反帝爱国的请愿活动。在北京读书期间,曾听国内第一流学者胡适、梁漱溟、鲁迅、李大钊、吴虞等的讲课,思想上大有收获。1925年,经吴玉章介绍,南下广州投笔从戎,进入黄埔军校第六期。1927年,广州军阀叛变革命,大肆屠杀革命人士,被迫只身潜往上海,结识了四川老乡任白戈,翻译了苏联作家格拉特珂夫的长篇小说《水门汀》。1931年,和任白戈一起到山东曲阜第二师范学校教书,在学校成立“文学研究会”“社会科学研究会”,发表许多言辞犀利的杂文。不久,被曲阜二师中共地下党组织吸收为共产党员。一年后，被特务逮捕；1934年，被营救出狱。昔日黄埔同学多已成为南京新贵，纷纷劝他留在南京任职。但人各有志，他不屑跻身官场鬼混，离开南京到上海后，找到原省一师校友沙汀、艾芜，三人共住一室。二人鼓励他写小说，他同意“试试看”。第一篇小说发表在胡风主编的《七月》上，后来又陆续创作《教育家》《船上》《曲阜》等中短篇小说，深受胡风喜爱，成为“七月”派核心作家之一。

1937年，抗日战争爆发后，辗转流亡到湖北恩施，被聘为恩施中学高中国文教师。几年间，创作了中篇小说《国文教员》《七十二荒》和长篇小说《百年大计》等，得到读者的喜爱和关注。1943年，应邀到万县中学任教。在万中校刊上，继续发表抨击黑暗专制的文章，后被特务逮捕。被捕次日，重庆《商务日报》和《新华日报》刊登了他被捕的消息并发表评论。迫于舆论压力，当局不得不释放他。1944年，辞职回到成都，经友人介绍到灌县青城荫唐中学教书。不久，“七月派”著名诗人、诗评家方然又推荐他到温江女中任教。在温江，他与方然共同创办《呼吸》杂志，揭露国民党统治的黑暗专制和腐败，再次受到特务的纠缠。因得女中校长（某专员的女儿）的保护，幸免于难。

中华人民共和国成立后，分配到重庆市文学艺术界联合会从事专业创作。1955年，因曾在胡风主编的《七月》杂志发表作品，受胡风事件的牵连被捕，审查14个月后获释，调《红岩》杂志社工作。1957年6月，被划为右派分子，遣送回郫县老家花园场劳动改造。1979年，落实政策，被安置在四川省文学艺术界联合会。年逾九十写出长篇回忆录《坎坷人生》，于1993年由四川文艺出版社创办的《峨嵋》杂志分三期连载，后更名为《与世纪同行》，由北京华艺出版社出版。他的创作热情不因年岁而衰竭，1995年他已95岁高龄，住进医院后，还在病床上构思长篇小说《上海滩》。

1996年1月14日，肖蔓在成都逝世，终年96岁。

巴　金

巴金（1904—2005），原名李尧棠，字芾甘。成都市人。杰出文学家、翻译家。新中国成立后，历任中国文联副主席、中国作家协会主席，作家协会上海分会主席，上海市文联主席、名誉主席，曾当选为全国人大代表、人大常委，全国政协副主席。

出生于成都正通顺街一个封建官僚地主大家庭。父亲李道河曾任清政府广元县知县。母亲陈淑芬是他的“第一个先生”，除教读古诗词，还教导他“爱一切的人，不管他们贫或富”。少年时期在与轿夫、仆人等的亲密接触中，不仅初步了解了下层人民的不幸命运，而且学到了正直诚实的生活态度。1914年和1917年，其母亲与父亲相继病逝后，目睹大家庭种种丑恶腐朽的生活和旧礼教对青年男女的摧残迫害，对封建大家庭强烈憎恨。

五四运动爆发后，新思潮涌入成都。在苦闷中彷徨的少年巴金开始大量阅读《新青年》《每周评论》《星期评论》《少年中国》《少年世界》《北京大学学生周刊》《星期日》《学生潮》等进步刊物，逐步接受反帝反封建、科学民主等进步思想。1920年秋，入五世同堂街成都外国语专门学校读书，开始广泛接触西方文学和社会科学著作，受到无政府主义思潮的影响，积极参加《半月》杂志撰稿工作和进步社会活动。年底，参加成都学界为反对军阀刘存厚开展的请愿活动和集体罢课斗争。1922年7月、11月，在《时事新报》副刊

《文学旬刊》上发表诗歌《被虐者底哭声》12 首和散文《可爱的人》,从此开始文学创作生涯,并初步显示了他的创作特色。1923 年 4 月离开成都,先后到上海、南京等地读书。1925 年,在东南大学附属中学高中毕业后, 与朋友组织民众社,创办《民众》半月刊,并从事无政府主义理论探索和社会运动。

1927 年 1 月,赴法国巴黎求学。其间,怀着对祖国的深厚感情,写下反抗黑暗势力、歌颂为理想而献身的第一部长篇小说《灭亡》,宣告“凡是曾经把自己的幸福建筑在别人痛苦上面的人都应该灭亡”。1929 年,以笔名“巴金”在《小说月报》发表,在文学界和青年中引起广泛关注。从此,以极大的热情投身文学创作,通过作品探索中国青年追求理想和信仰的道路,揭露封建大家庭和社会专制制度的罪恶,代表作除《灭亡》外,有《新生》《爱情三部曲》(《雾》《雨》《电》)《春天里的秋天》《激流三部曲》(《家》《春》《秋》)等。同期出版《复仇集》《光明》等短篇小说集,字里行间充满热忱和追求,在社会上引起重大反响。20 世纪 30 年代起,定居上海。1933 年参与《文学专刊》编辑工作。1934—1935 年赴日本学习日文,其间,创作小说《神》《鬼》《人》,风格渐趋平和稳健。1935 年,回国后,在上海任文化生活出版社总编辑,编辑《文学丛刊》《译文丛书》《文化生活丛书》等大型丛书。“九一八”事变后,投身抗日救亡运动,曾任中华全国文艺界抗敌协会理事,并担任《救亡日报》编委,与茅盾共同主编《呐喊》(后改名为《烽火》)杂志。1938 年后,辗转于广州、上海、昆明、重庆、桂林、成都等地,发表宣传抗日战争的小说《火》(三部曲)。抗日战争后期,以描写现实生活中的小人物为主,表现出深厚的人道主义精神, 代表作有中篇小说《憩园》《第四病室》《寒夜》等。

抗日战争胜利后回到上海,继续在文化生活出版社从事出版和翻译工作。1949 年 7 月,参加在北京召开的中华全国文学艺术工作者代表大会,当选为全国文联委员。后又出席中国人民政治协商会议第一届全体会议。中华人民共和国成立后,任平明出版社总编辑及《文艺月报》《收获》《上海文学》主编。以后的创作进入新阶段,着重描写新人新生活。

其代表作《家》是中国现代文学史上最卓越的作品之一,曾引起无数青年的共鸣,促使其中一些人走出封建牢笼, 参加革命和社会进步运动。《寒夜》反映抗战最困难时期底层知识分子及其家庭的悲惨命运,为被践踏被蹂躏的小人物申诉。新中国成立后,他多次深入工厂、农村和革命老区体验生活, 两次到战火纷飞的朝鲜战场,创作了大量通讯特写、散文随笔,并出版反映朝鲜战争的短篇小说集《英雄的故事》《李大海》等。根据其小说《团圆》改编的电影《英雄儿女》,在观众中引起强烈反响。他与靳以创办、主编的大型文学刊物《收获》, 是国内最有影响的文学杂志之一,对中国当代文学的发展产生深远影响。

“文化大革命”中,巴金受到残酷迫害,但对祖国和人民始终充满信心,在极端困难的情况下翻译了赫尔岑的《往事与随想》。“文化大革命”结束后, 以沉痛的心情反思知识分子在 20 世纪所走过的道路和教训,并以个人为解剖对象,写出五卷《随想录》,总结“文化大革命”的历史教训,挖掘知识分子的心理缺陷,提倡建立中国现代文学馆和“文革”博物馆。被文化界誉为“一部说真话的大书”, 使他的散文创作在思想艺术上达到高峰。晚年出版随笔集《再思录》、整理出版《巴金全集》(16 卷)、《巴金译文全集》(10 卷)等。他以一部部饱含激情的作品和一颗挚爱祖国人民的赤子之心享誉海内外,创作的大量优秀作品是中国现当代文学史上的宝贵财富。他的许多作品先后被译成英语、俄语、日语、瑞典语、朝鲜语和世界语等近30种文字，在全世界广为传播。由于在思想上和文学上的突出成就，也由于在20世纪中国知识分子道路探索上的典型性，20世纪80年代以后，他的作品一直成为学术界研究中国20世纪文学和知识分子道路的重要对象。1985年，创议建立中国现代文学馆。自1989年起，全国共召开过四届巴金国际研讨会，出版过十几种研究年谱、传记和理论专著。

50年代后，巴金作为民间的外交使者多次出国访问，参加国际文化交流等活动。在海内外获得多种荣誉称号。1982年，获意大利“但丁国际奖”；1983年，获法国“荣誉军团勋章”；1984年，获香港中文大学荣誉文学博士学位；1985年，获美国文学艺术研究院外国名誉院士称号；1990年，获苏联“人民友谊勋章”、日本福冈“亚洲文化奖特别奖”；1993年，获亚洲华文作家文艺基金会“资深作家敬慰奖”；1998年，获上海文学艺术杰出贡献奖。因其特殊贡献，1999年，经国际天文学联合会下属的小天体命名委员会批准，8315号小行星被命名为巴金星；2003年，国务院授予他“人民作家”荣誉称号。

对家乡，巴金一直怀着深切的眷念之情。1941、1957、1960年曾回成都小住。1987年，最后一次回到家乡，在老宅双眼井前久久驻足。曾说：“近年来我非常想念家乡，大概是到了叶落归根的时候吧。”

2005年10月17日，在上海逝世，终年101岁。

艾　芜

艾芜(1904—1992)，原名汤道耕，笔名刘明、吴岩、魏良、乔城、汤爱吾，成都市新都区清流镇人，著名作家。

其父为乡村小学教师。他先后在多所乡村小学读书，小学时期即读了《三国演义》《七侠五义》《小五义》《续小五义》《说唐》等小说。1921年春，考入成都联中，因无钱交学费，辍学半年，继于同年秋考入成都省立第一师范学校，与沙汀同班。在校期间，广泛阅读《新青年》《新潮》等进步刊物，练习用白话写诗文，开始在“新繁县留省同学会”所办《繁星》杂志上发表诗歌和散文。1925年，在“五四”精神感召下，由于不满守旧的学校教育，反抗封建包办婚姻，毅然中断学业，离乡南行，寻找新的生活道路。他从成都走到昆明，又从昆明走到仰光，一路打工为生，与下层劳动者朝夕相处，经历了长达六年的漂泊生涯。在昆明，替一所红十字医院做过杂役；在中缅交界的茅草地，替一家旅店打扫过马粪；在仰光，曾替和尚煮饭，还做过华侨报纸的校对、编辑，也当过小学教员。他多次面临绝境，体验了下层民众所遭受的困苦、辛酸、屈辱。

1930年冬，因参加缅甸共产主义小组反对英国殖民统治的活动被捕。1931年，被当局驱逐出境。1932年春，回到上海，投入左翼文艺运动，加入中国共产党，走上文坛，开始发表小说。先后出版短篇小说集《南国之夜》《南行记》《山中牧歌》《夜景》和中篇小说《春天》《芭蕉谷》以及散文集《漂泊杂记》等。作品大都反映西南边疆和缅甸等地底层民众的苦难生活及自发的反抗斗争，开拓了新文学创作的题材领域。他所描写的传奇性故事，不乏特异性格的人物和边地迷人的绮丽风光，从而使作品充溢着抒情气息和浪漫情调。《南行记》是他的处女作，以西南边塞美妙的月色风光和浓郁的异乡情调，写出了一幕幕人间悲剧，刻画了“那些在生活重压下强烈求生的欲望和朦胧反抗的行动”。在描写底层劳动者、流浪汉、少数民族贫苦人民悲惨命运的同时，他尽力挖掘他们真、善、美的品质和“性情中的纯金”，作品一经问世，即在文坛引起很大反响。被誉为“脖子上挂着墨水瓶的作家”，并被鲁迅先生誉为“中国最优秀的青年作家之一”。

抗日战争爆发后，他辗转于汉口、桂林、重庆等地，从事创作和教学。曾任中华全国文艺界抗敌协会桂林分会理事及《抗战文艺》桂林版编委。居留桂林期间，全家生活特别贫困，他不得不亲自在观音山脚下屋旁开荒种菜，四年中只看了两次电影。1944 年，携六口之家经贵州到重庆，初落脚于张家花园“中华全国文艺界抗敌协会”，任抗敌协会重庆分会会刊《半月文艺》编辑。一个月后，迁至南温泉白鹤林乡下居住，与沙汀、任白戈等往来尤为密切。1946 年，到陶行知创办的社会大学任教。1947 年夏，国民党在重庆搜捕民主人士，他转移到上海。其间出版短篇小说集《黄昏》《荒地》《秋收》《冬夜》《烟雾》，中篇小说《江上行》《落花时节》《乡愁》，长篇小说《故乡》《山野》等，反映国民党统治区劳动群众的苦难、抗争和追求。1948 年，应聘到重庆大学任教，一边教书一边写作。

中华人民共和国成立后，任重庆市文化局长兼重庆市文联副主席，仍在重庆大学任教授兼中文系主任。1953 年，被选为全国文联委员和中国作家协会理事，留京从事专业创作。为了“把新的一代中国人写出来”，表现“新的人，新的群众，新的现实”，他深入基层，下工厂、下农村，到鞍钢、大庆、凉山和云南边疆等地体验生活，创作出《百炼成钢》《夜归》《南行记续篇》等作品。所写长篇小说《百炼成钢》，被誉为中华人民共和国成立初期描写工业战线和工人生活最成功的作品。

粉碎江青反革命集团后，被选为四川省文联和作协名誉主席，中断十年创作。以后重赴鞍钢，第三次南行，写出长篇小说《春天的雾》《南行记新篇》，并出版十卷本《艾芜文集》。1991 年，应邀参演《南行记》电视系列片，该片获得国内外十一项大奖；个人荣获“飞天奖”、演出荣誉奖。

1992 年 12 月 5 日，艾芜在成都逝世，终年 88 岁。

他一生辛勤笔耕六十八载，留下五百余万字的文学巨著，巴金赞誉说：“艾芜是中国最杰出的作家之一，也是家乡人民的骄傲！”他的小说相继被译成英语、俄语、日语、韩语、德语、法语等多种文字，受到国外读者的喜爱。2000 年，家乡人民在饮马河畔新都区桂湖公园内建造了艾芜墓。墓由红砂巨石垒成，上端矗立着他的半身青铜塑像。墓前端的正方形大理石上镌刻着他的一段座右铭：“人应像一条河一样，流着，流着，不住地向前流着；像河一样，歌着，唱着，欢乐着，勇敢地走在这条坎坷不平、充满荆棘的路上。”

2005 年，中国现代文学馆建立艾芜文库，收藏了他的家属、新都区人民政府、日本大阪帝冢山学院共同捐赠的艾芜藏书 4000 余册、著作手稿与作家书信 700 余件、作家资料照片 900 多张及书房家具 15 件。

沙　汀

沙汀（1904—1992），原名杨朝熙、杨只青、杨子青，笔名沙汀、尹光，四川省绵阳市安县安昌镇人。其父为清朝廪生，早逝，由母亲抚养成人。舅父加入反清的哥老会，是当地袍哥组织的首领。沙汀少年时代因帮助舅父传递信息，经常出入于四川西北的农村与市镇之间，因此十分熟悉地方军阀在四川农村的黑暗统治和豪绅集团的腐败情况。

1921 年，入成都四川省立第一师范学校，与艾芜同班，接受“五四”进步思想，爱好新文学，阅读了一些宣传科学社会主义的书刊。1927年加入中国共产党。次年，回到家乡任安县教育局局长，在家乡从事革命工作。其间，动员舅父郑慕周出资兴办安县图书馆。1929年，成都发生"二·一六"惨案后，流亡上海，与川籍学友任白戈、杨伯凯等创办辛垦书店，并开始创作短篇小说。1932年10月，短篇小说集《法律外航线》由辛垦书店出版，收小说12篇，署名沙汀，此后即以沙汀为笔名。1932年11月，经周扬介绍参加左翼作家联盟，任左翼作家联盟秘书及散文组组长。抗日战争爆发后，离开上海回到成都，一面在中学教书，一面在当地中国共产党组织领导下做文学界的统战工作，并为车耀先创办的《大声周刊》写稿。1938年，创作《防空——在"勘察加"的一角》(后改名《防空》)，反映了当时大后方国民党官场的一些丑行。同年8月，与何其芳、卞之琳同赴延安，在鲁迅艺术学院任文学系代主任。后跟随贺龙转战于晋西北、冀中平原。一年多的抗日民主根据地之行，使他写出著名的传记文学《随军散记》(即《记贺龙》)和原编入《敌后琐记》中的一些散文。以后又写出反映人民对解放区向往之情的短篇小说《磁力》和表现根据地斗争生活的中篇小说《奇异的旅程》。1940年，回到重庆，不久发表著名小说《在其香居茶馆里》，暴露国民党在兵役问题上的严重弊端。"皖南事变"后回到安县，继续从事文学创作。

中华人民共和国成立后，当选为全国人民代表大会代表。历任川西文化艺术联合会副主任，西南文化艺术联合会副主席、主席，全国作协创作委员会副主任，四川省文联主席，四川省作协主席。在"文化大革命"中，被打成资产阶级文艺黑线的代表人物，受到批斗和迫害。1978年，被任命为筹备恢复四川省文联及各协会的领导成员。同年，调北京，任中国社会科学院文学研究所所长。1979年，任中国作协副主席、第五届全国政协委员。晚年回成都定居。

沙汀在长期创作实践中形成独特的艺术风格，被誉为短篇小说的圣手、中国的契诃夫、农民诗人、乡土作家。他绘制出一幅幅富有特色的四川农村风俗画，创作了一篇篇生动描写中国封建宗法社会的"乡镇小说"。他又是一名卓越的讽刺小说家，以犀利的文笔，解剖旧社会的假恶丑，揭露和讽刺地方军阀统治下四川农村社会的黑暗，刻画出地方政权中一些人物卑劣的灵魂。早在抗战以前，他即被誉为"左联"的讽刺双璧之一。他的作品以含蓄深沉的艺术特色和浓郁的地方色彩为人所称道，善于以现实主义方法深刻描绘旧时代四川西部人兽混杂的黑暗生活，因而又被誉为"农村痼疾的严峻剖析家"。1949年后，他的小说增加了革命理想成分。其小说在艺术手法上，一般不追求故事情节的丰富和生动，而是提供一些场景、对话等，让读者自己去串起一个完整的故事。小说的语言富有地方色彩，人物对话多为四川方言，川人读之，倍觉韵味无穷。

沙汀著述甚丰，出版的长篇小说有《淘金记》《困兽记》《还乡记》，其中以《淘金记》的成就最为突出；长篇报告文学有《忆贺龙》，中篇小说有《闯关》《青㭎坡》《木鱼山》《红石滩》等，短篇小说集有《法律外航线》《兽道》《播种者》《呼嚎》《堪察加小景》《过渡集》等。在众多短篇小说中，《在其香居茶馆里》被认为是他的代表作。另有日记体散文集《敌后七十五天》等。

1992年，沙汀在成都逝世，终年88岁。

萧崇素

萧崇素(1905—2002)，原名萧宗璞，笔名巴兰，四川省安县人。中国早期现代戏剧活动家，民族民间文化研究者，民间文艺家协会四川分会副主席。

1921年,考入四川省立高等师范学校附中,1923年,加入王佑木领导的成都社会主义青年团。1924年,进入上海震旦大学攻读法文,1925年,参加“五卅运动”。后转入大厦大学预科。1926年赴日本东亚预备学校学习日语。1927年秋,转入东京大学学习文学。

1929年春,回到上海,加入“南国社”,和田汉、洪深、夏衍、周扬、赵铭彝等共同从事“左翼戏剧运动”。参加第二次《西线无战事》《钦差大臣》等公演,和左明、吴湄、郑君里、陈白尘等发起“学校戏剧运动”,自编自导中国早期新歌剧《王昭君》。1930年3月,任摩登社文学部部长,发表大量影评、剧评、译著和评介国外文学的文章。曾参加宋庆龄、鲁迅领导的“反帝同盟”的活动。1936年春,到重庆,任《新蜀报》主笔,先后发表三四百篇社论。参加“重庆救国会”工作,任“重庆文化界救国联合会”理事、戏剧队队长、“全国抗敌剧协”常务监事。抗日战争爆发后,率戏剧队在重庆首演《放下你的鞭子》,并在重庆市区及长江、嘉陵江沿岸的城镇、乡村巡回演出抗日戏剧。先后出版《抗战必胜论》《救亡儿童剧集》,发表《村中牧童》等剧本。1939年,国民党颁布《限制异党活动的办法》,被迫离开重庆,回到故乡安县。1942年5月,蒋介石密令国民党安县党部“严饬迅捕奸伪重要分子”萧崇素及其夫人王映川,幸得友人相助及时转移。1946年,任“中华全国文艺协会”重庆分会秘书,并担任“民盟”适存高级商业学校训育主任;次年任代理校长。

中华人民共和国成立后,曾任四川大学、华西大学兼职教授,成都市剧协副主席,四川文联创作辅导副部长,四川民研会副主席,四川《格萨尔》工作领导小组副组长,中国民间文艺家协会顾问,中共四川省委党史工作委员会顾问,西南作协理事,四川省文联常委,民间文艺家协会四川分会副主席,中国少数民族文学学会顾问,中国南方少数民族哲学及社会思想学会顾问等职。

1954年后,长期从事藏族、彝族民间文学的收集、整理和研究工作。曾到甘孜、凉山、阿坝等少数民族地区体验生活、采风。先后出版藏族民间故事集十部,彝族民间故事两部,参与出版藏族、彝族民间故事、民歌集四部。收集、整理出版《奴隶与龙女》《青蛙骑手》《山兔的故事》《葫豆雀与凤凰蛋》《五色海的传说》《增布的宝岛》《骑虎勇士》《肖崇素民间文学论集》以及彝族民间故事、歌谣、民间文学理论文章、专著,部分作品被译成英、德、法、西班牙、日本、阿拉伯文字,介绍到国外。

中共十一届三中全会后,在四川率先组织学者发掘、抢救藏族史诗《格萨尔》。1995年8月,受到中国作家协会表彰。1999年3月,出版《萧崇素民族民间文学论集》。2000年3月,中共中央宣传部、中国文学艺术界联合会、中国民间文艺家协会授予萧崇素首届“中国民间文艺山花奖成就奖”。

2002年9月3日,萧崇素在成都逝世,终年97岁。

杨　露

杨露(1905—1996),字叔成,学名廷桢,四川省璧山县人。新中国成立前成都《新新新闻》首任经理。

七岁入私塾,13岁入成都高师附小,15岁入高师附中。受国文教师张秀熟的影响,读了陈独秀所著《人生真谛》及《杨震四知》《吕子呻吟语》等书,一心追求进步。1925年年初,考入成都大学,加入进步学生组织健行社。为声援上海“五卅”惨案,积极参与演讲和宣传活动。后加入国民党。1931年春，受国民革命军28军建设师师长马毓智资助，赴日本东京成城学校高等军政科学习。同年，"九一八"事变后回国，就读于南京金陵大学农学院。在校期间，与中共党员秦学昌交往，开始阅读进步书籍。毕业后在《民视日报》任编辑。1926年，任成都《国民日报》副刊编辑。1930年，任《新新新闻》首任经理，主管编辑、营业事务，负责社论、杂文等的写作和审稿工作。1942年7月，任国民政府西昌县县长、少将参议。1947年7月任《西方日报》社社长兼总主笔和发行人。1949年12月，随刘文辉部起义，被任命为西康省临时军政会议主任秘书。1950年2月，随起义部队开赴大邑整编。以少将军衔任大队长，率大队官兵一面学习一面劳动生产。1950年9月，调眉山思蒙西南军政大学学习，后转入广汉西南军政大学教导二团学习。1953年，结业后，回邛崃安排工作。1957年任邛崃民中教导主任。反右倾运动中，被划为右派分子，受到不公正待遇。1979年，落实政策。历任成都市政协常委，政协邛崃县委员会副主席

杨露一生为官清廉。任西昌县县长时，整饬吏治，查禁烟毒，将私贩烟毒的行辕特务营长李自伟撤职查办；亲自带头开荒造田，勉励农耕；兴办边民学校，吸收当地彝族、水田族、傈僳族子女入校学习，提高当地少数民族的文化素质。

他在学生时代即喜爱诗歌、小说、杂文、文学评论。主张正义，声讨邪恶，曾在报纸副刊上发表童话，影射四川军阀连年混战造成民不聊生，苦难重重的情景。并在报上发表多篇政治性诗歌抨击时弊，还曾编印反对不平等条约的小册子。1948年，成都出现抢米风潮和学生反饥饿游行示威，国民党中央社宣称系由异党组织策划，他及时在副刊上发表题为《以组织对组织》的杂文予以批驳，支持学生运动。当国民党特务逮捕报刊经理和印刷厂厂长时，他四处奔走，通过多种渠道进行营救，并掩护进步人士撤退。

"文化大革命"期间，埋头研究古汉语，完成《新韵学》初稿。"文化大革命"后期，在县政协管理图书。在整理图书的过程中，从1974年7月起，历时7个月为政协手抄一部30多万字的《邛州直隶州志》。撰写有《我在四川三十年》《西方日报始末》《我在西康十年》等文，为研究特定时期的历史提供了有价值的史料。20世纪80年代，新方志编纂工作启动后，任《邛崃县志》副总编辑，倾心为修志工作奉献余热。

1996年3月1日，杨露在呼和浩特逝世，终年91岁。

胥端甫

胥端甫（1906—1992），又名抑庵，四川省盐亭县人。台湾著名学者、诗人，四川省政协委员、常委。

1937年，毕业于四川大学国文系。曾任国民党中央宪兵第五团书记官，陆军八十二师司令部少校秘书，重庆警卫旅中校干事，甘肃定西榆中田粮处督导处长。于1948年到台湾，任中国文化学院教授，铭传女子商专教授，国防研究院研究员。1980年，旅居美国；1982年，回国定居成都。

平生著述甚丰。曾主持编纂《国父全集》《清史》《明史》等大型图书。著有《诗史与世运》《抑庵诗词集》《抑庵论文集》《明清史事随笔》等。回国后著有《归去来诗词集》，尚未出版的有《台湾文化文学艺术史》七部，《张大千年谱》等。1980年，胥端甫先生古稀挂零，日感桑榆迫幕，恋国思乡，归心如焚。"埋骨要回中国土，扶伤常在汉家营"（《感题安东尼英雄故事》）道出先生肺腑，乃携眷载书百余箱赴美，寻机归根。在中国驻美使馆安排下，于1982年7月30日离开美国，毅然来归，

受到廖承志等中央领导人的热情接待。

1992 年 5 月 8 日，胥端甫在成都逝世，终年 86 岁。

周澹秋

周澹秋(1912—1990)，女，成都市邛崃西禅乡人。女诗人，被称为“临邛清照”。

1917 年，开始读私塾。1922 年，就读于邛崃女子高等小学初小部。后随父出游，并学习古文经史。1927 年后，定居成都，其父礼聘泸州名师王少溪来蓉设帐，教她诗词歌赋，历时三载。后又从张霞村学国画 1 年，从阳山医学院院长陈云门学医 4 年。20 岁时议婚豪门，因该子弟不学无术，遂长斋礼佛以示抗婚。不久结识临邛李黄糕之子李维贤，与之诗酒唱和，结为知己。家人禁之，乃忿然出走，投奔老师陈云门。陈让其代写处方，并在天府中学代改学生作文，借以维持生计。后又由陈介绍到成都新南门中医医院行医。1937 年，与李维贤结婚。

为人恬静淡泊，一生醉心诗词曲剧。所遗诗六百多首，大都作于 1976 年以后。词句清新自然，时人誉为“临邛清照”。1985 年后，在湖南岳麓诗刊发表多首诗词。

所著曲剧有《黄崇嘏》《琴音记》。其中，《琴音记》获省文学作品创作二等奖。1986 年，有人将《琴音记》带到北京，上海诗人钱西园读后赞曰：“当代

难得之女才人，而出自临邛，实可称为文君之后第二女史也”。

1990 年，周澹秋在邛崃逝世，终年 78 岁。

叶　石

叶石(1913—1998)，笔名煤黑子、六郎、一萍，山西省汾阳县人。曾任成都市副市长、四川省文联副主席。

1926 年起，先后就读于汾阳县河汾中学、铭羲中学，北平中国大学附中、北平师范学校及山西教育学院中文系。于 1936 年 12 月参加革命，1937 年，赴延安，1938 年，加入中国共产党，1940 年，在“鲁艺”文学系学习。历任陕甘宁边区抗战剧团主任、晋绥七月剧社社长、晋绥文化服务团团长，晋绥文联文学部副部长，中共晋绥分局宣传部科长。成都解放后任成都市军管会新闻处处长，中共成都市委常委宣传部部长、市委青委书记、市委宗教委员会书记，成都人民广播电台台长，中共四川省委暨成都市委国际活动指导委员会副主任委员。1956 年，任成都市副市长。1958 年，反右派斗争中被错划为“右派”分子，下放成都市文化馆工作。1963 年，任市文化局副局长。“文化大革命”期间下放西昌五七干校劳动。中共十一届三中全会后平反，历任省文化局剧目工作室主任，四川省文联副主席、党组副书记，省剧协主席、省作协副主席、省作协党组书记。于 1983 年离休后，任省文联第四届全委会顾问、省作协全委会顾问。

叶石主要从事文化教育界工作，20 世纪 50 年代初领导组建省、市广播电台及《成都晚报》。1982 年 10 月，任李白研究学会筹备组副组长。

他身材高大，说话轻言细语，一派儒雅的学者风度，年轻时是个翩翩的美男子，但从无傲气，更无官气。当年他的部下崔桦曾著文说，叶石一贯重视有才干的人，并能做到宽容待人。50 年代初，他的妻子冯佩璋任成都市第一人民医院院长，准备吸收一位 1949 年以前曾吸食鸦片的“从旧社会过来的医生”，可是遇到了阻难。作为市委宣传部部长的叶石知道后，当即说：“物尽其用，人尽其才；人非圣贤，孰能无过。如果一个病人躺在手术台上，生命垂危，是用人家的技术救命呢，

还是置生命于不顾先去查人家的历史呢？”在那个年代敢于说这种话的人，肯定是不多的。不久医院吸收了这位医生，后来这位医生成为非常受人尊敬的妇产科主任。叶石是一位优秀的演说家，听他做报告往往需要提前去占位子。他做报告从无居高临下的姿态，总是娓娓道来，以理论力量折服听众。有一次他做报告时，突然推开讲稿问大家：“你们见过梅兰芳吗？我在北京火车站见过。哎呀，人山人海呀！人们从心窝里敬仰他……我们能比得上吗？我们工作做得好不好，有千条万条标准，群众是不是拥护你，才是最根本的标准。”他习惯深入群众。文化界的老人们常回忆说：“那时侯，不是我们去找叶石，而是叶石来找我们。”

著有大型历史剧本《孙膑》、长篇历史小说《刘邦与吕后》、电影文学剧本《浣沙女》、历史传奇小说《红绣花鞋》等。《孙膑》获四川省优秀作品二等奖，《刘邦与吕后》获全国长篇通俗文艺作品贡献奖、1988年度四川郭沫若文学奖、第二届四川省文学奖荣誉奖。

1998年5月3日，叶石在成都逝世，终年85岁。

李华飞

李华飞(1914—1998)，字明诚，笔名巴城，重庆市人。民盟成员。著名作家，四川省文史研究馆馆员。

1932年读高中时，与同学温田丰、罗永麟、陶敬之等一道组织“尝试文艺社”，开始发表习作。于北平中国大学经济系毕业后，到日本早稻田大学攻读经济专业。1935年，开始发表作品，曾参加任白戈、林林、雷石榆等主持的“左联”东京分盟的诗歌社。曾任《国民公报》驻东京特约记者、任东京《文海》文艺主编。1937年回国，参加“中国青年作家协会”。1938年，由老舍、沈起予介绍加入“中华全国抗敌文艺家协会”。抗日战争时期回到四川，历任重庆《国民公报》“海外”文艺旬刊、《春云》文艺月刊、《诗报》半月刊、《新蜀报》晚刊副刊、成都《文境丛刊》《星期快报》副刊等的编委和主编。并担任上海立信会计专科学校重庆分校、西康省立中学教师、巴县沧白镇中心国民学校校长。

中华人民共和国成立后，历任重庆巴县师范学校校长、西南人民出版社编辑、西南人民广播电台文艺组副组长、四川人民广播电台文艺组组长、四川省曲艺队编剧。“文化大革命”运动中，受到迫害，下放大凉山。1978年后，落实政策，担任《凉山文艺》副主编。后调回成都，任四川《文史杂志》编委，重庆出版社抗战时期大后方文学书系编审。1984年，聘入四川省文史研究馆。曾任中国作家协会会员、中国民间文艺家协会会员、四川作家协会会员、四川散文诗学会会员，编审。

著有诗歌《渡洪江》《雨空》《山城在轰炸中屹立》《弹筝老人》，大型川剧剧本《望娘滩》(合作)，散文集《孔雀，孔雀》等。

1998年，李华飞在成都逝世，终年84岁。

许　伽

许伽(1916—1999)，女，原名徐秀华，别名余芳，笔名许伽，以笔名行世。成都市都江堰石羊场人。著名女诗人。

1936年，到成都读初中；1941年，高中毕业。1942年秋，考入内迁成都的金陵女子文理学院中文系。1946年，因参加学生运动被勒令退学。1949年1月，赴浙东游击区参加革命，任随军记者。同年6月杭州解放，调至《浙江日报》社任记者。于1953年回川，任雅安《西康日报》记者。1955年，因胡风案牵连被捕受审。1956年，调成都电讯工程学院任校刊编辑。同年,加入四川省文学艺术界联合会诗歌组。1957年,被划为“右派”分子。1961年1月,调会东县。在会东21年中,教过书,当过店员,打过杂,蹲过牛棚。1980年,协助筹组会东县文联,任文学组长。1982年,加入省作协。同年,在会东中学离休,此时已66岁。落叶归根回到都江堰市。旋即加入陈道谟等创办的灌县“萤”诗社和青城文学社,以极大的热情投入文学创作。1984年,写的散文《村》,获《中国教育报》征文二等奖。

许伽是在抗日战争时期成长起来的一位有成就的诗人。1935年,即在《灌县新闻》发表处女作《给马占山将军及察北抗日将士信》。在成都上学期间,参加过战时学生旬刊社、华西文艺社、现实文学社、平原诗社、诗垦地社和文学笔会等进步社团活动,并发表诗作。曾与同乡陈道漠在成都创办《挥戈文艺》,与安旗、路会等创办《拓荒文艺》,团结了一批倾向进步的文学青年。1947年,在丹阳任教期间,主编《丹阳正报》“嫩芽”副刊。先后创作一批有影响的诗作,如《古城,我爱你》《常春藤》《还乡草》《雾》《寻找童年》《给女儿》《追逐》等。无论长诗、组诗、散文诗或散文都受到读者好评。部分诗被收入《抗日战争时期大后方文学书系》《中国四十年代诗选》《她们的抒情诗》《五十朵深情的花》《四川散文诗选》。

许伽的诗作,风格质朴,感情细腻,思想敏锐,抒发出浓郁的忧国和思乡情怀。时人评价说,她的诗“自有其女性特色,但与许多女诗人不一样,她的诗中渗透着一种不是所有女性都有的强硬和反叛的精神”。其诗歌的艺术风格,“既含蓄又奔放,既细腻又粗犷。

1989年,出版诗集《常春藤》;1991年,出版散文集《母亲河》。无论诗与散文,皆时露思想的光芒。

她极健谈,语言不乏锋芒。喜扶掖后进,常告诫文学青年,要用心写作,踏实做人。

1999年1月14日, 许伽在都江堰市逝世,终年83岁。

哈 华

哈华(1918—1991),原名钟开明、钟志坚,成都市郫县太和场人。著名作家。历任中国作家协会上海分会副主席、书记处书记、上海《萌芽》杂志主编.

幼时随父由郫县太和场迁居新繁镇,就读于新繁小学。因受“五四”新文化的影响,少年时期便喜爱文学。1938年,离家奔赴延安,入抗日军政大学学习。同年秋,被分配到西安八路军办事处工作。其间,写了一部描写八路军挺进华北敌后抗战的小说,在报上连载,从此走上文学道路。曾任八路军军校教员、记者。1943年,回到延安,在鲁艺研究室从事专业创作和理论研究。1949年后,主持上海《解放日报》副刊工作。1956年,创办《萌芽》及《电视·电影·文学》,致力于培养青年作家。

作品以军事题材为主。出版作品十多部。长篇小说有《东海轻骑》《夜莺卫队》《浅野三郎》等,儿童文学作品有《孤儿苦女》《回到金日成伯伯身边》《三个小杂技演员的遭遇》等,散文集有《友情》《祖国的眼睛》等。其中,《东海轻骑》已被改编为电影,《浅野三郎》被译成日文等多种文字。

1987年秋,哈华从上海回川参加文化活动,顺路回到新繁古镇, 撰写散文《重睹秀色访东湖》,并应邀为《新都教育》创刊号题词。

1991年,哈华在上海逝世,终年73岁。

丁 洪

丁洪(1918—2002),原名汤幼言,成都市人。

著名军旅诗人，话剧、电影剧作家，研究员。历任中国戏剧家协会理事、辽宁省文联副主席、辽宁省剧协副主席、辽宁省作家协会理事、中华诗词学会理事。

1936年，肄业于四川大学化学系。同年，参加中华民族解放先锋队，组织并领导“学生抗敌后援会”工作。1938年，参加四川旅外剧人抗敌演剧队，深入农村进行抗日救国宣传。同年，加入中国共产党。1939年，与吴雪等参加话剧《抓壮丁》的创作和演出。1940年，奔赴延安，入青年干部学校学习。毕业后历任延安青年艺术剧院演员室主任、研究室主任。1943年，任联防军政治宣传队教员。1946年，调东北民主联军总政治部宣传部任创作出版科科长，兼《部队文艺》主编、解放军第四野战军文工团团长。1949年后，历任中南军区政治部创作研究班主任、中南军区艺术剧院创作室主任，沈阳军区抗敌话剧团团长、沈阳军区旅大军分区顾问、沈阳军区文化部副部长、沈阳军区政治部研究室副军级研究员。1955年，荣获三级独立自由勋章、二级解放勋章。1999年离休。

主要作品有独幕话剧《岗哨》，《这并不是奇迹》，多幕话剧《解放》(合作)、《巧绣河山》《三年》，电影文学剧本《抓壮丁》(合作)，传记小说《真正的战士·董存瑞的故事》(合作)，电影文学剧本《董存瑞》(合作)、《雷锋》(合作)、《决战雄关外》、《穿军装的居民》，歌词《我为人民扛起枪》《前进！人民解放军》。其中，《董存瑞》获1957年国务院文化部优秀影片一等奖章，《雷锋》获1966年总政治部优秀创作奖。另有论文《旧诗新韵》《旧诗新韵再议》及《丁洪诗词选》等。

2002年1月26日，丁洪在沈阳逝世，终年84岁。

刘传茀

刘传茀(1919—1992)，四川省阆中市保宁镇人，原名刘传福，1939年，到延安改名。诗人，四川省诗词学会常务副会长。

1934年，在重庆巴县三里职业中学读书时，接受进步思想，从事抗日救亡活动，在校内发起办壁报《高塔》，后又通过关系把《高塔》改在《济川公报》作为副刊出版。1936年，经在重庆搞救亡歌咏活动的陈克琴介绍，与地下党员张曙时取得联系，并向张曙时汇报重庆抗日救亡工作。张交给他一项任务，在重庆组织民族解放先锋队，把各校公开的、合法的学生组织尽可能统一起来。回重庆后，他与漆鲁鱼取得联系，约集重庆各中学从事抗日救亡工作的学生骨干秘密集会，于11月组建重庆学生界救国联合会，简称“秘密学联”，被推选为主席，使重庆抗日救亡力量达到团结统一。1937年9月，加入中国共产党，并奉命回重庆建立地下组织，成立中共重庆市核心党小组。12月，中共四川省工委成立，调任省工委书记邹风平的秘书，继任省委巡视员。1938年9月，调任南充川北工委组织部部长；年底，川北工委撤销，改任南充中心县委组织部长；1939年8月任南充中心县委书记；9月，调任重庆市委宣传部长兼江北县委书记。10月，由重庆去延安，在中央党校学习，后任陕北葭萌县委、地委宣传部长等职。1948年4月，“西府战役”中被俘，“三大战役”后被释放。1949年，随军南下，新中国成立后，历任成都市公安局刑警大队长、副局长。1964年，“四清”中被隔离审查。其后“文化大革命”开展，一直被羁押狱中。1979年，获平反昭雪。

离休后，任四川省诗词学会常务副会长兼秘书长，是四川诗坛的拓荒人和组织者之一，参与创办诗刊《岷峨诗稿》，著有诗集《三吟草》、剧本《第一计》《燧石的火花》等。

1992年3月25日，刘传茀在成都逝世，终年73岁。

杨星火

杨星火(1925—2000)，女，原名国华，四川省威远县人。诗人，成都军区创作室创作员。

抗日战争时期，在威远简易乡村师范学校读书，投入到抗日救亡宣传活动中。1949年，毕业于国立中央大学化工系。同年，考入中国人民解放军二野军政大学，结业后被分配到“二野文工团”。1950年，加入中国共产党。1951年，随十八军到西藏，历任第二野战军、西南军区政治部文工团团员，西藏军区政治部创作员，《高原战士报》编辑。1971年，调成都军区政治部宣传部工作。1982年加入中国作家协会。

发表有诗歌《波梦达娃》《波拉团长》等，出版有诗集《雪松》《拉萨的山峰》《送你一串红》等，散文集《雪山红杜鹃》，长篇纪实文学《雪山春秋》第四卷《查果拉的故事》。作词的歌曲《叫我们怎么不歌唱》获西南军区创作一等奖，被收入《中国百唱不厌歌曲集》。《一个妈妈的女儿》被谱曲后，获全国第五届“五个一”工程入选作品奖，散文《亮闪闪的硼砂湖》获1983年四川省文学创作优秀作品奖。创作的电影文学剧本《巴山儿女》，被拍成彩色宽银幕故事片在全国上映。1992年，杨星火获国务院“对文化艺术有突出贡献”专家特殊津贴。离休后，创作出版《西陲的星》等诗文集。在威远中学设立“森云奖学金”，帮助家庭困难的学生。

2000年10月23日，杨星火在成都逝世，终年75岁。

罗　洛

罗洛(1927—1998)，原名泽浦，成都市人。著名诗人。曾任中国大百科全书出版社副总编辑、上海市作家协会主席。

1943年，考入华西协合中学高中，开始创作诗歌。他的第一首诗《青城记游》，于1945年发表在他与两位同学自费编印发行的诗刊《彼方》上。1946年，考入华西协合大学哲史系，积极投身进步学生运动。其间，创作大量诗歌，主要作品有《我知道风的方向》《出发》《旅途》《在悲痛里》《时间》《写在一个大的城市里》。1948年，因逃避白色恐怖离开成都去上海。中华人民共和国成立后，在上海参加军管会工作，后曾在中共华东局宣传部、上海《青年报》、新文艺出版社工作。

1955年5月，在批判“胡风反革命集团”运动中，受到株连入狱。1958年离开上海，遣送到青海落户。在艰苦岁月里，他凭着顽强毅力，在精通英语的基础上，自学俄、法、德、日等多门外语。“文化大革命”中，再次受到迫害。1971年，回到工作岗位，从事青藏高原科学文献的研究及外语教学工作。他撰写和翻译了大量科学文献。1980年5月，落实政策，恢复名誉，任中国科学院西北高原生物研究所副所长。1984年，调回上海，任中国大百科全书出版社副总编辑，兼上海作协副主席、上海笔会中心书记；1990年，调任上海作协常务副主席；1997年3月当选上海作协主席。曾多次出访欧、美、亚等地区许多国家，为中外文化交流做出贡献。

他是中国现代新诗史上“七月派”诗群中重要的一家。一生追求真善美，诗歌艺术蕴藉典丽而精炼，远离浮躁与芜杂。早期的诗受艾青影响，后逐步摆脱影响形成自己的风格，尝试创作一些把思想、情绪和艺术更好地融合在一起的抒情诗。创作中坚持现实主义，他的诗一般具有强烈的时代感和使命感。他认为，“诗，只有是时代的，才会是不朽的”。他是忠实于时代的思想者。他的诗因闪耀时代和思想的光芒而令人着迷、惊叹和深思。他强调通过诗歌“讲真话，否则宁可沉默。”

他学贯中西，通晓中国古代文化和多种外语，翻译了大量外国作品，撰写了大量散文与有关诗歌理论的文章。先后出版诗集《春天来了》《雨后》《阳光与雾》《海之歌》《山水情思》，诗歌理论集有《诗的随想录》。曾编选出版《法国现代诗选》《魏尔仑诗选》《萨福抒情诗集》等。

1998 年，罗洛在上海逝世，终年 71 岁。

裴 斐

裴斐（1933—1997），名家磷，成都市人。文学家、古典文学专家、中央民族大学中文系教授。

祖父是国内有名的古琴收藏家、弹奏家；父亲是新闻记者、剧作家。在华西协合高中读书时即展露文学才华，与友人创办公开发行的文学月刊《青年文艺》，任主编，并创作小说在月刊上发表。1949 年，年仅 16 岁的他，将创作的《除夕的忏悔》《新婚别》《女疯子》《母与子》《善人与善事》等 5 个短篇小说汇为一册，由青年文艺社印刷发行。他用成都方言描绘底层穷苦大众为生存而苦苦挣扎，却仍逃不出厄运的事实，揭露黑暗，鞭笞压迫。作品在艺术上虽尚欠成熟，但其社会冲击力不容小视。临近解放时，为躲避国民党当局迫害离开成都。后到北京大学读书，毕业后留校任教。

1957 反右派斗争中被打成“右派”分子，开除公职劳动教养。于 1963 年摘帽，被安排在北京第二汽车厂当工人。1979 年落实政策，调入中央民族学院，从事古典文学教学和研究。

教学中，语言简练，深入浅出，生动有趣，深受学生欢迎。学术上富于批判意识和创新精神，其学术成就在国内外有一定影响，被公认为研究李白的专家。出版专著《李白十论》《李白选集》《李白诗歌析赏》《李白研究资料汇编? 金元明清之部》《诗缘情辨》《文学原理》《看不透的人生》。暇时偶写小说，曾出版长篇小说《双雷记》。1997 年，裴斐在北京逝世，终年 64 岁。

周克芹

周克芹（1936—1990），原名周克勤，四川省简阳市人。著名作家。

1936 年 10 月，出生于简阳县石桥镇葫芦坝农家。1952 年，到省城一家食糖联营门市部当店员。1953 年，考入成都农业技术学校。1957 年“大鸣大放”期间，有感而发在学校贴出大字报《卖油娘子水梳头》，反右中受到批判。1958 年毕业时，因“政治不及格”不予分配工作，旋被遣返回乡一干二十年。他在农村当过小学民师，农中教师，生产队保管员，会计。脚下是黄土，屋外有青山，让他感念不尽。他要写的故事近在身边，要写的人物站在眼前。

1959 年，开始文学创作，在《四川文艺》发表处女作《秀云和支书》。以后十多年间，相继发表《井台上》《早行人》等 20 余篇小说，受到省作家协会领导和《四川文艺》编辑、主编的高度重视。1978 年，出版短篇小说集《石家兄妹》。同年，加入中国共产党，调县文化馆当群文干部。1979 年，上调省文联当专业作家，暂留简阳农村挂职体验生活。是年，著名长篇小说《许茂和他的女儿们》开始由内江地区办的《沱江文艺》季刊连载，年底，复由重庆大型文学刊物《红岩》全文推出，未久荣获首届“茅盾文学奖”。1980 年 6 月，该小说由中央人民广播电台开始联播；1981 年，由北京电影制片厂、八一电影制片厂和戏剧部门相继搬上银幕和舞台。同期发表短篇小说《勿忘草》《山月不知心里事》。

连续获全国优秀短篇小说奖。以后又陆续发表《邱家桥首户》《晚霞》《果园的主人》《上行车、下行车》等颇有影响的中短篇小说。其代表作《许茂和他的女儿们》标志着他创作的新起点和新高度。这部小说描写十年动乱中四川农村一位农民和他的几个女儿在生活道路上经历的坎坷,真实再现了极"左"路线给农村造成的灾难,反映了农民的呼声和愿望。作品语言朴实,刻画人物内心细致。由此闻名全国,被誉为国内伤痕文学的代表作之一。1983年,四川人民出版社出版《周克芹短篇小说集》。

1984年,周克芹任中国作家协会四川分会副主席,携农民身份的妻子和两个女儿离开简阳到成都定居。以后坚持每年回家数次,到农村蹲点,深入生活。他欣喜地从家乡青年农民身上看到十年改革给农村带来的较之经济领域变化更为深刻的精神领域的巨大变化。他把自己的发现融入后来出版的长篇小说《秋之惑》中,通过塑造青年农民华良玉的形象,展现新一代农民已经意识到自己对改变农村现实所担负的历史重任,提出在农村改革中青年农民如何把握自己命运的时代问题,把农村题材的小说创作又向前推进了一步。1990年2月,兼任《现代作家》主编;3月,被任命为省作协党组副书记;6月底,晋升省作协常务副主席。

周克芹生活朴素,待人谦和,处世低调,特别关心农村青年业余作者。20世纪80年代中后期,任中国作协理事,全国政协委员。

1990年8月5日,周克芹因肝癌在成都逝世,年仅54岁。

1991年,成都市川剧院三团根据其小说《秋之惑》改编的现代川剧《二丫与秀才》,在成都市第三届艺术节公演。2000年,去世十周年之际,四川文艺出版社出版《周克芹文集》三集,分别收录其长篇小说、中短篇小说、散文随笔、电影文学剧本、报告文学等作品。同期,北京中国文学馆陈列了他的作品,家乡的文化广场为他竖立了纪念像。生前还有部长篇小说《饥饿平原》,几易其稿,稿本下落不明。

乔 瑜

乔瑜(1954—2005),四川苍溪县人。著名作家。

1969年,应征入伍,任测绘员。退伍后在成都柴油机厂当工人。后在《成都科技报》工作,任记者、编辑。后调成都市文联工作。

1983年,开始发表作品。其中篇小说《孽障们的歌》《少将》《给你看本难念的经》,引起文坛很大震动,后分别获郭沫若文学奖、《当代》文学奖、全国文学新人奖及《中篇小说选刊》优秀作品奖。1991年,应邀与王朔、王海鸰合作电视剧《爱你没商量》,独立完成最后10集,并参与编写《海马歌舞厅》《渴望》《编辑部的故事》等电视剧本。

以后创作了长篇小说《环》《大生活》。其中,《大生活》是他沉寂文坛15年后推出的纯正成都风味的长篇小说,被王朔称许为一部"奇书"。该书全景展现成都人的悠闲与舒适,曾在网上引发读者激烈的讨论,后被改编拍摄为30集同名电视连续剧在全国热播。

2005年11月30日,乔瑜在成都逝世,终年51岁。

八、文化艺术

顾梅羹

顾梅羹(1899—1990),名焘,字梅羹,别号琴禅,以字行。祖籍成都市双流县,出生于湖南省长沙。著名川派古琴大师,沈阳音乐学院民乐系教授。

出生于成都古琴世家,其祖父师从青城山道士张孔山。顾梅羹幼时随父亲和叔叔学琴。20岁与彭祉卿赴上海参加“晨风庐琴社”的古琴会演,演奏《流水》《潇湘水云》《平沙落雁》等曲,引起古琴界广泛关注。21岁时,应山西育才馆聘请,到育才馆及国民师范学校任古乐教师,编写讲义,教授古琴及中国音乐史。1947年,湖南音乐专科学校聘其为教授,讲授古琴、中国音乐史和古代文学。1956年,被中央音乐学院民族音乐研究所聘为特约通讯研究员,并应古琴家查阜西邀请到北京,参加《存见古琴曲谱辑览》《存见古琴指法谱字辑览》的编纂工作。由于历史原因,这两部巨著都未能署上其名字。1959年,调入沈阳音乐学院民乐系教授古琴。1960年,借调到上海音乐学院民乐系。1961年,返回沈阳音乐学院。

“文化大革命”中受到批斗,被遣送回乡。中共十一届三中全会后落实政策,回到沈阳音乐学院,在音乐研究室从事研究工作。1980年,与古琴家凌其阵组织成立“辽宁古琴研究会”,任会长。1984年,开设古琴研究生课,成为新中国第一位在高等音乐院校里带研究生的古琴大师。曾任中央音乐学院民族音乐研究所特约通讯研究员、中国音乐家协会会员、辽宁音乐家协会第三届理事、辽宁音乐家协会古琴研究会会长。

一生致力于挖掘整理川派古琴艺术,培养古琴传人。1963年,发掘出三国魏人嵇康的《长清》《短清》《长侧》《短侧》《孤馆遇神》五首古谱。中央人民广播电台曾录制其演奏的《广陵散》《流水》《潇湘水云》《平沙落雁》《醉渔唱晚》《秋塞吟》等十首古曲。1984年4月,沈阳音乐学院为其录制古琴专题艺术片《似闻流水到潇湘》。编著有《琴学备要》,撰写《广陵散古指法考释》《古琴古代指法的分析》《嵇氏四弄几个问题的考证》《张孔山流水操传一考异》《古琴美学》等论文。善诗文、书法和水墨竹梅。时人誉称其书作:雍雍大度,有君子之风。

1990年8月22日，顾梅羹在沈阳逝世,终年91岁。

赵完璧

赵完璧(1904—1994),四川省南充县太通镇人。著名国画家、教育家。

自幼酷爱书画艺术,16岁就读于张澜主办的职业中学艺术班,1927年,考入上海新华艺术大学中国画系。在此期间,接触海派艺术,受到吴昌硕、潘天寿、张大千、诸闻韵等人的精心指导。毕业后回川,先后担任成都师范大学艺术系教授、四川美术专门学校教授、复兴艺术职业学校教务长、西川艺术职业学校校长。1941年,任私立岷云艺术专科学校校长。抗日战争期间为开办艺专,不惜卖家产、卖展画,以补贴校用。

中华人民共和国成立后,返南京,1955年回成都。一生从事美术教育和美术创作。20世纪70年代,他的许多绢画虽不署名亦广受青睐,从广交会卖到日本、美国、东南亚。直到十年动乱后,他和他的艺术才得到真正解放,创作了一批流芳后世的精品,多次在国内外展出。他是中国美术家协会会员,四川省文史研究馆馆员,四川省第五届政协委员。

在艺术上，他悉心研究古法,“自唐宋及元

明，临摹山水为多”。传统基本功厚实，修养全面。人物、山水、花鸟俱工，工笔、写意兼能。亦精于书法金石之学，创作严谨而不媚俗，坚持用古法写生，但非泥古不化。尤精于青山绿水，秋林枯木，所绘巴山蜀水，大幅作品笔墨古拙；小幅作品精细、工整、严谨不失空灵。早年好做细笔山水、工笔楼阁，有唐宋遗韵。早在30年代即有“齐虾、赵鸭、张山水”之美誉，其画作《山水》曾与齐白石并提，有“南赵北齐”之称。工笔画家潘洁兹评其作品说：“他的青绿山水和工笔仕女与张大千先生在伯仲之间”。张大千亦曾说：“工笔山水无人能敌蜀中赵完璧”。晚年作画笔力日益放纵，追求雄壮苍劲的气势。为扩大视野，充实题材，曾经上青城，攀华山，游龙门，跨黄河，遍历名山大川，创作出一大批作品，代表作有《红楼梦大观园》、《青城八百里》《三峡下舟》等。1984年，在四川省展览馆举办个人画展，1985、1986和1988年，先后在昆明、郑州、北京举办个人画展。代表作《枫叶枯林》入选《中国当代国画家辞典》。《全国文史研究馆书画藏品》《中国民族文化宫书画藏品》《中国美术馆书画藏品》等均收藏了他的作品。四川美术出版社出版有《赵完璧国画选》，北京工艺美术馆出版有《赵完璧先生书画》。

1994年，赵完璧在成都逝世，终年90岁。

刘伯年

刘伯年（1903—1990年），成都崇州市梓潼乡人。著名画家，上海文史研究馆馆员、西泠印社社员、上海交通大学美术研究室顾问。所居处先后额曰明远楼、半阁、今是楼。

其父以行医为业，善书画。在父亲影响下，自幼即喜绘画。毕业于四川美术专门学校。1927年，因仰慕吴昌硕赴上海。时吴昌硕已逝世，即拜其传人王个簃为师，先后就读于新华艺术大学、昌明艺术专科学校。其间，与大风堂大千交游。20世纪50年代中期，在浙江美术学院任教，后在运动中列为斗争对象，因“历史问题”入狱，于1980年平反昭雪。

擅长书画、金石，继承吴昌硕熔诗、书、画、印于一炉的艺术真谛，章法上以奇险出之，颇具新意；受张大千影响，绘画师法宋元，用笔用色直逼古人。以工笔重彩取胜，擅长山水、人物、鸟兽，所画道士、仕女有唐宋遗风。于印用功尤深，钻研秦古玺、汉晋古印，及明清名家印，对吴昌硕印作曾精心临摹，王个簃称赞其印章：“刀法古穆，趣味横生，我门下第一人也。”20世纪40年代即在艺坛享有盛名。1945年，其作品获选参加英国伦敦、法国巴黎美术作品展览。1983年，在上海举办个人作品展。著作有《今是楼艺概》，曾撰写《中国绘画史初探》。1990年，刘伯年在上海逝世。

2003年3月21日，为纪念刘伯年百岁诞辰，上海市文史馆、吴昌硕研究会在上海文史馆举办“刘伯年百岁诞辰书画遗作展”。

张篷舟

张篷舟（1904—1991）原名张映璧，笔名杨纪、沙羽、沙雨，化名子宽，成都市人。著名新闻记者、摄影家。

大革命时期投笔从戎，参加东征。后在江苏省农工厅工作。1928年，组织南京摄影爱好者成立美社，担任书记。1936年，进入《大公报》，从事记者等采编工作。“八一三”上海抗战爆发，张篷舟作为战地记者，采发不少有影响的报道，写过52篇上海战场报道，拍摄大量照片，真实反映上海将士浴血抗日事迹，并以“杨纪”为笔名写出《上海之战》《沪战实录》等书，名噪一时。1938年，负责《大公报》香港版，以张子宽名为督印人。1939年遍访华南六省，写出《南战场之旅》一书。

1941 年 3 月，创刊《大公报》桂林版。1943 年，到成都，被聘为《成都快报》特约记者。先后主编《中国大势》《中国要览》等书。

中华人民共和国成立后，主编《大公报要目索引》。1953 年，《大公报》迁至北京，张篷舟任资料组组长。主编《人民手册》，成为当时颇具影响的工具书。“文化大革命”期间，受到批斗、关押。1972 年 9 月，中日邦交正常化谈判期间，得以解放。离休后，协助王芸生修订《六十年来中国与日本》一书，迄王芸生逝世已编成七卷，所余第八卷由张篷舟续编。致力于研究唐代女诗人薛涛，任薛涛研究会名誉理事长。主编《近五十年中国与日本》《中日关系五十年大事记》（1932—1982 年，全 5 册），著有《沪战秘话》《薛涛诗笺》等。

1991 年 5 月 8 日，张篷舟在上海逝世，终年 87 岁。

陈济略

陈济略（1905—1990），笔名陈代谢，重庆铜梁县人。现代琵琶演奏家、音乐教育家。四川省琵琶学会主席，四川音乐学院民乐系教授。

自幼喜爱音乐，曾随族兄陈致君学习四川清音和琵琶，由此对琵琶产生浓厚兴趣。曾就读于铜梁县中及成都储才学校。大革命时期，参加国民革命军二十一军，从事政治宣传工作。1928 年，考入南京中央广播电台，与民乐爱好者甘涛等 4 人组成国乐小组，1935 年，又吸收黄锦培等 10 人成立国乐组，创建了中国近代第一支国乐队，担任组长。演奏曲目不断丰富，电台音乐广播节目质量大为提高。20 世纪 40 年代，中央广播电台内迁重庆，陈济略先后任电台音乐组组长兼国乐队指挥、国乐训练班主任及“中央干部学校音乐组”国乐教授。坚持利用业余时间从事新型国乐曲和用国乐队伴奏的声乐曲的创作，并注入抗日救亡内容，把大后方的“国乐热”引向高潮。

中华人民共和国成立后，于 1953 年任西南人民艺术学院音乐系琵琶专业教授，与张孟虚（二胡）、沈文毅（笛子）合作，创建了西南地区艺院校第一个民族器乐教学小组。1957 年，在四川音乐学院创建民族器乐系，任教授、琵琶教研组组长、民乐教研室主任、院艺术实践委员会委员、院务委员。于 1976 年退休。1982 年，受聘担任全国民族器乐独奏观摩会演南方片评委。

陈继略一生致力于民族音乐的教育和推广，以其高超的琴艺培养了大批专业人才。为使国乐统一音律，他与音乐组同仁决定采用十二平均率；因国乐缺乏低音乐器，与甘涛等人设计创制了大胡琴和低音胡琴；在民族器乐中，以他为首第一次将南方丝竹与北方吹打乐器有机结合起来，为民乐的发展做出重要贡献。他创作的曲目甚多，包括合奏、器乐独奏及声乐曲目。他编写的《琵琶教程》和《琵琶音阶琶音练习曲》，填补了国内琵琶教材的空白。他采用“琵琶四度定弦法”，扩大了琵琶的音域和表现力，并据此创作了著名的《火把节之夜》等曲目。

1990 年 2 月 24 日，陈济略在成都逝世，终年 85 岁。

2005 年 10 月 11 日，四川省音乐家协会和四川音乐学院，联合在四川音乐学院举办“纪念陈济略先生诞辰 100 周年琵琶艺术交流会暨音乐会”

刘开渠

刘开渠（1905—1993），原名刘大田。安徽淮北人。中国现代雕塑大师，成都抗日无名英雄铜像的设计制作人。

1918 年，考入萧县高等小学后，老师为他改名为开渠。1920 年，高小毕业，考入北京国立美术学校。1923年,组织心琴画会,以反对守旧、提倡写生为宗旨。1924年,升入专门部西洋画系,对雕塑艺术产生浓厚兴趣。1927年,被国立西湖艺术院聘为教授兼图书馆主任。同年8月,考入巴黎高等美术学校雕塑系,师从法国著名雕塑家让?朴舍教授。1931年,因学业优秀被选入朴舍工作室作老师的助手。于1933年6月回国,任杭州艺专雕塑教授。抗日战争爆发后,于1938年流亡成都,在四川艺术学校任教。1939年,在成都与文学家赵其文等组织中华文艺抗战协会成都分会,积极开展抗日救亡宣传活动。他在生活条件十分艰苦的情况下,仍坚持雕塑创作。1946年,迁居上海。

中华人民共和国成立后,1952年借调到北京,参加天安门广场人民英雄纪念碑的兴建工作,任设计处处长、雕塑组组长。历任上海市美协主席、杭州中央美术学院华东分院院长,兼任杭州市副市长,中央美术学院副院长、中国美术馆馆长、中国美术家协会副主席、全国城市雕塑建设指导委员会主任,中国大百科全书总编辑委员会委员、全国政协委员。

他是中国现代雕塑事业的奠基人。主张雕塑艺术在“创造一种新境界”的同时,起到“明劝诫,着升沉”的作用。作品融中西雕塑手法于一炉,造型严谨朴实,手法细腻含蓄,人物神完气足,具有时代精神和民族风格,在中国雕塑史上树立了一座丰碑。

近代成都城市雕塑,以他的作品为最多,贡献也最大,他为成都市先后制作大型人物纪念雕塑8座、小型人物头像40个,其大型城市雕塑主要有:建于成都东大街城门口的抗日无名英雄像,春熙路孙中山像,少城公园(人民公园)内的王铭章像、尹仲锡像,北校场内蒋介石像,中山公园(今劳动人民文化宫)内的饶国华像。他创作的大型浮雕《农工之家》泥塑稿,是中国现代雕塑史上第一次表现农工题材的优秀作品。他在成都设计制作的雕塑作品以抗日无名英雄纪念碑最为有名,这是一座川人无不景仰的标志性雕塑。该雕塑制作于1944年,造像为一川军战士,下身着短裤,上身穿粗布军服,脚穿草鞋,扎绑腿,手持带刺刀的长枪,背负斗笠、大刀,展现了一代川军与日军格斗拼杀的无畏英姿。1966年“文化大革命”破“四旧”中,该铜像被摧毁。为缅怀抗日先烈,成都市人民政府于1987年决定重建这座具有历史意义的抗日无名英雄铜像,并根据原作放大两倍。年逾80的刘开渠亲临成都指导,其学生叶毓山和伍明万作为艺术监制,雕塑家张绍蓁负责主要复制工作。1989年,该铜像落成于万年场。2006年10月,因二环路改造,铜像被整体搬迁到人民公园内。

先后编撰出版《中国古代雕塑集》《刘开渠雕塑选集》《刘开渠美术论文集》、《刘开渠雕塑集》等。

1993年6月25日,刘开渠在北京逝世,终年88岁。

周邦彦

周邦彦(1906—1998),原名周亚池,晚年号称“东湖老人”,成都市新都区斑竹园镇人。

自幼受喜爱绘域、刺绣的母亲和喜爱泥塑、壁画的舅父影响,爱好书法、美术,拜新繁书法家蔡根全、马绍祺为师,成其入室弟子。就读于新繁江神祠小学,1925年,考入四川省美术专门学校高等师范科,受教于著名画家张采芹。毕业后,先后到自贡、内江、简阳、江油、长寿、涪陵等地师范和中学从教,担任美术、手工、劳作、音乐、唱游、歌舞等教学。抗日战争时期,积极投入抗日爱国宣传活动,曾导演《鹊桥会》《梅花三弄》等古装歌舞剧，博得观众好评，著名教育博士吴兆棠曾亲笔题书“多才多艺”相赠。1940年，康冻任新繁县县长时，与周邦彦合作，创作《国家至上》《民族至上》等宣传爱国抗日壁画6幅。

教学之余，苦攻书法、绘画、篆刻，师法王羲之和赵孟頫，兼练楷、行、草各体，尤钟情于魏碑中的黑女碑和北魏体。绘画多取室内外写生素描，特别擅长兰草，人称“周兰草”。篆刻刀法独具一格。抗日战争期间，国民政府征集乡贤遗墨赴莫斯科展览，其雕刻作品“竹簧书架”被选送参展，获“五星镰刀斧头”金奖。

1962年，在涪陵二中被精简回家，时为公办小学教师的妻子也随夫被精简当农民。“文化大革命”中，遭到揪斗，半生作品及精心收藏的100余幅名家字画被查抄而付之一炬。粉碎“四人帮”后，每逢过年，周邦彦便在新繁街边摆摊为群众书写春联。1983年，新都县成立美术书法协会，周邦彦将精心创作的16件篆刻和一批国画、书法新作送展。常应邀到工厂、学校、绘画班讲课，《成都晚报》曾以《八旬老人传佳艺》为题报道周邦彦热情向青年学生传授书法艺术的事迹。历任北京中国当代农民书画研究会理事、湖南长沙潇湘画院和成都晚睛书画社顾问。

一生留有墨迹8000余件。作品有的被成都武侯祠博物馆收藏，有的刻入浙江会稽山南亭碑林、四川江油李太白碑林、大邑高堂寺碑林、升庵桂湖、新繁东湖、郫县望丛祠等名胜游览区。作品先后获福建“武夷杯”书画赛“耆寿奖”、上海“江南杯”国际书画大赛“荣誉奖”等。新都文化馆、新繁老体协分别在新都、新繁为周邦彦举办个人书画展览，《北京人才周报》介绍其生平业绩。1991年、1997年，其作品先后参加日本东京美术馆主办的第52届和第58届国际文化交流书画展览，分获银奖和金奖。

1998年8月16日，周邦彦在新都逝世，终年92岁。

孙守昌

孙守昌(1906—1996)，成都市新津县人，著名木雕家。

出生于木雕世家，其父孙成绪，原居北京，以木雕为业，雕艺精湛，多次被传进皇宫雕刻楹联、匾额。光绪年间孙成绪携家人定居成都，常在藩台等衙门雕刻匾联，其木雕技艺享誉一方。

孙守昌12岁随父学习木雕技艺，16岁即能单独秉刀施艺。1930年，经川中名儒刘东父介绍，到新津县老君山老子庙雕刻匾、联，后定居新津县老子庙内。中华人民共和国成立后，老子庙由县文化馆接管，孙留庙看管。1956年，四川省文化局借调孙守昌到杜甫草堂，每月工资60元(相当于当时处级干部的工资)。孙每月领工资后，拿出15元给替他看守新津老子庙的毛大爷。1981年4月，国务院副总理张爱萍到杜甫草堂参观，在张爱萍的关怀下，解决了孙的户口问题，由新津老子庙的看守人员(农业人口)转为杜甫草堂博物馆正式工作人员。

其木雕刀技娴熟多变，刻工细腻。对书家笔墨意趣颇具神会之功，所刻作品能很好地再现书家笔意、笔力、笔法韵味和风格，深受省内外书家和参观者赞赏。20世纪80年代以前，在新津县和青城山等地所刻匾、牌、联、屏甚多，是他木雕技艺趋于成熟、精湛、完美的重要时期。在杜甫草堂工作期间，所刻朱德、陈毅、叶剑英、郭沫若、沈君默等人的楹联，亦堪称杰作。在武侯祠内刻有《隆中对》《诸葛亮出师表》。祠内赵藩所书著名的“攻心联”，下联因年久已朽烂，专门请他木雕复原，参观者竟然看不出复制的痕迹。

1996年，孙守昌在成都逝世，终年90岁。

吴一峰

吴一峰(1907—1998),谱名士濬,又名立,字一峰,以字行。自号大走客,别号吴窭圖,斋名一峰草堂。浙江省平湖人。著名国画家、书法家、篆刻家和诗人。

早年在家乡私塾发蒙,继入平湖宏鲁小学接受新学。在上海得余天遂指导书法,得翁子勤、朱天梵传授篆刻。后考入上海美术专科学校首届中国画系,师从黄宾虹、刘海粟、郑午昌、潘天寿。于1926年毕业。1932年,随黄宾虹入蜀,定居成都。先后受聘担任西南美术专科学校、南虹高级职业艺术学校、东方美术专科学校教授。曾被聘为四川省政府咨议、川康绥靖公署文职参事。1938年11月,在成都西门外石灰街建造“一峰草堂”(一幢中西结合的庭院)。“一峰草堂”建成后,很快成为流寓成都的艺术家们进行文化交流的场所,谢无量、陈子庄、伍瘦梅等一批书画家经常在此聚会。陆俨少特为“一峰草堂”撰写一幅长联云:“三间茅屋几亩菜畦,知君心有田家乐;一别浮云廿年流水,喜我来从十日游”。后“一峰草堂”在“文化大革命”期间被红卫兵捣毁。

他精研中国山水画,兼及书法、篆刻、诗词。其“画风远宗宋元,近师明清”。自幼好读《徐霞客游记》,注重写生,立志追随徐霞客足迹,游历大江南北,为《徐霞客游记》补图。入蜀后,足迹遍及云南、贵州、四川各地,以徒步“大走客”旅游写生创作扬名画坛。在旅游途中多次举办个人写生画展。其作品在继承传统笔墨的基础上融入西法,独辟蹊径。国画构图充实,意境深邃、苍浑秀润、气韵生动,融诗书画于一炉,独具风格。1940年,创作《夔门风雨》图,送往英国伦敦参加展览并为大英博物馆珍藏。其《黔灵夕照》图为故宫博物院收藏。曾在日本及东南亚多次举办个人画展,艺术成就享誉海内外。1978年后,又创作25米长的《嘉陵山色》等传世佳作。出版有《吴一峰蜀游画集》《吴一峰国画选》《吴一峰画集》《吴一峰国画集》《大走客吴一峰》《远行集》等。

他是中国书法家协会会员,中国美术家协会会员,四川省文史研究馆馆员,历任四川省诗书画院顾问、四川省政协书画院副院长、成都画院顾问。

1998年,吴一峰在成都逝世,终年91岁。

2000年初,吴一峰家人将其书画作品、篆刻及收藏的手稿、书信、图书以及

黄宾虹、刘海粟、张大千、陆俨少、关山月诸师友留下的墨宝共400余件,一并捐赠给家乡平湖市政府。

纪方明

纪方明(1907—1995),原名姬海有、姬福民、姬复民,山西省屯留县路村乡姬村人。文物管理保护专家。

曾在小学担任教员。1938年6月,加入陕西省牺牲救国同盟会,开展抗日救亡活动。不久被派往晋城、高平巡视团工作。1939年,随“决死队”独立旅写战地通讯。1947年2月,调太岳行署学习,后调任芮城县一区任副区长,组织参加“晋南战役”支前工作,获一等奖。1948年,由芮城县调永济县税务局;同年,加入中国共产党。1949年,随军南下入川。1950—1953年,先后在川西行署、四川省税务局工作。1953年7月至1957年8月,任灌县税务局副局长。1957年8月,任县政协副秘书长。1971年,任灌县文物管理所所长。于1981年6月离职休养。曾任政协都江堰市委员会常委。

热爱文物管理工作,在担任灌县文物管理所长期间,竭力保护馆藏文物,主持开展文物考古

发掘。1972 年，二王庙维修工程开始，对年久失修的灵官殿进行维护，为保持古建筑原貌，纪方明坚持不拆除重建，采取边升边降的办法，将上下两层数十根木柱一根一根地拆除更换。1974 年 2 月，复查玉堂公社南华大队宋代知永康军成纪夫人（仇氏）墓时，为保护文物安全，他早出晚归视察现场，直至将文物运回文物管理所。3 月 4 日，得知安澜索桥施工现场，已开挖的都江堰外江三号桥基下四五米深处有一仅露头、背的雕刻石像时，立即赶往现场，指挥将 1800 多年历史的东汉李冰石像出土，运至离堆公园内文物管理所。1977 年 3 月，聚源公社三星大队在农田改造挖出长 7 米、直径 3.6 米的古木。他带着标本，乘坐火车去北京，请北京大学历史系考古专家进行考古鉴定，被测定为商代遗物。在他的组织下，将古木运至二王庙内供游人参观。同年 4 月，为配合四川大学历史系、成都市文物管理所等单位对北宋王小波、李顺农民起义策源地等问题进行调查考证，先后到邛崃、大邑、彭山、青神、梓潼、剑阁等县及重庆市、巫山县等地，收集考证大量资料，最终确认“蜀州永康军清城县”为王小波、李顺起义策源地（即都江堰市青城山镇沙坪村一带），而非《明史》所载“青神县”。原离堆公园内的“张松银杏”在“文化大革命”中被献给成都“万岁展览馆”，由于管理不善，渐见枯萎，他多次赴省革命委员会要求索回“张松银杏”，经同意后迁回离堆公园。离休后，仍关心文物工作，搜集和整理数万宗的文物、文史资料。1982 年，前往大观乡、聚源乡运回何先国夫妇合冢墓碑和司马相如墓道碑。

1995 年 2 月 9 日，纪方明在都江堰逝世，终年 88 岁。

李琼久

李琼久（1907—1990），笔名九翁、九公、九躬、会宗堂居士、离垢园客人，斋名“永好堂”，四川省乐山市五通桥蔡金乡人。著名国画家，成都画院艺术顾问。

母亲吴氏能绘画，擅长刺绣；舅父是剪纸艺人，李琼久自幼受到民间艺术熏陶。1929 年，考入成都东方美术专科学校，受教于冯建吴，系统学习西洋绘画理论，掌握油画、水彩画基本技法。毕业回乡后，转学中国画，致力于临摹历代古画。遍历峨眉山、凉山、大渡河写生，创作数百幅山水、花鸟、人物作品。1943 年，在乐山公园中山堂举办首届画展，并在自贡、内江、宜昌等地展出，引起美术界轰动。1950 年，被聘为乐山师范学校美术教师。教学之余，深入大自然写生创作，足迹遍及巴蜀名山大川。

“文化大革命”中受到批斗。1972 年 5 月，乐山师范学校以其历史问题，“勒令”退职。后被抄家，数十年艺术心血毁于一旦。被迫与老伴胡咏娴蜗居在乐山城区天后宫不到 10 平方米的破楼上，靠为外贸公司画出口竹帘，在乐山大佛寺、峨眉山做临工，勉强维持生计。1977 年 11 月初，经省美协主席李少言推荐，赴京到文化部中国画创作组作画。后被安排在乐山市群众艺术馆工作。曾为中国美术家协会会员、中国美术家协会四川分会理事、四川省文史研究馆馆员。

擅长山水、花鸟、人物，亦善书法、金石。作画用独特的猪鬃硬毫，构图饱满结实，笔墨酣畅淋漓，墨彩鲜亮，生机勃勃。画面选取方构图，大胆突破传统，取消三远取景法，用富有抽象意味的笔墨表现直陈出来。在借鉴印象派对色的处理方式上，糅合进中国传统的笔墨程式，进行新的创作。以“三山三江”（乐山、峨眉山、凉山，大渡河、青衣江、岷江）为依托，将人性、自然和文化传统熔为一炉，奇山、怪石、古木、古寺融会在绿林之中，形成“气势磅礴，苍劲奇拙，意境深远，热情奔放，高洁沉静”的特色，李苦禅、黄永玉等将其风格命名为“嘉州画派”。石鲁评其作品：“惜墨如命，动笔为魂”。何海霞称誉其为“近代画杰”。1978年，在成都举办个人画展，四川美协首次将其誉为“嘉州画派主将”。

1980年7月25日，嘉州画院在乐山大佛寺创立，李琼久出任院长，先后创作《山啸》《大渡河畔》《渔海子》《南行纪游》《古陶器》等作品。1981年率学生为人民大会堂四川厅创作巨幅山水《泸定桥》。1983年，为伦敦博物馆创作《山鬼》。1985年，四川美术出版社出版《李琼久画集》，四川省展览馆举办“李琼久书画展”。1986年，李琼久赴日本访问，作品《瑞雪》被日本山梨县美术馆收藏。1989年，为天安门创作巨幅花鸟画。1990年，创作《青衣别岛》，作为国礼赠送日本首相海部俊树。

1990年11月10日，李琼久在成都逝世，终年83岁。

2001年12月，国家文物局认定李琼久的书画作品为艺术珍品，受国家法律的保护，并限制出境。

陈亮清

陈亮清(1908—1997)，成都市人。著名画家。

幼年学习绘画，勤学苦练，20岁左右即在艺坛享有盛名，省内多所中学争相聘请执教。1936年，被复兴日报社聘为艺术特刊主编，后任省立成都师范学校、四川艺术专科学校绘画教师。1946年，参与创建成都丙戌金石书画研究会，任首届会长，组织会内外同道进行画艺、金石、书法切磋、交流和探讨，对成都地区美术创作的推动和发展做出贡献。1948年，成都新中国书局编译部搜罗其精品佳作，编印发行《陈亮清先生国画集》，在美术界有很大影响。

中华人民共和国成立后，先后在省、市多所中学从事美术教学。1959年，调入成都市工艺美术学校，任中国画“花鸟”专业教师。20世纪60年代初，被聘为全国美术院校招生委员会成员。“文化大革命”前夕，被下放工厂监督劳动。1973年，调入成都市工艺美术研究所，后转入成都市锦城画苑任专职中国画画师。

长期致力于中国画创作，笔力雄健，墨色苍润，构图饱满，立意新颖，有独特的艺术情趣，为时人所推崇。作品题材广泛，视觉魅力独特，中国画如寿星、钟馗、仕女、松竹、花卉、鹰燕、熊猫、鸡狗、虫鸟等画作，在中国台湾、港澳地区和日本及东南亚各国一直受到高度评价。多次参加全国工艺美术展览，以及广州对外交流贸易会工艺美术绘画类展览。作品被作为国家赠送国际友人的礼品，被许多中外人士收藏。

出版有《陈亮清课徒画稿》《刺绣挑花图案集》等。

1997年，陈亮清在成都逝世，终年89岁。

黄稚荃

黄稚荃(1908—1993)，女，又名黄先泽，以其故居邻近杜甫草堂，别号杜邻。四川省江安县(今属宜宾市)人。著名学者、书画家。

出生于诗礼之家。在《稚荃三十以前诗》自序中说：“余生六龄庭闱，教辨四声清浊，读唐宋人短篇诗。及长就外傅，优游文苑。”自幼即受到系统的古典文史教育。

1925年中学毕业后，考入国立成都高等师范学堂国文系。1931年春去北平，以研究成果《楚辞考异》一书及自作诗一册考入北平师范大学研究生院历史科学门，师从著名学者、诗人黄节研究中国古代文学。1933年，因患骨结核回川疗养。翌年病愈，日军入侵华北，无法返校，在四川大学附中、大同公学等校任教。教学之余继续完成研究生院课题，撰写出《<文选>颜鲍谢诗评补》、《论颜谢异同》等论著。1935年，与大邑冷融（字杰生）结婚，赴南京。

1940年冬，冷融出任西康省民政厅厅长，贯彻国民政府禁烟令并整肃吏治，惩治贪污，受到地方恶势力的仇视；1943年5月，被刺客枪杀于温江县公平场。受此打击，她悲愤欲绝，一度消沉，不问世事。其父致书于她："父母生汝，不为杰生而生；汝之读书做人，亦不为杰生始读书做人；汝自有汝之独立人格，何得因杰生之故便不工作？"促使她振作起来，勤攻文史、写字作画。同年，任四川省临时参议会议员。1946年，任国民政府国史馆筹备委员会编审、国史馆纂修，搜集整理四川辛亥革命有关史料，同时撰写旧民主义革命先驱黄兴及四川籍抗战著名将领李家钰、王铭章、许国璋、饶国华等人传记，载入国史。1947年被选为国大代表、立法委员，并在四川大学文学院任教授。1949年成都解放前夕，国民政府遣人送来机票，力劝黄稚荃携子到台湾，被她断然拒绝。

中华人民共和国成立后，先后在成都大川学院、重庆西南高等师范、西南高等学校等校任教。历任重庆市政协委员、成都市政协委员、四川省政协委员，中华诗词学会顾问、四川省文史研究馆特约馆员、四川省书法协会理事、成都市书法协会名誉主席、成都市书法研究会会长、四川省诗书画院顾问、成都画院艺术顾问。

黄稚荃以诗书画名世。对诗经、楚辞、唐宋诗、六朝文、中国诗史、中国文学史、音韵学均有独到研究。曾在四川大学任教的著名红学专家周汝昌，在其《黄氏三姊妹》一文中，把黄氏三姊妹和《红楼梦》中才华横溢的女子联系在一起，"亲见成都黄氏'三荃'，方信古之才女是实有的。她们能诗擅赋，才情过人，也写一笔好字。"三姊妹中，少荃是四川大学历史系教授，筱荃是四川大学中医；稚荃居长，成就也最大。早年即以《稚荃三十以前诗》的出版和出色的书画成绩而享有"诗书画三绝的蜀中才女"之誉。著名学者谢无量、曹襄蘅曾为《稚荃三十以前诗》作序，称赞该诗集为"卓然大雅之音"。其文艺论著《楚辞考异》《杜诗在中国诗史上的地位》《杜诗札记》《李清照著作十论》等，辨原著之真伪，或纠史载之讹误，或释数百年来各家各派之疑义，以精辟的论断卓然自成一家之言。其诗婉约清丽、抒写性灵，曾被民国女诗人吕碧城赞为"蜀中才女""今之李青莲"。20世纪30年代蜀中文坛一代宗师赵熙对她的作品大加赞赏，赠稚荃诗中有："小拓芳园传画帖，别开诗塔识黄师"之句。

绘画方面，20世纪30年代所作工笔白描《洛神图》，空灵飘逸，当时即享有盛誉。一生喜画墨梅，谓"凡草木皆无岁寒之操，而此花独全君子之节"。书法方面，篆、隶、真、行、草诸体皆工，数十年练笔不辍。80年代应日本友人邀请，书《唐代王维送秘书晁监还日本诗》一幅，在日本展出后，大受日本书法界赞赏，继被收入日本编辑出版的《图录》。蜀中许多名胜之地，都留有她的墨宝。

晚年执着于治学，将一生治学成果辑成《杜邻存稿》一册，收入文艺论文及杂感46篇，计20万余字，于1990年由四川人民出版社出版。

1993年，黄稚荃在成都逝世，终年85岁。

1994年，四川人民出版社出版《杜邻诗存》，收入其诗歌390余首。其绘画精品集《梅谱》、旧作《<文选>颜鲍谢诗评补》四卷、楷书《金刚经》及部分书法作品，亦陆续被整理出版。

屈义林

屈义林(1908—2004),别名屈江,号修放,重庆市荣昌县人。著名诗人、书画家,人称“屈天马”。

自幼喜爱绘画、书法和诗词。家贫,由家族集资助他入成都高等师范国文部读书,毕业后考入上海美术专科学校。1930年,入南京中央大学艺术系,师从徐悲鸿、张大千、蒋兆和、胡小石、潘玉良等钻研绘画。学习期间组织黑白画社,兼任南京《中国日报》图书周刊主编。1934年,毕业后回四川。1935年,任中央军校成都分校教官。1939年4月,与吴一峰、黄梦元、谢趣生、牟定文等发起组织四川美术研究会。20世纪40年代,先后任成都东方美专、南虹艺专、重庆西南美专、重庆国立女子师范学院、四川省立教育学院教授。1947年,创办重华学院。1948年,主办《时事论坛》。1949年9月任省立叙永中学校长。

中华人民共和国成立后,于1950年返泸县创办“南州艺院”。1951年,应聘于鞍山市师范学校。1955年,肃反运动中被捕入狱,次年获释,任鞍山市六中、七中美术教师。1961年,下放鞍山市下口子农场劳动。1962年,遣返回荣昌,被剥夺公民权。于1981年获平反。先后任四川省中山诗词书画研究社副社长、四川华西徐悲鸿、张大千艺术研究院院长、成都吴芳吉研究会会长、四川省文史研究馆馆员、四川省诗书画院特聘画师。

他长期从事书画教育和创作,坚持徐悲鸿倡导的现实主义艺术道路。涉猎古今艺文,纵览名山大川,深历世情大海,淡泊利锁名缰。他有很高的绘画理论水平和丰富的创作经验。其国画融会中西,题材广泛。著名文艺大师、中国文学研究院院长程千帆曾致函云:“吾兄画风,盖兼徐悲鸿、大千、采白、凤子、书旂诸翁之长,而又融贯众家,自出机杼,当今画坛,盖无与抗争者矣!”中国著名文学家、湖北省文学馆馆长吴丈蜀赠诗赞他:“诗情笔意写平生,四绝于今孰与京!独与襟怀莫与逮,此中原不为功名!”其诗文引起海内外人士的广泛瞩目。曾获“当代中华诗神”“中华诗星”“桂冠诗人”“当代国学家”等称号及首届中华诗词新作大赛“揽月奖”“中国联合文艺奖”。2003年10月,在南京举办的“徐悲鸿奖学金荣誉奖”颁奖大典上,为全国3名获奖者之一。

出版书画专著《义林吟稿》《屈义林画集》《梅竹菊兰松画法及画谱》《人像写真技法研究》《峨居拾秀》《义林奇遇九十年》《俯园楼随笔》《怎样画马》《桥》等。

2004年8月31日,屈义林在成都逝世,终年96岁。

黄佩莲

黄佩莲(1908—1998),本名黄正乾,字听泉。成都市人,川剧著名表演艺术家,著名男旦演员。

1912年,父亲去世,家中生活窘困。8岁时,蓬溪昆玉班一个跑杂务的到成都添置行头,将黄佩莲带去学戏,随龚玉贵学习文武小生,取艺名小昆琪。一年后回到成都,入三庆会,唱了两年娃娃生。黄佩莲扮相文静秀雅,嗓音甜润秀气,悟性强,一些前辈劝他改学旦角,遂拜名伶周慕莲为师。周慕莲为其改艺名佩莲,教其学唱昆、高、胡、弹的众多代表性剧目。1926年出师后,以《痴儿赶凤》一炮打响,并与三庆会会长康子林合演《扫华堂》,获得观众好评。曾与著名生角天籁到中坝搭“醒群剧部”。后到乐山搭“燕如班”,到遂宁等地演会戏。后随三庆会到重庆“鼎新舞台”献艺。20世纪30年代以来,周慕莲、黄佩莲为代表的“莲派唱腔”受到广大戏迷热捧,在省外也产生影响。1934年，黄佩莲应上海胜利公司之聘，灌制《北邙山》《访友》《春陵台》《鸳鸯冢》《夕阳楼》《九华宫》《土牢》等唱片。1936年，应上海百代公司之聘，灌制《情探》《斩子》《夺棍》《和番》《孤鸿零雁》等唱片。抗日战争时期，在什邡、德阳、绵竹、西康等地搭班献艺。抗日战争胜利后，返回成都，组织川剧艺人在华瀛舞台演出。

1950年，由黄佩莲出面组成"蜀声剧团"到广汉演出。1951年，组织"蜀声第二团"到新都演出。6月，随"蜀声第一团"回到成都。同年底，黄佩莲召集在成都永乐、锦江、蜀声、悦来、平民等剧院演出的川剧团体，联合成立成都大众剧院，任主任委员。1952年国庆，带队前往雅安，成立省文工团第二队，担任该队队长。同年，参加全国第一届戏曲观摩演出大会，与著名小生魏廷香合演《情探》一剧。1953年，调四川省川剧院二团。1957年错划为右派，从此离开艺术舞台。"文化大革命"期间，被派去烧锅炉。1972年退休。1978年获得平反。诗人王治平曾撰写长歌《锦城丝管行》，描述黄佩莲的坎坷遭遇。

黄佩莲在戏剧演出中，主张唱腔要饱含人物的内在情感，既要讲字正腔圆，更要注意每一个字音的高低轻重。并认为演员的唱腔不能一成不变，每唱一次，都要让观众有新的感觉。黄佩莲的花腔设计，适合剧情的需要，风格"吟咏自然"，吐字清润，表意抒情，婉转有致。善唱扬琴，将扬琴唱腔之长，融合于川剧唱腔之中。代表剧目有《北邙山》《访友》《逼嫁》《刁窗》《秋江》《情探》等。

1998年，黄佩莲在成都逝世，终年90岁。

肖锡荃

肖锡荃（1909—1993），山东省文登县人，幼年随父母迁居辽宁省缉安县。著名戏剧艺术家。

1930年，肄业于沈阳东北大学文史系。1932年10月，入河北省定县中华平民教育促进会戏剧研究委员会戏剧班学习，1934年8月结业后，参加该地工作，从事戏剧演出活动。1936年，在南京国立戏剧学校任教。抗日战争爆发后，加入平教会抗战剧团，进行抗日救亡演剧宣传活动。1938年入川，先后在成都四川省立戏剧教育实验学校，江安国立剧专任教，在中央青年剧社、中华剧艺社、成都中国艺术剧团等剧团任演员和导演。中华人民共和国成立后，先后任西南人民艺术学院戏剧系教师、西南人民艺术剧院话剧团团长、演出处处长兼导演、四川人民艺术剧院副院长、艺委会主任等职。曾任中国戏剧家协会理事，中国戏剧家协会四川分会副主席、名誉主席，四川省文化厅艺术委员会委员，成都市第四届人民代表、四川省第五届人民代表。是中国共产党党员、中国民主同盟盟员。

肖锡荃重视对古典戏剧的学习和研究，从民族戏曲中吸取和借鉴传统艺术的表现手法，运用于话剧舞台，为话剧艺术的民族化取得显著成就。参加演出和导演的古今中外话剧剧目达两百多部，执导的主要剧目有多幕话剧《家》《北京人》《风雪夜归人》《清宫外史》《孔雀胆》《胆剑篇》《抓壮丁》《骆驼祥子》《智取威虎山》《万水千山》《野火春风斗古城》《我城一少年》《叶尔绍夫兄弟》《于无声处》《报春花》《甜蜜的事业》等。

1993年1月11日，肖锡荃在成都逝世，终年84岁。

常苏民

常苏民（1910—1993），原名常效春，山西省长治县人。著名音乐教育家、作曲家。

出生于平民家庭。自幼喜爱音乐，儿时曾在家乡音乐班学习各种民族乐器，吹、拉、弹、唱样样都会，非常活跃。1924年，考入太原国民师范学校。1931年毕业后，接到山西教育学院、省立女师等八所学校的聘书，后在太原成城中学任音乐教员。1937年抗日战争爆发后，参加山西国民兵军官教导团。为宣传抗日救国，发起组建“太原市中小学音乐教育研究会”，担任会长，把教唱救亡歌曲的运动推向各级学校、工厂和农村。后参加中国共产党领导的山西新军抗日决死队，并任第二纵队“怒吼剧团”团长。1940年加入中国共产党。同年1月25日，调八路军前方总部。1942年，带领马惠文、李季等数十名师生奔赴延安，直到抗战胜利。历任晋东南和晋西北鲁迅艺术学院音乐部主任、晋绥边区实验学校文教队主任等；解放战争时期任西北艺术学校教育长兼音乐部主任，为部队和地方培养了一批批文艺战士。他在敌后艰苦环境中写作的《山西梆子音乐概述》，是毛泽东发表《在延安文艺座谈会上的讲话》后，中国首批问世的戏曲音乐专著。

中华人民共和国成立后，先后担任成都市军事管制委员会文艺处处长、川西文联副主任兼秘书长、西南音乐专科学校校长、峨眉电影制片厂副厂长等。曾参加中国文化代表团赴蒙古、罗马尼亚、朝鲜等国访问；1983年10月，率中国音乐家代表团赴朝鲜参加亚洲及太平洋地区艺术节。在研讨会上就《关于民族音乐的保护、继承和发展问题》做专题发言，受到各国艺术家的好评。

曾任四川省文联副主席、四川音乐学院院长、中国音乐家协会副主席、中国音乐家协会常委理事、全国文联委员。

一生创作大量群众歌曲和电影音乐(有的与人合作)。电影音乐主要有：故事片《刘胡兰》《猛河的黎明》《嘉陵江边》《姑娘的心愿》《山城雪》《风流千古》《旋涡里的歌》《心上人啊，快给我力量》《船工号子》；晋剧舞台艺术片《打金枝》，大型纪录片《巴蜀洞天》等。论文有《为建设社会主义的民族的音乐文化而奋斗》等。

1993年，常苏民在成都逝世，终年83岁。

乐以钧

乐以钧(1910—1997)，四川省芦山县人。著名版画家，四川省文史研究馆馆员。

其父乐伯英是清朝武举人，重视培养子女，先后将几个子女送到国外深造，使他们大都成为国内外知名的专家学者。

乐以钧在成都华西协和高中毕业后，报考上海人文艺术大学，学习木刻版画。后参加鲁迅主办、日本版画家内山嘉吉执教的木刻讲习班。他的作品受到鲁迅赏识。后在父亲支持下赴日本留学。于1936年回到成都，在四川艺术专科学校任教，开设四川第一个版画班。由于得不到校方支持，不久停办，仅培养一批木刻爱好者。1940年在成都参与组建四川漫画社。后受聘担任《国难三日刊》特约木刻撰稿人。其木刻作品多以国共合作、团结抗日、反对卖国求荣等为主题，以漫画的形式开展抗日救亡宣传活动。代表作品有《誓死收复失地》《流亡与复仇》《假如你的血没有冷的话》《这是我的责任》等，成为中国新兴版画的先驱，对四川早期的版画创作做出重要贡献。

中华人民共和国成立后，在家乡教书、从事农耕，但并未中断艺术创作。1980年，被聘为四川省文史研究馆馆员。1985年，获全国鲁迅版画荣誉奖。

他不仅木刻版画影响大，花鸟画亦广受欢迎。撰著有《记“四川漫画社”的抗日美术宣传活动》等多篇回忆文章。

1997年，乐以钧在成都逝世，终年87岁。

吕洪年

吕洪年(1911—1994)，字穰之，号息翁，别署常精进斋主，成都市人。著名书法家，四川省文史研究馆馆员。

1927年，考入四川国学院。1929年，入大成中学，毕业后考入四川国学专门学校(四川大学文学院前身)。父亲去世后家贫，为了生计和学业，课余从事家教。于1930年毕业。1931年，被邀往涪陵县长家，任家庭教师一年。1932年，回成都，由同学曾义甫介绍到敬业学院及其中学部教书。于1935年春到南京，经国民政府参军长、宜宾人吕超推荐，被委任为国民政府一级荐任官。因不习惯官场生活，于1937年又由吕超介绍到安徽凤阳中学任教，后接任校长职务。抗战爆发后，因无法正常教学而回四川，受聘到省立资中中学任教。半年后返回成都。1939年，参与筹建四川省图书馆，负责编写古书目录，受益匪浅，直到1940年。1943年春，任成都市政府秘书长，负责核改公文。1947年夏，被委任为梁山县税捐处长。

中华人民共和国成立后，于1955年到草堂寺杜甫纪念馆工作，负责审定文物和编写文物资料。其时，经上级安排，曾与省文史研究馆合编《草堂类编》，后又参与《四川经济物资资料》编撰工作。1956年，调省文史研究馆工作。整风“反右倾”运动中，被划为“右派”分子，1978年改正。

他是造诣精深的章草大家、诗人、文史专家和文物鉴赏家，深谙经史，通晓禅道，才华横溢。幼年即好吟咏，18岁就学于宋育仁门下，打下深厚的国学基础。1934年，流落上海期间，与谢无量、黄宾虹、李劼人等结为挚友，往来唱和，其诗作甚得古韵。

他的书法艺术建立在深厚的国学基础上。青年时代即遍临诸体，篆隶真行无所不擅。40岁以后，着重研究和创作草书，特别是章草。其章草作品，笔笔到位，笔酣墨饱，游丝劲健，神完气足。

晚年，先后将古人《草书千字文》《草诀百韵歌》《章草千字文》《校训急就章》《稿诀》5部书重新笺注，耗时十年，对前人草法的错误一一进行校正，并进行深入阐发和训诂，对后人学习草书具有指南性价值。

1994年6月，吕洪年在成都逝世，终年83岁。

李半黎

李半黎(1913—2004)，原名李周裕，河北省高阳县人。四川日报社总编、社长，著名书法家。

1938年秋，入延安鲁迅艺术学院学习。1940年起，先后在《抗战日报》《亚绥日报》《晋绥大众报》、重庆《新华日报》任记者、编辑。1951年，任《川东报》总编辑；1952年，任四川农民报社总编辑；1960年后，历任四川日报社副总编辑、总编辑、社长等职。

自幼喜爱书法，初从颜真卿入手，后取法怀素、何绍基诸家之长，入古而不泥，致力出新而力戒狂怪，书风偏于豪放而不失婉约。作品多次入选国内外大型书法展览，为中国博物馆、中国艺术博物馆、黄帝陵陈列馆、炎帝陵纪念馆、司马迁纪念馆等处收藏，在《书法》等杂志上发表，被多处风景名胜区及碑林勒石。历任中国书法家协会理事、四川书法家协会主席、四川新闻工作者协会主席、中华书院特聘名誉理事、中国老年书画研究会顾问、四川省诗书画院副院长、四川省文联常委、兰亭书会名誉会员，四川省顾问委员会委员。

2004年3月19日，李半黎在成都逝世，终年91岁。

盖兰芳

盖兰芳(1913—1992) 女，河北省南宫县人。

著名鼓书艺人。

1922年，在河南开封随鼓书艺人戴河清学艺3年。13岁到河南开封，向京剧名家俞沛霖学戏5年。1933年，到西安、宝鸡等地行艺。1949年，南下入川，定居成都。

中华人民共和国成立后，参加成都市实验书场(后改组为成都市曲艺队)。常与著名曲艺艺人李德才、贾树三、李月秋、曾炳昆、邹忠新等同台献艺。在曲艺队(团)工作期间，曾负责排导和教学工作。1958，年在成都市戏剧学校曲艺班教唱京韵大鼓、北京单弦，对四川曲艺(清音、曲剧等)在表演和发声方面做过大量辅导工作。对李月秋的清音演唱由坐唱改为站唱，并辅以手势和身段，她付出了很多辛劳。

20世纪50年代，她与丈夫(琴师)常上山下乡演出，脚迹遍布大小凉山、涪陵、万县等边远地区。曾参加四川人民赴西藏代表团，参与川藏公路通车典礼及慰问边防部队演出。1963年，受聘于四川音乐学院，教授京韵大鼓。并到四川省歌舞团、战旗歌舞团、铁路文工团讲课，培养了一批民族声乐和曲艺演唱人才。

她演唱京韵大鼓和北京单弦功力深厚，声音清脆洪亮，在糅腔、润字、唱情、归韵等方面均有独特造诣。唱腔曲调婉转，韵味纯郁，刚柔相济，身段优美，以珠圆玉润般的演唱和诙谐风趣的表演，博得听众的喜爱和赞赏。她尤 擅演唱《三国》《水浒》等武段子，代表曲目有《马失前蹄》《草船借箭》《闹江州》《南阳关》等，现代曲目有《董存瑞》(成都市文艺会演获得二等奖)、《红军不怕远征难、《邮车夜过二郎山》等，在听众中留下深刻印象。

她在演唱中，对行腔、归韵、吐字，都一丝不苟地细品、细抠。她说："腔"是形，听其腔知其形，识其味；而"字"是魂，呼其字知其意。如果咬字不清，归韵不准，观众就听不懂你在唱什么，演员便无从感染观众。为了吐字清楚，归韵准确，她反复练习传统唱段《绕口令》，用极快的节奏快唱、快数，一板一眼，不停顿、不换气，一气唱到底，将眼神、口齿、手势、步法与鼓板节奏融为一体。

教学中，主要讲戏文、教唱腔、正字音、传表演，要求把"气""味""劲""情"捏到一块，达到四位一体。特别对吐字、板眼要求极严。每次给学生上课，都要反复细抠，逐字逐句精益求精。表演上，要求手、眼、身法、步配合适当，符合唱段、唱句内容要求。无论唱、做、念、打，她都有很深的功底，在北方和四川具有很高的知名度。她的学生在成都市曲艺团工作的有赵深琴、周玉珍、柳素华、罗国柱等，后多成为团里的艺术骨干。

1992年，盖兰芳在成都逝世，终年79岁。

周北溪

周北溪(1913—2003)，笔名周宇啼，四川省合川县人，著名国画家。

出生于中医世家，从小喜爱文学艺术。后拜周弼诚为师学国画，起早贪黑绘画不辍。1934年，以青年画家的身份崭露头角，山水、人物、花鸟俱工，开始把主要精力用于画猴。为了把猴画得活灵活现，常到公园观察猴。还在家里养了一只猴，与猴朝夕相处，对猴行走、坐、卧等常规动作和腾跃滚翻等特殊动作了如指掌。他向朋友谈说猴的性格特点，犹如诉说儿女一样充满感情。因此提起画笔胸有成竹，所画猴子形态各异，顽皮可爱，呼之欲出，啼、啸、纵、腾可触可感。每次办展览，所挂猴画都被参观的老人和孩子们摸得很脏，因他们觉得太像真的，忍不住想摸一摸。所画饮水猴更是人见人爱，因此被国内外画界称誉为"蜀中猴王"。同时精于微型山水画。他苦研30余年，"不求于微而求精湛"，最小的微型画作于火柴杆上，称为一绝，受到海内外的重视。

20世纪70年代以来，他融诗书画为一体，精思苦究，山水人物，昆虫花鸟，更耐人寻味。强调“专而旁通多能，复以多能丰富一专”。他惜时如金，常作画至深夜，自谓“一日学攀两日程，七旬已是百岁身。频嫌昼短添长夜，忙煞山斋作画人。”晚年积诗近3000首、自撰联语近600联。

其书法博精唐楷，后融晋魏，功底深厚，大气刚毅。后专攻行草，恣意纵横，势破前规，创“交藤体”，并形成30多法传世。平生习作精选多达30余册。

他集文韬武略于一身。常把书法之神韵融会贯通于剑术、气功，同时又以剑术贯通书法，独创“通书剑谱”。酷爱健身，冬练“三九”夏练“三伏”，常年不辍，使内功外化气势独断，其身体能承受百斤重力冲击而面不改色。

90年代，周氏一家由合川搬迁至成都抚琴西路318号，祖孙三代朝夕相伴切磋技艺。养猴，画猴，积累百态千姿的猴画多达数千张。他每画一张，都要求儿子、孙子各画一张，既是临摹，又要有创意，要有“四感”“四态”，即完美地表达出毛感、肉感、骨感、笔感；反映出猴的情态、神态、动态、心态。

早年有选集问世，曾获“王子杯海峡两岸书画大赛金奖”“第六届世界名人学术博览会博士勋章”“世界名人勋章”和“世界名人金杯奖”，多幅作品入选《世界美术作品集》《中日现代美术通鉴、《世界传世名画书法鉴赏》。2003年，所画白猴《绝世奇珍》获“环球国际艺术贡献奖”

历任中华名人协会会员、四川省文史研究馆馆员、政协四川省书画研究院院长，新加坡神州艺术院高级荣誉顾问、高级名誉院士。曾任重庆市书画协会、美术协会顾问，重庆市中华书法研究会理事长，合川县政协副主席、县人大常委会副主任，政协重庆市委员会常委、政协四川省委员会常委。

2003年7月14日，周北溪在成都逝世，终年90岁。

曾荣华

曾荣华(1913—1993)，原名焱华，艺名曾昆仑。四川省泸县(今泸州市)青狮场人，后随家迁宝藏寺。著名川剧表演艺术家。

自幼家境贫寒，7岁后，父母相继去世，遂随叔父曾焕然(川剧鼓师)浪迹县境学艺。9岁入川剧“玉春班”学演娃娃生，正式登台。稍长习武生。1936年，拜师筱玲钧(韩成之)，兼习文生。后辗转求艺于泸州、宜宾、内江一带，广采博闻，得到著名小生曹黑娃(俊臣)、刘清泉的指点。曾从师“川剧小生泰斗”张志举，积累了丰富的演出经验，技艺日渐精进，文武俱佳。他常说：我在演技上，重视人物的刻画，受张志举老师的指点和熏陶颇多。于1941年至成都，在布后街成都大戏院登台，以做功(表演)细腻精当、唱腔韵味醇厚而一举成名。以后一度在“新民讲演团”搭班，主演时装戏。1949年，成都出版的《蜀伶选粹》评其演唱艺术“乃文乃武，卓尔不群”。

新中国成立后，由于他善于塑造不同时代、不同身份、不同性格的舞台人物形象，被誉称为“性格演员”。所演川剧《铁龙山》中的王子铁木耳，被国外剧评家称为“中国的哈姆雷特”。1952年，在北京与许倩云合演《评雪辨踪》(饰吕蒙正)，获第一届全国戏曲观摩演出大会演员二等奖，继由北京电影制片厂拍摄为影片，辑入《川剧集锦》。次年，随中国人民赴朝慰问团到朝鲜前线慰问演出。1956年，入中央文化部戏曲研究院主办的戏曲演员讲习会进修，艺术水平进一步提高。

他的代表剧目除《评雪辨踪》《铁龙山》享有盛誉外，所演传统戏《凤仪亭》(饰吕布)、《翠香记》(饰邱秀才)、《酒楼晒衣》(饰蒋兴)、《武松打虎》(饰武松)，时装戏《哑妇与娇妻》(饰林雨农)、《一封断肠书》(饰黄庆生)和现代戏《红岩》(饰徐鹏飞)、《柯山红日》(饰柯陆亚德)等亦享誉艺坛。曾导演《陈三五娘》《江姐》和《许云峰》等剧。

参加舞台演出的同时，致力于艺术教学，培养和扶持青年演员，成就了一批川剧艺术的接班人。其中，造诣颇深的著名小生蓝光临、晓艇(首届中国戏剧“梅花奖”获得者)等，都是他的薪传弟子。1958年、1983年先后应聘到山西省太原市戏剧学校和苏州昆剧传习所主办“川剧艺术学习班”讲学传艺，并多次担任四川省川剧学校客座教师。1987年10月中旬，由他的弟子发起在泸州市隆重举行“曾荣华舞台生活60年祝贺演出”，好评如潮。

暮年静心总结经验，出版《四卒千军》和《曾荣华舞台艺术》两本专著。

历任泸州群光川剧团主任委员(团长)、成都市青年川剧团副团长、成都市川剧院副院长、中国戏剧家协会会员、成都市川剧研究所暨成都市川剧院顾问。曾当选成都市人大代表、成都市政协常委。

1993年，曾荣华在成都逝世，终年80岁。以后，《中国戏曲曲艺词典》《中国艺术家词典》《川剧词典》《川剧群星》等均为他立传存世。

席明真

席明真(1914—1998)，原名定侯，笔名何为、范叔寒，四川省江安县人。著名戏剧家。

早年就读于泸县川南师范学校艺体专业，18岁赴成都东方美术专科学校学习西洋画。20世纪30年代初，与吴雪、陈戈等入成都大同电影学校学习。1938年，参加中国共产党，长期在四川从事党的地下工作。历任中共江安县县委书记、荣县县委书记兼川南工委会派驻荣昌、自流井和贡井地区代表。

早在1936年，席明真即投身戏剧活动，在重庆组织西南话剧社并任社长，演出进步戏剧，宣传抗日救亡。次年，参加大同剧社，在成都演出进步话剧，《回春之曲》《卢沟桥之战》。加入中国共产党以后，更加自觉地以戏剧为武器，激发大后方民众的抗日热情，同国民党反动派做斗争。1938年后，先后辗转于江安戏剧协社、内迁至重庆市的山东省立剧院话剧团、成都神鹰剧团、乐山凌云剧社、重庆演剧十二队、山城南剧社担任演员、导演，演出《罗蜜欧与朱丽叶》《大雷雨》《原野》《孔雀胆》《中华民族的子孙》《黑暗里的笑声》等经典名剧和进步戏剧。与此同时，按照中国共产党南方局指示，团结和推动川剧界人士演出宣传抗日内容的“新川戏”，如《乞儿爱国》《藤县之役》等。其间，曾针对国民党反动派诛除异己、屠杀功臣的行为，组织川剧名家张德成演出《孝孺草诏》，郭沫若观看演出后题诗相赠：“德威一代明成祖，骨鲠千秋方孝孺。纵使舌根能断绝，依然有口在吾徒。”

中华人民共和国成立后，在从事艺术行政领导工作的同时，不废戏剧创作。先后担任中共重庆市委宣传部文艺处处长、重庆市文联创作部部长、重庆市文化局副局长。20世纪50年代，相继参与组织川剧代表团赴北京参加第一届全国戏曲观摩演出大会、川剧界参加中国人民第三届慰问团赴朝鲜演出，组织中国川剧团首次赴东欧四国访问演出，并担任部分剧本的整理工作。同时参与省、市川剧传统剧目鉴定及传统艺术推陈出新工作。1982年，响应中共四川省委“振兴川剧”的号召，一面抓振兴川剧三个基地的建设，一面奔波于省内各地，亲自参与川剧剧本创作与艺术改革。先后担任观众报社社长、《四川戏曲》杂志主编、《川剧艺术》杂志主编、《中国戏曲志·四川卷》主编。

历任四川省川剧院副院长、四川省戏剧家协会副主席、重庆市戏剧家协会主席、四川省川剧学校校长兼四川省川剧艺术研究院院长、四川省川剧理论研究会会长、四川省振兴川剧领导小组顾问、中国戏剧家协会常务理事、中国戏曲现代戏研究会主席团成员。

专著《川剧浅谈》，被誉为新中国川剧理论研究的奠基之作。剧本主要有川剧《孔雀胆》、话剧《红岩》、越剧《江姐》等，皆为各特定时期四川剧坛的代表剧作。1990 年 10 月，四川文艺出版社出版《席明真戏剧文选》，并于 1992 年获四川省第五届哲学社会科学优秀科研成果荣誉奖。

1998 年，席明真在成都逝世，终年 84 岁。

吴遐林

吴遐林（1915—1999），成都市人。著名方言相声演员，四川方言相声创始人。

幼时家贫，为补贴家用，五六岁便在街头当“小贩”。11 岁被送到成都中纱帽街一锅盔（烧饼）店作学徒，后转至祥顺园饭店学“红锅”（炒菜），17 岁出师即失业。

为躲避抓壮丁离家出走，辗转流浪到重庆。经同乡介绍、担保，先后在重庆“群芳会书场”“广寒宫书场”等处做清洁工，兼写每日演出的粉牌（节目广告牌）。在此广泛接触四川各种说唱艺术，并产生浓厚兴趣。1934 年，拜在重庆行艺的湖北相声艺人孙玉堂为师，学习相声和沙书（即用手抓白沙在地上写字，为相声艺人在广场卖艺招徕听众的手段），跟随师傅四处行艺。后孙玉堂返回湖北，吴遐林到重庆北碚，又师从“雷声剧团”团主顾雷声学演文明戏（今话剧）及相声、双簧。20 世纪 30 年代后期回到成都，带着徒弟沈沉、三弟吴晓楼在青羊宫花会行艺，花会闭幕后又到各地流浪卖艺。1943 年，在宜宾演出时，因在国民党县党部门前空地用白沙写了“忠党爱国、南腔北调”八个大字，被当地“特别清共委员会”逮捕入狱，关押 50 余天，经同行艺人多方求情证明，方被保释回到成都。此后每年都在青羊宫花会及川西各县卖艺。

当时，入川的相声艺人均说北京话，行话称为“京口”。为克服语言障碍，他移植改编北方相声结构、表演技巧、传统曲目，并结合四川的民风民俗及社会现实，在表演中用成都话讲说相声，让听众倍感亲切，大受欢迎，由是创立四川方言相声这一曲种。

中华人民共和国成立后，加入成都市曲艺改进会，任大组组长，参与筹建成都市第一、第二实验书场及“好好书场”。1954 年，参加全国人民慰问中国人民解放军演出。1958 年，第二实验书场与“好好书场”合并组建为成都市东城区曲艺队（后又改建为锦江区曲艺团），成为该团方言相声的骨干演员。

他移植改编的代表曲目有：《歪批三国》《八扇屏》《戏迷闹洞房》《黄鹤楼》《文昭关》等。改编创作的代表曲目有：《昨天》《王金龙与祝英台》《张飞杀岳飞》《新名词》《逛商场》（与吴晓楼合作）、《针刺麻醉》《打 U2》等。

1999 年，吴遐林在成都逝世，终年 84 岁。

王永梭

王永梭（1915—1998），笔名云雀、百灵。四川省安岳县人。四川谐剧、四川方言诗朗诵创始人。中国民主同盟盟员。

1933 年，毕业于国立戏剧专科学校，师承洪深、焦菊隐、曹禺、沙梅、吴祖光等戏剧家、音乐家。1939年创作演出第一出四川谐剧《卖膏药》，受到观众的好评。后又陆续创作《扒手》《赶汽车》《茶馆图》《喝酒》《黄巡官》、《嫌疑》《保长》等近20出谐剧作品，长期在重庆演出。

中华人民共和国成立后，相继编演《在火车上》《十二点整》《打百分》《结婚》《电话》《苏二哥》《自来水龙头》等不少剧目，迄今常演不衰。1953年，参加第三届中国人民赴朝慰问团为中国人民志愿军演出。返国后，调入中国人民解放军成都军区政治部战旗文工团。后调入四川省曲艺团，从事谐剧、方言诗编、导、演和教学工作。他是享受国务院政府特殊津贴专家，中国戏剧家协会、中国曲艺家协会会员。历任四川省政协委员、省文学艺术界联合会顾问、省文化厅艺术委员会委员、四川省中华民族促进会理事。

他一生创作谐剧约100出、方言朗诵诗《阿Q正传》《自鸣钟》《矮幺姑》《猪八戒改行》《木偶》等近200首，诗歌和唱词170余首。出版有谐剧《打百分》《王永梭谐剧选》和《王永梭文集》。此外还录制谐剧《卖膏药》、方言诗朗诵《阿Q正传》等盒带。创作演出的谐剧获奖甚多。其中，《在火车上》获1953年西南军区创作二等奖，《苏二哥》获1979年四川省创作二等奖，《卖鞋》获1989年四川省优秀创作奖，方言朗诵诗《自鸣钟》获1953年西南军区文艺会演创作二等奖。

他多次在北京、上海、天津、重庆、成都、贵阳等地举办谐剧专场演出和谐剧艺术专题讲座。为培养谐剧新人，先后在成都、重庆、温江等地共举办四期“王永梭谐剧训练班”，培养了一批专业、业余编演人才。其中不少学生已成为知名艺术家或国家一级编剧，如沈伐、凌宗魁、张廷玉、涂太中、李永玲、包德宾、严西秀等。

1998年，王永梭在成都逝世，终年83岁。

2000年4月，四川文艺出版社出版《王永梭文集》。

苏葆桢

苏葆桢(1916—1990)，字子斡，江苏省宿迁县人。著名国画家，享受国务院政府特殊津贴专家，成都画院艺术顾问。

于1938年到重庆，考入中央大学艺术系国画专业，师从徐悲鸿、张书旗、吴作人、陈之佛、傅抱石等人。1944年，毕业后定居四川，任江津正则艺术专科学校美术教师，此间辗转成都、重庆、泸州等地举办画展。1941年参加全国美展，获青年作家奖金。1944年、1945年分别参加伦敦、加尔各答“中国美术展览会”。1949年后，历任重庆北碚新中国艺术专科学校校长、重庆女子师范学院附中美术教师。1956年起，在西南师范学院美术系任教，历任教授、硕士生导师。曾任重庆国画院副院长，中国美术家协会四川分会理事、重庆美术家协会副主席。

苏葆桢擅长中国写意花鸟画，尤擅作“葡萄”画，有“苏葡萄”之称，是中国葡萄画的一代宗师。结合西方绘画造型和色彩技法，充分利用生宣的浸润性能和水、墨推拒的天然效果，用焦墨枯笔草书入画，大写出藤蔓、枝干，显得苍毅、雄浑；运用色彩的浓淡变化在葡萄中间留出高光点，这一独特创新的表现手法使其笔下葡萄水分饱满、丰盛充盈、墨彩交辉、生动自然，充分表现出葡萄半透明的质感、光感和空间感。曾多次参加全国美术展览，并参加日本、苏联、新加坡、比利时、菲律宾、巴基斯坦、冰岛、芬兰、扎伊尔、刚果等国家和香港地区美术展览会。代表作有《川西三月》《樱花白孔雀》《紫藤八哥》《硕果累累》《牡丹群鸽》《秋菊茸鸡》《喜鹊梅花》《翠羽迎春》等。出版有《苏葆桢画集》《苏葆桢作品选》《苏葆桢蔬果花卉白描画集》。著有《写意花鸟画技法》《怎样画水墨葡萄》《苏葆桢画彩墨葡萄》等。

1990年6月，苏葆桢在重庆逝世，终年74岁。

赵蕴玉

赵蕴玉(1916—2003),原名文蔚,后改名赵石,字蕴玉,四川省阆中县人。著名画家、书法家,擅长人物、花鸟、山水,尤工仕女。

幼年读私塾。稍长在中学读书一年,后辍学在家专修绘画、书法、诗词。他自我砥砺,勤奋不懈，几年中通临二王字帖和古代诸名家书法,精研诗词及《文心雕龙》《诗品》《桐荫论画》《书谱》等文艺理论典籍。少时曾为人作墨竹图,时人赠诗赞曰:“偶写新篁妙逼真,繁枝大叶见精神。嘉陵江上三百里,绝世天资第一人”。于1945年到成都,经人介绍拜张大千为师,入大风堂,同时在成都岷云艺术专科学校任教。

中华人民共和国成立后,在川北行署做过戏剧改革工作。1956年,加入中国民主同盟。后在博物馆研究古代字画,并参加复制工作。其临摹技艺极高,所摹写的作品几可乱真。1975年,博物馆在日本举行书法展,所展藏品有八扇邓石如隶书屏,不慎散失一屏,他及时补写散失的隶书屏,并使之如旧,放在原作中竟不为人识别,连知名的文艺界人士前往观赏,也无法相信是补书。

在蜀中他被誉为画儒,是继张大千之后又一位全才型艺术家。工笔、写意、重彩,浅绛、水墨、白描,无不得心应手;人物、山水、花鸟和真、草、隶、篆,无一不精;连环画、风俗画、佛道画无一不能;继而戏剧、琴剑、诗词、考证、鉴画,亦无一不善。所作章法严谨,笔墨挺秀洒脱,具清丽儒雅之风。人品清高,性格中和宽广。记者曾报道:社会上有人冒他的名造假画出卖，他知道后并不生气，说:“这些人冒我的名不过想多赚几个钱,可以理解。世上若多一个画假画的,就少一个拿刀子的。”四川省作家协会主席马识途曾作诗赞赏他:“人如其画画如人,描尽纤毫信有神。俊逸潇洒登艺苑,冰清玉洁脱凡尘。蜀宫演乐飞奇彩,仕女簪花忒有情。更有法书称雅秀,云烟满纸现天真。”融人品、画品、书品、诗品为一品。

其习画,深受大千艺术的影响,但他更多的是师大千之心,走自己的路。张大千的仕女画,自赵孟頫、唐寅之后,堪称精妙儒雅的上乘品格,然而仕女画传到赵蕴玉，无论内容题材表现手法,都明显有变化有发展。他曾用白描手法画古代衣冠,刻画人物的须眉情态,生动传神。曾画《蜀宫伎乐图》和《闺中赏心十二事》等工笔重彩,细入毫发,行笔生动,色彩缤纷而有韵致。其《蜀宫伎乐图》，是在熟读五代史和精研王建墓石刻的基础上,结合自身广博的音乐知识和绘画特长而创作的一帧名作。画中各种乐器的放置及演奏手法,大到编组,小到乐伎的口形、指法,皆精到无误。创作册页《闺中赏心乐事》十帧,幅幅精美。写意仕女得张大千之风,别有妙趣,有时寥寥数笔,信手拈来,悦人心目。此外,他的花鸟画也卓有成就，与其子赵映冏合作的工笔花鸟《春花燕子》《荷塘鸳鸯》《秋菊小鸟》《梅花山禽》以及纪念结婚四十年馈赠夫人的十二幅花鸟《粉梅山禽》《玉阶小鸟》《秋菊双禽》《丹茶白梅》等,件件堪称佳作。其山水画以没骨金碧或青绿为多,早年的作品有《桃花仙源》《停琴观泉图》,后作有《黄山松韵》《峨眉图》《华山一角》《秋山平远》等,皆秀雅可人,构图古雅,色彩艳丽。他曾为蜀中名胜峨眉山绘巨幅全景图,把纵横百里概括成轴,满纸烟云,色彩动人,继张大千之后,开当代四川青绿山水画的先河。

其书法沉稳雅秀,隶书的造诣更高。书法宗

二王、赵子昂，并精研《曹全碑》《书谱》、瘦金书和邓完白书法。“文化大革命”十年中，以惊人的毅力，将汉代至清代一百多位书法名家的三百多卷字帖临写一遍。其隶书劲健浑厚，结构舒展，用笔用墨以厚重浓丽见长。行书得子昂真意，于隐秀中见风骨。其画作常自题诗句，顺手拈来，脍炙人口。如他在《簪花图》上写道：“曾与木兰伍，十年在战场。归来人未老，揽镜理红妆。”《高泉出云图》的题咏是：“劈空直下三千丈，穿破白云几万重。会向人间滋畎亩，终归沧海护蛟龙。”气势磅礴，意境高远。

其绘画作品多次在国内外展出。主要作品有《芙蓉双猫》《峨眉山全景图》《秋菊双猫》《蜀宫乐伎》《薛涛制笺》《闺中赏心十二事》等，分别被海内外众多收藏家及博物馆收藏。有《赵蕴玉画集》《赵蕴玉百扇集》《赵蕴玉作品选》等画集出版。

历任成都画院艺术顾问、四川省诗书画院顾问、四川省文史研究馆特约馆员，中国老年书画研究会四川省分会会长，成都市政协常委。

2003 年，赵蕴玉在成都逝世，终年 87 岁。

孙海泉

孙海泉（1917—1999），四川省开江县灵岩乡人。著名金石篆刻家。

受长辈影响，自幼酷爱金石书画，尤痴迷篆刻。于 1938 年定居成都。求学期间，与张大千、徐悲鸿、张采芹等切磋技艺。1940 年，肄业于成都志城高级商业职业学校。1943 年，刻宋代民族英雄文天祥《正气歌》组印 60 余方，拓件送成都青羊宫物产展览会展出，深受于右任赞赏，于右任题“正气歌”“海泉治印”两次相赠。

中华人民共和国成立后，在成都市旗帜厂工作，任技术员。1982 年，与画家孙竹篱参加社会公益活动时，即兴在一小时内刻就“拔海三千尺，松风响怒涛，凌云天际外，万里见秋毫”4 方大印。退休后任《中华人物辞海》（当代文化卷）编委特邀顾问，益州书画院、成都蓉台经济交流促进书画艺术社、四川青年篆刻研究会、德阳东方魂书画院顾问，四川诗书画家国际艺术交流会会员。

孙海泉以篆刻技艺闻名于世，数十年治印达两万余方。从 1980 年开始，先后在《四川日报》《成都晚报》《晚霞》杂志等 10 余种刊物上发表印作 100 余件。刻制李白、杜甫、李商隐等的大量诗词组印、拓件，被武侯祠、文殊院、草堂寺等收藏。作品《沁园春·雪》《红军不怕远征难》等分别被韶山毛泽东纪念馆和北京毛主席纪念堂收藏。1988 年，“正气歌”印章被四川省博物馆作为国家二级文物永久收藏。中国国际名人研究院和中国国际名人协会将孙海泉传略列入《中国当代艺术家名人录》《中华人物辞海》等大型辞书，中央电视台《东方之子》栏目和四川电视台《文化多棱镜》栏目分别播出其事迹与成就。

1999 年 3 月 24 日，孙海泉在成都逝世，终年 82 岁。

洪志存

洪志存（1917—2001），别号浩园，成都市双流县人。著名书法家，四川省文史研究馆馆员、益州书画院院长。

6 岁开始学书，12 岁即为人书写匾对、市招。受业于文史学家、书法家华阳林思进、双流名儒刘咸荥、成都书画家高少安等。常与于右任、谢无量、刘孟伉、姚石倩、伍瘦梅、冯灌父、王白与、余兴公、江梵众、施孝长、陈子庄等交游。1947 年，在成都举办个人书法展览。1988 年，与游丕承、白允叔、李国瑜、葛墨安等名宿在成都恢复重建丙戌金石书画研究会。其书法宗苏、欧、颜、赵及汉魏六朝，笔力劲健，疏朗匀称。曾于一把纸扇上书写八千余字蝇头小楷。其书法作品在省内很多名胜之地常可见到，二十世纪六七十年代，常为成都市区多家商铺书写店招，故有“洪半城”之称。其书法作品享誉省内外，被鉴定为国家二级文物。2001年，洪志存在成都逝世，终年84岁。

李少言

李少言（1918—2002），山东省临沂市人。著名版画家，一级美术师。

1937年，在河南潢川县加入中华民族解放先锋队，于1938年10月加入中国共产党，先后参加河南潢川五路军青年军团、河南鸡公山抗敌剧社。1938年，到陕北公学学习，开始木刻创作。1939年，任华北联合大学文工团美术组长。同年12月，调八路军120师，先后任司令部秘书、《晋绥日报》美术组长。1940年，兼任晋绥边区美协主席。1941年，任晋西美术工厂厂长。1942—1949年任《晋绥日报》美术科长。1949—1954年任重庆《新华日报》美术组组长，兼重庆美协副主席。1955年后，历任中国美协四川分会副主席、主席。1960—1963年，任四川美术学院党委书记。在“文化大革命”中受到批判、斗争。1978年后，历任中共四川省委宣传部副部长、中共四川省委顾问委员会常委，神州版画博物馆馆长，成都画院艺术顾问。曾任中国美术家协会副主席、中国版画家协会副主席、四川省文联副主席、全国人大代表。

擅版画，代表作有《一二O师在华北》《重建》《黄河渡伤员》《故乡行》《老街新貌》《湖畔》《川藏路上水帘洞》《耕海》《红岩》插图等。作品被中国美术馆、历史博物馆、军事博物馆、罗浮宫、大英博物馆、华盛顿国家美术馆等收藏，有的被选为教材插图和美术院校教育示范作品。曾获“鲁迅版画奖”。出版有《李少言版画选》《李少言作品选集》等。李少言刻制了晋绥边区的第一张邮票(毛泽东正面像)。1987年，李少言将50年来精心创作的104幅版画无偿捐献给家乡人民。1991年，获中国美术家协会、中国版画家协会颁发的“新兴版画杰出贡献奖”。

2002年1月11日，李少言在成都逝世，终年84岁。

袁玉堃

袁玉堃（1917—2004），原名彭希寿，成都市人。著名川剧表演艺术家，被誉为“川剧小生泰斗”，享受国务院政府特殊津专家。

父是川剧名角，袁玉堃耳濡目染下，对舞台艺术产生浓厚兴趣。1925年，随父亲好友肖卓山搭班唱戏，后投奔名鼓师周岐山。1927年，周岐山请名师宋书田教唱小生，改名为袁玉陞(随养父姓)。后到川北玉清科社学戏，学习《二度梅》《四进士》《夺三关》等。20多岁时，辗转到成都平民剧院、广汉南京大舞台、成都维新大舞台，表演的《彩楼记》《黄袍记》《情探》大受欢迎。1942年，袁玉堃重返成都，改名为玉昆(1946年改名为玉堃)，在成都大戏院、锦屏大戏院、重庆大戏院搭班。1951年元旦，加入重庆市实验川剧院。曾任重庆市川剧院名誉院长，享受国家老艺术家终身生活补贴。

擅演川剧小生，塑造各类中国书生形象，演出剧目达300多个，其中许多口授剧目已失传。在全国第一届戏曲汇演中，主演的《送行》获二等奖。1957年，随中国川剧院出访东欧四国，主演《谭记儿》中的白士中、《焚香记》中的王魁、《逼侄赴科》和《百花赠剑》中的潘必正和海俊，赢得海外赞誉。“文化大革命”结束后，参演“川剧艺术集锦”的拍摄，演出《送行》和《迎贤店》两个剧目。在全国第四届演员讲习班上，开课授徒，很多弟子成为各个剧院团的艺术骨干。撰述有《袁玉堃舞台艺术》。

2004年9月18日，袁玉堃在重庆逝世，终年87岁。

沈慕垠

沈慕垠（1918—2004），艺名老沈，成都市人。著名木偶表演艺术家。

从小喜爱木偶戏，业余时间常用泥巴做泥偶，用布头做布娃娃，拿板凳当舞台来表演。1946年，向著名被单戏老艺人蒋银山学艺，掌握《哥哥打老虎》等传统单人木偶戏。中华人民共和国成立后，加入中国人民解放军，参加解放西昌的战斗。转业到地方，先后在成都工商导报社、成都晚报社任记者和编辑。1952年，以业余爱好者身份参加四川省第一届民间艺术汇演，受到好评，被誉为会演木偶戏的新闻记者。1956年，成都市木偶剧团筹建时，调任该团副团长，兼编、导、演于一身。曾任中国戏剧家协会、中国民间文艺家协会、中国曲艺家协会会员，四川省木偶皮影艺术学会名誉会长，成都市幼儿木偶研究会名誉会长。

沈慕垠在四川率先开始对幼儿木偶戏的研究创作和剧目创作，先后编演几十出儿童木偶戏和皮影戏，如《猴子改过》《马老汉打狼》《小青蛙旅行记》《老公公种红苕》等，被孩子们称为“木偶爷爷”。其中，《老公公种红苕》获全国第二次少年儿童文学作品评选三等奖和省级剧本二等奖，该剧曾由天津市木偶剧团演出，中央电视台录制播放。沈慕垠表演的十多个剧目先后被制成录像带、录音带，在电视台或电台播出。发表有民间故事《宝贝种子》《钟晓帆脱鞋》，曲艺唱词《一条蛇》《猴儿扳苞谷》等，及有关民间文艺的理论文章数十篇。

退休后，先后被邀请到北京、上海、广州、南宁、杭州、南昌、泉州、柳州等地进行幼儿木偶艺术指导，与英、日、德、奥等国同行进行艺术交流，在全国幼儿木偶师资培训班任教，到四川大学讲授民俗学。在北京等地为外国艺术界人士表演被单戏绝艺。表演的《哥哥打老虎》等剧照，被国外杂志《中国木偶舞台》刊登介绍。在出席全国第四次文代会时，沈慕垠与同行一起倡议建立中国木偶皮影艺术学会，当选常务理事兼儿童组组长。1983年，全国儿童少年工作协调委员会授予沈慕垠“全国园丁荣誉纪念章”。

1995年4月，成都市群众艺术馆在成都市玉泉街幼儿园内举办“纪念沈慕垠先生从事幼儿木偶艺术40周年纪念会”，沈慕垠以76岁高龄在会上表演单人木偶《猴子改过》。《工人日报》等报刊专题介绍沈慕垠和他的单人木偶艺术，称赞他是“孩子们的知心人”。生平事迹收入《中国文艺家传集》《中国儿童文学辞典》等大型辞书。

2004年12月5日，沈慕垠在成都逝世，终年86岁。

朱佩君

朱佩君（1920—1995），女，成都市人。著名国画家，一级美术师。

幼年即受古典文化艺术的熏陶。其叔父朱懋先是研究菊花的专家，曾自辟百亩“餘园”培植菊花逾千种。每到金秋季节，朱家宾客盈门，社会各界名流到餘园品菊、赏菊、评菊，诗酒雅集，形成特色卓具的“菊文化”。在此氛围中耳濡目染，14岁便与堂姐妹跟随叔父朱竹修、画家马万里、颜楷夫人邹辛士学习诗书画，并得到林山腴、刘咸荥、谢无量、张寔父、张大千等名家的指点。1937年，朱懋先挑选园中精粹菊花100种，请朱竹修率众侄女写生，计划绘制《百菊图》，后因时局动荡仅完成一半。20世纪40年代初，朱家姐妹一道参加蓉城女子书画展，“画坛朱氏七姐妹”由是享誉蜀中美术界。

中华人民共和国成立后，就职于市人民文化宫，参加黑板报宣传绘制。后奉命到四川医学院绘制中草药“生药图”。1958年，市政府拨出专款，在成都市美术社内设立国画组，任命她为副组长。以后有机会与姐妹们继续创作《百菊图》。后受“文化大革命”冲击，被迫中止，部分草稿遗失。中共十一届三中全会后，她任北京人民大会堂四川厅巨型蜀绣画屏《芙蓉鲤鱼》主笔，如期完成绘制任务。1980年，开始主持成都画院工作。又组成以她为首，包括朱炜君、朱寿君、朱纫君、江溶、姚思敏、高晓笛等人在内的《百菊图》创作班子，市政府拨出专款，她们再度开展《百菊图》创作工作，历时15年，终于基本完成这一巨作。

主持画院期间，还完成巨幅《瑞鹄祥云》，黑白两只天鹅身披朝霞，展翅凌空，一派空阔缈远的太空境界，融富丽堂皇和清润典雅于一体。这是她毕生诸多作品中最富庙堂气的力作，受到邓小平、张爱萍、方毅、刘华清的称赞，还得到素以富丽堂皇著称的北京工笔画派的赞美，该画再渡东瀛展出后，又一次让日本同行倾心折服。

她在创作上继承朱家工笔画风，坚持传统积粉法、双钩法，设色厚重，画笔清润、感情浓烈，风格明丽典雅，是继于非闇、陈之佛、刘奎龄、陈子奋之后工笔花鸟画的一派宗师。代表作有《菊花》《菡萏香》《孔雀自怜金翠尾》《青城腊莲》《红荷墨鲤》《珙桐花与桐花凤》《龙泉油桐花》《芙蓉鲤鱼》《雾荷》等，其中，《珙桐花与桐花凤》获得全国第一届青年美术工作者作品展览三等奖。1984年，四川人民出版社出版其作品《朱佩君花鸟画集》。

朱佩君历任政协四川省委员会委员、常委，成都市人民代表大会代表、常委，省文联委员、市文联副主席、省美协副主席、市美协主席，省、市政协书画院负责人、省诗书画院副院长，成都画院院长。一生自甘淡泊，虽身为画院之长，仍然住在如是庵1间16平方米的单间里，室内仅一床一柜，一桌两椅，还有一只用了近二十年的茶盅。

1995年，朱佩君在成都逝世，终年75岁。

文闻子

文闻子(1920—1997)，原名善贵，笔名文子，四川省三台县芦溪镇人。著名水彩画家。

从小酷爱绘画，曾师从画家吕凤子、梁又铭。1938年，初中毕业后，入三台小学师资训练所学习。结业后先后在芦溪镇涪江小学、景福院聚云小学、桥楼场德育小学任美术教员。1941年春，到成都，考入因避日机轰炸而疏散至成都的西南美术专科学校，每日早晚挤出时间到户外写生，观察朝露、晨雾和暮色的变化。入校第一年，便获学生优秀成绩奖。就读两年后，因家贫辍学，受聘于三台县二中任美术教师。1943年暑假，赴重庆投考国立社会教育学院艺术专修科。1945年毕业后，受聘于德阳县中学。后曾任四川省青木民众教育馆艺术部主任。1947年春，被西南美术专门科学校聘为讲师，承担水彩画、色彩学、透视学教学工作。1948年秋，转入嘉陵中学(20兵工厂子弟校)教书。1949年，四川临近解放时，离开重庆返回家乡。在家乡加入中国民主同盟。1950年4月，到南充川北文工团美术班工作。(其时他的夫人谭琴舫在南充任川北区妇联副主席和女中校长)。同年，川北美术协会成立，任副主席。20世纪50年代后，历任川北人民出版社美术组组长、四川人民出版社美术编辑室、旅游编辑室主任、四川人民出版社编辑部副主任。四川省政协委员，成都市美术家协会副主席、天府水彩画会名誉会长。

他擅长水彩画创作,20 世纪 40 年代先后在成都、乐山、重庆等地举办个人画展。50 年代以后,利用美术编辑工作余暇时间,创作巴蜀风情旅游绘画图,并集为图录册。1963 年,参加全国水彩画展,被同行赞为“难得的俊才”。晚年足迹遍及巴山蜀水,以大自然为师,广泛收集绘画素材。在艺术上广收博采,认真研究中西水彩画资料,以丰富自己的艺术修养;探索求新,融会国画的水墨手法创作水彩画。用笔阔大,表现抽象,着力于概括性写意气势,形成独特的水彩画风格。80 年代,作品先后参加在科威特、菲律宾举办的中国水彩画展。1994 年,新加坡乌节坊画廊举办文闻子水彩画展。

《中国摄影家辞典》《中国当代画家名人录》《中国当代艺术界名人录》《世界华人艺术家博览大典》等辞书,皆列辞条载述他的艺术成就。

1997 年,文闻子在成都逝世,终年 77 岁。

胡　立

胡立(1921—2002),字梦痕,号望之,成都市灌县(现都江堰市)人。著名画家。

自幼喜欢绘画,于 1940 年考入成都南虹艺术专科学校。毕业后,在青城山上清宫拜张大千为师,研习绘画艺术。1951 一 1957 年,在灌县(现都江堰市)文化馆任画师;1958 年,在四川省美术学院为北京人民大会堂四川馆作画。1959--1962 年,在灌县政协工作;1963—1984 年,在灌县文化馆工作;1984 年退休。曾任都江堰市政协常委。

胡立深入研习唐、宋、元、明时期国画和董源、巨然、王叔明、盛子昭、吴镇等画家作品。其作品在布势上吸取宋画格局,笔墨上融元朝意趣,尤重唐彦远“骨法用笔”,形成自己的艺术风格。1948 年,其作品《仿巨然山水》入编《大风堂同门画展录》。1953 年,创作山水人物画《庆祝成阿公路通车典礼》,参加慰问抗美援朝战斗英雄展,被中央办公厅收藏。1954 年,创作《菊花》《离堆春喜》《蜀山新象》《锦城花卉》,参加中国第二届国画展览会。所作《蜀山新象》《离堆春喜》等作品在日本、中国香港展出后被中国美术馆收藏;《凝翠桥》《菊》等作品参加四川省第一届国画展览,《都江堰的春天》入选 1958 年莫斯科社会主义国家艺术造型展览,《雨后》入编《中国当代国画家辞典》。1990 年,受文化部邀请,为天安门城楼作《都江古堰》,入编《天安门珍藏书画集》。1992 年,入编《中国当代美术家人名录》。《都江堰的春天》入编《二十世纪中华画苑掇英大画册》,1997 年入编《中国当代名人录》,1998 年入编《世界美术家传》。1999 年,作品《都江堰》入编《世界传世名画书法鉴赏》,2000 年入编《中华百年人物篇》。胡立曾将张大千离开大陆时留存的元代古画《琵琶行》《傀云林楷书》和清代《石涛六十寿辰寿书》、石涛《荷花图》等无偿捐献给故宫博物院。

2002 年,胡立在都江堰逝世,终年 81 岁。

周少稷

周少稷(1921—2002),成都市人,原籍彭州。著名评书艺人。

其父经营珠宝,是成都商界著名的珠宝商人。1937 年,抗日战争爆发后,成都频频遭到日本飞机轰炸,他就读的成都君平中学搬到机头桥。他被迫辍学,避难到彭州,常到各茶铺听人说书,从此迷上评书艺术。不顾家人反对,先后结识四川境内著名的评书艺人张益州、蓝其昌、夏锡全、钟小帆、张锡久等。通过听书学艺、拜师求艺,一度以票友身份登台说书。

他追求进步。17 岁加入川军将领刘湘的武德学友会，与中共地下党人邹趣涛秘密往来，宣传抗日，开展策反工作。19岁投军，在黄慕颜部主办的进步报纸《中华日报》任广告部主任。于1946年抗战胜利后被捕，后获释出狱。1949年，与进步人士方舟共同主办《新闻日报》，公开揭露国民党反共反人民的罪行。同年，正式拜巴蜀评书艺人、人称“火神爷”的曾树荣为师，未久正式下海说书。

新中国成立后，于1950年在东城区文化组说书，以其诙谐的语言，生动的表演，征服了广大观众。1951年起，先后到雅安、大凉山、乐山一带说书，深得听众好评。因善于讲说《三国演义》，被听众称为“周三国”。1964年，配合党的宣传教育，在成都暑袜街随园先后讲说《烈火金刚》《黄英姑》《红岩》《红色路线》等具有革命教育意义的评书。

为了提高技艺，他不仅刻苦阅读和钻研大量历史书籍，还经常与同行切磋评书语言技巧，观摩学习其他说书艺人的表演技巧，广学博采各种流派的精髓，重视研究有关资料，包括人物语言、社会环境、衣饰、民风民俗等。他善于用诙谐风趣的语言展示人物个性、演绎故事情节，常使听众受到美的震撼，获得美的享受。

他把对社会、对生活的热情，以及对事业的忧患，全都浸透在创作中。1982年与人合作编写在四川很有影响的《刘湘之死》。1983年，创作《欢喜庵的故事》，获得省市创作奖。20世纪90年代，先后创作长篇评书《庚鼎药房的来历》《西安事变》《身怀三宝无人可敌》《城隍庙的来历》《剥人皮的故事》，改编评书《烈火金刚》《平原游击队》《红岩》《烈火中永生》。1997年，为迎接香港回归，专门创作了《香港之行》。此外还创作了有韵评书《舌战群儒》《慈禧传奇》等，被四川评书界誉为“蜀中评书精品”。

2001年，身患重病期间，仍念念不忘如何抢救呈衰萎态势的评书。他让徒弟雨田和他一起抢救没有文字记录、眼看就要失传的传统“非条”(没有文字记录，全靠口授相传）评书《五岳豪侠》。8月中旬做手术3个月后，立即投入抢救工作。不论刮风下雨，每天早上9时准时在成都图书馆茶楼，等待徒弟雨田为他录音。1个月后病情恶化，他一再叮嘱徒弟按他所说去做(他已交代大师兄，要他继续讲)，直到把《五岳豪侠》变成文字作品。

他一生为曲艺事业做出较大贡献，被曲艺界誉为“评书之子”。他为成都市曲艺界培养了许多优秀人才，被成都人称为市井艺术表演家的李伯清，即其弟子之一。

2002年，周少稷在成都逝世，终年81岁。

黄德君

黄德君(1921—2002)，女，成都市人，著名清音表演艺术家。

早年曾与李月秋同台献艺，被誉为“锦城歌后”，其艺术被称为“黄派”。

她的嗓音清脆优美，珠圆玉润。擅长诉说完整故事的大调，她演唱的《法门寺》《思乡》《芦花》《贵妃醉酒》等曲目，令观众如痴如醉。与李月秋一样，被成都各大书场争相重金延聘。她每日在几个书场演唱，应接不暇。当年华西大学吴先忧教授对其演唱特别推崇，曾为她题写对联：“德美艺精，声似黄钟大吕；君歌我听，韵如流水行云。”横联“曲高和寡”。首字巧妙地嵌入黄德君的名字，并将她慷慨高亢的风格和流畅婉转的韵致，言简意赅地予以诗意概括。

中华人民共和国成立后，与其夫王华德(著名古琴艺术家)加入四川省曲艺团。曾参加中国人民慰问团赴朝鲜前线为志愿军演出。其后又赴西藏慰问解放军和藏族同胞。晚年主要从事教学。

她演唱的清音曲目《昭君出塞》被列为成都市非物质文化遗产。

2002年11月6日，黄德君在成都逝世，终年81岁。

刘松柏

刘松柏(1922—2003)，成都市金堂县人。著名四川扬琴演员。

幼年因眼疾致双目失明。1932年，师从扬琴艺人赵有太学习四川扬琴演唱，工旦角，侧重闺门旦，出师后在成都书场演唱扬琴。善于分析剧情角色，唱腔灵活多变。功夫扎实、吐字清亮、唱念俱佳，所创造的旦角女腔“连眼唱法”别具一格，20世纪40年代即有“赛德才”(赛过著名扬琴演唱家李德才)之誉称。代表曲目有《夜课》《活捉三郎》《处道还姬》《祭塔》《辞母》《三祭江》《秦香莲闯宫》等。

1953年，参加四川省民间音乐汇演，演唱扬琴《秋江》，获演唱二等奖。1957年，被成都市东城区文化科聘为扬琴教师。后加入东城区曲艺队。1959年，应邀与易德全等人在成都为刘伯承元帅演唱扬琴。1961年，调入成都市曲艺团。先后在成都市戏剧学校、东城区戏曲训练班任教。同时受重庆、自贡等地委托，代为培养青年演员。四川的扬琴旦角演员多出其门下。2003年，刘松柏在成都逝世。

陈书舫

陈书舫(1924—1996)，女，原名书芳。河北省石家庄辛集市人。著名川剧著名表演艺术家。

出生于石家庄辛集市一个梨园世家。其父陈吉福，京剧武生演员，兼唱净角；其母艺名“九云凤”，工京剧“刀马旦”兼反串武生。幼年随父母跟戏班到四川演出，因不卖座，老板解散戏班，其父母搭班川剧班。时6岁的陈书舫也跟着学习川剧，开始了她的艺术生涯。

1930年，拜泸州河川剧老旦艺人月中红为师，学唱川剧。并先后参师筱桐凤、杨云凤，学演闺门旦。于1937年至成都，经川剧名丑周企何引荐，加入“三庆会”，改名书舫。小小年纪便常与有“小生泰斗”之称的萧楷臣配戏，演出闺门旦戏《孟姜女》《投江》《归舟》等，受到观众赞赏。在萧楷臣的提携和教诲，技艺不断精进，17岁开始反串小生。其间，在生、净名旦天籁、贾培之的艺术熏陶下，一度演唱生角戏，饰演过《空城计》的诸葛亮，《长生殿》的唐明皇。

抗日战争爆发后，辗转于重庆、泸州、乐山、西康等地搭班演出，日本投降后返蓉。1946年，在成都锦屏大戏院(现四川电影院)主演抗日题材的《天字第一号》《一封断肠书》《哑妇与娇妻》等时装戏。其精湛的表演艺术誉满巴蜀，蜚声中外，赢得“川剧皇后”的桂冠。

陈书舫于艺术严肃认真，一丝不苟。她勤学好问，博采众家之长来丰富自己的艺术创造。她尽管有着深厚的传统唱腔艺术的演唱功力，但从不满足和拘泥于传统程式。她把京剧、话剧、电影以及各地方剧种的吐词行腔技巧，巧妙地融化在自己的艺术之中，形成了独特的艺术风格。她不断广采博纳，不但擅长扮演闺门旦和奴旦，且以反串小生见著。功底扎实，唱做俱佳，在艺术舞台上，以独特的艺术风格，塑造了许多多姿多彩的感人艺术形象。如传统戏《柳荫记》《下游庵》《秋江》《赏夏》《花田写扇》以及现代戏《丁佑君》等。在这些戏中，有许多精彩独到的表演。其精湛的唱腔艺术是表演艺术的重要组成部分，陈书舫的艺术特点是表演含蓄优美，细腻传神。嗓音甜润清亮，唱腔柔美多姿，韵味醇醪，大小嗓运用自如，尤其是膛音共鸣好。无论男、女唱腔，或者是大小嗓的结合运用，都能得心应手，左右逢源。但是，她从不单独追求声音好听，而是特别善于在优美多变的声腔中，注意表现人物内心的思想感情。她说："唱戏要唱出人物，唱出感情。"为了把人物内心世界开拓得更加深刻，哪怕一字一句，陈书舫也总是从人物出发，从感情入手，力求达到以声传情，以情动人的艺术境界。

1952年10月，全国第一届戏曲观摩大会，陈书舫与周企何合演的《秋江》、与丈夫谢文新合演的《柳荫记》分获演员一等奖，《柳》剧还获剧本一等奖。《秋江》《柳荫记·山伯送行》先后摄制舞台艺术片，分别辑入《川剧集锦》《川梅吐艳》两部戏曲影片。所录制的《玉簪记》全本和折子戏《下游庵》《柳荫记·骂媒》等唱片广受听众欢迎。1989年6月，荣获中国唱片总公司颁发的首届"金唱片奖"。

1953年，陈书舫参加中国人民赴朝慰问团，进行为期半年的慰问演出。1957年，加入中国共产党。1959年任成都市川剧院副院长。同年7月底至12月中旬，随中国川剧团赴波兰、捷克斯洛伐克、德意志民主共和国、保加利亚等东欧四国访问演出，受到各国观众的欢迎。

1960年，出席全国群英会。1978年，任四川省川剧院院长、四川省川剧学校校长、四川省川剧艺术研究所所长。1979年，在全国第四届文代会上被推选为中国文学艺术界联合会委员、中国戏剧家协会常务理事；为中国音乐家协会会员，历任四川省文学艺术界联合会副主席、四川省戏剧家协会常务理事、四川省妇女联合会委员，并获"全国三八红旗手"称号。

在川剧教学中，先后整理出《我演祝英台》《我演春莺》等阐述表演经验和表演艺术的文章，并培养了筱舫、陈雪、廖慧蓉、杜秋艳等青年演员，并坚持不懈地为振兴川剧而努力工作。

历任四川省川剧院院长、四川省川剧艺术研究所所长、四川省川剧学校校长，中国文联第三、四届委员，中国剧协第三、四届常务理事，一至七届全国人民代表大会代表。

1992年9月，四川省振兴川剧领导小组、四川省文化厅、四川省文学艺术界联合会、四川省戏剧家协会、四川省川剧院在锦城艺术宫联合举办"陈书舫艺术生涯六十年纪念演出"及研讨会，以总结和研讨她的艺术成就和业绩。

1996年1月11日，陈书舫在成都逝世，终年72岁。

吴伯祺

吴伯祺（1925—1995），笔名天异，祖籍四川省乐山，出生于宜宾。著名剧作家。

两岁时随父母迁居成都。高中毕业后曾任小学教师，后考入四川大学政治经济系。1937年，抗日战争爆发后，因日本飞机轰炸乐山，其父死于空难，家业被毁。后考入川军潘文华部（国民革命军第五十六军）政工队，从事文艺工作。1950年，加入中国人民解放军第七军警卫旅"七月剧社"京剧队做演员。1951年4月，转业到成都市人民剧院任业务干事，开始从事川剧编剧工作。次年，经他整理的川剧传统戏《评雪辨踪》参加第一届全国戏曲观摩演出，获演出二等奖。后此剧被辑入影片《川剧集锦》。

在川剧界，他被称为"三学士"之一。在戏剧创作中，重视继承传统戏剧特点，充分发挥川剧特色，对川剧的高腔曲牌格式、帮腔、角色行当的更替和表演艺术的发挥，进行了多方面改革，创作、移植和改编了大量传统优秀戏剧作品。先后整理、改编、移植川剧《杜十娘》《猎虎记》《陈三五娘》《春灯谜》《耐冬花》《柜中缘》等剧目。其中多数剧本由文化主管部门和四川、北京出版机构陆续编印出版。

1957年,成都市川剧团首次赴京演出,他根据川剧剧目鉴定演出本改编的《拉郎配》,在北京文艺界引起轰动,《人民文学》杂志于1957年第4期发表该剧剧本,接着上海美术出版社又将该剧剧照编成连环画册发行。该剧本相继被收入《川剧喜剧集》《川剧传统喜剧选》《中国当代十大喜剧集》。1958年,香港凤凰影业公司以该剧本为蓝本,改编拍摄为彩色故事影片《抢新郎》。

1959年,独立改编川剧传统戏《白蛇传》,接着又与周静合作改编《鸳鸯谱》,四川省青年川剧演出团携两剧赴京参加中国人民共和国建国10周年献礼演出,两剧均成为川剧代表性保留剧目。1961年,《鸳鸯谱》成为峨眉电影制片厂建厂初拍摄的首部戏曲片《乔太守乱点鸳鸯谱》,陆续在国内和东南亚数国上映。1981年起,由他改编的传统戏《白蛇传》成为川剧演出团体赴欧、美、亚等国家和香港、台湾地区演出的主要剧目。此外,他还改编创作了《红岩》《火中铁凤》《杜鹃山》《李双双》《风雪儿女》《二姑翻身记》《女民兵》等现代戏。

"文化大革命"中,被下放到工厂监督劳动,停止艺术创作活动。1978年,回成都市川剧院继续从事编剧工作。陆续改编《斩文嫣》《射雕记》《杜月梅之死》和时装戏《是谁害了她》等。1982年底,因病提前退休。之后,为成都市木偶皮影艺术剧院先后编写木偶剧《古岛奇花》《沉香救母》皮影戏《朱仙阵》等,成为该院出国演出的主要剧目。1987年,应天津市京剧院著名京剧表演艺术家厉慧良邀请,改编京剧《关羽走麦城》,由厉慧良先在成都演出,后由天津市京剧院再次推出,获该市艺术节特别奖。同年,任《成都市志·川剧志》副主编,同时为《成都市志·文化艺术志》《中国戏曲志·四川卷》编写有关川剧的篇目。

1995年,吴伯祺在成都逝世,终年70岁。

他一生编写、发表剧作百余种。有《吴伯祺戏曲选》存世,著名戏剧家阳翰笙为其作序。

李月秋

李月秋(1925—1996),女,成都市人。著名清音演员。

幼年家贫,7岁随艺人蒲光明(绰号蒲子)学唱清音(当时称唱琵琶、唱月琴)。12岁出师后,跟随师傅在川西各县书场茶馆流浪卖艺,受到听众的赞誉。20世纪30年代回到成都,先后与蒲光明、蔡文芳、王华德、黄德君等艺人同棚(合伙)行艺。由于旧社会的民间艺人备受歧视,警察不准他们白天进城卖唱,白天他们只能在城外周边茶馆卖艺,晚上方能进城在一些僻静街巷的茶馆、旅店、烟馆演唱(行话称为"钻格子")。她常在新南门外一周姓茶馆行艺,每天下午茶馆爆满、生意兴隆,还有许多平民围在茶馆外驻足倾听。《锦城旧事竹枝词》咏道:"江畔席棚一望收,琵琶怀鼓逞歌喉。风筝线断闻哦呵,一曲清音李月秋。"生动地记述了她演出的盛况。后经社会各界呼吁,方突破警局禁令,白天入城售艺,在总府街"新新茶厅"(旧址在今成都王府井百货大楼对面)登场演唱,一炮走红,名播蓉城。

中华人民共和国成立后,李月秋加入成都市第一实验书场(后改组为成都市曲艺队、曲艺团)从事清音演唱。后担任成都市曲艺队队长、曲艺团艺术指导,是成都市曲艺团的创始人之一。1953年,参加全国第一届民间音乐舞蹈汇演,演唱传统曲目《秋江》,受到广泛好评,并应梅兰芳的要求加唱了传统曲目《尼姑下山》。同年秋,参加中国人民第三届赴朝慰问团为中国人民志愿军演出。1954年，参加全国人民慰问中国人民解放军代表团赴边疆演出。1956年，参加全国音乐周，演唱传统曲目《小放风筝》。1957年，与琴师熊青云参加在莫斯科举行的“第六届世界青年联欢节”，演唱《小放风筝》《忆我郎》《青枫叶》，获金质奖章。1958年，参加四川省第一届曲艺汇演，演唱《布谷鸟儿咕咕叫》，获一等奖。同年调成都市戏剧学校(后改称成都市文化艺术学校)曲艺班任教。曾应邀到四川大学中文系示范演唱清音，随后又应邀到四川音乐学院声乐系民族声乐专业讲学。于1988年退休。历任成都市曲艺团副团长、艺术顾问，中国曲艺家协会理事，四川省曲艺家协会副主席。曾当选四川省人大代表、省政协委员。

李月秋嗓音清亮，音色甜美，轻柔婉转。其唱腔在蔡文芳所创“呵呵腔”的基础上，发展创新为清音润腔“哈哈腔”，别具一格。她用这种唱腔演唱《布谷鸟儿咕咕叫》，早在20世纪50年代初，便给人留下极深刻的印象，以后终于形成四川清音声腔的艺术特色之一，并赢得“成都周璇”之美誉，还被许多行家评为四川曲艺界的“四绝”(指李德才的扬琴，贾树三的竹琴，曾炳昆的相声，李月秋的清音)之一。善唱大调、小调，坚持“唱声、唱曲、唱情”并重，对曲目内容的表述细腻，生活气息浓郁。其代表曲目有《断桥》《西宫词》《小放风筝》《忆我郎》《青枫叶》《秋江》《尼姑下山》《踏伞》《悲秋》等；现代题材曲目有《永生的凤凰》《赶花会》《布谷鸟儿咕咕叫》《春天来到川西坝》《山村医疗队》《小梅绣花》等。有《秋江》《尼姑下山》等唱片传世。薪传弟子有程永玲、沈桂蓉、田临平等。

1996年3月，李月秋在成都逝世，终年71岁。

同年9月4—5日，成都市文化界先后在“三益公”影剧院和中国川剧剧场举办“李月秋艺术生涯65周年纪念”演唱活动。

竞　华

竞华(1926—1998)女，本名董汝陵。成都市人。著名川剧表演艺术家。

出身川剧世家，小时即天资聪慧。其母为川剧名旦曼丽（艺名）。八岁开始随母学唱川戏。1942年，首次在成都华瀛大舞台登台演出《柳荫记·访友》，引起观众瞩目。后随母进入川剧“桂华科社”。因其扮像靓丽、唱腔甜美、表演生动，深受观众欢迎。1945年以后，常在“三益公”戏院和“悦来茶园”登台表演，是戏班的台柱演员之一。成都解放前，竞华即名震川西，被评为川剧四大名旦之一(另三人为陈书舫、杨淑英、许倩云)。

中华人民共和国成立后，她以四川著名班社“三庆会”末届副会长身份转入“大众川剧院”，投入川剧“改人、改戏、改制”的“三改”工作，并成为该院的领衔主演之一。后随剧院体制改革，先后在西南川剧院、四川省川剧院二团、成都市川剧团、成都市川剧院任主要演员。曾当选全国人民代表大会代表，中国戏剧家协会理事。历任成都市川剧院副院长、成都市川剧艺术研究所顾问、全国“三八”红旗手，享受国务院政府特殊津贴专家。

她是实力派演员。戏路宽广，能演闺门、青衣、花旦、正旦，以花旦见长，常反串小生。她对川剧声腔的贴切运用和创新独树一帜，形成既有深厚传统技艺、又有改革发展艺术功力的“竞派”唱腔艺术，尤以小腔、花腔著称。其唱腔吐字清楚，行腔细腻，感情丰富，优美动听。1961年4月，叶圣陶先生在锦江剧场看了她主演的传统剧目《王三巧》后，认为川剧“以背景描写衬托人物之心情，在各剧种中可谓最富于诗趣者”，“听之观之，甚觉‘过瘾’”。巴金特别喜欢听她的戏，盛赞她的唱腔绝对是第一流的。曾多次受到党和国家领导人邓小平、陈毅、贺龙、罗瑞卿、张爱萍和郭沫若等的接见。

代表剧目有：传统戏《柜中缘》《思凡》《拷红》《三祭江》《乔子口》《三巧挂画》《北邙山》等，时装戏《哑妇与娇妻》，现代戏《江姐》等。曾参与大幕戏《杜鹃山》《王熙凤》等新剧目的唱腔设计和演唱技巧辅导等工作。其代表剧目多次被省市广播电台播放，并被录制成唱片、音带、音碟广泛发行。1989 年 10 月，与著名川剧表演艺术家陈书舫同时荣获全国首届“金唱片奖”。继由中国唱片社出版《竞华唱腔艺术选》。1997 年，上海声像出版社出版《川剧精品——竞华专辑》。曾发表《我对川剧旦角发声的体会》、《腔从戏来，戏在腔中》等论文。薪传门徒有川剧名旦竞艳、周学如、王竹慧、刘克莉、沈铁梅等。

1998 年，竞华在成都逝世，终年 72 岁。

张光茹

张光茹(1930—1993)，女，四川省宜宾市人。著名川剧演员。

9 岁入宜宾“凡尔登戏院”拜傅泽田为师，学习演唱川戏。十一二岁即登台唱《桂姐修书》中的娃娃旦重头戏，又与名丑陈全波配戏，在《皮金滚灯》中唱豆女儿。陈全波赏识这个聪明好学的女孩，给她取艺名为“鸣凤”。后与弟张文彬同台主演《哪吒闹海》，连演十余本，轰动一时。后因傅泽田得罪《凡尔登》戏园老板，师徒俱被解雇。经推荐，转赴泸州参师名小生刘清泉。期间，随师娘刘清莲(名旦角)去川黔边界各乡场上跑滩卖艺。

张光茹幼年嗓音较弱，幸而形体和相貌俱佳，做功演艺亦出色，舞台效果基本弥补了嗓音的缺憾。15 岁时(1945 年)，嗓音突然亮丽，又回到《凡尔登》戏园。登台即演《长生殿》饰杨贵妃，貌容娇贵，仪态万方，出场一亮相、一开腔，即赢得一阵又一阵掌声，由此开始走红。后因得罪恶势力，被迫只身到重庆。经戏剧和电影导演应云卫介绍，加入重庆“中华剧社”当演员，并改名“光茹”。不久随《中华剧社》沿江而下到汉口，参加话剧演出。抗战胜利后，随《中华剧社》辗转回归上海。在纳菲剧场(今上海电影院)参加话剧演出。“中华剧社”解散后，应聘到“国泰影业公司”当演员。1949 年 5 月 7 日，与著名演员冯喆在香港结婚。年底，中共地下党组织安排冯喆留港另有任务，张光茹遂只身到北京，参加中国青年艺术剧院训练班。1950 年 2 月，冯喆回到上海，张光茹旋被调到上海剧工队演出话剧。

1957 年，因感情纠葛返川，加入成都市川剧团重操川剧旧业。她虚心向表演艺术家静环、阳友鹤学习，既唱青衣，又唱花旦，尤擅泼辣旦。代表剧目有《窦娥冤》《庆云宫》《铁笼山》《程夫人闹朝》《戏仪》《八郎回营》《柴房》等，唱做俱佳，继往开来，颇多创意。她重视吸收其他剧种(包括话剧)的营养，力求声、情、韵浑成自然，追求角色的性格化和生活化。先后创造出性格迥异，个性鲜明的众多艺术形象，给广大观众留下深刻印象。

“文化大革命”结束后，除参加演出外，还致力于创编剧本、培养川剧接班人。一旦发现好苗子，便及时收为艺徒，无私传授，精心呵护，严格要求。青年演员陈巧茹、谢红茹、黄玉茹、孙静茹、雷敏茹，还有来自夏威夷的美籍研究生苏珊等，均在她苦心栽培下逐渐成长起来，她开创了私人带徒与剧团培养相结合的新路子。

1990 年，在她六十寿辰及从艺五十周年之际，宜宾市文化局、宜宾市戏剧家协会及成都市川剧一、二团，协助她编辑出版《张光茹舞台艺术》，继于 1992 年，又为她整理出版《张光茹的龙门阵》。

1993年6月28日，张光茹在成都逝世，终年63岁。

徐无闻

徐无闻(1931—1993)，名永年，字嘉龄，后因耳疾，更字无闻，以字行。成都市人。著名书法、篆刻家，率先在高等院校开设书法课。

1954年毕业于四川大学中文系，分配到西南农业大学工作。1955年，调西南师范学院，讲授中国古典文学、文学概论、马克思列宁主义文论选、中国历代文论选等。1987年，在西南师范大学任教时，率先在全国高等院校开设书法专业研究生课。历任西南师范大学中文系教授、古典文学教研室主任、硕士生导师，中国作家协会理事、中国书法家协会篆刻评审委员、四川省书法家协会副主席、四川省书学学会副会长、西泠印社社员、重庆印社名誉社长、四川省文联常委、四川省文史研究馆馆员。

幼时即在父亲徐益生指导下学习书法篆刻。青年时期从周虚白、易均室、周菊吾学习诗、书、画、印。20世纪60年代，赴上海学习，先后拜谒沈尹默、潘伯英、方介堪等书坛、印坛前辈。中年以后书法篆刻日益闻名于艺坛。书法各体兼学，对篆字、篆刻用功尤勤。喜好战国“中山王器”字，所作法度谨严、秀丽俊美，铁缦篆淳雅奇逸尤为绝伦；篆刻秀雅工稳，亦极具功力。作品多次参加全国性展览，多幅作品被博物馆、艺术馆收藏。精于书法理论研究，先后发表《褚遂良书法试论》《颜真卿书竹山连山辩伪》《小篆为战国文字说》《篆隶书法简论》《寰宇贞石图浅说》等数十篇论文。

长期从事文史学、文字学研究，曾主持《汉语大字典》字形组工作，主编《秦汉魏晋篆隶字形表》《甲金篆隶大字典》《汉语古文字字形表》。编著有《唐宋文学要籍解题》《殷墟甲骨书法选》《殷墟甲骨圭曰法选》《东坡选集》等。

1993年6月，徐无闻在重庆逝世，终年62岁。

有《徐无闻书法集》于1996年四川美术出版社出版。

蒋祖馨

蒋祖馨(1931—1996)，成都市人。现代作曲家、音乐教育家。

自幼受音乐熏陶。1948年，进入四川省立艺术专科学校音乐科学习。1950年，考入上海音乐学院管弦系，主修大提琴，两年后转入作曲系，师从邓尔敬。1957年毕业后，任中央人民广播电台文艺部编辑。1961年，调入哈尔滨艺术学院任作曲教师。1965年，艺术学院与哈尔滨师范大学合并，任音乐系钢琴教师。1985年，调西安音乐学院，任作曲系教授。于1992年9月退休。

20世纪50年代起，蒋祖馨创作大量中国风格的钢琴曲。1955年，创作钢琴组曲《庙会》，于1957年在莫斯科举行的第六届世界青年与学生和平联欢会的作曲比赛中获三等奖，被列入众多钢琴家的保留曲目和音乐院校中的规范性教材。除《庙会》外，还创作有钢琴组曲《山花集》，钢琴套曲《园中一日》《箴言》《第一钢琴奏鸣曲》等。1993年秋，在西安举办其钢琴作品音乐会。1994年秋，在北京举办蒋祖馨“钢琴作品音乐会”。1993—1994年间，其作品曾在圣彼得堡由青年钢琴家卞萌演奏，被当地音乐界称为“具有现代精神的独创性中国钢琴曲”。

1996年11月6日，蒋祖馨在西安逝世，终年65岁。

刘玉洲

刘玉洲(1932—2000),四川省仁寿县陵阳区花瓷乡人。成都蜀锦厂技师。

11岁时,到成都汪家拐街34号陈跃安作坊当徒弟,学习丝织。1951年,到成都丝织业工人临时自救工场参加生产自救工作。1954年加入中国共产党。1955年,任合作社监事会主任。1956—1957年,当选丝织合作社第一届党支部书记。1958年,任厂工会主任。同年,带领社员先后对织绸和准备工序落后的生产工具进行改革,将脚踏、手拉梭织机改革为电动织机,手工卷纬改革为电动卷纬机,手工扦经改革电动扦经机,手工返丝改为电动等,减轻工人的劳动强度。

1960年,经成都市手工业管理局评定为技术员。1962年,获省"工农业劳动模范"称号。1964年,参与铁木机配套设备——横球式提花机的制作。1965年,为增加花色品种,开展对铁木织机双梭箱攻关,织出第一床双色"百鸟"蜀锦被面。1968年,试制成功电动浆丝机,解决人丝经轴上浆加工困难的问题。1974年,绘图制作成功简易打包机。1979年,被提升为设备科副科长。1981年,晋升为技师。

1982年5月,"中国古代传统技术展览"赴加拿大多伦多市,刘玉洲随团出国,在安大略科技中心博物馆作蜀锦手工木机的操作表演。1983年6月,因病退休。

2000年,刘玉洲在成都逝世,终年68岁。

王万洲

王万洲(1934—1994),成都市人。杰出的群众文化艺术工作者。

少年时代就学于成都天府中学、正则会计学校。1950年10月,参加中国人民志愿军赴朝鲜作战,荣立三等功。1955年归国后,在中国人民解放军某部历任政治处干事、司令部参谋。于1958年转业,任成都市新华书店人民南路门市部主任。因工作成绩突出,1960年,出席全国文教群英会。1965年,调成都幻灯制片厂任厂长。1971年起,先后任成都市文化体育局群众文化组组长、成都市文化局群众文化科科长。1975年,调任成都市群众艺术馆馆长。1989年10月,改任市艺术馆调研员。

他主持群众艺术馆工作后,在经费十分困难的情况下,广开思路,谋求事业发展。1982年,创办"成都太空音乐音响中心",从试制第一盒原声磁带《文明礼貌歌曲专辑》和首批川剧音带起步,录制抢救了一批川剧艺术优秀剧目。1983年,年利润达32万多元。同年,出席文化部、香港文化促进中心在京举办的"首届国际艺术管理研讨会";次年11月,出席文化部在天津召开的"全国城市群众文化工作会议",并作《解放思想,以文补文,开创群众文化工作新局面》的大会发言。1986年7月,该发言稿列为正式文件在全国文化厅(局)长会议上散发。

1984年起,成都市群众文化艺术馆建立多个经济实体,开展多种经营,以文补文,促进群众艺术馆各项工作全面发展。数年间,该馆各项收入达870万多元,实现纯利润102万元,转入固定资产52万元,上缴利税37万元。此外,奋力突破地域界限,加强横向联系,1985年5月,在简阳县开办集文化与旅游为一体的"三岔湖文化游乐中心",后又成立"成都书局",与出版社、杂志社、邮局建立横向联系,在发行渠道上闯出一条新路。在经济收入逐年增长的情况下,艺术馆在总府街原址新建一座文化艺术中心大楼,开办太空音乐音响中心、成都文化艺术社、成都书局、五月茶社、游艺厅和成都文化艺术学校,与企业联营"天桥"商贸娱乐中心、"乐乎园"音乐餐厅和综合性多功能演出厅。1985—1986年，该馆接待国内28个省、市、自治区110批来访者计千余人次，中央有关部门也先后到该馆调研。1987年以后，又陆续接待法国、菲律宾、苏联、德国等国文化考察团。1989年4月，文化部在成都市群众艺术馆召开全国“以文补文”研讨会，吸取和借鉴该馆工作的先进经验。1988年，成都市群众艺术馆被评为全国“以文补文”先进单位，他被评为四川省“以文补文”先进个人。并多次被评为四川省、成都市文化系统优秀共产党员、先进工作者。

1994年6月13日，王万洲在成都逝世，终年60岁。

任义伯

任义伯（1936—1997），四川省盐亭县人。著名雕塑家，一级美术师，享受国务院政府特殊津贴专家。四川省雕塑艺术院院长。

1959年，考入四川美术学院雕塑系。1963年毕业后，分配到四川省博物馆工作。1987年，调入四川雕塑艺术院工作。

1965年，参加大邑《收租院》泥塑群雕创作，为主要作者之一。1972年，参加都江堰市二王庙李冰父子彩塑工作。1976年，参与中国军事博物馆创作大型室内雕塑《红军不怕远征难》。1977年，参加毛主席纪念堂雕塑。1980年，主持修缮四川大足县卧佛。20世纪80年代设，计塑造一批城市雕塑作品，代表作有《海燕》《黄继光》《青年李白》《建设者》《九九归鹤图》等。其中，《建设者》是成都市第一座工人主题雕塑，是成都工业、特别是东郊工业辉煌历史的见证，也是成都推进大规模城市建设的历史见证。于1987年获全国首届城市雕塑优秀作品奖。

1997年，任义伯在成都逝世，终年61岁。

黄远林

黄远林（1940—2005），成都市新都区人。中国艺术研究院研究员。

中学时加入共青团，曾任团支部组织委员、宣传委员。1960年，从新都中学（新都一中）毕业，考入中央美术学院。1965年毕业，分配到中国美术研究所工作。1974年，文化部组建中国艺术研究院，转入该院工作。1985年被评为副研究员，1993年，加入中国共产党；1994年，晋升为研究员。历任中国艺术研究院美术研究所《美术史论》杂志副主编、《美术观察》杂志《美术学》栏目主持人和《美术》杂志、《中国漫画》杂志编委。中国美术家协会漫画艺委会学术秘书，中国美术家协会会员。

黄远林与著名漫画家毕克官编著的中国大陆第一部《中国漫画史》，于1988年获中国艺术研究院首届优秀科研成果专著三等奖。2000年1月，黄远林编撰的《百年漫画》由北京现代出版社出版。除从事漫画史学专著之外，还撰写数十篇有关漫画方面的学术论文和评论文章。编写中国画家丛书《石恪》。担任《文艺赏析辞典》美术分科的主编。先后在各报刊发表其漫画作品200余幅。其中《自报家门》参加1984年举办的第六届全国美展，《大鱼吃小鱼》参加1989年举办的第七届全国美展，《说穷》参加1993年美协漫画艺术委员会举办的中国漫画展，《刀下留情》《无题》等漫画作品收入《中国漫画家作品选》。

2005年，黄远林在新都逝世，终年65岁。

胡仁樵

胡仁樵（1941—2003），成都市人。著名美术家，一级美术师。

自幼喜爱艺术，1957年，考入四川美术学院附中。1961年，考入四川美院油画专业本科。

1965年毕业，分配到新疆木垒县文化馆任宣传工作。1972年，调中国铁道部成都铁路分局俱乐部任美术干部。1980年，被成都画院吸收为专业画家。

他是20世纪80年代四川西画的领军人物，擅长水彩、油画。其创作立足本土，在东方文化的背景上融西洋技法于一炉，既继承传统艺术，又大胆吸收运用现代画派菁华；创作构图严谨，格调高雅，内涵深远，色彩凝重。前期作品受苏联艺术影响，其油画肖像如《拿小手帕的姑娘》《托腮的妇女》，强调造型完整、简洁、色调统一。在油画民族化方面，学习中国画的空白处理，强调线的重要性，具有中国工笔画的韵味。后期作品融合中西画法，吸取大写意的手法，强调虚与实，平面与立体的对比，逐步形成自己的风格。其民族风情画和儿童题材作品充满理想、真诚和憧憬；其风景画《农家乐》《果子沟》《天山五月》《暖日》等，色彩丰富斑斓，如同抒情诗，具有强烈的时代感和民族特色。

其绘画作品多次参加省级、国家级和国际展览，获全国奖二次，省级奖十四次。其中《春讯》《故乡水》《保卫秋收》等，早在学生时代就参加了四川省和全国性美展。1985年油画《水平线上》"获"中国体育美展"三等奖，作品被中国奥委会收藏。1987年创作的油画《长满青苔的老屋》入选"中国首届油画展"；继于1988年选送美国参加"中国现代画展"；1999年，又应法国巴黎国际艺术城邀请，赴法举办个人画展。他的一些作品被海内外人士珍藏。

出版有《胡仁樵油画集》《中国现代画展览作品选集》《中国油画展作品选》。

2003年，胡仁樵在成都逝世，终年62岁。

九、宗教

释清定

清定(1902—1999)，俗姓郑，名全山，浙江省三门县人。成都市佛教协会会长，政协成都市委员会常委。历任中国佛教协会常务理事、中国佛教协会咨议委员会副主席，四川省佛教协会副会长，成都昭觉寺方丈、绵竹祥福寺方丈。

家庭世代信仰佛教，自幼受到佛法熏陶。1924年，毕业于广州大学哲学系，因品学兼优留校服务。1925年，投笔从戎，考入黄埔军校第五期。军校毕业后，再到南京考入国民党政训研究班受训。结业后分派至国民政府军事委员会北平(北京)分会，任政训处少校秘书，后相继调任军事委员会交通研究所中校处长、中华民族复兴社上海分社助理书记、军事委员会军训处上校主任。期间先后两次主办上海大中学生军训。

1937年，卢沟桥事变后，调第四战区长官司令部，任党政军干部训练团少将政训主任。于1939年，到重庆，任中央高级党政军干部训练团少将政训处主任。到战时首都重庆任职后，目睹政治之腐化，民间之疾苦，在无可奈何中，激发出世之心。1941年5月3日，留书弃官出走，抛妻别女愤然到重庆南岸狮子山慈云寺，依澄一长老座下剃度出家。继于同年11月17日，到成都昭觉寺依定慧法师受具足戒，时年40岁。圆戒后，住昭觉寺藏经楼潜心阅读经书，研究佛法奥义。时能海法师二度从西藏学法归来，经宝光寺方丈贯一法师介绍，清定随能海法师到新都宝光寺，聆听能海法师讲《比丘戒释》。1942年4月，随能海法师到成都南郊近慈寺安居，刻苦自修，深得能海法师赏识。初住学戒堂，继任沙弥堂堂主。清定行持精进，一年后住加行堂，于1945年住入金刚院。是年夏，随能海法师到彭县龙兴寺度夏安居。1946年，代能海法师到武汉讲经。讲经圆满，又去重庆主持金刚道场。继而又奉能海法师之命，到南京、上海弘法，使能海法师苦心翻译的藏密经书得以在全国广为流传。后应赵朴初、倪正和等居士之请，驻上海觉园，主持班禅纪念堂。1949年春，在觉园成立上海金刚道场。中华人民共和国成立后，能海法师专程赴上海，在觉园的金刚道场，亲书法卷授予清定，传他为接法和尚阿阇黎。

1955年"肃反"中，因他在民国时期的复杂背景，被捕判无期徒刑押入上海提篮桥监狱。狱中，除得空即静坐禅定外，累以精湛的医道为病者推拿按摩，针灸治病，人称"劳改医生"。1975年，提前获释，返回三门县卫生院行医，被乡人称作"圣手华佗"。是年，中国佛教协会安排他住入天台山国清寺；1985年，得以平反昭雪，应成都僧众之请，到成都石经寺担任首座。1987年，担任成都昭觉寺方丈。

1989年，随中国佛教协会赴美弘法团，到美国传戒，任羯磨阿阇黎，为来自欧美的160名僧俗弟子灌顶传法。他在佛教界德高望重，爱国爱教，中国佛教协会赵朴初会长赞誉他为"中国不可多得的一位高僧"。

1999年6月23日，清定法师在成都昭觉寺示寂，终年97岁。

释宽霖

宽霖（1905—1999），俗姓王，名广泽，成都市新都区军屯乡人，蜀中著名高僧。

自幼家贫，11岁时为了活命，被父母用卖身文契"舍"与新都福建会馆出家。1921年，在成都文殊院受具足戒，先后在该寺任衣钵、监修知客等职事。

1931年，出川云游，在江南一带遍访著名高僧，潜心研习天台、净土宗教义教理。1935年，在宁波观宗寺聆听谛闲、宝静法师讲经，后任该寺学监、堂主，兼从宝静法师（曾就读上海大同大学）研究古典文学。其间，曾赴杭州向摩尘、心慈、静修等法师求教，研讨"经、律、论"三藏。又在苏州护国寺随印光、德森研习净土法门。后随宝静去九江，登庐山礼远公道场。时值黄龙寺方丈圆寂，四众推选他任代理方丈。1937年，应重庆华岩寺方丈宗镜邀请返川，继在该寺设坛讲经，由此声名远播。同年，回到成都，先后在尧光寺、昭觉寺、宝光寺、绵竹祥符寺、峨眉山毗卢殿和金顶锡瓦殿讲经说法，并，主持盂兰盆会。所到之处，听众云集。1944年，回到文殊院，任藏主潜心研读大藏经，并讲授佛学。继任堂主并兼任知客。1953年，接老方丈道悟衣钵，主持文殊院法席。此后历任成都市佛教协会秘书长、副会长、名誉会长，四川省佛教协会副会长、会长，中国佛教协会常务理事、中国佛教协会咨议委员会副主席。先后当选成都市人大代表、政协成都市委员会常委、政协四川省常委。

"文化大革命"期间，文殊院关闭，正常宗教活动被迫停止，部分僧众离寺出走。宽霖法师受到冲击，处境艰难，仍继续率领僧人坚持护寺工作，使文殊院的建筑设施和所珍藏的历代文物减少损失。中共十一届三中全会以后，逐步落实宗教政策，寺院恢复活动，宽霖被重任为文殊院方丈，担负起清理和修缮文殊院的重任。经数年努力，文殊院恢复旧观，继而开始寺院弘法活动。为了佛教的复兴，他奔走各地，讲经弘法。1986年，兼任云南鸡足山祝圣寺方丈。先后主持文殊院、宝光寺、祝圣寺等新中国建立以来的首次传戒法会，戒子遍及四川、云南、贵州各地。

宽霖爱国爱教，向以"庄严国土，利乐有情"

为己任。重任文殊院方丈以来，在认真开展教务活动的同时，积极参与社会公益事业，带领僧众赈灾扶贫，捐款捐物，资助“希望工程”，使数千名失学儿童重返课堂，受到全国政协副主席赵朴初和省领导的称赞。1993年，不顾年高体虚，决心实现能海大师的遗愿四方奔走，邀约清定、遍能、隆莲等高僧，联名倡建重修彭州龙兴舍利宝塔，终使享誉中外的千年古刹重光。

1999年6月8日，宽霖法师在成都文殊院示寂，终年94岁。

贾题韬

贾题韬(1909—1995)，号玄非，法名定密，山西省洪洞县人。著名佛学家、居士，棋艺家。

他出身于富农家庭，在太原读中学时即喜好象棋。1925年11月，山西省象棋比赛在太原举行。甫满16岁的高中一年级学生贾题韬是上百名青年选手中最年幼者，他辗关夺隘以全胜战绩获得冠军，名震华北。1927年9月，考入山西大学法学院法律系。入学期间患重病。病中苦苦思索人生，并阅读阐释人生要义的佛教典籍，开始对佛教产生信仰。1931年9月毕业，留校任教，讲授逻辑学，后又兼任山西省教育厅秘书。此时开始研究法相唯识学方面的著作，念佛吃素，专修净土。1935年，能海法师莅临太原弘法，讲授《菩提道次第论》及西藏佛教中观学说。遂皈依能海法师，致力于法相唯识的研究，旁及禅净诸宗和西藏密宗。

抗日战争爆发后，山西大学南迁，他激于爱国义愤，毁家纾难，散财招兵，组织一支300余人的抗日学生游击队，在霍山、汾水之间与日寇作战。后来游击队归编第二战区司令部，他先后担任第六保安区中校军事法官、第二战区司令部中校秘书、司令部少将参议。

1938年，因病无法适应抗日前线的战斗生活，不得不到大后方成都疗养，先后任光华大学、成华大学、金陵大学教授，讲授逻辑学和道家哲学。1940年11月，“中国棋王”谢侠逊为抗日募捐到成都举行义赛，31岁的贾题韬以患痁疾之身，与谢氏大战三日，共17局，贾氏多胜二局，战胜谢侠逊，从此被川人称为“无冕”棋王。1943年，与袁焕仙、但懋辛、萧静轩、傅真吾诸居士在成都共建“维摩精舍”，整理研究佛学。同时，在成都建立国华棋社，举办象棋比赛，推动民间棋艺活动。1948年，当选国民大会代表。1950年10月，为了深入研究藏传佛教中观学说，随解放军第18军进军西藏。1951年10月底，到达拉萨，从事宗教工作和佛学研究。经自治区政府批准，主持建立“江阳医学院”，兼任院长。他是把针灸医学带上“世界屋脊”的第一人，培养出一大批藏族针灸医生，被传为神医。1965年9月，西藏自治区成立后，任宗教事务委员会委员兼西藏佛教协会副秘书长。

“文化大革命”中，被打成“双料反革命”，遭受批斗迫害，被抄家，停发工资。衣食无以继。他以宗教家宽广的胸怀忍弱负重，淡泊自守，处之泰然。“文革”结束后得以平反。回到成都1985年、1986年、1989年先后在中国佛学院、北京大学讲学。

贾题韬学佛不抱门户之见，广学遍参，又卓然树立，不落依傍。他十分赞同太虚法师改革僧伽制度、实现人间净土的主张。曾说：“一个人要普度众生，自然会爱他的人民，爱他的组织，爱他的国家。大乘佛法是人间佛法，那是不能离开世间的。”又说：“禅宗在中国佛教中占有极重要的地位。可以说，中国佛教的特色就是禅宗，没有禅宗就没有中国佛教。”其学识广博精深，驰名四川学术界。

1978年后，任中国佛教文化研究所高级研究员，中国佛教协会常务理事，四川省佛教协会常务理事兼副秘书长、副会长，政协四川省委员会常委，全国政协委员，四川省人民政府参事。

1980年，主编《佛教与气功》，同年底，由四川省佛教协会出版。著有佛学名著《论开悟》《坛经纵横谈》。

他还是著名象棋理论家，曾任中国棋类协会委员、四川省棋类协会副主席。1941年，著《象棋指归》，开创中国象棋理论之先河，后被新加坡象棋学会列为“古今象棋十大名著”之一。另著有《象棋论坛》《象棋残局新论》等。

1995年1月8日，贾题韬在成都逝世，终年86岁。

王良佐

王良佐（1920—1997），原名王顺安，四川省绵阳市柏林镇人。中国天主教爱国会副主席、四川省天主教爱国会主席。

出生于天主教友家庭。幼年在王家湾天主堂经言小学学习。1930年，进入成都教区彭县白鹿场无玷修院（下书院）和领报修院（上书院）读神学。1946年毕业于四川彭县领报大修院，1948年，祝圣为神父，历任旺苍县大院天主堂、广元县小寺山天主堂、广元县和平街天主堂本堂神父。1950年3月，调天主教堂任神职。

王良佐对西方传教士把持中国教会，中国籍神职人员长期受压制的状况不满。1950年11月30日，王良佐带领500余名广元天主教友率先在全国发起“三自”反帝革新运动，发表《自立革新宣言》，宣布“与帝国主义割断各方面的联系”，“建立自治、自养、自传的教会”，得到中国天主教广大神长教友的响应，开创中国天主教独立自主自办教会的道路。1951年1月21日，《人民日报》全文发表《广元天主教自立革新宣言》，同时配发社论《欢迎天主教人士的爱国运动》。1956年7月，王良佐同30余位神长教友在北京发起成立全国性的爱国组织。曾任全国政协委员，四川省人民代表，中国天主教爱国会第3—6届副主席。四川省天主教爱国会第1—5届主席，教务委员会第1—3届副主席。四川天主教神哲学院第1—3届董事长。

1997年4月21日，王良佐在成都安息主怀，终年77岁。

王良佐发起的天主教自立革新运动被载入1997年10月中华人民共和国《中国的宗教信仰自由状况》白皮书。

李连克

李连克（1901—1998），河北省玉田县人。基督教牧师，四川神学院院长。

从小跟着伯父信仰基督教。先后在河北遵化的“成美馆”、北京的汇文中学、燕京大学等教会学校学习。1932年，从燕京大学毕业后，赴美国新泽西州德鲁大学攻读神学博士学位。1937年秋，日本外相在《纽约时报》发表文章，美化日本的侵华行径。李连克在新泽西州的 Madison Eagle 报纸上发文反驳，揭露日本人在中国烧杀抢掠无恶不作的真相。1940年回国后，主要从事宗教教育工作。主编宗教刊物《青年问题月刊》。历任基督教成都卫理公会牧师、川西教区总牧师。1948年，李连克收到美国一家神学院的任教邀请，并许以优厚待遇，被其谢绝。

中华人民共和国成立后，组织参与基督教“三自”革新运动，提出爱国爱教。1957年，在反右倾斗争中受到批判。“文化大革命”中，受到批判斗争。改革开放以后，落实宗教信仰自由政策，恢复工作。1984年，被聘为四川省文史研究馆馆员。历任四川神学院院长,中国基督教协会常委,四川基督教协会会长,四川省政协常委。著有《宗教与青年》等。

1998年,李连克在成都安息主怀,终年97岁。

马慎之

马慎之(1907—1998),别名马敏,经名伊斯玛仪,回族,伊斯兰教阿訇,成都市人。成都皇城清真寺教长。

自幼在成都清真八寺、十寺、西寺等当海里凡,接受传统经堂教育。1914年,学成穿衣后被聘任为四川郫县、茂县清真寺教长。中华人民共和国成立后,任成都皇城清真寺、唐家寺代理教长,西寺教长;1979年后,任皇城清真寺教长。长期传习阿拉伯文、伊斯兰经典,培养宗教人才。曾任四川省人大常委,成都市政协常委,中国伊斯兰协会委员、常委,四川省伊斯兰协会会长,成都市伊斯兰协会名誉会长,成都市回民文化协会常委,四川省文史研究馆馆员。

1998年3月9日,马慎之在成都归真,终年91岁。

刘显儒

刘显儒(1917—1998),圣名弥额尔,成都市金堂县悦来乡人。天主教成都教区正权主教,成都市天主教爱国会名誉主席,四川省天主教教务委员会副主席,四川天主教神哲学院副院长,中国天主教爱国会委员,中国天主教主教团成员。

1930年,入天主教神哲学院学习。1947年5月,晋升为社父,同年,派到教区管辖的苍溪九龙山天主堂任神父。1950年调双流县银家坝天主堂任神父,1955年,调成都川大巷天主堂任神父,1988年,调成都平安桥总堂任本堂神父。1992年2月,当选为中国天主教成都教区第二任自选自圣的主教。

刘显儒驻平安桥主教座堂为信教群众服务,坚持爱国爱教和独立自主自办教会的方针,带领信教群众开展宗教活动。先后担任中国天主教爱国会委员,中国天主教团成员、四川省天主教教务委员会副主席、四川省天主教神哲学院副院长、成都市天主教爱国会名誉主席等职务,曾当选成都市政协第十一届代表、第十二届常务委员。1998年10月,刘显儒在平安桥天主教堂逝世。

王治平

王治平(1920—1992),四川眉山县多悦镇人。居士,西藏密宗上师,中国藏密气功研究会顾问。四川省文史研究馆馆员。

1945年,毕业于四川大学文科研究所。早年喜好西方哲学,阅读过康德、尼采及费尔巴哈等人的哲学论著,对黑格尔的辩证法和马克思的辩证唯物论等论著曾细读精研。对古希腊哲学家亚里士多德、德莫克利特、苏格拉底及柏拉图等的哲学思想体系皆曾进行系统研究。后转向东方哲学,着重研究《庄子》,从庄子内篇《逍遥游》《齐物论》中探索到庄子宇宙人生的最高哲学思想境界,认为庄子学说是东方哲学的最高真理。著有《齐物论补释》一书。1946年,在重庆参加刘洙源居士讲经会,连续听讲7天,被佛法所独有的精深奥义所吸引,从此专心学佛,并皈依于高僧圣钦大和尚门下。后与通宽法师在都江堰灵岩山闭关参禅,出关后,由袁焕仙居士和圣钦大和尚印证破禅门初参。

以后在成都王少湖居士处闻说西藏密宗有即生成佛之无上大法,遂对密法产生兴趣。1948年农历十月上旬,贡噶上师一行到达成都,由潘文华将军做施主，驻锡状元街52号宝慈佛学社。十月八日上午，王治平携同母亲、妻子由通宽法师引见，捧供养拜见贡噶上师，请求皈依门下。自皈依贡噶上师后，他每日都到宝慈佛学社听贡师讲说开示。十月十八日，又迎请贡噶上师等前往家中，授其诸法，并传专修所配之丸药及大黑丸方。1951年年底，又拜普钦法师为师，领受多种密法灌顶。后即以此身惟事密乘，常闭门专修。贡噶、普钦二位上师相继圆寂后，王治平继承上师修传之宝幢，即使在历次政治运动中，也从未中断密法修持，并完整地保存珍贵的密乘法本。

20世纪70年代末，开始在成都地区弘传密法。80年代初，遍涉川、湘、粤诸省名山丛林，塑造佛像百余尊。

他擅长诗书画，诗学梅村，词宗稼轩，尤精雕塑艺术，喜爱哲学，精研《庄子》。受法于藏密红、白教(宁玛、噶举派〕，数十年献身密乘，持戒严谨，禅定精进。于佛法显密圆通，犹重实修实证。乐于著书造像，善巧说法，随顺根器，教化众生。

1991年，撰写《楞严经白话解》10卷由上海佛学书局出版。另有专著《论正见》。

1992年7月3日，王治平上师圆寂于四川，终年72岁。

傅圆天

傅圆天(1925—1997)，俗名傅长林，四川省简阳县(现简阳市)人。著名道教全真龙门派大师。

少年时在家读书务农。1946年，到灌县水磨乡(1957年划归汶川县管辖)黄龙寺出家，拜全真派道士张永平为师。入寺后，主攻道教教理教义，深悟《道德经》真缔。1955年，到青城山常道观参拜易心莹大师，留驻聆教。后受命主持上清宫庙务。1964年，被推举为上清宫当家。1966年“文化大革命”中，道教受到冲击，宫观、庙产及经书、法器等悉被没收。他将易心莹大师接到上清宫奉养，带领道众从事生产劳动，自养谋生，尽力保护青城山道教宫观、文物古迹和森林植被。中共十一届三中全会以后，落实宗教信仰自由政策，道教活动逐步恢复。青城山道教协会成立，他当选为会长。1980年，当选为成都市道教协会会长。1982年筹建道家乳酒厂，1983年，生产的“洞天乳酒”获四川省重大科技成果三等奖。之后，又建起道家青龙岗茶厂。1985年，主持制定宫观管理制度，维修亭、桥、道路、管护风景林木，保护青城山的自然环境。1986年，主持举行青城山道教道士“冠巾”仪式，建立正规化的道教活动秩序。他尊重知识，将一批有学识的道士礼请入观，协助管理、教授道教科仪规戒。同年在中国道教协会第四次全国代表大会上，被选为中国道教协会会长。1988年7月，创办青城山道教知识进修班；1991年，改为青城山道教学校，任校长。

1989年11月12日，被选为中国道教文化研究所名誉所长、中国道教学院院长。在他的倡导下，道教全真派在北京白云观祖庭举行隆重的传戒活动，他被授予“大师”称号，在传戒法会上发表《传戒之目和我们受戒后的努力方向》讲话中，要求受戒弟子，每做一件事，都要用太上之律条来衡量，要对国家，对人民，对社会自觉负责，多做有益于社会民众的好事。1992年初，召开中国道教协会第五次全国代表大会，他再次被选为中国道教协会会长，并继续兼任中国道教学院院长。1993年，任世界宗教和平委员会副主任，同年3月，任全国政协常委。同月四川道教协会恢复工作，被选为四川省道教协会会长。同年9月17—22日，北京白云观、香港青松观、台北指南宫在北京白云观联合举办“祈祷世界和平护国佑民罗天大醮”，被推举为大醮委员会名誉主席。他率青城山宫观道众 23 人参加了这一盛典。1995 年，由他主持并筹资，在青城山彭祖峰修建的老君阁落成竣工，为八百里青城再添新观，同年，他被推举为中国道教协会组织的全真派第二次传戒会大律师，并主持传戒活动，为受戒弟子讲授《道德经》和教理教义。担任全国道教协会会长和全国政协常委期间，多次受到国家主席江泽民、国务院总理李鹏、全国政协主席李瑞环接见。在多次访问香港、台湾宗教界人士的交往中，坚持互相尊重、互不干涉、互不隶属的原则，增进了内地道教与港台道教人士的友好关系。

1997 年 7 月 3 日，傅圆天在青城山羽化，终年 72 岁。

十、英　模

周桂林

周桂林(1929—1993)，原籍四川省简阳县，成都市郫县合作乡(现高新区合作街道)人。全国农业劳动模范。

幼时家贫，父母双亡后成为孤儿，替人放牛。20 世纪 40 年代后期，只身到郫县合作乡做长工并在此定居。1950 年，任郫县合作乡农协会主席，于 1952 年加入中国共产党。1952 年土地改革运动结束后，周桂林与妻子带头组织合作乡第一个互助组。1954 年，在县工作队的帮助下，周桂林夫妇带头成立全县第一个初级农业生产合作社，取名红光社。1956 年，红光社由初级社转为高级社。1958 年年初，红光社与其他 6 个高级社合并为一个有 940 户农民、26 个生产队的大型高级社。周桂林一直担任社长，红光社一直是从县到省农业战线上的先进典型。1954 年，周桂林被评为全国农业劳动模范，任全国政协委员。1958 年 3 月 16 日，在成都参加中央政治局扩大会议的毛泽东主席到红光村视察，周桂林向毛泽东主席汇报红光社农业合作化、生产发展、农民生活，以及除“四害”等情况。当他汇报红光社群众用当地野生植物“打破碗花花”(学名野棉花)来灭杀蚊蝇幼虫时，引起毛泽东主席的极大兴趣，并认为“这是一个重大的发现，是群众的创造。好办法，要推广。”毛泽东嘱咐在场的郫县县委书记和四川省农业厅农业技师等人，要报道此事，“明天写成，后天审稿，再后天登报”，以便推广。当时郫县有人为此创作了一首新民歌：“社长周桂林，想得真到家。献给毛主席，打破碗花花。”周桂林先后任红光大队党支部书记，红光公社党委副书记、社长，温江地委委员，郫县革委会副主任，四川省革委会常委，中国共产党第九、第十次代表大会代表。1978 年，调任郫县贫下中农协会任副主席，由农民转为国家干部。但他仍是一身农民打扮，与在田间劳作的农夫无异。晚年退休回到农村家中，闲暇时重拾自己的竹编爱好。每逢当地举办“3·16”纪念毛泽东视察红光社活动时，周桂林都要在会上讲述当年毛泽东视察的情景。

1993 年，周桂林在郫县逝世，终年 64 岁。

罗世发

罗世发(1928—1997)，原新繁县(成都市新都区禾登乡新民村人)。全国农业劳动模范。农业合作化带头人。他原是新繁县禾登乡乡场的剃头匠学徒。1950 年，参加征粮工作。1952 年 3 月，响应党“组织起来”的号召，串连八户农民办起农业生产互助组——罗世发互助组，成为川西农村互助合作运动的带头人，是当时川西平原爱国增产运动和互助合作运动中的一面旗帜。

1952 年 11 月，罗世发互助组在川西坝率先改建为初级农业生产合作社。到 1954 年 1 月 1

日，农业社由一年前的15户迅速扩大到168户，实现全村合作化。1956年1月1日，新民高级农业合作社召开成立大会，当选为社长。

二十多岁的罗世发在数年间获得了许多政治荣誉，成了明星级人物，曾骑着县上奖励的水牛，像当年金榜题名的状元一样“打牛游街”，川西坝无人不晓。1954年，被评为四川省农业劳动模范；1955年，被中央授予全国农业劳动模范称号；1956年，被评为全国先进生产者，所领导的合作社被评为四川省模范合作社，成为农业合作化运动的先进典型。先后被选为中共四川省第二届委员会委员，中共第八次全国代表大会代表，全国第二、三届人民代表大会代表。

1954年11月，作为新中国的青年代表，参加维也纳世界农村青年联欢节。1959年年初，被邀出席全国农业社会主义建设先进单位代表会议；同年年底，被派赴印度新德里参加世界农业博览会，并参观访问缅甸、泰国等国家和地区。

他是一个敢作敢为、敢说真话的人。1959年“大跃进”高潮中，毛泽东主席的秘书田家英到新都蹲点调查情况。当时农民对水稻过分密植并不认同，甚至非常抵触，他实事求是地向田家英说：高产是在上面干部逼迫下虚报的。他所在的生产队，在他的领导下，并没有按照上级过分密植的行距栽种水稻，产量没有受到太大影响。为此，田家英被诬为对四川省委树立的先进典型搞了“策反”。“人民公社”化后，罗世发先后任公社社长、公社党委书记。1966年，当选新都县贫下中农协会主席，以后相继任公社革委会主任、新都县革委会副主任、中共新都县委副书记、新都县政协副主席。于1980年退休。

1997年8月，罗世发在新都逝世，终年69岁。

李经邦

李经邦(1930—2000)，江西省余干县人 。病理学专家，享受国务院政府特殊津贴专家，全国劳模范。

1953年，毕业于江西医学院，参加卫生部组织的赴藏卫生工作大队到西藏工作，在西藏自治区人民医院历任医师、主治医师、副主任医师、病理科主任、副院长等职务。1956年，加入中国共产党。曾到江西医学院病理解剖教研室、广州中医学院病理解剖进修班进修。1981年，调入四川省人民医院，任病理科主任、主任医师，1996年2月退休。曾任《西藏医药杂志》编委。

从事医学及科研工作四十多年，在西藏自治区人民医院创建第一个病理科。1964年，首次从病理学上发现西藏的克山病。坚持到天葬场进行大量尸检，获得有关高原心脏病的第一手病理资料，为研究高原心脏病提供资料和科学依据。对西藏藏族冠状动脉解剖学及其粥样硬化进行研究，其结果分别发表。著有《高原病的病理变化》专题，编入《实用高原医学》一书。论文《西藏地区克山病初步报告》《100例乳幼儿高山心脏病的病理分析》《旋毛虫病的病理观察》，分别获西藏自治区政府1978年科技成果奖。参与协作全国克山病的病理研究、全国动脉粥样硬化研究及小儿高原病研究，分别获1978年全国科学大会科技成果乙等奖、1983年国家卫生部年甲级科学技术成果奖及1980年西藏自治区政府科技成果三等奖。1978年，先后出席全国医药卫生及西藏自治区科学大会，分别获大会科技先进工作者奖。1979年被国务院授予全国劳模范称号。

2000年12月30日，李经邦在成都逝世 ，终70岁。

胡修道

胡修道(1931—2002),成都市金堂县金龙镇人。中国人民志愿军一级战斗英雄、特等功臣。历任副团长、师副参谋长、副师长、军副参谋长。曾当选全国人民代表大会代表，中国共产党第九、第十次全国代表大会代表。

1950 年,成立农协会时参加武装民兵。1951 年 6 月,参加中国人民解放军第 12 军第 31 师赴朝作战,先后参加秋季战术反击战、第五次战役、金城防御战、上甘岭战役、东海岸布防。在上甘岭战役中,他一人坚守 3 号阵地,英勇机智地在一天内打退敌人 10 多次进攻,歼敌 280 余人,创造战争史上的奇迹。1953 年 1 月 15 日,中国人民志愿军领导机关为他记特等功,授予“一级英雄”称号。同年 6 月 25 日,出席朝鲜民主主义人民共和国战斗英雄代表会议,朝鲜民主主义人民共和国最高人民会议常任委员会授予他“朝鲜民主主义人民共和国英雄”称号,并授金星奖章、一级国旗勋章。

1988 年,恢复军衔制前退休。大家为他感到惋惜,他却坦然说,人的一生总要经历几次转折的关口,一次转折就是一次考验,次次考验都能过硬,才称得上共产党人。又说:“在抗美援朝战争中,志愿军将士为了祖国、为了和平,以大无畏的英雄气概,战胜了强大的侵略者,我的许多战友献出了宝贵的生命,他们才是真正的功臣。我只是一名普通的志愿军战士,只做了自己应该做的事。”离职后,经常深入基层连队为官兵做报告,并担任多所中、小学的名誉校长、校外辅导员,被聘为徐州市关心下一代工作委员会主任。

2002 年 3 月，胡修道在南京逝世，终年 71 岁。

屠云人

屠云人(1934—2002),浙江省余杭市人。四川省卫生防疫站站长、主任医师,享受国务院政府特殊津贴专家,全国先进工作者。

1950 年,参加中国人民解放军,在浙江军区卫生防疫队服役,立二等功、四等功各一次。1954 年,由部队保送到浙江医学院读书。1956 年,加入中国共产党，同年国家对医学院进行院系调整，并入四川医学院卫生系。于 1957 年 7 月毕业,分配到四川省卫生防疫站工作。历任四川省卫生防疫站防疫科副科长、科长、副站长、站长。1959 年,被评为全国先进工作者,参加全国文教卫生系统群英会。1966 年，评为全国先进工作者。1969—1972 年,虽然受到“文化大革命”的干扰,仍然坚持疟疾防治科研工作,受到全国疟疾防治机构的表彰。先后担任国际流行病学学会委员,中华预防医学会理事,中华流行病学学会常务理事，卫生部传染病专家咨询委员会委员,卫生部计划免疫专家咨询委员会委员,卫生部病毒性肝炎专题委员会委员,西南区计划免疫协作委员会委员，四川省性病艾滋病防治协会副会长等。

长期从事急性传染病预防和控制以及卫生管理工作,参与多次重大病情和事故处理和重点传染病调查研究。主持参加的科研成果有:“四川省实施计划免疫控制相应传染病研究”获得省政府科技进步二等奖,“长江三峡工程对库区自然发源性疾病影响的研究”和“疾病监测年报统计软件研究”获省政府科技进步三等奖,国家“七五”攻关课题“长江三峡工程对生态与环境影响极其对策”获中国科学院科技进步一等奖。“中国疾病监测网络的建立及八年疾病监测效益研究”获卫生部医药卫生科技进步三等奖。

2002 年,屠云人在成都逝世,终年 68 岁。

黄潼年

黄潼年(1935—1994),江苏溧阳人。全国劳模、“五一劳动奖章”获得者。国家级有突出贡献专家,成都工具研究所高级工程师,省人大代表、市人大常委会委员，历任四川省科协副主席、成都市科协主席、成都市科技顾问团顾问,中国机械工程学会常务理事。

1954年,毕业于哈尔滨工业大学机械系。历任哈尔滨量具刃具厂设计员、成都量具刃具厂技术组组长、成都工具研究所研究室主任、副总工程师、高级工程师。1979年,提出圆柱体齿轮测量整体误差理论。主持研究的《齿轮整体误差测量新技术》，测量效率比传统方法提高三十倍以上，标志着运动几何法测量齿轮的开始,1980年,获国家发明奖二等奖。1984年,解决世界上尚未解决的锥齿轮误差的全面测量问题。1994年,在成都逝世。

李治国

李治国(1942—1993)，成都市金牛区石羊乡。32111钻井队“奋战火海抢救气井的二十七勇士”之一。

1958年11月，在金堂县交通局参加工作，1961年8月,应征入伍,历任战士、副班长、班长。1965年1月,复员到四川石油局川北矿区泸州气矿32111钻井队工作。1966年6月22日凌晨1点,32111钻井队当班人员对刚打出的高产1号气井关井测压时,井口压力急剧上升,致使井口旁一根进口无缝钢管突然鳖破,高压气流从破口急速喷出,引发大火,火场方圆达50米,烈焰高40米,气田面临毁灭的危险。时李治国下班后正在宿舍休息,听到爆炸声后立即从床上跃起来,随井队副指导员雷洪炳直接奔向火场,冲向3号总进气阀,想关上气阀切断气源,因火势太猛，多次冲击均被强大气流冲出未能接近阀门,大火烧伤李治国的头和脸,加上浓烟熏呛,他负伤昏倒在地,被旁边的同志救出火场。李治国苏醒后不顾伤痛,挣扎着冲向火场,与同志们一起扑向5号喷阀门把气流引出火场外,减少井口气压。李治国头、脸、手多处被烈火严重烧伤,失去知觉。经过32111钻井队百多名职工浴血奋战火海30分钟，终将大火扑灭，保住高产大气田。32111钻井队被石油工业部授予“石油工业部五好红旗单位标兵”“无产阶级革命英雄主义钻井队”称号,李治国被石油工业部授予石油工业部五好职工,四川石油会战领导小组授予“奋战火海抢救气井的二十七勇士”称号。李治国经过医院3个多月的抢救、医治,伤势逐渐好转。1966年9月29日，李治国和32111钻井队的英雄们在北京人民大会堂受到周恩来、陶铸、李先念、李富春、叶剑英等中央首长的接见,并应邀参加国庆招待会。同年10月1日,他们在天安门观礼台上参加国庆观礼,见到毛泽东主席、周恩来总理、朱德委员长等党和国家领导人。李治国回川后继续住院治疗,1968年6月,回到32111钻井队。李治国多年坚持在野外一线工作，也是27勇士中最后离开井场的一个。1977年9月,调回金堂县工业局工作。1981年7月,李治国被评为县抗洪救灾先进个人。1984年1月后,在金堂县经委、计经委工作,先后任主办科员、县三电办副主任、经委纪检组组长。1985年,加入中国共产党,先后被评为金堂县工业局先进工作者、金堂县级机关优秀共产党员、成都市节能统计先进工作者、成都市优秀共产党员。

1993年4月12日，李治国在金堂县逝世，终年51岁。

杨学琼

杨学琼(1943—1998),女,成都市大邑县晋原镇人。"全国三八红旗手",国家公安部二级英模,被授予"中国警界女十杰""成都市十大女杰"称号。

1967年,毕业于西南政法学院。1975年,加入中国共产党。1970—1989年,历任壤塘县公安局干警、办公室主任,县人民检察院副检察长。坚持在高原地区工作20年,爱岗敬业,为民族地区的发展和稳定做出突出贡献,多次获得上级的表彰和奖励。

1992年3月,调任大邑县公安局党组书记、局长,县综合治理委员会副主任,县委政法委书记。1998年1月,续任县公安局党委书记、局长。同年,被公安部授予三级警监警衔。在工作中,以"为官一任,保一方平安"为己任,以"创一流班子,带一流队伍,做一流工作,出一流成绩"为目标,带领全体干警,一手抓社会稳定,一手抓队伍建设,为维护大邑县社会稳定做出突出贡献。她任县公安局局长期间,大邑先后被中共四川省委、四川省人民政府命名为社会治安综合治理模范县,并被中央综治委、国家人事部授予全国社会治安综合治理先进集体称号。

1992年后,被选为中共成都市第八届、第九届党代表,先后7次受到上级党委、人民政府和公安部门的表彰奖励,立三等功一次。1993年,出席全国第七届妇代会。1997年9月,出席中国共产党第十五次全国代表大会。

1998年9月8日,杨学琼在大邑县逝世,终年55岁。

谭开元

谭开元(1944—2001),成都崇州市人。全国公安系统二级英雄模范。

1964年参军,先后任班长、排长、团政治处干事。1978年,转业到崇庆县公安局工作,历任民警、副指导员、派出所所长、局纪检组副组长、纪委副书记。

在公安局纪检工作岗位上十余年,直接查处或配合有关部门查处包括其直属领导在内的民警违纪违法案件42起,处理违纪民警21人,11人被开除出公安队伍,先后为58位民警澄清是非。自编纪检教材,主动给党员、干部、民警上课,苦口婆心地教育有违纪苗头的民警,使其幡然改过。谭开元严格要求自己和家人,不收受别人钱财。多次受到崇州市委、市政府,成都市委、市政府及省有关部门的表彰。

2001年,谭开元在工作岗位病逝,终年57岁。先后被成都市委、市政府追授为优秀共产党员、优秀纪检监察干部,被中共四川省纪律检查委员会、中共四川省委组织部追授为优秀共产党员、优秀纪检干部,被公安部追授为全国公安系统二级英雄模范等称号。

孙传琪

孙传琪(1945—2002),女,成都市人。自愿落户凉山农村,一代青年楷模。

1963年,在成都11中高中毕业后,与同学巫方安等自愿到凉山昭觉南坪大队落户,成为一代青年的楷模。1972年,被推荐上大学,就读于四川医学院医学专业普通班。在校期间任团省委副书记、校党委委员。于1976年毕业回到大凉山,在生产大队担任赤脚医生。历任凉山州委常委、州卫生局局长、州卫校党委副书记。

她是四川省的优秀知识青年,1965年,《凉山日报》以《姊妹花开大凉山》为题,在《人民文学》上报道了她和巫方安两个姑娘扎根凉山的先进事迹。全国各地青年纷纷来信鼓励她们,表示要向她们学习。在劳动中，经历生活的艰难困苦，和彝族人民结下深厚感情，得到广大彝胞的赞誉。她取名为阿角，人们常竖起大拇指说："阿角瓦吉瓦箩！"(即"阿角好得很！")，2002年，在西昌逝世。

杨秀全

杨秀全(1945—2003)，原籍四川省乐至，成都市金牛区人。全国先进文化工作者。

1964年11月，参加工作，历任成都市郊区"社教"工作团秘书、副组长、金牛中学校党支部副书记、金牛乡党委书记、成都市第四十四中学校教研组组长、成都市群生川剧团团长，金牛区文化馆馆长。曾任四川省青少年文学研究会、四川省艺术摄影协会、成都市作家协会、成都市民间文艺家协会理事。

杨秀全热爱文学创作，擅长策划文艺活动。1987年，担任金牛区文化馆馆长后，将金牛区革命文艺创作组更名为金牛区文学创作中心，每月举办一次活动，吸引一大批作者。著名作家周克芹、剧作家魏明伦等多次参加活动，作家流沙河称中心是"一所流动的文学院"，文学爱好者称中心是"金牛文学走读大学"。1993年，金牛区文学创作中心组织编辑出版《苦旅文丛》和《金牛文丛》，汇集小说、散文、诗歌、随笔、戏剧、文论36部、720万字。同时，组织馆内外作者创作影视、戏剧、舞蹈、文学、美术、书法、摄影作品，并参加全国、省、市级的展赛。杨秀全组织编导的老年群舞《欢乐的老姆苏》、参与编曲的舞蹈《老姐妹》分别获文化部第十届"群星奖"金奖、银奖。2000年，杨秀全被文化部授予全国先进文化工作者称号。

2003年3月，杨秀全在成都逝世，终年58岁。

王建纬

王建纬(1947—2003)广东省南海县人。四川省文物考古研究所副研究馆员，全国文博系统先进个人。

1965年，在渠县川剧团工作。1980年6月，调渠县文物管理所工作。1985年，任所长；1986年任渠县博物馆馆长。1995年，调四川省文物考古研究所，担任《四川文物》编辑部编辑。曾任中国文物学会会员、中国博物馆学会会员、中国汉画学会理事、渠县第七届人民代表大会代表、渠县第九届政协委员、《渠县志.文物志》主编。

主持和参与完成的主要项目成果有"四川渠县汉代城坝遗址发掘""四川渠县南宋礼义城遗址勘测调查""四川渠县明清西阳洞遗址勘测调查""四川渠县清代王万帮墓勘测调查"等，发表论文、简报、文章100余篇。在古代巴蜀音乐、舞蹈的方面有深入研究，巴渝舞、巴讴、巴人的研究具有开拓性，在中国文化艺术史、西南民族考古、巴蜀史研究以及社会主义群众文化学理论的研究方面成果颇丰。

在渠县文物管理所工作期间，曾被评为四川省文博系统先进个人、地区文物普查先进个人、全国文博系统先进个人。

2003年6月2日，王建纬因车祸去世，终年56岁。

税志异

税志异(1948—1995)，成都市人。成都化学纤维厂副厂长，成都华明玻璃纸制品公司总经理，"无私奉献的好干部"。

1972年2月，大学专科毕业后，被分配到成都化学纤维厂工作。1979年，加入中国共产党，先后任车间党支部书记、主任、厂劳资科长、副厂长。

1993年，为了满足国际市场对宽幅玻璃纸的需求，在区委、区政府和省、市主管部门支持下，成都化纤厂与省纺织集团总公司、区华严工贸公司共同发起组建股份合作制企业——成都华明玻璃纸制品公司，税志异被董事会推举担任公司总经理职务。4月，公司成立，开始艰苦创业，进行工程建设。当时公司困难重重，建设资金缺口大。他精打细算为公司当好家、理好财，公司的每一个项目、设备、材料，他都一分一分地“抠”，“抠抠匠”成了公司内外皆知的绰号。在设备安装、基建材料、辅助设备的采购中，他要求经办人员按质优、价廉、工期短三个原则，货比三家，择优选择。就这样，他从华明工程预算中“抠”出1000万元，解决了工程建设的头号难题。

为了华明公司的事业，他严于律己。作为总经理，在确定纸机设备的设计与制造、工程设计与施工这一类大问题上，坚持公开、公平、公正的原则，通过一系列招标来决定。自筹建华明以来，他的日程表每天都排得很满，无论是星期天、节假日，时时为工程的施工质量和进度操心：研究存在的问题，寻找解决的办法，协调方方面面工作，终使华明的筹建工程于1995年4月竣工并投产。他以身作则，每天提前到公司上班；下午该下班了，常常还在作业现场，有时还同员工一起干活。每逢生产出现故障，只要他在现场，总会和当班工人一道检查清除故障。

1995年8月13日，因排除生产线故障猝死在生产现场，终年47岁。

1995年8月22日，中共成都化纤厂党委追认他为优秀共产党员；12月15日，中共成都市纺织工业局党委追认他为“纺织系统优秀共产党员”。1996年1月8日，中共成都市委工交政治部追授他为成都市工交系统优秀共产党员和优秀企业领导干部。4月26日，中共成都市委、市人民政府授予税志异“优秀共产党员”“优秀企业领导干部”称号。9月25日，四川省人民政府授予他“无私奉献的好干部”称号。

向志雄

向志雄（1953—2005），成都市人。历任金牛区社保处主任、社会保险事业管理局局长。在平凡工作岗位上做出不平凡成绩，被评为四川省、成都市优秀共产党员。

1971年，到云南建设兵团支边。1979年，在成都市金牛区知青办工作；1981年，调成都市金牛区劳动保障局工作。从事社会保障工作20多年间，为了掌握好政策，保障困难群体的利益，常深入基层调查研究，为困难企业排忧解难，为群众解决实际困难。在推进城乡一体化、企业改制，特别是在探索农村养老保险、医疗保险工作方面成绩突出。

20多年间，金牛区社保基金已积累到两亿多元，对他管理的这笔巨款“打主意”的人不少，他坚持原则，从未挪用过一分一厘。在他的努力和带领下，区社会保险工作多次受到省、市表彰。

2005年2月25日，向志雄在成都逝世，终年52岁。

他去世后次日，市社保局和市劳动保障局号召全市社保、劳保部门的职工向他学习。随后，中共成都市金牛区委做出《关于开展向向志雄同志学习的决定》，中共成都市委授予他优秀共产党员称号，并授予首届“建设成都特别奖”；中共四川省委授予他优秀共产党员称号；人事部、劳动保障部授予他“全国劳动保障系统先进工作者”荣誉称号，劳动社会保障部为他追记一等功。

蒋泽宣

蒋泽宣(1960—1996)，成都市金堂县广兴镇人。一级警司，全国公安系统二级英雄。

1975年5月，在广兴乡中学加入共青团。1978年12月参军，在新疆军区某部二连服役，历任战士、副班长、班长。其间先后8次受到嘉奖。1983年3月，加入中国共产党；同年12月，复员回家。1984年4月，被聘为广兴乡治安员。1987年7月，被聘为县公安局竹篙派出所民警。1994年10月，调县公安局“打拐办”工作，先后3次获成都市公安局嘉奖，2次获金堂县公安局嘉奖。1994年12月，参加成都市政府组织公安干警跨省去内蒙古、山西解救被拐卖的妇女儿童。1996年6月4日，蒋泽宣刚从安徽霍县解救妇女回家6天，便接到谢正翠被拐卖的消息。主动要求执行解救任务，局领导和蒋蒋泽宣的妻子发现其病情加重，即陪他去医院检查。蒋泽宣没等病情检查出结果，就带着一盒治胃病的药，与谢正翠之父谢先金一道出发。6月9日晚12时，在安徽省蚌埠公安机关的协助下将谢正翠解救出来。6月11日下午，蒋泽宣带着谢家父女回到金堂，一进家门就病倒在门边沙发上。6月12日晨，被送进医院，当天下午，医院已发出病危通知，可他清醒后说：“我手里头还有8名受害妇女未解救回来，一出院我就出省去，争取在今年内全部救出来”。

因长期超负荷工作，积劳成疾，突发重型肝病贻误医治，蒋泽宣于1996年7月5日殉职，年仅36岁。蒋泽宣在竹篙派出所工作的5年中，经手破获刑事案件120起，逮捕犯罪分子45名，处理治安案件250起，为群众挽回损失16万元。在“打拐办”工作近2年，长年累月奔波于山西、内蒙古、河北、安徽等省、自治区的30个县、50个乡镇，总行程6万公里，步行1万公里，解救被拐卖妇女儿童39名。

《人民公安报》《四川日报》《成都晚报》等报刊杂志先后对蒋泽宣的事迹作了通讯报道。成都市公安局组织拍摄电视片《警官蒋泽宣》《吹冲锋号的警官》，分别在中央、四川、成都电视台播出，在省内外引起强烈反响。中共金堂县委、县政府、成都市公安局、四川省公安厅、国家公安部先后发出向蒋泽宣学习的号召和决定。1996年8月5日，中共金堂县委追授蒋泽宣为优秀共产党员；1997年3月28日，公安部追授蒋泽宣为全国公安系统二级英雄，并颁发优抚决定；同年5月6日，成都市公安局、中共金堂县委、县人民政府在县法院会议室隆重举行“英雄”命名大会。

人物录

一、党政军人士

谭　凯

谭凯(1903—2004),湖南省茶陵县人。老红军,成都铁路局中心医院院长。

1927年,加入赤卫队参加秋收起义;1930年5月,编入中国工农红军;1932年9月,加入中国共产党;历任军医处护士班长、护士长、卫生队代理队长、队长。抗日战争和解放战争时期,历任八路军旅卫生部所长、医务科长、野战医院副院长。1939年2月,随白求恩学习医疗技术,兼做保卫工作。1949年12月,随中国人民解放军第一野战军进军西南。

中华人民共和国成立后,历任川西航空处卫生处副处长、西南空军医院院长。1954年,支援西南铁路建设,到第二铁路工程局基地医院(成都铁路局中心医院)担任院长兼政委。历任成都铁路局中心医院院长,成都铁路局卫生处副处长、处长、顾问等职务。1982年8月离职休养。

2004年5月30日,谭凯在成都逝世,终年101岁。

洪沛然

洪沛然(1904—1991),又名洪仿予、洪海帆,四川省资阳县人。民国时期曾在成都地区开展革命工作。

1926年,参加成都草堂图书馆三民主义学会,从事革命活动。1927年,入黄埔军校武汉分校。“四一二”政变后,撤回四川。1928年8月,任中共成华县委宣传科科长。10月,任新都县通俗图书馆馆长、中共新都县特别支部书记。后经中共川西特委批准,利用他与驻邛国民党二十四军二混成旅旅长张志和(原名张清平)的私人关系,到张旅工作,11月底,在张志和支持下,在该旅秘密组建中共邛州特别支部,任代理书记,从事军运工作。后调省委工作。1936年,为推动文化教育界抗日救亡运动,参与成都文化界救亡协会筹备组织,1937年,成都文化界救亡协会正式成立,他被当选为协会执委之一。

1945年,调至重庆与漆鲁渔、吴江、郑心如等坚持办《新华日报》。1946年,以《自由导报》负责人的身份,从事成渝工商界上层人士的团结工作。1947年,随中共驻渝办事处人员返回延安。中华人民共和国成立后,先后任华东纺织管理局副局长、上海市棉纺织工业同业公会副主任委员。后调纺织工业部工作。1991年在北京去世。

朱玉庭

朱玉庭(1909—1997),湖北省巴东县人。曾任成都军区副参谋长。

1931年，参加中国工农红军；同年，加入中国共产主义青年团；1933年，加入中国共产党。历任红三军第七师便衣队班长，红二方面军第四师十二团连长、参谋。参加湘鄂西、湘鄂川黔苏区反“围剿”和长征。抗日战争时期，历任河北津南自卫军营长，三五八旅七一五团副团长。解放战争时期，任吕梁军区新绛军分区参谋长，晋绥军区第三军分区司令员。曾参加陈庄战斗和临汾等战役。中华人民共和国成立后，任川西军区温江军分区司令员，川西公安总队总队长，四川军区兵役局局长，成都军区副参谋长。1964年，晋升少将。1997年，在成都逝世。

张筱良

张筱良（1912—2000），山西省汾阳县人。历任成都市建设委员会副主任、政协成都市委员会副主席。

1938年，参加革命。1939年12月，任冀南太行、太岳行政联合办事处电话局长。以后相继任太岳区三军分区电话局长、太岳军区电讯总局副局长、太岳区十九分区作战科长、六十二军一八五师作战科长。1949年，调任六十二军一八五师五五五团参谋长。随军入川后，于1952年任雅安市市长。1956年，调成都市，任市建设委员会副主任。1960年，任成都市基建委员会副主任。1972年10月，任成都市委基本建设政治部副主任。1980年7月，任政协成都市委员会副主席。他在成都工作三十年间，为成都市政建设和基础设施建设做出较大贡献。于1985年12月离休。2000年11月，在成都逝世。

丁　旭

丁旭（1913—1991），曾用名曾好德，原名丁赵贤，山西省岚县人。曾任成都市总工会主席、成都市政协副主席。

1937年，参加革命，在一二0师举办的培训班学习，并参加中国共产党。历任县战地动员委员会游击队指导员，县牺盟会副团长、特派员，方山县牺盟会团长，晋绥三分区工会工人部长、晋南总工会组织部长。1949年，随军南下入川。1950年1月，任成都市总工会筹备委员会委员、常委、组织部部长，川西行政公署人民监察委员会委员。1953年，任成都市总工会主席。“文化大革命”中，受到冲击、批斗。1973年，恢复市总工会主任职务。1978年，任政协成都市委员会副主席。于1983年离休。19915年月22日，在成都去世，终年78岁。

陈践明

陈践明（1914—1993），又名陈纬，云南省思茅镇戴家巷人。老红军，成都体育学院副院长。

1931年后，到昆明、广西、广东等地求学，接触马克思主义和共产党人。1935年，加入中国青年抗日同盟。次年，加入中国共产党，并在广东翠亨纪念中学创建党的外围组织“前进社”“中国青年抗日同盟”，在中山县创办“学习抗日援绥联合会”，在广州组织“救亡前哨”等进步团体。因组织中山县学生闹学潮，曾被中山县政府逮捕。出狱后继续领导学生运动，被翠亨中学开除。中共长江局华南工委派他回昆明组建中共昆明支部。1937年8月，奉派回到云南思茅，以教书作掩护，开展抗日救亡活动。1938年，到瓦窑堡抗日军政大学学习。结业后相继任连长、十八集团军总医院政治协理员。

中华人民共和国成立后，随西南军区卫生部到成都。先后任四川省人民医院军代表、党委书记、副院长，四川省卫生厅办公室主任、秘书长，成都体育学院副院长。1993 年,在成都逝世。

赵鸿图

赵鸿图(1914—1994),山西省五台县人。历任成都市机械工业局局长、成都市委国防工业部部长、成都市革命委员会副主任、成都市人大常委会副主任。

1937 年 11 月,在晋察冀边区易满徐联合县政府参加工作,历任科员、秘书、科长、边区行政保卫队干事、股长、五台第一联合高小教导主任。1941 年后,历任边区代县、崞化县县长。1943 年 6 月,加入中国共产党。1946 年,在晋绥分局党校学习。1948 年 7 月, 在临汾土改工作团任小组长。1949 年,随军入川。1950 年 1 月,任安县县委书记、县长。后调绵阳地委,历任秘书处处长、秘书长。

长期在工业战线工作。1954 年 4 月,任国营 715 厂党委书记。1958 年 4 月,任成都市机械工业局局长。1965 年后,历任市委工交部副部长、第二工业部政治部副主任、国防工业办公室主任、中共成都市委委员、市革命委员会副主任。1980 年,任市人大常委会副主任。1983 年 2 月批准离休。

1994 年 3 月 17 日, 赵鸿图在成都逝世,终年 80 岁。

吴建初

吴建初(1914—2002),成都市人。曾任铁道兵工程学院院长。

1933 年, 在川军第二十八军当兵时加入中国共产党。1935 年,参与组织兵变,在川陕革命根据地参加中国工农红军。1937 年,任中共甘州中心县委书记,组织、宣传群众,开展地方工作,帮助西路军失散红军返回党的怀抱。同年底赴延安。1940 年,任冀南军区组织部部长。1943 年后,历任冀南军区一军分区政委兼地委书记,师副政委兼政治部主任, 冀南三分区司令部政治部主任。中华人民共和国成立后,先后任华北军区防空军政治部主任、军委防空军政治部副主任。1962 年任铁道兵工程学院院长。2002 年,在河北省石家庄市逝世。

金力声

金力声(1915—1995) ,原名金希尧,曾用名金丽生,辽宁省锦西市人。历任成都市建委主任,市革命委员会副主任,市第八、九届人大常委会副主任,成都市老龄问题委员会顾问。

1937 年 2 月, 到延安; 入抗日军政大学学习。同年 4 月,加入中国共产党;旋即担任山西省文水县游击队中队长。1938 年,任山西省战地动员总会游击队 3 支队 1 大队指导员。1939 年,任山西新军暂 1 师决死 13 团营教导员,后任 37 团供给主任。1941 年,任暂 1 师供给处处长,1942 年任晋绥军区二分区供给部副部长。1944 年,入晋绥党校学习。1945 年后,历任晋绥军区副官处科长,晋绥 11 分区供给处处长,晋绥行署 5 分区贸易局股长,晋绥军区北线后勤供给部部长。于 1949 年随军入川。历任川西贸易公司副经理,成都市工商管理局局长,市财委副主任,市委财贸部部长,市人委秘书长。1965 年,任市建委主任。1974 年 8 月,任成都市革命委员会副主任,成都市人民政府副市长兼市建委主任,政协第六届成都市委员会副主席,1980 年,任市人大常委会副主任。于 1983 年离休。

1995 年 11 月 26 日,金力声在成都逝世,终年 80 岁。

宋永珍

宋永珍(1915—1996)，别名宋三义，安徽省金寨县人。历任成都军区后勤部副部长、卫生部部长，成都市卫生局局长，政协成都市委员会副主席。

1931年7月，参加红四方面军，任二十五军七十三师炮兵连公务员。1934年，调团卫生部任看护员。1936年，加入中国共产党。1940年5月，入太行卫生学校学习，在校期间评为模范学员。1943年，被分配到朱德警卫营任卫生队队长。1946年2月，调任太行卫生部附属医疗所所长。在医疗工作中，积极推行新疗法，改善医护条件，1947年，所属医院被评为模范医院，个人荣立一等功。1948年，调任六十一军一八三师卫生处处长；1949年，任师后勤卫生处处长。同年，随军入川。1950年4月，任川北军区后勤部副部长。1952年9月，任四川省军区后勤部副部长。后任成都军区后勤部副部长、卫生部部长。1958年12月转业，历任成都市卫生局局长、市卫生局革命委员会核心小组副组长，对改善成都市的卫生环境做出贡献。后任中共成都市委宣传部副部长，政协成都市委员会副主席。

1996年5月2日，宋永珍在成都逝世，终年81岁。

石　洪

石洪(1915—1990)，河南省邓县人。曾任中国农业银行四川分行副行长、中国人民银行分行副行长。

1936年，在北平师范大学附中读书期间，加入中国共产主义青年团，同年12月转为中国共产党党员。1937年2月，赴延安抗大学习，后任山西省离石县四区工作团团长、县游击大队指导员、山西省四区政卫队一营教导员。1942年，在晋绥党校学习结业后，先后任晋绥县土改工作团团长、晋绥军区政治部协理员。1949年，随军南下。历任新繁、温江、崇庆、广汉、彭县县长、副书记、书记。1956年4月，任温江专署财经党组书记。1959年，任温江地委工交政治部部长，并任温江专员公署副专员。1964年，调任中国农业银行四川分行副行长，后任中国人民银行分行副行长，1979年，任中国农业银行四川分行顾问。于1980年离休。1990年3月1日，石洪在成都逝世。

刘　藩

刘藩(1915—2005)，成都市人。中共云南省委党校校长。

1938年1月，参加革命工作。1938年7月，加入中国共产党，历任重庆八路军办事处招待所所长、总务科长，中共四川省委行政科长，山西省临县中央城工部行政科长，陕南、郧西县委宣传部部长，重庆西南局党校组织处副处长，中共云南省委党校党委副书记、副校长、校长等职。1979年8月，在中共云南省委第三次党代会上当选为省委委员。1985年9月离休。1991年1月7日，云南省延安精神研究会成立，任副会长。

2005年2月6日，刘藩在昆明逝世，终年90岁。亲属根据刘藩留下的助学扶贫遗嘱，在昆明医科大学设立“刘藩贫困生教材补助基金”，用以资助家庭经济困难且品学兼优的新生购买教材补助之用。

李云武

李云武(1917—1991)，成都市双流县中和镇人，老红军。

1935年，参加中国工农红军。历任红四方面军第三十一军九十一师二七二团战士，第二七四团排长。参加红四方面军长征。1936年3月,加入中国共产党。抗日战争时期,任八路军第一二九师三八六旅七七二团连政治指导员、组织干事、政治教导员、团党总支书记、第四军分区供给处政治委员、兵站站长。解放战争时期,任牡丹江军区卫生部副政治委员、第十二后方医院院长兼政治委员。中华人民共和国成立后,任东北军区干部部科长、后勤部干部科长、第五八速成中学干部处长,总后第一物资计划部沈阳办事处政治委员、军后勤部政治处副主任、卫生部副政委、总后绥芬河兵站政治委员。1955年,荣获三级八一勋章、二级独立自由勋章,三级解放勋章。1988年,获二级红星功勋荣誉章。

1991年12月30日,李云武在长春逝世,终年74岁。

林左夫

林左夫(1918—1998),山西省寿阳县人。老红军。历任成都市公安局局长、成都市保密委员会副主任,中共成都市委常委、成都市人民政府副市长、市民政局副局长。

1933年,在山西省立国民师范读书时,加入中共外围组织“红军之友社”。次年,转入省立第五师范学习,加入中共外围组织“赤色互济会”,积极参加中共地下党领导的学生运动。1937年8月,任决死第二纵队指导员,次年,改任营教导员。1941年,任晋绥七专署民政科长。1946年,任晋绥公安总局科长。1949年,任西安市公安局处长。1950年,任川西公安厅处长,负责侦察、审讯工作。1954年,任中共成都市委委员、政法党组书记。1955年,任成都市公安局局长,中共成都市委常委。1961年,任成都市人民政府副市长。1964年,“五反”运动中被撤职。1966年,调人防办公室工作。1974年,任成都市化工研究所革命委员会副主任。1978年,任成都市民政局副局长。1983年,中共四川省纪委经过复查,撤销对他留党察看两年的处分。于1983年10月离休。1998年,在成都逝世。

宋文彬

宋文彬(1918—2002),山西省离石县柳林人。历任中共温江地委第一书记、中共绵阳地委书记、四川省农业厅厅长、省委副秘书长、中共四川省委第二届顾问委员会常委。

1938年,参加革命,在县农会工作。同年6月,加入中国共产党。历任晋绥二分区抗联主任、五寨地区专署专员、中共五寨县委书记、中共五寨地委副书记。1949年,随军南下。中华人民共和国成立后,1950年,任四川省温江行署专员,1952年,任中共温江地委第一书记,温江军分区第一政委。1963年,任西南局农业办公室主任。“文化大革命”中,受到批斗迫害。1975年,恢复工作。1995年离休。2002年3月,在成都逝世。

李维实

李维实(1918—1995),原名李蜀华,成都邛崃市三坝乡人。中共四川省纪检委副书记。

青年时代投身革命工作。1939年5月,加入中国共产党。抗日战争初期,在邛崃蜀才小学任教,以教师身份作掩护,主持创办《蜀外壁报》《号角壁报》歌咏队,从事抗日宣传活动。解放战争时期,历任中共川西南人民武装工作委员会委员、武工队队长。

1948年,受中共雅(安)乐(山)工委派,在温江县、郫县等地发展党员和党的外围组织。10月,李维实派张光汉到温江县负责组织温江游击队并进行统战、策反工作。1949年春,到灌县开展工作,建设以大邑县为中心的游击根据地。2

月,从周鼎文处接上向峨、崇宁党组织关系,直接领导灌县党组织。9 月,任中共川西边临时工作委员会委员。11 月初,李维实在郫县青龙场召集温江、郫县、灌县、崇宁县党组织负责人,传达“临工委”关于成立游击队,配合解放军解放川西的决定。12 月上旬,“岷江纵队”总部在温江隆兴乡(今永宁镇)秘密成立,任纵队总负责人。12 月 24 日,李维实组织策动温江行政督察区专员冯均逸、温江县县长吴孝先和驻温的国民党西南游击直属第二纵队司令田泽孚等通电起义。中华人民共和国成立后,历任温江地委组织科长、西南局纪检委员会检查员、省监委办公室副主任、省知青办处长,中共四川省纪检委副书记、顾问等职。

1995 年,李维实在成都市逝世,终年 77 岁。

王武城

王武城(1919—1996),四川省巴中市人。曾任四川化工厂厂长、成都市政协副主席、成都市人大副主任。

1936 年 1 月,加入中国共产党。历任红四方面军十一师三十一团特务连战士、副班长,红四军政治部运输员、炊事员,三八五旅政治部炊事班班长。抗日战争以后,历任旅部特务连文书、司务长、旅军政干部训练班学员、旅纺织厂会计科长、供给部军需科科长,中央保育院科长,东北局行政处科长。中华人民共和国成立后,先后任自贡市贸易公司经理、市财委秘书长、副主任,市委组织部部长、监委书记,市政府副市长、市委书记,四川化工厂副厂长、厂长、党委书记,成都市工交部副部长,成都市经委副主任。1972 年,担任青白江区“三废”(废气、废水、废渣)治理小组副组长。1975 年,担任市委工交部副部长,1979 年,任市经委副书记、副主任,政协第六届成都市委员会副主席。1980 年,担任市人大常委会副主任。任职期间,为成都市的工业建设作出较大贡献。

1996 年 2 月,王武城在成都逝世,终年 77 岁。

方驰辛

方驰辛(1918—2004),又名贺方木,重庆市巴县人。西南民族学院副院长。

小学毕业后考入江津县中学,后随表叔杨本木到成都考入成城中学。初中毕业后,考入重庆万县一所普通高中,后因经济困难,失学到重庆。1935 年,考入新生合作社,为三等办事员。经合作社经理杜桴生介绍加入重庆救国会(共产党外围组织),在中共党员漆鲁鱼领导下参加抗日救国活动。后与漆鲁鱼、陶敬之、侯野君、温田丰等成立知识服务社,印刷刊物,团结进步青年宣传抗日。1938 年 6 月,中共重庆市委派方驰辛到大竹县杨通乡徐氏小学任教。后在大竹中学、大竹女中教音乐,与刘先慎等组建“七七歌咏队”“少年亲爱会”“小先生剧团”,开展义演、义卖、募捐等抗日救亡运动。7 月,任中国共产党大竹县特别支部委员。1940 年 5 月,大竹抗日救亡运动被国民党视为“异党活动”予以镇压,党组织遭到严重破坏,方驰辛离竹返渝。后到延安,参加大生产运动,转战抗日前线,历任陕甘宁边区子长县宣传科长,巴林右旗宣传部部长,新华社热北支社社长。1949 年,随部队返川。

中华人民共和国成立后,历任四川屏山县委书记,乐山专区民委主任,乐山民族代表团团长,乐山地委宣传部部长,乐山地委副书记、书记兼军分区政委。1959 年,调西藏工作,历任中共西藏工委宣传部副部长、部长,新华社西藏分社社长,西藏日报总编辑,西藏体委副主任。编写《西藏风云》《农奴》等电视剧,在全国上演。后调回成都，任西南民族学院副院长。曾当选中共八大代表。1983 年 2 月，离职休养。

2004 年 4 月 17 日，方驰辛在成都逝世，终年 86 岁。

牛明英

牛明英(1920—1995)，四川省苍溪县人。历任成都市建设工程局局长、中共成都市委基本建设政治部副主任、成都市人大常委会副主任。

1933 年 11 月，参加红军，任红四方面军三十军二十九师医院卫生员。1934 年后，历任六分区剧团演员、红二军四师十二团通讯员、卫生员。1937 年，加入中国共产党。同年，调第四师政治部任宣传员。1938 年，任三五六旅战线剧团演员。1939 年 7 月，到延安。1940 年后，历任晋西北七一四团三营特派员、晋西北二分区警卫营特派员，山西神池县武工队队长，晋绥五旅一团三营教导员、晋绥五旅政治部组织科副科长。1949 年，先后任一野三纵九师卫生部政委、后勤处副政委。1955 年，任炮兵十五师政委。1957 年转业，任成都市市政工程局局长。1972 年 10 月，任中共成都市委基本建设政治部副主任，成都市建工局党委书记兼局长，成都市建筑建材局革委会主任、党委书记，成都市建委副主任。1982 年 7 月，任成都市九届人大常委会副主任。1983 年 10 月离休。

曾获得三级八一勋章、三级独立勋章、三级解放勋章。

1995 年 8 月 28 日，牛明英在成都逝世，终年 75 岁。

高　峰

高峰(1920—1993)，原名高定元，成都邛崃市高何镇人。老红军。

1935 年 11 月，中国工农红军第四方面军到达邛崃时参加红军。长征途中参加抢占腊子口、攻占岷县的战斗。先后在红四方面军 30 军 88 师 268 团经理处、红四方面军总部、红四方面军司令部教导师、红四方面军党校等部任勤务员。抗日战争中，历任中央军委一局二科、留守兵团司令部、延安总部机要科译电员，绥远伊盟盟委机要股股长等。解放战争时期，入延安中央党校学习。1947 年离校后，历任延安联防司令部机要科训练班主任，第一野战军四纵队机要科副科长、四纵队三旅机要科科长。中华人民共和国成立后，历任第四军司令部机要科科长、军委防空司令部机要处副处长、总参谋部行政经济管理部专家招待处副处长、总参谋部管理局招待处处长、总参谋部管理处处长。1955 年 9 月，被授予中校军衔；1960 年 6 月，晋升为上校。1981 年离休。

1993 年 8 月，高峰在北京逝世，终年 73 岁。

杨增彤

杨增彤(1920—1998)，江苏省兴化人。历任成都军区副参谋长、参谋长，中共成都市革命委员会核心小组副组长。

1940 年，参加新四军，曾参加黄桥、车桥等战役。解放战争时期，任华中野战军营长。1947 年，率部参加盐城战役，所部获“叶挺营”称号。后任华东野战军团参谋长、团长。曾参予淮海战役、渡江战役、解放上海、进军福建、兰西剿匪。

中华人民共和国成立后，1952 年，毕业于军事学院。历任陆军高级步兵学校战术主任教员，副师长，师长，军参谋长，副军长，成都军区副参谋长、参谋长，驻越南军事顾问团顾问。1969 年，任中共成都市革命委员会核心小组副组长，对维护成都市社会安定做出贡献。后在成都军区离休。1998 年 4 月，在成都逝世。

金 星

金星(1920—1994),山西省忻州市人。历任成都市人民检察院检察长,成都市人大常委会副主任。

1939年5月,参加革命工作;同年7月,加入中国共产党。在抗日战争和解放战争年代,曾担任中共山西省忻县三区区委宣传委员、五区区委书记,县委宣部传部长、晋绥六地委教育科长、宁武土改工作团组长、雁南地委干校教务主任。中华人民共和国成立后,先后担任成都市二区区委书记,市建筑公司经理、市建筑工程局局长,中共成都市委基建部副部长,成都钢铁厂党委书记,东城区委第一书记,市委基建政治部副主任,市民政局局长等。1972年,任市委、市革命委员会人民保卫部副部长,1975年,任市革委政法党组副书记。1978年,重新组建成都市人民检察院,任重建后第一任检察长、党组书记、市委政法委副书记。1982年,当选成都市第九届人大常委会副主任。

金星长期从事政法工作。党的十一届三中全会后,按照党的实事求是的思想路线和干部政策,组织力量对历次政治运动中受到错误批判和处分的检察干警进行认真复查,彻底平反纠正冤假错案,落实政策,推动检察机关的组织建设和队伍建设。

1994年12月21日,金星在成都逝世,终年74岁。

蒋皇南

蒋阜南(1921—2004),白族,云南省剑川人。历任政协成都市委员会副主席,民盟成都市委秘书长、主委、名誉主委,民盟四川省委副主委,民盟中央第三届参议委员会常委、民盟四川省委名誉副主委,成都社会大学名誉校长。

1945年春,在云南大学加入中国民主青年同盟,于同年7月加入中国民主同盟。读书期间,参加中国共产党领导的学生运动,是学生运动的积极分子和骨干。民主革命期间,参加中国共产党领导的地下武装斗争,组织青年学生参加反内战、反独裁的民主运动。1948年1月,赴香港参加中国民主同盟一届三中全会。中华人民共和国成立后,自觉接受中国共产党领导,投身于社会主义革命和建设事业。在民盟工作中,致力于组织建设,与共产党肝胆相照、荣辱与共,为四川省民盟组织的发展和壮大做出重要贡献。

他是成都市著名画家,作品多次在国内外美展中获奖。

2004年,蒋阜南在成都逝世,终年83岁。

周鼎文

周鼎文(1922—1998),成都市大邑县王泗镇人。川西地下党创始人之一。

抗日战争初期,就读于大邑县立初级中学,受到进步思潮影响。1939年,与同学组织剧团到王泗、元兴、苏场等乡演出,宣传抗日救亡。1940年,为反对国民党县长傅迪光,和同学一道发动"五四"学潮。1942年,在中共地下党员李惠明领导下,在成都祠堂街参加创办莽原出版社,宣传销售革命书刊。后又在雅安西康日报社从事地下革命工作。1945年,在王泗乡武家寺保国民学校办耕读班,对农民进行革命宣传。1946年,到中共地下工作据点之一的安仁乡中心国民学校指导革命活动。同年,根据中共地下组织的指示,参与在本县组织地下武工队。1948年4月,中共领导的川西南人民武装工作委员会成立,任委员。1949年6月,组建中共川西边临时工作委员会和川康边人民游击纵队,任临时工作委员会委员、游击纵队副司令员。12 月,纵队投入配合解放军阻击国民党军的战斗。

1950—1956 年,先后任大邑县人民政府副县长、中共大邑县委宣传部副部长、大邑县人民政府县长、中共大邑县委副书记。1956 年调离大邑,先后任中共温江地委宣传部科长、副部长、中共金堂县委书记、中共温江地委常委、中共温江地委农林政治部主任、中共温江地委农工部副部长。1983 年,温江地区撤销并入成都市后,任中共成都市农村工作委员会副书记、成都市农业委员会副主任、成都市第十届人大常委会常委。1989 年 12 月离休后,受聘担任新编《大邑县志》顾问,并亲自撰写了许多史料。1998 年,在成都逝世终年 76 岁。

刘永芳

刘永芳(1922—2003),山东省肥城市人。曾任成都市副市长、人大常委会副主任。

1939 年 10 月,加入中国共产党。历任本乡抗日青年团团长,太平县一区副书记、书记,东平县四区区委书记,太西县公安局局长。中华人民共和国成立后,历任中共浙江省宁波地委委员、公安处处长,浙江省检察署副检察长,鞍山钢绳厂厂长,运输部矿山公司党委书记,西南钢铁研究院党委书记,西南金属制品厂党委书记。1978 年 5 月,任中共成都市委常委,成都市革委会副主任。1979 年 1 月,兼市经委主任。1980 年 5 月,任成都市人民政府副市长。1983 年 11 月,任成都市人大常委会副主任。2003 年,在成都逝世,终年 81 岁。

张烈夫

张烈夫(1923—1992),山西省神池县人。历任成都市农委主任、成都市副市长,政协四川省委员会常委。

1940 年 1 月,参加革命工作;同年,加入中国共产党。抗日战争期间,历任神池县一区、五区青年救国会秘书、抗联主任、农民部长、民联主任。解放战争时期,任晋南临汾七区土改工作团委员。1949 年,随军入川,历任中共成都市第十四区、第八区、第三区、第二区书记。1953 年 6 月,任中共成都市西城区区委书记。1954—1955 年,先后任成都市工商局局长、市计委副主任。1956 年 5 月,任《成都晚报》副总编辑。1961 年 11 月,任中共成都市金牛区委第一书记。1963 年,任中共成都市委副秘书长。1970 年 4 月至 1973 年 8 月,任市电子仪表局革委会副主任、主任。1973 年 8 月至 1980 年年初,先后任市委农工部副部长、部长,成都市革委会副主任。1980 年 2 月,任成都市副市长。于 1985 年 12 月离休。1992 年,在成都逝世。

马维政

马维政(1923—2001),山西省沁源县人。成都市人大常委会副主任。

1938 年 8 月,加入中国共产党。参加革命工作后,历任本村牺盟会秘书、工作员、合作社会计,第三区农会工作员,沁源县公安局股员、副股长,稷山县公安局股长、副局长。1949 年,随军南下入川,任华阳县公安局局长。

1952 年 7 月,任华阳县委副书记、县长。1953 年 3 月,任县委书记。1959 年,下放温江清平公社任党委书记。1961 年 12 月,任温江地委组织部副部长,1966 年 3 月,任部长、中共温江地委常委。1974 年 2 月,任温江地革委常委、政工组副组长。1975 年 3 月,任地委书记兼地区纪律检查委员会书记。1982 年 2 月,任地委党校校长。1983 年 11 月,任成都市人大常委会副主任。

2001年，马维政在成都逝世，终年78岁。

徐　颖

徐颖(1925—1994)，曾用名徐锡久，山西省临汾市人。成都市人民政府副市长、四川省政协常委。

1937年，参加牺盟会，任宣传员。1938年，任临汾随营学校政治保卫队队员。1939年，在决死二纵司令部警卫连任战士.1940年，任纵队政治部宣传队小队长。同年，在山西省汾县加入中国共产党。1941年，在延安鲁迅艺术学院学习，后任120师政治部战斗剧社干事。同年，调晋绥鲁艺分院任研究员。1942年，调晋绥分局七月剧社工作。1943年，在晋绥实验学校文教工作队工作。1945年，在晋绥文联工作；12月，任战地工作团宣传队指导员。1946年，任晋绥文联科长。1947年，任晋绥分局土改工作团组长。1948年，任晋绥第六地委党校主任。1949年，在晋绥分局宣传部工作。后随军南下。12月，在川西区党委工作，担任《川西日报》编委。1953年，任成都市总工会副主席。1956年，任市委工业部副部长。1964年9月，市委工业部撤销后，担任市委工业交通政治部副主任。1972年11月，任市委工业交通工作部部长。1973年，任中共成都市委常委、市革命委员会副主任。1982年4月，任成都市人民政府副市长，兼市建委主任。1982年9月，调任四川省国际经济技术合作公司副总经理；1984年任副董事长。于1987年离休。

1994年7月，徐颖在成都市逝世，终年69岁。

尤　超

尤 超(1926—1994)，江苏省射阳县人。历任成都市教育局局长、中共成都市委宣传部副部长、政协成都市委员会副主席。

1943年6月，参加革命工作，在江苏省盐东县黄沙区任民政助理员。1945年，任盐东县坊北区区长。1946年，在华中新闻专科学校学习。后任新华社淮安分社、苏北分社记者、编辑，新华社盐阜支社“盐阜大众”报社科长。1948年12月，任华中党校教育干事。1949年，任西南服务团中队长。到四川后，历任中共四川省武隆县委宣传部副部长、部长。1952年10月，调任中共四川省涪陵县委宣传部部长。1953年3月，任中共西南局宣传部秘书。1955年2月，任成都市委宣传部科长。1960年，任成都市教育局副局长。“文化大革命”期间，下放西昌“五七”干校劳动。1970年4月，任成都市文化局革命委员会核心领导小组副组长、革委会副主任。1975年，任成都市教育局局长。1977年6月，任中共成都市委宣传部副部长。1983年，任政协成都市委员会副主席。于1989年10月离休。

1994年5月，尤超在成都逝世，终年68岁。去世后，遵其不发讣告、不设灵堂、不搞遗体告别仪式的遗嘱，仅有其家属和机关工作人员数人为其送葬。

薛春荣

薛春荣(1927—2004)，山西省临县人。温江地区行署副专员。

1944年3月，参加革命；1948年10月，加入中国共产党。先后任晋绥军区警卫连通讯员、班长、区队长。

中华人民共和国成立后，历任华阳县公安局股长，华阳一区区委书记，华阳县人民法院院长、公安局局长、华阳县县长、县委副书记，双流县委副书记、书记。“文化大革命”运动中，受到批判揪斗。1970年9月，任温江县革命委员会副主任。

1971年4月,任中共温江县委书记。1974年12月,任县革命委员会主任。1978年5月,任中共温江地委常委、温江地区行署副专员。任中共温江县委书记期间,指挥"杨柳河改造工程"。1987年11月,任中共成都市委常委。1989年11月离休后,任成都市关心下一代工作委员会副主任。

2004年5月29日,薛春荣在成都逝世,终年77岁。

袁家华

袁家华(1928—1997),女,成都市蒲江县鹤山镇人。温江地区革命委员会副主任。

1955年,加入中国共产党,曾任鹤山镇飞虎村妇女主任、党支部书记。在3年经济困难时期,袁家华负责饲养集体母猪,因缺饲料,母猪产仔无奶,袁家华用自己的奶水喂养仔猪。1968—1975年,任大队党支部书记,率领全村干部群众兴修水利,试种双季稻,粮食亩产量超过400公斤。1968年9月,任蒲江县革命委员会副主任。10月,任温江地区革命委员会副主任。1969年,袁家华当选为中共"九大"代表,受到周恩来总理接见。1973年4月,被选举为蒲江县第五届妇联执委会副主任。于1978年12月离任。

1997年,袁家华在蒲江县逝世,终年69岁。

方家祥

方家祥(1928—1998),成都市人。曾任成都市副市长、市政协副主席。

1948年3月,参加革命工作;同年,加入中国共产党,任中共成都市委文教区委员会委员,从事党的地下工作。中华人民共和国成立后,先后任成都军管会教育处联络员,成都市委宣传部科长。1961年后,先后任成都市钢铁厂办公室副主任,成都市计委副处长、处长。1981年,任成都市计委副主任、主任。1983年任,成都市人民政府副市长。1988—1993年,先后任市委财经领导小组副组长兼秘书长,成都高新区管委会第一主任,成都市政协第九届委员会副主席。1998年1月13日,在成都逝世。

贺惠君

贺惠君(1929—1998),女,成都市人。先后任共青团四川省委副书记、省外办副主任、省旅游局副局长。

青少年时期先后在成都市少城小学、松如女子小学、蜀华中学、建国中学及华西大学先修班读书。在校期间,参加中学校际进步社团"破晓社",组织同学阅读进步书籍,主持创办《破晓月刊》,评述国内外时事,报道学运动态。参与组建成都市中学生联合会,开展争取和平民主,反对内战、反对独裁的斗争。1947年春,考入成华大学经济系;同年3月,加入中国共产党。1948年3月,任中共成都市中学区委副书记,发动全市中学生开展"争民主、争温饱"斗争。

中华人民共和国成立后,先后任青年团成都市委学校工作部副部长、部长。1953年12月,任青年团四川省委学校工作部部长。1954年,当选青年团中央候补委员。1955年,在肃反运动中受到审查。1956年,被选为团省委副书记。1958年3月,被划为"右派分子",下放到四川青年报社工作。1979年获平反。同年5月,任四川省旅游局副局长。1983年,任省外办副主任,次年,改任省旅游局副局长兼四川省旅游公司副总经理。于1994年2月离休。1998年7月26日,在成都逝世,终年69岁。

李嘉华

李嘉华(1938—1993),成都市武侯区机投镇人。历任西藏军区山南军分区副司令员、四川工业学院(现西华大学)副院长。

1956年3月，参加中国人民解放军。1959年,被部队送到重庆步兵学校学习。于1961年，结业后调至西藏军区，先后任排长任团参谋、副营长、团参谋长、团长,1983年,任西藏山南军分区副司令员。

曾参加1957年平叛剿匪、1962年中印边境自卫反击战,两次受到西藏军区嘉奖。此后,在认真执行边防政策和民族政策方面，受到军区表扬。

1986年,转业到四川工业学院任副院长,为学院的建设和发展做出贡献。1993年12月,在成都逝世。

二、民主人士

刘刚甫

刘刚甫(1894—1990),本名昌祺,成都市人。

其父是成都市著名的热心于公益事业的富商刘万钟,曾参加成都辛亥保路运动。早年就读于四川通省师范学堂附属高等小学，品学兼优。1912年,其师徐炯为他改名猛,字刚甫。后随徐先生出川,赴日求学。在日本早稻田大学毕业后,留居日本考察两年。回国后相继任四川道路建设事务处长、四川督理署秘书、成都石室中学校长、四川大学工学院教授。解放战争时期,任民革川康分会执委兼财务部长。先后在四川、汉口等地创立垦殖协会。

中华人民共和国成立后,任中南文史研究馆研究员。1960年,调四川省文史研究馆。1988年,任省人民政府参事室参事。其妻刘田素原名友田素子,出生于日本东京上流社会家庭,于1924年跟随丈夫来到成都,在大专院校和科研单位教授日语。夫妇二人晚年致力于促进中日人民友好,维护世界和平事业。

刘刚甫善书画。20世纪40年代出版专著《救亡与筹边》。1986年,与成都著名书画家联合发起组建“成都老年协会诗书画研究会”。1990年,刘刚甫在成都逝世,终年96岁。

1992年10月，日本明仁天皇访华前夕,东京TBS报道局曾派记者专赴成都祭扫刘氏夫妇之墓。

傅渊希

傅渊希(1896—1997),别名本固,重庆市巴南区人。四川省人民政府参事、四川省文史研究馆馆员。

1911年,加入袍哥组织,参加成都辛亥保路运动,在同志军中任副目。历任川军营长、团长、旅长。1929年5月,在中共党、团组织的支持下,在重庆夫子池举行大会,成立“巴县反团阀大同盟”，号召被压迫的群众团结一心，打倒巴县团阀、恶霸申文英、曹燮阳。傅渊希等担任执委,向刘湘请愿,派傅率全旅兵力剿办巴县团阀,率军队直捣团防驻地长生场,仅用几小时就将团丁队伍摧毁。1932年,任川康边防军第2路司令。后入川军28军任少将参军,历任成都《建设日报》《新时代报》社长,长寿县征收局局长,蒲县田管处、高县储运处处长,大竹专区保安副司令。1949年,经李宗煌介绍加入民革,担任民革川东武装力量总指挥,迎接解放。

中华人民共和国成立后,任民革中央团结委员、民革四川省委顾问,被聘任为四川省人民政府参事、四川省文史研究馆馆员。著有《四川保路风云录》《扼守老关口掩护重庆独立——辛亥革命亲历记》《熊克武联合刘存厚与滇、黔军之战》《川湘援鄂之战》《四川上、下东之战》《由杨森发动"统一之战"到川黔联军倒杨战争》等。

1997年,傅渊希在成都逝世,终年101岁。

曾庶凡

曾庶凡(1897—1990),别名宪林。四川省南溪县人。政治活动家,于1942年加入民盟。

早年毕业于北京政法大学。20世纪20年代末,到法国勤工俭学,并参加东方反帝大同盟,办过《救国晚报》。回国后,相继在昆明大康公司、济康银行昆明分行、云南实业银行、长江银行任副经理、经理。1949年,解放军入川后,曾代表刘文辉到香港商议起义事宜,并与二十四军参谋长杨家桢一起到成都会晤邓锡侯,商议组建联合参谋部,统一筹划川康起义。还曾赴云南对龙云开展策反工作。

中华人民共和国成立后,任川南行署文教厅长。1950年,任西南军政委员会人民监察委员会委员。1952年,任四川省人民政府参事室副主任。以后历任四川财经学院(现西南财经大学)副院长,全国人大代表,民盟四川省委常委。1990年,在成都逝世。

陈济博

陈济博(1899—1994),别名怀恕,湖北省宜昌市人。四川省人民政府参事室参事、四川省文史研究馆馆员。

其父陈圆白为同盟会会员,参加过辛亥革命和护国战争,后遁入空门,弘扬日本密宗和西藏密宗。陈济博受其父影响,热衷于佛学。1920年,留学日本东京高等师范学校,其间,曾与大勇法师一道赴高野山学习密宗。于1922年毕业后,应武昌佛学院太虚大师之聘担任教员,讲授日文。不久,到伦敦大学、比利时布鲁塞尔大学学习,获布鲁赛尔大学硕士学位。曾任国民政府印铸局技士,西康宣慰使署秘书,重庆振济委员会儿童教养院一分院院长,蒙藏委员会专员。20世纪40年代末,到甘孜州康定贡噶寺,随诺那活佛学习密宗。擅长英、法、日、藏文,曾任重庆市商会藏文教授,西南民委参事。1956年,入四川省文史研究馆。1985年,任命为四川省人民政府参事。

1994年,陈济博逝世,终年95岁。

王元辉

王元辉(1900—1992),成都都江堰市蒲阳镇人。20世纪40年代,在川西北雷厉风行"铲烟禁烟"。

幼年就读灌县高等小学堂。后考入四川省立第一师范学校。毕业后一度任教于荣昌师范。后在成都创办荫唐中学,任校长。1922年,赴天津,考入北洋大学。大革命时期投笔从戎,南下广州,入黄埔军校第五期。1927年,在武汉进入军界。1928年年底,研究社会学的友人黎光明前往松潘地区开展川康民俗考察,邀其随同前往。在历时约半年的调查中,遍历汶川、茂县、松潘、黄胜关、彰腊等地。后来撰写回忆录《神禹乡邦》,记述了这次考察的经历。

1940年,被四川省主席张群委派为保安处长兼十六区(川西北地区)行政督察专员。他率保安三团到松、茂等地贯彻禁政,铲除鸦片烟苗,禁绝贩运。四川偏远的西北地区素来缺粮、路险,动荡不安,抗日战争时期,烟匪横行无忌,藐视官府,阻碍禁政,历任专员、县长无可奈何。成都友人劝他不要去"跳火坑",他坚决表示"要去铲烟除害!"到职后,颁布《告十六区民众书》,"希望好人抬头,坏人回头,其不回头者杀头!"就任后第二个月,即农历五月初,他亲赴烟患最严重的懋功地区实施"查铲"。不顾土顽势力的阻挠、烟匪的围攻,所到之处烟苗尽行铲除,使懋功地区的烟匪销声匿迹，恶棍远逃他乡，当地社会秩序好转。

1949 年，在胡宗南所设川陕甘边区绥靖主任公署任秘书长，后随军撤至台湾。

他文才横溢，在所著《九十回顾》一书中，存留许多中国近代史实。在台湾不忘立志教育初衷，历任华侨学校校长、研究院讲师。

1992 年 5 月，王元辉在台湾逝世，终年 92 岁。

曹利生

曹利生（1902—1997），号野夫，祖籍广东平远，四川自贡人。起义将领。成都黄埔同学会理事、四川省黄埔同学会顾问。

1919 年，入成都叙属中学。1923 年，考入上海大学。次年，报考黄埔军校第一期。1925 年，入日本士官学校学习。1928 年，毕业回国，任中央军校少校副队长、武汉分校中校队长。1932 年，任五九师代团长。1937 年卢沟桥事变后，任一九六师上校团长，率部布防于河南孟津。1939 年，任少将旅长，奉命守备黄河南岸孟津沿线。1941 年，任西安战干团少将总队长。于 1946 年回川，任军政部第一军官总队副总队长、代总队长，驻合川。1948 年，调重庆，任编练司令部少将补训总队长，兼南岸指挥官。1949 年 12 月 5 日，率所部 4 个团起义。

中华人民共和国成立后，先后任自贡市政协委员，民革自贡市委顾问，成都市黄埔军校同学会理事，四川省黄埔军校同学会顾问。晚年致力于军事学术研究，并从事黄埔军校同学会联络及政协文史工作。于 1997 年逝世。

朱学孔

朱学孔（1902—1995），字恶紫，成都邛崃市道佐乡人，曾任国民政府陆军少将。

毕业于黄埔军校第五期。北伐时期，历任国民革命军连、营、团长。20 世纪 30 年代，任步兵师副师长。抗日战争期间升任师长。曾参加滇缅战役，获抗日战争勋章。第三次国内战争时期，曾代理军长，历任国民政府国防部政工局人事室主任、视察队队长，先后带队赴辽沈、平津、淮海等战区视察。1948 年，中国人民解放军渡过长江后，乘船到台湾。

晚年思乡心切，1990 年 5 月，偕夫人吴志英回邛崃探亲。

1995 年，朱学孔在台湾逝世，终年 93 岁。

陈竹隐

陈竹隐（1904—1990），女，成都市人。北京市政协委员、北京市妇联委员。

8 岁时就读私塾。1920 年，父母相继过世。陈竹隐离家开始独立生活。同年，考入四川省第一女子师范学校。毕业后考入青岛电话局做女接线生。后考入北平艺术学院，师从齐白石、萧子泉、寿石公等人，专攻工笔画；兼学昆曲。1929 年毕业，到北平第二救济院工作。因不满院长克扣孤儿口粮，辞职做家庭教师，继续在红豆馆主浦西园门下学昆曲。1930 年秋，在浦西园、叶公超等人介绍下，与朱自清交往。1932 年 8 月 4 日，陈竹隐与朱自清举行婚礼，成为 5 个孩子的妈妈。抗日战争爆发后，随校南迁到昆明，后带子女回到成都。朱自清去世后，陈竹隐在清华园图书馆工作。

中华人民共和国成立后，一直在清华大学图书馆工作，历任清华大学工会副主席。参与朱自清全集的编撰，并为此捐献出朱自清生前的手稿、文章、实物，只给每个孩子分一封朱自清的信作为纪念。

1990年6月29日，陈竹隐在北京逝世，终年86岁。

姚国俊

姚国俊(1904—1992)，陕西省醴泉县人。国民革命军少将，成都黄埔同学会副会长，四川省人民政府参事，政协四川省委员会常委。

1925年，考入黄埔军校第四期，学习期间结识关麟徵、刘志丹等陕西籍同学，继经刘志丹介绍加入中国共产党。1926年年底，黄埔第四期毕业后，在广州随军参加北伐战争。1931年，到杨虎城部主办步兵训练班。后任第二五师参谋长。抗日战争爆发后，先后任国民革命军第五十二军参谋长、第九集团军参谋长，第二十五师师长、第三十八军副军长。1947年，任三十八军军长，部队由河南调防陕西蒲城。1949年初，决定向陕北共产党靠拢。旋即派人与解放军西北野战军联系，约定起义事宜。未料被人告密，由于查无实据，胡宗南将其撤职，姚国俊遂到成都安家。

1949年，中共地下党组织开展策反成都黄埔军校上层人士的工作。姚国俊利用他与军校前、后两任校长的“至交”关系，为争取军校上层反正做出贡献。中华人民共和国成立后，任政协四川省委员会常委。1992年，在成都逝世。

赵星洲

赵星洲(1905—2002)，四川省仁寿县人。民主建国会成员，四川省文史研究馆馆员、四川省人民政府参事室参事。

毕业于北京国民大学。曾任中山大学、铁道学院、蒙藏学院教员，铁道部专员，四川省政府秘书，省参议员，四川省银行成都分行副经理，二十八集团军少将经理处长，西南日报社、建国日报》社社长。抗日战争胜利后，担任华西日报社社长。曾担任潘文华部侍从室秘书。参加中共川西边临工委外围组织“新民主主义建国社”。1949年10月，赵星洲受中共川西边临工委委派，向潘文华转告中共地下组织对他的希望，并促使其起义。

中华人民共和国成立后，任成都纯溪纸厂厂长，西城区工商联常委，1985年，任命为四川省人民政府参事室参事。

2002年，赵星洲在成都逝世，终年97岁。

徐震球

徐震球(1905—2002)，别名靖武，四川省乐山市人。国民党革命委员会成员，四川省文史研究馆馆员、四川省人民政府参事室参事。

1923年，进入四川陆军讲武堂，毕业加入国民革命军，后随朱德进入二十军考察团。1926年1月，朱德遵照中共中央军委的指示，前往江西南昌，转到国民革命军第三军工作，徐震球等15人追随朱德一起到南昌。历任国民革命军七二九师副官处长、五军部副官主任。1939年，任军政部第三十一补训处二团团长。抗日战争胜利后，任第十六军官总队大队长。1947年，任国防部少将部员，1948年10月，任国防部反情报训练班队长，12月任重庆区反情报队队长。1949年10月，任国防部新兵训练处直属纵队第7总队副总队长，12月，任西南第一路游击总司令部第六纵队副司令，西南第一路纵队少将副司令，西南第一路游击总司令部第五军十四师师长兼成都城防副指挥官。1949年12月25日，在成都参加起义。1957年，进入四川省文史研究馆。1981年，被任命为四川省人民政府参事室参事。1995年，参与编纂《川军抗战亲历记》。

2002年，徐震球在成都逝世，终年97岁。

任子立

任子立(1906—1998),成都市人。四川省文史研究馆馆员。

早年毕业于燕京大学,曾任成都基督教青年会总会干事、成都《新川报》编辑、华西大学农业专科养蜂学教授。1934年,基督教青年会开办民众学校,免费招收贫民子弟入学,任子立任校长。1942年9月19日,被推选为中国基督徒节约献金救国运动分会总务组组长。

1980年,任四川省文史研究馆馆员,从事文史研究,参与撰写论文《依心犹道青春在 羞见飞蓬石镜中——读薛涛诗辨其享年与婚恋》。曾任成都市人大代表。

1998年,任子立在成都逝世,终年92岁。

何翔迥

何翔迥(1907—2001),别名嘉惠,四川省营山县人。四川省人民政府参事。

早年加入CY(共青团组织)从事革命活动。1927年,东渡日本,考入日本陆军士官学校第22期山炮科学习。毕业后归国,在川军邓锡侯部第二十八军历任营长、特务大队长。1941年,任第四十五军参谋长。1942年,任第四十五军军少将副师长,在鄂北参加抗日战争。曾在陆军大学特三期将校班学习。1945年2月,代理一二七师师长,指挥老河口抗战。曾获三等宝鼎勋章。抗日战争胜利后,历任川康绥靖公署办公室主任,国防部少将部员。

1949年12月,参与策划刘、邓、潘起义,他代表邓锡侯与李铁夫(代表刘文辉)、杨尚仑(代表潘文华)于12月27日前往新都向贺龙、王维舟、张经武汇报彭县起义经过和成都迎接解放军进城的情况。20世纪50年代初,加入国民党革命委员会。曾任四川自贡市建华盐厂经理,自贡市人民委员会委员、市人大代表、市政协常委。1961年,任四川省人民政府参事。“文化大革命”后,任民革四川省委顾问,民革中央团结委员。曾任第四、五届四川省政协委员。

1981年,何翔迥筹备创办四川中山学校(后改为为四川中山学院),历任四川中山学校第一副校长、四川中山学院名誉院长。著有《老河口战役亲历记》。

2001年7月7日,何翔迥在成都逝世,终年94岁。

王应尊

王应尊(1907—1998),字久悟,山西省阳高县席家湾村人。民革四川省委副主委,四川省政协常委,全国政协委员,民革中央委员,四川省黄埔军校同学会副会长。

1925年,肄业于山西省立第三中学。1927年,黄埔军校第五期毕业。在国民党第一军第一师任见习官。1935年起,历任第一师第三团中校团附,代理团长,西北游击干部训练班第二期学员总队总队长。1937年,任国民党第一军第一师第一团上校团长。时日本侵略者投入陆海空三军主力,向上海发动攻击。王应尊率部在上海郊区的杨行、刘行、罗店一带担任阻击任务。战斗进行得异常艰苦,部队伤亡惨重,王应尊也负了重伤。1941年,调入二十八师任副师长;1942年,升任师长。1944年,任第九十军二十八师少将师长。1945年,曾指挥本师参加豫西西峡口战役,在友军协同下,连续四个月艰苦战斗,歼灭日军139联队,该师亦伤亡官兵400余人。1946年,升任整编二十七师师长。后被调任为二十七军中将军长。1948年3月,在陕北,该部被解放军全歼,王应尊逃往西安,改任西安绥靖公署干训团学员总队总队长,第五兵团司令部少将高参,国防部中将部员。1949年12月,带领学生总队,跟随李文第五兵团行动,在该兵团处于困境时极力劝说李文同人民解放军接洽,宣布起义,受到人民解放军第二野战军刘邓首长欢迎。后入西南军政大学高级军官研究班学习,曾任高参,教官。后任解放军西南军区高参。中华人民共和国国防部曾授予四等云麾勋章、抗战胜利勋章各1枚以及其他各种奖章5枚。1985年6月2日,四川省人民政府为其颁发起义证。

著有《胡宗南部"追剿"红军概况》《胡宗南集团1946年发动晋南战役纪要》《李文第五兵团在川西投降纪略》《整编第二十九军瓦子街战役就歼记》《血溅杨行、刘行记》等回忆录。

1998年1月31日,王应尊在成都逝世,终年91岁。

戴新三

戴新三(1907—1997),成都市人。四川省文史研究馆馆员。

早年毕业于成都岷江大学。1933年,参加南京国民政府"22年高等教育考试",获得"中等"第24名。历任成都市政府督学,蒙藏委员会编辑室、调查室主任,《蒙藏月报》主编。1940年,随蒙藏委员会委员长吴忠信入藏主持十三世达赖喇嘛坐床大典,后留任驻藏办事处政务科长。居藏4年,遍历卫藏各大名城考察。后返川,任川康考铨处主任秘书,参与发起组织"康藏研究社",发表大量关于康藏的游记和政论。

1950年,成都军管会成立"解放西藏研究小组",戴新三被吸收为小组成员。后加入中国人民解放军18军,任军部研究室研究员,随军入藏。返回成都后,任四川省人民政府参事室参事。1986年,任四川省文史研究馆馆员。撰著有《拉萨日记》(三册)、《日喀则鸟瞰》《扎什伦布寺小志》。

1997年,戴新三在成都逝世,终年90岁。

骆周能

骆周能(1908—1991),号浚明,字怀哲,成都市大邑县人。曾任国民革命军少将。"民革"成员。

中央军校高教班毕业。长期在川军任职。抗战爆发后,任二十一军一四六师四三八旅中校参谋,出川参加抗战。1938年,在长江下游铜陵、贵池、湖口一线,和海军布雷大队大队长林遵将军一起,对日展开游击布雷战,使日军在长江遭受重大损失。1939年,任二十一军作战科科长;1941年,任团长。率部转战于苏浙皖赣地区,与日寇进行殊死战斗。抗日战争胜利后,任第二十一军一四五师少将副师长兼上海地区警备指挥官。1948年12月,任第二十一军二三0师师长。1949年4月,在江苏江阴县起义。

中华人民共和国成立后,在解放军华东高级步兵学校任战术教员。后因历史问题被捕入狱。1975年3月19日获特赦。历任南京市政协委员、南京市政协副主席。

曾撰写《长江下游布雷战》《广德、泗安战役》《第二十三集团军出川抗战片段回忆》等文史资料。1991年,在南京去世。

先大启

先大启(1908—1990),别名怡情,四川省乐山市人。四川省人民政府参事室参事。

青年时期,在雅安师范学校读书时,参加中共地下党。毕业后曾任教,后被逮捕叛变。1934年,任国民党中统上海区编训股编审组长,负责办理被捕人员自首手续。曾就读于黄埔军校。抗日战争初期,担任汉口调统室主任,后在重庆中统局任科长。历任国民党中央调查统计局特别党部委员、书记长、《建国日报》社社长。1947年，任国民政府内政部调查局四川调查处处长、国民党省党部川南办事处处长。与四川省主席王陵基一起联手镇压国统区民众的反抗斗争。1950年被捕，关押于北京中央监狱。1975年3月19日获特赦，后担任政协成都市委员会委员，1985年，任四川省人民政府参事。撰著有《中统始末记》。

1990年，先大启在成都逝世，终年82岁。

岳星明

岳星明(1908—1995)。别名启东，四川省眉山市人。国民党革命委员会成员，四川省人民政府参事，政协四川省委员会常委。

毕业于革命国民军第二十四军军事政治学校，曾任第二十四军训练处处员。后考入陆军大学第11期，于1936年毕业后，得陆军大学校长杨杰将军赏识，被选入陆军大学军事研究院深造，一年后留校任教，担任第15期上校战术教官。抗日战争时期，曾任军政部上校部附。1940年，任第三战区司令长官部少将参谋处长，为第三战区干训团编写出版《拿破仑战史》、主持编写《参谋业务演习》。1941年，参与制造皖南事变；1942年，参加浙赣会战；1943年1月任第二十一军副军长；1946年整编后任陆军整编第21师副师长。1947年2月28日，台湾爆发二二八事变，奉命率部赴台，与戴传薪对调，任整编第二十一师一四六旅少将旅长。历任国民党军事委员会桂林行营少将高参，第三战区司令长官部少将处长。1948年9月，调任参谋总长办公室少将高级参谋。1949年1月，任参谋总长办公室少将副主任。7月，国防部西迁重庆，任国防部副官局局长兼参谋总长办公室中将副主任。11月，随国防部经成都去昆明。12月，率国防部副官局官员百余人连同部分人事档案在昆明起义。1950年夏，调南京军事学院任教。1958年秋，转业到四川省人民政府参事室任参事。

撰写《浙赣战役回忆》《有关“皖南事变”阴谋的回忆》《顾祝同的反共军事阴谋》《回忆杨杰老师——执教陆大和逃离重庆始末》《关于陆军大学从北京南迁的情况》《二十三集团军出川抗战概述》《忆1939年的“冬季攻势”》等文史资料。

1995年5月15日，岳星明在成都逝世，终年87岁。

刘学超

刘学超(1909—1995)，别名明伦，成都市人。国民党革命委员会成员，四川省人民政府参事。

陆军大学特别班第4期毕业。曾任陆军一二六师中校副团长、川康绥靖公署上校参谋。1940年9月，任中央军校第7分校少将高级教官，10月，兼任战术研究班副主任。1941年4月，任第一军一六七师参谋长。1943年11月，任第七十六军参谋长。1946年，任整编第七十六师参谋长。1947年10月11日，在陕西清涧战斗中被俘。中华人民共和国成立后，任解放军文化教员、参谋，第二步兵学校战术教员。1955年，被聘为四川省人民政府参事。曾任四川省政协委员。

1995年，刘学超在成都逝世，终年86岁。

徐源莱

徐源莱(1909—1996)，字吉廷，江西省广丰县普塘乡人。曾任国民党军长，去台后对邛崃有深厚感情。

1926年8月，入黄埔军校第六期，时值北伐战争，学员全部奔赴前线。以后毕业于将官班第三期。抗日战争期间，参与台儿庄战役，任汤恩伯部警卫团团长。后历任国民党军事委员会侍从室侍卫官、驻邛崃特别行动队队长、成都行辕参谋处处长、第八十五军副军长、第十六军副军长、第九十一军军长兼兰州警备区司令、闽浙赣边区绥靖司令。1949 年，到台湾后转为文职官员，于 1980 年退休。

1935 年，率特别行动队驻邛崃期间，曾兼任火井、平乐两区区长，负责指挥地方武装配合国民政府中央军阻止红军北上；修筑羊场到邛崃县城的公路，举办编查保甲户口训练班，整治地方秩序。1936 年，与邛崃县张蓉芳（婚后改名徐蓉芳）结婚，在邛崃安家，生有 3 男。1945 年，由重庆乘飞机到南京，与家眷分别，直至 1989 年 8 月，始回邛崃看望亲人。迄 1995 年 11 月，6 年内 6 次回邛崃探亲。目睹邛崃的变化发展，赞叹说："共产党也了不起！"1996 年 4 月，徐源莱在台湾逝世。

张醴泉

张醴泉（1909—1998），重庆市江津县支坪乡中山村人，号冠军。新津县政协常委。

毕业于黄埔军校第 6 期工兵科。在黄埔学习时，结识学校政治部主任周恩来。历任武汉行辕联络参谋。1940 年，奉调至陪都重庆，任军事委员会委员长侍从室侍从副官。1944 年，任重庆卫戍总司令部宪兵第三团团长。1945 年 8 月，毛泽东、周恩来率领中共代表团到重庆参加谈判。蒋介石特意指派他作为中共代表团的特别警卫。1946 年，任陆军总司令部少将高参，后任徐州警备司令部代司令。1949 年 11 月，任西南第 1 路游击总司令部第 2 纵队司令。12 月，率部 3 万多人在成都郫县起义。后安排在四川省新津县工作，曾担任县政协常委。退休后回乡定居。

1998 年 8 月 1 日，张醴泉在重庆市江津逝世，终年 89 岁。

何聘儒

何聘儒（1909—2002），成都彭州市仁和乡人。浙江省政府参事室副主任、民革浙江省委员会常委、省黄埔同学会顾问

早年就读于彭县中学、成都师范大学、四川大学。1936 年，毕业于黄埔 10 期。抗日战争中，在前方英勇抗敌，1945 年，升任团长。1949 年，率部在江阴起义，并成功策反一个军和师的国民党部队，为解放四川做出特殊贡献。1957 年，任浙江省政府参事。历任政协浙江省委员会对台联络委员会副主任、政协"三胞"委员会副主任，民革中央委员，民革浙江省委常委，1984 年任浙江省政府参事室副主任。1985 年，加入中国共产党。曾撰写《英勇不屈，奋力拼搏》一文纪念"八一三"淞沪抗战。2002 年，在杭州逝世，终年93 岁。

杨续云

杨续云（1910—1997），四川省自贡市沿滩区仲权镇人。国民党革命委员会成员，四川省人民政府参事。

毕业于陆军步兵学校、陆军大学特别班第 5 期。曾任中央军校成都分校教官。抗日战争爆发后，任第七十二军少将代参谋长、第四十四军一五 0 师四五 0 旅旅长，率部出川参加抗战。1942 年夏，任第五十六军参谋长。1947 年，任武汉行营少将高参，兼任汉宜江防指挥部副指挥长。1948 年，任华中剿匪总部少将高参。1949 年 2 月，辞职回川；10 月，任叙泸警备司令部自贡警备分区副司令，兼自贡市戒严指挥。1949 年 12 月，在自贡率部起义。中华人民共和国成立后，历任自贡市法院院长、市政协副主席，川南行署交通厅、四川省交通厅副厅长。后调成都，历任成都市人民政府参事，四川省政协副秘书长、常委，民革中央团结委员，民革四川省委顾问。

著有《刘湘》(合著),参与编撰《川军抗战亲历记》。

1997年,杨续云在成都逝世,终年87岁。

王樵生

王樵生(1910—1996),别名王杰,四川省安岳县人。国民党革命委员会成员,四川省人民政府参事室参事、政协四川省委员会对台办主任。

毕业于黄埔军校成都分校。曾任国民党国防部新军训练处少将队长,西南1路纵队少将司令,成都城防司令部少将参谋长兼城防部队指挥官,第五军少将副军长兼十三师师长。1949年,在中共川西边地下党的策动下,12月25日,与第五军军长曾庆集等一起通电起义,迎接解放军18兵团入城,并成功阻止国民党特种部队工兵第十九团爆破成都的行动计划。

中华人民共和国成立后,担任重庆市劳动局五一技校总务处副科长、五一半工半读师范校总务主任。退休之后回到成都,任政协四川省委员会委员。1981年,担任四川省政协对台办主任。1985年,任四川省政府参事。1989年,四川省黄埔同学会成立,任接待组组长。1995年,参与编纂《川军抗战亲历记》。

1996年,王樵生在成都逝世,终年86岁。

乔曾希

乔曾希(1911—2003),成都市人。曾为成都解放做出贡献。四川黄埔同学会秘书长、会长。

出生于旧军人家庭。父亲乔得寿曾任川军杨森部师长,因同情共产党,对蒋介石的独裁统治公开表示不满,1939年冬,在去松潘途中被国民党特务杀害。乔曾希曾就读于成都尚志学院文科,毕业后先后赴北平、天津、武汉、上海继续学习。后投笔从戎,考入黄埔军校12期,以后又转到空军军官学校第七期肄业。毕业后回到四川,在川军邓锡侯部任先后任作战参谋、连长、营长、副团长。

1948年,成都市成立民众自卫总队,经市参议会选举并报四川省保安司令部批准,乔曾希被任命为副总队长主持总队事务。他对国民党的黑暗统治日益不满,1949年3月,经好友李宗煌介绍,加入中国国民党革命委员会地下组织。同年7月,经好友熊倬云介绍,参加中共外围组织“新民主主义实践社”。他利用自己的公开身份,把陕西街41号的家作为中共地下党的联络点,为中共地下党员提供掩护。成都临近解放时,升任成都民众自卫总队少将总队长,慨然接受中共地下党保护城市、保障人民生命财产安全的任务,及时组织并动员民众在市内修建木栅栏,防匪防盗,并亲率部属在市区开展武装巡逻,为维持社会治安做了大量工作。1949年12月初,国民党胡宗南部第三军军长盛文部署一个工兵团、一个炮兵团和一个师的部队,准备撤退时炸毁市内重要设施。乔曾希利用与盛文部副参谋长何其杰的同学关系开展策反工作,盛文部在其策反下起义,保护了城市的安全。1949年12月25日,他在智育电影院主持召开成都市军政人员起义大会,为成都的解放做出贡献。

1950年1月20日,成都市民众自卫总队完成历史使命正式解散。他先后被分配到18兵团联络部、川西区党委统战部工作。后留在民革成都市委机关,任秘书处副处长、处长。1962年,调成都市参事室任专职参事、副主任。1985年后,任四川黄埔同学会秘书长、副会长、会长。曾任省、市人大代表、政协委员,民革成都市委常委。

2003年2月10日,乔曾希在成都逝世,终年92岁。

金绍先

金绍先(1912—2003),原名金家龙,别名云渠、漱公、荆壶,湖北省阳新县陶港镇人。四川省人民政府参事室主任。

1929年,就读于国立武汉大学,1936年毕业。经高等文官考试入仕,历任蒙藏委员会经济部、考试院科长,帮办法规委员,国民党新疆省党部代主任委员、新疆日报社社长、迪化(乌鲁木齐)市长。任期结束后竞选为立法委员。后投身于爱国民主运动,曾任"孙文主义革命同盟"总部常委、代书记,被国民党特务秘密逮捕。1949年,在中国共产党领导下,金绍先与一批有影响的国民党高层人士一道,组织举行"香港起义"。

中华人民共和国成立后,在中国国民党革命委员会第二次全国代表大会上被选为中央团结委员,后转任中央委员、中央监察委员会常务委员。1957年,响应号召,帮助整风,在《重庆人民日报》发表文章,对党的干部政策和统战政策提出意见建议,被划为重庆大"右派"。"文化大革命"中,被集中看管。1979年,平反昭雪。历任最高人民法院西南分院审判委员,重庆市人民政府参事,重庆市政协常务委员,四川省人民政府参事、参事室副主任、主任、名誉主任,全国政协委员等职。金绍先是四川省政府经济法制研究会顾问、省扶贫基金会常务理事、省海外联谊会常务理事、省中山诗词书画研究会副会长、诗词学会顾问、《文史杂志》编委会副主任,中国南社与柳亚子学会副会长、江苏省南社研究会名誉会长,武汉大学成都校友会副会长,阳新县海外联谊会名誉会长。

在大陆发表对台九条和平统一的文告后,金绍先负责成立四川省人民政府参事室、四川省文史研究馆、祖国统一联谊委员会,利用与台湾高层人士的关系,开展对台工作,撰写大量有关祖国统一问题的文章,在国内外包括台、港、澳地区的报、刊上发表。著有《文史政论丛稿一海峡情思》,获中央人民广播电台台播部"两岸关系百家言"二等奖、四川省哲学社会科学研究优秀成果荣誉奖、四川史学会特别奖、四川省委对台办公室先进个人奖。

2003年,金绍先在成都逝世,终年91岁,归葬于阳新。

安克谐

安克谐(1912—1990),祖籍四川省安岳县,出生于重庆市。东城区工商联主委。

1929年,肄业于四川省立重庆高级商业学校高级部。先后在重庆自来水公司工程处、遂宁税务局等处担任会计员、会计主任。1937年起,与人合伙在成都经营印刷业。1941年,独资经营四川账表工业社,自产自销各式账簿表单,介绍推广西式账簿,并廉价提供给成都正则会计学校学员使用,由此打开市场销路,业务日益兴旺。

中华人民共和国成立后,安克谐积极发展经营,缴纳税款,订立劳资合同,带头为抗美援朝捐款,带动区内工商界人士。先后当选为第一区协商委员会副主席、工商联副主委。1953年,加入中国民主建国会,历任市委委员、省委常委、顾问。1956年,率先参加全行业公私合营,协助区政府清产核资、安排中小业主,使合营工作得以顺利进展。先后任东城区工商联主委、区政府副区长、区政协副主席,长期负责区商业、工商行政工作。安克谐为商业场的改建提供可行性论证,并组织工商界人士创办蓉东中学。曾当选为成都市人大代表。任中国民主建国会四川省委常委。

1990年8月28日,安克谐在成都逝世,终年78岁。

熊倬云

熊倬云(1912—2005),四川省渠县人。四川省人民政府参事室参事。

曾参加袍哥,被乡里推选为团总,为人豪爽侠义。后因反对军阀杨森,避祸成都。1935年,刘湘为与蒋介石的中央政府分庭抗礼，对付康泽“别动队”特务在川的秘密活动,指令部下成立一支“密探队”,直属本系核心组织“武德励进会”指挥。在亲戚张澜介绍下,熊倬云担任密探队队长。同时，密探队得到重庆市警察局局长范崇实首肯,打出“重庆市警察局探队”旗号,打击以别动队为后台、由熊三丈主办的《芷江日报》,拔除鼓吹“华北自治”汉奸言论的《重庆朝报》,扣捕该报社社长刘训煦。外交部批准日在蓉设领事馆消息传来,成渝两地各界群情激愤,纷纷通电反对。很快成都爆发著名的“大川饭店”事件,群众殴毙日人深川经二、渡边恍三郎,汉奸刘训煦也被冷开泰秘密处死。这场爱国行动,自始至终都是密探队按刘湘“对赴蓉日人格杀勿论”的密令策划的。曾就读于陆军军官学校高教班，历任政治警察教官、科员,川康绥靖稽查处中校组长,四川省警察局第2、第10分局局长,成都市公安局局长。于1949年,参加起义。

中华人民共和国成立后,任成都市公安处4室副队长,四川省文联五月文化社经理,政协成都市委员会委员。1985年,被任命为四川省人民政府参事。为国民党革命委员会成员,政协成都市委员会委员,四川省文史研究馆馆员。

2005年,熊倬云在成都逝世,终年93岁。

王维侃

王维侃(1912—1995),又名念琪,字坚午,成都市人。

毕业于南京步兵学校第3期、陆军大学特别班第6期。曾任黄埔军校14期第二总队战术教官、陆军第二十军军部副参谋长、二十军一三四师四00团团长、山东省第二绥靖区司令部第3处少将副处长。1949年11月,王维侃任新编十一军参谋长。12月25日,率新十一军在成都起义。“文化大革命”中被批斗,于1967年被捕入狱。1975年12月获赦。1986年,落实政策,获成都军区颁发《起义人员证书》。

1995年,王维侃逝世,终年83岁。

刘式骧

刘式骧(1913—1990),重庆市涪陵区人。四川省文史研究馆馆员。

毕业于黄埔军校十期炮科、陆军大学。抗日战争时期,在晋南地区,担任二十二集团军总司令部的作战参谋。后任国民党国防部少将部附,“治总”司令部少将高参。1988年,聘入四川省文史研究馆。1989年3月1日,四川省黄埔同学会成立,担任接待组副组长

1990年,刘式骧在成都逝世,终年77岁。

徐天逸

徐天逸(1915—1996),成都市双流县人。民进四川省委副主委。

1933年,开始从事教育工作,先后在成都大成中学、华阳职业学校、树德高中、省立成都师范学校任教。曾任中央银行成都分行专员、襄理、副经理、兼任粮食部驻成都专员。

中华人民共和国成立后,历任川北大学文书主任、四川师范学院(现四川师范大学)秘书科长、教务科长、教研科长、教行科长、院务委员会委员和工会副主席等职。1957年,加入中国民主促进会,历任民进中央第七、八届委员会委员,民进中央第三届参议委员会委员,民进四川省筹备

委员会副主委，民进四川省第一届委员会副主委兼秘书长，第二、三届委员会名誉副主委，民进成都市第三届委员会副主委，第五、六届四川省政协常委，省政协文史资料委员会第六届副主任。1973年，任《四川师范学院学报》（哲学社会科学版）编委。

1996年9月，徐天逸在成都逝世，终年81岁。

江富考

江富考（1915—1996），广西龙州人。成都市人民政府参事室参事、市人大常委会常委、政协成都市委员会常委，政协四川省委员会委员、四川省人民政府参事室参事。

毕业于空军军官学校第10期航空班，后到美国陆军航空军官学校学习。曾任国民党空军第10大队上尉飞行员。1949年10月，与机工长周震南、机械兵石建儒、陈尚明商议决定伺机起义，并制定详细的起义计划。16日，从台湾嘉义机场驾驶1架C-47运输机起飞，以超低空飞行摆脱国民党空军战斗机的追杀，顺利降落在南京明故宫机场，驾机起义获得成功。此次起义是中华人民共和国成立后，国民党人员由台湾驾机回大陆的成功首飞，受到中共南京党政军及各界人士的欢迎。历任解放军华北飞行队飞行员，西南空军飞行训练处参谋。1981年，江富考与省政协委员隆莲、宽霖、李熙亭等联名发起《请从速划定范围保护昭觉寺文物古迹案》。1987年，被任命为四川省人民政府参事室参事。

1996年，江富考在成都逝世，终年81岁。

朱君友

朱君友（1917—2004），成都市人。民主人士。出生于成都富豪之家，祖父被称为“朱财神”。中学期间，参加中国共产党的外围组织成都大众抗敌宣传团。中学毕业后，先后就读于朝阳法学院、四川大学。1945年，从四川大学法律系毕业。

1946年，经范朴斋介绍，在成都慈惠堂加入中国民主同盟，被编入民盟成都市第27区分部，为区分部负责人之一，分管市民盟财务工作。朱君友利用家庭背景为民盟筹集活动经费，掩护过彭迪先、王于、范朴斋、张友渔等众多革命人士。利用兄朱君昌与人合办的建筑社进行革命活动，地下党多次在该社楼上开会，并将该社作为临时联络点。朱君友每天晚上在家收听广播，整理为情报，次日秘密交给中共地下党。1949年11月的一天晚上，朱君友携带情报途经成都玉带桥时碰上国民党特务搜查而被捕。遭受酷刑仍守口如瓶，只字未吐。1949年12月3日，毛人凤在包括朱君友在内的36名所谓情节重大政治犯名单上批示“一律枪决”。12月6日夜，在预定枪决的前一天，父朱茂先用10根金条贿赂特务当局，将朱君友营救出狱，成为成都十二桥惨案中唯一的幸存者。

1950年，在减租退押运动中，因退押严重不足，父朱茂先被判7年徒刑。朱君友顶替父亲接受徒刑，被民盟开除盟籍。1965年，朱君友被安排在成都市东城区环卫局工作。中共十一届三中全会召开后，落实政策平反。1982年退休。1984年，中共成都市委组织部“十二桥烈士调查组”肯定朱君友为革命所做工作。1986年3月25日，民盟成都市委恢复朱君友盟籍。1987年10月24日，其东城区环卫处干部职务得到恢复，并取得离休待遇。

2004年10月11日，朱君友在成都逝世，终年87岁。

周时锷

周时锷（1918—2000），浙江省奉化县人。1948年，毕业于国立中央大学医学院，历任成都警察局医生、川康绥靖公署二等医官、三等军佐，四川省立医院住院医生。

中华人民共和国成立后，历任川西医院内科住院医生，成都市卫生局医疗预防科、公费医疗科及市第一门诊部医务主任、内科主任医师、成都市卫生局副局长。1958年，被评为成都市先进生产工作者。在“文化大革命”中受到冲击。1979年8月，农工民主党成都医卫综合支部恢复组织活动，周时锷任支部主任。历任成都市红十字会副会长、成都市海外联谊会副会长、对外友协理事会理事，中国农工民主党成都市委常委、副主任委员、主任委员，成都市政协委员、副主席。

2000年9月5日，周时锷在成都逝世，终年82岁。

张大昌

张大昌（1918—2000），成都市郫县德源乡人。成都市民主同盟文史工作委员会副主任委员。

1937年，考入成都高等工业学校。1941年，升入重庆金陵大学。在校期间追求进步，每次寒暑假回郫县，都带一些《新华日报》和进步书刊回家，让大哥和弟弟张大成阅读，促使他们后来都走上进步道路。1945年夏，大学毕业。同年10月，经同学介绍加入中国民主同盟。入盟后，受民盟省委组织委员张松涛委托回郫县发展盟员，很快发展大哥张文著及张子良、余晦可、赵季贤、戴国波等16人入盟。同时，在成都组织“民主科学社”，创办《科学世纪》杂志，宣传民主与科学，仅出六期便被查封。后担任民盟省、市委与四川大学民盟组织的联络员，发动川大盟员参加反对国民党的民主运动。在学生运动中结识川大进步女生陈光明，二人志气相投，后来组成家庭。

1946年，任民盟成都三十区分部主任，支持成都摊贩联谊会在市政府前静坐示威。1947年初，任民盟荣利印刷厂营业部主任。同年，“六一”大逮捕中被捕，关入将军衙门监狱。1948年4月，转押至重庆中美合作所渣滓洞监狱，在狱中参加中共地下组织领导的狱中斗争。1949年3月，张群任西南长官公署长官，回川前去上海拜会川籍民盟主席张澜，向他承诺尽快释放被关押的民盟成员。张群到四川后，经民盟范朴斋、张松涛等多方营救，张大昌等21位盟员终于获释。张大昌出狱后，任民盟成都市委常委、川西民主青年联合会常务委员会常委。

中华人民共和国成立后，任成都市第二届人民代表大会代表、民盟市委宣传部副部长兼大学工作组组长，先后到新津、双流、邛崃、大邑、崇庆、温江、郫县、崇宁、彭县整理盟务。由于时间仓促，郫县30多位盟员仅登记张世雍1人，崇宁县20多位盟员仅登记6人。1950年底，民盟中央宣布停止登记，使广大盟员被排除在民盟组织之外。1957年，张大昌被划为“右派分子”，1958年，被下放到西昌劳动。于1972年回到成都。1979年，落实政策平反。1993年和1997年，先后被任命为省民盟文史委员会委员、市民盟文史工作委员会副主任委员。张大昌与张松涛、李实育等为众多蒙冤民盟成员的昭雪而奔走呼号，先后使沉冤30多年的数百盟员及冤死的107人获得平反。

晚年撰写《中国民主同盟成都市分部第三十区分部活动概况》《反右杂记》《大哥张文著》等文史资料。张大昌精心护理瘫痪在床的妻子20年，成都电视台专门为他们拍摄电视片《沉默的情怀》。

2000年，张大昌在成都逝世，终年82岁。

梁明泉

梁明泉（1919—2003），籍贯四川省宜宾市长宁县，成都市人。

1935年，到南京市读高中。1937年，进入黄埔军校第十三期学习。抗日战争爆发后，随校迁入四川。1939年，军校毕业，任迫击炮连排长。随部队开赴湖北前线对日作战，历任排长、连长、副营长、代理营长。1943年，到国民政府兵工署任少校科员。1945年，考入陆军大学第二十一期学习，毕业后进入该校研究院任上校教官。1948年年底，在民主进步人士的影响下，脱离军界，回到重庆经商创办企业。

1950年，经熊克武推荐到重庆军管会统战部工作，在胡子昂处任秘书，负责筹建重庆市工商联。1956年，参加民革，在重庆工业学校任教。中共十一届三中全会后，投身于民革北碚组织建设。1985年，在恢复民革北碚支部的基础上建立民革北碚区工委，先后任民革北碚区工委副主任、主任，并任北碚区政协常委。1988年，主持建立民革北碚区委，任民革北碚区第一、二届主委。1989年，任重庆市黄埔军校同学会副会长兼北碚区联络组组长。1990年，作为重庆唯一一位党外人士参加中共重庆市委组织的“两坚持一稳定”的教育宣传活动。以自己的亲身经历和感受写出宣传材料“忠于自己的理想，死而无怨，死而何怨！”。1988—1997年，连续任两届重庆市人大代表。

2003年8月27日，梁明泉在重庆市北碚区逝世，终年84岁。

裴先章

裴先章（1919—2001），原名治镕，字铸华，成都市双流县人。国民革命军少将，四川黄埔同学会副会长。

中央军校第十期步科肄业，陆军大学第十九期毕业。1946年，任北平军调处执行部整军科科长，参加国共双方在重庆的谈判。1948年，任第八十六军少将参谋长。青少年时期与陈毅将军是同学，由于这一特殊关系。1949年1月，在天津脱离部队投奔解放区。继在陈毅将军的直接领导下，以国民党高级军官的身份，在南京、上海、香港、重庆、贵阳、永川等地做国民党中上层官员的策反工作。曾策动驻守南京的江宁要塞炮台总台长黄端起义，使解放军渡江部队在南京顺利过江。在沪期间，又策动国民党辎重汽车二团及国民党联勤总部在京沪一带的部分场、厂、仓、站起义，让解放军接收了大量军用物资。在西南地区同样成功地开展了对国民党残部的策反工作。1980年，任四川省文史研究馆馆员；1985年，任四川省人民政府参事室参事。2001年在成都逝世。

汪克永

汪克永（1920—2002），字有行，成都市金堂县人。四川省文史馆馆员。

毕业于华西大学哲史系。曾任南京市参议会参议员。1944年10月7日，参与筹划成都各界“国事座谈会”，开启国统区成都学生民主救亡运动的序曲，成为成都学生抗议国民党地方当局武装镇压市立中学学生暴行的“双十一运动”的前奏。1945年，就读于李源澄在青城山创办的灵岩书院。

抗日战争胜利后，曾任成都青年党负责人李璜的秘书。后当选为国大代表。1949年，先后任成都《新中国日报》总主笔、大川学院讲师。中华人民共和国成立后，在成都一工厂当工人。1986

年，被聘为四川省文史馆馆员。

2002年，汪克永在成都逝世，终年82岁。

冷怀旭

冷怀旭(1922—1998)，成都市大邑县人。四川省人民政府参事。

毕业于成都光华大学。曾任灌县(今都江堰市)田粮管理处副处长，成都市政府秘书处第三股股长。1949年参加起义。

中华人民共和国成立后，历任四川大学卫生科干部、会计，四川省政协行政处干事、副处长、副秘书长，四川省政协委员、常委、第八届顾问。1993年2月，任四川省政协地方政协工作委员会副主任。1998年，被聘为四川省人民政府参事。同年，冷怀旭在成都逝世，终年76岁。

三、教育名师

彭用仪

彭用仪(1899—1994)，名鸿章，重庆市人。四川省文史研究馆馆员，教授。

1911年，就读重庆府中学堂，曾随学生军奔赴通远门城楼，迫使守军开门迎接夏之时新军，光复重庆。1914年，到上海入南洋中学；后进入复旦公学；1917年，考入天津北洋大学。五四运动时，积极参加活动，被派返四川联络宣传。1921年，受吴玉章指引，自费出国留学，先到法国，后到德国，在爱尔兰根大学、慕尼黑大学研究院攻读化工。于1927年回国，任重庆邹容中学校长。后应张澜之请，到成都大学任化学教授。1928年2月，彭用仪与同在成都大学任教的川东籍教授沈懋德、吕子方、吴芳吉回到重庆，联合学界、工商界著名人士朱叔痴、汪云松、温少鹤、李奎安等，成立“重庆大学促进会”，并向驻重庆的国民革命军第二十一军军长、四川善后督办刘湘建议筹办重庆大学。1929年10月12日，重庆大学成立，历任重庆大学化学系教授、系主任、代理校长等职，兼任图书馆馆长，教授分析化学和德语课。1946年6月22日，参加重庆市各界人士4000多人集会，呼吁停止内战，实现和平。1952年，院系调整，理学院调出重庆大学，彭用仪应第七军医大学聘请，到七医大任药物系教授。后被调到四川财经学院（西南财经大学）、南充师范学院(现西华师范大学)任教授。

1994年，彭用仪在成都逝世，终年95岁。

帅净民

帅净民(1896—1991)，成都都江堰市人。学者，政协都江堰市委员会委员。

曾任教于重庆、南充、万县等地的中小学校、师范学校。1929年，省教育厅委任出任灌县中学校长，因交不起当地社会势力摊派的2800个大洋未上任。转而担任著名哲学大师唐君毅的家庭教师。随后，唐君毅之父唐迪风创办敬业学院，聘请其到学院任教。对西藏密宗有深入研究。著有《诸子百家集传》，中国新文化运动的先驱吴虞先生曾欣然为之作序。中华人民共和国成立后，执教于都江堰中学。曾任政协都江堰市委员会委员。

1991年，帅净民在都江堰逝世，终年95岁。

张序爵

张序爵(1902—1993)，又名献九，福建省福鼎县人。成都师范学校副校长、顾问。

1931年，毕业于北师大，先后在青岛中学、聊城师范。抗日战争时期，迁徙至武汉，后又迁徙四川，先后在四川江津女中、成都女师教书。中华人民共和国成立后，在成都二师、成都师范学校从事教育。历任教师、教务主任、副校长。经常深入课堂听课，指导教师开展教学研究，改进教学工作。为中共党员，成都市人大代表、政协委员，东城区政协副主席。其妻子潘景科撰写有《张序爵平凡的一生》。

1993 年 4 月 6 日，张序爵在成都逝世，终年 91 岁。

周考成

周考成(1906—2003)，四川省大竹县观音乡人。四川大学外文系资深教授。历任教育部高校外语专业教材编审委员会委员、中国莎士比亚研究会会员、川大外文系工会部门委员会主席、校工会副主席。曾当选成都市人民代表大会代表、政协成都市委员会委员。

1927 年，在大竹中学毕业后，考入国立武汉大学外文系。1933 年毕业，获文学学士学位，旋即被聘至省立宜昌师范学校任教。1935 年，赴英国，在伦敦大学与爱丁堡大学研究英语语音学和莎士比亚。1938 年回国，先后在四川大学、西北师范学院、北京师范大学、重庆大学等院校任教授，兼外文系主任。1952 年，受西南文教部委托，带领西南三省大学青年外语教师到哈尔滨外国语专门学校研究俄语。1954 年，复回四川大学任外国语教授，主要讲授俄语。

毕生从事英语语言学、英国文学研究，对英语的语音语法格律有精深造诣。在各大学主要开设英语语音学、词汇学、莎士比亚文学等课程。教学严谨，耐心帮助青年教师，深受教职工和学生的尊敬、爱戴。

著译有《英语语法描述》《英语语法基础》《英语语音要略》《英语语音实习》《英语语音学引论》《英诗格律提要》《英语词源》《莎士比亚简介》《英国浪漫主义时期诗歌选注》等，发表论文数十篇，多次获得省、部级科研奖。

2003 年，周考成在成都逝世，终年 97 岁。

杨佩芳

杨佩芳(1903—1996)，成都市人。民进成都市委副主委。

1922 年，毕业于四川省立第一女子师范学校，1924 年起从事教育工作，先后在华阳县立第一女子小学、省南城小学、广安女中附小、川大附小、四川妇女职业学校、成都市实验小学任教。此间曾任教导主任、代理校长等职务。

1963 年，被评为成都市文教系统先进工作者。1989 年 9 月 10 日，国务院总理李鹏致信杨佩芳，并向全校教师祝贺节日。曾任四川省人大代表、四川省政协委员、民进四川省委会顾问、成都市政协委员、民进成都市委会副主委、成都市教师联合会会员。

1996 年 2 月，杨佩芳在成都逝世，终年 93 岁。

魏炯若

魏炯若(1907—1991)，自号杜庵，成都市人。四川师范大学中国古代文学研究所教授，四川省古籍整理出版规划小组学术委员。

1935 年，毕业于四川大学国文系，为蜀中名儒龚向农、庞石帚、林山腴诸先生弟子。在成都二中、成都树德中学、成都光华大学等校任教。1956 年 9 月，由成都二中调入四川师范学院中文系，教授中国古代文学。对中国古代先秦文学有深入研究。早年著述多为读书札记，极少发表。中年学术研究所得，全部注入教材。晚年治学尤勤，在海内外报刊发表论文数十篇，出版专著《离骚发微》《读风知新记》《楚辞发微》等，受到学术界的重视。遗稿《九歌发微》《九辩发微》《杜庵说诗》《杜庵诗集》等,由其后人整理出版。1991 年,在成都逝世,终年 84 岁。

黄觉民

黄觉民(1909—2003),四川省岳池县人。四川大学副校长。

1936 年 12 月,参加革命工作;1937 年 6 月,加入中国共产党;1938 年 8 月,任中共成都市委常委、宣传部部长。1938 年 12 月,任中共成都市西区区委书记。1939 年,任中共成都协进中学特别支部书记,领导开展抗日救亡活动。1940 年 5 月,到延安,先后任延安马克思列宁主义学院支部委员、宣传干事,中共中央政治研究室国际问题组组长, 中共中央政治研究室中国问题组组长,中央法律委员会委员、秘书处长,陕北瓦窑堡中央直属大队第八分队队长,鄂陕军政学校政治委员,陕南、两鄂地委地方干部学校副校长、党组组长,陕南公学教育长、校委会副书记。

中华人民共和国成立后,历任四川干部队政治处副主任,重庆市军管会文教接管委员会教育处长,重庆市人民政府文教局副局长、西南人民革命大学副教育长,西南局党校副教育长、教育长,中共四川省委宣传部副部长,四川省哲学社会科学研究所副所长, 四川大学校革委副主任,四川大学党委常委、副校长等职。于 1984 年离职休养。

2003 年 10 月 14 日,黄觉民在成都逝世,终年 94 岁。

罗　星

罗星(1911—1990),福建省莆田县人。四川师范大学教授。

1934 年,毕业于天津南开大学,曾任厦门大学数学系助教。1936—1938 年,留学美国密西根大学,攻读研究生。毕业后回国,历任贵阳大夏大学、四川大学、铭贤学院、成化大学、重庆大学、西南工业专科学校教授。1954 年,调四川师范大学数学系任教,从事基础数学教学及研究。为中国民主同盟盟员。

1990 年,罗星在成都逝世,终年 79 岁。

刘正刚

刘正刚(1911—2001),四川永川人。华西医科大学(四川大学华西医学院)教授,四川省翻译协会副会长。

1934 年,毕业于华西协合大学英文系,先后在进德女中、成都青年会英语专科学校等校任教。1945 年,到华西大学英语系任教。1950 年,在美国南卫理大学获文学硕士学位。回国后,曾任华大外语教研室主任。1957 年反右倾斗争中被划为"右派分子",后获纠正。1983 年,已退休的刘正刚被学校返聘,任外语教授。1992 年被美国 The NewYork A cademyof Siences 邀请为会员。

1978 年, 受卫生部及学校委托创办医学英语班,承担精读、口语等课程,受到学生的欢迎。1980 年, 在学院举办报考出国进修人员英语强化班。1981—1986 年, 在美国 HEDARDTBEAI INTERNATIONAL 领导人及华西医大附一院和昆明医学院附一院支持下,创办起搏器库,为 60 多位赤贫心脏病患者免费提供心脏起搏器。编著有《药用拉丁文教材》《医用拉丁文教材》。2001 年,刘正刚逝世。终年 90 岁。

杨文浏

杨文浏(1911—2002),字亮熙,成都市郫县马街人。四川大学物理系教授。

1932 年,成都石室中学毕业后,考入四川大学物理系。1936 年毕业,受聘于成都协进中学,先后任物理教师、教务主任、校长。协进中学是中共地下组织在成都活动的据点之一，教职工、学生中均有地下党员。杨文浏任职期间,配合地下党的革命工作,协进中学被称为“红色学校”、成都的“陕北公学”。1946年,辞去协进中学校长职务,受聘于四川大学,先后任讲师、副教授、教授,物理系副主任。1952年院系调整,调成都工学院任教。1954年,参与制定全国高等工业院校基础理论课及基础技术课教学统一大纲。1955年,在北京矿业学院参加高等工业学院物理教学经验交流会,其教学经验引起与会教授的重视。

从事物理教学及研究50余年,对理论力学、理论电磁学、数学物理,造诣较深。对原子物理学、物理光学、统计物理学、量子力学、原子核物理学、代数及概率论亦有系统研究。在四川大学物理系主要负责理论力学、理论电磁学及原子物理学等课程的教学工作。翻译并出版普朗克的《力学导论》,参与编写大学工科教材《物理学讲义》。多次应四川省科协邀请,作有关半导体、人造地球卫星、高空大气物理、和平利用原子能等问题的学术报告,参加成都市举办的中学生物理竞赛的命题及评选工作。长期担任中国物理学会成都分会常务理事兼秘书长、四川省科学技术普及协会物理组副主任委员。

2002年1月9日,杨文浏在成都逝世,终年91岁。

石昌杰

石昌杰(1911—2001),重庆市合川县人。四川音乐学院党委书记、院长,政协四川省委员会常委。

1934年4月,在上海参加党的外围组织“左翼新闻记者联盟”，同年秋加入中国共产主义青年团,1936年10月,加入中国共产党。1937年8月,到延安入陕北公学学习。1938年2月,任陕北公学政治部登记科科长。1939年1月,入中央延安马克思列宁主义学院学习。1939年8月以后,相继任延安中央医院副院长、代院长。1945年10月,任晋绥行署秘书处副处长。到陕南边区后,任行署秘书处处长。1948年3月,调四川干部队,任第一大队队长。重庆解放后,接管伪财政部任军代表。

中华人民共和国成立后,1950年10月,任川东行署政府委员兼行署秘书长。1952年11月,组建重庆建筑工程学院,任党总支书记、副院长。1955年以后,任党委书记、院长。他结合学校实际，摸索出一套办好土建院校的教育经验,推动了学校的建设和发展。“文化大革命”中受到批斗迫害。1976年,调任四川音乐学院党委书记、院长。于1983年离休。

主持学校工作中,认真落实党的知识分子政策,聘请国内外知名学者、专家到校讲学、任教,促进教学质量提高，使音乐学院在全国器乐、声乐比赛中获奖人次逐年增多。他爱惜人才,争取、鼓励学生出国参加比赛，为国争光。20世纪80年代,学生刘亿凡在国际肖邦钢琴比赛中成为国内唯一获奖者。

2001年,石昌杰在成都逝世,终年90岁。

戴良平

戴良平(1912—1996),四川省眉山县人。石室中学物理教师。

1938年,毕业于重庆大学理学院数理系。同年9月起，先后执教于重庆中央工业职业学校、重庆大学、北碚兼善中学、成都金陵大学附中、甫澄中学、浙蓉中学、南薰中学、济川中学、成都师范、成都县立女子中学等校。1947年8月,任成都石室中学物理教师。曾任物理教研组组长。于

1975年退休。

长期从事中学物理教学工作，在教学实践中独具特点。20世纪50年代初，学校组织教师学习凯洛夫教育学，戴良平多次在全市上研究课，交流和学习教学经验。教学中，重视理论联系实际、课堂教学与生产实际相结合，使教学质量得到显著提高。1960年、1963年，物理教研组两次被评为成都市先进集体。曾参与中学教材《物理》的编写工作。

1996年，戴良平在成都市逝世，终年84岁。

胡庆启

胡庆启(1912—1992)，江西泰和人。四川师范大学教授。

1951年，任川北大学教授。1952年年底，调四川师范学院，任外语系俄语专业教授。曾任民革四川师范大学支部主任委员。

长期从事俄语教学与研究，著有《俄汉翻译教材》《现代俄语构词法发展趋势》《俄语同根词微妙处及其妙用》，翻译教材《文学教学法》、小说《俄罗斯森林》，著有《回忆旧中国的文官考试》一文。

1992年，胡庆启在成都逝世，终年80岁。

张安国

张安国(1913—2001)，四川省宜宾市江安县迎安乡人。四川教育干部进修学院副院长。

父张乃赓为同盟会会员，曾参加四川“保路运动”。1930年，张安国在北平大学法学院俄文法政系及俄文经济系学习。1935年5月，参加革命工作。后留学日本，参与创办进步刊物《留东新闻》。回国后，1938年，加入中国共产党，受中共川南工委委派，与任大楷、黄汝念等重建江安特支，担任江安特支代书记，发展中共党员50多人。建立戏剧协社，团结一些党外同志排演话剧，进行抗日战争宣传。1939年，任中共泸县中心县委宣传部部长。1940年9月，四川省政府创办机关报《四川国民日报》，报社总编辑傅襄谟延聘张安国为编译室编译。于12月停刊，返回家乡。1949年，受中共川东临工委委派到雅安刘文辉部开展统战工作。

中华人民共和国成立后，任西康区组织部部长，西昌地委委员、宣传部部长。历任西康省文化处处长、党组书记，四川省教育学院院长、总支书。1965年1月，任四川教育干部进修学院副院长。于1982年离休。

2001年1月，张安国在成都逝世，终年88岁。

万润民

万润民(1914—1991)，成都市大邑县晋王场万庵子人，校办企业家。

早年毕业于四川法律专科学校，曾在温江、新都、崇庆等县征收局、田管处、麻袋征购处任主任、科长、代理处长等。1948年9月，任新都税捐稽征处秘书。1949年，兄万德民受老同学之嘱到十六兵团一二七师罗国训部策动起义，起义后任办公厅少将主任。因其兄关系，万润民被任命为办公厅中校秘书。早年，因左下肢患慢性溃疡致残，背驼、脚跛。

1951年，回到家乡，参加四城镇东街扫盲工作。四城镇市民业余学校开办后，先后任教导主任、副校长。市民校先后发展为城关镇民办中学、城关镇半工半读技术学校、县职业高级中学，于1969年改为城关镇五七中学。万润民相继任校革命委员会副主任，改制时为副校长。历任四川省政协委员、大邑县人大常委会副主任，大邑县政协副主席。

致力于教育事业，把无经费来源、缺乏场地的民办小学校办成城关镇半工半读技术学校，为学校创办砖瓦厂、玻璃厂、茶园等生产基地。学校在全省有较大影响，多次受到表彰。在分管玻璃厂工作时，开发新产品，引进新技术，培训技术人才，形成规模生产，成为省教育厅教学仪器生产基地之一。

1991年5月26日，万润民在大邑逝世，终年77岁。

孙毅民

孙毅民(1914—2002)，原名孙蔚兰，字文远，山东省临朐县杨善镇人。曾任成都科技大学副校长。

1932年，考入临朐县师范讲习所，毕业后在本村小学任教。1934年，考入济南乡村师范学校，参加进步学生组织的“读书会”，阅读了不少进步书刊。后投入“一二.九”学生抗日救亡运动。1936年4月，加入中国共产党。同年暑假回乡发动爱国青年成立“青年救国会”，领导青年开展抗日救亡活动，并发展共产党员，建立临朐县孙家小崔村党支部。1937年2月，根据山东省委指示，在历城县石行村以小学教师身份为掩护，开办地下印刷所，印刷抗日救亡宣传材料。同年暑假，奉党组织派遣去北京参加干部学习班。9月，被山东省委派遣到国民党石友三部做抗日宣传工作。1938年4月，赴延安抗日军政大学总校学习，结业后留校，任抗大总校政治干部训练队指导员。1941年，随“抗大”总校东迁太行山地区，任总校医院书记。1945年冬，任晋冀鲁豫抗日军政大学书记。后任第十八兵团二大队政治部主任。

中华人民共和国成立后，历任步兵学校政委，解放军五三四团政委，四川省公安总队干部部长，成都市人民武装部部长，成都军区司令部军务处长、队列处长，四川省高教处处长，西南局宣传部教育处副处长、高教处处长，成都工学院革命委员会副主任，成都科技大学副校长、顾问。于1983年离职休养。

2002年，孙毅民在成都逝世，终年88岁。

刘　藩

刘藩(1915—2005)，成都市人。中共云南省委党校校长。

1938年1月，参加革命工作。1938年7月，加入中国共产党，历任重庆八路军办事处招待所所长、总务科长，中共四川省委行政科长，山西省临县中央城工部行政科长，陕南、郧西县委宣传部部长，重庆西南局党校组织处副处长，中共云南省委党校党委副书记、副校长、校长等职。1979年8月，在中共云南省委第三次党代会上当选为省委委员。1985年9月离休。1991年1月7日，云南省延安精神研究会成立，任副会长。

2005年2月6日，刘藩在昆明逝世，终年90岁。亲属根据刘藩留下的助学扶贫遗嘱，在昆明医科大学设立“刘藩贫困生教材补助基金”，用以资助家庭经济困难且品学兼优的新生购买教材补助之用。

赵　铎

赵铎(1916—2005)，山东省莱阳市人。四川大学党委书记。

1938年2月，参加革命工作；7月，加入中国共产党。历任山东莱阳三区地下区青年委员会会长，胶东青年社会服务部干事、中共山东莱东县委青年委员会书记、中共莱东县委群众工作委员会书记兼莱东县各界救国会会长、胶东群力报社社长兼总编，中共山东崂山工委书记兼青岛武工队政委，中共即东县委副书记，中共江苏省常州市委宣传部部长。中华人民共和国成立后，历任中国人民解放军西南服务团四支队政治部主任，川东涪陵专署副专员、酉阳专署专员、川东行署副秘书长、西南局统战部办公室主任兼西南财委办主任、地质部测绘局副局长，成都地质学院党委书记兼代院长，四川省、成都市委驻川大工作组组长、四川大学党委书记、中共四川省第三届委员会委员、中共第十二次全国代表大会代表、四川大学顾问等职务。于1989年1月离职休养。

2005年11月15日，赵锋在成都逝世，终年89岁。

郑　方

郑方（1917—2003），山东省乐陵县人。成都工学院党委书记兼院长。

1935年12月，就读于燕京大学，1936年2月，加入中国共产党。历任燕京大学共产党支部宣传委员兼燕京大学“左联”支部书记、燕京大学党支部书记。“七七”事变后，历任山西省吉县、安邑县“牺牲救国同盟会”特派员，山西新军旅政治部宣传科科长、团政治处主任，陕甘宁边区中国人民抗日军事政治大学七分校政治协理员，解放军官教导团主任。

中华人民共和国成立后，历任川北行署文教厅副厅长兼西南人民革命大学川北分校教育长、人事厅厅长。1952年10月，组建四川化工学院，任副院长。1965年，任成都工学院党委书记兼院长。曾任成都科技大学党委书记、顾问，中共四川省第三届委员会委员，第五、六届全国人大代表。于1987年离职休养。

2003年9月25日，郑方在成都逝世，终年86岁。

朱寄尧

朱寄尧（1917—2002），号遗勋、别号遗叟，成都市人。四川大学英语系教授。

1926年，就读于成都宾萌公学。中学毕业，考入四川大学外文系，毕业留校任教多年，主编《现代英语语法学词典》，译注《英语最低限度词汇》，撰著有《英语小词》《英语状态词》《英语不定冠词》等。酷爱文史、诗词、书法，国学功底深厚。与王淡芳合著《四川近百年诗话》，晚年著有《两松庵杂记》两书均以自费卖画筹款出书印行，其余文稿大多散佚。

2002年，朱朱寄尧在成都逝世，终年85岁。

鲁　光

鲁光（1917—2004），原名杨月涛，山东苍山县人。四川省教育干部进修学院院长。

1937年12月，参加革命工作，1940年入党。历任山西民族革命大学政治处干事、教导员，延安军事学院政治指导员，抗日军政大学七分校、晋北野战军政治部指导员、教导员、工作队长，贺龙中学、西北军政学校副科长、政治指导员，晋南军区、晋绥军区政治部干部科长、教育科副科长。1949年，随军入川，历任四川大学、川西区党委宣传部军事代表、学校教育科科长，中共四川省委宣传部学校教育处处长、办公室主任兼高教处处长，四川省教育厅副厅长、党组副书记，省教育干部进修学院院长，省高等教育局副局长、党组副书记，四川省高等教育局顾问、省电大副校长。1987年12月离职。曾任省人大代表、常委，教科文卫委员会副主任。

2004年6月，鲁光在成都逝世，终年87岁。

徐　艾

徐艾(1918—1996),别号梦乔,成都新都区新繁镇人。成都教育学院教授。

1931年,考入成都县立中学。在校期间,与雷履平、白敦仁等组织诗社,日常诗词歌赋唱和。1937年,考入四川大学。1943年,在四川省政府秘书处编译室就职。

中华人民共和国成立后,调西南革命大学学习,后到四川省合作社任职。继调成都一中、成都大学任教。后在成都教育学院任教,评聘教授,从事古典文学教学。退休后,在成都市老年大学文学欣赏班教学古典诗词,在濯锦诗书画社、诗词学会任主编。曾任中国民主促进会成都市委委员,市政协委员。

致力于研究、传授传统诗词。创作古典诗词,主张继承传统,又要创新,通俗易懂,雅俗共赏,反映现实,贴近生活。有专著《濯锦诗词》《梦园诗词选存》。

1996年,徐艾在成都逝世,终年78岁。

康汉湘

康汉湘(1920—1990),成都崇州市人。保定大学教授。

抗日战争时期,在西昌二十四军师长刘元瑄主办的《新康报》社担任编辑,宣传抗日救国。康汉湘与中共地下党员有联系,并经常资助党的活动。1943年,在成都燕京大学新闻系读书时,被四川省绥靖公署特务秘密逮捕入狱。经肖汝霖、刘家会(均为地下党员、革命烈士)营救出狱,离开成都经上海转天津,与当地党组织联系,经中华日报社副总编辑韩大的介绍参加地下党活动。1947年,被聘为中华日报社总编辑。

中华人民共和国成立后,到天津师范学院工作,其间,参加编写全国高校教育学教材。1958年,被评为副教授,后调保定大学工作。1960年,加入中国共产党。1985年离休。

1990年,康汉湘在保定逝世,终年70岁。

向国灵

向国灵(1920—2004),重庆南川区人,四川省教育厅副厅长、四川省教育学院党委书记。

1938年,随川东师范迁至江津白沙读书。1939年10月,加入中国共产党,历任南川师范学校、川东师范学校党支部书记,江津白沙区总支书。向国灵往返南川、江津之间,把话剧运动带回家乡,扩大党的抗日文化统一战线的影响。1945年春,中共巴县中心县委委员、綦南工委书记李治平在南方局学习后,重返南川,与向国灵接上组织关系。次年1月,遵照中共巴县中心县委的决定,中共南川县委员会秘密在南川县文凤乡红鹤嘴成立,向国灵任副书记。1948年4月,川东临时工委在重庆柏子巷会议上决定,将南川、涪陵的党组织合并成立南涪工委,南川县委书记由向国灵担任。8月,在文凤乡发动群众,开展“三抗”斗争。1949年夏,向国灵被暴露,经组织安排转移到黔北凤岗县,发展当地党组织。

中华人民共和国成立后,历任中共遵义地委秘书长、遵义市副市长、市长,贵州农业学院党委副书记,贵州省教育厅副厅长,中共西南局宣传部教育处处长。后调回四川省,1965年1月,任四川省教育学院党委书记。历任四川省教育厅党组副书记、副厅长,四川省广播电视大学副校长;兼任国家教育部督学。1984年,担任四川省教育学会会长。1986年离休。

撰著有《回忆抗日时期川东师范的学生运动》。

2004年6月27日,向国灵在成都逝世,终年84岁。

王怀文

王怀文(1920—1998)，成都市双流县人。四川省特级教师。

1941年，毕业于四川大学国文系。曾在四川省仁寿、成都市新都等地中学任教。中华人民共和国成立后，历任成都市第一中学、成都师范专科学校、成都师范学校教师。1981年，加入中国共产党。曾被选为第五、第六届全国人大代表。对古典文学及文字学、训诂学有深入研究。主编《中学作文分项训练》。1998年，在成都逝世，终年78岁。

姚雪崖

姚雪崖(1921—2000)，成都市大邑县人。早年参加革命，中华人民共和国成立后从事教育工作。

童年时期，在王泗镇读书时，受中共地下党员孟鹤松多年的培养教育，接受进步思想。1942年春，受中共地下党组织安排，到成都祠堂街参与由地下党员刘家言、李惠明直接领导的莽原出版社的日常组织工作，任经理兼发行人。他以“宣传抗战，传播革命文化”为宗旨，对外销售进步书刊，并编辑出版《莽原活页文选》。1943年秋，莽原出版社被国民党政府查封，姚雪崖等人转移隐蔽到西安，住在《西北文化日报》总编辑陆丰林处，谋求转赴延安。后经李蕤介绍到洛阳《大捷日报》担任总校对和动力出版社编辑，寻找机会去苏北解放区或延安，未能如愿。后返回西安，经兰州辗转返回四川大邑。此后，以教师职业作掩护，先后在大邑、重庆、江津等地参加中国共产党领导下的地下革命斗争。中华人民共和国成立后，先后在双流、新都和大邑县等地中学任教。1985年，在大邑县晋原中学离休。1994年10月，中共大邑县委党史研究室将姚雪崖50年间所写的回忆录、小说、散文、杂文等文稿汇编成《沧桑岁月——姚雪崖文选》出版发行。2000年，姚雪崖在大邑逝世。

赖敏贞

赖敏贞(1923—1992)，江西省南康市蓉江镇人。西南财经大学外语教研室主任，副教授。

1949年8月。参加工作。1952年，毕业于山东大学外语系，先后在西南俄专、西南财经大学等校教授俄语、英语及世界语。历任西南财经大学外语教研室副主任、主任等职。长期投身于普及世界语的社会活动，担任四川省世界语协会副理事长、成都市世界语协会名誉理事长。为九三学社社员。

在外语教学和组织管理工作中，治学严谨。在外语翻译工作方面，主编的《英汉经济词汇》，获1986年四川省第二次哲学社会科学优秀科研成果二等奖。赖敏贞被收入《中国科技翻译家辞典》。

1992年3月3日，赖敏贞在成都逝世，终年69岁。

叶华芬

叶华芬(1923—1990)，女，成都市双流县太平场人。1944年，毕业于成都树德女子高级中学。1952年，到白沙坡中心小学任教。1967年，调入白沙中学，兼班主任。从1956年起，用6年时间学习完成四川师范学院数学系函授课程，取得大学文凭。1984年，出席成都市优秀班主任表彰大会。1985年，被评为成都市劳动模范、优秀教师、三八红旗手。1988年，被评为高级教师。1989年，被评为全国优秀教师。曾当选为双流县人大代表。

1990年2月,叶华芬在双流县逝世,终年67岁。

许　健

许健(1924—2004),江苏省扬州市人。四川师范大学教授。

1941年,考入上海纺织染工业专科学院。1944年毕业,进上海申新纺织第九厂漂染部工作。1945年,考入上海交通大学化学系。在此期间,参加地下共产党领导的学生运动,发起组织进步社团“山茶社”,任社长。许健与国民党反动派展开斗争,受到当局通缉,由上海地下党组织送到皖南解放区,参加第二野战军,加入中国共产党。先后在二野军政大学、川东步军学校和四川军区政治部等单位工作,历任教育干事、政治辅导员、助理员等职。1954年,转业到西南钢铁公司,任经理办公室秘书。1957年夏,到重庆大学进修,后至重庆钢铁学院、四川省冶金学院和成都大学等学校任教员。1964年,调四川师范大学化学系工作,历任物理化学教研组组长,副教授、教授。由于家庭历史问题,许健在历次运动中皆受到审查。1984—1987年,攻读四川师范大学化学系化学物理专业硕士。工作期间多次立功受奖,先后被评为先进生产者。1991年离休。

从事物理化学、自然辩证法和结构化学的教学工作,撰著《在物理化学教学中应用自然科学方法论的初步体会》《试论化学热力学的演绎法》等论文。历任四川省自然辩证法研究会常务理事、四川省教育学会化学教学研究会常务理事和四川省思维科学会名誉理事。

2004年4月,许健在成都逝世,终年80岁。

李映明

李映明(1926—1994),四川省荣县人。特级小学教师。

1948年9月,在成都市师范附属小学任教。1950年1月,在成都市云区五校(原成师附小分校)任教。1951年2月,调成都育才小学。1958年9月,在成都金沙桥小学任教。1961年6月,调成都实业街小学。1961年8月,到成都泡桐树街小学任教。

李映明长期从事体育教学工作,教学方法灵活多变,擅长“游戏法”教学,提高学生学习的主动参与性与积极性,受到学生喜爱。1979年,被西城区政府评为优秀教师,同年,被省政府授予“特级小学教师”称号,成为20世纪80年代成都市唯一一位小学体育特级教师。1986年退休。

1994年5月5日,李映明在成都逝世,终年68岁。

周启亚

周启亚(1927—2005),四川省中江县人。四川教育学院党委副书记。

1945年秋,参加学生运动。1948年冬,在绵阳参加中共地下组织,历任中共绵阳工委委员、绵阳中心县委副书记兼组织委员。中华人民共和国成立后,先后从事公安、纪检、文教工作。1956年起,先后担任绵阳地区文教局副局长、局长,绵阳地区文卫办副主任。1983年,任四川教育学院党委副书记,后兼任学院纪委书记、工会主席。于1989年4月离休。

1980年,与林昌华教授等共同编著《学校管理》,被省教育学会评为优秀科研成果奖,参与省教育发展研究中心编著中学生课外阅读丛书。论文《中国教育经费到展望》获优秀论文奖。

2005年6月,周启亚在成都逝世,终年78岁。

肖恕功

肖恕功(1928—1996)，成都崇州市人。中国人民解放军第三军医大学政治理论教研室主任，教授。

1946年，考入四川大学，受进步思想影响，参加青年学生“反内战、反迫害、反饥饿”运动。1949年4月，加入川大民盟地下组织。同年12月，参加征粮剿匪工作，于1950年加入中国共产党。1962年，调第七军医大学(现第三军医大学)工作。历任教员、学员大队副政委、政治理论教研室副主任、主任，副教授、教授。教学中，开发《国际关系与形势政策》《军人思想品德修养》等课程，走在全军前列。1996年逝世，终年68岁。

邱绪襄

邱绪襄(1929—1999)，湖北省襄阳市人。华西医科大学教授，脑外科医生，医学教育家。

20世纪70年代初，随四川医学院医疗队在荣经县巡回医疗，除完成医疗任务外，并利用休息时间撰写医疗小册子，辅助指导其他医生开展医疗实践。80年代，出任学校医学教育研究所所长，在医学教育中首倡7年制，推行至全国。长期从事医学的教学和科研工作，出版专著多部，发表论文20余篇，代表性论著有《硬脑膜外血肿中药非手术治疗》，主编《颅脑损伤》。

1999年，邱绪襄在成都逝世，终年70岁。

毛子洄

毛子洄(1930—2003)，浙江省杭州市人。西南交通大学经济管理学院首任院长。

1946年，进入高中学习。1948年秋，入杭州之江大学国贸系读书；1949年9月，转入燕京大学经济系。1952年毕业后，分配到唐山铁道学院任政治课助教，后被派至中国人民大学进修研究生课程。1956年12月，加入中国共产党。曾任中国铁道企业管理协会理事，四川技术经济与管理现代化研究会理事，四川省高校教授副教授职称评审委员会经济学科评审委员，西南交通大学学术委员会委员。1988年9月，任宁波大学副校长。

长期讲授政治经济学以及《资本论》等马列经济学经典著作，开设《微观经济学》《组织行为学》等课程，自编《微观经济学》教材。所著《简明微观经济学》获四川省外国经济学说研究会科学研究优秀奖。参与编著《微观经济学导论》。1985年7月，在美国波特兰州立大学考察、访问期间，讲授“社会主义经济”课程。1986年，应邀出席在加拿大渥太华召开的第三届国际经济学学术会议，并主持社会主义经济学组，为该会议撰写论文。

2003年6月，毛子洄在美国逝世，终年83岁。2004年，其夫人和学生共同捐资设立毛子洄奖学金，用于奖励西南交通大学品学兼优的工商管理硕士研究生。

钟尚钧

钟尚钧（1930—2004），成都市郫县友爱镇人。阿坝师范专科学校教授。

幼时熟读四书五经，1942年，考入成都大成初级中学。1945年，入省立华阳高中。1948年，入四川大学中文系，师从国学大师向仙乔、林山腴及著名学者殷孟伦、林如稷等。1952年毕业，分配到北京中央人民广播电台任编辑。1954年后，先后在北京俄语学院、北京外国语学院任助教、讲师、副教授。1980年，应阿坝师范专科学校教授余行达之邀，赴该校任教，不久晋升教授。曾任阿坝师专学报副主编、阿坝州人大代表、政协常委。

在大学任教近40年，对唐代诗歌情有独钟，发表杜甫诗作论文多篇。主编《中国古代文学》《中国历代诗歌类编》《中国名诗大观》，与人合编《李白杜甫与三峡》，其中，《中国古代文学》被国内部份师专及师范大学选作教材。台湾丽文文化出版社评价该书是中国古代文学要籍中的佼佼者。在《语文月刊》《语文教学与研究》《文史知识》《语文园地》等发表学术论文100余篇。

2004年，钟尚钧逝世，终年74岁。

钟欣泰

钟欣泰(1931—1995)，四川省兴文县人。四川省楹联学会理事会理事，四川省杂文学会理事会理事，中学高级教师。

1949年12月参军。1951年，在西南军政大学参谋科毕业后，参加中国人民志愿军赴朝作战，历任排长、团司令部作战参谋。1952年秋，负伤，评为二等甲级革命残废军人，于1953年获朝鲜最高人民议会颁发的军功勋章、军功证。1955年，肄业于西南政法学院法律系。1957年，任成都市第16中学政治教师、教研组长。1975年，调成都第四中学任语文教师。长期从事中学语文教学，曾任《中学时代》特约编辑。自1956年起，发表杂文、随笔、教研论文200余篇，诗词曲百余首；参与编著《石室史话》《浅谈诗词的用典》。1985年，任《石室校志》主编。1995年，在成都逝世。

杨永林

杨永林(1937—2005)，成都市人。中国政法大学校长。

1953年3月，在中国人民解放军机要干部学校学习。1954年7月至1961年9月，先后在国务院机要处、编委、人事局工作。1961年，在北京政法学院(现中国政法大学)政法系学习。参加学校组织的赴广西桂林等地的社教工作。1965年7月加入中国共产党。

1965年9月后，历任黑龙江省齐齐哈尔市保卫部审判组内勤、市中级人民法院副院长等职务。1980年1月，调司法部工作，先后任办公厅秘书、调解司副司长、人事司司长、机关党委书记、党组成员等职。1988年6月，任中国政法大学党委书记。1994年3月，兼任中国政法大学校长。于2001年9月离休。

在中共政法大学工作期间，分别于1988年、1999年先后主持成立业余党校和中共中国政法大学委员会党校。主持制订一系列规章制度，以人事制度为突破口，加快学校改革。重视科研工作，加强学科建设，改变过去单一的科研模式，以系、教研室为主体成立十余个非在编科研机构。

2005年7月9日，杨永林在北京逝世，终年68岁。

李嘉华

李嘉华(1938—1993)，成都市武侯区机投镇人。四川工业学院任副院长。

1956年3月，参加中国人民解放军，在西藏军区预8团11连服役，先后任副班长、文书、班长。1959年，被部队送到重庆步兵学校学习，于1961年1月学习期满回部队，调至西藏军区一六一团八连任排长。翌年升任团参谋。1964年7月，调西藏松宗步校任教员。1970年，调一六一团二营任副营长，后改任团副参谋长。1975年，调拉萨警备区训练科任副科长。1977年3月，调西藏军区边防六团任参谋长。1979年10月，调西藏军区摩步团任副团长，后升任团长。1983年后，先后任西藏日喀则分区、山南军分区副司令员。1986年转业到四川工业学院(西华大学)任副院长。

曾参加1957年平叛剿匪、1962年中印边境自卫反击战。1957年获团先进工作者称号，1959、1962年两次受到嘉奖。李嘉华认真执行边防政策和民族政策，深入连队蹲点。在中国、不丹边境争议地区参加建立民政工作站，受到军区表扬。

1993年12月31日，李嘉华在成都逝世，终年55岁。

徐安怀

徐安怀（1938—2001），成都市人。四川师范大学教授。

1962年，毕业于四川师范学院中文系，留校任教。1993年任中文系主任，兼汉语研究所所长，高考语文科阅卷指导委员。1998年退休。

从事古典文学的教学和研究，担任国家古籍整理项目《楚辞全书》编纂工作，主编《中国古代文学史》《中学语文词典》《中国古代文学作品选》《资治通鉴现代版》《唐诗三百首评注》《元曲三百首选注》《(资治通鉴）精华读解》《中国古代寓言选注》《高中古诗词曲导读》《高中古文导读》，其中《中国古代文学史》《中国古代文学作品》被确定为四川省自学考试指定教材。撰写《中国古代散文研究》《浅谈六十种曲》《试论汉代诗歌的历史地位》《论演义与小说的关系》等论文，参与编纂《中国文学史》。

2001年，徐安怀在成都逝世，终年63岁。

杨先杰

杨先杰（1938—1999），成都市人。四川省特级教师，全国教育系统劳动模范。

在成都华西中学任教30多年。教学中注重言传身教，以身作则，坚持教书与育人并重，坚持对学生进行理想、动机、情操等非智力因素的系列化教育。为提高教学水平，认真学习国内外教育理论和同行的教学经验，创立“高中化学单元四段式教学法”，促使成都高中化学教学质量提高，仅华西中学即有数十名学生在全国和省、市化学竞赛中获奖。因其教学教研成绩突出，1995年被评为“全国教育系统劳动模范”，并授予人民教师奖章。1999年，杨先杰在成都逝世，终年61岁。

邱世敏

邱世敏（1941—2002），成都人，四川省特级教师。成都市第二十四中学物理教师，曾任全国青少年劳技教育发明创造工作委员会副主任。

长期从事物理教学工作，善于培养启迪学生的思维创造能力。在他的指导下，学生陈明磊发明制作的“空调滴水处理装置”，获四川省青少年科技创造发明比赛二等奖，并于2002年获得实用新型国家专利。

1988年，邱世敏发明制作的化学教学仪器——全封闭有毒物质反应装置申请国际专利。该装置教学直观性强，能净化吸收反应生成的有毒物质，减少环境污染，保证实验人员身心健康。1998年，参与《培养科技创造能力人才的研究》课题，对操作课型、方法、反馈及开设科创课的条件做系统研究，推进了课堂教育改革，形成以培养学生思维能力为核心、优化课堂结构为目的的多层次教改活动系列。该课题获1998年四川科技进步奖三等奖。出版专著《青少年创造发明》，主编《发明，就在你身边》一书。2002年邱世敏在成都逝世，终年61岁。

四、文艺界人士

梁伯言

梁伯言(1898—1991),号漪盦老人、漪叟,斋名"翠蓬诗屋",四川省长宁县人。著名诗人、书法家、金石家。

四川政法学校毕业。曾任川军潘文华部侍从室主任、少将军法处处长,川陕鄂边区绥靖公署、川湘鄂边区绥靖公署处长。1949年,随潘文华部起义,迁居成都守经街。1953年,任四川省文史研究馆馆员,1985年,任四川省人民政府参事。

幼承家学,诵习诗书。早年的书法作品即受到著名书法家颜楷的赏识。后师从书法家马楠,求变化于规矩之中,摄神韵于碑帖之外。其书法作品风格雄健,篆、隶、真、行、草无所不工,尤擅行书,在成都市有重要影响,在国内外流传较广,省内外博物馆、名胜祠庙、文化单位,多有珍藏。

兼擅篆刻、诗词。对秦汉印篆博览精研;其诗词则一反前人吟风弄月之积习,于传统格律中抒写自己的感受,富有时代气息。撰著有《学书自述》。1991年,梁伯言在成都逝世,终年93岁。

陈无垢

陈无垢(1901—1991),名戒予,号散花室主,四川省内江人。著名书法家。中国书法家协会会员、四川省书法家协会理事、德阳市书法协会名誉主席。

家贫,于1919年经人介绍到自贡谋职,先后在盐行、钱庄和银行做事。曾任裕商银行乐山分行总务主任、经理。后任教于成都东方文教学院。中华人民共和国成立后,在成都刃具厂工作。后调到四川省文史研究馆任馆员

少喜书法,初习颜真卿,继学汉魏六朝隶、楷及"二王"行草。曾与同邑张大千、公孙长子、余夔阳等交往切磋书艺。20世纪60年代中期,常与陈子庄交往,潜心研讨书艺。晚年专攻草书,取法张旭、怀素诸家.书风质朴,笔势放纵,颇具个性。作品先后入选全国第一、二、三届书法展览和"中日书法联展",继在《书法》《四川书法》等刊物发表,后被一些博物馆、艺术馆、风景名胜区收藏或制为碑刻。1985年,在成都等地举办个人书法展览。1991年,陈无垢在德阳市逝世,终年90岁。

朱竹修

朱竹修(1902—1990),号虞琴,成都市华阳(双流县)人。著名画家。

早年毕业于成都尚友书塾,曾任四川省营业税局成都稽征处处长。1953年,被聘任为四川省文史研究馆馆员。

长期从事国画创作,擅长工笔画,画作风格典雅。早在20世纪30年代,便是蜀中画坛名流之一。常与冯灌父、伍瘦梅、黄稚荃、朱佩君等探研画艺。代表作有《草堂春嬉图》《牛郎织女图》等。其中,于1959年创作的《草堂春嬉图》,以柔情之笔描绘儿童踏青游春、尽情嬉戏的欢乐情景,反映了画家五彩缤纷的童心,展出后大受欢迎。1990年,朱竹修在成都逝世,终年88岁。

韩成之

韩成之(1902—1992),原本姓许,艺名筱灵钧。贵州省贵阳市人。川剧名小生,四川省川剧学校教师。

出生于一个艺人家里。8岁时被送到贵州"川黔演剧团"学戏。不到两年,学会《洪江渡》《打猪汲水》《回书》等娃娃戏。11岁时,随父到成都"蜀舞班"搭班,登台演出《牧虎关》《康孟才挡亮》等戏,以嗓音清脆明亮、基本功扎实而博得观众

赞扬。1914年，随父到宜宾。父亲染病去世后，由医生韩安全收养，取名韩成之。到钧字科班学戏，取艺名筱灵钧。在陈燕卿、李青山等人指点下，专攻文武小生，擅演《凤仪亭》《下游庵》《江东桥》《巴九寨》等戏，驰名于川南宜宾、泸州一带。1920年，钧字科班解体，韩成之到泸州、自贡、内江等地演出，先后在泸州大北门舞台、瑞华班、桂林班搭班。

中华人民共和国成立后，先后在泸州市川剧团、西安市文化局举办的戏曲艺术训练班、四川省川剧学校、省川剧研究所执教和工作，培养了曾荣华、黄学成、余开源等著名川剧演员。1956年，到重庆参加全省剧目鉴定工作。

韩成之文、武皆长，能演会唱的戏达一百多出，塑造形神兼备的各类舞台形象。代表剧目有《水牢摸印》《打红台》《放裴》《逼侄》《太平沧》等。所演《水牢摸印》已录像保存。

1992年4月12日，韩成之在宜宾市逝世，终年90岁。

王砥如

王砥如(1905—1993)，山东省临沂人。著名书法家。

民国时期，曾供职于北平市政府。抗日战争胜利后，在济南任《山东公报》经理。20世纪40年代末，定居成都。中华人民共和国成立后，在成都市西城区饮食公司工作。

自幼爱好书画，早年与李苦禅交往，在济南创办书画社。1981年，在成都与著名书法篆刻家陈复澄共同创办艺海书法篆刻学校，从事书法篆刻指导和教学。

善书，尤喜欧体。书法家徐无闻评论其书法作品："其质凝重，其气虚和，非学欧而化得点画结构者所能到也"。集有个人书法册《大杂烩》，汇集真、草、隶、篆各书体。出版有《王砥如临九成宫碑》《王砥如书离骚墨迹》。新都桂湖公园有他书写的楹联："春草池塘，一棹烟波思洱海；绿杨城郭，二分明月似扬州"。1993年，王砥如在成都逝世，终年88岁。

罗才荣

罗才荣(1905—1995)，四川省梁平县人。著名雕塑家，四川美术学院教授。

早年先后毕业于上海新华艺术大学绘画系、国立杭州艺术专科学校雕塑系。20世纪30年代，在上海与学友创办"中国艺术公司"。1936年，到成都，在刘开渠工作室工作，后执教于四川省立艺术专科学校、南虹高级艺术职业学校。50年代起，执教于四川美术学院雕塑系。

在杭州读书时，所作雕塑作品《普乐梅铁之刑法》，获艺专学生作品创作一等奖。到成都后，设计塑造了《刘湘铜像》。生平所塑制的作品还有《张澜胸像》、《工人纪念像》《李冰父子像》《谢趣生胸像》和宜宾市系列园林雕塑。50年代，参加四川美术学院雕塑系对大足北山石刻的临摹翻拓工作，并编写有关技艺手稿。1995年，在成都逝世，终年90岁。

辛大全

辛大全(1905—1990)，原名张秉坤，四川省资中县人。著名川剧净角演员。

7岁时上私塾读书，因与同学斗殴，遭祖父毒打，离家出外流浪。时遇滇军(护国军)路过，被"火头军"王某带上成都，送至群仙茶园向魏香庭拜师学艺。于两年后出师，搭江北辛顺祥的乡班，继在合川搭普益班、岳池的聚仙班，后转到辛家班，被辛家收为义子，更名辛大全，随辛家班四处演唱。花脸梅春林、刘翠云到辛家班搭班，有时花脸戏差角，梅春林主动给辛大全念戏，让他去顶二花脸的角色，由此接触净角艺术。1924年，到重庆“悦合茶园”搭班，与著名花脸罗桂庭、曾玉龙同台，辛大全向他们虚心求教，从中得益不少。辛大全在《奔月宫》中饰演后羿唱的“锁南枝”声腔，《骂王朗》中王朗唱的“扣扣板”唱腔，《斩单童》中单童唱的“香罗带”唱腔，《三闯》中张飞唱的“孝南枝”唱腔，皆从罗桂庭处继承而来。1926年，到合川怡福戏院搭大燕春班，在大花脸周楷全门下学艺7年。周楷全去世后，辛大全继续跑滩谋生，先后搭过乐至“乐鸣科社”，和沈润之、何志远搭戏，辗转于遂宁、南充、南部等地。于1936年回到成都，搭悦来、成都大戏院、三益公茶园等戏院。抗日战争时期，曾去川西北路跑滩。中华人民共和国成立后，在成都大戏院演出，后调至成都市川剧院工作。曾任四川省戏剧协会会员。

辛大全能演唱各种花脸、各种声腔，讲、唱皆长，蹬打稳当、唱腔优美。因身材矮小，扮演有些角色时气势不够。代表剧目有《醉打山门》《东窗修本》《血带诏》《青梅煮酒》《烧濮阳》《檄文诏》《雍城看母》《木卡令》《大红衫》《淮河营》《真假驸马》等。晚年，除向登门求教的青年演员传习技艺外，还对自己的演出本进行整理留传。

1990年，辛大全在成都逝世，终年85岁。

蔡如雷

蔡如雷（1909—1992），原名蔡宗道，成都市人。著名川剧净角演员。

出生于贫民家庭，常被祖母带去街上的会馆、行帮看会戏，受到川剧艺术熏陶。10多岁时，进入成都美莉莉印刷公司当学工。美莉莉印刷厂的工人在工作之余拉琴打鼓，唱戏。蔡如雷在此期间学会坐唱《铡侄》《打銮》《放奎》《南阳关》《阳河堂》等折子戏。5年后，先后应聘到北打金街叶氏私立奉思小学、四圣祠华英小学、少城公园市立小学当国术（武术）课教师。1933年，先后师从新又新戏班的唐彬如和吴晓雷。学习《审吉平》《开井田》《淮河营》《拷陶大》、《五台会兄》《尉迟恭》等戏。出师后，由蒋竹风介绍去景福社搭班，随班在川西坝一带走村串寨演出。在此期间，曾随花脸艺人叶绍祥学戏。回到成都后，经人介绍到三益公。曾在成都大戏院随生角李述成学艺，学习《班超》《斩二姬》等戏。

中华人民共和国成立后，先后任西南川剧院团长、四川省川剧院一团副团长、重庆市川剧院一团团长、重庆市川剧院二团副团长。1956年，获重庆市第一届戏曲会演员二等奖。1959年，参加中国川剧团赴东欧六国访问演出。于1982年退休，回成都定居。曾任重庆市政协委员。

蔡如雷擅演《别姬》《杀奢》《打虎收孝》《斩姚碰宫》《白访黑》等剧。曾请扬琴盲艺人李明清传授技艺，常说“扬琴能医硬喉咙”。其唱腔吸收扬琴“坐地传情”的特长，感情充沛、跌宕有致，准确地表现角色。所唱《斩经堂》的吴汉、《华容道》的曹操激越有情，苍凉雄壮。

1992年7月，蔡如雷在成都逝世，终年83岁。时人挽以联曰：大吕黄钟偕雷隐，素车白马送师归。

仰瑞生

仰瑞生（1910—1992），原名仰天麒，成都都江堰市人。著名川剧演员。

9岁在灌县桂花场盐铺当学徒时，常有戏班在万年台演出，使之对川剧产生浓厚兴趣。10岁随川剧艺人稔湘庭学艺，主攻川剧文小生。因天资聪颖，很快脱颖而出。20岁时便在成都三益公挂牌演出。

仰瑞生表演风格取法自然，以刻画人物见

长，潇洒自如、豪放洒脱。表演代表作有《凤仪亭》《传琴斩考》《书馆悲逢》《评雪辨踪》《三难新郎》《水牢摸印》等。抗日战争时期，积极宣传抗日救国，演出《一封断肠书》《血泪长流》等一批抗战题材的川剧。1953 年，任新都县川剧团第一任团长，招收学员 20 余人，在宝光寺进行专业培训。仰瑞生常与演员一起拉架架车下农村演出，教导学生“要学会演戏，先要学会做人”。“手、眼、身、法、步”一招一式言传身教。其学员彭代秀，肖代芬、张诗惠、陈明惠、吴福志后来都成为剧团的骨干。在团长任期内，排演《梁红玉击鼓战金山》《十五贯》等一批重点剧目，着力打造传统经典名剧《白蛇传》，并红遍巴山蜀水，久演不衰，成了剧团的“买米戏”，全省各兄弟剧团纷纷到此观摩学习。20 世纪 50 年代，剧团经济困难，仰瑞生将妻子的妆奁陪嫁、金银首饰悉数典当，全部捐给剧团，把仅有的一部自行车也捐献出来，用于剧团联系业务。当散落在民间的川剧艺人在穷困潦倒之际，仰瑞生总是给予帮助，在梨园行赢得很高的声誉。1956 年，重庆市川剧院聘请仰瑞生做示范演出。1961—1963 年，调至温江地区艺术学校当教师，川剧名家肖方云、郭存筠、杨昌林、习树清、余华新等都受过其熏陶。

仰瑞生是新都县第一届人大代表。退休后发挥余热，经常为学员做示范演出，应戏迷邀请作专场表演，毫无保留地传授自己的技艺。在剧团打造代表作《芙蓉花仙》期间，出谋划策，悉心指导。

1992 年，仰瑞生在新都逝世，终年 82 岁。

余轶凡

余轶凡（1912—1995），号木鱼，重庆市永川县茶店乡人。成都丙戌金石书画研究会创始人之一。

自幼在父亲指导下学习书法。后师从前清秀才唐雨晴学习书法。17 岁时即以写字、刻印谋生。刘文辉慕其才艺，聘为家庭教师。在成都期间，结识省内书法篆刻名家，互相砥砺，以书艺享誉蓉城。早年研究汉碑，后吸取各家之长，书风自成一体。尤擅篆刻，宗汉印，章法工整纯雅。。20 世纪 30 年代，在成都金融界工作，曾任成都克胜银行高级顾问。抗日战争胜利后，参与创办丙戌金石书画研究会。50 年代初，回到永川县，先后担任永川县川剧团编导、重庆市川剧院三团编剧。

一生待人厚道，对慕其书艺者有求必应，故作品传世甚广。其书法篆刻作品以《木鱼》名于世。1995 年 12 月，余轶凡在重庆逝世，终年 83 岁。

田雨梅

田雨梅（1913—1990），名光润，四川省射洪县太和镇人。成都市老年协会振兴诗书画研究会顾问。

1932 年，毕业于四川美术专科学校，考入上海美术专科学校山水画研究所，师从国画大师黄宾虹。1936 年，加入中国画会。其作品参加全国第二次美术展览会，获得“优秀美术家”称号。作品《考槃秋隐图》被选入《当代名家书画选集》。后到北平，师从齐白石、张大千、汪采白、溥心畬等，诗书画技艺得到很大提高。20 世纪 40 年代，蜀中名宿曾赋诗赞他：“辋川慧业冠当时，妙笔流传第一枝。绘声绘色双管下，诗中有画画中诗”。

抗日战争时期，投笔从戎。后回家乡射洪县，先后任太和镇初中美术教员、太和镇民众教育馆馆长，并在太和镇组建“北社诗社”研讨诗文。1945 年，任射洪县参议会参议员。

中华人民共和国成立后，在四川省棉麻烟公

司工作。离休后,参加中国老年书画会四川分会、成都市老年协会振兴诗书画研究会,从事书画艺术创作活动。所作山水清新典雅,融诗书画韵味于一体。作品多次获全国、省、市优秀作品奖,并被选作出国代表团对外馈赠礼品。著有《中国美术史研究》。1990 年,田雨梅在成都逝世,终年 77 岁。

戴雪如

戴雪如(1913—2004),女,成都市人。著名川剧表演艺术家。

幼读私塾两年。16 岁时,因生活所迫,到三庆会拜著名旦角陈碧秀学艺,取艺名为蓉玉。戴雪如先后学习《御河桥》《风筝误》《四下河南》等戏。后向师兄肖克琴学习《打饼》《杀惜》等花旦戏和《背娃赶会》《骂媒》等摇旦戏。20 世纪 30 年代初,戴雪如在三庆会登台,分别与贾培之、琼莲芳合演《降霄楼》《二鬼上路》等戏,赢得观众好评。后离开三庆会,到雅安等地唱会戏,以后转回成都,在成都大戏院搭班,成为该戏院的台柱之一。抗日战争时期,重庆市的邓直夫班子缺乏名角,将阳友鹤和戴雪如接去,改名友蓉川剧团。其间与著名丑角当头棒(刘成基)结为夫妻。抗日战争胜利后,夫妇俩回到成都,先后在锦屏、永乐等戏院搭班演出。1947 年,成都发生洪灾,官商勾结,囤积居奇,造成"米荒",戴雪如夫妇在锦屏大戏院合演《打判官》,讽刺权贵、抨击时弊。中华人民共和国成立后,戴雪如响应号召,赴德阳工作,曾任德阳剧团副团长。

戴雪如擅演旦角,前期以演花旦为主,后期多演老旦、摇旦。唱做皆长,嗓音不甚高,但十分甜润,表演自如,生活气息浓厚,不为程式所束缚。1952 年,参加第一届全国戏曲观摩演出大会,在《柳荫记》中饰演媒婆,获演出奖。1953 年,参加赴朝慰问团,后随团在全国各地巡回演出,获省内外观众好评。1959 年,参加川剧出国演出团,先后在《柜中缘》《玉簪记》中饰演妈妈、老尼,均受国外观众赞誉。代表剧目有《五子告母》《御河桥》《柳荫记》《杀惜》《双枪老太婆》《谭记儿》《王熙凤》《拷红》《乔太守乱点鸳鸯谱》。

2004 年 8 月 24 日,戴雪如在成都逝世,终年 91 岁。

严盛媛

严盛媛(1913—2005),女,又名贞炜,祖籍陕西渭南,成都市人。著名花鸟画家。国民党革命委员会成员。四川省文史研究馆馆员,巴蜀诗书画研究会成员、"张大千、徐悲鸿"研究会成员。

其祖父严雁峰、父亲严谷声皆中国近代著名藏书家。严氏父子所建"贲园"(成都和平街 16 号省图书馆宿舍内)是民国时期成都著名的私人藏书楼。她 12 岁即师从张霞村习画,后又拜张大千为师,深得张大千画艺真谛。青年时代常与谢稚柳、于右任、程中行、刘君礼、冯灌父等大师来往,并切磋合作书画,举办联展,吟咏诗文。华西大学肄业。曾任成都中医研究所绘图师。

擅长工笔花鸟,所作鸟禽神态生动。画作参加过全国第一届美展、成都第一届妇女联合美展,并为多家博物馆收藏。2005 年,严盛媛在成都逝世,终年 92 岁。

万自律

万自律(1913—1994),名长,字子乐,号秋壑,成都市新都区人。著名书法家。出身书香门第,父亲万世祥,前清秀才,历任成都华美女校、华英小学教员和万寿宫学校校长、董事长,1919 年,还家设私塾从教。万自律幼年从父读书,10 岁时父亲逝世,遂师事舅父赵如渊学习诗文书法。曾任新都书画研究会副理事长，新都诗书画研究会顾问，新都画院顾问。

长期研习名家碑帖，楷隶行草悉有造诣，尤以行草见长。1947年，用欧体楷书为宝光寺写下“新津主堂记”碑。20世纪50年代，为宝光寺舍利塔书写石雕横额“光明藏”和贴金对联“寺镇牟尼青色宝，山飞舍利紫霞光”行书。1984年，撰写《书法入门概要》印发县内各小学校。1987年，其书法作品参加成都、西安两地联展，受到很高评价。1988年，为新都重修状元坟书写墓碑。1990年，应《蓉城周报》邀请，为该报报头题字。1991年，为桂湖碑林门厅撰写《七律二章》刻石碑文，创作《岳飞满江红》正楷横幅。在四川省楹联学会面向全国举办的“纪念杨升庵五百周年诞辰征联”活动中，应征作品：“五百年文献犹存，声教被南荒，洱海苍山传韵事；四十顷澄湖在望，风光冠西蜀，新荷老桂毓清芬”获一等奖。

1994年，万自律在新都逝世，终年81岁。

洪凤慈

洪凤慈(1914—1990)，本名朱全盛，成都市人。著名四川扬琴演唱家。

幼年生病双目失明。1925年，成都慈惠堂成立扬琴科社，招收盲人学唱，洪凤慈被外婆送到慈惠堂学扬琴，师承名家沈子孝、刘德成、何茂轩等。于1930年毕业，留堂任教。1937年离开慈惠堂，与师兄张大章、刘朝林、赵龙军，在泗香、益智、安澜等在茶楼摆馆。

中华人民共和国成立后，进入西城区曲艺队。1961年，调成都市曲艺团。1971年，转成都市歌舞团。于1977年退休，受聘东城区曲艺团任教。曾任中国曲艺家协会四川分会会员、中国音乐家协会四川分会会员。

洪凤慈在艺术上广采博收，巧妙地将川剧声腔“阴调”用在《北海祭》中，将“西皮”用在《雪夜访普》中，用“二簧”演唱《貂蝉拜月》，开创四川扬琴借鉴川剧声腔之先河。洪凤慈嗓音好，高音悠远，中低音厚实洪亮，擅演老生、小生。演唱《白帝托孤》中刘备、《五丈原》中孔明，被誉为绝唱。20世纪50年代，在重庆参加西南民族民间艺术汇演，表演的四川扬琴《都堂会》获三等奖，在成都曲艺汇演中演唱的《华容道》获二等奖。

1990年，洪凤慈在成都逝世，终年76岁。

曹国清

曹国清(1914—1991)，原名曹顺清，艺名曹桂清，成都市蒲江县人。著名川剧演员。7岁时，父母双亡，只身流浪到成都，被川剧艺人杨习之带到新都县板桥镇“桂华科社”学艺。10年艺成出科，正式搭班唱戏。主工花脸(净角)，并拜徐炳麟为师，后又参师何瑞庭、韦步云、叶素清等，随戏班辗转于川西、川南一带演出。

1953年，当选广汉县人民代表，先后任新都蜀声川剧团团长、温江专区川剧团团长、都江人民艺术剧院川剧团副团长。

习艺以表演见长，讲口(道白)铿锵有力，文讲、武讲运用自如，眉眼、身法准确工稳，功架(体态)凝重得体。代表剧目有《拷陶达》《巴九寨》《哭桃园》《搬洞打珠》《钟馗送妹》《许田射猎》《斩严世藩》等。

中华人民共和国成立以来，主要从事演出和授徒工作。1954年9月，参加四川省川剧赴京演出团，表演《考陶达》。1983年5月，参加四川省首届振兴川剧调演，在《李冰》一剧中扮演华阳侯，获温江地区演出一等奖、首届振兴川剧调演表演奖。1984年，四川省文化厅录制了他的代表剧目《拷陶达》《巴九寨》《钟馗送妹》。1986年10月，由成都市文化局主办、成都市川剧艺术研究所承办的“川剧抢救继承演出”，录制了他演出的《斩严世藩》，作为教学资料保留传世。

曾发表《舞台语言贵铿锵》《一字千钧重，听者自动容》等文。

1991年，曹国清在温江逝世，终年77岁。

唐耕云

唐耕云（1914—1994），原名唐耕，笔名天农，四川省德阳市人。中国戏剧家协会会员、四川省舞台美术学会顾问、成都老年协会书画会顾问、丙戌金石书画研究会顾问。

早年毕业于四川美术专门学校。曾任商务印书分馆、美国新闻处分处美术员，空军机械学校艺术教官。中华人民共和国成立后，长期在成都从事美术广告和川剧舞台美术工作。擅长金石书画，作品融传统书法、绘画与拼贴为一体。常随意将碑帖、印章和山水花鸟画的残章片段，相互交叉组合成画面，产生新的意境，因此被时人称为“残画家”。多次举办个人书画展，代表作有《艺苑拾遗》系列。参与编著《川剧脸谱选》《川剧舞台美术》。1994年，在成都逝世，终年80岁。

金剑风

金剑风（1914—1995），上海市人。成都市杂技团一级演员。成都市杂技艺术家协会名誉主席，四川省杂技艺术家协会和中国杂技艺术家协会名誉理事。

1933年，加入“上海国际魔术团”；1934年，获上海市举办的魔术竞赛大奖第一名，被誉称为“小魔王”。抗日战争期间在重庆时，主演《铁蹄下的怒火》，以魔术手法变出虎、豹，尤为令人惊奇。1957年，调入成都市杂技团，曾任魔术队队长、魔术教师、团艺术委员会副主任。

其表演风格潇洒流畅，代表作有《愉快的团日》《魔术的幻梦》《大变酒席》《您比我快》等节目。1995年，金剑风在成都逝世。

冯石甫

冯石甫（1914—2003），名正灿，别号卧云松馆主人，四川省什邡县人。四川省文史研究馆馆员，巴蜀诗书画研究会理事。

就读于四川省国立艺术专科学校国画系，1936年毕业后，曾在中小学从事美术教育工作，后在银行界工作。业余对绘事从未中辍，尤着意于蜀中山川写生。1951年后，调青海工作。1958年，调人民大会堂青海厅创作大型壁画《柴达木盆地》。后移居成都，从事绘画和授徒。他在魁星楼街的寓所，多年来一直是成都书画艺术家交流切磋之地，与吴一峰、刘既明、張采芹等艺术家交往尤为密切。

在青海工作期间，浩瀚的青海湖、柴达木，雄伟巍峨的唐古拉山、经幡飘拂的塔尔寺、辽阔浩莽的西北高原，开扩了他的眼界，磨砺了他的艺术风格。擅青绿山水，用笔沉着稳健，在传统基础上有所创新。

1960年，所绘《黄南风光》《引涛上山》参加全国美展广受好评，许多作品被国内文博单位收藏。画作《原油东运》获国家文艺创作“卫星奖”。曾出版《冯石甫、冯祥伦父子画集》。2001年7月，在美国旧金山举办画展，获得旧金山市政府“金质奖”荣誉证书。2003年，冯石甫在成都逝世，终年89岁。

樊式昭

樊式昭（1916—1992），女，成都市崇州人。知名画家。

早年毕业于四川美术专门学校、武昌艺术专科学校。20世纪40年代，先后在开江中学、铭章中学教美术课。50年代起，先后在成都市六中、十一中、三十九中任教。

师从刘既明、冯灌父，专修国画山水。将学院派西方焦点透视法与中国画传统构图相结合，创作一批新国画。代表作有《青城上清宫》《蓉城春色》等。其中，《青城上清宫》受到到访苏联画家的赞赏，并被收藏。作品多次参加四川省国画展览。80年代，身患重病后，多作写意花鸟画，并积极参加民盟文艺支部的书画社会教育和成都市东风学校国画专业的教学工作。1992年，樊式昭在成都逝世，终年76岁。

陈敬忠

陈敬忠（1916—1993），四川省潼南县人，著名川剧鼓师。

读小学时，家境贫困，假日常去茶馆等场所卖油糕，常听川剧玩友座唱，逐渐对川剧产生兴趣。辍学后，适逢邻近的塘坝场川剧“清文艺术剧部”起科（开办招生），即考入该剧部学表演。因在练功中摔伤小腿，转而学习“硬场面”（打击乐），同时为剧部抄写剧本。在鼓师胡涵川的教习下，半年后即登台司鼓（指挥乐队），在潼南县一带随班演出。1934年，匡文宇在成都创办“东方戏剧学校”，接管清文艺术剧部的部分科生（学员），他随剧部进入该校。进习年余，随校赴广汉、新都等地献艺。1935年，正式向著名鼓师喻绍武拜门深造。以后辗转于重庆、自流井、内江一带搭班演出，广识川剧“河道”（地域艺术流派）异同和特色，博采众家之长，技艺精进。1936年年初，随“成渝川剧促进社”赴上海演出，次年，与师傅一起到成都“三益公”搭班。

他是全能鼓师。不到20岁便能灵活自如地指挥川剧五种声腔的锣鼓和管弦音乐。特别是指挥川剧弹戏（梆子腔）尤见功力，节奏明快，铿锵有力。所记剧目极多，能唱能领腔能“包本”（给全剧角色念戏念腔）。

中华人民共和国成立后，“三益公”戏班改组为“成都市川剧团”，任副团长；1959年，该团并入新组建的成都市川剧院，为该院“当家鼓师”。

1993年，陈敬忠在成都逝世，终年77岁。

苏鸣清

苏鸣清（1916—1996），成都市大邑县人。著名川剧鼓师。

幼年进“鹤鸣科社”学戏，工小生，因倒嗓改行学打鼓，拜名鼓司蓝少云为师。出师后，在成都和川西北路的绵竹、什邡、广汉等地搭班献艺，与著名鼓师王瑞成、喻少武、王官福等同班，相互切磋技艺，逐渐形成自己的司鼓风格。

1954年，进入绵竹川剧团任鼓司，后任副团长。苏鸣清重视对川剧打击乐的研究和技艺的传授，组织音乐人员研究编写《川剧高腔曲牌》《川剧昆腔曲牌》《川剧唢呐曲牌》《川剧笛子曲牌》4本书，参加绵阳地区戏改工作成果展，受到与会专家高度评价。被同行们尊称为“苏天牌”。

苏鸣清司鼓最大特色，是擅长打花花锣鼓。即在宗法传统曲牌和传统的发眼方法的基础上，随着剧情发展、演员感情变化和演员舞蹈动作及表演节奏快慢而适当加些“花花鼓点”，在这些鼓点指挥下，演奏出的锣鼓音韵和谐、跌宕有致。

苏鸣清对传统剧目记得多，对新编历史剧和现代戏也能进行音乐设计。反对把一出戏的锣鼓套法当成“死”的，主张灵活多变。创作出一套打击乐和吹奏乐合奏的套打牌子，流畅的旋律、优美的音韵、悦耳的打击乐，更增强了对剧情背景的渲染效果，被行家们誉为传统音乐的上乘佳作。四川电台专程到绵竹录制这套打击乐牌子，在省电台播放。1981年，与魏德寿合写全面介绍川剧打击乐的文章《独具风格的川剧打击乐》，在四川省广播电台广播。同年，参加省川剧艺术研究所主办的教师座谈会，会议期间，曾录下苏鸣清所打的一些戏。1983年，应四川省振兴川剧领导小组和省文化厅聘请，任“四川振兴川剧晋京汇报演出团”顾问，1986年，被聘请为“四川省川剧青少年演员比赛演出”评委会委员。1987年，被绵阳地区川剧艺术学校聘请为副校长。1989年，四川省川剧学校聘请苏鸣清为川剧研究班音乐课教师。曾任中国戏剧家协会四川分会会员，绵竹县人大代表、政协委员，德阳市人大常委会委员。

1990年8月，绵竹县政协文体委和县文化局联合举办“苏鸣清先生从艺60周年庆祝大会”。

1996年，苏鸣清在绵竹县逝世，终年80岁。

孙德才

孙德才(1917—1990)，小名“德娃子”，绰号“孙把子”。四川省资阳县人。著名川剧演员。

1924年，离家到资中王跃龙草台川剧班，拜班主李明义为师习艺。并学得治疗“跌打损伤”的知识。1935年，母亲去世，回到家乡摆草药摊行医。次年，赴川西坝，搭广汉的太和春班、德阳的福天剧社。后在成都的永乐戏园、平民剧院、三益公戏院、春熙舞台等跑滩唱戏。1950年后，先后在四川省川剧院、成都市川剧院等处工作。1958年，调四川省川剧学校任武功教师。1961年，调原宜宾专区青年川剧团（现宜宾市青年川剧团）工作。

孙德才从艺40余年，舞台上的马衣、书童、袍子、上天龙、挂子、打手、牢子手、马童等都扮演过。所表演的把子功，敏捷似猿猴，灵巧如燕雀。“快枪”动作节奏疾速，“对枪”急缓有序，动静相宜，“打出手”同其他几个下手配合，抛掷传递武器形成种种舞蹈性的惊险场面，令人叫绝。潜心研究川剧变脸。1952年，在《白蛇传》中扮演紫金铙钵时，恢复使用变脸特技，后在《望娘滩》《九变化身》等戏中再现变脸技巧。对变脸技巧作全新的改革，历时3年，创造一种新扯脸技巧，并用柔软、结实、耐用、美观的绸布，代替过去所用的纸壳脸谱，推进变脸特技技巧的迅速发展。于《断桥》里饰演青儿时，在“三追三赶”中用“抹彩”特技，使脸色由白变红，由红变绿，由绿变黑，展现青儿见许仙到来，怒火中烧的神态，受到观众欢迎。

1990年，孙德才在宜宾逝世，终年73岁。

丰中铁

丰中铁(1917—1998)，四川省广安县人。著名版画家，曾任省政协书画院院长。

早年在广安、上海、雅安、重庆、成都、康定、宜宾、香港等地任图书馆管理员、教师、银行职员、报社编辑、书店店员、工厂职员等。1935年，在上海自学木刻，并开始发表作品。1937年，组织重庆木刻研究会；1938年，任中华全国木刻界抗敌协会理事，负责重庆会务。1939年，创办中国木刻供应社。其木刻作品曾参加全国抗战美术展览。1940年，参加在莫斯科举办的“中国艺展”。1948年，在香港加入“人间画会”。

20世纪50年代后，任西南文联、四川省文联美术编辑，长期从事新兴木刻运动及创作，是四川黑白版画的代表人物之一。其作品多次参加国内外展览，曾获第五届全国美展三等奖、第六届全国美展铜质奖、第九届全国版画展优秀奖、第十一届全国版画展铜奖。1991年，获纪念鲁迅诞辰110周年暨中国新兴版画60周年大会颁发的新兴版画“杰出贡献奖”。

早期创作以现实题材为主。后来着力于黑白木刻风景艺术的探索，常在木刻画面上挪用传统山水画的构图方式，采用细腻的刀法进行气势磅礴阔大的风景描写，充分表现出现代版画的民族艺术风貌。代表作有《四川的农村》《杀戮》《大江东去》、《蜀山图》、《蜀山行旅图》等。同时擅长国画、书法艺术。1940 年，重庆商务印书馆出版其版画理论专著《木刻版画概论》；1978 和 1980 年，四川人民出版社先后出版其个人木刻集《山河新貌》及《丰中铁作品选》。

他是中国美术家协会四川分会专业画家、一级美术师，四川省文史研究馆馆员、中国民主同盟盟员。曾当选四川省政协委员、四川省人民代表，历任中国版画家协会顾问、四川美术家协会荣誉理事、四川省书法家协会名誉理事、四川省政协书画院院长，成都画院艺术顾问。

1994 年，四川省文联、四川省美协、四川省文史馆、成都画院、四川省政协书画院、神州版画博物馆在省美术馆联合举办"丰中铁书画展"。

1998 年，丰中铁在成都逝世，终年 81 岁。

李际科

李际科（1917—1995），字志可，安徽省休宁县人。著名国画家。重庆中国工笔画研究会名誉理事长、成都画院顾问。

在国立艺术专科学校学习时，师从潘天寿研习花鸟、篆刻，并自修工笔兽畜鞍马画。1941 年，毕业留校任教。后历任甘肃省武威县青云中学、四川省奉节县青莲中学美术教师，武昌艺术专科学校讲师，昆明农林植物研究所绘画编辑员，重庆艺术专科学校讲师。20 世纪 50 年代后，任西南师范大学美术系教授。

擅长工笔花鸟画，对白描尤有研究。其作品超凡脱俗、富丽堂皇。其花鸟造型具有强烈的绘画装饰感，其设色融中国传统绘画的色相与西方绘画的光色为一体，把中国传统工笔画的表现力提高到新的水平。他爱马、养马、骑马、画马，对马的生态气质有深切体验，画了大量以马为题材的作品。画风形神矫健、神态灵秀。代表作有《百栖图》《蜀江之晨》《松鸟》《早春初牧》《荔枝鹦鹉》《鹤鸣九皋》《美丽的云南山茶花》等系列组画。编绘《鸟雀画册》《翎毛集》《草原牛马勾勒写生》等教材资料。出版有《李际科国画选》。1995 年，在成都逝世，终年 78 岁。

邓奂彰

邓奂彰（1917—2003），笔名雪岑，成都市双流县人。四川省文史研究馆馆员，四川诗书画家国际艺术协会代会长，双流书画院院长。

早年就读于四川省立艺术专科学校(四川美术学院前身)，毕业后长期从事美术教育工作，曾在雅安、仁寿、崇庆、双流等地中学及温江专区工业学校、新都师范学校任教。所作水墨花鸟别具神韵，风格清雅高洁。尤以"梅兰"享誉画坛，书法家苏局仙和全国人大副委员长程思远称誉他为"中国梅兰大师"，国画家孙竹篱称他为"邓梅花""蜀国兰王"。其作品在国内外展出多次荣获金奖，并赴日本、奥地利、新加坡、美国和中国台湾、香港地区展出；部分佳作被 30 多个国家的文博单位和个人收藏。其代表作《国魂》被人民大会堂四川厅收藏陈列。先后出版《平面图案字》《怎样画人物》《野梅坞题画诗集成》《儿童学国画系列》《老年学国画》《怎样画梅》《怎样画兰》《邓奂彰画集》《中师美术教材》等专著、画集。2003 年，邓奂彰在双流县逝世。终年 86 岁。

刘金龙

刘金龙（1919—1999），四川省简阳县人。著名川剧丑角艺术家。

8岁时母亲去世。后拜川剧丑角艺人鄢炳章学戏,出师后在川西、川南各地搭班演出。期间,曾向川剧“丝弦大王”天籁及艺人陈树文学戏,又得到川剧名丑王觉侠的指教,对以后刻画人物尤其是唱腔处理大有助益。

中华人民共和国成后,先后在四川省川剧院二团、成都市川剧院一团、成都市川剧院一二联合团任演员。参加土改工作队期间,多次向农民演出川剧现代戏。1953年,参加中国人民赴朝慰问团,深入朝鲜前线为中国人民志愿军官兵演出。1987年11月,随团到北京中南海为中央领导人演出,受到赞赏。1978年1月底,国务院副总理邓小平在成都金牛宾馆观看川剧演出时,得知刘金龙患有气管炎,当即派保健医师为其诊治,并赠给药物。

襟襟丑、褶子丑、官衣丑、烟子丑等各类丑角均能自如表演。无论角色是官员还是乞丐都能展示戏中人物的特殊心态及性格特征,生动传神,充满生活气息。其唱腔每每汲取四川扬琴唱腔的精髓,化为戏用,自然、大方,自成一格。其代表剧目有《劝夫》《金台将》《做文章》《审玉蟹》《收烂龙》《拜新年》等。以流畅自然的唱腔、绘声绘色的讲白、幽默风趣的表演,塑造了破落子弟、衙门差役、宦门公子和“烂龙”等许多艺术形象。

1979年,在川剧舞台艺术片《川梅吐艳》中,扮演《柜中缘》的丑差。1984年前后所演唱的《劝夫》《审玉蟹》《金台将》《收烂龙》等,由四川省文化厅录像存档,一些剧目由音像部门制成盒式音带和VCD发行,并在中央和省、市广播电台播放。

1999年,刘金龙在成都逝世,终年80岁。

卢远福

卢远福(1919—2005),成都市龙泉驿区大面土桥村人。著名面塑艺人。

7岁从父学艺。父母去世后,12岁即只身漂泊江湖以面塑谋生。足迹遍及巴蜀,及于湖北、北京等地。1946年,加入成都市民间面塑艺人组织的“五彩联合会”。中华人民共和国成立后,在重庆市和川西坝10余县献艺,门徒遍布成都和泸州。

其面塑作品无论古今人物,飞禽走兽,均色彩丰富,造型别致,栩栩如生,并能保持两年不腐败、不变形。尤擅捏塑成套戏剧人物,如“三英战吕布”、“群英会”、“水漫金山”等。作品多次参加各类展销、比赛,先后获得成都市首届民间艺术节特别奖、第三届艺术节三等奖。1990年10月,参加北京亚运会购物中心成都展销团献艺,获得先进服务奖。他的徒弟吴逢全曾应邀远赴新加坡献艺。四川电视台和成都电视台曾对他做专访。

2005年8月,卢远福在龙泉驿区逝世,终年86岁。

吕　琳

吕琳(1920—1994),又名吕林,山西省吉县人。著名版画家。中国美术家协会四川分会副主席、四川省诗书画院副院长、成都画院艺术顾问。

1938年,就读于山西民族革命大学。1940年,到延安,同年,考入鲁迅艺术学院美术系。毕业后先后在八路军一二0师独立第一旅政治部、战斗剧社和晋绥军区政治部从事美术工作。1948年,任国立西北艺术学校美术系主任。中华人民共和国成立后,任西南人民艺术学院美术系主任。长期从事美术教育和版画、国画创作。

早年在中共地下党组织领导下开始木刻创作,宣传抗日救亡。1938年,创作第一幅木刻作品《敌机轰炸以后》,发表在民族革命大学主办的《前锋》杂志上。20 世纪 40 年代,曾以一个贫苦农民的悲惨家史为情节,创作木刻连环画《纪利子》,由晋绥军区政治部编印成画册,在部队指战员中广为流传。20 世纪 50 年代以后,创作大量反映新中国人民群众劳动、生活场面的木刻作品。60 年代,深入研究四川汉代画像砖、画像石艺术,创作借鉴汉代画像砖艺术的拓片版画,以独特的风格拓展版画艺术民族审美领域。80 年代以后,研习中国画,尤喜画熊猫、钟馗、观音。所绘熊猫千姿百态,憨态可掬,构图简洁、造型生动,具有强烈的表现力。作品多次参加国内外美术展览,并被国家博物馆收藏。

代表作有木刻连环画《纪利子》,木刻作品《马尸变成工事》《通过封锁线》《支援宝成铁路》《桑园》《收割》《鱼跃》《湖岛丰收》《采茶》等。1992 年,在成都四川省展览馆举办"吕琳从事艺术活动五十五年画展"。出版有《四川汉代画像艺术选》和个人木刻集《宝成线上》。著作有《艺用人体解剖》《吕琳版画选》。

1994 年,吕琳在成都逝世,终年 74 岁。

赵长庚

赵长庚(1920—1998),成都崇州市人。著名风景园林专家、古建筑专家。

1946 年,毕业于南京中央大学建筑系。1950 年,任四川省艺术专科学校建筑科讲师、教务委员。1952 年起,在重庆建筑工程学院(重庆建筑大学)任讲师、副教授、教授,先后任民用建筑研究室、城市规划教研室主任、建筑系副主任。1957 年,被划为"右派分子"。1978 年,落实政策平反。历任中国城市规划学术委员会委员、中国风景园林学会理事、重庆园林学会理事长、重庆城市科学研究会副理事长、四川省科技顾问团顾问。

长期从事古代建筑、园林的研究和教学。参与编纂《中国大百科全书》,著有《西蜀历史名人纪念园林》《论都江堰市山水、堰城、寺庙与园林》等论文。

1998 年,赵长庚在重庆市逝世,终年 78 岁。

王淡芳

王淡芳(1920—2005),号菊如,别署雪邨,重庆市丰都县人。著名书法家。成都市诗词楹联学会顾问、《重庆艺苑》编委、浙江海盐沈祖棻诗词研究会荣誉顾问、四川安岳南桥诗词学会名誉会长。

1941 年,考入内迁乐山的武汉大学中文系。1944 年,转入四川大学中文系,师从程千帆、沈祖棻学习古典文学。在校期间,参加由程千帆、沈祖棻、刘君惠诸先生指导的"正声诗词社"。于 1946 年毕业后在成都等地从事教育工作。

善书法、诗词,书承欧赵,清逸淡远。熟悉成都掌故,著有《四川近百年诗话》(与朱寄尧合作)、《雪邨存稿》(手迹影印)、《四川古代教育人物》等。其中,《四川近百年诗话》,将四川近代著名诗人网罗殆尽,并从他们的诗作谈及四川包括成都的沿革兴废、风物人情,被称为"极佳之抒怀遣兴的读物"。2005 年,王淡芳逝世,终年 85 岁。

杨富明

杨富明(1923—1998),成都崇州市人。画家,四川美术学院教授,中国美术家协会会员。

1947 年,毕业于四川省立艺术专科学校漆艺专业,留校任教。中华人民共和国成立后,先后在西南美术专科学校、四川美术学院任教,历任讲师、副教授、教授,一直担任漆艺教研室主任。曾任四川美术学院工会主席。1982 年,加入中国共产党。

杨富明在漆艺技艺方面造诣很深，是最早把纯漆艺器物向漆画转移的艺术家之一，在国内外具有一定影响。在1989年，全国首届漆画展上，全国著名漆画家、中国漆画研究会会长乔十光观看其作品后，认为“他的作品给人一种强烈的精神撞击！”同时赞扬他技艺精湛。擅中国花鸟画、磨漆画。中国画《八哥》获第六届世界青年联欢节造型艺术竞赛二等奖，《江峡暮霭》获全国漆画展优秀作品奖。 出版有《杨富明国画选》。

1998年，杨富明在重庆逝世，终年75岁。

蒋仁庵

蒋仁庵(1923—2003)，成都市双流县人。著名书画家，四川省文史研究馆馆员。

自幼钟情艺术，9岁即以能书盈尺大字和对联闻名乡里。先后在东方艺专、四川蓉社学习，师从谢无量、向楚、刘豫波、冯灌父、冯建吴等学习诗词、书画。20世纪40年代，开始举办个人画展。初以工笔画为主。篆、隶、楷、行、草等俱工。书法与所绘花草、虫鸟、人物、山水融为一体，相得益彰。笔法于严整中透出飘逸流荡之美，气息得唐人之敦厚，工力见宋画之精密。后期专攻写意花鸟。深入研习吴昌硕、齐白石、赵之谦、八大山人、石涛等前贤画风，时时深入田间、农家，每有所得，悉收录于笔底。前期风格气象峥嵘，色彩绚烂，后期作品归于平淡，寓深意于淡雅之中。1994年10月，在四川美术馆举办了规模盛大的个人书画展。2003年，蒋仁庵在成都逝世，终年80岁。

罗祥勋

罗祥勋(1924—2000)，重庆市江津人，著名川剧作家，编剧。

1951年，毕业于西南师范学院教育系。因其喜爱川剧，兴趣逐渐转向戏曲文学。中学时期曾改写西施与范蠡的历史故事为《五湖游》，刊载于重庆《新民晚报》。20世纪50年代，参加川剧传统剧目鉴定工作，整理戏曲遗产。处女作《孟姜女寻夫记》及根据元代白朴《裴少俊墙头马上》杂剧改编的《墙头马上》，曾由重庆人民出版社出版。1961年 ，调入新建立的四川省川剧学校实验剧团 (即四川省川剧院)。1963年，以新编历史剧《诗酒长安》参加文化部举办的全国戏曲剧本讲习会。“文化大革命”期间，遭到冲击，备受折磨。改革开放初期，重操旧业，修改原作1983年首演。1992年，复排参加第六届省振兴川剧会演。新编历史剧《沛公纳贤》《汨莫潇湘》等剧也先后发表或公演。其剧本人物形象鲜明，文辞优美典雅，具有较高的思想性和艺术性。《诗酒长安》剧本获1981年四川省优秀文艺作品二等奖，于1992年5月，复排参加第六届振兴川剧汇演，获优秀演员奖，罗祥勋获荣誉奖。

2000年，罗祥勋在成都逝世，终年76岁。为缅怀其对戏曲事业的贡献 ，四川电视台卫星频道播放他的代表作《诗酒长安》。

丁文举

丁文举(1924—1996)，成都市人，川剧小生演员。

幼时父母双亡，9岁到彭县六一瓷厂作童工，厂里川剧玩友刘惠川教丁文举学唱川戏。瓷厂倒闭后，时一陕西戏班在彭县演出，刘惠川推荐丁文举去陕班，在黎兴明处学习一些川戏。抗日战争爆发后，丁文举随黎兴明到川班“凤云堂”，学习小生。后辗转到自贡，跟师学习川剧高腔。曾与韦步云配戏演《把宫搜诏》。后投奔“有声社”学戏，接受左师爷的帮腔、锣鼓的课授，为其演唱艺术打下基础。后入“桂华科社”学戏，该科社散后，于1941年赴重庆拜著名文武小生魏香庭为师。后回到川南，参师刘清泉。中华人民共和国成立后，在宜宾市川剧团工作。

丁文举嗓音出众，以擅功唱腔闻名，主演众多性格迥异的小生角色，主要剧目有《夜归》《店房责侄》《书馆悲逢》《评雪辨踪》《三难新郎》《三瓶醋》《重台别》《访友》《柳荫记》《御河桥》《荷珠配》《痴儿配》《陈三五娘》《半把剪刀》《铡美案》等，还演一批生角戏《大盘山》《阳河堂》等，在现代川剧《红岩》中饰甫志高。

1996年，丁文举在宜宾逝世，终年72岁。

刘松柏

刘松柏(1922—2003)，成都市金堂县人。著名扬琴演员。

幼年因患眼疾致双目失明。1932年，师从扬琴艺人赵有太学习四川扬琴演唱，工旦角，侧重闺门旦，出师后在成都书场演唱扬琴。演唱中善于分析剧情角色，唱腔灵活多变，所创造旦角女腔“连眼唱法”别具一格，在听众中享有盛誉，20世纪40年代，有“赛德才”(赛过著名扬琴演唱家李德才)之称。

中华人民共和国成立后，主要从事教学活动。1953年，参加四川省民间音乐汇演，演唱扬琴《秋江》，获演唱二等奖。1957年，被成都市东城区文化科聘为扬琴教师。后加入东城区曲艺队。1959年，应邀与易德全等人在成都为刘伯承演唱扬琴，受到赞誉。1961年，调入成都市曲艺团。先后在成都市戏剧学校、东城区戏曲训练班任教。同时受重庆、自贡等地委托，培养青年演员，四川的扬琴旦角演员多出其门下。曾任中国曲艺家协会会员、四川省曲艺家协会会员、成都市文联委员、成都市东城区政协委员。代表曲目有《夜课》《活捉三郎》《处道还姬》《祭塔》《辞母》《三祭江》《秦香莲闯宫》等。

2003年，刘松柏在成都逝世，终年81岁。

陈家荣

陈家荣(1924—2004)，成都市龙泉驿区人。著名石刻艺术家。

民国时期学艺，得成都著名石刻家傅青云师叔的真传。曾参与制作成都东门无名英雄纪念碑、王铭章纪念碑、李家钰纪念碑、南郊公园刘湘墓。长期受聘于武侯祠，负责祠内雕刻工作，其代表作品有南薰殿诸葛亮线刻像、岳飞手书诸葛亮前、后《出师表》、武侯祠大门前龙凤石雕照壁、荷花池周围石栏杆围柱顶部飞禽走兽石雕以及复制汉碑、唐碑等。

中华人民共和国成立后，先后为龙泉驿区宝狮口、山门寺水库雕刻石狮，为德阳万佛寺、郫县望从祠雕刻佛像。1969年，参加四川省展览馆毛泽东主席塑像工作，主刻头像部分。1982年，被评为8级石刻工。1988年，复制著名文物北周文王碑、唐三教道场碑。

所刻石雕飞禽走兽栩栩如生。尤擅雕刻龙凤和石狮。刻制文物石碑能保持原墨书风貌。20世纪90年代后期，雕刻各种形态的大小汉白玉石狮，为外贸部门收购至广州、香港等地销售。2004年，陈家荣在龙泉驿区逝世。

萧　青

萧青(1925—1993)，女，笔名阿佳，成都市人。著名编辑。

20世纪40年代开始，从事创作，在《西康日报》《西方日报》《新新新闻》《川西日报》《四川日报》《成都日报》等报副刊及《川西说唱报》《川西文艺》等文学刊物上发表小说、散文、诗歌、杂文、文学评论等作品。1950年在《川西日报》副刊上发表小说《小花同娘吵了架》,受到中共川西区党委宣传部部长杜心源的重视,后被调入《川西日报》任副刊编辑。60年代,任《成都晚报·工农兵》文艺副刊编辑;70年代,调入成都《青年作家》编辑部。

萧青工作认真负责,热心扶持业余作者,以副刊为阵地,团结、发现、培养了茜子、化石等一批青年作者。凡来稿都认真仔细审读,错别字乃至用错的标点符号都打上记号或作纠正。凡退稿都要提出自己的意见,不仅指出缺点,还要指明努力的方向和改进的方法,人们都尊称她“萧大姐”。1987年,获四川省文学奖,被评为优秀编辑。1993年,在成都逝世,终年68岁。

彭永兴

彭永兴(1925—1999)四川省仁寿县人,中国工艺美术大师。

幼时拜师蜀绣名家黄永清,学习刺绣。中华人民共和国成立后,在成都蜀绣生产合作社工作。1962年,被评为四川省工农业劳动模范。后调成都蜀绣研究所从事研究工作。

50多年间,潜心研究刺绣技艺,不断推陈出新,对刺绣作品,无论是内容上的花鸟虫鱼、人物走兽,还是技法上的双面绣、双面立体绣,都得心应手、挥洒自如。绣制作品,充分体现蜀绣平齐光亮的艺术特色,具有较高的欣赏价值和收藏价值,深受国内外行家的称颂。代表作品《芙蓉鲤鱼》,是公认的蜀绣代表精品。绣制的《福禄寿》,运用30余种蜀绣针法,历时两年才完成。1981年,主持绣制高170厘米,长440厘米的双面绣《芙蓉鲤鱼》特大绣屏,陈列于人民大会堂四川厅。1984年,参与绣制的大型双面绣《芙蓉鲤鱼》由中国工艺美术馆珍藏。

1999年,彭永兴在成都逝世,终年74岁。

张小谷

张小谷(1925—2001),笔名碎石,四川江安人。四川人民出版社编审。

1951年4月,入西南革命大学学习。1952年10月起,先后在西南人民出版社、川南人民出版社、四川人民出版社任见习编辑、编辑。1979年起,历任四川人民出版社文教编辑室、文史编辑室副主任,《龙门阵》杂志执行主编。1988年2月退休。1990年,被聘为四川省文史馆馆员。

编辑作风严谨,对自己严格要求,“堂堂正正做人,认认真真做事”,其事迹被中宣传部出版局载入《编辑家列传》。20世纪80年代初,创办《龙门阵》杂志,介绍各地风土人情,披露历史,记述各种有代表性的事件和人物,可读性强,受到大众的欢迎,在全国一炮打响,被评为四川省十佳期刊。热心于文学创作,先后出版《蝉翼集》(诗集)、《圆溜溜一轮大月亮》(曲艺集)、《投影集》(诗词集)、《编暇随墨》(散文杂文序跋集);参与主编《巴蜀述闻》。2001年月12月,在成都逝世。

黄化石

黄化石(1925—2005),原名黄华实,重庆市綦江县人。著名作家,中国作协四川分会专业作家。

曾主编《文莽》月刊。1943年,开始从事诗歌、小说创作并发表作品。中华人民共和国成立后,任职于四川人民广播电台,负责报纸编辑。1979年,加入中国作家协会。著有长篇小说《潘家堡子》《沃瓦传奇》,长诗《毒链蛇咬死一个农妇和她的婴儿》《长虹》《风驰电闪》等。

2005年1月23日,黄化石在成都逝世,终年80岁。

谢宇衡

谢宇衡(1926—2001),四川省德阳市罗江县人。成都大学教授。

在中学读书时追求进步，宣传抗日救亡。1940年,与陈道谟、许伽、安旗、胡文熹等在成都市仁厚街成立挥戈社,发起创办在大后方卓有影响的抗战文艺刊物《挥戈文艺月刊》。于1948年毕业于四川大学中文系,投入争民主、反专制的文艺斗争中。1957年,因“胡风反革命集团”案蒙冤下狱，后经平反，仍长期受到不公正待遇。1978年,在四川师范大学大学中文系任教。曾任成都杜甫研究学会会员。

在古代文学、古代戏曲小说研究中卓有成就,著有论文《读李漫笔(三则)》《李白西涉岐邠考》《李白不预科举原因浅探》《李杜交游诗述补》《宋诗臆说》《读李漫笔》《李白“一生低首谢宣城”衍述》《杜甫严幕时期诗作述略》等。

2001年1月5日,谢宇衡在成都逝世,终年75岁。

陈　立

陈立(1926—2005),广东省中山县人。一级演员,著名杂技表演艺术家、滑稽大师。历任全国杂技家协会常务理事、高级评委,成都市杂技团艺术委员会主任。

10岁师从孙富友学艺，后随有名的华侨马戏团在东南亚地区巡回演出。20世纪40年代末,专门从事杂技“武小丑”表演,基本功扎实,技艺精湛,表演风趣幽默,成为国内杂技小丑名角。

长期随成都市杂技团在国内各省市巡回演出。1978年以后,多次随团赴赞比亚、坦桑尼亚、美国、巴西等十几个国家和地区演出,受到同行的高度评价和中外观众的喜爱。他被誉为“西南名丑”“东方卓别林”。2005年,陈立在成都逝世。

白允叔

白允叔(1927—1996),别名德润,字孟潜,号应予,室名师竹斋,成都市人。著名书法家,四川省文史研究馆馆员。丙戌金石书画研究会会长、成都市书法研究会副会长、成都市书法艺术学校副校长，成都翰林中国书画艺术学院书法部主任、教授。

毕业于华西大学。中华人民共和国成立后,在成都市公安系统工作。

自幼受业于舅父温含丹，学书从唐楷入手,上溯汉魏下及明清,遍临诸家碑帖。擅长楷书、魏碑、行书,取法“二王”、李邕、米芾诸家。其书作碑帖结合,讲究法度,出入规矩,书风清丽沉稳,蕴劲健于柔丽,雅俗共赏。1986年,在四川宜宾等地举办个人书法展览。中年以后致力于书法理论研究和书法教育工作。作品多次在省内外展出并在报刊上发表,书法作品曾获上海《书法》杂志社1979年举办的“全国群众书法征稿评比”一等奖、“全国书法评比”二等奖,被国内博物馆、纪念馆收藏。出版有《白允叔书法集》。

1996年,白允叔在成都逝世,终年69岁。

罗次冰

罗次冰(1927—2002),成都市双流县华阳镇人。高级工艺美术设计师。

1949年，毕业于四川省艺术专科学校应用艺术科印染专业。历任四川大学附属中学、威州师范、成都工艺美术学校教师,四川第一棉纺织印染厂、成都织巾厂设计室主任、高级美术设计师。曾任中国美术家协会会员、中国工艺美术家协会会员、中国流行色学会会员、四川省美术家协会水彩画研究会顾问。

擅长工艺美术、水彩画。所作水彩画、年画、国画多次入选全国美展。曾获全国纺织图案设计一等奖、三等奖。出版有《四川羌族挑绣图案》《罗次冰水彩画集》。于1985年退休,与好友闻文子、董定中、王培秋、李德清等筹组“天府水彩画研究会”。

2002年,罗次冰在成都逝世,终年75岁。

丁　鹤

丁鹤(1927—1999),字季和。成都市人。诗人、书法家、文字学家。

清代四川总督丁宝桢后代。毕业于四川财经学院经济系。1949年,被聘为重庆《世界日报》驻成都特约记者。中华人民共和国成立后,1953年,分配至西康省人民政府商业厅任科员。1955年,被错定为“反革命份子”“中统特务”。西康省并入四川后,单位关系转至雅安百货公司。1958年反右倾运动中,被公司除名。1982年被,雅安百货公司作为退休人员安置。后经著名书法家徐无闻推荐,参加《汉语大词典》和《中山王器文字汇编》编撰工作,曾任《龙门阵》杂志编辑。20世纪90年代后,移居郫县团结镇。

早年师从徐宜生、陶亮生、易忠箓,热爱文字学,擅长古体诗、书法。书风质朴高雅,尤擅隶书,以篆笔入隶,兼融秦汉各类篆隶、竹简书体,独具特色。晚年创造快速查字法,有助于推动汉语言文字的传播与应用,编写有《汉字大典》书稿。1999年,丁鹤在郫县团结镇逝世。

李星武

李星武(1927—2005),四川省凉山州冕宁县人。著名画家,四川文史研究馆馆员。

1948年,考入成都成华大学经济系(现西南财经大学)。抗美援朝战争爆发后,投笔从戎。1955年复员回到成都,考入四川美术学院,师从国画大师张大千的弟子肖建初、冯建吴、谢趣生等。大学毕业后,分配到四川省美术出版社任编辑,专攻仕女画。“文化大革命”中,其仕女画被诬蔑为“牛鬼蛇神”,受到批斗,后下放到南充绸厂从事工艺设计。退休后到成都定居。

在南充时期,埋头创作,逐渐形成自己独特的画风,创作了大量优秀的仕女画。到成都后,画风更趋成熟完美。他将西方绘画中的透视、明暗与传统绘画结合,将传统仕女描绘得更鲜明、生动、典雅、脱俗,博得“成都李美人”的称誉。他的一些画,已被国家领导人当作礼品画馈赠给外国元首。另有《蜀宫夜宴》《昭君出塞》等作品被钓鱼台国宾馆收藏。代表作《二乔》《蔡文姬》被鉴定为国家三级文物,《武则天》被认定为国家级文物,业内誉为“曹衣出水,吴带当风”。2005年,李星武在成都逝世,终年78岁。

萧昌洪

萧昌洪(1928—2005),字正冕,四川省仁寿县碗厂乡中坪村人。诗人。

1944年,毕业于省立资中师范。后投笔从戎,历任中校处长。1949年12月,在成都郫县犀浦参加起义,在中国人民解放军西南军政大学学习,后调西康步兵军官学校任训教官。1957年“反右倾”运动中入狱;1970年年初,在“文化大革命”运动中,因“历史问题”再度入狱。1978年,始得平反昭雪。

萧昌洪于1946年开始习诗填词,1949—1957年年初,陆续著有大量的诗词,“反右倾”运动中被抄家,文稿遭损毁。改革开放后,达创作极盛期,著有诗词百余首,发表在《琴台诗稿》《成都诗词》。此间加入成都市诗词学会。1994年冬,获全国文艺大奖赛《鲁迅奖》三等奖。其弟子结集有《萧昌洪诗词集》。

2005年5月20日，萧昌洪在成都逝世，终年77岁。

段丽君

段丽君（1929—2005），女，京剧旦角表演艺术家。国家一级演员。

出身梨园世家，7岁从艺，9岁登台，工青衣、花衫、刀马旦兼小生。原属胡宗南的军队京剧团，与老生兼工红生的筱月亭、女须生王素砚、武生孙雁鹏等于1949年，到成都。中华人民共和国成立后，这支京剧队留在成都，以他们为班底吸收王少泉、筱樊春楼、青年坤旦张燕华，女老生蒋叔岩等组成成都京剧团。

她功底好，文武昆乱不挡。善演《穆柯寨》《大英杰烈》《虹霓关》等。20世纪50年代，拜尚小云为师，演出《福寿镜》《汉明妃》等。60年代中期，到北京、上海演出《钟离春》，该剧本拟拍成电影，因"文化大革命"开展而告罢。擅长演出张派剧，如《望江亭》《状元媒》等，曾出演现代京剧《芦荡火种》《海港》《夺印》《杜鹃山》等。

曾任四川省政协委员、成都市戏剧家协会名誉主席、四川省文联委员、中国戏剧家协会会员、四川省戏剧家协会会员。

2005年6月10日，段丽君在成都逝世，终年76岁。

陈　犀

陈犀（1930—1997），原名任萧丁，河北省宁河县人。中国作家协会会员、著名诗人。

生于杭州，1949年参加解放军，历任第二野战军军大学员。结业后，分配至四川省乐山地委宣传部任理论教员、干事，历任《新乐山报》代编辑主任、四川省委宣传部干事。1957年后，历任四川省文联《草地》《峨眉》及《四川文学》编辑、编辑组长、副主任，四川省作家协会《星星》诗刊副主编，四川省作协创联部主任。

1956年，开始发表作品。编辑工作中，发现和培养一大批文学新人，受到作家和业余作者的爱戴。出版有诗文集《绿叶集》《山村》《凉山瓦几瓦》《田园抒情诗》《和弦》等多部。1987年，在全国首届会龙散文诗大奖赛中，获得荣誉奖。

刘玉洲

刘玉洲（1932—2000），四川省仁寿县陵阳区花瓷乡人。成都蜀锦厂技师。

11岁时，到成都汪家拐街34号陈跃安作坊当徒弟，学习丝织。1951年，到成都丝织业工人临时自救工场参加生产自救工作。1954年加入中国共产党。1955年，任合作社监事会主任。1956—1957年，当选为丝织合作社第一届党支部书记。1958年，任厂工会主任。同年，带领社员先后对织绸和准备工序落后的生产工具进行改革，将脚踏、手拉梭织机改革为电动织机，手工卷纬改革为电动卷纬机，手工扦经改革电动扦经机，手工返丝改为电动等，减轻工人的劳动强度。

1960年，经成都市手工业管理局评定为技术员。1962年，获省"工农业劳动模范"称号。1964年，参与铁木机配套设备——横球式提花机的制作。1965年，为增加花色品种，开展对铁木织机双梭箱攻关，织出第一床双色"百鸟"蜀锦被面。1968年，试制成功电动浆丝机，解决人丝经轴上浆加工困难的问题。1974年，绘图制作成功简易打包机。1979年，被提升为设备科副科长；1981年，晋升为技师。

1982年5月，"中国古代传统技术展览"赴加拿大多伦多市，刘玉洲随团出国，在安大略科技中心博物馆作蜀锦手工木机的操作表演。1983年6月，因病退休。

2000年，刘玉洲在成都逝世，终年68岁。

徐伯荣

徐伯荣(1935—2004)，成都市华阳县(今双流县)人。著名作家，资阳市作家协会副主席。

1950年入伍当兵。曾任县警卫营文书，西南军区政治部《人民战士报》见习记者，重庆嘉陵机器厂秘书，重庆无线电总厂秘书、副主任。1957年，被错划为“右派分子”。1961年后，在成昆铁路工地从事宣传工作，在永川茶场、资阳市培德乡从事医务工作。1963年，下放资阳县培德乡劳动，曾任该乡的兽医。1979年，恢复工作后，被分配到资阳县文化馆，任文学创作辅导干部，主要辅导城乡中青年从事业余曲艺、戏曲等创作。曾任政协资阳市委员会常委、资阳市文化局副局长。于2000年退休。

在资阳文化馆工作期间，推动、促进资阳群众文学创作活动，成为资阳文学界的领军人物。一生勤于笔耕，成果丰硕。先后创作长篇小说《市长之死》《兵临成都》《张圣奘传》，中篇小说《名伶血泪》《洪荒部落的枪声》《棋王世家》，长篇报告文学《金色的沱江》，报告文学集《雁江风流》，散文集《三贤古城风情录》《徐伯荣散打100篇》等。其中，散文《话说资阳》《沱江，甜蜜的江》二篇获国家级散文奖，《洪荒部落的枪声》获中国民间文学二等奖，杂文《纯文学亦当自省》获《四川日报》第五届文学奖。《象棋运动会》《此恨绵绵》已拍为电视剧。一度出任《市场与消费报》《资阳时报》专栏作家。一生创作400多万字，在四川省文学界有一定影响。2004年，徐伯荣在资阳逝世。

张道森

张道森(1940—2000)，成都市人。国家一级美术师，锦城画苑画师，四川省文史研究馆馆员。

早年师从著名画家、美术教育家刘既明、苏葆桢教授。擅长花鸟，兼攻山水、人物。其作品追求齐白石、吴昌硕以及近人苏葆桢笔意，笔力苍劲。尤擅画“苏派”葡萄，但在藤枝、蔓叶、点朵、渲染和章法上，具有独特风格。

多幅作品在日本、美国、新加坡等国和中国香港等地区展出和发表。其中，《风竹》在国际巡回展出的中国画展暨大赛中获最佳荣誉奖，《雄鹰图》被十一届亚运会组委会收藏，《硕果》曾在美国洛杉矶机场展厅展示，《兰竹》被瑞士博物馆收藏，《枇杷》被中国齐白石纪念馆收藏，《雨后春笋竹》被四川省文史馆珍藏。2000年，张道森在成都逝世，终年60岁。

丁振清

丁振清(1942—2005)，山西省太原市人。美术家，成都艺术职业学院副教授。

自幼喜欢美术。初中毕业后考入山西艺术学院美术系中专科，一年后被学校保送到中央美术学院附中。后考入中央美术学院油画系，在董希文工作室学习。学习期间，创作的油画作品《晋祠难老泉》获山西省青少年艺术作品展一等奖；《楷模》获山西省第三届美术作品展二等奖；《冰上姐妹》被选送苏联展出，获一等奖；巨幅油画《唤起工农兵千百万》被中国历史博物馆收藏。中央美术学院毕业后，分配到成都军区任创作组美术创作员。其间创作的油画《风雪无阻》在四川美术管展出，《亲切的关怀》被四川人民出版社出版。1978年，转业到四川日报社，历任美术编辑、主编。2001年，到成都艺术职业学院任教师，兼任学院基础教研室第一任主任。历任中国新闻漫画研究会理事，四川省美术家协会理事，四川省美术家协会水彩、水粉画艺委员会副主任。

2005年8月1日，丁振清因发生交通事故逝世，终年63岁。

温原兴

温原兴(1946—1998)，号达耶，室名达耶斋，成都市人。四川省书法家协会副秘书长、四川省书法家协会篆刻艺术委员会主任、四川省青年篆刻研究会常务理事，四川省凉山州书法家协会主席、西昌市书法家协会主席。

1965年，中学毕业后，到凉山州西昌县插队落户；1972年，调西昌县文工团工作，后任西昌市总工会工人俱乐部主任。

自幼受其父影响，酷爱书法、篆刻艺术，曾师从著名书画家施孝长。其书作和印作质朴劲健，风格鲜明。作品参加全国书法艺术、篆刻艺术展览，先后获四川省首届巴蜀文艺大奖书法三等奖、四川省首届少数民族艺术节书法一等奖。其书法作品入选四川广岛、四川山梨中日友好书法交流展。1997年，中国文联授予“德艺双馨中青年文艺家”称号。1998年，温原兴在西昌逝世，终年52岁。

黄同江

黄同江(1947—2004)，重庆市江北区人。著名画家。

少时爱好美术，跟随毕业于西南师范学院美术系的哥哥学习绘画。“文化大革命”时期，中学毕业，到古蔺县插队落户，接受贫下中农再教育。每天清晨、黄昏都要到河边、山林、街口写生，打下扎实绘画功底。下乡期间，创作《苗岭金秋》《扎根农村放眼世界》《春风吹到大凉山》《山深杜鹃红》《赶马人》等作品，先后在省、市展出。20世纪70年代初，参加古蔺县“毛主席革命路线胜利万岁展览”展品绘制工作。1973年清明，到赤水河畔太平镇参加“红军四渡赤水”太平渡陈列馆展品绘制工作，负责创作主题油画《四渡赤水》，是这一时期代表作。1977年，考入四川美术学院绘画系油画专业。1979年，考取四川美术学院国画系著名画家李文信、杜显清的研究生，潜心攻读中国古代画理、画论，与西方画理、画论进行比较研究。1981—1986年，在四川美术学院国画系任教。1986—1989年，调广西柳州教育学院美术系任教。在此期间，主持壁画《柳侯祠》的绘制工作。1989—1991年，在广西师范大学美术系任教。1991年，调四川省教育学院美术系，任副教授。曾任中国美术家协会会员。

代表作有《龙女》《诗经画意》等。作品多次参加省内外展览，并获奖。1991年，国画《火焰山情思》参加中国当代工笔友学会二届大展，获优秀奖。1997年，国画《沸腾的草地》参加第四届中国体育美术展览。2000年，国画《大凉山之夜》参加迎接新世纪中国工笔画展。2001年，国画《草原旋风》参加第五届全国体育美术展览。出版有油画专著《黄同江》。

2004年3月，黄同江在成都逝世，终年57岁。

冯正祥

冯正祥(1949—1996)，字峥松，号静心堂主，成都都江堰市灌口镇人。画家、彩灯制作家。

少年时期师从雷肩厚学画，后师从胡立深造。1965年10月，参加工作，先后在灌县木材公司、都江堰市林业局工作。1987年，任都江画院院务委员。1995年，任都江堰市美术家协会副秘书长。曾任四川省美术家协会会员、中国林业美术家协会会员、成都市美术家协会会员。

冯正祥创作的美术作品参加全国、四川省和成都市级展览以及被报纸、杂志选用近百幅，《都江瑞雪》《青城后山风光》等获四川省优秀作品奖,《都江之春》《青城小景》选送日本和中国台湾地区展出,《青城观瀑图》《翠竹图》等作品参加新加坡新炎黄杯中华全国书画创作比赛,获创作奖并被收藏。其传略和作品被收入《中国美术书法界名人名作博览》《中华古今书画家吉祥福寿大典》《青城山都江堰书画精品选》《蓬莱天府书画交流展专集(台湾)》《国际书法篆刻大典当今彩墨集》等。冯正祥善于设计制作彩灯,与原作者合作的《莲童祝寿》《都江风光》《八仙过海》《少年英雄》《哪吒闹海》等大型彩灯,融形、色、声、光、动于一体,分别获都江堰市彩灯一等、二等奖。其中,《莲童祝寿》参加成都市1987年春节灯会展出,获一等奖,并代表成都市参加全国巡回展,并于1987一1994年先后赴北京、广州、长沙、福州、济南、青岛、兰州、东莞等地展出,多次获一等奖。

1996年11月21日,冯正祥在都江堰逝世,终年47岁。

胡承斯

胡承斯(1953—2002),成都市人。四川师范大学艺术学院副教授。

1973年,毕业于成都师范美术专业,1978年,四川美院绘画系进修结业。1987年,毕业于西南师范大学美术系,留校任教。1997年,调入四川师范大学艺术学院任教。曾任中国美术家协会会员、四川省美术家协会会员,四川省美协油画艺委会委员。

胡承斯是四川伤痕美术风潮的代表人物,擅作油画。主要作品有《在龙的土地上》《儿女》《梦在月光下绵延》《初醒的弯月》《界》《小女孩》《时间跑道》等。作品多次参加国内外美术展览,被国内外美术馆及个人收藏。《在龙的土地上》获全国美展优秀作品奖,作品《小女孩》获全国青年美展优秀作品奖,《儿女》《梦在月光下绵延》获四川省美展优秀作品奖。撰写有《我为什么画“小女孩”》《关于绘画的两点看法》《重读印象派》等论文。

胡承斯被诊断为肺癌晚期后,创作出一组记录他与病魔斗争的油画。2002年9月8日,艺术界同道、艺术院校师生及普通民众在四川美术馆为胡承斯举办特殊个人艺术展,展出以其就医经历所作《癌病房》系列,胡承斯在妻子陪同下亲临展出现场。胡承斯的事迹被载入四川省教育厅主编的《四川师德风范》。

2002年12月13日,胡承斯在成都逝世,终年49岁。

五、名老中医

江集生

江集生(1897—1990),四川省安岳县人。成都市名老中医。

13岁到成都紫东楼街拜谢立斋为师,学医9年,潜心研习《黄帝内经》等中医经典。1917年,开始在成都九眼桥医院行医。1943年3月,南府街张何氏被误诊已“死”,他以4剂处方诊治、调理,使“去世”已两日的张何氏死而复生,医名得以远扬。1945年,成都暴发霍乱,独创外治刮痧法,用铜钱重刮肘弯至寸口脉处,刮起乌泡后用针刺破,放出恶血,再服灵芝药水和自配散剂,待吐、泻止后,用香砂六君子汤适量加减,调养肠胃功能。历时数十天,救助众多患者。次年,被推选为外东区国医大会主任。

临床诊治中,精于医理,长于内、妇、儿等科疾病。认为成都地处低洼,空气潮湿,易伤外湿,主张健脾除湿。用香砂六君子汤加减治疗心、肺、肝、肾诸病症，用黄芪六君子汤加减治疗诸风掉眩病症，疗效甚佳。对治疗妇科崩症亦有丰富的临床经验，常以温经汤、香附四物汤、八珍汤加味治疗。儿科方面，强调既治已病，兼治未病，无论外感或内伤所致小儿发烧，除针对病因施治外，辅以调理脾胃，生津保液，退烧快，且不易反复。1990年，在成都逝世，终年93岁。

罗禹田

罗禹田(1905—1990)，回族，成都市彭州人。著名中医骨外科专家，成都中医药大学教授，中华医学会四川分会外科专业组副组长。

出生于中医世家，其父罗裕生是蜀中著名骨科医生，抗日战争时期，曾在骡马市街开设“罗裕生骨科医院”。他长期随父学医，后独自在东御街开设诊所。中华人民共和国成立后，任联合诊所所长。1955年，调成都中医进修学校任教，一年后调成都中医学院，任外科教研组组长。1961年，任外科教研室主任。1965年，参加3211钻井队烧伤治疗受到嘉奖。同年，献出家传治疗烧伤的秘方紫榆膏和内治方清解汤。1978年，任成都中医学院附院大外科主任。

长期担任中医外科和骨科教学工作。临床擅治骨髓炎、骨结核，采用独特的内外合治法，标本兼顾，使不少病人免于致残或减轻残疾程度。

参与全国高等医药院校教材《中医外科学》和《中医伤科学》的编写工作。专著有《治疗烧伤的临床经验与体会》《论疮疡的治疗经验》《中医外科临床集要》。1990年，罗禹田在成都逝世，终年85岁。

刘云波

刘云波(1905—2000)女，四川省遂宁县人。著名妇产科专家。

1927年，就读于北京女子大学，后赴日本东京女子医专和德国耶那大学医学院留学，1937年，获德国医科大学医学博士学位。回国后，曾任成都私立宏济医院院长兼中央军校眷属医院妇产科主任，成都市立医院妇产科主任，四川省高级医士职业学校校长和附属医院院长。中华人民共和国成后，继续从事医务工作。1953年，加入中国农工民主党；1988年，加入中国共产党。历任川西卫校、成都医专、卫生干部学院副校长、副院长，川西行署委员，四川省人民政府委员，第一、二、三届四川省人大代表，第五、六届四川省人大常委会副主任，第三、五、六、七届全国人大代表，第四届四川省政协委员、副主席，中国农工民主党中央常委、咨监委员会常委，农工民主党四川省委第三届常委，农工民主党四川省委第四、五届主任委员，农工民主党四川省委第六届名誉主任委员，中华医学会四川省分会副理事长，中国红十字会四川分会副会长，四川省妇联副主任，中国抗癌协会四川分会名誉理事长，四川省计划生育协会名誉理事长，四川省优生协会名誉会长。

致力于妇幼工作，对病人无论贫富都无微不至的关切。朱自清曾送刘云波一幅横幅，誉为“慈母之心”。1979年，被评为全国“三八红旗手”。著有《实用妇产科学》《围产期保健》《老年妇女保健》等医学著作。

2000年，刘云波在成都逝世，终年95岁。

高诚宗

高诚宗(1905—2001)，女，字述先，成都市人。中央保健局特聘医师。

毕业于成都女子师范学校，随父学习中医内科，后师从蜀中名医黄柱臣学习中医外科。20世纪40年代后期，在黄柱臣诊所行医。

1956年，受邀到成都铁路局中心医院开创中医外科。以独特的动静结合配以小夹板固定法治疗骨伤，以调(和)气(机)为主治疗内科疑难杂症，在省内颇负盛名。后任中央保健局特聘医师。曾任四川省人民代表、四川省政协委员。

2001年，高诚宗在成都逝世，终年96岁。

叶文伯

叶文伯(1908—1993)，名时昌，字文伯，成都邛崃市桑园镇叶河坝人。名中医，中医副主任医师。

早年体弱多病，先患咳嗽咯血，后数患疟疾，经名医叶融斋治愈，从此立下学医之志，执教桑园十小期间从医之志不减。1934年夏，桑园十小毁于水灾停办，遂受业于叶融斋门下。中华人民共和国成立后，曾任邛崃县卫生医药协会副主任，中医学会理事，第六届政协委员，第七届、第八届政协常委，成都市中医学会理事。

擅长中医内科、妇科及杂病。精于医理，用药严谨，处方简练，常说“理要熟，法于精，方在活，药需精”，素为同行佩服。对《内经》《难经》《伤寒》等经典医籍穷思熟读，不时抄录，溯源穷流以求明理。每日黎明即起，医书在握，自习两三小时不间断。夜阑之际，仍要查阅方书。注重汲取叶天士、薛生白、吴鞠通、王孟英、徐灵胎、陆渊雷、唐容川等名医之长。对经治病人均笔录临证治验心得，数十年如一日，未有懈怠。

先后执教于邛崃县中医进修班、卫校、中医班、西医学习中医班，教授《内经》《伤寒论》《温病》《内科》《妇科》，讲授深入浅出，常以“学医宜活，切忌呆板、笨、死拘章句”等警示学生。著有《医辙》一部(未付印)，撰写《文伯医案三则》及《临证救误》一文，曾获邛崃县政府科技成果二等奖，《气血津液调理初探》及《重症肌无力治验》等文，参加温江地区中医学会学术交流，受到好评。

诊余之暇，时有诗词、楹联佳作，编有《诗词对联集》，在“文化大革命”中被毁，仅存数幅收入《邛崃文史资料》。

1993年，叶文伯在邛崃逝世，终年85岁。

徐慧灵

徐慧灵(1909—1992)，成都市人。成都市名老中医。

幼时随父在徐鸿昌开设的“鸿昌医社”习医，1923年，先后投师刘达源、李任三，学习中医内外科及中药制炼技术。后向赵文熙学西医，四年后在其父医社内进行中医内外科临床实践。1942年，经考试合格获开业证书，开设“鸿昌诊所”行医。1964年，调入西城区(青羊区)中医院。

擅长治疗温病，临床诊治中以“认病是基础、辨证是关键、治疗求方法、用药宜精简”为宗旨，治疗不少疑难重症，如小儿脑积水、猩红热、急性肝炎等。曾撰写《论风湿辨证施治中的几个问题》一文，在全市学术会上交流。

1992年，徐慧灵在成都逝世，终年83岁。

倪季明

倪季明(1911—1992) 原籍四川省成都蒲江县西崃乡，邛崃市临邛镇人。成都市名老中医。

出生富豪之家。民国，四川军阀统治期间，其父和家人数次被土匪绑票，致使家业破败。后到邛崃定居。时张志和部驻防邛崃，军中有几位思想进步的教师。在这些教师和同学严景鸿(中共党员)的影响下，倪季明开始参加革命活动。1932年，倪季明被当局逮捕入狱，经其父多方托人营救，保释出狱。1934年，倪季明向亲友借十几个大洋，与小学时的老师周子修合股，在邛崃县城南街开办从德堂药室，先后攻读《内经》《伤寒》

《金匮》《神农本草》及陈修园、王孟英、吴鞠通、叶天士、李东垣、郑钦安、唐宗海等名医的医学著作。1944年8–10月，邛崃霍乱流行，城内居民大批死亡。倪季明综合中医古方开出一济防治霍乱的处方，让家里人每天照方熬制汤药，盛在文庙街林家大院门的大水缸里，让附近居民和过往行人服用，救人无数。

1950年，倪季明参加邛崃县卫生协会工作，任秘书，并在卫生总站应诊。1953年后，先后在裕泰昌药室、城关诊所、马湖医院、拱辰卫生院工作。1963年，邛崃县举办一届四年制中医班，倪季明任教讲授中医内科知识。1984年，调邛崃县中医院工作，日均门诊70人次以上，为中医院门诊人数最多的名老中医之一。历任中医副主任医师，邛崃县第十届、第十一届人民代表。

擅中医内科，通医理而精于治疗，其辨病认症，处方用药，多能通权达变，灵活应用，医术影响遍及川西。有《医学集锦》二卷及《舌诊要诀》《温病便读》《腹证与腹诊》《内经选辑》等著作，撰《白带》《胆结石》等论文。

1992年8月，倪季明在邛崃逝世，终年81岁。

朱泽南

朱泽南(1912－1999)，又名朱宗棠，成都市郫县唐昌镇天生村人。成都市名老中医。

出生于中医世家，随父朱光壁学习中医。1940年，朱家在原崇宁县竹瓦铺(现郫县新胜地区)开设药店“协德药房”，开始独立行医。中华人民共和国成立后，先后在崇宁县竹瓦乡联合诊所、郫县唐昌联合诊所、唐昌卫生院、郫县永兴公社医院任中医内、外科医生。

中医外科方面，继承祖辈传下的膏丹丸散，对脑疽、反唇疔、对口疮、背疽、腰疽、附骨疽等有独特疗效。擅长治疗中风后遗症、癫痫、面瘫、胆结石、膀胱结石、肾结石、风湿及类风湿性关节炎、小儿麻痹后遗症、肝腹水以及妇科杂症。1983年，四川省卫生厅授予“四川省卫生先进工作者”称号。1985年11月，获“成都市名老中医”称号。1999年12月，在郫县逝世，终年87岁。

傅明先

傅明先(1913—1992)，成都市青白江区城厢镇人。成都市名老中医。

15岁在义鑫泉择药号做学徒，随父习医，25岁正式行医。1952年，城厢镇联合诊所成立，后改为中心卫生院，傅明先任院长。1980年，任青白江区中医医院医师。曾任金堂县人大代表、金堂县政协委员、青白江区政协委员。

傅明先精研中医理论，善治内科杂症。主张因时因地因人制宜，辨证施治。认为青白江地处成都平原，加之工业污染，风温湿邪重，人体大多阴虚血虚，外感内伤应处理好养阴补血与祛风湿之关系，用药宜轻清、甘淡，慎用大补大攻大湿大汗等虎狼之剂。傅明先下班时也坚持诊病，对远道病人随到随看，对信函求诊者有求必应，其医德医风为人称颂。在“文化大革命”中受到批斗，仍坚持上班看病。1992年1月29日，傅明先在青白江逝世，终年79岁。遗稿有《肾结石治验举隅》《肾痹、骨质疏松症治例》《红斑狼疮治验一得》等。

于文才

于文才(1913—1995)，成都市温江区永宁镇人。成都市名老中医。

自幼喜欢习武，读私塾1年，因父生疮不愈而亡，遂立志学医，济世救人。1933年，向同村名医李玉山学医；1942年，与友人陈吉泰在公平场开设中药铺兼行医。1952 年，任县卫生协会主任;1957 年 2 月,任温江县人民政府卫生科副科长;1958 年 1 月,在四川省政治学校学习。1960 年,任万春中心医院副院长,1972 年后,历任县卫生局副局长、县医院副院长、县卫生局督导员,于 1988 年 1 月退休。曾当选温江县第八届人代会代表、县政协第六届委员会常委,历任成都中医学会会员、四川省人体科学研究会常委、四川省气功学会会员。先后被评为省、市、县劳动模范,省、市、县卫生工作先进个人,县优秀共产党员。

擅长中医内科、骨伤、针灸和气功诊疗技术。1990 年 3 月,在西安举行的“第二届国际气功交流会”上,作“关于中医中药及气功医疗”交流发言,被与会者认为有其独到之处。潜心研究和整理祖国医学遗产,编写中医、药物等医学资料,自费印制成书刊广为散发,向群众介绍、宣传保健卫生知识。退休后坚持上班,常为经济困难的患者付钱买药。

1995 年 7 月 22 日，于文才在温江逝世,终年 82 岁。

寇煜光

寇煜光（1913—2001)，四川省德阳市绵竹人。成都市名老中医。

自幼随曾祖父学习中医理论,熟读《内》《难》等各家名著。20 世纪 40 年代中期,在成都创立“仁和堂”，尤擅儿科，慕名求医者络绎不绝,以“寇小儿”享誉蓉城。解放初,在西华门街联合诊所行医,后合并到祠堂街联合诊所(青羊区第四人民医院前身)行医。

寇氏家族世代为医,汇集历代医学研究精华用于临床。寇煜光精于中医内、妇、儿、针灸各科,尤擅治疗小儿脾胃病。他认为,小儿疳证系因小儿脾胃虚损、运化失调、吸收功能长期障碍,从而致使脏腑失养,气液干涸,形体羸瘦以及气血不能营润肌肤和四肢百骸，继而影响小儿生长发育,因此成为一种病情重、病程长的慢性营养障碍疾病。他不但善治小儿常见病、多发病,对各种新生儿疾病、各种脑膜炎及脑瘫等儿科疑难病症的治疗,也有较深造诣。经他治愈的婴幼儿成千上万,在蓉城医界备受推崇。2001 年,寇煜光在成都逝世,终年 88 岁。

周伯坚

周伯坚（1914—1990)，成都崇州市三江镇人。成都市名老中医。

中学毕业后复读私塾 2 年,后随叔祖父周俭夫学医,攻读医学专著,5 年后,开始独自行医。曾考入成都医务人员训练班,结业后考入土地测量学校,被派至仁寿、剑阁等县任土地测量技术员,利用业余时间为群众诊病疗疾。

1951 年,入医学桥梁师资班学习。后调新津县城关镇联合诊所工作,同时在县办预防医学训练班任教。1958 年,任县办中医带徒学习班班主任。同年 11 月,开展普及针灸的学习,编印《针灸讲义》,向学员讲解针灸疗法及自己的临床经验。曾多次应邀至解放军七八医院讲课。1959 年,到成都中医学院师资班学习。1960 年,调大邑县中医学校任教。1963 年 12 月,县中医学校停办,调大邑县人民医院作中医生。晚年双目失明,但对登门求医者总是精心诊治,不取分文。曾当选大邑县人民代表大会代表，政协大邑县委员会常委。

长期研习中医理论及针灸学，善治内科杂症。主张医不执方,合宜为用。撰写《中风病案例四则》《诊余杂俎》《中风治验》《癌瘤治疗探讨》等论文数十篇。

1990年1月29日，周伯坚病逝，终年76岁。

王祚久

王祚久(1914—1998),四川省丰都县人。著名中医妇科专家,成都中医药大学附属医院主任医师,曾任政协成都市委员会常委。

1942年,在四川国医学院毕业后,被聘请到丰都中学任校医。后自设诊所,主治内、妇、儿等科疾病。20世纪40年代后期,参与发起成立丰都中医师公会,任主任学术委员。中华人民共和国成立后，历任丰都各界人民代表会议常务委员、丰都城关镇联合诊所主任、丰都县卫生科副科长。1956年,调成都中医进修学校任教,1957年,调成都中医学院(成都中医药大学)附属医院妇科,从事临床、教学和科研工作。

擅长中医内、妇科疾病诊治。在长期诊治实践中，将辨病与辨证相结合以指导临床遣方用药,因病因症辨证施治,分别虚实以治之。如对崩漏的起因,他认为多与肝失疏泄、脾气亏虚、肾气不固有关,其治疗则当用固本疏肝、补脾、固肾之法;对妇科带下、腹痛、癥瘕之症,认为初起者多实,常用疏肝理气的《伤寒论》方四逆散加红藤、蒲公英、金银花、延胡索等;久病者多虚,常用温经化瘀的《金匮要略》方桂枝茯苓丸加减。治疗男女不孕症,考虑到肾为生殖之本,故治疗多从补肾入手,常获得满意疗效。累创自制方,如以黄芪、党参、阿胶、白术、续断、杜仲、菟丝子、熟地黄、桑寄生治疗先兆流产,效果显著。

主要论著有《妇科临床精华》《中医中药治疗附件炎191例临床观察》《备金散治疗经行腹痛》《七味白术散治经行口渴》《崩谓分型论治》《慢性肾炎治验》《论调理脾胃是妇科治疗的一个重要方法》,其中,《妇科临床精华》获西南西北地区优秀图书三等奖,

1998年,王祚久在成都逝世,终年84岁。

张逸庵

张逸庵(1915—1999),又名张云龙,成都市新津县金华乡(今金华镇)白果村人。成都市名老中医。

自幼立志学医,师从新津县济仁堂老中医文保清、林若成,潜心研讨医学典籍。出师后在五津镇开设圆通医药社。1936年,参加"哥老会",后又加入中国民主同盟。1938年,任保长。1950年,被判劳改入狱,于1951年8月释放。1952年,参加县金华联合诊所,任所长。1955年,加入县卫生协会,任协会学术股负责人。1962年,调县卫生协会医院。1980年,调县中医院。1982年,任温江地区中华医学会顾问。1983年,相继被评为成都市科技积极分子、四川省卫生工作先进工作者。曾当选县人民代表大会代表,后任县政协委员。

以精湛的师传"观音针"针灸之术闻名,擅长治疗头痛、眩晕、风闭、痰厥、气闭、中恶、容忤、小儿高热、惊厥、抽搐、暑邪、心邪、肝风等急性危症。1964年，新津县许多人患流行性脑脊髓膜炎,对于惊厥、休克的病人,他用"观音针"进行抢救,效果显著。汉代张仲景曾有"微数之脉,慎不可灸"之戒。然而几十年来,张逸庵却以针灸治愈数百例高热抽搐、惊厥、痰厥、暑邪入营疾病。他从中总结出一条经验:只要症见四肢抽搐,角弓反张,则于针后施灸,常可收到搐止神苏之效。其处方及制作方法独特。

著有《运用针灸治疗急症的点滴体会》《地中海贫血的中医治疗一例》《针灸抢救乙型脑炎24例经验》《针灸配合中药治疗痰厥症经验》《再论针灸治疗危急重病》等文。1982年,由他担任课

题组组长的“灸法、针法治疗风湿热(痹症)”被列为省科研项目,至1983年,共收治痹症住院患者23人,采用分针法配合“观音针”加内服中药,治愈、显效、有效者,分别占47.4%、21.1%、31.5%,受到省卫生厅嘉奖,县中医院因此连续两年被评为省级先进医疗单位。

1999年,张逸庵在新津逝世,终年84岁。

李绰成

李绰成(1915—2001),四川省射洪县人,著名针灸大师,成都市名老中医。

青年时期拜师杨官珊门下,攻读《内经》《素问》等经典医籍。后师承针灸名家全绍愚、任俊升学习针灸医术;1939年,注册行医。中华人民共和国成立后,1955年,调青羊区中医院任针灸医师。1989年,晋升副主任医师。

临床治疗中,潜心研究脑脊髓病所致各种不同后遗瘫痪的针灸治疗,积累了丰富经验,经数百例临床观察,取得满意效果。以中犊穴治疗急慢性胆绞痛,亦具显著效果。曾出版专著《针灸会合穴临证精要》,论文主要有《针刺经筋结以苍龙摆尾法治疗中风后遗症》。

2001年,李绰成在成都逝世,终年86岁。

陈万松

陈万松(1918—2002),成都市新都区新繁镇人。中医师、主治医师,成都市名老中医。

16岁外出帮人,先在中药店当学徒,学习中药的鉴别、炮制、加工、储藏,后在成都名医敬去樵的高徒赵绍庭名下学医,苦读《内经》《伤寒杂病谈》《温病学》《内科》《儿科》《妇科》和《药学》等中医经典,后独立行医。1951年,任崇义桥联合诊所所长。1956年,调至新繁县人民医院中医科从医。1959年,任县办中医班的教师和班主任,从事理论、见习、实习等教学工作。1976年,加入中国共产党。1987年,成都市卫生局和新都卫生局授予陈万松成都市名中医、新都县名中医称号。曾当选县人大代表、先进工作者,出席县群英会;任温江地区中医学会理事、中华全国中医学会成都分会第一届理事、第二届理事顾问。

从医数十年,受中医大师李斯炽、吴耀先、卓雨农、文琢之等教诲并吸取名家学术经验,继承发掘祖国医学遗产,走“医、教、研”和中西医结合道路,对四季时感病的防治(温病)有独到专长;对中风、高血压、冠心病、糖尿病、肝炎、肝硬化、肾炎、肾病、风湿热、支气管炎、肺心病、慢性胃炎、胃溃疡,妇科月经病、盆腔炎、不孕症,儿科肺炎、功能性消化不良、婴幼儿腹泻、蚕豆病、紫癜等均有深入研究。其子陈兴泉编撰的《陈万松时病医案集萃》中有详细记载。先后撰写《我对时感病证治运用汗清下三法的体会》《温病四个阶段辩证的十二种治法及其代表方的歌诀》《浅谈我对时感病的认识与证治》《流脑病案二则》等16篇论文,发表于《四川中医》《温江地区中医学术资料汇编》《新都医药》等杂志。

2002年1月29日,陈万松在新都逝世,终年84岁。

高思远

高思远(1918—1990),又名高月铨,成都邛崃市冉场人。成都市名老中医。

1926—1930年,在新津县永兴场读初级小学;1931—1933年,在新津县城读高级小学。1934年,在永兴场全善医馆随父学习中医,于1938年开始随父行医;同年参加国医公会。1939年,参加袍哥九莲社。1940年,入国民革命军第五军,任下士。1944年,在国民革命军辎重营任中士,1946年,在国民革命军辎汽七团任上士。

于1949年返家，次年，参师名医顾炙之。1951年，任新津县医务工作者协会第四区分会宣传组长。1952年,参加夹江、蒲江土改卫生工作队。1953年,参加永商乡联合诊所,任中医内科医生。1985年,成都市卫生局授予“成都市名老中医”称号。1989年,评为副主任中医师。

高思远深入研究传染病机理,对诊治肝病有独到经验,著有论文《我对黄疸症的治疗和用药的认识》。

1990年7月，高思远在新津逝世，终年72岁。

刘梓衡

刘梓衡(1919—1999),别名秉楠,成都市双流县人。著名中医。

出生于中医世家。民国时期,先后毕业于中央军校、四川国医学院。曾任《兴中日报》记者、蜀风通讯社采访主任、西南新闻社总编、西南新闻晚报社社长,重庆卫戍司令部、二八军军官总队上校秘书，国防部新军第六纵队少将副司令。1949年末,参加起义。中华人民共和国成立后,从医。历任四川省文史研究馆馆员、四川省人民政府参事、四川省政协常委。

擅长治疗各种危重肿胀病,如肝硬化、腹肾脏性水臌危症等。著有《临床经验回忆录》,1980年,四川人民出版社出版。全书以治验实录为载体,各案均有详细四诊资料、辨治思路、方药详析,综述病情变化和治疗效果的转折过程。最末所附按语,结合古籍典论、历代名家学说及家传经验,论证理、法、方、药在临床上的具体运用,多有独到经验及用药体会(2012年,人民军医出版社收入《现代名老中医珍本丛刊》中)。

1999年,刘梓衡在成都逝世,终年80岁。

李仲愚

李仲愚(1920—2003) ,成都彭州市人。著名中医临床、针灸学专家,

5岁入私塾。13岁师从堂叔李培生学医,后又从师天彭名医刘国南、刘锐仁。17岁即悬壶于县医馆,针药并用。19岁考取四川省注册中医师资格,次年入四川国医学院学习。中华人民共和国成立后,担任彭县卫生工作者协会主任、县人民委员会委员。1955年调成都中医进修学校,次年,调入成都中医学院(成都中医药大学),从事中医、针灸教学和临床工作。1966年,晋升为主任医师,享受国务院政府特殊津贴。1996年,任中医药大学附属医院针灸指针研究室主任、康复科主任。曾当选为政协四川省委员会委员,历任中国针灸学会常务理事、中国医用气功学会副会长、四川省针灸学会会长。

他治学严谨,诲人不倦,先后带教各层次学生进行教学实习、毕业实习,其中多批学员来自港台及海外。带习中,多从传统中医理论及针灸、气功学说出发,联系儒、佛、道知识,结合临床进行讲授,受到学生好评。花甲之年喜收两名高徒,并赴京参加在人民大会堂举行的拜师大会。强调知行统一,重视医德教育。长期从事临床工作,深求古训,博采新知,施术时能取各家之长,因时、因地、因人、因症而用。精于方术,善用针灸,常以中医传统的汤液、针灸、角、砭、导引、按摩、薄贴、膏沫、浴熨等方法治疗内、妇、儿、外及五官各科疾病,尤擅长使用祖传绝招杵针、气功等法,内外合治、针药结合,治疗多种常见病及各种奇难杂证,疗效显著。曾多次进京给中央首长治病。

在学术经验整理研究方面，先后承担国家“七五”攻关重点科研项目“李仲愚杵针疗法的研究”、省中医管理局重点科研项目“李仲愚蓝字气功抗衰老的研究”、国家中医药管理局重点科研

项目“李仲愚穴位药贴疗法的临床及实验研究”。在他主持下，还开展了治疗老年性耳聋，以及治疗癫证、痹证、痿证的临床观察等研究。专著有《气功灵源发微》(1982 年出版)、《杵针治疗学》(1989 年出版)等。1990 年，主审全国中等中医药学校教材《针灸学治疗》。同年，被评为四川省自然科学界精神文明标兵。1991 年，被人事部、国家中医药管理局确定为继承老中医药专家学术经验指导教师。

2003 年，李仲愚在成都逝世，终年 83 岁。

徐楚江

徐楚江(1920—2004)，成都市人。著名中药学家，成都市著名中医。成都中医药大学教授，享受国务院政府特殊津贴专家。历任四川省药学会理事、四川省科技顾问团顾问、国家药典委员会委员、中国中医药学会顾问。

幼入私塾，1934 年，受业于成都名医段鹤龄门下，并学习药材鉴别和膏丹丸散制作。1951 年，调成都第一人民医院中医门诊部工作。1957 年，调四川医学院从事中药教学和科研工作。1962 年，调成都中医学院，历任教研室副主任、副教授。1990 年，被人事部、国家中医药管理局确定为第一批全国名老中医师带徒指导老师。

在中药学方面造诣很深，对名贵药材真伪优劣的鉴别经验十分丰富，尤擅对药物进行特殊炮制，被誉为“药王菩萨”。一生自创许多方剂，如益肺散、清肝饮、化斑汤、止痒汤、快心汤、牙痛方等，在实践中均取得较好疗效。曾应邀赴日本进行学术演讲和交流。在教学上，先后主讲《中药材形性鉴定》《中药制剂学》《中药炮制学》。主编中国第一部统编教材《中药炮制学》；编著《中药调配学》，指导编著《中药饮片炮制前后成品性状》，并任《中华本草》编委。2004 年，徐楚江在成都逝世。

刘松元

刘松元(1921—1999)，四川省江津县人。成都中医药大学中医眼科专家、教授。曾任全国眼科学会顾问、四川省职业教育函授中心顾问，四川省卫生厅中医专业技术职务评审委员会委员。

12 岁即在祖父教导下攻读中医典籍。后遍访名医，博采众长，医术迅速提高。1948 年开业行医。1950 年，被聘任为江津县卫生工作者协会主任委员及联合诊所主任。1953 年，在西南卫生部重庆中医进修学校专修班学习。1958 年调成都中医学院，从事眼科教学、临床和科研工作。

在教学工作中，主张将整体观纳入眼科范围，贯穿五轮八廓和六经辨证学。认为眼科作为一门专科，应在内科基础较扎实后加以精习，方能领悟其精要。对眼内疾患，如视网膜炎、玻璃体混浊、早期白内障、慢性青光眼、虹膜炎、角膜炎、结膜炎等，他用中医中药治疗，疗效甚好。

参与编著《中医眼科学》《中医辞典》眼科部分，根据临床经验，撰写论文《气与眼的关系》《小柴胡汤在眼疾中的应用 100 例》《试论风轮病变》等。

1999 年，刘松元在成都逝世，终年 78 岁。

戴尧天

戴尧天(1922—1997)，成都市温江区金马镇人。成都市名老中医，四川省、成都市医学会理事，政协四川省委员会委员。曾任《温江县志》总编辑。

1947 年，毕业于南京国立政治大学地政系。1953 年 9 月，参加工作，历任温江县中医院副院长，温江县人民政府副县长，温江县政协副主席，民盟温江支部主任委员，温江县人大常委会副主任，兼县志编纂委员会常务副主任、县志总编辑。1993年退休。

医术精湛，擅长内科、妇科、儿科，对脉象颇有研究，曾治愈不少疑难顽症。1959年，在双流工作期间，正值钩端螺旋体病大流行，死者近百人，他根据古典医理，结合自身临床经验，研制出治疗钩端螺旋体病的验方《芦花汤》，治愈众多患者。著有《中医内科学》《中医学基础》《中医妇科学》等医学论著。1997年，戴尧天在温江逝世，终年75岁。

陆干甫

陆干甫（1924—1994），成都市人。中医内科专家。四川省名老中医。

祖父陆景庭、父亲陆中鹤均为蜀中名医。1943年，陆干甫毕业于四川国医学院中医本科。1944年后，先后在成都、重庆等地行医。1950年12月，入西南革命大学学习。历任万县市文学艺术联合会秘书、市人民政府卫生局科长。1957年，调至成都。历任全国政协委员、四川省政协委员，成都市九三学社常委，四川省科技顾问团顾问，四川省中医研究所内科主任、省中医研究院临床医学研究所研究员、四川省中医现代研究会副会长，四川省外向型经济文化丛书中医中药卷主编。

从事中医临床四十余年，擅治内、儿、妇科疑难杂病，对一些疑难重症的诊治，敢越前人窠臼。对喉痹诊治有独特见解，认为喉痹病因病机为阳气未能升发温养，导致气化障碍，即不是气虚也不是阴虚，而为阳不化阴，可用“引火归原”法进行治疗，采用温阳活血开痹方法治疗本病。1985年，完成“喉痹”“胆胀”两项科研课题，获四川省科技进步三等奖。发表《运用温阳活血法治疗疑难病症经验》《吴茱萸汤临证举隅》《肝胆辩证论治》《痰饮学说》等学术论文。专著有《中医学辩证法原理》《陆景庭医案选》。经学生整理遗著有《陆干甫论治全身性系统性硬皮病经验》《陆干甫临证治验简介》《陆干甫老中医治疗喉痹经验简介》等。

1994年，陆干甫在成都逝世，终年70岁。

樊映清

樊映清（1926—2003），四川省简阳县人，成都市著名草药医。

幼年丧父，9岁即随叔父樊茂林学习草医，采药、看病；16岁在成都开设草药店，开始独立行医。1960年，在成都中医学院中药教研组工作，后因病退职。1989年，晋升副主任医师。

一生专事中草医药，不空谈医理，崇尚实效，有丰富的临床经验。对治疗肝炎、紫斑、腹泻、肾、胆结石疗效显著。对治疗儿科疾病亦有独到经验，被誉为“樊小儿”。1983年、1985年被评为成都市劳动模范。2003年，樊映清在成都逝世，终年77岁。

陈仲翔

陈仲翔（1927—1990），成都邛崃市西禅寺陈河坝人。成都市名老中医。

陈氏世代为县内名医，擅长中医伤科，兼习少林派国术。1933年，祖父陈步轩在大邑县城东街开设四知堂医馆。陈仲翔幼年丧父，随祖父在大邑读书。寒暑假及课余随祖父学制膏、丹、丸、散药剂，治疗简单的外科、刀伤、枪伤和骨伤。中学毕业后专门学医，研读《药性赋》《时方歌括》《规正脉诀》《医宗金鉴》《伤寒论》等医著。1946年，在县城设医药铺，独立行医。

1950年，回原籍邛崃西禅乡行医。1952年，任西禅乡联合诊所负责人、乡卫生协会主任。

1954年到邛崃县卫生院学习西医基础知识。1956年，任县钩虫病防治工作组组长。次年调大邑城关镇东街联合诊所，任负责人。1959年，到成都中医学院师资班学习。1971年，调温江地区卫生学校任教，并从事卫校的门诊工作。1973年1月，调回大邑县人民医院从事中医门诊。同年10月，调温江卫生学校，讲授中医专业课并从事门诊。1980年退休后，温江卫校聘陈仲翔作门诊工作。1984年12月，被成都市第二干部疗养院聘请为门诊部医生。曾当选邛崃县人民代表大会代表。1988年1月11日《成都晚报》以《'割肱之心'倾患者》为题，对四知堂医馆的第五代传人陈仲翔的精湛医艺及高尚医德作了报导。

教学中，主要讲授中医《内经》《金匮》《温病》及方剂学、内科、外科等课程。擅长中医内外科、骨伤科，医疗经验丰富。在《四川中医》《成都医学》等杂志上发表多篇医学论文，并收录入《温江地区中医经验选编》。

1990年7月13日，陈仲翔逝世，终年63岁。

刘吉明

刘吉明(1929—2005)，成都市人。成都市名老中医。青羊区中医院名誉院长，民盟成员。历任中华医学会成都草药分会副主任委员，省、区政协委员。

成都"刘草药"第十四代传人。早年常随父、叔上山采药，深知草药药性。后师从杨歌乔、古松庭、曾彦石等。1951年，开始独立行医。1969年，开始以草药治疗肿瘤。他从川西常用中草药中筛选出抗肿瘤药256种，如一支箭、无花果、硬九子连环草等，求治者络绎不绝，诊治肿瘤患者达10万人次以上。他对治疗肿瘤积累了丰富的经验，并为实验研究提供大量临床依据。

除实践医疗外，还精研各地中草药，著有《草药随录》书稿，收录草药800余种。撰写学术论文《肺癌30例》《小儿白血病》《遗尿》《中西医结合治疗肿瘤》等多篇。2005年，刘吉明在成都逝世，终年76岁。

曾万章

曾万章(1935—2005)，云南省广南县人。著名药用植物学专家。成都中医药大学教授、硕士研究生导师，享受国务院政府特殊津贴专家。

1959年，毕业于西南师范学院(现西南师范大学)生物系，分配到成都中医学院。先后任药用植物学教研室副主任、主任，兼任中药品质研究室副主任。曾任四川省植物学会常务理事兼应用植物专业委员会主任、四川省花卉协会常务理事，全国高等医药院校中药专业教材编审委员、《中华本草》编委。

长期从事高等植物分类研究，主要方向为药用植物品种质量和资源，发现新种2个，新变种1个。教学中，先后讲授《药用植物学》《被子植物分类学》《种子植物分类学》《植物解剖学》等课程和专题。重视研究教学法，提倡"三不"（即"不迷信名人，不迷信教师，不迷信书本"）和"三允许"（"允许提问，允许置疑，允许反驳"）的学术民主精神。参加编写全国协编教材，并担任全国统编教材《药用植物学》及全国规划教材《药用植物学》副主编。编绘《被子植物分类学参考图谱》，编著主持摄制两部声像同步彩色幻灯片教材。参与编写《常用草药治疗手册》，《四川植物志》第七卷、第十卷。

2005年，曾万章在成都逝世，终年70岁。

朱克铸

朱克铸(1937—2005)，成都市人。成都市名老中医，中医骨科副主任医师。

1955年，师从骨科泰斗杨天鹏学习中医骨科技术。后成为成华区中医医院骨科学术带头人。重视培养接班人，毫无保留地向中青年骨科医生和来自各地的进修医生传授多年积累的专业技术和临床经验，手把手地耐心教导学员，并要求学员树立救死扶伤、全心全意为人民服务的高尚医德。

从医近五十年，总结了一套独特的治疗方法。特别是用中医传统的点穴推拿手法，配合外敷中药，治疗椎间盘突出症、以及某些骨科多发病、疑难病疗效显著，蜚声省内外。2005年，朱克铸在成都逝世，终年68岁。

段光周

段光周(1941—2004)，四川省眉山县人。中医基础理论专家。

1965年，毕业于成都中医学院(成都中医药大学)医学系，1978年，考取成都中医学院首届硕士研究生；1980年，毕业留校，先后担任《金匮》《内经》两门中医经典课程的教学和科研工作。1990年，任内经教研室主任。1995年，晋升为教授，任中医养生康复研究室主任，并任中医基础、《内经》硕士生导师，同时在本科班、师资班、进修班和留学生班讲授《金匮》和《内经》。历任全国中医基础理论研究会内经专业委员会委员、四川省中医学会仲景学说专业委员会副主任兼秘书、四川省中医学会中医基础专业委员会副主任。

在临床医学中，主张中西、古今合参，辨病与辨证并举，务明疾病之理，唯以高效是求。深入钻研中西医理，广搜验方良药；诊治疾病实事求是，积累了治疗内、妇、儿科常见病、多发病的丰富经验。同时对现代医学疗效较差的一些疾病进行辨证论治研究，如用健脾补虚、升阳活血法治疗老年人心脑血管病；用补肝肾、开郁结法治男女更年期综合征；用柴胡剂治疗胆心综合征；从五脏立论调治乙肝等，取得较满意的疗效。在学术研究方面，重视《内经》《伤寒》《金匮》《温病》4部经典著作的基础作用和启悟价值，潜心研究中医经典。

从1980年开始，先后发表《学用仲景乌梅丸的体会》《从<金匮>木防己汤的配伍谈起》《关于脉学中的几个主要问题》等论文20余篇，撰写《苏沈内翰良方校释》《金匮译释》(合著)、《中医奇证新编》(合著)等10部医著，并主编《中华脐疗荟萃》《金匮手册》《金匮文摘汇编》及中医本科自学考试指导丛书《黄帝内经》等书籍。此外，担任全国中医学会课题“黄帝内经研究大成”编委，卫生部课题“黄帝内经太素语译”主研，《中华大典·医学分典·基础理论总部》主编。

2004年，段光周在成都逝世，终年63岁。

谢正卿

谢正卿(1942—2003)，成都市人，中医副主任医师。中国民主同盟盟员，成都市名中医。

于1960年9月参加工作。1986年，推选为成都市东城区政协委员。1992年，当选成都市锦江区政协常委。1996年，任成都佛教协会副会长，四川省佛教协会常务理事。

1960年9月—1961年2月，在成都市中医学校中医理论基础班学习，先后跟师中医肺病专家赖明良、中医伤寒病专家廖伯英、针灸专家廖伯甫、中医儿科专家王祉珍、妇科专家黄绍芝学习。在成都市中西医结合医院内、妇、儿、外科从事中西医结合临床工作，技术精益求精，具有良好的医德医风。采用中西医结合治疗“肾病综合征”“脑病综合征”“脑血栓”等，日均门诊量120

余人次，处于全院首位，中医药治疗率达99%以上，对危重疑难病症的诊治、抢救，成功率达90%以上。1995年，与医院变态科合作治疗哮喘病，研制成功“平喘1号”“平喘2号”。1996年，与医院妇产科合作，中西医结合治疗宫外孕，取得良好效果。

2003年1月，谢正卿在成都逝世，终年61岁。

六、体育界人士

徐家增

徐家增（1909—2001），江苏省六合县人。西南交通大学体育教授。享受国务院政府特殊津贴专家。

少时受体操教师李可航影响，立志献身体育事业。1929年，以同等学力考入上海东亚体育专科学校。在校期间获全校器械体操和国术冠军。毕业后保送到南京中央国术馆深造，被选荐到国外留学，因家庭困难放弃机会。1931年起，先后在上海东亚体专、杭州浙江体专等校任教。1935年秋，受聘于国立交通大学唐山工学院，相继任体育指导员、体育主任。1938年11月，被院长茅以升任命为迁校委员会副主任兼总领队，率领数百学生徒步2000余里，历时70余天，终至新校址贵州平越。1943年春，在平越县商会主席刘智先支持下，与周顺生等创办“东亚体专平越分校”，招收平越及邻县爱好体育运动、初中以上文化程度的青年，协助地方发展体育事业。抗日战争胜利后，受聘于天津国立北洋大学，任副教授兼体育主任。1948年，唐山解放，回到唐山工学院（西南交大）工作。1950年6月，升为教授，任体育副主任、体育部主任。

1965年，铁道部决定唐院搬迁四川省峨眉县。徐家增以校为家，一身轻装和全校数千名师生，一齐踏上去西南建校的新历程。“文化大革命”中，他遭受无端迫害，关“牛棚”“挨批斗”，但没能动摇他对社会主义的信念。他上午进牛棚，下午照常工作；晚上挨批斗，第二天早上照样出操锻炼。“复课闹革命”开始，年逾花甲的徐家增教授不顾家属的忠告，坚决在峨眉校内安家落户，投入到新一轮新校体育场修建中去，用整整半年时间，建成一个标准的400米中山梁体育场。随后，蓝、排球场、游泳池等陆续完工交付使用，保证了体育教学的正常进行。又经过10余年的努力，全校运动场地面积已达4万多平方米，达到了教育部规定的额定标准。正当徐家增教授等开始与基建处商议体育馆设计蓝图时，西南交大迁往成都的决定又下达了。体育馆的再次流产给了这位年逾古稀、潜心体育50年的老教授心里又一次沉重打击，他老人家曾流着泪说：“唐院（交大）不盖起体育馆我死不瞑目”。于1986年退休后，仍然十分关心学校体育的发展和中青年教师的成长，经常出没于运动场指导教学，日夜关心交大体育馆的兴建。直到1991年，因年迈身体机能急剧下降，生活不能自理而返回唐山养老。

徐家增一生致力于体育事业建设。教学实践中，加强体育基础设施建设，引进体育师资、推行劳卫制、规范体育课、训练代表队，使学院成为河北省“体育先进单位”，体育运动水平多年保持河北省高校冠军。同时规定体育课不及格不得毕业，保持学院“高标准、严要求”的风格。徐家增认为体育教学的实践性很强，教师正确完美的示范至关重要。要求每位教师做出正确完美的示范动作，做到精益求精。坚持以身作则，进行多项目技术锻炼，掌握要领，达到优良教学效果。

2001年，徐家增在唐山逝世，终年92岁。

孔凡章

孔凡章(1914—1999) 字礼南,成都市人。围棋教练。

幼年随父母辗转于京、穗、沪、宁等地,1927年,入上海正风中学读书。1934年,考入震旦大学,抗日战争爆发后中断学业。1939年,到西北公路局工作,曾任兰州油料总库主任。1942年,返回四川。抗日战争胜利后到上海,创办震旦物产保险股份有限公司,任总经理。1949年,因不满国民政府横征暴敛、贪污腐败辞职返乡。

中华人民共和国成立以后,投入社会主义建设事业。1959年,在省围棋比赛中获奖,被调入成都市体委任围棋教练,后调到四川省体委任主教练,为围棋事业培育一批人才。其女孔祥明为八段国手，在全国比赛中多次获得冠军。1979年,孔凡章退休。于20世纪80年代初迁居北京。1987年,受聘为中央文史研究馆馆员,任该馆诗词组组长、《诗书画》丛刊编辑。热心于古典诗词研究和创作,擅梅村体歌行与七律。著《回舟集》四卷,存词近四百首。

1999年9月18日，孔凡章在北京逝世,终年85岁。

王树田

王树田（1918—2005)，河北新城县史家镇人。中国传统武术的著名代表人物,中华武林百杰之一,成都体育学院教授。历任成都市武术协会主席、四川省武术协会副主席、中国武术协会委员。

少时跟随形意拳大师朱国福习艺,1928年,考入南京中央国术馆第一期武术专修班。1935年,参加湖南省国术比赛大会,获搏击比赛冠军。1953年,参加全国民族形式体育表演竞赛,获一等奖。1954年,任西南体育学院武术教研室(成都体育学院武术系前身)主任。对四川武术事业的发展做出重要贡献，培养学生和弟子达数万人,遍布全球20余个国家和地区。多次率四川省武术队和摔跤队参加全国武术比赛和摔跤比赛,并担任全国及省、市武术比赛、摔跤比赛的总裁判长、仲裁委员等。

1985年，获国家体委颁发的新中国体育开拓者金质奖章。1988年,国际武术节组委会授予其国际武术贡献奖。1996年,被国家体育总局武术运动管理中心评为中华武林百杰,被授予中国武术银龙八段(四川武术家最高段位)。

他是中国现代武术套路及现代散打运动的先驱者。精通武术内外家功法,被称誉为“武术活字典”,川派武学第一人。自创的“八卦散手刀”“八极拳”,被国内武学界称为金牌套路。曾参与甲组长拳等国家武术规定套路的创编。先后撰写《六路弹腿》《八卦散手刀》《八极拳》《六合通臂》《梅花剑》《八卦龙形剑》《八卦连环掌》《形意对打》等武术套路,分别发表于《成都体育学院学报》《中华武术》等杂志。这些套路被省内外千百万武术爱好者习练。

2005年12月19日,王树田在成都逝世,终年87岁。

李孟常

李孟常(1919—2005),成都市新都区唐家寺人。民间武术家,峨眉派化门掌门人。

青年时代到成都拜师习武,练就一身过硬功夫。1948年报名参加全省武术擂台赛,一路过关斩将,获得金章。

峨眉派分8大流派:僧、岳、杜、赵、洪、慧、字、化。他是峨眉派化门掌门人。化门长于技击、单打。20世纪80—90年代,成都恢复传统“打金章”擂台赛后,多次应邀赴会担任裁判。他不但精于拳械，还是较知名的草药医，常用中草药治疗一些疑难杂症，曾开设中草药医院。2005年11月，李孟常在成都逝世。

刘善承

刘善承(1928—2004)，成都市人。棋艺界名人、围棋史专家。历任中国围棋协会副主席、四川省围棋协会常务副主席、成都棋院院长、蜀蓉棋艺出版社社长兼总编辑，编审。

1965年，任成都体委副主任，分管四川棋队、成都棋园和棋校，致力于研究中国围棋史。1985年，主编并出版《中国围棋》，这部93万字的巨著是有史以来内容最广泛、资料性最强的围棋工具书。它的出版在中国围棋发展史上具有划时代意义，被国家体委当作馈赠外国体育代表团的首选礼物。日本曾授予他日本棋院名誉五段称号。另主编有《中国围棋史》。2004年5月，刘善承在成都逝世。

刘先修

刘先修 (1928—2005)，体育摄影家，四川省体育运动委员会宣传干事。

1950年，参加中国人民解放军。选拔参加第一届西南军区运动会。转业后，在四川省体工队排球队担任二传手。1953年退役，调四川省体委担任宣传干事。1990年退休后，以自由撰稿人的身份向各报刊投递摄影作品。

50余年间，他的摄影创作涉猎历年的全国、全省各门各类的体育项目，多达5000幅作品在国内外报刊上广泛发表，一幅幅的照片成为珍贵的体育史料。其作品《敢和爷爷比身手》，成为国内外媒体刊用"重复"次数最多，最深受社会大众喜爱的"中国群众体育活动最具标志和代表性作品"之一。

2005年10月9日，刘先修在成都逝世，终年77岁。

李英璜

李英璜(1940—2004)，重庆市人。著名足球教练。曾任全兴足球俱乐部总教练、副总经理。

1957年，毕业于重庆市第13中学；次年，入选重庆体工队；1959年3月，调入四川足球队，司职中锋、边锋，后改打前卫。以其速度及细腻的技术加上皮肤较黑，被球迷称为"奥赛罗"。1974年，34岁时退役，开始担任四川足球队的领队、教练。1988年1月至1989年1月，任四川省运动技术学院大球系副主任。

20世纪80年代，是四川足球队最艰难的时期，1984年降级后，1987年在全运会上又遭惨败。1989年，球队中10人辞职，9人出走，四川足球面临彻底解体的危险。此时他主动挑起球队主教练的重任，在全省范围内寻找年轻队员，组建起新的四川队。在他带领下，川足开始复苏。1990年，川队重返甲级联赛，为1994年中国足球职业化开始后掀起的"黄色狂飙"打下坚实基础。1994年，全兴俱乐部成立后，出任俱乐部总教练、副总经理。2002年年初，全兴队退出四川足球后，他悲壮而遗憾地结束了自己的足球生涯。

他将自己的一生献给足球事业，为四川足球在80年代崛起做出重要贡献，被誉为"川足之父"。2004年，李英璜在成都逝世。

七、民族宗教界人士

刘显之

刘显之(1892—1992)，蒙古族，成都市人。成都市满蒙人民学习委员会代理主任。

1912年，开始从事教育事业，先后在成都市组合、少城和三英小学任教。1972年，任成都市满蒙人民学习委员会代理主任，组织满族、蒙古族退休人员学习、宣传党的民族政策。编著《成都满蒙史略》《成都满蒙史话》《成都满蒙八旗史传》。1984年，被四川省人民政府授予民族团结进步先进个人称号。1987年5月，成都市人民政府授予民族团结先进个人称号。1992年，刘显之以百岁高龄在成都逝世，终年100岁。

济尘法师

济尘法师（1900—2002），四川省遂宁市人，俗名奉百川，彭州市佛山古寺主持。

自幼家境贫寒，少年时曾跟一道士习拳3年，精通击技，驰名乡里。17岁在成都昭觉寺从慈清方丈出家。1927年，水灾为患，瘟疫流行，民众缺医少药，济尘法师发慈悲之心，以高妙医术济世救民，愈民不可胜数。20世纪30年代末至40年代初，近代大德能海法师到四川彭县龙兴寺说法，发愿重建龙兴寺舍利塔，济尘法师积极参与其中。1948年，他在荥经宝积寺研习《华严经》81卷，写下《华严经四法界说》。50年代，济尘法师一面参加政府规定的种地、城建等劳动，一面仍孜孜不倦研习宗喀巴大师的《津海心要》和因明、俱舍、中观、瑜伽等佛学理论。“文化大革命”开始后，他躲进九峰山，搭茅篷闭关修行。80年代中期，他招引八方信众捐资，亲自率众填土劈石，将他在九峰山象背搭建的茅棚改建成“接引寺”，香火重燃，打开接引现代众生的大门。其后，他又发愿修复被毁的彭县丹景山金华寺，让这座建于唐代的古刹重放光芒。

2002年6月6日，济尘大师在佛山古寺示寂，终年102岁。荼毗后得舍利30余颗。

张至益

张至益（1901—1992），曾用名张信益，祖籍四川省资中县，成都市人。武术家，中国道教协会名誉理事，成都市道教协会理。大邑县武术协会名誉会长。

幼年父母双亡，12岁随舅父在乐山经营面馆。后拜精通武艺的道士王元慧为师，王带他云游各地，随时传艺。王元慧病逝前，嘱他投靠成都青羊宫二仙庵熊诚斌方丈。1927年，在二仙庵熊方丈座下受全真三坛大戒。受戒后，被赐予知客执事职务。曾拜中江县大上墩庙大师朱治寒为师，研习武艺。后又随大邑鹤鸣山道长王明月潜心学习道教经义和武功，练就一身绝技，精通各路拳法。后王明月让他代理大邑道教会会长。20世纪30年代，在成都二仙庵举办的比武中，击败拳技高超的青城山老方丈，誉满西蜀。曾在二仙庵设棚收徒传艺。后到大邑新场田家庵任住持。

中华人民共和国成立后，定居王泗乡农村，从事医业。1979年，受青城山道教协会礼聘，前往传授道教武功。1987年，回鹤鸣山迎仙阁任住持，致力于宫观建设，传习弟子。1989年，北京白云观开坛传戒，被礼请为律坛八大师之一的演礼大师。

他是全真龙门派丹台碧洞宗第二十一代大师，长期精研南派拳技，在实践中，创造融气功、武术为一体，以静制动、动静结合，具有独特风格的武功拳术。其武功在省内外均有影响。习武之余精研中医骨科医理，并对外行医、授徒。1992年，张至益在鹤鸣山羽化。

彭宗仁

彭宗仁（1904—1992），号鹤年，重庆市荣昌县双河乡彭家大冲人。全真龙门派丹台碧洞宗第23代大师，四川省道教协会副会长。

约6岁时,父母双亡,依靠祖父母生活。8岁入双河乡私塾念《三字经》《增广贤文》,习毛笔书法,3年诵完《四书》等古籍。14岁时,祖父逝世,随二姨母及表兄到成都牛市口经营小店,并收取祖父外放债务。次年,返回荣昌,在一当铺学习记账,继在重庆市江合煤炭公司记账,后因病回乡。1926年,从荣昌县步行至青城山天师洞出家学道,被当家炼师彭椿仙道长安排做庙内杂务。次年,被派往祖师殿守庙,兼管山林与种茶。在此期间,潜心学习《道德经》及早晚功课。1933年,被选送到成都二仙庵学戒。同年,二仙庵开坛传戒,恭受全真《三坛大戒》。受戒圆满后,返回祖师殿看庙,劳作之余读《天仙金丹心法》,试炼内丹功。1941年,受易心莹道长之邀到天师洞协理庙内账务。1948年,查出刘和清挪用庙款经营沙金业后,遂决意引退,仍回祖师殿。1950年5月,全山道士集中在天师洞学习。同年8月,灌县名胜区保护管理委员会接管庙务,该会罗辉明调彭鹤年到青城九龙砖瓦厂负责收款、发货。时道士生活全靠耕种自给,颇为困难。彭鹤年将在砖瓦厂所得工资除最低伙食外,全数带回道观供养道友。1955年,受易心莹道长再次相邀回到天师洞,辅助其料理庙务。1957年,被推选到北京出席中国道教界第一次全国代表大会。1958年,当选为灌县第二届人民代表大会代表。1962年9月11日,在成都青羊宫召开四川省道教协会筹备会,被推选担任四川省道教协会副会长。1979年12月,成立青城山道教协会,任名誉理事长。1982年春,著名国画大师张大千先生自台北托子女带《老松图》一幅赠予彭鹤年。

1992年4月1日,彭鹤年在飞仙观羽化,终年88岁。王宗吉撰《彭鹤年大师行传》。

彭素贤

彭素贤(1904—1990),女,四川自贡市人。曾任成都市基督教三自爱国运动委员委员、副主席。

1920年,受洗入教。1922年起,先后在华西协合女子师范、华英女子中学读书;1928年毕业后,在仁寿华英女子小学任校长。1937年,在重庆基督教女青年会任教育干事。1941年秋,在华西协合神学院读书;1945年6月毕业后,在成都四圣祠礼拜堂作传道员。1946年,调华英女中任宗教干事。1947年5月,被封为牧师,成为四川基督教会第一位女牧师。1948年10月下旬,参加在江苏苏州召开的中华基督教会全国总会第五届会议(即苏州会议)。1949年6月,调中华基督教会四川大会工作。

1950年10月,赴上海出席全国基督教协进会十四届年会。回成都后,参加成都市基督教学习委员会,任委员。1953年7月,兼任外东青龙街礼堂牧师。1956年,被评为成都市扫盲模范教师。

1990年,彭素贤在成都安息主怀,终年86岁。

邓及洲

邓及洲(1905—1990),圣名保禄,成都市金堂县人。中国天主教乐山教区主教。

1930年,到罗马攻读神学、哲学。1936年2月9日,在罗马晋铎。1949年6月9日,被定为嘉定教区主教。9月21日,被罗马教廷祝圣主教。1958年,成都教区第一个自选主教李熙亭晋牧时作为襄礼之一。1969年,被判刑劳改,于1973年后获释。1977年,在乐山教区复职,居乐山世主教座堂。历任中国天主教主教团成员、中国天主教教务委员会常委、四川省天主教教务委员会副主任、四川省天主教爱国会常委、乐山市政协常委、乐山市天主教爱国会副主席、乐山教区主教。

1990 年 8 月 10 日，邓及洲在乐山安息主怀，终年 85 岁。

2005 年，峨眉山市天主教爱国会举行邓及洲主教诞辰 100 周年纪念活动。

遍　能

遍能(1906—1997)，法名宏善，俗名许旨光，字瑞安，四川省乐山市人。著名高僧、佛学家、教育家、书法家、诗人。

幼年丧父，12 岁进火柴厂当童工，14 岁到乌尤寺出家，礼普照法师为师，取法名宏善，法号遍能。在寺中礼佛诵经，学习佛门仪轨。1923 年，在成都文殊院受具足戒。1927 年，回到乌尤寺。1928 年，在重庆华岩寺佛学院参学并任教。后顺江而下，云游参学。1930 年，到北京，以优异成绩考入北京柏林佛学院插班学习。1932 年，毕业返回四川，在重庆北碚缙云寺协办世界佛学苑汉藏教理院。1936 年，回到乌尤寺。1939 年，任乌尤寺方丈。

中华人民共和国成立后，继续任乌尤寺住持。“文化大革命”期间，被下放到农村，参加生产劳动。1978 年后，落实宗教政策，遍能重返寺院，继续任乌尤寺方丈。创办乌尤寺僧伽训练班，后发展为峨眉山佛学院。1988 年，受新都宝光寺僧众之请，任宝光寺方丈。1992 年，经省宗教局批准，在宝光寺开办四川省佛学院，任院长。1995 年 4 月 8 日至 5 月 8 日，在新都宝光寺主持“四川省佛教协会第七次传戒法会”，来自全国 13 个省、市的新戒共 511 人，其中沙弥 334 人、沙弥尼 177 人。曾任四川省人大代表、乐山市政协常委、中国佛教协会咨议委员会副主席、四川省佛教协会副会长、乐山市佛教协会会长、成都市佛教协会名誉会长、峨眉山佛教协会名誉会长、峨眉山佛学院院长。

长期从事佛学研究，内明外论，广览博究，是国内研究和讲授《俱舍》的名家。1963 年，与隆莲法师、王恩洋居士在成都编写《四川省佛教志》，1980 年，被聘为四川省文史研究馆馆员。著有《俱舍论讲义》《传度老和尚行述》《马一浮先生与复性书院》《凌云乌尤史略》《乌尤寺楹联集释》。为纪念遍能法师诞生 100 周年，其弟子编有《遍能法师诗文集》行世。

喜好文史，早年师从蜀中名士赵熙，善书法。1982 年，中国佛协与日本友好经济协会在东京举办联合展览，遍能的小篆条幅“解深密经颂”倍受称赞，被称之为“精品”。热心公益事业，曾捐资百万元改建江上大桥，捐资十万元兴办幼儿园，会同宽霖法师等创立四川佛教慈善功德会，募化专款，帮助贫困失学儿童。

1997 年 2 月 4 日，遍能法师在乐山乌尤寺示寂，终年 91 岁。

江至霖

江至霖(1908—1996)，道号观吾道人，四川省彰明县人。

9 岁至绵竹严仙观学道，19 岁拜彰明县三清宫龙门派欧明更生真人为师。次年，在成都二仙庵玄都律坛修行 1 年，以天字第一号优秀成绩，留庵任经师，后升为高功。发愤潜修，通晓道经，特长科仪经韵，主持大小坛场。

一生淡泊名利，于 1953 年退隐绵竹。1980 年，受傅圆天大师礼聘为常道观高功，主持道观斋醮科仪。科仪做功稳重、自如，有高道风范。较全面地继承成都二仙庵十方丛林的经韵音乐传统，并在青城山道教知识进修班讲授道教科范及音乐。1983年,任青城山道教学校副校长,培养了许多学员。1993年秋,青城山道教经韵团设坛场于北京白云观邱祖殿,他主持坛场,为同道称颂。1995年秋,中国道教协会在青城山举办全真道第二次传戒法会,任玄都律坛登箓大师,策划安排坛场仪轨。

工书法,尤长于魏隶。1996年3月9日,羽化于天师洞,终年88岁。

普云法师

普云法师(1911—2001),俗名张国权,成都市都江堰市柳街乡人,佛学高僧。

1923年,12岁的他至简阳丹顶山拜妙法为师,剃度出家。1925年,到成都文殊院受戒,入住禅堂,学习丛林宏规、"僧宝"威仪、唱念仪轨、静坐学禅等。后到空林佛学院学习教理。1936年,考入重庆北碚缙云山世界佛学苑汉藏教理院。学习期间,深受太虚大师"人生佛教"思想的熏陶,主张佛教应多注意现生问题,研究人生、知道人生,促进人类社会进步发展。毕业后,到武昌佛学院攻读。抗日战争全面爆发后,返回成都。1938年,在彭县龙兴寺任知客,并担任县佛教会秘书长,在佛学社教授佛学,传播佛学文化,宣扬太虚大师改革思想。1940年,应崇庆县光严古寺敦请,为僧众讲授佛学,培养僧才。在彭县期间,曾去近慈寺随能海法师学习西藏密宗。1943年,回到简阳丹顶山任住持,初任县佛教会秘书长,继任会长。他效仿太虚大师慈善办学,卖了几十亩庙产,在弥陀院兴办义学。中华人民共和国成立后,于1950年回原籍柳街,投靠其侄子。土改时分得一份田地,自耕而食。闲时经行田野,朝暮潜心静修。法师衣着破烂,生活清苦,一贫如洗,但他戒行精严,安贫乐道。远近乡邻敬仰法师高节,皆来求法问道。各方信众拜望,皈依者日众,在民间形成敬德重道的良好风尚。1953年,法师再去近慈寺,和寺僧同住同修同劳动。1957年,在"反右倾"运动中,被划为"右派分子"。"文化大革命"中,近慈寺改建工厂,僧人全部处理遣散,每人发安家费300元还家。愿意留者分给土地、住房务农。由此,法师再度回柳街务农。"文化大革命"中,法师再次受到打击,身心受到摧残和侮辱。1978年中共十一届三中全会后,得以平反。后到新都宝光寺安单,任知客,开展教务活动。20世纪80年代,离开宝光寺,到成都市佛教协会负责整理《宗教志》。经过几年的努力,把许多残缺不全的典籍进行清理,查找补齐,把很多宗教历史遗留问题彻底搞清楚,致使蜀中佛教历史有了较为完整的记载。任务完成后,返回崇州光严古寺,辅佐灯宽法师清理编写古寺历史。完成后回到老家,开始"农禅"生活。同时安排时间云游蜀中各地,往返于温江、双流、崇州、都江堰之间,传播教理,开示后学。1995年,法师在温江县南岳庙弘法。后应请到崇州住锡永圣寺,开始对寺庙进行规划,开展法务建设活动。2000年7月3日,永圣寺被批准为开放寺庙。法师显密皆修,在永圣寺施教育人,竭力把寺院办成修学佛法的学校。经常登座说法,阐扬正教,开示后学,指导行戒。对寺僧强调学习,深明教义,要求以持戒修行为要务。

法师是一代高僧,佛学家、哲学家、教育家,同时又是文学家、书画家。其水墨国画功底尤深,画兰草,继承刘咸荥石合兰生,韵味悠长。2001年6月30日,普云法师在都江堰市柳街乡示寂,终年90岁。永圣寺为法师建供塔,供奉舍利花。

马学畲

马学畲(1912—2001),成都市人,曾用名马德禄,回族,伊斯兰教阿訇。历任四川省中国伊斯兰协会委员、常委，成都市政协常委，成都市伊斯兰教协会会长、名誉会长。

马学畲四岁丧父，跟随成都皇城清真寺大阿訇(教长)揭培之舅父生活，开始学习古兰经及伊斯兰教知识。1936 年学成，穿衣后在郫县太和埸(现团结镇)清真寺开学，任清真寺阿訇。20 世纪 30 年代，在成都弘道回文学校任教，主讲阿拉伯语。二次世界大战期间，任盟国(成都)中东广播电台阿文主编及播音员，主要编写报道二战战况及反法西斯战场胜利情况。1948 年，到隆昌县殷家坝清真寺开学，被聘任为清真寺阿訇、教长，并当选为隆昌县人民代表。1957 年，在成都市金牛区土桥清真寺开学，被聘任为清真寺阿訇、教长。曾当选为成都市金牛区人大代表、人大常委，政协金牛区委员会委员、常委。2001 年 9 月，马学畲在成都归真。

唐远进

唐远进(1919—2004)，圣名玛窦，成都市金堂县天堂村人。历任四川省天主教爱国会、四川省天主教教务委员会副主席、顾问，成都教区总堂本堂神父，成都市天主教爱国会主席、政协成都市委员会委员。

1929 年 7 月，入彭州白鹿镇无玷天主教小修院学习。1933 年 9 月，入天主教中修院领报学习。1938 年 9 月，入天主教四川大修院学习。1945 年 1 月，在大修院学习期满，晋升神父。旋即被派往教区辖区绵阳石板河天主堂任神父。1951 年，调成都光大巷天主堂任神父。1958—1979 年，参加生产劳动。1983 年 12 月 9 日，金堂县高板乡天主村七堆瓦天主堂经过维修开放，被成都教区李熙亭主教派往兼任本堂。次年，改任成都平安桥总堂本堂神父。

他一生爱国爱教，坚持独立自主自办教会原则，坚持民主办教，遵纪守法，带领教友遵循党的宗教信仰自由政策，引导教会积极适应社会主义建设。驻平安桥主教座堂为信教群众服务。2004 年，唐远近神父在平安桥天主教堂安息主怀。

贞　意

贞意(1921— 2003)，俗姓叶，名荣生，成都市成华区青龙乡人。龙泉驿区石经寺第五十二代方丈，兼任新都宝光寺首座、宝光寺第五十七世方丈和尚。

20 世纪 30 年代后期，在郫县犀浦学做生意时，结识佛学社居士，阅读佛经，诵经念佛。21 岁皈依昌圆法师，法名隆恩。22 岁在近慈寺出家，由照通老法师披剃，从能海上师受戒，修学 5 年。后任近慈寺沙弥堂管堂、僧值及沙弥堂堂主。

中华人民共和国成立后，任近慈寺监院。1953 年，随能海法师赴五台山吉祥寺，先任知客，后任监院。1954 年，在五台山清凉寺由能海法师亲传临济宗四十五代和尚，显密同修。于 1958 年返川，在绵竹县西山云雾寺任寺管委会主任。

“文化大革命”期间，被下放到人民公社养蜂。1980 年，回到新都宝光寺，初任该寺佛协秘书长、宝光寺知客，后任执事、堂主。1987 年，受成都市龙泉驿区石经寺方丈永光和尚礼请，任该寺都监，主持工作。1991 年，任石经寺管理委员会主任。1993 年 4 月 4 日，升座石经寺第五十二代方丈。9 月，代表四川佛教界赴藏，出席班禅大师灵堂安置仪式，并荣获扎什伦布寺赠省级代表纪念银塔一座。1995 年，兼任新都宝光寺首座。1996 年 11 月，任四川省佛教界代表团团长，率团赴新加坡、马来西亚、泰国及中国香港地区考察交流。1998 年秋，升座宝光寺第五十七世方丈和尚。1999 年 4 月 22 日至 5 月 22 日，主持在新都宝光寺举行的第九届传戒法会，任戒和尚，恢复三人一坛如法如律的佛制规仪。2001年，主持四川第十届峨眉山传戒法会，任戒和尚，大阐宗风，海内外同沾法喜，再树佛制典范规仪。

历任成都市佛教协会副会长、会长，四川省佛教协会副会长、会长，中国佛教协会理事、中国佛教协会咨议委员会委员。曾当选为政协绵竹县、新都县委员会委员，新都县、龙泉驿区、成都市人大代表、市人民代表大会常委。

2003年3月16日，贞意法师在石经寺示寂，终年82岁。

八、川菜(小吃)名厨

林家治

林家治(1901—1991)，四川省资中县人。著名面点师，一级厨师。

1915年，在资中“利胖园”学习白案点心技术。1918年出师，先后到泸州“顶风园”、重庆“四风惠”、永川“时食”餐厅、贵州“仁维”餐厅和“名生”餐厅任厨师。1934年，到成都“小园地”餐厅帮工。1936年，开始自营食店。擅长白案技术，吸取各地面点之长，制作式样、风格多样的点心，尤以米食点心颇负盛名，如“绿荫玉兔”“玉鹅戏水”，不仅味道独特，且造型富于诗情画意，受到群众欢迎，被时人称为“面状元”。

1958年，在成都市芙蓉餐厅和综合餐厅从事培训教学工作。为教学所需，于1961年与金其山、王俊臣一道编写成都市第一部《席桌点心谱》教材。由于手艺精湛，多次应邀前往金牛宾馆为中央首长和外宾制作筵席点心。1962年以后，先后在“巷子深”“努力餐”餐厅工作。所教学生，大都在市内外各名餐馆成为技术骨干；有的被评为特级厨师，并出国进行技术交流，如特一级面点师张中尤先后在美国、日本、埃及等国献艺献技。

1991年，林家治在成都逝世，终年90岁。

周海秋

周海秋(1907—1990)，成都市新都区人。特级厨师。

1921年，进成都益新乐园当学徒，先后师从蓝光鉴、黄敬临等，潜心学艺，博采众长，烹饪技艺出众。1954年，到重庆颐之时任厨师长、主任厨师。1956年，兼任川菜研究、教学工作，大力培养青年厨师。退休后，在颐之时任技术顾问。

烹饪技艺精湛，能烹制800余种川菜，其代表菜品有红烧熊掌、叉烧奶猪、樟茶鸭子、醋溜凤脯、干烧鱼翅、旱蒸鱼、干烧岩鲤等。先后参加《中国名菜谱》《中国名菜集锦》《重庆菜谱》等书编写、修订工作，为继承和发展川菜文化做出突出贡献。1959年，被国务院授予全国先进生产者称号。1962年，被商业部授予全国特级厨师称号。1990年，在重庆逝世。

张田政

张田政(1919—2002)，女，成都名小吃“夫妻肺片”创始人。

20世纪30年代初，张田政与丈夫郭朝华在成都金河街黄冒中学门口挑担摆摊，卖凉拌牛肚、牛舌、牛心、牛肠、牛头皮。所用材料均为牛身上的“边角余料”即“废料”，被人们称作“夫妻废片”。后迁至提督西街扩大经营面积，增加牛肉等面食制品，成为一家中型的小吃店。1958年公私合营，张田政夫妇将“夫妻废片”全套制作技术无偿献给成都市饮食公司，二人成为国营企业的正式职工，“废片”更名为“肺片”。80年代，成都市饮食公司为“肺片”注册“夫妻牌”商标，被内贸部授予“中华老字号”称号。1990年，成都市人民政府正式将“夫妻肺片”确定为成都名小吃，并授予证书。“夫妻肺片”先后获中华名小吃、中国名菜、全国绿色餐饮企业称号。

1974 年，张田政在市饮食服务公司退休。1975 年，被公司聘请回继续工作，1990 年，离开工作岗位。

2002 年 9 月 3 日，张田政在成都逝世，终年 83 岁。

陈松如

陈松如(1921—1993)，四川省资阳县保和区老君场人。北京四川饭店总技术顾问，特一级烹饪师。

幼时家贫，12 岁时为生计所迫，到成都陶乐居饭店当学徒，拜陈昌明为师。由于心灵手巧，虚心求教，18 岁便能独立操办并主理宴会。后博采各家之长，潜心钻研，技艺迅速提高，逐渐形成自己的烹饪风格。1945 年，在成都著名南堂馆“朵颐”当“掌门”。成都解放前夕，和张德善、陈邦林一道领导成都厨界员工开展工运，任工人代表，与资本家打官司，捍卫餐饮界工人的权益。

中华人民共和国成立后，陈松如厨艺益精，很快成为享誉全国的川菜名厨。分别于 1956、1957 年被评为成都市劳动模范。1957 年，成都东郊大建设，服务网点重新规划，被调到东郊贸易公司圣灯寺国营餐饮店主理厨政，并担任门市部主任。1958 年，被北京四川饭店挑选赴京。在京期间，常为中央首长烹饪献艺。

“文化大革命”中被打成“反动技术权威”，并受到“彭罗陆杨反党集团”案的牵连，多次受到批斗。1969 年，四川饭店关停，被遣返回成都芙蓉餐厅掌灶，后调红旗培训班（荣乐园）任教。1973 年，恢复重建北京四川饭店，陈松如再到北京。1986 年退休后，北京四川饭店仍请他继续担任厨政总监。

陈松如在继承川菜“一菜一格，百菜百味”风格的基础上，本着“博采众长，融会贯通，以我为主，自成一体”的原则，集川菜特点之大成，结合北京的气候及饮食习惯，按照国宴的规格和要求，改良创造具有独特风格的四川饭店川菜体系，从而为形成和树立四川饭店品牌奠定坚实的基础。几十年来，他潜心研究的几十种创新菜，已成为高级国宴的保留菜品，其代表菜品有家常绍子海参、网油灯笼鸡、豆渣鸭脯、清汤荤烩、干烧肥头鱼（岩鲤）、大蒜豆瓣鱼、家常葱烧紫鲍、桃仁鸭脯、清炖牛肉等。为了发展川菜事业，他悉心为四川饭店培养了一大批技术骨干。1980 年后，四川饭店与成都饮食服务公司搞联合培训，成都的厨师有机会到四川饭店实习一至两年，互相交流厨艺，学习高档菜品，使很多厨师技艺得到迅速提高。为弘扬川菜，陈松如不辞辛劳，数次去东北丹东、哈尔滨等地传授川菜技艺，并带去演示小组现场烹制，培训当地川菜从业人员，后被聘为哈尔滨商学院教授。为了进一步扩大川菜的影响，他还为众多外国厨界同行讲授和演示川菜厨艺，使川菜名声跨越国界。退休前应邀赴新加坡献技，带去川菜国宴精华菜品三十款，被誉为“当代御厨”“国宝级川菜大师”。1992 年，世界名厨协会授予他世界名厨特制服饰一件。

晚年总结厨艺经验，编著出版《正宗川菜 160 例》。

1993 年 1 月 16 日，陈松如在北京逝世，终年 72 岁。

白茂洲

白茂洲(1921-2005)，成都市新津县长乐乡（今花源镇）人。著名川菜厨师。

18 岁到成都“颐之时”餐馆拜名师罗国荣学

艺。出师后在“颐之时”事厨。1951年,随师傅到重庆开设“颐之时”重庆餐馆,其厨艺受到贺龙、刘伯承等领导人称道。1955年,受西南局派遣,随达赖喇嘛一同进藏,在西藏军区主厨。于1957年回四川,在四川省政府交际处二所主厨。1960年,被派到中国驻缅甸大使馆主厨。于1965年回到成都,在省政府第二招待所(后改名东风饭店)主厨,任厨师长。其间,曾担任省委、省政府机关事务管理局技术培训中心烹饪培训班授课教师,自编讲义、教材、菜谱,培养了著名厨师多人,如四川省烹饪名师、特一级烹调师梁叶敏,特一级烹调师田志华等。

所烹饪的代表菜品有干烧鱼翅、红烧鹿筋、干烧鲍鱼、汽锅蒸飞龙、肝糕鸽蛋、开水白菜、玉翠扳指等,造型美雅,色味俱佳。

2005年,白茂洲在成都逝世,终年84岁。

卞　克

卞克(1943—2005),祖籍浙江省湖州。成都餐饮业的传奇人物,“卞氏菜根香”创始人。

20世纪70年代,在成都市饮食公司基建科工作时,接触不少知名的川菜烹饪高手,逐渐喜爱川菜烹饪。1987年,在双林路开餐馆,主要经营傣家风味菜,同时伴以傣家歌舞表演及傣家待客礼仪。其后先后经营火锅鸡、自助餐火锅、鱼头火锅、澳洲肥牛烧烤、淮扬菜等。1998年,从《菜根谭》一书获得灵感,创办成都菜根香泡菜酒楼,成功地推出泡椒系列菜品,短短数年间打造出名满全国的川菜品牌——菜根香,其连锁酒楼遍及全国20多个省会城市,一度创下年销售额逾2亿元的奇迹,被餐饮业称为“卞氏现象”。

“卞氏菜根香”的特色是“荤泡”系列。招牌菜是“菜根老坛子”,将猪耳朵、猪尾巴、鸡爪和五颜六色的时令蔬菜同泡;并推出“泡椒墨鱼仔”“泡椒牛蛙”等系列泡荤菜。荤菜和素菜同泡,别是一番滋味,不仅大大拓宽四川泡菜品种,并由此将川味泡菜提升到新的高度。

2005年12月4日,卞克在成都逝世,终年62岁。

罗长松

罗长松(1946—1998),乳名寿龄,新津县城关镇(今五津镇)复兴街人。著名川菜厨师,四川省烹饪协会常务理事,四川烹饪高等专科学校烹饪专业教授,商业部高等学校烹饪专业教师职称评审委员会委员。

高中毕业后待业在家,后经县饮食服务公司推荐,在一小食堂任会计。1961年,在温江地区首届厨师技术培训班接受厨师培训。考核结业后,先后在国营新津饭店、温江宾馆、成都滨江宾馆(四川省政府直属涉外宾馆)、锦江宾馆等处主厨。1973年,受聘于温江地区厨师技术培训班任教,并从事烹饪技术著述工作。1976年调四川省饮食服务技工学校任教务科长,从事烹饪专业教学。1985年起,任四川烹饪高等专科学校烹饪系副主任、主任。1987年,任烹饪专业副教授,1988年,评为特二级烹调师,1993年,被评为中国第一位烹饪教授。1993年,被聘到新加坡中国大酒楼任行政总厨,兼任新加坡酒楼商公会培训中心训练主任。

精通川菜烹饪技术和烹饪理论,擅长川菜烹调制作,熟悉粤菜、鲁菜、淮扬菜、北京菜、上海菜、江浙菜的风格及宴会形式,曾主持并参加全国、全省烹饪技术交流和烹饪大赛。是国内少有的能讲、能做、能写的高级烹饪专业技术人才。其代表菜品有鱼香螃蟹、香蒜牛肉大虾、双冬麻辣牛肉、鱼香铁板鸡串、白玉豆腐、鸡宝豆腐、酸辣什锦羹等。

从事高等学校烹饪专业教学之余，潜心著述。主要著作有《家庭川菜》《烹饪基础知识》《菜谱》《素菜·泡菜》《面食·米食》;《中国烹饪工艺学》主编,《川菜烹饪事典》编委。其中,四川科技出版社出版的《家庭川菜》一书,曾重印15次,成为深受读者喜爱的烹饪畅销书。

1998年3月20日，罗长松在成都逝世,终年52岁。

九、地方史志专家

李仲玙

李仲玙(1907—1992),原名栋华、仲与,四川省什邡县人。四川省文史研究馆馆员。

1935年,毕业于四川大学中文系,相继任省立奉节中学专任教师兼事务主任、重庆兵工署秘书室秘书、省立成都中学专任教师兼事务主任与初中部主任。1944年8月,任石室中学国文专任教师兼事务主任。1945年8月后,先后任教于荣昌、乐山、宜宾等县中学及师范学校。

1949年8月，任成都第四中学语文教师。1957年,加入中国民主同盟。1959年,被评为成都市普通中学先进工作者。于1985年退休。曾任成都市人大代表、成都市政协委员、成都市文史资料委员会委员、四川省文史研究馆馆员。

撰著《什邡丛考》《周公礼殿与大成殿》《郭老与石室中学》《古蜀国的望帝、丛帝》《汉字杂谈》等论文。曾任《什邡县志》特约编审。

1992年,李仲玙在成都逝世,终年85岁。

吴绍伯

吴绍伯(1908—1994),成都市人。毕业于四川大学。民国时期,历任四川省政府参议,涪陵、长寿县长。1947年4月,任大邑县长。1984年,被聘为四川省文史研究馆馆员。

参与撰著《四川袍哥组织初探》《花花太岁强夺翼王印》,参与成都市群众艺术馆《成都掌故》编纂,撰写《刘止唐与成都"尚友书屋"》《毕生从事教育事业的徐炯》等。

1994年,吴绍伯在成都逝世,终年86岁。

李祖桓

李祖桓(1914—1992) 字伯轩,成都市人。史志编纂研究专家。

1942年,毕业于国立四川大学史地系,留校任历史系讲师、副教授。1987年,调四川省地方志编纂委员会,任研究员。为中国民主同盟盟员。

主要从事魏晋南北朝史、中国近代史、民族史、四川地方史的教学与研究。20世纪50年代,开始从事地方史志研究。60—80年代,先后参与四川省档案整理、四川省大事记述编写。

主要论著有《仇池国志》《从"仇池"历史看"白马藏人"的族属问题》《对邹知白"李永和蓝朝鼎起义始末" 一文的商榷及补充》《黄河古桥述略》等。

1992年,李祖桓在成都逝世,终年78岁。

魏尧西

魏尧西(1917—1998),成都邛崃市人。邛崃鹤林寺主持大师,中国土陶瓷研究学会会员。

幼读私塾,喜作诗词,好吟咏,后离开临邛,游学成都。先后在成都建国中学、新都师范任教。退休后,应四川巴蜀书社之邀,参与古籍整理、出版工作，受聘于重庆师范大学元代文学研究院,任元代文学词典编审,并担任《邛崃县文物志》编纂。

长期从事古典文史、地方历史的研究,20世纪40年代,在上海《东方杂志》发表《邛窑志略》,

引起世人关注。先后在各类报刊杂志上发表《邛窑》《临邛火井考实》《严君平故里》《邛崃古笋山摩崖造像》《临邛旧事》《访邛雅驿道遗址》《唐代邛雅驿道上的重大军事活动和商业运输》《南方丝绸之路邛雅段古驿道遗址》《灵枢成书时代》等。点校、整理王培荀《听雨楼随笔》。著有《魏尧西文选》《别鹤琴操诗词集》。出版《易安居士年谱》。

1998 年，魏尧西在成都逝世，终年 81 岁。

汪　潜

汪潜(1919—1995)，四川省绵阳市人。四川省文史研究馆馆员。

早年毕业于四川大学，留校任政治系讲师。后加入青年党，任青年党机关报《新中国日报》主笔。曾任西康省政府秘书。1945 年，当选四川省参议会参议员。1948 年，在中共地下组织策动下，川康地方势力暗中形成反蒋统一阵线，组织“川康渝国大代表、立法监察委员、省市参议员联席会”，汪潜任应变政治组成员。1949 年秋，汪潜和兄弟叙永县县长汪洁，与中共地下党员王逸平秘密联系，表示愿意服从中共领导和指挥，用实际行动迎接解放。

中华人民共和国成立后，被聘为四川省文史研究馆馆员。参与四川省文史研究馆《成都城坊古迹考》、成都市群众艺术馆《成都掌故》等书编纂工作。编著有《四川近现代文化人物》。历任四川省政协委员。

1995 年，汪潜在成都逝世，终年 76 岁。

李金彝

李金彝(1916—1994) 笔名金戈，四川省南充市人。 书法家、历史学家，四川省文史研究馆馆员。

毕业于西山学院。曾任南充《嘉陵日报》、成都《中华晚报》记者。抗日战争时期，转入教育界，先后任成都清华中学国文教员、大同中学校长。1948 年后，先后在三台县川北农工学院、川北大学文商学院、工农师范学院、大川学院、成都大学任教师，教授古典文学作品，

擅长篆书，著有《青年书法讲义 》一书。于古蜀文化、成都建城史有较深研究，参与《成都街名考》《成都掌故》编纂。参与组织四川省楹联学会的筹建工作，并担任副会长。

庄巨川

庄巨川(1922—1998)，成都彭州市人。中国地理学会会员。《彭县志》副主编。

1944 年，成都省师校毕业后，长期在彭县九尺中学从事史地教学。于 1981 年退休后，被聘任为《彭县志》副主编、县志办副主任。

对古蜀历史文化有较深研究。踏遍彭州的山山水水，被家乡人称为“彭州的活字典”。曾撰文提出古蜀国都城“瞿上”应在现彭州市蒙阳一带，而不在双流，引起学术界的关注。考证出著名作家艾芜祖籍在彭州竹瓦乡，得到专家认可。晚年全身心投入县志编纂，主要撰写《疆域、政区、人口》《建置沿革》《人物》等篇。先后编纂出版《彭州宗教志》《彭州文物志》《金盆风采》等专著。参与编写《彭县历史》《彭县地理》等县情资料书。遗著有《丹景山志》《葛仙山志》、《天彭姓氏》等手稿。1992 年，《彭县志》获四川省地方志优秀成果一等奖；1993 年获全国地方志优秀成果二等奖，他有一份功劳。1998 年，庄巨川在彭州逝世，终年 76 岁。

刘冠群

刘冠群(1923—2003) ，云南省大理人。高级

讲师。

父亲刘达五(原籍四川会理)参加过辛亥革命,曾跟随蔡锷北伐,于1920年入贺龙部队。抗日战争爆发后，刘冠群参加青年爱国抗日远征军,在云南松山与日寇激战中负伤,获陈明仁将军颁发的抗日英雄奖章。

1950年2月,贺龙在成都“励志社”接见带着父亲刘达五信件从云南到访的青年刘冠群。在贺龙的关怀下,刘冠群进入西南革大成都分校学习。1950年6月,从革大毕业后,被分派到新都县委宣传部工作。土地改革运动期间,任一区秘书和工作组组长,投入减租、退押、清匪、反霸运动,先后撰写《新都外东七保租佃情况调查报告》《发动群众组织力量贯彻政策——新都一区退押工作成绩显著》《新都一区召开贫雇农会议统一分配恶霸赔偿的财产》等文章在《川西日报》发表。1951年,在“三反”“五反”运动中,被关押审查。1952年秋,调入新都师范学校担任语文教研组组长。1957年,整风“反右倾”运动中,被定为“极右”,押送至成都动力厂劳动改造。在改造期间设计“机制砖”取得成功,投产以后为国家节约几百万元资金。20世纪70年代,由刘冠群总设计的“液压组合机床半自动双面铣”,被选为成都市“工业学大庆”的献礼产品。1978年,落实政策,回到新都师范学校,负责中师语文基础知识教学。1982年11月,被批准为讲师。1988年3月,被批准为高级讲师。历任民进新都支部主任委员、民进成都市委常委。撰写的论文《关于基层统战工作几个认识问题》,被载入成都市《统战理论研究》,获民进四川省委“为四化做贡献先进个人”称号。历任新都县第九、十届人民代表,县政协第二、三、四届副主席,分管《新都文史》主编工作。曾担任《新都县志》前期编委会副主任、主编。

先后在《中国语文》发表《汉语词类分别的商榷》《关于汉语词类讨论的几个先决问题》《评高名凯<普通话下语言>》《关于文字改革的思考》《我对语言学界百家争鸣的看法》《论同音词》《关于同义词的两个问题》等学术论述。曾撰写《大丰人民怀念田家英》发表于《光明日报》。在集体创作的川剧《芙蓉花仙》基础上,主编电影舞台剧本《芙蓉花仙》,1984年起,在全国放映,获“优秀成果表彰奖”。1983年,北京文艺出版社出版刘达五口述、刘冠群整理的《我所认识的贺龙将军》,首批发行7万册。《我所认识的贺龙将军》合集本,于1996年由四川人民出版社出版。

2003年11月10日,刘冠群在新都逝世,终年80岁。

肖国琳

肖国琳(1925—1998),成都市大邑县王泗镇人。曾任林业学校校长。

1948年，肖国琳毕业于四川大学林学系，1949年，在华西大学生物系任助教。1949年5月,参加中共领导的地下工作,于同年10月加入中国共产党。其父肖绍成,姐姐肖伍英、弟弟肖国珂、肖西华,均先后投身革命。他们在王泗和成都的家,成为中共地下组织活动的场所。11月,参加川康边人民游击纵队，参加解放川西的战役。1950年,任大邑县区长,中共大邑县委秘书、宣传部副部长。1954年,任四川省灌县林业学校校长。1958年7月，任四川省雅安林业学校副校长。1961年,在四川省林业厅造林局工作。1962年，调四川省华蓥山林业管理处工作。1978年后,在四川省林业技工学校、四川省林业学校任副校长。于1982年4月离休。后受聘担任新编《大邑县志》顾问,并撰写了许多地方史料。

一生致力于林业教育与管理工作,著有《川西风云》,记述川西一带的革命斗争史。1998年,肖国琳在成都逝世，终年 73 岁。

王纯五

王纯五(1932—1998)，笔名玉山，四川省阆中市人。民间文艺工作者、副研究馆员。

王纯五于 1950 年 5 月参加工作；1979 年，调灌县文化馆工作；1986 年 5 月，任成都市楹联学会副会长。1987 年，任中国民间文艺家协会会员、中国作家协会四川省分会会员。1988 年，任成都市群众文化学会常务理事。1990 年 5 月，任四川省民俗学会理事。

1986 一 1991 年，王纯五任《灌县志》副总编，主编《自然地理》《宗教》和《自然灾害》卷。后主编《青城山志》，与李启明合编《灌县宗教志》。1981—1989 年，创作《大千先生恋青城》《登名山听传奇》《都江堰开水大典》等散文 2l 篇；收集整理《成都的传说》《偷营沟》《护花鸟》等民间文学 1l 篇；编写出版《青城山——都江堰诗词选》《记青城楹联特色》《旅游都江堰》《洪门·青帮·袍哥——中国旧时民间黑社会习俗》《袍哥探秘》等专著；撰写《丐王传》《添个“O“》《宝瓶口是何人凿》《另两个”三石人”是谁》等杂文 4 篇；写作《试论青城山仙话》《试论中日文化选择》《通往文学之路》《五斗米道与巴蜀民间文化》《天师道二十四治考》《灌口二郎神话》《吃罚酒的人》等论文和报告文学《蜀国地球村》及影评《李冰信豪杰》等 44 篇。主编的《中国民间文学集成灌县卷》获四川省民间文学三等奖和四川省文化厅、四川省文学艺术联合会授予的民间文学普查采风突出贡献一等奖。

1998 年，王纯五逝世，终年 66 岁。

吴本雪

吴本雪(1931—1995)，成都市人。社会学家。

1956 年，吴本雪在中国人民解放军南京政治师范学校哲学系毕业后，被分配到中国人民解放军重庆北碚步兵学校任政治教员。1958—1980 年，先后任成都市文化局理论教员、中共成都市委宣传部理论处教员。之后相继任成都市社会科学研究所社会学研究室副主任、主任，社会学副研究员。他是新中国改革开放后成都市最早致力于社会学研究的学者。1982 年，参与全国哲学社会科学“六五”规划的重点课题《中国城市家庭——五城市家庭调查》，主持领导成都地区的调查研究工作。1992 年，主持成都市家庭追踪调查研究课题，为中国城市家庭比较研究提供可靠依据。

吴本雪主编有《城市老人》，发表《试论社会学的中国化和研究方法的现代化》《青年文化和价值取向》《成都市东城区如是庵街道居民段婚姻、家庭调查》《成都市家庭追踪调查》等多篇论文。1995 年，吴本雪在成都逝世。

钱光荣

钱光荣(1933—1990)，成都市人。20 世 80 年代修志期间，任郫县地方志办公室主任。

钱光荣早年在成都大成初中毕业后，于 1949 年考入石室高中。1950 年 7 月，考入成都革命大学第二期。毕业后，被分配到崇宁县公安局警察大队任侦察员，先后侦破多起重大案件，立二等功，升任侦察科长。1958 年，郫县、崇宁合并，调郫县公安局工作。1978 年以后，先后任县民政局副局长、县人大常委会办公室副主任。

1981 年，钱光荣开始编修首轮县志，任郫县县志办公室主任、副总编。及时组建编写组，并动员各部门、乡镇编写部门志；同时带领县志办编纂人员，广泛查阅档案资料，搜集历史素材。他在编纂工作中虚心听取各方意见，对工作抓得很细，重视志书的质量。志书总纂时，对全书数据进行反复审核。发现志书原始资料有误，及时派人重新查找资料，甚至不惜推倒原稿重新编写。不顾身患严重疾病，全力投入县志组织领导和编纂工作，亲自编写政党、政权、民政等篇章。历时8年，5易其稿，终于编纂完成逾百万字的《郫县志》。1989年年初，《郫县志》送到出版社时，他已一病不起。但在病床上，仍时时牵挂着尚未出版的志书。1990年4月，钱光荣在郫县逝世，年仅57岁。1993年，《郫县志》荣获全国地方志优秀成果一等奖、全国优秀图书奖。

林法仁

林法仁（1939—1995），成都彭州市人。20世纪80年代，为编修《彭县志》做出重要贡献。

1963年，林法仁毕业于西南师范学院地理系，先后就职于彭县教师进修学校、地名办公室、地方志办公室。历任县科协副主席，地方志办公室副主任（主持工作）、正局级调研员，县政协常委、副秘书长，并兼任九三学社彭州市支社副主委。

1981年，林法仁参与组织领导《彭县志》编纂工作，任《彭县志》副主编，并亲撰“自然地理”等篇。致力于地方志理论探讨，撰写《为宏大工程—新修<彭县志>奠基》《试用“三论”探索县志总纂工作》等20余篇论文，先后在全国、省、市地方志刊物上发表。在全国率先提出“修志后工程”的理论，并发表《修志后工程浅见及实践》一文，受到全国方志界同仁的认同和高度评价。主编《彭县志编纂文辑》《彭县志纂评集》《彭县历史》《彭县地理》及综合性画册《天府金盆》《锦绣彭州》《今日彭州交通旅游图》《成都市山地灾害与地震》等书籍、图册。《彭县志》于1992年获四川省地方志优秀成果一等奖；1993年获全国地方志优秀成果二等奖；1995年3月，林法仁在彭州逝世，年仅56岁。

人物表

一、成都市获得市级以上劳动模范名录

（1990–2005）

年份	姓名	单位	称号
1990	刘荣富	成都电热器厂	全国五一劳动奖章
1990	吴济萍(女)	成都市汽车运输公司	全国五一劳动奖章
1990	贺光明	市政设施管理处	全国五一劳动奖章
1990	李　辉	成都制药二厂	全国五一劳动奖章
1990	张永言	四川大学	全国五一劳动奖章
1990	刘云全	新都氮肥厂	全国五一劳动奖章
1990	张　林	132 厂	航空部劳动模范
1990	曾治永	龙泉区汽运公司	四川省劳动模范
1988–1990	陈振海	132 厂	成都市劳动模范
1988–1990	车尚云	132 厂	成都市劳动模范
1988–1990	侯建武	132 厂	成都市劳动模范
1988–1990	毛仕富	132 厂	成都市劳动模范
1988–1990	刘天秀	132 厂	成都市劳动模范
1988–1990	季云琴	132 厂	成都市劳动模范
1988–1990	袁银国	132 厂	成都市劳动模范
1988–1990	张承铨	西南技术物理研究所	成都市劳动模范
1988–1990	尹学军	161 厂	成都市劳动模范
1988–1990	魏有武	亚光电工厂	成都市劳动模范

续表

年份	姓名	单位	称号
1988-1990	宋　洁	东方电子材料总厂	成都市劳动模范
1988-1990	田国富	宏明无线电器材总厂	成都市劳动模范
1988-1990	程长萌	红光电子管厂	成都市劳动模范
1988-1990	陈跃昌	红光电子管厂	成都市劳动模范
1988-1990	邢万深	旭光电子管厂	成都市劳动模范
1988-1990	黄治宜	成都电子研究所	成都市劳动模范
1988-1990	蔡忠国	星光电工厂	成都市劳动模范
1988-1990	符正良	630厂	成都市劳动模范
1988-1990	谢仁发	779厂	成都市劳动模范
1988-1990	胡元德	913厂	成都市劳动模范
1988-1990	冯克让	南光机器厂	成都市劳动模范
1988-1990	唐传机	784厂	成都市劳动模范
1988-1990	王多才	锦江电机厂	成都市劳动模范
1988-1990	尹学军	成都航空仪表公司	成都市劳动模范
1988-1990	杨家钏	光明器材厂	成都市劳动模范
1988-1990	储　威	成都电缆厂	成都市劳动模范
1988-1990	杜良衡	成都电缆厂	成都市劳动模范
1988-1990	汪宗华	5701厂	成都市劳动模范
1988-1990	吴成明	红光电子管厂	成都市劳动模范
1988-1990	侯德华	906厂	成都市劳动模范
1988-1990	吴文富	成发公司	成都市劳动模范
1988-1990	毛志文	成发公司	成都市劳动模范
1988-1990	文家弟	成发公司	成都市劳动模范
1988-1990	翁心协	成都仪器厂	成都市劳动模范
1988-1990	雪三保	机电部第10研究所	成都市劳动模范
1988-1990	胡代钦	8800厂	成都市劳动模范
1988-1990	伍荣生	前锋无线电仪器厂	成都市劳动模范
1988-1990	田国梁	5719厂	成都市劳动模范
1988-1990	伍炳益	3508厂	成都市劳动模范

续表

年份	姓名	单位	称号
1988–1990	唐锦义	成都滑翔机制造厂	成都市劳动模范
1988–1990	王子方	611 所	成都市劳动模范
1988–1990	张承铨	209 所	成都市劳动模范
1988–1990	杜象伦	新兴仪器厂	成都市劳动模范
1988–1990	陈仲翔	540 厂	成都市劳动模范
1988–1990	赵振元	机电部第 11 研究所	成都市劳动模范
1988–1990	宋云辉	宁江机床厂	成都市劳动模范
1988–1990	张素珍(女)	四川锅炉厂	成都市劳动模范
1988–1990	张德成	157 厂	成都市劳动模范
1988–1990	伍学高	成都无线电一厂第三研究所	成都市劳动模范
1988–1990	刘荣富	成都电热器厂	成都市劳动模范
1988–1990	李兴仁	成都电热器厂	成都市劳动模范
1988–1990	温成冬(女)	成都灯具工业公司	成都市劳动模范
1988–1990	刘晓廷	成都市水印工艺厂	成都市劳动模范
1988–1990	卢仲全	成都制锁厂	成都市劳动模范
1988–1990	李康蓉(女)	成都光学厂	成都市劳动模范
1988–1990	曾烈昭	成都造纸一厂	成都市劳动模范
1988–1990	魏志全	成都三瓦窑热电厂	成都市劳动模范
1988–1990	朱荣炎	成都日用电器厂	成都市劳动模范
1988–1990	邓崇英(女)	成都灯泡厂	成都市劳动模范
1988–1990	马寿之	成都蒸发器厂	成都市劳动模范
1988–1990	肖绍礼	成都市塑料四厂	成都市劳动模范
1988–1990	郑昶中	四川新华印刷厂	成都市劳动模范
1988–1990	谢成润	成都电池厂	成都市劳动模范
1988–1990	刘际沛	成都微型电机厂	成都市劳动模范
1988–1990	代绍林	成都日用化学总厂	成都市劳动模范
1988–1990	施培秀	成都日用化学总厂	成都市劳动模范
1988–1990	谢学新	成都搪瓷总厂	成都市劳动模范
1988–1990	戴知林	成都市电器开关厂	成都市劳动模范

续表

年份	姓名	单位	称号
1988-1990	孟德芝(女)	成都市蜀绣厂	成都市劳动模范
1988-1990	曾永昌	成都制胶厂	成都市劳动模范
1988-1990	吴华云	成都市都江煤矿	成都市劳动模范
1988-1990	沈友全	成都市跃进煤矿	成都市劳动模范
1988-1990	龙吉荣	成都市张家山煤矿	成都市劳动模范
1988-1990	岳志全	成都市出江煤矿	成都市劳动模范
1988-1990	刘钦山	成都物资贸易中心	成都市劳动模范
1988-1990	刘新全	成都木材综合工厂	成都市劳动模范
1988-1990	毛志平	成都保温瓶厂	成都市劳动模范
1988-1990	王志明	成都制革总厂	成都市劳动模范
1988-1990	王显赋	成都市玩具厂	成都市劳动模范
1988-1990	杨明康	成都无线电五厂	成都市劳动模范
1988-1990	翁心协	成都仪器厂	成都市劳动模范
1988-1990	尹修业(女)	成都无线电三厂	成都市劳动模范
1988-1990	任顺尧	邮电部第五研究所	成都市劳动模范
1988-1990	吴光林	成都电冶厂	成都市劳动模范
1988-1990	吴贵崇	铁道部成都机车车辆厂	成都市劳动模范
1988-1990	周坤海	国营东河印刷公司 503 厂	成都市劳动模范
1988-1990	梅洪生	长城特殊钢公司第三钢厂	成都市劳动模范
1988-1990	邓益明	长城特殊钢公司第四钢厂	成都市劳动模范
1988-1990	郑世明	成都市电信局	成都市劳动模范
1988-1990	李福明	成都地质调查所	成都市劳动模范
1988-1990	郭友兴	西南地质勘查局水文工程大队	成都市劳动模范
1988-1990	黄存斌	西南地勘局 606 大队	成都市劳动模范
1988-1990	翟光辉	长城特殊钢公司	成都市劳动模范
1988-1990	于晓明	成都无缝钢管厂	成都市劳动模范
1988-1990	傅炳南	成都无缝钢管厂	成都市劳动模范
1988-1990	姚新华	成都无缝钢管厂轧管一分厂	成都市劳动模范
1988-1990	刘必兴	成都无缝钢管厂轧管二分厂	成都市劳动模范

续表

年份	姓名	单位	称号
1988–1990	何明达	成都无缝钢管厂设计研究所	成都市劳动模范
1988–1990	罗德金	成都无缝钢管厂轧管三分厂	成都市劳动模范
1988–1990	徐世林	四川冶金机械厂	成都市劳动模范
1988–1990	张代其	成都钢铁厂	成都市劳动模范
1988–1990	王　琳	成都冶金实验厂	成都市劳动模范
1988–1990	熊建基	成都冷轧钢材厂	成都市劳动模范
1988–1990	郝新玉	成都冷轧钢材厂	成都市劳动模范
1988–1990	杨启平	成都铜材厂	成都市劳动模范
1988–1990	彭克岗	成都铝材厂	成都市劳动模范
1988–1990	祝明清	四川钢绳厂	成都市劳动模范
1988–1990	余新庭	成都铝材厂	成都市劳动模范
1988–1990	向传金	成都青城钢铁厂	成都市劳动模范
1988–1990	赖成树	四川电缆厂	成都市劳动模范
1988–1990	廖幼吾	四川专用汽车制造厂	成都市劳动模范
1988–1990	常吉光	成都配件厂	成都市劳动模范
1988–1990	贺　斌	成都电焊机厂	成都市劳动模范
1988–1990	高明俊	邛崃县大窖造纸厂	成都市劳动模范
1988–1990	王德生	邛崃县水口镇茶厂	成都市劳动模范
1988–1990	钟家才	锦江区三圣乡农办	成都市劳动模范
1988–1990	李永贵	蒲江县高桥乡育林村六社	成都市劳动模范
1988–1990	赵泽洪	蒲江县插旗乡白岩寺村八社	成都市劳动模范
1988–1990	李光跃	成都市华源铝箔制品有限公司	成都市劳动模范
1988–1990	龚登明	蒲江县天华乡果技站	成都市劳动模范
1988–1990	张敬生	大邑县双河乡办公室	成都市劳动模范
1988–1990	李云高	大邑县阀门厂	成都市劳动模范
1988–1990	孔文清	大邑县韩场乡乡六合村	成都市劳动模范
1988–1990	张文波	大邑县斜源乡林药场	成都市劳动模范
1988–1990	张志成	大邑县董场六村	成都市劳动模范
1988–1990	肖永林	大邑县新场镇揭家村六合作社	成都市劳动模范

续表

年份	姓名	单位	称号
1988–1990	刘存昭	武侯区簇桥乡农技站	成都市劳动模范
1988–1990	董德寿	成都长城床垫厂	成都市劳动模范
1988–1990	李志林	成都凤凰山园艺场飞火二队	成都市劳动模范
1988–1990	王华良	新津县太平玻璃厂	成都市劳动模范
1988–1990	王素芬(女)	新津县方兴乡大安村	成都市劳动模范
1988–1990	蒋西川	新津县永兴镇乐阳村三组	成都市劳动模范
1988–1990	蔡福伦	新津县顺江乡九村二组	成都市劳动模范
1988–1990	牟学舟	崇庆县和平乡甘河村联办林场	成都市劳动模范
1988–1990	宋清元	崇庆县黑石河十支渠管委会	成都市劳动模范
1988–1990	何浩天	崇庆县元通镇农机站	成都市劳动模范
1988–1990	李洪元	崇庆县江源乡崇福村	成都市劳动模范
1988–1990	周福云	崇庆县桤泉乡前进村六组	成都市劳动模范
1988–1990	李永模	成都市雪峰制药厂	成都市劳动模范
1988–1990	郑尚淑(女)	成都市劳动路小学	成都市劳动模范
1988–1990	陈孝金	金牛区永丰供销社百货店	成都市劳动模范
1988–1990	蒋志昌	武侯区环卫处	成都市劳动模范
1988–1990	柏　优	成都华西皮件厂	成都市劳动模范
1988–1990	陈学明	成都噪音控制设备厂	成都市劳动模范
1988–1990	姜朝兴	锦江区汽车运输队	成都市劳动模范
1988–1990	陈文光	成都长征服装厂	成都市劳动模范
1988–1990	姜学礼	成都市床垫厂	成都市劳动模范
1988–1990	王泉芳(女)	金牛区环卫处火车北站卫生所	成都市劳动模范
1988–1990	袁志能	成都市人民北路小学	成都市劳动模范
1988–1990	蒋德贵	金牛区食品公司	成都市劳动模范
1988–1990	刘育才	成都骨科医院	成都市劳动模范
1988–1990	邓兴才	公安局青白江分局	成都市劳动模范
1988–1990	冉代臣	青白江区税务局	成都市劳动模范
1988–1990	陈玉凤(女)	青白江区人民医院	成都市劳动模范
1988–1990	熊启芳(女)	青白江区环卫所	成都市劳动模范

续表

年份	姓名	单位	称号
1988–1990	田　丰	成都塑料编织袋厂	成都市劳动模范
1988–1990	叶永泰	龙泉驿区供销合作社	成都市劳动模范
1988–1990	彭龙海	龙泉驿区第一人民医院	成都市劳动模范
1988–1990	徐贵凤(女)	龙泉驿区洛带镇环卫站	成都市劳动模范
1988–1990	乔其能	四川省文君酒厂	成都市劳动模范
1988–1990	李守进	成都崃山纸板厂	成都市劳动模范
1988–1990	李玉仙(女)	邛崃县缫丝厂	成都市劳动模范
1988–1990	李思兰(女)	邛崃县南宝信用社	成都市劳动模范
1988–1990	尚德苏	邛崃县第一中学	成都市劳动模范
1988–1990	徐世明	邛崃县人民医院	成都市劳动模范
1988–1990	任德全	邛崃县殡仪馆	成都市劳动模范
1988–1990	刘胜利	崇庆县运输公司	成都市劳动模范
1988–1990	李正刚	崇庆县造纸厂	成都市劳动模范
1988–1990	蒋永良	崇庆县农业局农技站	成都市劳动模范
1988–1990	龚淑兰(女)	崇庆县汽车配件厂	成都市劳动模范
1988–1990	朱志盅	崇庆县骨伤矫形外科医院	成都市劳动模范
1988–1990	何永力	崇庆县酒厂	成都市劳动模范
1988–1990	苟仲书	彭县天府仪表厂	成都市劳动模范
1988–1990	余尚贵	彭县煤矿	成都市劳动模范
1988–1990	戴德志	彭县中药材公司	成都市劳动模范
1988–1990	陈祖尧	彭县卫生防疫站	成都市劳动模范
1988–1990	邓成松	彭县万年乡中学	成都市劳动模范
1988–1990	张厚基	彭县关口蜂窝煤厂	成都市劳动模范
1988–1990	马志龙	彭县建筑工程公司	成都市劳动模范
1988–1990	谢志华	新津县顺江供销社	成都市劳动模范
1988–1990	廖昌福	新津县第一中学	成都市劳动模范
1988–1990	卫学伦	新津县长凤锯条厂	成都市劳动模范
1988–1990	朱金鹤	新津县法律顾问处	成都市劳动模范
1988–1990	袁长清	都江堰市制革厂	成都市劳动模范

续表

年份	姓名	单位	称号
1988–1990	骆成福	都江堰市电力公司供电所	成都市劳动模范
1988–1990	张前亨	都江堰市机械工业公司	成都市劳动模范
1988–1990	黄代仁	都江堰市驾虹乡中学	成都市劳动模范
1988–1990	万邦如(女)	都江堰市人民医院	成都市劳动模范
1988–1990	肖约成	都江堰市环卫处	成都市劳动模范
1988–1990	张大科	都江堰市五交化公司化工库	成都市劳动模范
1988–1990	王联相	都江堰市新华书店	成都市劳动模范
1988–1990	戴　华(女)	双流县第一糖酒公司经营部	成都市劳动模范
1988–1990	银海清	双流县燃料建材公司	成都市劳动模范
1988–1990	李加明	双流县印刷一厂	成都市劳动模范
1988–1990	吕宗润	双流县教育委员会	成都市劳动模范
1988–1990	张汝林	双流县粮食局油脂化工厂	成都市劳动模范
1988–1990	邓治英(女)	双流县中医院	成都市劳动模范
1988–1990	杨孟兰(女)	双流县供销社羽毛厂	成都市劳动模范
1988–1990	廖绍兵	金堂县建筑工程公司	成都市劳动模范
1988–1990	肖俊芳(女)	金堂县百货公司	成都市劳动模范
1988–1990	陈敦明	金堂县饮食服务公司洁静旅馆	成都市劳动模范
1988–1990	吴火明	金堂县氮肥厂	成都市劳动模范
1988–1990	刘万成	金堂县汽车运输公司	成都市劳动模范
1988–1990	谢仕诚(女)	金堂织造厂	成都市劳动模范
1988–1990	邓文敬	金堂县新华书店	成都市劳动模范
1988–1990	谭洪文	金堂县柑桔研究所	成都市劳动模范
1988–1990	刘书全	新都氮肥厂	成都市劳动模范
1988–1990	陈宗俊	新都标准件厂机械分厂	成都市劳动模范
1988–1990	张德修	新都钢圈厂	成都市劳动模范
1988–1990	曾德华	新都包装材料厂	成都市劳动模范
1988–1990	王月琪(女)	新都县饮食服务公司	成都市劳动模范
1988–1990	康志跃	新都县供销社综合贸易公司	成都市劳动模范
1988–1990	刘　锦	新都县大兴中学	成都市劳动模范

续表

年份	姓名	单位	称号
1988–1990	汪玉琼(女)	新都县总工会	成都市劳动模范
1988–1990	黄兴祥	大邑县职业高级中学校办厂	成都市劳动模范
1988–1990	周必祯	大邑县电力公司	成都市劳动模范
1988–1990	李远友	大邑县粮食局安仁粮站	成都市劳动模范
1988–1990	张开荣	大邑县东风煤矿	成都市劳动模范
1988–1990	冯登清	中国人民银行大邑县支行	成都市劳动模范
1988–1990	周志华(女)	温江县教委教研室	成都市劳动模范
1988–1990	薛永金	温江县汽车队	成都市劳动模范
1988–1990	姚贤忠	温江县水利电力局	成都市劳动模范
1988–1990	蒋纯彬	温江县粮油食品厂	成都市劳动模范
1988–1990	马仕眉	郫县城关粮站机面厂	成都市劳动模范
1988–1990	杨玉水	农行郫县支行犀浦营业所	成都市劳动模范
1988–1990	张胜前	郫县糖酒公司	成都市劳动模范
1988–1990	闫书芳(女)	郫县人民医院	成都市劳动模范
1988–1990	钟伟昌	郫县豆瓣厂	成都市劳动模范
1988–1990	高永长	郫县汽车队	成都市劳动模范
1988–1990	尹集清	郫县农业局中心办公室	成都市劳动模范
1988–1990	张德堪	蒲江县邮电局	成都市劳动模范
1988–1990	张淑君(女)	蒲江县城关粮站	成都市劳动模范
1988–1990	邓玉英(女)	蒲江县中医院门诊部	成都市劳动模范
1988–1990	李定藻	成都市华蓉牧工商业联合公司	成都市劳动模范
1988–1990	李竹青(女)	成都市东风乳牛场	成都市劳动模范
1988–1990	黄士贵	四川岷江林业机械厂三分厂	成都市劳动模范
1988–1990	周存模	成都锅炉总厂	成都市劳动模范
1988–1990	邓万芳(女)	四川链条厂	成都市劳动模范
1988–1990	纪贵深	成都电焊机研究所	成都市劳动模范
1988–1990	陈云龙	成都标准件总厂	成都市劳动模范
1988–1990	席晋烂	成都监狱生活后勤大队	成都市劳动模范
1988–1990	王登林	成都量具刃具总厂卡尺分厂	成都市劳动模范

续表

年份	姓名	单位	称号
1988–1990	高留生	成都量具刃具总厂	成都市劳动模范
1988–1990	赵昌金	四川齿轮厂八分厂	成都市劳动模范
1988–1990	马万盛	锦江油泵油嘴厂	成都市劳动模范
1988–1990	刘启怀	成都工程机械企业集团公司	成都市劳动模范
1988–1990	任家鑫	成都电气设计研究所	成都市劳动模范
1988–1990	庄伟元	成都轴承总厂	成都市劳动模范
1988–1990	庞锡祺	成都轻型汽车总厂	成都市劳动模范
1988–1990	张露莎(女)	交通部成都汽车保修机械厂	成都市劳动模范
1988–1990	吕建国	成都市汽车运输公司二队	成都市劳动模范
1988–1990	陈德喜	成都第二汽车运输公司汽车队	成都市劳动模范
1988–1990	罗德明	成都市公路养护总段新津分段	成都市劳动模范
1988–1990	敬明芳(女)	成都市联运公司城北客运中心	成都市劳动模范
1988–1990	庄　蓉(女)	四川省汽车运输成都公司	成都市劳动模范
1988–1990	黄德定	四川省成都长途汽车运输公司	成都市劳动模范
1988–1990	胡贤煜	成都空压机厂	成都市劳动模范
1988–1990	刁嘉尤	四川都江机械厂	成都市劳动模范
1988–1990	夏自新	成都配件厂	成都市劳动模范
1988–1990	王伟荣	成都汽车制造厂	成都市劳动模范
1988–1990	唐庭学	成都汽拖配件厂	成都市劳动模范
1988–1990	巫平清	成都锻造厂	成都市劳动模范
1988–1990	李渝杰	成都内燃机总厂总装分厂	成都市劳动模范
1988–1990	唐发明	四川省内燃机配件总厂	成都市劳动模范
1988–1990	朱长清	四川旅行车制造厂	成都市劳动模范
1988–1990	戴长青	成都汽车配件总厂	成都市劳动模范
1988–1990	廖刚云	成都市湔江煤矿	成都市劳动模范
1988–1990	赵　军	成都市自来水公司	成都市劳动模范
1988–1990	冯益民	成都市第三建筑工程公司	成都市劳动模范
1988–1990	陈家兴	成都市第一建筑工程公司	成都市劳动模范
1988–1990	徐隆湘	成都市第六建筑工程公司	成都市劳动模范

续表

年份	姓名	单位	称号
1988-1990	罗 伦	成都市第四建筑工程公司	成都市劳动模范
1988-1990	尹栋梁	水电部十工程局建筑工程公司	成都市劳动模范
1988-1990	邹菊芳(女)	成都市第一建筑工程公司四处	成都市劳动模范
1988-1990	吴永成	成都市建筑机械化施工公司	成都市劳动模范
1988-1990	贺光明	成都市政设施管理处污水站	成都市劳动模范
1988-1990	王怀生	四川建筑机械厂十一分厂	成都市劳动模范
1988-1990	王光辉	成都市滨江公园	成都市劳动模范
1988-1990	任吉祥	四川省成都市东风水泥厂	成都市劳动模范
1988-1990	陈遵法	成都市湔江水泥厂	成都市劳动模范
1988-1990	吴世平	成都市新型建筑材料厂	成都市劳动模范
1988-1990	周宗明	成都市硅酸盐厂	成都市劳动模范
1988-1990	林秀琼(女)	成都市工商银行建设路储蓄所	成都市劳动模范
1988-1990	王桂芳(女)	成都市人民商场食品部	成都市劳动模范
1988-1990	黄先宁	成都市眼镜厂	成都市劳动模范
1988-1990	黄绍银	成都市商业储运公司经营部	成都市劳动模范
1988-1990	孙万发	成都化工站综合商场	成都市劳动模范
1988-1990	钟静雯(女)	国营成都实验商场	成都市劳动模范
1988-1990	崔新会(女)	成都市针织品公司南桥商场	成都市劳动模范
1988-1990	陈泽如	成都市煤建公司	成都市劳动模范
1988-1990	喻毅夫	成都市东风面粉厂	成都市劳动模范
1988-1990	赵忠汉	成都市青白江粮食仓库	成都市劳动模范
1988-1990	冯玉珍(女)	成都市东华门粮店	成都市劳动模范
1988-1990	杨肇基	成都全兴酒厂	成都市劳动模范
1988-1990	李福元	四川美发厅	成都市劳动模范
1988-1990	刘永琨	成都洗染厂	成都市劳动模范
1988-1990	何春娥(女)	成都合成洗涤剂厂	成都市劳动模范
1988-1990	张玉友	成都合成洗涤剂厂	成都市劳动模范
1988-1990	汤大卫	成都化学纤维厂	成都市劳动模范
1988-1990	车震元	成都第二印染厂	成都市劳动模范

续表

年份	姓名	单位	称号
1988-1990	朱国利	成都市纺织机械厂	成都市劳动模范
1988-1990	高　原	成都市纺织工业局供销处	成都市劳动模范
1988-1990	杨术明	成都市服装鞋帽公司	成都市劳动模范
1988-1990	郑光秀(女)	成都市织带厂	成都市劳动模范
1988-1990	邝万清(女)	成都毛巾床单厂	成都市劳动模范
1988-1990	周志强	川棉一厂印染分厂	成都市劳动模范
1988-1990	孙昌琼(女)	川棉一厂织布分厂	成都市劳动模范
1988-1990	黄家彬	成都印染厂	成都市劳动模范
1988-1990	陈华葵(女)	川棉一厂针织分厂	成都市劳动模范
1988-1990	王长金	成都市线厂	成都市劳动模范
1988-1990	曹金凤(女)	成都第二纺织厂	成都市劳动模范
1988-1990	何萍丽(女)	成都纺织厂	成都市劳动模范
1988-1990	彭琼商(女)	川棉一厂七分厂	成都市劳动模范
1988-1990	管肇文	成都化学纤维厂	成都市劳动模范
1988-1990	姚俊杰	成都制药四厂	成都市劳动模范
1988-1990	黄守勋	成都中药材采购供应站	成都市劳动模范
1988-1990	肖荣生	成都制药一厂	成都市劳动模范
1988-1990	蔡明忠	成都制药三厂	成都市劳动模范
1988-1990	张四仓	四川省中药厂	成都市劳动模范
1988-1990	蒋世鸿	四川制药厂	成都市劳动模范
1988-1990	傅远能	成都中药厂	成都市劳动模范
1988-1990	陈德林	成都丝绸厂	成都市劳动模范
1988-1990	巫福林	成都市东方丝绸厂	成都市劳动模范
1988-1990	傅德刚(女)	成都市东方丝绸厂	成都市劳动模范
1988-1990	周丽琼(女)	成都丝厂	成都市劳动模范
1988-1990	陈炎田(女)	成都丝厂	成都市劳动模范
1988-1990	蒲国正	都江堰市麻溪乡青云村	成都市劳动模范
1988-1990	张长安	都江堰市胥家乡高桥村	成都市劳动模范
1988-1990	王良金	都江堰市幸福化工厂	成都市劳动模范

续表

年份	姓名	单位	称号
1988–1990	陈寿坤	都江堰市民兴乡五桂村	成都市劳动模范
1988–1990	陈湘云(女)	都江堰市柳街镇金泉村完小	成都市劳动模范
1988–1990	曾泽明	新都县石板滩镇通顺村	成都市劳动模范
1988–1990	刘金富	新都县天元乡同仁村四社	成都市劳动模范
1988–1990	林运富	成都市保健用品厂	成都市劳动模范
1988–1990	马留文	新都县四川新兴公司	成都市劳动模范
1988–1990	尹大荣	新都县钢窗厂	成都市劳动模范
1988–1990	廖邦青	四川省新都造纸厂	成都市劳动模范
1988–1990	陈玉亮	新都县桂林建筑工程公司	成都市劳动模范
1988–1990	胡良英(女)	双流县白家乡常乐村	成都市劳动模范
1988–1990	张国芳(女)	双流县中和镇双土村	成都市劳动模范
1988–1990	刘汉明	双流县水池乡巫通寺村	成都市劳动模范
1988–1990	王洪刚	双流县红石乡金沙村	成都市劳动模范
1988–1990	刘全林	双流县太平镇红旗村	成都市劳动模范
1988–1990	温树元	双流县永安区农技推广站	成都市劳动模范
1988–1990	徐怀忠	双流县联益钢铁企业公司	成都市劳动模范
1988–1990	杨正忠	郫县先锋乡战旗村	成都市劳动模范
1988–1990	吴开福	郫县合作乡顺江村	成都市劳动模范
1988–1990	王永贵	郫县红光乡红光村	成都市劳动模范
1988–1990	张文彬	郫县花元镇白鸽村	成都市劳动模范
1988–1990	张明德	郫县清河乡顺安村	成都市劳动模范
1988–1990	米政定	金堂县赵镇祁家矿村	成都市劳动模范
1988–1990	彭树忠	金堂县三江区清江乡觉华村	成都市劳动模范
1988–1990	陈昌奎	金堂县清江水力发电厂	成都市劳动模范
1988–1990	梁国林	金堂县五凤镇高峰村	成都市劳动模范
1988–1990	王道贵	金堂县三溪乡金竹村	成都市劳动模范
1988–1990	雷昌贵	金堂县广兴乡黄果村	成都市劳动模范
1988–1990	施云贵	金堂县赵宗乡金山村	成都市劳动模范
1988–1990	孙龙徐	金堂县金乐乡板桥村	成都市劳动模范

续表

年份	姓名	单位	称号
1988-1990	王凤其(女)	青白江区文家乡华严村	成都市劳动模范
1988-1990	陈文根	成都天回有色金属制品厂	成都市劳动模范
1988-1990	杨发秀(女)	金牛区营门口乡前进村	成都市劳动模范
1988-1990	赵宗彬	成都市青白江区新民电镀厂	成都市劳动模范
1988-1990	余文虎	长钢二厂双流联营镀锌厂	成都市劳动模范
1988-1990	陈正松	成都市福达产业公司	成都市劳动模范
1988-1990	许福金	双流县华阳镇华阳办事处	成都市劳动模范
1988-1990	谢福先	成都市关家建筑工程公司	成都市劳动模范
1988-1990	彭国平	彭县大宝镇农技站	成都市劳动模范
1988-1990	吴昭明	彭县万年乡农技站	成都市劳动模范
1988-1990	覃刚劲	彭县九尺镇兽医站	成都市劳动模范
1988-1990	王崇刚	彭县三界乡农机管理服务站	成都市劳动模范
1988-1990	何崇元	彭县大宝镇团山村林场	成都市劳动模范
1988-1990	柯增品	彭县新兴镇光辉村	成都市劳动模范
1988-1990	吴才玉(女)	彭县隆丰镇	成都市劳动模范
1988-1990	贾正方	彭县大宝镇宝山村	成都市劳动模范
1988-1990	肖立钧	彭县保护渣厂	成都市劳动模范
1988-1990	李玉昌	都江堰市聚源镇高林村	成都市劳动模范
1988-1990	周柏林	都江堰市安龙乡铜池村	成都市劳动模范
1988-1990	李发年	温江县涌泉乡新华养鸡场	成都市劳动模范
1988-1990	杨昌荣	邛崃县高埂乡和平村	成都市劳动模范
1988-1990	骆开贵	青白江区龙五乡红沙村	成都市劳动模范
1988-1990	冯德贵	四川化工机械厂	成都市劳动模范
1988-1990	唐文会	龙泉驿区龙家镇	成都市劳动模范
1988-1990	李世云	邛崃县前进乡凤凰村	成都市劳动模范
1988-1990	刘志茹(女)	邛崃县拱良乡农机站	成都市劳动模范
1988-1990	王友生	邛崃县水电局五龙台水电部	成都市劳动模范
1988-1990	易友铭	温江西南蜀江管道配件厂	成都市劳动模范
1988-1990	王建华	龙泉驿区龙泉乡	成都市劳动模范

续表

年份	姓名	单位	称号
1988–1990	晋华永	龙泉驿区洛带镇莲花村	成都市劳动模范
1988–1990	蒋忠本	青白江区华严乡革新村	成都市劳动模范
1988–1990	曾松柏	青白江区福洪乡先锋村	成都市劳动模范
1988–1990	罗辉如	龙泉驿区水泥厂	成都市劳动模范
1988–1990	杨永留	温江县踏水乡金星村	成都市劳动模范
1988–1990	张正新	温江烟机配件厂	成都市劳动模范
1988–1990	黄玉华(女)	温江县永宁乡华篱村	成都市劳动模范
1988–1990	陈淑良(女)	成都肉食品企业(集团)公司	成都市劳动模范
1988–1990	周先玲(女)	成都市蔬菜公司	成都市劳动模范
1988–1990	赵 华(女)	成都市水产公司淘海楼营业部	成都市劳动模范
1988–1990	钟钦顺	成都酿造厂	成都市劳动模范
1988–1990	王茂英(女)	成都市禽蛋公司加工厂	成都市劳动模范
1988–1990	杨文秀(女)	成都市糖酒公司	成都市劳动模范
1988–1990	蔡华玉	成都市新上海食品厂	成都市劳动模范
1988–1990	何东祖	成都商业机械厂	成都市劳动模范
1988–1990	赵和林(女)	成都文化食品厂蜜桂芳门市部	成都市劳动模范
1988–1990	王祥英(女)	成都市日杂公司文化宫商店	成都市劳动模范
1988–1990	费蓉堪	成都市物资回收公司	成都市劳动模范
1988–1990	刘绍熙	成都淀粉厂	成都市劳动模范
1988–1990	李莉娜(女)	成都市第五中学	成都市劳动模范
1988–1990	屈德珍(女)	成都市第三十一中学	成都市劳动模范
1988–1990	雒蕴平(女)	成都幼师教导处	成都市劳动模范
1988–1990	杜 渊	成都市第二人民医院	成都市劳动模范
1988–1990	王静安	成都市中医学院	成都市劳动模范
1988–1990	蔡俊梅(女)	成都市第三人民医院	成都市劳动模范
1988–1990	陈巧茹(女)	成都市川剧院三团	成都市劳动模范
1988–1990	宋雪林	成都棋院四川棋队	成都市劳动模范
1988–1990	游志胜	四川大学计算机系	成都市劳动模范
1988–1990	吴言涛	华西医科大学附属医院	成都市劳动模范

续表

年份	姓名	单位	称号
1988–1990	吉铁肩	华西医科大学社会科学部	成都市劳动模范
1988–1990	彭　毅(女)	成都电子科技大学	成都市劳动模范
1988–1990	李大成	成都科技大学化学工程系	成都市劳动模范
1988–1990	杨　元(女)	西南交通大学数学系	成都市劳动模范
1988–1990	张　衔	民航飞行学院社科部	成都市劳动模范
1988–1990	吴忠观	西南财经大学人口理论研究所	成都市劳动模范
1988–1990	聂德新	成都地质学院工程地质研究所	成都市劳动模范
1988–1990	泽登孝	西南民族学院民语系	成都市劳动模范
1988–1990	吴素君(女)	成都气象学院电子系	成都市劳动模范
1988–1990	颜绍泸	成都市体育学院	成都市劳动模范
1988–1990	姚廷伸	四川师范大学化学系	成都市劳动模范
1988–1990	龚锦华	成都卷烟厂	成都市劳动模范
1988–1990	郑延春	成都卷烟厂	成都市劳动模范
1988–1990	傅礼红	成都化工压力容器厂	成都市劳动模范
1988–1990	陈家超	成都化肥厂	成都市劳动模范
1988–1990	刘家洪	四川化工机械厂	成都市劳动模范
1988–1990	官鸿铸	成都化工厂	成都市劳动模范
1988–1990	李真云(女)	成都栲胶厂	成都市劳动模范
1988–1990	邓开华	四川省蛇纹石矿	成都市劳动模范
1988–1990	刘兴庆	成都湔江化工厂	成都市劳动模范
1988–1990	彭从军	四川化工总厂三胺分厂	成都市劳动模范
1988–1990	蒋钟济	四川化工总厂	成都市劳动模范
1988–1990	王庆海	宝钢五冶分指供应公司	成都市劳动模范
1988–1990	王容坤	成都客车厂	成都市劳动模范
1988–1990	袁著曦	四川建筑机械厂	成都市劳动模范
1988–1990	王德明	五冶机电公司	成都市劳动模范
1988–1990	袁沈明	能源部、水利部成都勘测设计院	成都市劳动模范
1988–1990	张世良	五冶计划处	成都市劳动模范
1988–1990	钟顺隆	成都市动物园饲养一队	成都市劳动模范

续表

年份	姓名	单位	称号
1988–1990	李文成(女)	成都市房地局房屋互换站	成都市劳动模范
1988–1990	王思赐	成都市建筑勘测设计院	成都市劳动模范
1988–1990	张先进	成都市建设学校设计室	成都市劳动模范
1988–1990	杨洪丽(女)	成都城建医院	成都市劳动模范
1988–1990	陈儒刚	成都市第二建筑工程公司	成都市劳动模范
1988–1990	罗永禄	西南电力设计院	成都市劳动模范
1988–1990	李忠富	水电十局引水入秦工程公司	成都市劳动模范
1988–1990	罗秀琪	四川电力送变建设公司	成都市劳动模范
1988–1990	李光荣(女)	五冶机电公司	成都市劳动模范
1988–1990	李兆春	五冶钢瓶厂	成都市劳动模范
1988–1990	胡润华	五冶三公司	成都市劳动模范
1988–1990	郑庆礼	五冶第一工程公司	成都市劳动模范
1988–1990	李三忠	成都市公交公司二总站	成都市劳动模范
1988–1990	邓建明	成都市公交公司电车一路	成都市劳动模范
1988–1990	张莉霜(女)	成都市煤气公司营业所	成都市劳动模范
1988–1990	骆永珍(女)	成都中医学院微生物学教研室	成都市劳动模范
1988–1990	陈　军	四川音乐学院	成都市劳动模范
1988–1990	古　晓(女)	成都教育学院	成都市劳动模范
1988–1990	黎亚元	四川工业学院	成都市劳动模范
1988–1990	勾承益	成都大学中文系	成都市劳动模范
1988–1990	姚永凯	成都无线电机械学校	成都市劳动模范
1988–1990	赵静桂	成都科技大学	成都市劳动模范
1988–1990	蔡新明	成都市第二社会福利院	成都市劳动模范
1988–1990	辜长根	成都市殡葬改革管理所	成都市劳动模范
1988–1990	马　力	成都市公安局治安大队	成都市劳动模范
1988–1990	孙福珍(女)	成都市科委	成都市劳动模范
1988–1990	高进喜	成都市煤炭工业公司	成都市劳动模范
1988–1990	黄祥成	市政府机关事务管理局	成都市劳动模范
1988–1990	申重健	成都科学技术服务中心	成都市劳动模范

续表

年份	姓名	单位	称号
1988-1990	吴应林	成都地质矿产研究所	成都市劳动模范
1988-1990	郑德忠	交警支队三大队	成都市劳动模范
1988-1990	王德梅(女)	成都市检察院控告申诉处	成都市劳动模范
1988-1990	何居兰(女)	成都市中级人民法院	成都市劳动模范
1988-1990	王玉管	成都市公证处	成都市劳动模范
1988-1990	严绍清	四川省成都茶厂	成都市劳动模范
1988-1990	袁素芬(女)	成都市小南街小学	成都市劳动模范
1988-1990	赵祖翔	工贸合营成都市装潢印刷厂	成都市劳动模范
1988-1990	郑伯勋	成都市保险柜厂	成都市劳动模范
1988-1990	苏建国	青羊区煤建公司西马道煤店	成都市劳动模范
1988-1990	林　慧(女)	青羊区环卫处西御河环卫所	成都市劳动模范
1988-1990	潘广琼(女)	成都少城医院	成都市劳动模范
1988-1990	杨清海	锦江区环卫处汽车队	成都市劳动模范
1988-1990	张先富	锦江区环卫处城肥管理所	成都市劳动模范
1988-1990	卢雪梅(女)	成都市盐道街小学	成都市劳动模范
1991	毛仕富	132厂	全国五一劳动奖章
1991	姜玉玺	420厂	全国五一劳动奖章
1991	刘荣富	成都彩虹电器厂	全国五一劳动奖章
1991	吴群梅	红光商场五金门市部	全国五一劳动奖章
1991	戴保民	成都华西医大	全国五一劳动奖章
1991	谢　明	132厂	航空部劳动模范
1991	李光华	132厂	航空部劳动模范
1991	张叔群	611所	四川省劳动模范
1991	吕松堂	611所	中航总公司劳动模范
1992	张素珍(女)	四川锅炉厂	全国五一劳动奖章
1992	黄琴玉(女)	8800厂	全国五一劳动奖章
1992	杨腾芳	成都轻型汽车总厂	全国五一劳动奖章
1992	张倬元	成都地质学院	全国五一劳动奖章
1992	邱世明	四川文君酒厂	全国五一劳动奖章

续表

年份	姓名	单位	称号
1992	王远芳(女)	成都红旗商场	全国五一劳动奖章
1993	宋其祥	3508厂	全国五一劳动奖章
1993	龚锦华	成都卷烟厂	全国五一劳动奖章
1993	谢云成	市建五公司	全国五一劳动奖章
1993	钱清泉	西南交大科研所	全国五一劳动奖章
1993	杨清海	锦江区环卫局	全国五一劳动奖章
1993	付明炳	龙泉茶店中学	全国教育系统劳模
1991-1993	罗成仁	华西医科大学眼科学	成都市劳动模范
1991-1993	沙马拉毅	西南民族学院教务处	成都市劳动模范
1991-1993	成建波	电子科技大学五系	成都市劳动模范
1991-1993	郑文琛	四川大学材料系	成都市劳动模范
1991-1993	陈文梅	成都科大化学系	成都市劳动模范
1991-1993	王积分	成都市传染病医院	成都市劳动模范
1991-1993	易　琳	成都体育学院竞技体校	成都市劳动模范
1991-1993	刘锡良	西南财经大学金融系	成都市劳动模范
1991-1993	陈立官	成都理工学院石油系	成都市劳动模范
1991-1993	晋光松	成都市盐市口中学	成都市劳动模范
1991-1993	罗祥熙	四川音乐学院师范系	成都市劳动模范
1991-1993	赵经国	成都人民广播电台	成都市劳动模范
1991-1993	邓云辉	成都纺织高等专科学校染化系	成都市劳动模范
1991-1993	黄灵万	成都大学经贸系	成都市劳动模范
1991-1993	袁　硕	成都市成人教育学院财会系	成都市劳动模范
1991-1993	王永春	成都电视台	成都市劳动模范
1991-1993	张莉红(女)	成都市社科所员	成都市劳动模范
1991-1993	刘志钢	市体委城北体育馆业余体校	成都市劳动模范
1991-1993	代大莉(女)	人民南路新华书店机关服务部	成都市劳动模范
1991-1993	晓　艇(女)	成都市川剧院三团	成都市劳动模范
1991-1993	孙树仁	成都市盐道街中学	成都市劳动模范
1991-1993	姜大华	成都水力发电学校	成都市劳动模范

续表

年份	姓名	单位	称号
1991–1993	廖吉勇	成都市计划生育指导所	成都市劳动模范
1991–1993	方慎钧	成都市第一人民医院	成都市劳动模范
1991–1993	吴兴译	中国民航飞行学院飞机驾驶系	成都市劳动模范
1991–1993	唐德高	成都美琪美发厅	成都市劳动模范
1991–1993	胡家凤(女)	成都市饮食公司赖汤元门市部	成都市劳动模范
1991–1993	张　文	成都市酿造公司成都酿造厂	成都市劳动模范
1991–1993	刘　萍(女)	成都市旅馆公司印刷厂	成都市劳动模范
1991–1993	周昌信	成都市税务局涉外税务分局	成都市劳动模范
1991–1993	孙克贵	成都市烟草分公司	成都市劳动模范
1991–1993	黄世君	成都市农行德盛支行	成都市劳动模范
1991–1993	向定明	成都百货大楼	成都市劳动模范
1991–1993	乔德熙	成都市交电公司交电商场	成都市劳动模范
1991–1993	曹素辉(女)	成都市禽蛋公司经营部	成都市劳动模范
1991–1993	杨文秀(女)	成都市糖酒公司建设路门市部	成都市劳动模范
1991–1993	杨　妮(女)	成都市蔬菜公司川棉门市部	成都市劳动模范
1991–1993	余荣伟	成都市物资回收公司购销部	成都市劳动模范
1991–1993	曾家金	成都市茶叶公司立新茶叶店	成都市劳动模范
1991–1993	周中俊	成都饭店机修班	成都市劳动模范
1991–1993	李　炎	中国工商银行市分行滨江支行	成都市劳动模范
1991–1993	赵宗汉	成都市粮食局青白江仓库	成都市劳动模范
1991–1993	冯玉珍(女)	成都市粮食局东华门粮店	成都市劳动模范
1991–1993	集　敏(女)	成都实验商场推销部	成都市劳动模范
1991–1993	杨善超	成都市商业储运公司发运组	成都市劳动模范
1991–1993	王晓龙	成都市煤建公司二车队	成都市劳动模范
1991–1993	黄汉伟	建设北路百货分公司	成都市劳动模范
1991–1993	陈　伟	建设银行成都第二支行储蓄所	成都市劳动模范
1991–1993	方　忠	成都红旗商场	成都市劳动模范
1991–1993	何少麟	成都市第二建筑公程公司	成都市劳动模范
1991–1993	朱正才	五冶经理助理兼宝钢指挥部	成都市劳动模范

续表

年份	姓名	单位	称号
1991-1993	陈理税	成都市市政工程设计院	成都市劳动模范
1991-1993	郑思毅	市房地产管理职业中专学校	成都市劳动模范
1991-1993	郑 敏(女)	成都市住房解困办公室	成都市劳动模范
1991-1993	李守义	成都市政桥梁分公司	成都市劳动模范
1991-1993	许晓舟	成都青年房产开发分公司	成都市劳动模范
1991-1993	陆启惠	成都建材设计研究院	成都市劳动模范
1991-1993	吴魁凤	五冶公司钢瓶厂	成都市劳动模范
1991-1993	谢瑞呈	成都市建筑读者论坛研究院	成都市劳动模范
1991-1993	邵宗平	水电部成都勘测设计院地质处	成都市劳动模范
1991-1993	宋 春	西南电力设计院自动化处	成都市劳动模范
1991-1993	曾 军	成都市环境污染监理所	成都市劳动模范
1991-1993	何振明	水电部成都勘测设计院	成都市劳动模范
1991-1993	徐隆湘	成都市建六公司	成都市劳动模范
1991-1993	任玉龙	水电十局一公司二工区	成都市劳动模范
1991-1993	陈秀英(女)	成都自来水总公司二厂	成都市劳动模范
1991-1993	戴洪德	成都市政设施管理处工程队	成都市劳动模范
1991-1993	谢迎建	成都市白莲池苗圃草花班	成都市劳动模范
1991-1993	邹秋华	成都望江楼公园	成都市劳动模范
1991-1993	陈建全	成都市工业设备安装公司	成都市劳动模范
1991-1993	王 莉(女)	四川建筑机械厂铣工	成都市劳动模范
1991-1993	刘广富	成都市固体废弃物卫生处置场	成都市劳动模范
1991-1993	高长友	宝钢五冶机械化公司汽修厂	成都市劳动模范
1991-1993	梁光华	五冶机电公司输电线路工程处	成都市劳动模范
1991-1993	武庆江	五冶机电公司四处	成都市劳动模范
1991-1993	张文魁	五冶四公司安装工程处	成都市劳动模范
1991-1993	钟 俊(女)	成都市公共交通公司	成都市劳动模范
1991-1993	吴家清	成都市河道管理处	成都市劳动模范
1991-1993	邵祖权	成都市煤气总公司管网管理所	成都市劳动模范
1991-1993	陈 彬	成都市第四建筑工程公司	成都市劳动模范

续表

年份	姓名	单位	称号
1991–1993	朱应全	成都市勘察测绘研究所勘察室	成都市劳动模范
1991–1993	易礼花	成都市第七建筑工程公司	成都市劳动模范
1991–1993	王怀生	四川建筑机械厂	成都市劳动模范
1991–1993	吴兴吉	青羊公安分局白家塘派出所	成都市劳动模范
1991–1993	王学茂	成都八一家具厂	成都市劳动模范
1991–1993	柏 优	成都市华西企业公司	成都市劳动模范
1991–1993	符顺涛	成都市永丰建筑工程公司	成都市劳动模范
1991–1993	王晓林	武侯区计算机教育领导小组	成都市劳动模范
1991–1993	蒋志昌	武侯区环卫局市容所	成都市劳动模范
1991–1993	袁白天	武侯区西南密封件厂	成都市劳动模范
1991–1993	刘万能	成都市第十八中学	成都市劳动模范
1991–1993	郭利华	成都市精神病防治院	成都市劳动模范
1991–1993	董德寿	成都长城床垫厂	成都市劳动模范
1991–1993	林明玉	金牛区北苑商场副食品经营部	成都市劳动模范
1991–1993	陈泽民	金牛区环卫局汽车队	成都市劳动模范
1991–1993	陈佐国	中共成都市金牛区区委	成都市劳动模范
1991–1993	潘月琴(女)	成都节能软水设备厂	成都市劳动模范
1991–1993	谢 扬	金牛区检查院刑事检察一科	成都市劳动模范
1991–1993	彭万忠	锦江区房地局前卫房管所	成都市劳动模范
1991–1993	江问鱼	锦江区建筑工程公司	成都市劳动模范
1991–1993	刘永蓉(女)	成都市春北粮酒食品公司	成都市劳动模范
1991–1993	何伦忠	成都师范学校附属小学	成都市劳动模范
1991–1993	张宽惠	锦江区卫生防疫站	成都市劳动模范
1991–1993	王家诚	成都霓虹灯厂	成都市劳动模范
1991–1993	王成伟	成都文君酒家	成都市劳动模范
1991–1993	晏智明	青羊区建筑工程公司	成都市劳动模范
1991–1993	周 倩(女)	成都市新华路小学	成都市劳动模范
1991–1993	林 惠(女)	青羊区环卫局西御河环卫所	成都市劳动模范
1991–1993	肖隆显	成都光明电器开关厂	成都市劳动模范

续表

年份	姓名	单位	称号
1991–1993	孙大国	成都水表厂厂长	成都市劳动模范
1991–1993	周为贫	成华区卫生防疫站	成都市劳动模范
1991–1993	刘　熙(女)	成都市四十九中学	成都市劳动模范
1991–1993	贺知本	成华区上点大型煤厂	成都市劳动模范
1991–1993	吴昌谋	成华区建筑安装工程公司	成都市劳动模范
1991–1993	陈万杰	成都市橡胶化工公司再生胶厂	成都市劳动模范
1991–1993	冯大明	成华区环境卫生管理局汽车队	成都市劳动模范
1991–1993	曾行正	成华区粮业烟酒公司	成都市劳动模范
1991–1993	陈庆国	彭州市电讯器材公司	成都市劳动模范
1991–1993	王云康	彭州市环卫所	成都市劳动模范
1991–1993	罗良秀	彭州市庆兴中心卫生院	成都市劳动模范
1991–1993	张光辉	彭州市天彭中学	成都市劳动模范
1991–1993	黄敬安	彭州市氮肥厂合成车间	成都市劳动模范
1991–1993	周述全	彭州市轻纺工业总公司	成都市劳动模范
1991–1993	周裕祥	彭州市工业总公司	成都市劳动模范
1991–1993	魏志德	青白江机械厂	成都市劳动模范
1991–1993	李仁恩	青白江区物资局金属公司	成都市劳动模范
1991–1993	李国民	公安局青白江区分局交警大队	成都市劳动模范
1991–1993	庄道芳(女)	青白江弥牟镇中心小学校	成都市劳动模范
1991–1993	袁长清	都江堰市制革厂	成都市劳动模范
1991–1993	彭文伦	都江堰市百货公司友谊商店	成都市劳动模范
1991–1993	王惠兰(女)	都江堰市中医院门诊部	成都市劳动模范
1991–1993	刘奉明	都江堰市邮电局	成都市劳动模范
1991–1993	张玉清(女)	都江堰市环卫处	成都市劳动模范
1991–1993	邹　玲(女)	都江堰市北街小学	成都市劳动模范
1991–1993	冯光伟	都江堰市电力公司工程队	成都市劳动模范
1991–1993	刘为从	龙泉驿区龙泉西河副食品厂	成都市劳动模范
1991–1993	张守英(女)	龙泉驿区环卫所	成都市劳动模范
1991–1993	李启雍	成都汽车配件总厂制动器厂	成都市劳动模范

续表

年份	姓名	单位	称号
1991-1993	黎禹如	龙泉驿区医院	成都市劳动模范
1991-1993	王学清	崇庆钢厂	成都市劳动模范
1991-1993	文国富	新都县公安局	成都市劳动模范
1991-1993	薛永红(女)	新都县中医院门诊部	成都市劳动模范
1991-1993	王月琪	新都县饮食服务公司	成都市劳动模范
1991-1993	谭金凤(女)	新都县新农中心小学	成都市劳动模范
1991-1993	曾茂生	新都县环卫所车队	成都市劳动模范
1991-1993	钟兰英(女)	新都县供销综合贸易公司	成都市劳动模范
1991-1993	张德修	新都县钢圈总厂	成都市劳动模范
1991-1993	庄裕光	新都县工业局	成都市劳动模范
1991-1993	刘家成	崇庆县公安局刑警队	成都市劳动模范
1991-1993	张淑英(女)	崇庆县白头镇中心小学	成都市劳动模范
1991-1993	秋剑鸣	崇庆县面粉厂	成都市劳动模范
1991-1993	董文郁	崇庆县交通局高级	成都市劳动模范
1991-1993	张　越	崇庆县铁厂	成都市劳动模范
1991-1993	吴一肇	邛崃县中医医院中医内科	成都市劳动模范
1991-1993	吴立仁	邛崃电机厂总装车间	成都市劳动模范
1991-1993	徐桂蓉(女)	邛崃县文君酒厂西河纸箱车间	成都市劳动模范
1991-1993	邓宇顺	中共邛崃县委机关保卫科	成都市劳动模范
1991-1993	刘世林	邛崃县大同乡中华村小学	成都市劳动模范
1991-1993	康志川	邛崃县粮油总公司固驿粮站	成都市劳动模范
1991-1993	谢玉芬	邛崃县环卫所第三保洁组	成都市劳动模范
1991-1993	周开达	金堂县第一人民医院	成都市劳动模范
1991-1993	陈敦明	金堂县饮食服务公司洁静旅馆	成都市劳动模范
1991-1993	许　普	金堂县公安局刑警队	成都市劳动模范
1991-1993	薛道俊	金堂县赵镇环境卫生管理所	成都市劳动模范
1991-1993	蒋志汉	金堂县新华印刷厂	成都市劳动模范
1991-1993	周宗俊	金堂县公路管理所	成都市劳动模范
1991-1993	梁洪昌	金堂县第一小学校校办厂	成都市劳动模范

续表

年份	姓名	单位	称号
1991–1993	赖安金	双流热缩制品厂总务科	成都市劳动模范
1991–1993	彭文商	双流县公路养护段白家道班	成都市劳动模范
1991–1993	陈旭莲	成都广诚实业公司轻型钢厂	成都市劳动模范
1991–1993	赵国忠	双流县华阳建筑工程公司	成都市劳动模范
1991–1993	杨秀华(女)	双流县东升小学	成都市劳动模范
1991–1993	付国祖	双流县二医院	成都市劳动模范
1991–1993	李久波	双流县籍田税务所	成都市劳动模范
1991–1993	周家贵	双流县第二医药公司	成都市劳动模范
1991–1993	王瑞芝(女)	郫县第一中学	成都市劳动模范
1991–1993	余志群(女)	郫县公路管理所	成都市劳动模范
1991–1993	罗正书	郫县三道堰供销社	成都市劳动模范
1991–1993	赵国民	郫县人民检察院	成都市劳动模范
1991–1993	宋维忠	郫县郫筒镇综合商店	成都市劳动模范
1991–1993	何万福	成都市烟草公司新津分公司	成都市劳动模范
1991–1993	吴春仙(女)	新津县环境卫生管理所	成都市劳动模范
1991–1993	黄伦伟	新津县塑料厂	成都市劳动模范
1991–1993	岳学林	新津县中学	成都市劳动模范
1991–1993	喻　江	蒲江县汽车运输公司	成都市劳动模范
1991–1993	郑春方	蒲江县朝阳湖镇朝阳小学	成都市劳动模范
1991–1993	朱仕明	成都酒厂第三厂	成都市劳动模范
1991–1993	彭文林	成都第二变压器厂	成都市劳动模范
1991–1993	宋水清	大邑县运输公司客运站	成都市劳动模范
1991–1993	黄国尧	大邑县出江乡马桥村小学	成都市劳动模范
1991–1993	刘桂荣	大邑县工商行政管理局	成都市劳动模范
1991–1993	李国忠	大邑县晋原镇环境卫生管理所	成都市劳动模范
1991–1993	杨学明	大邑县公安局董场派出所	成都市劳动模范
1991–1993	韦志忠	大邑县殡仪馆	成都市劳动模范
1991–1993	文显明	温江县运输公司	成都市劳动模范
1991–1993	张秀华	温江县金马镇柳林小学	成都市劳动模范

续表

年份	姓名	单位	称号
1991–1993	廖代宣	温江县人民医院	成都市劳动模范
1991–1993	范正荣	温江县环境卫生管理所	成都市劳动模范
1991–1993	祝素清(女)	温江县对外贸易成都经销部	成都市劳动模范
1991–1993	龙运亨	成都日用电器厂	成都市劳动模范
1991–1993	温德珍(女)	成都彩虹电器股份有限公司	成都市劳动模范
1991–1993	黎中淑(女)	成都灯泡厂导丝组	成都市劳动模范
1991–1993	叶明根	成都制革总厂三分厂	成都市劳动模范
1991–1993	陈　刚	四川省轻工机械厂三车间	成都市劳动模范
1991–1993	张益华	成都油脂化工总厂	成都市劳动模范
1991–1993	金锡林	成都美术印刷厂	成都市劳动模范
1991–1993	伍　玉(女)	四川省钢锉厂	成都市劳动模范
1991–1993	任本忠	成都市塑料四厂	成都市劳动模范
1991–1993	钟泽林	成都市塑料七厂	成都市劳动模范
1991–1993	华桂清(女)	成都市塑料二厂	成都市劳动模范
1991–1993	孙华金	成都市水印工艺厂	成都市劳动模范
1991–1993	张家俊	成都木材综合工厂造纸分厂	成都市劳动模范
1991–1993	杨海康	四川新华印刷厂	成都市劳动模范
1991–1993	陈世融	中外合资川路塑胶有限公司	成都市劳动模范
1991–1993	代自品	成都市造纸工业公司造纸一厂	成都市劳动模范
1991–1993	杨明富	四川省青城造纸厂	成都市劳动模范
1991–1993	刘崇贵	成都金银制品厂	成都市劳动模范
1991–1993	陈友华	成都市金属工艺品厂门市部	成都市劳动模范
1991–1993	邓仁玖	成都湔江化工厂	成都市劳动模范
1991–1993	王志全	四川省芒硝矿	成都市劳动模范
1991–1993	黎显阳	四川化工总厂运销公司	成都市劳动模范
1991–1993	张钦武	成都化工碳素总厂	成都市劳动模范
1991–1993	贾应扬	成都石油化学总厂工艺油分厂	成都市劳动模范
1991–1993	刘世华	成都化工二厂	成都市劳动模范
1991–1993	李国模	四川化工机械厂容器分厂	成都市劳动模范

续表

年份	姓名	单位	称号
1991–1993	张 平	成都化工压力容器厂	成都市劳动模范
1991–1993	姜学富	成都化工股份有限公司	成都市劳动模范
1991–1993	乐大宁	成都制药一厂 108 车间	成都市劳动模范
1991–1993	江维建	成都制药三厂	成都市劳动模范
1991–1993	杨禄方	成都制药四厂七分厂	成都市劳动模范
1991–1993	黄景明	四川省中药厂	成都市劳动模范
1991–1993	侯登明	成都中药厂	成都市劳动模范
1991–1993	徐学成	四川制药股份有限公司	成都市劳动模范
1991–1993	李金蓉(女)	四川第一纺织股份有限公司	成都市劳动模范
1991–1993	祝桂兰(女)	成都泰康化纤股份有限公司	成都市劳动模范
1991–1993	文映昭	四川第一纺织股份有限公司	成都市劳动模范
1991–1993	康秀英(女)	成都纺织厂细纱车间	成都市劳动模范
1991–1993	尹耀西	成都第二纺织厂	成都市劳动模范
1991–1993	吴关云	成都化纤纺织厂	成都市劳动模范
1991–1993	曾秀文(女)	成都第三纺织厂	成都市劳动模范
1991–1993	李 红(女)	成都毛巾床单厂	成都市劳动模范
1991–1993	杨 春(女)	成都针织二厂	成都市劳动模范
1991–1993	黄春茂	成都纺织机械厂	成都市劳动模范
1991–1993	黄家彬	成都印染厂	成都市劳动模范
1991–1993	严德重	成都服装集团公司	成都市劳动模范
1991–1993	何俊模	成都化学纤维厂	成都市劳动模范
1991–1993	高宗远	成都东方丝绸厂	成都市劳动模范
1991–1993	罗勤刚	成都市出江煤矿阳天矿	成都市劳动模范
1991–1993	王庆均	成都市张家山煤矿红岩井	成都市劳动模范
1991–1993	邓国刚	成都市都江煤矿	成都市劳动模范
1991–1993	李家德	成都市湔江煤矿利民井	成都市劳动模范
1991–1993	陈迎建	成都西部汽车城股份有限公司	成都市劳动模范
1991–1993	冉龙海	成都市沙河堡乳牛场	成都市劳动模范
1991–1993	毛成德	成都市地方建筑总公司	成都市劳动模范

续表

年份	姓名	单位	称号
1991–1993	吕政心	成都华民印刷厂	成都市劳动模范
1991–1993	王立常	成都市星火畜禽研究所	成都市劳动模范
1991–1993	王德芬(女)	成都地质矿产研究所开发部	成都市劳动模范
1991–1993	汤兴富	成都市纺织工业局	成都市劳动模范
1991–1993	罗忠贵	成都市市政工程局	成都市劳动模范
1991–1993	刘兴碧(女)	成都市农牧局科教处	成都市劳动模范
1991–1993	张吉厚	成都市中级人民法院基建办	成都市劳动模范
1991–1993	陈昌明	成都市公安局行政处	成都市劳动模范
1991–1993	刁亚民	成都市公安局锦江分局	成都市劳动模范
1991–1993	张正发	成都市公安局金牛分局	成都市劳动模范
1991–1993	郑寿华	成都市市级机关工作委员会	成都市劳动模范
1991–1993	吴生富	成都市殡仪馆	成都市劳动模范
1991–1993	吴兴富	成都市公证处	成都市劳动模范
1991–1993	徐君美(女)	成都市人民检察院二处	成都市劳动模范
1991–1993	曾　革	成都市公安局交警支队三大队	成都市劳动模范
1991–1993	赖成树	成都三电股份有限公司	成都市劳动模范
1991–1993	邬扬淼	成都轴承总厂	成都市劳动模范
1991–1993	黄炳钧	宁江机床厂	成都市劳动模范
1991–1993	房昭杰	四川齿轮厂	成都市劳动模范
1991–1993	付思敏(女)	成都电动工具厂电工车间	成都市劳动模范
1991–1993	黄原兴	成都电焊机厂四车间	成都市劳动模范
1991–1993	张德富	成都电焊机研究所焊接工程部	成都市劳动模范
1991–1993	曾荣生	成都液压件厂	成都市劳动模范
1991–1993	徐玉发	成都建设机械公司	成都市劳动模范
1991–1993	杨绍春	四川电器股份有限公司	成都市劳动模范
1991–1993	胡贵昌	四川专用汽车厂	成都市劳动模范
1991–1993	裴家平	成都砂轮厂	成都市劳动模范
1991–1993	彭瑞生	成都阀门厂二车间	成都市劳动模范
1991–1993	钟华金	成都大中华焊接材料公司	成都市劳动模范

续表

年份	姓名	单位	称号
1991–1993	顾正朝	成都量具刃具股份有限公司	成都市劳动模范
1991–1993	胡友龙	成都量具刃具股份有限公司	成都市劳动模范
1991–1993	雷元素	西南电工厂设备动力科	成都市劳动模范
1991–1993	董正乐	锦江油泵油嘴厂柱塞车间	成都市劳动模范
1991–1993	徐 兵	成都工程机械总厂结构件分厂	成都市劳动模范
1991–1993	李连生	成都水泵厂四车间	成都市劳动模范
1991–1993	邓永高	四川电机厂	成都市劳动模范
1991–1993	周天勤	成都动力配件股份有限公司	成都市劳动模范
1991–1993	邢长征	四川齿轮厂第八分厂	成都市劳动模范
1991–1993	廖子才	成都钢铁厂	成都市劳动模范
1991–1993	张晓峰	成都钢铁厂电炉分厂	成都市劳动模范
1991–1993	孙光旭	成都铝材厂车窗分厂	成都市劳动模范
1991–1993	邓曰成	成都铝材厂生产销售科	成都市劳动模范
1991–1993	杨一才	成都冷轧钢材厂金属制品分厂	成都市劳动模范
1991–1993	王 琳	成都冶金实验厂炼钢车间	成都市劳动模范
1991–1993	荀焰勋	成都铜材厂	成都市劳动模范
1991–1993	鄢家锡	成都无缝钢管厂	成都市劳动模范
1991–1993	杨伟业	成都无缝钢管厂研究所	成都市劳动模范
1991–1993	付书林	成都无缝钢管厂平炉分厂	成都市劳动模范
1991–1993	岳 锴	成都无缝钢管厂热轧工段	成都市劳动模范
1991–1993	赵尔平	成都无缝钢管厂质量处	成都市劳动模范
1991–1993	余加均	成都无缝钢管厂耐火材料厂	成都市劳动模范
1991–1993	卿显成	成都无缝钢管厂电炉分厂	成都市劳动模范
1991–1993	成海涛	成都无缝钢管厂	成都市劳动模范
1991–1993	康辅民	成都水箱厂	成都市劳动模范
1991–1993	李怀敏	四川省内燃机配件总厂	成都市劳动模范
1991–1993	李治贤	成都大地汽车制造厂设计科	成都市劳动模范
1991–1993	苟贵祥	四川都江机械厂四车间	成都市劳动模范
1991–1993	廖志华	成都锻造厂	成都市劳动模范

续表

年份	姓名	单位	称号
1991–1993	刘国树	成都仪表厂	成都市劳动模范
1991–1993	毛赛莉(女)	成都汽车制造厂总装车间	成都市劳动模范
1991–1993	刘忠义	中国电子物资公司西南公司	成都市劳动模范
1991–1993	廖映荣	成都电子仪表局供销处	成都市劳动模范
1991–1993	陈宝昌	成都无线电一厂	成都市劳动模范
1991–1993	曾治修	成都无线电技工学校	成都市劳动模范
1991–1993	宋福臻	成都玻璃厂	成都市劳动模范
1991–1993	苏功宪	四川省水泥制品厂四车间	成都市劳动模范
1991–1993	侯显友	成都市硅酸盐厂	成都市劳动模范
1991–1993	杨建军	成都东风水泥厂水泥车间	成都市劳动模范
1991–1993	高正远	中国农业银行成都市蜀都支行	成都市劳动模范
1991–1993	唐晓彬	电子系统工程第三建设公司	成都市劳动模范
1991–1993	任双年	成都继电器厂	成都市劳动模范
1991–1993	胡佑明	成都无线电五厂一车间	成都市劳动模范
1991–1993	黄尚文	成都无线电三厂	成都市劳动模范
1991–1993	杨汉彬	成都电视设备厂	成都市劳动模范
1991–1993	马跃蓉(女)	成都翻胎厂橡胶制品分厂	成都市劳动模范
1991–1993	胡　伟	成都市汽车运输公司	成都市劳动模范
1991–1993	黄德定	四川省成都长途汽车运输公司	成都市劳动模范
1991–1993	姚遇明	成都轻型汽车总厂分厂	成都市劳动模范
1991–1993	方隆蓉(女)	四川省公路机械修配厂一车间	成都市劳动模范
1991–1993	谢小林	交通部新津筑路机械厂	成都市劳动模范
1991–1993	晋木修	成都公路养护总段城东分段	成都市劳动模范
1991–1993	谭紫岚	邮电部第五研究所科学研究部	成都市劳动模范
1991–1993	马咸驹	成都航空工业学校附属工厂	成都市劳动模范
1991–1993	刘洪万	中国邮电器材西南公司材料部	成都市劳动模范
1991–1993	毛世福	航空航天工业部三六三医院	成都市劳动模范
1991–1993	郭良蓄	成都市工程咨询公司项目一部	成都市劳动模范
1991–1993	张世秋	市就业服务管理局劳务市场	成都市劳动模范

续表

年份	姓名	单位	称号
1991-1993	刘俊杰	成都物资企业(集团)总公司	成都市劳动模范
1991-1993	何云发	中国西南航空公司飞机维修厂	成都市劳动模范
1991-1993	陈华春	成都电冶厂冶炼车间	成都市劳动模范
1991-1993	金曼萍(女)	成都市电信局引进办	成都市劳动模范
1991-1993	罗晓林	成都卷烟厂四车间	成都市劳动模范
1991-1993	郭林军	成都市邮电局	成都市劳动模范
1991-1993	聂永盛	成都机车车辆工厂转向架车间	成都市劳动模范
1991-1993	梅玉林	成都机车车辆工厂机械四车间	成都市劳动模范
1991-1993	王　吾	成都工业学校	成都市劳动模范
1991-1993	王华安	成都双流机场汽车修理厂	成都市劳动模范
1991-1993	漆长发	长城特殊钢公司第三钢厂	成都市劳动模范
1991-1993	黄连文	长城特殊钢公司第四钢厂	成都市劳动模范
1991-1993	孙兴刚	长城特殊钢公司第一钢厂	成都市劳动模范
1991-1993	王道义	成都蜀都大厦股份有限公司	成都市劳动模范
1991-1993	李世忠	华能成都分公司	成都市劳动模范
1991-1993	邵海生	长城特殊钢公司第二钢	成都市劳动模范
1991-1993	池淑向	轻工部成都设计院	成都市劳动模范
1991-1993	王家学	成都印钞公司一分厂胶印车间	成都市劳动模范
1991-1993	左惠英(女)	锦江区环卫局	成都市劳动模范
1991-1993	阎昌学	崇庆县总工会	成都市劳动模范
1991-1993	朱志军	成都农机第二供应公司	成都市劳动模范
1991-1993	刘树强	成都市植保植检站	成都市劳动模范
1991-1993	刘文奎	成都市百工堰渔场	成都市劳动模范
1991-1993	李同生	成都金文电器厂	成都市劳动模范
1991-1993	毛家太	青羊区苏坡乡草堂村 4 组	成都市劳动模范
1991-1993	何宏高	锦江区三圣乡	成都市劳动模范
1991-1993	李正华	成都万达实业公司	成都市劳动模范
1991-1993	黄清富	武侯区桂溪农机站	成都市劳动模范
1991-1993	王培福	成都市长林电力配电设备厂	成都市劳动模范

续表

年份	姓名	单位	称号
1991-1993	李选明	成都市东方电力线路构件厂	成都市劳动模范
1991-1993	叶 治	成都金牛玻璃钢厂	成都市劳动模范
1991-1993	杨发秀(女)	金牛区营门口乡黄忠养鸡场	成都市劳动模范
1991-1993	余孝良	青白江区农业局土肥站	成都市劳动模范
1991-1993	冯德贵	四川化工机械厂华严分厂	成都市劳动模范
1991-1993	袁成军	成都长城农用汽车制造厂	成都市劳动模范
1991-1993	钟太兴	成都市青白江轧钢厂	成都市劳动模范
1991-1993	田庚甲	青白江区姚渡乡集体村	成都市劳动模范
1991-1993	苏铭声	成都市龙泉水泥厂	成都市劳动模范
1991-1993	邹华江	龙泉镇建筑工程公司	成都市劳动模范
1991-1993	冯端辉	龙泉驿区洪河乡杨柳村	成都市劳动模范
1991-1993	刘大富	龙泉驿区黄土乡	成都市劳动模范
1991-1993	江润志	龙泉驿区石灵乡大梁村	成都市劳动模范
1991-1993	兰由浦	都江堰都马钢铁股份有限公司	成都市劳动模范
1991-1993	杨宗正	都江堰市泊江冶炼厂	成都市劳动模范
1991-1993	刘俊良	都江堰市冷轧带钢厂	成都市劳动模范
1991-1993	张长安	都江堰市胥家乡中桥村	成都市劳动模范
1991-1993	谢国良	都江堰市玉堂镇凤鸣村	成都市劳动模范
1991-1993	康益民	都江堰三羊建筑安装工程公司	成都市劳动模范
1991-1993	陈明洪	都江堰市华西高山植物园	成都市劳动模范
1991-1993	余文虎	长城冶金企业公司	成都市劳动模范
1991-1993	李树全	四川省双流羽绒厂	成都市劳动模范
1991-1993	赖德勇	成都华兴建筑工程公司	成都市劳动模范
1991-1993	严统明	成都双流冶金公司	成都市劳动模范
1991-1993	程述菊(女)	双流县正兴镇	成都市劳动模范
1991-1993	江良英	双流县红石科技致富协会	成都市劳动模范
1991-1993	张维华	双流县彭镇石梗村	成都市劳动模范
1991-1993	薛永新	成都恩威集团公司	成都市劳动模范
1991-1993	胡云河	双流县白家镇大同乡联防队	成都市劳动模范

续表

年份	姓名	单位	称号
1991-1993	曾天平	金堂县三星水泥厂	成都市劳动模范
1991-1993	李光平	金堂县经纬染织总厂	成都市劳动模范
1991-1993	曾国义	金堂县三星镇来宝沱村	成都市劳动模范
1991-1993	陈开松	金堂县龙乡镇猛虎村	成都市劳动模范
1991-1993	朱发贵	金堂县赵镇三合村	成都市劳动模范
1991-1993	蒋继义	金堂县三溪乡白云村	成都市劳动模范
1991-1993	舒　刚	金堂县林业局	成都市劳动模范
1991-1993	温贤述	成都市新都钢厂生产经营科	成都市劳动模范
1991-1993	夏绍勇	新都县乙炔厂	成都市劳动模范
1991-1993	张训麟	四川岷江电缆股份有限公司	成都市劳动模范
1991-1993	钟恒国	成都市新都床上用品厂	成都市劳动模范
1991-1993	刘光正	成都市新都天元集团公司	成都市劳动模范
1991-1993	刘智全	新都县新繁镇金龙村	成都市劳动模范
1991-1993	周鸣耀	新都县竹友乡畜牧兽医站	成都市劳动模范
1991-1993	彭云根	新都县龙桥乡山水村	成都市劳动模范
1991-1993	杨昌荣	邛崃县高梗乡和平村	成都市劳动模范
1991-1993	柳　蓉(女)	邛崃县油榨乡	成都市劳动模范
1991-1993	陈乃忠	邛崃县君平肉类开发公司	成都市劳动模范
1991-1993	康佳柯	邛崃县啤酒厂	成都市劳动模范
1991-1993	欧守田	邛崃县密封件厂	成都市劳动模范
1991-1993	邹玉清	邛崃县前进镇	成都市劳动模范
1991-1993	陈怀荣	邛崃县战斗乡蔬菜场	成都市劳动模范
1991-1993	刘术良	崇庆县元通机械厂	成都市劳动模范
1991-1993	李建华	崇庆县建新防水粉末厂	成都市劳动模范
1991-1993	谢全昌	崇庆县三江铸钢厂	成都市劳动模范
1991-1993	吴绍良	崇庆县听江压热板厂	成都市劳动模范
1991-1993	李元庆	崇庆县第三建筑安装公司	成都市劳动模范
1991-1993	叶耀钧	崇庆县植保植检站	成都市劳动模范
1991-1993	李玉根	崇庆县园艺场	成都市劳动模范

续表

年份	姓名	单位	称号
1991-1993	徐通杰	彭州市油脂化工厂	成都市劳动模范
1991-1993	岳双泉	彭州市白水河新光建材厂	成都市劳动模范
1991-1993	杨发益	四川利达企业集团公司	成都市劳动模范
1991-1993	贾正方	彭州市大宝镇宝山村	成都市劳动模范
1991-1993	韩 冰	彭州市土肥站	成都市劳动模范
1991-1993	陈太云	彭州市九尺镇高林村	成都市劳动模范
1991-1993	邹犹智	成都三益冶金联合公司炼钢厂	成都市劳动模范
1991-1993	王宗富	成都市彭州草坝水泥厂	成都市劳动模范
1991-1993	文学明	大邑先县晋原镇里仁村	成都市劳动模范
1991-1993	郑月和	退休干部	成都市劳动模范
1991-1993	张文波	大邑斜源林场	成都市劳动模范
1991-1993	尚万全	大邑县王泗镇酒类实业总公司	成都市劳动模范
1991-1993	张忠良	成都市大邑通用机械厂	成都市劳动模范
1991-1993	朱从康	成都市蓉新企业总公司	成都市劳动模范
1991-1993	李发年	温江县涌泉镇新华养殖场	成都市劳动模范
1991-1993	陈开钦	温江县通平镇百花村园艺场	成都市劳动模范
1991-1993	杜其书	成都凯达燃气具制造公司	成都市劳动模范
1991-1993	易龙铭	西南蜀江管道配件厂	成都市劳动模范
1991-1993	李德全	成都工程机械液压件厂	成都市劳动模范
1991-1993	王玉华	成都市大康实业总公司	成都市劳动模范
1991-1993	郭德彬	成都市郫县肉联厂	成都市劳动模范
1991-1993	黄友兴	四川永兴园	成都市劳动模范
1991-1993	马全明	郫县郫筒镇鹊城村	成都市劳动模范
1991-1993	张先德	郫县新兴公司	成都市劳动模范
1991-1993	梁月清	蒲江县农业局	成都市劳动模范
1991-1993	熊甫祥	蒲江县寿安镇塑印厂	成都市劳动模范
1991-1993	陈贵良	成都市川蒲食品厂	成都市劳动模范
1991-1993	杨益军	蒲江县西崃镇大同村	成都市劳动模范
1991-1993	吕加林	成都市新津工程机械总公司	成都市劳动模范

续表

年份	姓名	单位	称号
1991–1993	钟玉英(女)	新津县金华镇	成都市劳动模范
1991–1993	王名扬	新津县农业局	成都市劳动模范
1991–1993	张康林	新津县龙马乡万街村	成都市劳动模范
1991–1993	冯克让	南光机器厂	成都市劳动模范
1991–1993	喻刚福	132 厂	成都市劳动模范
1991–1993	王太华	132 厂	成都市劳动模范
1991–1993	吕正华	132 厂	成都市劳动模范
1991–1993	陆英育	132 厂	成都市劳动模范
1991–1993	祝元品	132 厂	成都市劳动模范
1991–1993	宋　洁	西南专用材料厂(虹波)	成都市劳动模范
1991–1993	喻刚福	132 厂	成都市劳动模范
1991–1993	王太华	132 厂	成都市劳动模范
1991–1993	吕正华	132 厂	成都市劳动模范
1991–1993	陆英育	132 厂	成都市劳动模范
1991–1993	祝元品	132 厂	成都市劳动模范
1991–1993	喻刚福	132 厂	成都市劳动模范
1991–1993	王太华	132 厂	成都市劳动模范
1991–1993	吕正华	132 厂	成都市劳动模范
1991–1993	陆英育	132 厂	成都市劳动模范
1991–1993	祝元品	132 厂	成都市劳动模范
1991–1993	文雪冬	西南技术物理研究所	成都市劳动模范
1991–1993	陈　巍	四川锅炉厂	成都市劳动模范
1991–1993	黄炳均	宁江机床厂	成都市劳动模范
1991–1993	王有春	成都电子研究所	成都市劳动模范
1991–1993	万里全	4431 厂	成都市劳动模范
1991–1993	张怀平	红光实业股份有限公司	成都市劳动模范
1991–1993	王启寅	157 厂	成都市劳动模范
1991–1993	袁阿兴	电子第 30 研究所	成都市劳动模范
1991–1993	唐永年	电子第 29 研究所	成都市劳动模范

续表

年份	姓名	单位	称号
1991-1993	焦　芳(女)	电子第10研究所	成都市劳动模范
1991-1993	王晓初	745厂	成都市劳动模范
1991-1993	刘松涛	红光电子管厂	成都市劳动模范
1991-1993	岳子良	8800厂	成都市劳动模范
1991-1993	钟守兴	913厂	成都市劳动模范
1991-1993	侯永树	亚光电工总厂	成都市劳动模范
1991-1993	吴家龙	南光机器厂	成都市劳动模范
1991-1993	田国富	715厂	成都市劳动模范
1991-1993	李成连	784厂	成都市劳动模范
1991-1993	关克立	前锋电子股份有限公司	成都市劳动模范
1991-1993	林云峰	成都航空仪表公司	成都市劳动模范
1991-1993	邹治合	成都滑翔机制造厂	成都市劳动模范
1991-1993	马咸驹	航空工业学校附属厂	成都市劳动模范
1991-1993	刘国松	新兴仪器厂	成都市劳动模范
1991-1993	韩国珍	5719厂	成都市劳动模范
1991-1993	文雪冬	209所	成都市劳动模范
1991-1993	陈筱蓉(女)	611所	成都市劳动模范
1991-1993	李成梅	3508厂	成都市劳动模范
1991-1993	邓长根	光明器材厂	成都市劳动模范
1991-1993	杨嘉钊	光明器材厂	成都市劳动模范
1991-1993	于铁环	成发公司	成都市劳动模范
1991-1993	杨崇琪	成发公司	成都市劳动模范
1991-1993	吴文富	成发公司	成都市劳动模范
1991-1993	石光成	成发公司	成都市劳动模范
1991-1993	秦要武	成都电缆厂	成都市劳动模范
1991-1993	游德长	成都电缆厂	成都市劳动模范
1991-1993	谢英志	5701厂	成都市劳动模范
1991-1993	易遵和	金堂转龙丝厂	成都市劳动模范
1994	白云清	光明器材厂	全国劳动模范

续表

年份	姓名	单位	称号
1994	喻刚福	132 厂	四川省劳动模范
1994	杨宝树	132 厂	四川省劳动模范
1994	梁　智	成都仪器厂	成都市劳动模范
1994	孙大国	成都日月企业公司	成都市劳动模范
1994	肖隆显	光明电器开关厂	成都市劳动模范
1994	王晓初	虹波实业股份有限公司	成都市劳动模范
1994	陈筱蓉	611 所	成都市劳动模范
1995	姚德余	132 厂	航空部劳动模范
1995	吕正华	132 厂	航空部劳动模范
1995	李朝璜	新都工艺美术锦缎厂	纺织部劳动模范
1995	张　林	132 厂	中航总公司劳动模范
1995	陈　巍	四川锅炉厂	四川省劳动模范
1995	冯尚诚	电子第 10 研究所	四川省劳动模范
1995	李德成	电子第 29 研究所	四川省劳动模范
1995	张叔群	611 所	四川省劳动模范
1995	杜良衡	成都电缆厂	四川省劳动模范
1995	刘松柏	成都南光实业股份有限公司	四川省劳动模范
1995	曾象松	成都旭光仪器厂	四川省劳动模范
1995	唐传机	784 厂	四川省劳动模范
1995	谢英志	5719 厂	四川省劳动模范
1995	刘义贵	5719 厂	四川省劳动模范
1995	喻刚福	成都飞机工业公司	四川省劳动模范
1995	杨宝树	成都飞机工业公司	四川省劳动模范
1995	关克立	前锋电子股份有限公司	四川省劳动模范
1995	何行毅	红光实业股份公司	四川省劳动模范
1995	于铁环	成都发动机公司	四川省劳动模范
1995	黄绍荃	宏声电子实业总公司	四川省劳动模范
1995	刘义贵	5701 厂	四川省劳动模范
1995	李启雍	龙泉交工公司	四川省劳动模范

年份	姓名	单位	称号
1995	江润志	龙泉区十陵镇	四川省劳动模范
1995	林云峰	161 厂	成都市劳动模范
1995	高宗远	成都东方丝绸厂	成都市劳动模范
1996	刘衬友	电子工业部第三十研究所	全国五一劳动奖章
1996	任治贵	成都环卫机械化作业处	全国五一劳动奖章
1996	裴　娟	成都百货大楼	全国五一劳动奖章
1996	周继璁	成都通力集团公司	全国五一劳动奖章
1996	姚德余	132 厂	航空部劳动模范
1996	吕正华	132 厂	航空部劳动模范
1996	张　林	132 厂	航空部劳动模范
1996	张　林	132 厂	中航总公司劳动模范
1996	宋文骢	611 所	中航总公司劳动模范
1996	何　毅	167 厂	兵器工业总公司劳动模范
1996	杨朝旭	611 所	中航总公司劳动模范
1996	陈　巍	四川锅炉厂	机械工业部劳动模范
1996	陈　巍	四川锅炉厂	四川省劳动模范
1997	张　林	132 厂	全国五一劳动奖章
1997	李再全	成都冶金实验厂	全国五一劳动奖章
1997	余崇昆	市建四公司	全国五一劳动奖章
1997	陈曾湘	四川抗菌素工业研究所	全国五一劳动奖章
1997	黄润秋	成都理工学院	全国五一劳动奖章
1997	杨肇基	成都全兴酒厂	全国五一劳动奖章
1994–1998	刘东才	成都冶金实验厂	成都市劳动模范
1994–1998	朱　勇	成都冶金实验厂	成都市劳动模范
1994–1998	廖文彬	成都冶金实验厂	成都市劳动模范
1994–1998	刘自文	成都钢铁厂线材分厂	成都市劳动模范
1994–1998	范儒海	成都钢铁厂	成都市劳动模范
1994–1998	马友兴	成都钢铁厂	成都市劳动模范
1994–1998	康　平	成都钢铁厂三轧分厂	成都市劳动模范

年份	姓名	单位	称号
1994–1998	雷良迅	成都钢铁厂分厂	成都市劳动模范
1994–1998	张　果	成都半导体材料厂	成都市劳动模范
1994–1998	张文彪	成都恒通铝业有限公司	成都市劳动模范
1994–1998	喻大维	四川钢绳厂	成都市劳动模范
1994–1998	杨建川	成都工程机械(集团)有限公司	成都市劳动模范
1994–1998	姜治中	四川旅行车制造厂	成都市劳动模范
1994–1998	郑义和总	宁江机床厂	成都市劳动模范
1994–1998	曾家铭	四川都江机械厂	成都市劳动模范
1994–1998	张继华	成都电动工具厂	成都市劳动模范
1994–1998	王声元	宁江机床厂	成都市劳动模范
1994–1998	潘玉丰	四川锅炉厂	成都市劳动模范
1994–1998	兰鸿武	成量公司数控刀具厂	成都市劳动模范
1994–1998	阳廷江	四川电器股份有限公司	成都市劳动模范
1994–1998	邹贻伟	成都工程机械(集团)有限公司液变分厂	成都市劳动模范
1994–1998	汤竞展	成都三电股份有限公司	成都市劳动模范
1994–1998	许忠诚	四川齿轮厂五分厂	成都市劳动模范
1994–1998	尹大光	成都标准件总厂	成都市劳动模范
1994–1998	廖昌杰	四川旅行车制造厂	成都市劳动模范
1994–1998	葛金龙	成都轴承集团公司机修厂	成都市劳动模范
1994–1998	易康宁	成都内燃机总厂	成都市劳动模范
1994–1998	李绍林	成都电动工具厂	成都市劳动模范
1994–1998	刘永忠	成都新大陆散热器有限责任公司	成都市劳动模范
1994–1998	赵森强	中国一汽成都汽车制造厂	成都市劳动模范
1994–1998	刘成铭(女)	四川省内燃机配件总厂	成都市劳动模范
1994–1998	吴超娣(女)	锦江油泵油嘴厂	成都市劳动模范
1994–1998	王　毅	成都阀门厂	成都市劳动模范
1994–1998	杨友和	西南电工厂	成都市劳动模范
1994–1998	苟荣生	成都汽车配件总厂	成都市劳动模范
1994–1998	黄蜀荣	国营成都旭光仪器厂	成都市劳动模范

续表

年份	姓名	单位	称号
1994-1998	王成香	国营国光电子管总厂	成都市劳动模范
1994-1998	胡一斌	成都电视设备厂	成都市劳动模范
1994-1998	陈宏明	国营星光电工总厂三分厂	成都市劳动模范
1994-1998	陈　虹(女)	成都锦江电器制造有限公司	成都市劳动模范
1994-1998	邹光荣(女)	国营成都旭光仪器厂	成都市劳动模范
1994-1998	曾兴蓉(女)	国营成都旭光仪器厂	成都市劳动模范
1994-1998	冯绍宗	成都无线电七厂	成都市劳动模范
1994-1998	姚曦超	成都虹波实业股份有限公司	成都市劳动模范
1994-1998	陈君乐	国营国光电子管总厂第二研究所	成都市劳动模范
1994-1998	李成聪	四川永星电子有限三分厂	成都市劳动模范
1994-1998	李大勤	成都南光实业股份有限公司	成都市劳动模范
1994-1998	张国权	成都亚光电子有限责任公司	成都市劳动模范
1994-1998	罗昭远	成都宏明电子实业总公司	成都市劳动模范
1994-1998	毛祖佑	成都宏明电子实业总公司	成都市劳动模范
1994-1998	李文银	成都旭光电子股份有限公司	成都市劳动模范
1994-1998	陈善本	成都仪器厂	成都市劳动模范
1994-1998	许亚寿	成都旭光电子股份有限公司	成都市劳动模范
1994-1998	张建骏	国营第九一三厂	成都市劳动模范
1994-1998	曾子阳	国营第九一三厂	成都市劳动模范
1994-1998	陈敦勇	前锋电子股份有限公司	成都市劳动模范
1994-1998	徐学先	成都化工炭素总厂	成都市劳动模范
1994-1998	赵年英(女)	成都化工压力容器厂	成都市劳动模范
1994-1998	周泉水	成都化肥厂	成都市劳动模范
1994-1998	王良骥	成都化工股份有限公司	成都市劳动模范
1994-1998	葛　蓉(女)	成都药械厂	成都市劳动模范
1994-1998	陈立伟	成都化肥厂安装公司	成都市劳动模范
1994-1998	陈秀琦	成都蓝风(集团)股份有限公司	成都市劳动模范
1994-1998	宋兰珍(女)	成都保温瓶厂	成都市劳动模范
1994-1998	徐立宪	成都三瓦窑热电厂	成都市劳动模范

续表

年份	姓名	单位	称号
1994–1998	殷卫援	成都玻璃研究所所长	成都市劳动模范
1994–1998	罗明贵	四川省轻工机械厂	成都市劳动模范
1994–1998	杨绍君(女)	成都市第三变压器厂	成都市劳动模范
1994–1998	陶秀珍(女)	成都集翔电子电器公司	成都市劳动模范
1994–1998	李伯韬	成都市水印工艺厂	成都市劳动模范
1994–1998	周贤军	四川省钢锉厂	成都市劳动模范
1994–1998	徐启明	成都天和首饰厂	成都市劳动模范
1994–1998	谢开金	成都木材综合厂	成都市劳动模范
1994–1998	杨海康师	四川新华印刷厂	成都市劳动模范
1994–1998	田仁和	四川第一纺织股份有限公司	成都市劳动模范
1994–1998	兰　田(女)	四川第一纺织股份有限公司	成都市劳动模范
1994–1998	王大伟	成都泰康化纤股份有限公司	成都市劳动模范
1994–1998	王伯南	成都纺织厂	成都市劳动模范
1994–1998	秦跃进	成都针织一厂	成都市劳动模范
1994–1998	贾兴玉	成都第三纺织厂	成都市劳动模范
1994–1998	但水木	成都服装工业集团公司	成都市劳动模范
1994–1998	吴素清(女)	成都线厂	成都市劳动模范
1994–1998	卿文秀(女)	成都第二纺总厂	成都市劳动模范
1994–1998	刘锦湘	成都华明玻璃纸股份有限公司	成都市劳动模范
1994–1998	杜定华	成都丝绸商场	成都市劳动模范
1994–1998	封良益	成都市医药公司	成都市劳动模范
1994–1998	王昌明	成都制药四厂分厂	成都市劳动模范
1994–1998	叶明刚	四川光大制药有限公司	成都市劳动模范
1994–1998	杜光荣	四川制药股份有限公司	成都市劳动模范
1994–1998	黄安林	成都西南玻璃厂	成都市劳动模范
1994–1998	余大贵	成都西南玻璃厂	成都市劳动模范
1994–1998	李凤芝(女)	成都玻璃厂	成都市劳动模范
1994–1998	王晓华	成都市湔江水泥厂	成都市劳动模范
1994–1998	罗　犀	成都市出江煤矿	成都市劳动模范

续表

年份	姓名	单位	称号
1994–1998	赵维寿	成都市跃进煤矿小石梯矿井	成都市劳动模范
1994–1998	何世伟	成都无缝钢管公司电子所	成都市劳动模范
1994–1998	赖洲芸(女)	成都无缝钢公司炼钢厂	成都市劳动模范
1994–1998	王代洲	成都无缝钢管公司电炉炼钢厂	成都市劳动模范
1994–1998	文泽忠	成都无缝钢公司轧管四厂	成都市劳动模范
1994–1998	谭庆文	成都无缝钢管公司轧管三厂	成都市劳动模范
1994–1998	郝兴安	成都无缝钢管公司轧管五厂	成都市劳动模范
1994–1998	尹长安	成都无缝钢管公司轧管一厂	成都市劳动模范
1994–1998	张跃进	成都无缝钢管公司	成都市劳动模范
1994–1998	罗兴华	四川省成都长途汽车运输公司	成都市劳动模范
1994–1998	曾庆国	四川省成都长途汽车运输公司	成都市劳动模范
1994–1998	董 跃	四川省汽车运输成都公司	成都市劳动模范
1994–1998	苑川乐(女)	四川省汽车运输成都公司	成都市劳动模范
1994–1998	王雨功	成都市公路工程处	成都市劳动模范
1994–1998	李邦涛	成都市公路养护管理总段	成都市劳动模范
1994–1998	李增洪	中国路桥(集团)新津机械厂	成都市劳动模范
1994–1998	王为东	成都高速公路建设开发有限公司	成都市劳动模范
1994–1998	李文伟	成都市联运总公司城北客运中心	成都市劳动模范
1994–1998	臧 奇	成都航空仪表公司	成都市劳动模范
1994–1998	周治中	电子工业部第三十研究所	成都市劳动模范
1994–1998	罗天文	电子工业部第三十研究所	成都市劳动模范
1994–1998	李学锋(女)	成都航空技术学院	成都市劳动模范
1994–1998	谭焕基	国家体委成都滑翔机制造厂	成都市劳动模范
1994–1998	彭家护	成都飞机设计研究所	成都市劳动模范
1994–1998	杨自力	国营七一九厂	成都市劳动模范
1994–1998	罗德福	成都工具研究所中心	成都市劳动模范
1994–1998	龚一龙	成都工具研究所部	成都市劳动模范
1994–1998	李春平	中国人民解放军第三五0八工厂	成都市劳动模范
1994–1998	罗永富	成都飞机工业有限责任公司	成都市劳动模范

续表

年份	姓名	单位	称号
1994–1998	孙文灿	成都飞机工业有限责任公司	成都市劳动模范
1994–1998	黄先真	中国轻工业成都设计院	成都市劳动模范
1994–1998	王励新	十一设计研究院分院	成都市劳动模范
1994–1998	曾祥元	中国人民解放军第五七一九厂	成都市劳动模范
1994–1998	何家铭	中国人民解放军第五七一九厂	成都市劳动模范
1994–1998	杜英武	邮电部第五研究所	成都市劳动模范
1994–1998	陈　恒	成都市邮政局	成都市劳动模范
1994–1998	朱　瑞(女)	成都市邮政局	成都市劳动模范
1994–1998	黄培勇	中国人民解放军第五七零一厂	成都市劳动模范
1994–1998	肖宇刚	国营三九八厂研究所	成都市劳动模范
1994–1998	陈福熹	四川汽车工业集团公司	成都市劳动模范
1994–1998	廖书民	成都发动机(集团)有限公司	成都市劳动模范
1994–1998	马汉明	四川铜镍有限责任公司	成都市劳动模范
1994–1998	林文强	成都电缆股份有限公司	成都市劳动模范
1994–1998	邓立明	成都华川电装品总厂	成都市劳动模范
1994–1998	吕荣华	成都印钞公司	成都市劳动模范
1994–1998	杨　耀	卫生部生物制品研究所	成都市劳动模范
1994–1998	盛晓彬	卫生部生物制品研究所	成都市劳动模范
1994–1998	祝元品	成都飞机工业(集团)公司	成都市劳动模范
1994–1998	伍蔚新	四川化工机械总厂	成都市劳动模范
1994–1998	周福林	四川消防机械总厂	成都市劳动模范
1994–1998	马现良	成都市邮政局设备维护处	成都市劳动模范
1994–1998	青世荣	成都发动机(集团)有限公司	成都市劳动模范
1994–1998	谷业康	川化集团有限责任公司	成都市劳动模范
1994–1998	陆　钢	川化集团有限责任公司	成都市劳动模范
1994–1998	陆良忠	中国兵器工业第二0九研究所	成都市劳动模范
1994–1998	曹成德	成都光明器材厂	成都市劳动模范
1994–1998	张健蓉(女)	成都市电信局	成都市劳动模范
1994–1998	蒋　宁	国家医药局四川抗菌素研究所	成都市劳动模范

续表

年份	姓名	单位	称号
1994–1998	蒋德席	蜀阳集团	成都市劳动模范
1994–1998	钟秀群(女)	成都卷烟厂	成都市劳动模范
1994–1998	郝康理	电子工业部第十研究所	成都市劳动模范
1994–1998	郭建军	电子工业部第二十九所	成都市劳动模范
1994–1998	何　永	蜀都电子粉体材料厂	成都市劳动模范
1994–1998	管　风	成都机车车辆厂	成都市劳动模范
1994–1998	黄永松	航空工业总公司成都三六三医院	成都市劳动模范
1994–1998	徐世伟	中国一汽四川专用汽车厂	成都市劳动模范
1994–1998	陶　勇	成都市煤气总公司	成都市劳动模范
1994–1998	周克昌	成都市勘察测绘研究院	成都市劳动模范
1994–1998	胡敦渝	国家电力成都勘测设计研究院	成都市劳动模范
1994–1998	廖内平	西南电力设计院	成都市劳动模范
1994–1998	熊　锋	成都市人民公园	成都市劳动模范
1994–1998	李华一	成都市第一建筑工程公司	成都市劳动模范
1994–1998	邓华清	成都市第七建筑工程公司	成都市劳动模范
1994–1998	刘国玺	建材工业局成都建材设计研究院	成都市劳动模范
1994–1998	邹　力	成都市建筑设计研究院	成都市劳动模范
1994–1998	黄慧中	成都市房地产交易中心	成都市劳动模范
1994–1998	魏远福	成都市文化公园	成都市劳动模范
1994–1998	叶绍武	四川建筑机械厂	成都市劳动模范
1994–1998	林祖俊	成都市民用建筑统一建设办公室	成都市劳动模范
1994–1998	黄德明	成都市违法建设监察管理处	成都市劳动模范
1994–1998	刘云涛	成都市绿化工程一队	成都市劳动模范
1994–1998	黄　卫	成都市污水处理厂	成都市劳动模范
1994–1998	张韵芬(女)	成都市河道管理处	成都市劳动模范
1994–1998	陈木生	成都市市政工程公司	成都市劳动模范
1994–1998	李定美	成都市环境监测中心站	成都市劳动模范
1994–1998	杨明勤	成都市建筑机械化施工公司	成都市劳动模范
1994–1998	钟毓臣	成都市建筑质量监理站	成都市劳动模范

续表

年份	姓名	单位	称号
1994–1998	白文灿	成都市第四建筑工程公司	成都市劳动模范
1994–1998	程光中	成都市第四建筑工程公司	成都市劳动模范
1994–1998	赖红枣	都市第六建筑工程公司	成都市劳动模范
1994–1998	刘永宁	成都市环卫机械化作业处	成都市劳动模范
1994–1998	廖宗儒	成都市市容环卫监察大队	成都市劳动模范
1994–1998	杨剑波	成都客车厂研究所	成都市劳动模范
1994–1998	赵进前	成都市自来水总公司	成都市劳动模范
1994–1998	唐　伟	中国第五冶金建设第一工程公司	成都市劳动模范
1994–1998	张远明	宝钢五冶三公司第三工程处	成都市劳动模范
1994–1998	全志军(女)	成都市公共交通总公司二公司	成都市劳动模范
1994–1998	唐来春	成都市建设学校	成都市劳动模范
1994–1998	张水泉	中国水利水电第十工程局	成都市劳动模范
1994–1998	周　青	上海五冶机电公司	成都市劳动模范
1994–1998	张旭男	成都青年房产有限公司	成都市劳动模范
1994–1998	王成宪	成都市商业储运公司	成都市劳动模范
1994–1998	刘洪斌	成都市交电公司厨具分公司	成都市劳动模范
1994–1998	李成文	成都市化工公司储运分公司	成都市劳动模范
1994–1998	杨仁友	成都市商业银行	成都市劳动模范
1994–1998	李文众	成都工商信托投资有限责任公司	成都市劳动模范
1994–1998	吕　伟	成都耀华食品厂	成都市劳动模范
1994–1998	喻建军	成都南郊肉类联合加工厂	成都市劳动模范
1994–1998	陈舒平	成都商报社	成都市劳动模范
1994–1998	奉德荣(女)	成都市旅游服务公司旅游总社	成都市劳动模范
1994–1998	周　慎	成都市农村信用合作社	成都市劳动模范
1994–1998	刘生庭(女)	四川省成都全兴酒厂	成都市劳动模范
1994–1998	邓世民	四川省成都全兴酒厂	成都市劳动模范
1994–1998	李成章	四川省成都全兴酒厂	成都市劳动模范
1994–1998	裴　娟(女)	成都百货大楼	成都市劳动模范
1994–1998	韩明元	成都百货大楼家电商场	成都市劳动模范

续表

年份	姓名	单位	称号
1994-1998	刘智英(女)	成都华联商厦股份有限公司	成都市劳动模范
1994-1998	郑启龙	成都海发(集团)股份有限公司	成都市劳动模范
1994-1998	王丽华(女)	成都市煤建公司生资商场	成都市劳动模范
1994-1998	鄢登明	成百(集团)股份有限公司	成都市劳动模范
1994-1998	曾中毅	成都酿造厂	成都市劳动模范
1994-1998	周吉甫	成都市金属材料总公司	成都市劳动模范
1994-1998	郑晓茅	成都市机电设备总公司	成都市劳动模范
1994-1998	张式强	成都市粮油工业储运公司	成都市劳动模范
1994-1998	周兴英(女)	成都市锦江粮油食品连锁公司	成都市劳动模范
1994-1998	张　珂	成都市农业生产资料总公司	成都市劳动模范
1994-1998	夏继蓉(女)	成商集团武侯分场	成都市劳动模范
1994-1998	帅　平(女)	成商集团企业管理部	成都市劳动模范
1994-1998	张　岚(女)	成商集团人民商场	成都市劳动模范
1994-1998	杨三毛	成商集团武侯分场	成都市劳动模范
1994-1998	沈其友	中国物资储运成都集团公司	成都市劳动模范
1994-1998	胡作宽	成都市第六人民医院	成都市劳动模范
1994-1998	彭育丽(女)	成都市妇幼保健院	成都市劳动模范
1994-1998	王　毅	成都市文物考古队	成都市劳动模范
1994-1998	何显林	成都市体工队	成都市劳动模范
1994-1998	李秉林	成都市新华书店成都发行所	成都市劳动模范
1994-1998	晏文汉	彭州市通济镇计生办	成都市劳动模范
1994-1998	田光华(女)	成都市聋哑学校	成都市劳动模范
1994-1998	张流芳	四川省成都市石室中学	成都市劳动模范
1994-1998	李朝国	四川大学水利水电工程学院	成都市劳动模范
1994-1998	陈星弼	电子科技大学	成都市劳动模范
1994-1998	高　庆(女)	西南交大应用力学与工程系	成都市劳动模范
1994-1998	刘遂海	成都大学设计艺术系	成都市劳动模范
1994-1998	卿希泰	四川大学	成都市劳动模范
1994-1998	邓学海	中共成都市委办公厅	成都市劳动模范

续表

年份	姓名	单位	称号
1994–1998	何 明	成都市人民检察院	成都市劳动模范
1994–1998	黄忠尧	四川省成都市中级人民法院	成都市劳动模范
1994–1998	郭德民	成都市质检所	成都市劳动模范
1994–1998	张 前	成都市国税局	成都市劳动模范
1994–1998	李洪生	成都市国家安全局	成都市劳动模范
1994–1998	朱 杰	成都市公安局刑事犯罪侦查局	成都市劳动模范
1994–1998	张晓利(女)	成都市建设管理委员会	成都市劳动模范
1994–1998	郭 月(女)	成都电视台	成都市劳动模范
1994–1998	陈利生	成都市卫生局药政管理处	成都市劳动模范
1994–1998	周碧礼	成都市殡葬改革管理所	成都市劳动模范
1994–1998	周祥春	青羊区建筑工程总公司	成都市劳动模范
1994–1998	郑伯勋	成都市保险柜厂	成都市劳动模范
1994–1998	朱建明	成飞电子设备厂	成都市劳动模范
1994–1998	卢玉成	青羊区环卫局车队	成都市劳动模范
1994–1998	童恩文	成都菊乐企业股份有限公司	成都市劳动模范
1994–1998	张付友	成都市公安局青羊分局	成都市劳动模范
1994–1998	熊大贤	青羊区教委	成都市劳动模范
1994–1998	钟道德	青羊区食品公司	成都市劳动模范
1994–1998	罗含金	成都峨嵋化工机械实业公司	成都市劳动模范
1994–1998	姚嗣芳(女)	成都师范附属小学	成都市劳动模范
1994–1998	左惠英(女)	锦江区环卫局综合所	成都市劳动模范
1994–1998	文洪永	文氏集团	成都市劳动模范
1994–1998	卓 学	锦江区装卸运输处	成都市劳动模范
1994–1998	王家诚	成都市霓虹灯厂	成都市劳动模范
1994–1998	张 炜	汇通银行	成都市劳动模范
1994–1998	彭万忠	锦江区房地产管理局	成都市劳动模范
1994–1998	吴 文	成都市公安局锦江区分局	成都市劳动模范
1994–1998	白德成	成都工程机械装饰件厂	成都市劳动模范
1994–1998	王永华	成都九远饮食有限责任公司	成都市劳动模范

续表

年份	姓名	单位	称号
1994–1998	王学茂	成都八一家具股份有限公司	成都市劳动模范
1994–1998	李星炜	三勒浆药业集团	成都市劳动模范
1994–1998	谢华明	成都通信电缆厂	成都市劳动模范
1994–1998	蒋志昌	武侯区环卫局市容卫生管理所	成都市劳动模范
1994–1998	张永清	四川省成都市武侯高级中学	成都市劳动模范
1994–1998	龙永庆	成都康特电子高新技术公司	成都市劳动模范
1994–1998	胡天彦(女)	成都市成华小学	成都市劳动模范
1994–1998	张忠武	成华区市容环卫局	成都市劳动模范
1994–1998	钟培平	成华区卫生防疫站	成都市劳动模范
1994–1998	王新民	成都市人民纸箱厂	成都市劳动模范
1994–1998	丁时安	成都迈普电器有限公司	成都市劳动模范
1994–1998	范文龙	成都市二十中学	成都市劳动模范
1994–1998	刘世华(女)	金牛区妇幼保健院	成都市劳动模范
1994–1998	刘成文	金牛区环卫局汽车队	成都市劳动模范
1994–1998	汪建国	成都成广电视设备公司	成都市劳动模范
1994–1998	江　云	成都国嘉制药有限责任公司	成都市劳动模范
1994–1998	宋如华	四川托普科技发展公司	成都市劳动模范
1994–1998	倪　晓	成都市青白江区环境卫生管理处	成都市劳动模范
1994–1998	韩桂兰(女)	四川金顶集团青白江水泥厂	成都市劳动模范
1994–1998	黄承赓	青白江区前进职业高级中学	成都市劳动模范
1994–1998	邱友明	成都市青白江区人民法院	成都市劳动模范
1994–1998	胡强华	成都市青云公司	成都市劳动模范
1994–1998	何金泉	龙泉驿区一医院	成都市劳动模范
1994–1998	罗代万	成都市龙泉中学校中学	成都市劳动模范
1994–1998	范素芳(女)	龙泉驿区市容环卫管理局	成都市劳动模范
1994–1998	肖光华	龙泉驿区日杂公司家电经营部	成都市劳动模范
1994–1998	叶永贵	成都西河钢板网厂	成都市劳动模范
1994–1998	吴德华	成都市龙泉驿区大面粮站	成都市劳动模范
1994–1998	陈开镛	都江堰市五建筑集团	成都市劳动模范

续表

年份	姓名	单位	称号
1994–1998	谢才君	都江堰市锦阳有限责任公司	成都市劳动模范
1994–1998	彭　伟	四川都江堰市伟达有限公司	成都市劳动模范
1994–1998	王开文	都江堰市城建委建设管理办公室	成都市劳动模范
1994–1998	赵伍贵	都江堰市农牧局	成都市劳动模范
1994–1998	刘金华	都江堰市公安局紫坪派出所	成都市劳动模范
1994–1998	梁如兴	都江堰市环卫局	成都市劳动模范
1994–1998	贺德厚	国光电子管总厂都江堰市分厂	成都市劳动模范
1994–1998	叶　强	都江堰市第一中学	成都市劳动模范
1994–1998	张硕生	成都天府消防科技开发工程公司	成都市劳动模范
1994–1998	金昌林	都江机械厂安龙分厂	成都市劳动模范
1994–1998	刘体君(女)	邛崃缫丝厂	成都市劳动模范
1994–1998	董建学	邛崃电机厂	成都市劳动模范
1994–1998	李富蓉(女)	四川省文君茶业有限公司	成都市劳动模范
1994–1998	毛国芳(女)	邛崃市示范幼儿园	成都市劳动模范
1994–1998	高在芳(女)	邛崃市高何镇卫生院	成都市劳动模范
1994–1998	李兴铸	邛崃市公安局临邛派出所	成都市劳动模范
1994–1998	叶志勇	邛崃市财政局	成都市劳动模范
1994–1998	张德全	崇州市综合林场	成都市劳动模范
1994–1998	徐桂中	崇州市汽车配件厂	成都市劳动模范
1994–1998	胡守成	崇州市文井铁锅制品有限公司	成都市劳动模范
1994–1998	俞华生	崇州市建设工程公司	成都市劳动模范
1994–1998	汪学林	崇州市人民医院	成都市劳动模范
1994–1998	陈孟全	崇州市粮食局	成都市劳动模范
1994–1998	高秀华(女)	崇州市崇庆中学	成都市劳动模范
1994–1998	陈志贤	崇州市公安局刑警大队	成都市劳动模范
1994–1998	柯培根	崇州市医药公司	成都市劳动模范
1994–1998	周裕祥	成都天星照明电器集团公司	成都市劳动模范
1994–1998	谢先明	成都电业局彭州供电局	成都市劳动模范
1994–1998	杨发益	四川利达集团有限公司	成都市劳动模范

续表

年份	姓名	单位	称号
1994-1998	张光琼(女)	彭州市延秀小学	成都市劳动模范
1994-1998	阳建均	四川省彭州市第一中学	成都市劳动模范
1994-1998	贾家旭	彭州市新兴镇骨伤科医院	成都市劳动模范
1994-1998	易　宏	国营彭州市长途运输公司	成都市劳动模范
1994-1998	尹　明	彭州市彭州园管理处	成都市劳动模范
1994-1998	王厚成	国营彭州市酒厂	成都市劳动模范
1994-1998	尹　果	彭州市检察院反贪局	成都市劳动模范
1994-1998	张松涛	成都享达制药厂	成都市劳动模范
1994-1998	陈　舫(女)	彭州天恒仪表成套公司	成都市劳动模范
1994-1998	朱文荣	成都维科电子机械制造厂	成都市劳动模范
1994-1998	侯昌映	双流县一医院	成都市劳动模范
1994-1998	黄光成	四川省双流县棠湖中学	成都市劳动模范
1994-1998	李　梅(女)	双流县国税局涉外税务所	成都市劳动模范
1994-1998	张光英(女)	双流县东升镇环卫所	成都市劳动模范
1994-1998	刘德秀(女)	成都毛纺厂	成都市劳动模范
1994-1998	简兴福	四川高压开关厂	成都市劳动模范
1994-1998	徐达泉	双流县公安局巡警大队	成都市劳动模范
1994-1998	高志文	四川省双流中学	成都市劳动模范
1994-1998	薛长贵	郫县供电局	成都市劳动模范
1994-1998	廖文茂 女	四川省郫县第二中学校	成都市劳动模范
1994-1998	袁晓勇	郫县公路管理所	成都市劳动模范
1994-1998	曾雁鸣	四川迪康药业股份有限公司	成都市劳动模范
1994-1998	代　炎	成都银河新型复合材料厂	成都市劳动模范
1994-1998	谢石方	四川旭华制药有限公司	成都市劳动模范
1994-1998	刘贵明	郫县公安局治安科	成都市劳动模范
1994-1998	杨宗芳(女)	郫县环卫办郫筒所	成都市劳动模范
1994-1998	谢乐超	金堂县淮口中学	成都市劳动模范
1994-1998	周宗俊	金堂县公路管理所又新道班	成都市劳动模范
1994-1998	陈邦涛	金堂县轻工业局	成都市劳动模范

续表

年份	姓名	单位	称号
1994–1998	陈修华	金堂县环境卫生管理所	成都市劳动模范
1994–1998	彭泽鲜	金堂县公安局土桥派出所	成都市劳动模范
1994–1998	邱均华	金堂县殡葬管理所	成都市劳动模范
1994–1998	廖孟英(女)	金堂县供销社综合贸易公司	成都市劳动模范
1994–1998	雷玉斌(女)	成都淮州罐头食品有限责任公司	成都市劳动模范
1994–1998	张荣忠	金堂县土桥中心卫生院	成都市劳动模范
1994–1998	张连云	成都金凤肥料有限责任公司	成都市劳动模范
1994–1998	李玉林	新都如意实业有限公司	成都市劳动模范
1994–1998	李晓阳	四川省预应力钢丝厂	成都市劳动模范
1994–1998	赵祖蓉(女)	新都县环卫所	成都市劳动模范
1994–1998	孙业姝(女)	新都县三河中学	成都市劳动模范
1994–1998	陈继昌	新都县粮食局崇光寺粮油食品站	成都市劳动模范
1994–1998	赵尤泉	四川省新都县国营新繁泡菜厂	成都市劳动模范
1994–1998	张孝德	新都县养路段	成都市劳动模范
1994–1998	李廷轩	成都啤酒集团有限公司	成都市劳动模范
1994–1998	袁兴龙	新都县人民医院	成都市劳动模范
1994–1998	黄光柱	新都县人民检察院	成都市劳动模范
1994–1998	曾维根	新都县总工会	成都市劳动模范
1994–1998	魏其松	四川省新都县师范附属小学	成都市劳动模范
1994–1998	刘淑斌	大邑县公安局治安科	成都市劳动模范
1994–1998	伍柯松	大邑县国税局出江税务所	成都市劳动模范
1994–1998	陈大伟	大邑县电信局	成都市劳动模范
1994–1998	何炳炎	大邑县晋原环卫所清运队	成都市劳动模范
1994–1998	王荣春	四川省大邑县安仁中学	成都市劳动模范
1994–1998	马敬德	成都纸网厂	成都市劳动模范
1994–1998	文德元	温江交通监理服装厂	成都市劳动模范
1994–1998	陈大林	四川省温江人造板厂	成都市劳动模范
1994–1998	蒋德华	温江县环境卫生管理所	成都市劳动模范
1994–1998	彭家兴	温江县公安局	成都市劳动模范

续表

年份	姓名	单位	称号
1994-1998	张集荣	温江县人民医院	成都市劳动模范
1994-1998	陈历久	温江县柳城中学	成都市劳动模范
1994-1998	顾蜀平	温江县殡仪馆	成都市劳动模范
1994-1998	朱艳丽(女)	温江县和盛供销社	成都市劳动模范
1994-1998	陈育新	希望集团有限公司	成都市劳动模范
1994-1998	王华良	成都市泰华实业有限责任公司	成都市劳动模范
1994-1998	孙庭淑(女)	成都恒力磁性材料有限责任公司	成都市劳动模范
1994-1998	朱永贵	成都双星电器有限责任公司	成都市劳动模范
1994-1998	张培泉	蒲江县公路养护段道班	成都市劳动模范
1994-1998	陈泽斌	蒲江县公安局寿安派出所	成都市劳动模范
1994-1998	刘　成	蒲江中学	成都市劳动模范
1994-1998	彭资寿	四川省蒲江县人民医院	成都市劳动模范
1994-1998	黎玉奇	蒲江县第七建筑公司	成都市劳动模范
1994-1998	王家伦	西门子光缆有限公司	成都市劳动模范
1994-1998	王浪波	成都中医药大学华神制药厂	成都市劳动模范
1994-1998	李世程	府河电气集团成都继电器厂	成都市劳动模范
1994-1998	杨发秀(女)	成都市黄忠种鸡场	成都市劳动模范
1994-1998	叶　治	四川金炜集团公司	成都市劳动模范
1994-1998	曾文友	成都市荷花池综合贸易市场	成都市劳动模范
1994-1998	黄礼惠(女)	成华区青龙乡红花堰村	成都市劳动模范
1994-1998	李尚根	龙泉驿区柏合镇人民政府	成都市劳动模范
1994-1998	李秀荣	龙泉驿区畜牧食品局	成都市劳动模范
1994-1998	廖益东	龙泉驿区同安镇永胜村	成都市劳动模范
1994-1998	李克桂(女)	龙泉驿区茶店镇人民政府	成都市劳动模范
1994-1998	曾世蓉(女)	龙泉驿山泉乡花果村	成都市劳动模范
1994-1998	王建国	青羊区苏城乡百仁村	成都市劳动模范
1994-1998	张国华	琉璃乡祝国寺村	成都市劳动模范
1994-1998	余淑群(女)	邛崃市桑园镇马鞍村	成都市劳动模范
1994-1998	喻长根	邛崃市花楸茶业有限公司	成都市劳动模范

续表

年份	姓名	单位	称号
1994–1998	何根元	邛崃市泉水乡富营村	成都市劳动模范
1994–1998	任兴德	邛崃市前进镇建筑队	成都市劳动模范
1994–1998	陈志全	四川省治权集团公司	成都市劳动模范
1994–1998	王建新	成都天台山制药有限公司	成都市劳动模范
1994–1998	王贵华	邛崃市临邛镇城郊工作总站	成都市劳动模范
1994–1998	贾正方	彭州市大宝镇宝山村	成都市劳动模范
1994–1998	徐通杰	四川省彭州市油脂厂	成都市劳动模范
1994–1998	周厚成	彭州市天乐土产公司	成都市劳动模范
1994–1998	阳廷杰	彭州市楠杨镇红庙盐渍厂	成都市劳动模范
1994–1998	黎兴浩	彭州市三界镇新埝村	成都市劳动模范
1994–1998	胡启如(女)	彭州市农技服务推广中心	成都市劳动模范
1994–1998	杨德银	彭州市致和乡畜物兽医站	成都市劳动模范
1994–1998	杨长福	彭州市九尺镇高林村	成都市劳动模范
1994–1998	庄洪清	彭州市天彭镇爱国村	成都市劳动模范
1994–1998	刘智全	新繁镇金龙村	成都市劳动模范
1994–1998	张道华(女)	新都县种子公司	成都市劳动模范
1994–1998	周鸣耀	新都县竹友乡鸡场	成都市劳动模范
1994–1998	杨宗新	四川省新都县新繁米厂	成都市劳动模范
1994–1998	袁智勇	斑竹园镇人民政府	成都市劳动模范
1994–1998	马留文	成都神龙集团公司	成都市劳动模范
1994–1998	杨兴成	成都桂湖实业有限公司	成都市劳动模范
1994–1998	吴上涌	金堂县农业科技服务中心	成都市劳动模范
1994–1998	易刚祥	金堂县赵家镇火箭村	成都市劳动模范
1994–1998	唐德学	金堂县三溪镇治理村	成都市劳动模范
1994–1998	孙隆让	金堂县土桥镇板桥村	成都市劳动模范
1994–1998	辜际忠	金堂县清江镇草碾村	成都市劳动模范
1994–1998	邓维珍	金堂县面粉股份公司	成都市劳动模范
1994–1998	曾天平	金堂县三星水泥厂	成都市劳动模范
1994–1998	唐发军	金堂县竹篙建筑公司	成都市劳动模范

续表

年份	姓名	单位	称号
1994–1998	杜祥文	郫县花园镇农技站	成都市劳动模范
1994–1998	钟定成	郫县新民场镇云凌村	成都市劳动模范
1994–1998	高兴祥	郫县两路口镇交通村	成都市劳动模范
1994–1998	唐章根	郫县红光镇三观村	成都市劳动模范
1994–1998	李章玉	郫县犀浦建工建材公司	成都市劳动模范
1994–1998	高玉春	郫县唐昌镇战旗村	成都市劳动模范
1994–1998	李耀亨	成都天邑通讯设备有限公司	成都市劳动模范
1994–1998	唐德宏	大邑县种子公司	成都市劳动模范
1994–1998	张忠良	成都市大邑县通用机械厂	成都市劳动模范
1994–1998	李世银	成都泗兴酒厂	成都市劳动模范
1994–1998	李再明	大邑县金星乡政府	成都市劳动模范
1994–1998	钟维邦	蒲江县南路家禽孵化场	成都市劳动模范
1994–1998	周金龙	蒲江县敦厚乡金相村	成都市劳动模范
1994–1998	安家钦	蒲江通达果品有限公司	成都市劳动模范
1994–1998	熊明荣	蒲江县寿安镇农业办公室	成都市劳动模范
1994–1998	胡世勋	温江县玉石乡三邑园艺场	成都市劳动模范
1994–1998	曾伟云	温江县镇子乡先锋村	成都市劳动模范
1994–1998	刘素华(女)	温江县镇子乡药红专村	成都市劳动模范
1994–1998	骆洪明	温江县万春镇三井村	成都市劳动模范
1994–1998	田玉文(女)	成都市新蓉新股份有限公司	成都市劳动模范
1994–1998	蔡田英(女)	新津县星火特种技术养殖场	成都市劳动模范
1994–1998	黄志明	新津新筑路桥机械有限公司	成都市劳动模范
1994–1998	彭燕明	新津县普兴镇山河村	成都市劳动模范
1994–1998	李瑞清	新津县水电局水利总站	成都市劳动模范
1994–1998	王兴平	都江堰市石羊镇农技站	成都市劳动模范
1994–1998	刘春华(女)	都江堰市巨源镇泉水村	成都市劳动模范
1994–1998	周永昌	都江堰市崇义镇钢门窗厂	成都市劳动模范
1994–1998	巨万栋	四川南宝峰产品有限公司	成都市劳动模范
1994–1998	方伯伦	都江堰市柳街镇水月村	成都市劳动模范

续表

年份	姓名	单位	称号
1994–1998	高志福	都江堰市安龙乡圣村	成都市劳动模范
1994–1998	赖世金	姚渡镇龙门村	成都市劳动模范
1994–1998	陈晓蓉(女)	华严乡红阳机械厂	成都市劳动模范
1994–1998	贺德友	青白江区农业局种子公司	成都市劳动模范
1994–1998	林国清	青白江区日新镇上元村	成都市劳动模范
1994–1998	付群芳(女)	双流县兴隆乡廖皇寺村	成都市劳动模范
1994–1998	廖永成	双流县高强石膏板厂	成都市劳动模范
1994–1998	周德明	双流县水禽生产经营联合社	成都市劳动模范
1994–1998	梁家祥	成都双流华明机械厂	成都市劳动模范
1994–1998	康和蓉(女)	双流县畜牧食品局	成都市劳动模范
1994–1998	赖德勇	成都市华兴建筑工程公司	成都市劳动模范
1994–1998	刘汝根	双流擦耳岩沙石建材联营厂	成都市劳动模范
1994–1998	贺祖根	成都市双流广华畜产品公司	成都市劳动模范
1994–1998	吴世忠	双流县白家镇近都村	成都市劳动模范
1994–1998	高成安	武侯区簇桥乡凉水井村	成都市劳动模范
1994–1998	董德寿	成都长城实业公司	成都市劳动模范
1994–1998	雷泰恕	崇州市农牧局农技推广站	成都市劳动模范
1994–1998	杜学伟	崇州农业技术推广中心	成都市劳动模范
1994–1998	杜启明	崇州市安阜乡杨漕村	成都市劳动模范
1994–1998	王文松	崇州市白头镇三洞村	成都市劳动模范
1994–1998	张云辉	崇州市集贤乡文井村	成都市劳动模范
1994–1998	龚必成	成都川西蓄电池有限公司	成都市劳动模范
1994–1998	刘树良	崇州市川建铸管有限公司	成都市劳动模范
1994–1998	何克均	崇州市崇阳镇北楸村	成都市劳动模范
1994–1998	陈　雄	四川省温江农业学校	成都市劳动模范
1994–1998	宋伦祥	成都市渔场	成都市劳动模范
1994–1998	张贵书	成都市海星实业总公司	成都市劳动模范
1994–1998	张汝全	成都市第二农业科学研究所	成都市劳动模范
1995	李朝璜	新都工艺美术锦缎厂	纺织部劳动模范

续表

年份	姓名	单位	称号
1995	王华安	成都双流机场汽车修理厂	四川省劳动模范
1995	郭小兵	成都电信局来报投递分局	四川省劳动模范
1995	刘松柏	成都南光实业股份有限公司	四川省劳动模范
1995	刘　敏	成都长途汽车运输公司	四川省劳动模范
1995	曾象松	国营成都旭光仪器厂	四川省劳动模范
1995	唐传机	国营第七八四厂第一研究所	四川省劳动模范
1995	赵连喜	成都机车车辆厂	四川省劳动模范
1995	谢英志	中国人民解放军五七０一工厂	四川省劳动模范
1995	喻刚福	成都飞机工业公司装配厂	四川省劳动模范
1995	谭世文	成都市煤建公司	四川省劳动模范
1995	黄一鸣	成都电焊机厂	四川省劳动模范
1995	陈　巍	四川锅炉厂三分厂	四川省劳动模范
1995	杨绍春	四川电器股份有限公司	四川省劳动模范
1995	徐纯祚	成都成量集团公司千分表厂	四川省劳动模范
1995	董正乐	锦江油泵油咀厂	四川省劳动模范
1995	杨海康	四川新华印刷厂	四川省劳动模范
1995	徐光明	四川青城造纸厂	四川省劳动模范
1995	彭良平	成都制革总厂	四川省劳动模范
1995	高宗远	成都市东方丝绸厂	四川省劳动模范
1995	江维建	成都制药三厂	四川省劳动模范
1995	彭从军	四川川化集团公司	四川省劳动模范
1995	余国林	四川第一纺织股份有限公司	四川省劳动模范
1995	雷祖宣	成都化学纤维厂	四川省劳动模范
1995	胡德怀	成都市跃进煤矿	四川省劳动模范
1995	夏洪清	四川省汽车运输公司成都公司	四川省劳动模范
1995	周长嘉(女)	成都冶金实验厂	四川省劳动模范
1995	岳　锴	成都无缝钢管厂	四川省劳动模范
1995	严绍清	四川省成都茶厂	四川省劳动模范
1995	冯玉珍(女)	春熙路粮管站东华门粮店	四川省劳动模范

续表

年份	姓名	单位	称号
1995	胡家凤(女)	成都饮食公司赖汤元店	四川省劳动模范
1995	贺知本	成都炎炎通实业公司	四川省劳动模范
1995	李启雍	龙泉交通工业公司制动器厂	四川省劳动模范
1995	赵国忠	成都市华阳建筑工程公司	四川省劳动模范
1995	杨　忠	邛崃市供销合作社联合社	四川省劳动模范
1995	李正刚	崇州市玻璃制品总厂	四川省劳动模范
1995	周裕祥	成都天星照明电器公司	四川省劳动模范
1995	曾鑫明	大邑县氮肥厂	四川省劳动模范
1995	彭文林	成都第二变压器厂	四川省劳动模范
1995	姜治中	四川旅行车制造厂	四川省劳动模范
1995	余正河	成都成量集团公司	四川省劳动模范
1995	邬扬淼	成都轴承集团公司	四川省劳动模范
1995	程佳华	成都卷烟厂	四川省劳动模范
1995	张永沛	成都蓝风实业股份有限公司	四川省劳动模范
1995	邵海生	长城特殊钢公司二钢厂	四川省劳动模范
1995	温德珍(女)	成都彩虹电器(集团)股份公司	四川省劳动模范
1995	石为民	成都丽多日用化学品总公司	四川省劳动模范
1995	张树枫	成都制药二厂	四川省劳动模范
1995	姜学富	成都化工股份有限公司	四川省劳动模范
1995	张钦武	成都化工炭素总厂	四川省劳动模范
1995	艾治信	成都纺织厂	四川省劳动模范
1995	宋福臻	成都玻璃厂	四川省劳动模范
1995	补树荣	成都联运总公司	四川省劳动模范
1995	廖子才	成都钢铁厂	四川省劳动模范
1995	刘明光	成都市邮政局	四川省劳动模范
1995	关克立	前锋电子股份有限公司	四川省劳动模范
1995	何行毅	成都红光实业股份公司	四川省劳动模范
1995	于铁环	成都发动机公司三分厂	四川省劳动模范
1995	刘义贵	中国人民解放军第五七一九工厂	四川省劳动模范

续表

年份	姓名	单位	称号
1995	杨宝树	成都飞机工业公司	四川省劳动模范
1995	杜良衡	成都电缆股份有限公司	四川省劳动模范
1995	谢道学	成都蜀都大厦股份有限公司	四川省劳动模范
1995	晏开明	成都市煤气总公司	四川省劳动模范
1995	李守义	成都市政工工程公司桥梁分公司	四川省劳动模范
1995	朱成明(女)	成都市工业设备安装公司	四川省劳动模范
1995	毕军林	五冶宝钢五冶分指挥部	四川省劳动模范
1995	王工一	成都耀华食品厂	四川省劳动模范
1995	柏 优	成都华西企业公司	四川省劳动模范
1995	黄绍荃	成都宏声电子实业总公司	四川省劳动模范
1995	王小伯	成都巨人树制衣有限公司	四川省劳动模范
1995	吕根旭	成都市人民商场股份有限公司	四川省劳动模范
1995	陈玉全	成都银利实业贸易股份有限公司	四川省劳动模范
1995	陈志刚	成都九龙电业股份有限公司	四川省劳动模范
1995	张德修	新都钢圈总厂	四川省劳动模范
1995	汪婉琳(女)	温江县供销社肉食品加工厂	四川省劳动模范
1995	陈肇源	成都岚牌制衣厂	四川省劳动模范
1995	唐光明	青羊区苏坡乡清波村	四川省劳动模范
1995	刘本初	蒲江县五星办事处元觉村	四川省劳动模范
1995	胡美华	锦江区琉璃场乡包江桥村	四川省劳动模范
1995	陈太荣	彭州市九尺镇高林村	四川省劳动模范
1995	黄清富	武侯区桂溪乡农机站	四川省劳动模范
1995	张云辉	崇州市集贤乡文锦村	四川省劳动模范
1995	杨发秀(女)	成都黄忠种鸡场	四川省劳动模范
1995	谢福州	邛崃市前进镇凤凰村	四川省劳动模范
1995	刘家才	郫县三道埝镇程家船村	四川省劳动模范
1995	张长安	都江堰市胥家乡高桥村	四川省劳动模范
1995	江润志	龙泉区十陵镇大良村	四川省劳动模范
1995	陈天寿	成华区青龙乡双水碾村	四川省劳动模范

续表

年份	姓名	单位	称号
1995	赵水良	大邑县沙渠镇乡人民政府	四川省劳动模范
1995	袁成军	成都长城农用汽车制造厂	四川省劳动模范
1995	龙兴辉	金堂县白果镇石燕村	四川省劳动模范
1995	张康林	新津县龙马乡万街村	四川省劳动模范
1995	李正良	温江县万平镇正宗村	四川省劳动模范
1995	周继璁	成都通力电器集团公司	四川省劳动模范
1998	陈　巍	四川锅炉厂	全国五一劳动奖章
1998	龙义华	新都县一中	全国五一劳动奖章
1998	徐　刚	龙抄手餐厅	全国五一劳动奖章
1998	谢木喜	川化集团	全国五一劳动奖章
1998	李朝璜	新都工艺美术锦缎厂	纺织部劳动模范
1998	王琪	龙泉区教委	全国教育系统劳动模范
1998	罗永富	132 厂	成都市劳动模范
1998	孙文灿	132 厂	成都市劳动模范
1998	祝元品	132 厂	成都市劳动模范
1998	杜定华	成都丝绸商场	成都市劳动模范
1998	刘体君(女)	邛崃缫丝厂	成都市劳动模范
1999	王克坤	成都印钞公司金银精炼厂	全国五一劳动奖章
1999	邓玉琴(女)	成都人民商场(集团)股份有限公司	全国五一劳动奖章
1999	万帮如(女)	都江堰人民医院	全国五一劳动奖章
1999	朱纪常	成都市公交总公司	全国五一劳动奖章
1999	黄光成	棠湖中学校	全国五一劳动奖章
1999	陆英育	132 厂	四川省劳动模范
1999	罗永富	132 厂	四川省劳动模范
1999	卢家金	光明器材厂	四川省劳动模范
1999	张国权	成都亚光电子股份有限公司	四川省劳动模范
1999	陈友铚	电子第 29 研究所	四川省劳动模范
1999	陈敦勇	前锋电子股份有限公司	四川省劳动模范
1999	杜英武	电信科技第五研究所	四川省劳动模范

续表

年份	姓名	单位	称号
1999	陆英育	成都飞机工业公司	四川省劳动模范
1999	罗永富	成都飞机工业公司	四川省劳动模范
1999	郑义和	宁江机床厂	四川省劳动模范
1999	青世荣	成发公司	四川省劳动模范
1999	谢仁发	成都旭光电子股份有限公司	四川省劳动模范
1999	李文正	611所	四川省劳动模范
1999	郑伯勋	成都保险柜厂	成都市劳动模范
1999	童恩文	菊乐股份有限公司	成都市劳动模范
1999	罗永富	132厂	成都市劳动模范
1999	肖宇刚	成都华西光学仪器厂	成都市劳动模范
1999	姚曦超	虹波实业股份有限公司	成都市劳动模范
1999	陆良中	西南技术物理研究所	成都市劳动模范
1999	彭家护	611所	成都市劳动模范
1999	臧　奇	161厂	成都市劳动模范
2000	潘顺才	四川航天技术研究院(062)	全国劳动模范
2000	喻刚福	成都飞机公司	全国劳动模范
2000	青世荣	成都发动机(集团)有限公司	全国劳动模范
2000	裴　娟(女)	成都百货大楼	全国劳动模范
2000	周　屏(女)	成都公共交通三公司303车队	全国劳动模范
2000	杨发秀(女)	成都市黄忠种鸡场总公司	全国劳动模范
2000	李兴成	成都桂湖实业有限公司	全国劳动模范
2000	龚锦华	成都市卷烟厂	全国劳动模范
2000	宋文骢	航空航天第611研究所	全国劳动模范
2000	钱　滨	成都电视台	全国劳动模范
2000	黄光成	双流县棠湖中学	全国劳动模范
2000	张汝全	成都市第二农业科学研究所	全国劳动模范
2000	毛祖佑	成都宏明电子实业总公司	全国劳动模范
2000	任文骅	成都6914厂	总参通信部劳动模范
2000	段家蓉	新都工艺美术锦缎厂	纺织部劳动模范

续表

年份	姓名	单位	称号
2000	王新民	成都人民纸箱厂	四川省劳动模范
2000	郑义和	宁江机床厂	四川省劳动模范
2000	刘丽群(女)	成都市公共交通集团公司四公司	四川省劳动模范
2000	任守海	四川都江机械有限责任公司	四川省劳动模范
2000	刘松泉	成都无缝钢管有限责任公司	四川省劳动模范
2000	马友兴	成都钢铁厂	四川省劳动模范
2000	娄书铭(女)	成都制药四厂	四川省劳动模范
2000	周泉水	成都化肥厂	四川省劳动模范
2000	徐子显	川化集团有限责任公司	四川省劳动模范
2000	罗永富	成都飞机工业(集团)公司	四川省劳动模范
2000	刘海均	成都冶金实验厂	四川省劳动模范
2000	卢家金	成都光明器材厂	四川省劳动模范
2000	李文谱	成都钢铁厂	四川省劳动模范
2000	张国权	成都亚光电子股份有限公司	四川省劳动模范
2000	陆英育	成都飞机工业(集团)公司	四川省劳动模范
2000	王　毅	成都乘风阀门有限责任公司	四川省劳动模范
2000	曾仲康	四川九星纺织有限责任公司	四川省劳动模范
2000	罗　犀	成都市煤炭建筑公司	四川省劳动模范
2000	王代洲	成都无缝钢管有限责任公司	四川省劳动模范
2000	许忠诚	四川齿轮厂五分厂	四川省劳动模范
2000	陈敦勇	前锋电子股份有限公司	四川省劳动模范
2000	覃　美(女)	成都第二纺织总厂精纺公司	四川省劳动模范
2000	谢连安	四川省成都木材综合工厂	四川省劳动模范
2000	施兴阳	成都玻璃厂	四川省劳动模范
2000	郑延春	成都卷烟厂	四川省劳动模范
2000	向　阳	四川移动通信公司成都分公司	四川省劳动模范
2000	刘　杲	成都市电信局市话网管中心	四川省劳动模范
2000	黄　卫	成都市污水处理厂	四川省劳动模范
2000	马现良	成都市邮政局设备维护处	四川省劳动模范

续表

年份	姓名	单位	称号
2000	青世荣	成都发动机(集团)有限公司	四川省劳动模范
2000	张远明	宝钢五冶建设三公司三工程处	四川省劳动模范
2000	裴　娟(女)	成都百货大楼	四川省劳动模范
2000	邓训龙	成都物资回收公司成都塑料化工厂	四川省劳动模范
2000	喻尚新	成都市总公司川陕货运交易市场	四川省劳动模范
2000	王新民	成都市人民纸箱厂	四川省劳动模范
2000	韩为跃	成都地奥制药集团有限公司	四川省劳动模范
2000	李廷轩	成都啤酒有限公司	四川省劳动模范
2000	李思说(女)	成都市平原药业包装有限公司	四川省劳动模范
2000	吴　煜	崇州市天林水泥有限公司	四川省劳动模范
2000	杨发益	四川利达企业集团有限公司	四川省劳动模范
2000	李开贵	成都风雅罗亚尔电缆制造有限公司	四川省劳动模范
2000	刘东才	成都冶金实验厂	四川省劳动模范
2000	王　锦	成都工程机械(集团)有限公司	四川省劳动模范
2000	蒋德席	四川蜀阳企业(集团)有限公司	四川省劳动模范
2000	谢仁发	成都旭光电子股份有限公司	四川省劳动模范
2000	罗兴发	四川省成都长途汽车运输公司	四川省劳动模范
2000	宋兰珍(女)	成都保温瓶厂	四川省劳动模范
2000	刘荣富	成都彩虹电器(集团)股份公司	四川省劳动模范
2000	宋如华	四川托普集团科技发展有限公司	四川省劳动模范
2000	曾昌达	成都市第一建筑工程公司	四川省劳动模范
2000	杨肇基	成都全兴酒厂	四川省劳动模范
2000	龚娟娟(女)	成都市商业银行	四川省劳动模范
2000	马敬德	成都纸网厂	四川省劳动模范
2000	曾雁鸣	四川迪康药业股份有限公司	四川省劳动模范
2000	易刚祥	金堂县赵家镇火箭村	四川省劳动模范
2000	简兴福	四川开关厂	四川省劳动模范
2000	曾世蓉(女)	龙泉驿区山泉乡花果村	四川省劳动模范
2000	李兴成	成都桂湖实业有限公司	四川省劳动模范

续表

年份	姓名	单位	称号
2000	宋伦祥	成都市渔场	四川省劳动模范
2000	杨发秀(女)	成都市黄忠种鸡场	四川省劳动模范
2000	周厚成	四川省天乐药业集团有限公司	四川省劳动模范
2000	杨登明	崇州市元通镇三宝村	四川省劳动模范
2000	代　炎	成都银河新型复合材料厂	四川省劳动模范
2000	王华良	成都市泰华实业有限责任公司	四川省劳动模范
2000	廖家福	成都市固体废弃物卫生处置场	四川省劳动模范
2000	彭　骏	成都市岷江物业公司	四川省劳动模范
2000	王　毅	成都聚友泰康网络股份有限公司	四川省劳动模范
2000	王为东	成都高速公路建设开发有限公司	四川省劳动模范
2000	周仙兰(女)	成都人民商场(集团)股份有限公司	四川省劳动模范
2000	贺德友	青白江区种子公司	四川省劳动模范
2000	乐永享	荷花池市场百货交易区	四川省劳动模范
2000	曾世荣(女)	龙泉驿区山泉镇	四川省劳动模范
2000	肖文英	龙泉驿区计生委	四川省先进工作者
2000	魏荣洲	龙泉驿区农业局	四川省先进工作者
2000	宁顺德	龙泉驿区中学	四川省先进工作者
2000	郑义和	宁江机床厂	成都市劳动模范
2000	罗永富	成都飞机工业公司	成都市劳动模范
2000	陆英育	成都飞机工业公司	成都市劳动模范
2000	卢家金	成都光明器材厂	成都市劳动模范
2000	张国权	成都亚光电子股份有限公司	成都市劳动模范
2000	陈敦勇	前锋电子股份有限公司	成都市劳动模范
2000	青世荣	成都发动机公司	成都市劳动模范
2000	谢仁发	成都旭光电子股份有限公司	成都市劳动模范
2001	王太华	132 厂	全国五一劳动奖章
2001	张明哲	成都市二医院脑外科	全国五一劳动奖章
2001	林建国	成都市自来水总公司	全国五一劳动奖章
2001	薛炽寿	132 厂	国防科技系统劳动模范

续表

年份	姓名	单位	称号
2001	杨 伟	611所	国防科技系统劳动模范
2001	唐成斌	龙泉驿区经委	全省模范军转干部
2001	傅成玉(女)	龙泉驿区民政局	热门满意公务员
2002	陈富华	四川航天技术研究院(062)	全国五一劳动奖章
2002	胡来招	电子第29所	全国五一劳动奖章
2002	帅 平	商场	全国五一劳动奖章
1999–2003	花 欣	成都迈普产业集团有限公司	成都市劳动模范
	邓 鸿	成都国际会议展览中心	成都市劳动模范
1999–2003	刘革新	四川科伦实业集团有限公司	成都市劳动模范
1999–2003	刘光基	四川种都种业有限公司	成都市劳动模范
1999–2003	王瑞荣	四川瑞云集团股份有限公司	成都市劳动模范
1999–2003	童恩文	成都菊乐企业集团股份有限公司	成都市劳动模范
1999–2003	郑启沃	成都百货大楼集团有限公司	成都市劳动模范
1999–2003	唐瑞富	成都人民商场集团股份有限公司	成都市劳动模范
1999–2003	谭长安	谭鱼头投资股份有限公司	成都市劳动模范
1999–2003	曹世如(女)	成都红旗连锁有限公司	成都市劳动模范
1999–2003	程佳华	成都卷烟厂	成都市劳动模范
1999–2003	余自甦	攀钢集团成都钢铁有限责任公司	成都市劳动模范
1999–2003	姜治中	成都一汽汽车有限责任公司	成都市劳动模范
1999–2003	杨建川	成都神钢工程机械(集团)公司	成都市劳动模范
1999–2003	张 俊	成都建筑工程集团总公司	成都市劳动模范
1999–2003	薛玉川	中房集团成都房地产开发总公司	成都市劳动模范
1999–2003	杨 钢	成都前锋电子电器集团股份公司	成都市劳动模范
1999–2003	朱开友	四川汇源科技产业控股集团公司	成都市劳动模范
1999–2003	黄蜀荣	成都旭光科技股份有限公司	成都市劳动模范
1999–2003	苗惠民	河南安彩集团成都电子玻璃公司	成都市劳动模范
1999–2003	李世政	成都统一企业食品有限公司	成都市劳动模范
1999–2003	城木信隆	成都伊藤洋华堂有限公司	成都市劳动模范
1999–2003	钟晓琴(女)	成都美琪美容美发有限责任公司	成都市劳动模范

续表

年份	姓名	单位	称号
1999–2003	吴铸成	川化集团有限责任公司	成都市劳动模范
1999–2003	周　勇	四川新华印刷厂	成都市劳动模范
1999–2003	刘晓东	上海大众汽车川蓉销售服务公司	成都市劳动模范
1999–2003	胡　明	四川锅炉厂	成都市劳动模范
1999–2003	罗　红（女）	成都市邮政局	成都市劳动模范
1999–2003	胡昌其	成都成实实业(集团)有限公司	成都市劳动模范
1999–2003	杨世强	四川建设机械(集团)股份公司	成都市劳动模范
1999–2003	林　勇	成都国光电气股份有限公司	成都市劳动模范
1999–2003	汪小东	成都飞机工业(集团)有限公司	成都市劳动模范
1999–2003	范光联	成都鸿联养殖园林公司	成都市劳动模范
1999–2003	余　帅	新都 食品有限公司	成都市劳动模范
1999–2003	郭大成	双流县三星镇卧云村	成都市劳动模范
1999–2003	赖　强	金堂淮口地区食用菌联合促进会	成都市劳动模范
1999–2003	杜毅刚	都江堰日昇奇异果合作社	成都市劳动模范
1999–2003	陈佳荣(女)	温江畜禽研究所	成都市劳动模范
1999–2003	曾祥伟	崇州市大发名优果卉试验园	成都市劳动模范
1999–2003	邹相英（女）	成都绿道景观工程实业有限公司	成都市劳动模范
1999–2003	颜泽勤	裕邑丝绸有限责任公司	成都市劳动模范
1999–2003	马志惠(女)	郫县德源镇永光村	成都市劳动模范
1999–2003	陈　江	成都宁江机床(集团)股份公司	成都市劳动模范
1999–2003	赵　强	四川电信有限公司成都分公司	成都市劳动模范
1999–2003	任丽娟（女）	成都联运实业股份有限公司	成都市劳动模范
1999–2003	梁国忠	成都恒通铝业有限责任公司	成都市劳动模范
1999–2003	曹家明	成都乘风阀门有限责任公司	成都市劳动模范
1999–2003	辜明友	成都银河创新科技股份有限公司	成都市劳动模范
1999–2003	钟　明	成都市殡葬改革管理所	成都市劳动模范
1999–2003	钟乾富	中汽成都配件有限公司	成都市劳动模范
1999–2003	黄常志	成都神钢建设机械有限公司	成都市劳动模范
1999–2003	申　晋	四川省汽车运输成都公司	成都市劳动模范

续表

年份	姓名	单位	称号
1999–2003	黄岳生	成都一汽汽车有限责任公司	成都市劳动模范
1999–2003	谢朝辉	四川省成都长途汽车运输公司	成都市劳动模范
1999–2003	彭之放	攀钢集团成都钢铁有限责任公司	成都市劳动模范
1999–2003	刘　海	攀钢集团成都钢铁有限责任公司	成都市劳动模范
1999–2003	张胜友	成都市出江煤矿	成都市劳动模范
1999–2003	向　勇	成都市跃进煤矿	成都市劳动模范
1999–2003	王秀君	成都电动工具有限责任公司	成都市劳动模范
1999–2003	魏宗明	成都锦湖长运运输有限公司	成都市劳动模范
1999–2003	王　旭	四川电器有限责任公司	成都市劳动模范
1999–2003	狄　敏	成都成异钢管有限责任公司	成都市劳动模范
1999–2003	谢　军	成都成实实业(集团)有限公司	成都市劳动模范
1999–2003	张永杰	成都成量集团公司	成都市劳动模范
1999–2003	龙德荣	四川齿轮厂	成都市劳动模范
1999–2003	席　军	成都云内动力有限公司	成都市劳动模范
1999–2003	胡时友	中国地质学院探矿工艺研究所	成都市劳动模范
1999–2003	刘国忠	成都成工工程机械股份有限公司	成都市劳动模范
1999–2003	冯　勇	成都电冶厂	成都市劳动模范
1999–2003	欧阳先凯	中国路桥(集团)新津筑路机械厂	成都市劳动模范
1999–2003	尹人洁(女)	攀钢集团成都钢铁有限责任公司	成都市劳动模范
1999–2003	高月谨	成都高速公路建设开发有限公司	成都市劳动模范
1999–2003	周　原	中国第一汽车集团四川专用汽车厂	成都市劳动模范
1999–2003	刘时春	四川省冶金地质勘查局606大队	成都市劳动模范
1999–2003	曾　勇	成都工具研究所	成都市劳动模范
1999–2003	罗德福	成都工具研究所	成都市劳动模范
1999–2003	郭爱清	成都普天电缆股份有限公司	成都市劳动模范
1999–2003	罗　雨	成都普天电缆股份有限公司	成都市劳动模范
1999–2003	王清莲(女)	四川永星电子有限公司	成都市劳动模范
1999–2003	王　军	成都旭光科技股份有限公司	成都市劳动模范
1999–2003	曹军波	成都亚光电子股份有限公司	成都市劳动模范

续表

年份	姓名	单位	称号
1999–2003	邓　飞	河南安彩集团成都电子玻璃公司	成都市劳动模范
1999–2003	马　骏	成都锦江电器制造有限公司	成都市劳动模范
1999–2003	卜永昌	成都锦江电器制造有限公司	成都市劳动模范
1999–2003	张龙斌	成都虹波实业股份有限公司	成都市劳动模范
1999–2003	彭　程	成都光明光电信息材料有限公司	成都市劳动模范
1999–2003	王　春(女)	信息产业电子第十一设计研究院	成都市劳动模范
1999–2003	朱　斌	西南技术物理研究所	成都市劳动模范
1999–2003	林铁文	成都旭光电子股份有限公司	成都市劳动模范
1999–2003	王　涛	中国电子科技集团公司第十研究所	成都市劳动模范
1999–2003	时宏伟	中国电子科技集团公司第十研究所	成都市劳动模范
1999–2003	戴　川	中国航空工业第六一一研究所	成都市劳动模范
1999–2003	陈润生	中国电子科技集团第二十九研究所	成都市劳动模范
1999–2003	游兴忠	中国电子科技集团第二十九研究所	成都市劳动模范
1999–2003	任凤清(女)	成都发动机(集团)有限公司	成都市劳动模范
1999–2003	李　侠	成都发动机(集团)有限公司	成都市劳动模范
1999–2003	赵德贵	成都宏明电子股份有限公司	成都市劳动模范
1999–2003	周　平	成都宏明电子股份有限公司	成都市劳动模范
1999–2003	邹盛唐	中国电子科技集团第三十研究所	成都市劳动模范
1999–2003	刘连昌	中国电子科技集团第三十研究所	成都市劳动模范
1999–2003	左成平	中国人民解放军第五七一九工厂	成都市劳动模范
1999–2003	陈池礼	中国人民解放军第五七〇一工厂	成都市劳动模范
1999–2003	曹建华	成都航空仪表公司	成都市劳动模范
1999–2003	张才华	成都飞机工业(集团)有限责任公司	成都市劳动模范
1999–2003	李　涛	成都飞机工业(集团)有限责任公司	成都市劳动模范
1999–2003	邓　莉(女)	大唐电信科技服务有限公司	成都市劳动模范
1999–2003	田　霞(女)	中国航空工业第六一一研究所	成都市劳动模范
1999–2003	刘永言	成都大陆希望集团有限公司	成都市劳动模范
1999–2003	蒋德席	四川远大蜀阳药业有限公司	成都市劳动模范
1999–2003	方锦星	成都飞机工业(集团)有限责任公司	成都市劳动模范

续表

年份	姓名	单位	称号
1999–2003	杨朝刚	四川省盐业总公司成都分公司	成都市劳动模范
1999–2003	胡凤宝	成都印钞公司	成都市劳动模范
1999–2003	李　珏	四川光大制药有限公司	成都市劳动模范
1999–2003	刘晓鸣	成都卷烟厂	成都市劳动模范
1999–2003	马仁选	成都印钞公司	成都市劳动模范
1999–2003	梁志宏	成都玻璃研究所	成都市劳动模范
1999–2003	朱　辉	四川抗菌素工业研究所	成都市劳动模范
1999–2003	廖根弟	四川省化工地质勘查院	成都市劳动模范
1999–2003	左　建	四川锦丰纸业股份有限公司	成都市劳动模范
1999–2003	崔玉琦	中国轻工业成都设计工程有限公司	成都市劳动模范
1999–2003	王晓红(女)	成都蓝风(集团)股份有限公司	成都市劳动模范
1999–2003	陈　弓	成都卷烟厂	成都市劳动模范
1999–2003	曾德荣	成都化工股份有限公司	成都市劳动模范
1999–2003	王　洪	成都集翔电子电器公司	成都市劳动模范
1999–2003	饶兴宁	成都市第三变压器厂	成都市劳动模范
1999–2003	王兴培	成都天和银楼有限责任公司	成都市劳动模范
1999–2003	刘维志	成都康宝兴棉纺织实业股份公司	成都市劳动模范
1999–2003	吴卫国	四川钢锉厂	成都市劳动模范
1999–2003	吴本秋	四川省纺织集团成都化纤纺织厂	成都市劳动模范
1999–2003	邵　彬	四川方向药业有限公司	成都市劳动模范
1999–2003	王起超	成都华明玻璃纸股份有限公司	成都市劳动模范
1999–2003	王泽忠	成都市水利电力勘测设计院	成都市劳动模范
1999–2003	顾小红(女)	成都市房管局住房保障中心	成都市劳动模范
1999–2003	林　立(女)	成都市房地产经营管理处	成都市劳动模范
1999–2003	耿德林	四川建设机械(集团)股份公司	成都市劳动模范
1999–2003	孙卫平	成都市路灯管理处	成都市劳动模范
1999–2003	苏裕祥	成都市市容机械化作业处	成都市劳动模范
1999–2003	马　玉	成都市河道管理处蜀江工程公司	成都市劳动模范
1999–2003	张晓玲(女)	成都市绿化工程队	成都市劳动模范

续表

年份	姓名	单位	称号
1999–2003	王培庭	中国第五冶金建设公司	成都市劳动模范
1999–2003	万明海	中国第五冶金建设公司	成都市劳动模范
1999–2003	罗三辉	中国第五冶金建设公司	成都市劳动模范
1999–2003	陈厚国	成都巨峰玻璃有限公司	成都市劳动模范
1999–2003	吴　进	成都市规划设计研究院	成都市劳动模范
1999–2003	钟强文	成都市市政工程设计研究院	成都市劳动模范
1999–2003	汤明松	成都市第二建筑工程公司	成都市劳动模范
1999–2003	任海文	成都市工业设备安装公司	成都市劳动模范
1999–2003	吴太昆	成都市第一建筑工程公司	成都市劳动模范
1999–2003	王　加(女)	成都市建筑设计研究院	成都市劳动模范
1999–2003	杨定民	成都市建设工程造价管理站	成都市劳动模范
1999–2003	侯　蓉(女)	成都大熊猫繁育研究基地	成都市劳动模范
1999–2003	莫国华	成都干道建设综合开发总公司	成都市劳动模范
1999–2003	李　讴	成都市出租汽车管理处	成都市劳动模范
1999–2003	丁保全	成都市自来水总公司	成都市劳动模范
1999–2003	丰援朝	成都市公共交通集团公司	成都市劳动模范
1999–2003	周惠蓉(女)	成都市市政设施管理处	成都市劳动模范
1999–2003	刘锡兴	成都市城市管网节水办公室	成都市劳动模范
1999–2003	何碧清(女)	成都市出租汽车服务公司	成都市劳动模范
1999–2003	李恩斯	成都市环境保护科学研究院	成都市劳动模范
1999–2003	孙慧麟	成都市锦江粮油食品连锁公司	成都市劳动模范
1999–2003	李幼筠(女)	成都市大王酿造食品有限公司	成都市劳动模范
1999–2003	祝志祥	成都市共发实业有限责任公司	成都市劳动模范
1999–2003	杨维德	成都市畜牧兽医站	成都市劳动模范
1999–2003	邱承敏	工商银行成都高新技术开发区支行	成都市劳动模范
1999–2003	刘德华	四川全兴股份有限公司	成都市劳动模范
1999–2003	傅作勇	成都市农村信用合作社联合社	成都市劳动模范
1999–2003	胡存忠	四川省烟草公司成都分公司	成都市劳动模范
1999–2003	罗　霞(女)	成都百货大楼集团有限公司	成都市劳动模范

续表

年份	姓名	单位	称号
1999–2003	陈　玲(女)	成都百货大楼集团有限公司	成都市劳动模范
1999–2003	许继兰(女)	成都人民商场集团股份有限公司	成都市劳动模范
1999–2003	罗丽茹(女)	成都人民商场集团股份有限公司	成都市劳动模范
1999–2003	金　川	成都市皇城老妈酒店有限公司	成都市劳动模范
1999—2003	冯新蓉(女)	邛崃市拱辰农村信用合作社	成都市劳动模范
1999—2003	李朝明	成都市农业生产资料有限公司	成都市劳动模范
1999—2003	陈俭益	成都市商业银行	成都市劳动模范
1999—2003	张洁中	成都市新曙光旅游(集团)有限公司	成都市劳动模范
1999—2003	田紫燕(女)	成都物资贸易中心	成都市劳动模范
1999—2003	姜　涛	四川宝光药业科技开发股份公司	成都市劳动模范
1999—2003	黄　勇	四川锦江宾馆	成都市劳动模范
1999—2003	张立仁	成都建材(集团)有限公司	成都市劳动模范
1999—2003	张日新	成都大学	成都市劳动模范
1999—2003	杨兴明	四川省信息工程学校	成都市劳动模范
1999—2003	王海春	成都航空职业技术学院	成都市劳动模范
1999—2003	段国治	成都市建设学校	成都市劳动模范
1999—2003	熊文俊(女)	四川省成都市第十二中学	成都市劳动模范
1999—2003	王明宪	四川省成都市石室中学	成都市劳动模范
1999—2003	金戈平	四川省成都市第十四中学	成都市劳动模范
1999—2003	唐有益	成都外国语学校	成都市劳动模范
1999—2003	王　辉	四川省成都市财贸职业高级中学	成都市劳动模范
1999—2003	郑　康	成都市科学技术发展研究中心	成都市劳动模范
1999—2003	李焕廷	成都电视台	成都市劳动模范
1999—2003	齐德琼	成都市电视台经济资讯服务频道	成都市劳动模范
1999—2003	张亚戎	成都市电影发行放映公司	成都市劳动模范
1999—2003	李建英(女)	成都市川剧院	成都市劳动模范
1999—2003	邹志峰	成都商报社	成都市劳动模范
1999—2003	赵思勤	成都市第二人民医院	成都市劳动模范
1999—2003	张品芳(女)	四川省成都卫生学校	成都市劳动模范

续表

年份	姓名	单位	称号
1999—2003	王　伟(女)	成都市第三人民医院	成都市劳动模范
1999—2003	刘益民	成都市传染病医院	成都市劳动模范
1999—2003	余　华(女)	成都市第五人民医院	成都市劳动模范
1999—2003	王文霞(女)	成都市妇幼保健院	成都市劳动模范
1999—2003	江嘉章	成都市全国重点乒乓球运动学校	成都市劳动模范
1999—2003	杨平新	中共成都市委组织部	成都市劳动模范
1999—2003	秦　明	中共成都市委宣传部	成都市劳动模范
1999—2003	廖　敬	成都市公安局	成都市劳动模范
1999—2003	戴　南	成都市公安局	成都市劳动模范
1999—2003	刘　菡(女)	四川省成都市中级人民法院	成都市劳动模范
1999—2003	廖　晓(女)	中共成都市委企业工作委员会	成都市劳动模范
1999—2003	赵学仲	成都市市政公用局	成都市劳动模范
1999—2003	向　进	成都发展计划委员会	成都市劳动模范
1999—2003	张方泉(女)	成都市教育局	成都市劳动模范
1999—2003	刘　波	四川省成都市国家税务局	成都市劳动模范
1999—2003	刘从康	成都市房产管理局	成都市劳动模范
1999—2003	傅白露(女)	成都市经济委员会	成都市劳动模范
1999—2003	唐协林	成都市农牧局	成都市劳动模范
1999—2003	王瑞英(女)	成都市科技局	成都市劳动模范
1999—2003	张益佳(女)	成都市计划生育委员会	成都市劳动模范
1999—2003	文清峰	成都市干道建设指挥部	成都市劳动模范
1999—2003	喻中跃	成都市文化局	成都市劳动模范
1999—2003	徐德明	成都市第一社会福利院	成都市劳动模范
1999—2003	王炳全	四川兴盛皮革制品有限公司	成都市劳动模范
1999—2003	王金蓉(女)	成都西南建材有限公司	成都市劳动模范
1999—2003	吴锡联(女)	成都国泰实业有限公司	成都市劳动模范
1999—2003	薛合伦	成都正光科技股份有限公司	成都市劳动模范
1999—2003	谢守清	成都市金牛区人民医院	成都市劳动模范
1999—2003	杨光辉	成都市第二十中学	成都市劳动模范

续表

年份	姓名	单位	称号
1999—2003	张　利	四川金星环保科技公司	成都市劳动模范
1999—2003	王德运	金牛区人民检察院	成都市劳动模范
1999—2003	王晓英(女)	金牛区三誉综合商店	成都市劳动模范
1999—2003	魏顺绪	金牛区金牛乡高家村	成都市劳动模范
1999—2003	薛兆云	成都犀浦晨风园艺场	成都市劳动模范
1999—2003	蓝　亭	成都府天新材料科技有限公司	成都市劳动模范
1999—2003	杨子杰	成都碧云数码科技有限公司	成都市劳动模范
1999—2003	吴海宁(女)	成都市武侯区人民医院	成都市劳动模范
1999—2003	张鸿林	成都市武侯区人民检察院	成都市劳动模范
1999—2003	李　林	武侯区市容环境管理局汽车队	成都市劳动模范
1999—2003	何国才	成都市蝶阀厂	成都市劳动模范
1999—2003	余　强	四川大学附属实验小学	成都市劳动模范
1999—2003	游志胜	四川大学智胜软件股份有限公司	成都市劳动模范
1999—2003	金毓芳(女)	四川省天然药物研究所	成都市劳动模范
1999—2003	高成安	成都市武侯区簇桥乡凉水井村	成都市劳动模范
1999—2003	沈治权	成都市武侯区名仕达皮鞋厂	成都市劳动模范
1999—2003	王俊玲(女)	重庆三峡油漆公司成都油漆厂	成都市劳动模范
1999—2003	李俊兰(女)	成华区房产管理局	成都市劳动模范
1999—2003	张易陶	四川省成都市双庆中学	成都市劳动模范
1999—2003	谯学文	成华区市容环境管理局汽车队	成都市劳动模范
1999—2003	古国良	成都市电力有色金属制品厂	成都市劳动模范
1999—2003	毕重强	四川电力股份公司南椏河发电厂	成都市劳动模范
1999—2003	张福忠	成华区青龙乡狮子村	成都市劳动模范
1999—2003	严雪梅(女)	成华区圣灯乡人民塘村	成都市劳动模范
1999—2003	李安刚	成都锦江房地产(集团)有限公司	成都市劳动模范
1999—2003	温大全	成都博瑞传播公司印务分公司	成都市劳动模范
1999—2003	陈　龙	成都美美力诚百货有限公司	成都市劳动模范
1999—2003	徐广东	成都市锦江区人民政府办公室	成都市劳动模范
1999—2003	巫中华	成都骨科医院	成都市劳动模范

续表

年份	姓名	单位	称号
1999—2003	胡道仲	成都市锦江区三圣中学	成都市劳动模范
1999—2003	何　斌	成都市锦江区三圣乡曾家坡村	成都市劳动模范
1999—2003	刘　音(女)	锦江区成龙路街道办事处粮丰村	成都市劳动模范
1999—2003	黄宗富	锦江区南大街社区服务站	成都市劳动模范
1999—2003	王德言	四川中光高科技研究所有限公司	成都市劳动模范
1999—2003	潘广伦	四川银鑫实业集团有限公司	成都市劳动模范
1999—2003	沈根莲(女)	成都环龙工业用呢有限责任公司	成都市劳动模范
1999—2003	汪道源	成都市青羊区人民医院	成都市劳动模范
1999—2003	傅菡珠(女)	中共青羊区直属机关工作委员会	成都市劳动模范
1999—2003	周小平 (女)	青羊区府南街道市容环境管理所	成都市劳动模范
1999—2003	金　波	成都市实验小学	成都市劳动模范
1999—2003	王永安	成都西科微波通讯有限公司	成都市劳动模范
1999—2003	魏学荣	成都市青羊区苏坡乡清波村	成都市劳动模范
1999—2003	黄国成	成都市青羊区文家乡七里沟村	成都市劳动模范
1999—2003	裴埠生	成都市公安局青羊区分局	成都市劳动模范
1999—2003	王大钢	地奥集团成都药业股份有限公司	成都市劳动模范
1999—2003	何　琼 (女)	成都国腾通讯集团有限公司	成都市劳动模范
1999—2003	侯汉奇	成都倍特发展集团股份有限公司	成都市劳动模范
1999—2003	叶功伟	成都地奥集团	成都市劳动模范
1999—2003	李　新	成都卫士通信息产业股份公司	成都市劳动模范
1999—2003	裴志华	成都高新区石羊街道办事处	成都市劳动模范
1999—2003	陈古锡	成都高新区桂溪街道办事处	成都市劳动模范
1999—2003	杨　华	成都国腾软件有限公司	成都市劳动模范
1999—2003	刘　帆	成都正恒动力配件有限公司	成都市劳动模范
1999—2003	王政纪	华润蓝剑(成都)啤酒有限公司	成都市劳动模范
1999—2003	范小文(女)	成都市新都区西街小学校	成都市劳动模范
1999—2003	任　礼	新都区疾病预防控制中心	成都市劳动模范
1999—2003	黄載贵	四川炬光印刷器材有限公司	成都市劳动模范
1999—2003	李兴才	成都市新都区木兰镇木兰村	成都市劳动模范

续表

年份	姓名	单位	称号
1999—2003	龙　波	新都区龙安镇农大良种猪场	成都市劳动模范
1999—2003	谢帮明	成都市新都区军屯镇郭家村	成都市劳动模范
1999—2003	黄绍军	成都市新都区粮食局	成都市劳动模范
1999—2003	冯端友	成都乐斯实业集团	成都市劳动模范
1999—2003	姚井兵	成都市龙泉驿区财政局	成都市劳动模范
1999—2003	张平桃（女）	成都市龙泉驿区市容环境管理局	成都市劳动模范
1999—2003	张世文	龙泉驿区第一人民医院	成都市劳动模范
1999—2003	杨光秀(女)	四川省成都市柏合初级中学校	成都市劳动模范
1999—2003	陈朝辉	四川白家食品有限公司	成都市劳动模范
1999—2003	蒋三全	成都市公安局龙泉驿区分局	成都市劳动模范
1999—2003	曾宗平	成都市龙泉驿区龙泉镇百工堰村	成都市劳动模范
1999—2003	张忠琼（女）	成都市龙泉驿区茶店镇三元村	成都市劳动模范
1999—2003	曾孝贵	成都市龙泉驿区洪河镇三桥村	成都市劳动模范
1999—2003	曲比尔石	成都市公安局温江区分局	成都市劳动模范
1999—2003	严　丽(女)	温江区东大街第二小学	成都市劳动模范
1999—2003	陈文华	成都五牛纸制品有限公司	成都市劳动模范
1999—2003	徐万洪	四川华丰离心玻璃棉制品公司	成都市劳动模范
1999—2003	胡玉蓉(女)	四川科嘉皮业有限责任公司	成都市劳动模范
1999—2003	李文均	温江区涌泉镇华丰村	成都市劳动模范
1999—2003	宋昭敏(女)	温江区镇子乡黄竹村	成都市劳动模范
1999—2003	赵天明	温江区寿安镇新林村	成都市劳动模范
1999—2003	胡代成	温江区金马镇同心村	成都市劳动模范
1999—2003	彭英祥	成都市青白江区环境卫生管理处	成都市劳动模范
1999—2003	张慧琴(女)	成都华明玻璃纸股份有限公司	成都市劳动模范
1999—2003	廖学军	四川省成都市大弯中学校	成都市劳动模范
1999—2003	陈显刚	青白江区疾病预防控制中心	成都市劳动模范
1999—2003	邓亲华	成都天保机械制造有限公司	成都市劳动模范
1999—2003	付栋成	青白江建设用地统一征地办公室	成都市劳动模范
1999—2003	周国民	四川儒雅教学仪器设备有限公司	成都市劳动模范

续表

年份	姓名	单位	称号
1999—2003	李显德	青白江区清泉镇西平村	成都市劳动模范
1999—2003	赖世金	青白江区姚渡镇龙门村	成都市劳动模范
1999—2003	文凤春(女)	都江堰市团结小学	成都市劳动模范
1999—2003	欧云南	都江堰市巴士有限责任公司	成都市劳动模范
1999—2003	肖长松	都江堰市农业机械局	成都市劳动模范
1999—2003	胡孝荣	十九冶金建设公司都江堰市疗养院	成都市劳动模范
1999—2003	李苏川	都江堰市公安局	成都市劳动模范
1999—2003	代洪锦	都江堰市环境卫生管理局	成都市劳动模范
1999—2003	贾正贵	都江堰市虹口乡燕岩村	成都市劳动模范
1999—2003	陈　强	都江堰市青城镇五里村	成都市劳动模范
1999—2003	刘卫东	武装警察部队都江堰市消防中队	成都市劳动模范
1999—2003	刘　斌(女)	成都电业局彭州供电局	成都市劳动模范
1999—2003	沈　明	成都华融化工有限公司	成都市劳动模范
1999—2003	秦　韬	彭州市公安局	成都市劳动模范
1999—2003	卢前松	四川省彭州中学	成都市劳动模范
1999—2003	文　卡	彭州市环境卫生管理处	成都市劳动模范
1999—2003	廖明春	彭州市磁峰镇石门村	成都市劳动模范
1999—2003	余辉昌	彭州市利安镇隆兴村	成都市劳动模范
1999—2003	钟思凡	彭州市三界镇春光村	成都市劳动模范
1999—2003	李法可	崇州市天然气有限公司	成都市劳动模范
1999—2003	周晓萍(女)	崇州市实验小学	成都市劳动模范
1999—2003	汪　勇	成都电业局崇州供电局	成都市劳动模范
1999—2003	鲁　建	成都市明珠家具有限公司	成都市劳动模范
1999—2003	苏全清	四川省川建管道有限公司	成都市劳动模范
1999—2003	胡　勇	崇州市梓潼镇自公村	成都市劳动模范
1999—2003	王作文	崇州市廖家镇民主村	成都市劳动模范
1999—2003	刘　建	崇州市公安局	成都市劳动模范
1999—2003	刘汉文	崇州市听江镇仁和村	成都市劳动模范
1999—2003	胡成高	四川省高宇集团有限公司	成都市劳动模范

续表

年份	姓名	单位	称号
1999—2003	鲁汉明	四川省文君酒厂有限公司	成都市劳动模范
1999—2003	朱治刚	成都宇源化工有限公司	成都市劳动模范
1999—2003	刘春明	四川省春泉集团有限公司	成都市劳动模范
1999—2003	袁晓涛	四川省蜀涛集团有限公司	成都市劳动模范
1999—2003	雷泽均	四川省邛崃市大同丝绸有限公司	成都市劳动模范
1999—2003	任家瑞	邛崃市前进镇南江村	成都市劳动模范
1999—2003	左丽琼(女)	邛崃市临邛利群经纪人事务所	成都市劳动模范
1999—2003	叶志斌	四川和协电力有限公司	成都市劳动模范
1999—2003	赵映广	成都电缆双流热缩制品厂	成都市劳动模范
1999—2003	杨瑞刚	中国共产党双流县九江镇委员会	成都市劳动模范
1999—2003	苏代泉	双流县第一人民医院	成都市劳动模范
1999—2003	任鸣钟	四川省双流县中学	成都市劳动模范
1999—2003	李成龙	双流县永兴镇水产养殖技术协会	成都市劳动模范
1999—2003	宋泽培	双流县彭镇金湾村	成都市劳动模范
1999—2003	王小林	双流县文星镇光明村	成都市劳动模范
1999—2003	陈顺安	双流县永安镇建军村	成都市劳动模范
1999—2003	李恩东	双流县黄龙溪镇加禾村	成都市劳动模范
1999—2003	徐成根	双流县公安局	成都市劳动模范
1999—2003	牛晋川	四川省金堂县国家税务局	成都市劳动模范
1999—2003	陈爱武(女)	金堂县妇幼保健院	成都市劳动模范
1999—2003	吴　飞	金堂县农业技术服务体系站	成都市劳动模范
1999—2003	郑永兴	金堂县郑永兴面粉厂	成都市劳动模范
1999—2003	吴　伟	金堂县淮口中学校	成都市劳动模范
1999—2003	杨　挺	四川省金堂中学校	成都市劳动模范
1999—2003	龙崇志	四川金泉源实业集团	成都市劳动模范
1999—2003	石代勇	成都天绿菌业有限公司	成都市劳动模范
1999—2003	夏时友	金堂县三溪镇高河村	成都市劳动模范
1999—2003	唐启富	金堂县栖贤乡向前村	成都市劳动模范
1999—2003	周道木	金堂县市容环境卫生管理局	成都市劳动模范

续表

年份	姓名	单位	称号
1999—2003	叶其乐	四川琪乐塑业有限公司	成都市劳动模范
1999—2003	章建国	新津县建设规划局	成都市劳动模范
1999—2003	胡选儒	中国路桥(集团)新津筑路机械厂	成都市劳动模范
1999—2003	毕东伟	四川省新津中学	成都市劳动模范
1999—2003	刘学惠(女)	成都恒力磁性材料有限责任公司	成都市劳动模范
1999—2003	陈林军	新津县文井乡石阳村	成都市劳动模范
1999—2003	胡国强	新津县五津镇城北社区	成都市劳动模范
1999—2003	张仁新	新津县地方税务局	成都市劳动模范
1999—2003	朱仕明	成都蜀鑫酒业有限公司	成都市劳动模范
1999—2003	杜诚斌	成都希望食品有限公司	成都市劳动模范
1999—2003	温德林	大邑星明电力有限责任公司	成都市劳动模范
1999—2003	唐德宏	大邑县农业技术推广农技中心	成都市劳动模范
1999—2003	李云高	成都蓉新实业股份有限公司	成都市劳动模范
1999—2003	毛德春	大邑中药材有限公司	成都市劳动模范
1999—2003	陈素琼(女)	大邑县三岔乡甘泉村	成都市劳动模范
1999—2003	苏光明	四川省大邑中学	成都市劳动模范
1999—2003	李耀亨	四川天邑集团有限公司	成都市劳动模范
1999—2003	任旭平	四川省旭平兔业有限责任公司	成都市劳动模范
1999—2003	熊建芬(女)	蒲江县人民医院	成都市劳动模范
1999—2003	叶金明	蒲江县蒲江中学	成都市劳动模范
1999—2003	孙国利(女)	武装警察部队成都市消防支队	成都市劳动模范
1999—2003	程　建	中国人民解放军总参某研究所	成都市劳动模范
1999—2003	杨忠良	中国人民解放军邛崃市人民武装部	成都市劳动模范
1999—2003	叶其界	中国人民武装警察部队成都市支队	成都市劳动模范
1999—2003	郭晓勇	郫县对外贸易经济合作局	成都市劳动模范
1999—2003	王志强	郫县公安消防大队	成都市劳动模范
1999—2003	刘天虎	郫县人民医院	成都市劳动模范
1999—2003	干崇兴	郫县犀浦镇梓潼村	成都市劳动模范
1999—2003	孙家洪	郫县清河镇马河村	成都市劳动模范

续表

年份	姓名	单位	称号
1999—2003	杨其伦	郫县城建监察大队	成都市劳动模范
1999—2003	李长清	郫县第一中学	成都市劳动模范
1999—2003	胡奉宪	四川百事可乐饮料有限公司	成都市劳动模范
1999—2003	闫志彬	蒲江县寿安镇隆盛 2 村 6 组	成都市劳动模范
1999—2003	王君贤	蒲江县成佳镇同心村 2 组	成都市劳动模范
1999—2003	杨建忠	蒲江县敦厚乡双流村 13 组	成都市劳动模范
1999—2003	龚登明	蒲江县农业发展局	成都市劳动模范
1999—2003	何学勤(女)	成都派立食品有限公司	成都市劳动模范
2003	姜治中	成都旅行车制造厂	全国五一劳动奖章
2003	刘爱平(女)	电子第 29 所	全国五一劳动奖章
2003	朱　斌	西南技术物理研究所	成都市劳动模范
2003	曹建华	161 厂	成都市劳动模范
2003	童恩文	菊乐股份有限公司	成都市劳动模范
2003	颜泽勤	裕邑丝绸有限责任公司	成都市劳动模范
2003	雷泽均	邛崃市大同丝绸有限公司	成都市劳动模范
2004	刘时勇	成都飞机集团公司	全国五一劳动奖章
2004	阳文军	成都飞机集团公司	全国五一劳动奖章
2004	张丽君(女)	成都武侯祠博物馆	全国五一劳动奖章
2004	谢 洪	新希望集团南方希望实业有限公司	全国五一劳动奖章
2004	汪小东	132 厂	中央企业劳动模范
2004	罗荣怀	132 厂	航空部劳动模范
2004	郑　闻	132 厂	航空部劳动模范
2004	杨　杰	161 厂	航空部劳动模范
2004	夏晴川	四川航天技术研究院(062)	国防工业系统劳动模范
2004	顾　伟	611 所	中航总公司劳动模范
2004	李　涛	132 厂	成都市劳动模范
2004	汪小东	132 厂	成都市劳动模范
2004	张才华	132 厂	成都市劳动模范
2004	方锦星	132 厂	成都市劳动模范

续表

年份	姓名	单位	称号
2004	张龙斌	虹波实业股份有限公司	成都市劳动模范
2004	戴　川	611 所	成都市劳动模范
2004	田　霞	611 所	成都市劳动模范
2004	杨　钢	前锋电子电器集团公司	成都市劳动模范
2004	黄蜀荣	旭光科技股份有限公司	成都市劳动模范
2004	林　勇	成都国光电气有限公司	成都市劳动模范
2004	朱　斌	西南技术物理研究所	成都市劳动模范
2004	陈　江	宁江机床公司	成都市劳动模范
2004	王清莲(女)	永星电子有限公司	成都市劳动模范
2004	郭爱清	普天电缆股份有限公司	成都市劳动模范
2004	罗　雨	普天电缆股份有限公司	成都市劳动模范
2004	王　军	旭光科技有限公司	成都市劳动模范
2004	曹军波	亚光电子有限公司	成都市劳动模范
2004	马　骏	成都锦江电器制造公司	成都市劳动模范
2004	卜永昌	成都锦江电器制造公司	成都市劳动模范
2004	林铁文	旭光电子股份有限公司	成都市劳动模范
2004	彭　程	光明光电信息材料有限公司	成都市劳动模范
2004	王　春(女)	电子第 11 设计研究院公司	成都市劳动模范
2004	王　涛	电子科技公司第 10 研究所	成都市劳动模范
2004	时宏伟	电子科技公司第 10 研究所	成都市劳动模范
2004	陈润生	电子科技公司第 29 研究所	成都市劳动模范
2004	游兴忠	电子科技公司第 29 研究所	成都市劳动模范
2004	任凤清(女)	成都发动机公司	成都市劳动模范
2004	李　侠	成都发动机公司	成都市劳动模范
2004	赵德贵	成都宏明电子股份有限公司	成都市劳动模范
2004	周　平	成都宏明电子股份有限公司	成都市劳动模范
2004	邹盛唐	电子科技公司第 30 研究所	成都市劳动模范
2004	刘连昌	电子科技公司第 30 研究所	成都市劳动模范
2004	左成平	5719 厂	成都市劳动模范

续表

年份	姓名	单位	称号
2004	陈池礼	5701厂	成都市劳动模范
2004	曹建华	成都航空仪表公司	成都市劳动模范
2004	陈厚国	成都巨峰玻璃有限公司	成都市劳动模范
2004	王海春	成都航空职业技术学院	成都市劳动模范
2004	王永安	成都西科微波通讯有限公司	成都市劳动模范
2004	李　新	卫士通信息产业有限公司	成都市劳动模范
2004	王启明	167厂	中央企业劳动模范
2004	聂海涛	611所	中央企业劳动模范
2005	李　涛	成都飞机工业(集团)有限公司	全国劳动模范
2005	胡　明	四川锅炉厂	全国劳动模范
2005	刘成文	金牛区市容环境管理局汽车队	全国劳动模范
2005	谯　平	双流县双木生态农业开发基地	全国劳动模范
2005	刘荣富	成都彩虹电器(集团)股份公司	全国劳动模范
2005	程佳华	成都卷烟厂	全国劳动模范
2005	田　立	成都市公安局交通管理局四分局	全国劳动模范
2005	杨　伟	成都飞机设计研究所	全国劳动模范
2005	马敬德	中共成都市温江区委办公室	全国劳动模范
2005	邹相英	成都绿道景观工程有限公司	全国劳动模范
2005	范光联	金牛区天回街道办事处万圣村	全国劳动模范
2005	刘革新	四川科伦实业集团有限公司	全国劳动模范
2005	杨志学	成都市第六建筑工程公司	全国劳动模范
2005	刘永好	新希望集团有限公司	全国劳动模范
2005	杨尹渝	四川航天技术研究院(062)	全国五一劳动奖章
2005	朱　斌	西南技术物理研究所	国防工业系统劳动模范
2005	顾　伟	611所	国防工业系统劳动模范
2005	向立学	成都飞机设计研究所	四川省劳动模范
2005	陆南华(女)	成都飞机公司	四川省劳动模范
2005	李　侠	成都发动机公司	四川省劳动模范
2005	李成连	成都锦江电器公司	四川省劳动模范

续表

年份	姓名	单位	称号
2005	李学锋(女)	成都航空职业技术学院	四川省劳动模范
2005	陈润生	电子科技集团第29研究所	四川省劳动模范
2005	王　涛	电子科技集团第10研究所	四川省劳动模范
2005	罗天文	电子科技集团第30研究所	四川省劳动模范
2005	罗　红(女)	成都市邮政局暑袜街分局	四川省劳动模范
2005	张胜友	成都市出江煤矿	四川省劳动模范
2005	谢朝辉	成都长途汽车运输(集团)公司	四川省劳动模范
2005	朱　勇	成都成实实业(集团)有限责任公司	四川省劳动模范
2005	冯　丽(女)	成都邮区中心局邮政枢纽分局	四川省劳动模范
2005	裴埠生	成都市公安局青羊区分局	四川省劳动模范
2005	张旭伟	成都市公安局锦江区分局	四川省劳动模范
2005	丰援朝	成都市公共交通集团公司	四川省劳动模范
2005	林　立(女)	成都市房地产经营管理处	四川省劳动模范
2005	王泽忠	成都市水利电力勘测设计院	四川省劳动模范
2005	林　勇	成都国光电气股份有限公司	四川省劳动模范
2005	左成平	中国人民解放军第五七一九工厂	四川省劳动模范
2005	张　舒	四川抗菌素研究所有限公司	四川省劳动模范
2005	钟世明	成都华明玻璃纸股份有限公司	四川省劳动模范
2005	廖元杰	锦丰纸业股份有限公司	四川省劳动模范
2005	罗丽茹(女)	成都人民商场(集团)股份有限公司	四川省劳动模范
2005	曲比尔石	成都市公安局温江区分局	四川省劳动模范
2005	黄国蓉(女)	成都百货大楼集团有限公司	四川省劳动模范
2005	李　明	成都市公安局治安管理处	四川省劳动模范
2005	严　毅	成都市射击运动学校	四川省劳动模范
2005	王　辉	四川省成都市财贸职业高级中学	四川省劳动模范
2005	朱明德	成都市金牛区体育局	四川省劳动模范
2005	金　波	成都市实验小学	四川省劳动模范
2005	巫中华	成都骨科医院门诊部	四川省劳动模范
2005	周道木	金堂县市容环境卫生管理局	四川省劳动模范

续表

年份	姓名	单位	称号
2005	王政纪	华润蓝剑(成都)啤酒有限责任公司	四川省劳动模范
2005	陈文华	成都五牛纸制品有限公司	四川省劳动模范
2005	李苏川	都江堰市公安局蒲阳中心派出所	四川省劳动模范
2005	申民辉	成都市武侯区小天竺街道办事处	四川省劳动模范
2005	侯昌映	四川省双流县第一人民医院	四川省劳动模范
2005	张世文	成都市龙泉驿区第一人民医院	四川省劳动模范
2005	古国良	成都市电力有色金属制品厂	四川省劳动模范
2005	秦　韬	彭州市公安局巡警大队	四川省劳动模范
2005	鲁　建	成都市明珠家具有限公司	四川省劳动模范
2005	鲁汉明	四川省文君酒厂有限责任公司	四川省劳动模范
2005	龚登明	四川省蒲江县农业发展局	四川省劳动模范
2005	李长清	四川省郫县第一中学	四川省劳动模范
2005	张慧琴(女)	成都华明玻璃纸股份有限公司	四川省劳动模范
2005	叶含忠	大邑县晋原环境卫生管理所	四川省劳动模范
2005	叶金明	四川省蒲江县蒲江中学	四川省劳动模范
2005	赵　强	四川省电信有限公司成都市分公司	四川省劳动模范
2005	余自甦	攀钢集团成都钢铁有限责任公司	四川省劳动模范
2005	彭俊福	成都城市燃气有限责任公司	四川省劳动模范
2005	杨朝刚	四川省盐业总公司成都分公司	四川省劳动模范
2005	张立仁	成都建材(集团)有限公司	四川省劳动模范
2005	江　云	成都国嘉生物科技集团	四川省劳动模范
2005	潘广伦	四川银鑫实业集团有限公司	四川省劳动模范
2005	欧云南	都江堰市巴士有限责任公司	四川省劳动模范
2005	谢华明	成都通信电缆厂	四川省劳动模范
2005	冯端友	成都乐斯实业集团	四川省劳动模范
2005	林建清	成都市殡仪馆	四川省劳动模范
2005	侯　蓉(女)	成都大熊猫繁育研究基地研究中心	四川省劳动模范
2005	金一兵	四川省烟草公司成都分公司	四川省劳动模范
2005	周　原	中国第一汽车集团四川专用汽车厂	四川省劳动模范

续表

年份	姓名	单位	称号
2005	万明海	中国第五冶金建设公司	四川省劳动模范
2005	吴　勇	成都市固体废弃物卫生处置场	四川省劳动模范
2005	王　加(女)	成都市建筑设计研究院	四川省劳动模范
2005	赵思勤	成都市第二人民医院	四川省劳动模范
2005	田德卿	成都印钞公司	四川省劳动模范
2005	袁开全	成都玉龙化工有限公司	四川省劳动模范
2005	张　静	成都卷烟厂	四川省劳动模范
2005	杨仁友	成都市商业银行	四川省劳动模范
2005	刘德华	四川全兴股份有限公司	四川省劳动模范
2005	邓　勇	四川省成都市国家税务局	四川省劳动模范
2005	郭　武(女)	成都广播电视局	四川省劳动模范
2005	喻中跃	成都市文化局	四川省劳动模范
2005	唐协林	成都市农业委员会	四川省劳动模范
2005	傅小鲁	成都市疾病预防控制中心	四川省劳动模范
2005	郑　康	成都市科学技术发展研究中心	四川省劳动模范
2005	王明宪	四川省成都市石室中学	四川省劳动模范
2005	肖　平	成都图书馆	四川省劳动模范
2005	冯孝良	成都地质矿产研究所	四川省劳动模范
2005	袁志能	成都市人北实验小学	四川省劳动模范
2005	汪道源	成都青羊区人民医院	四川省劳动模范
2005	徐广东	成都市锦江区人民政府办公室	四川省劳动模范
2005	吴　飞	金堂县农业技术服务体系站	四川省劳动模范
2005	梁　隆	四川科伦药业股份有限公司	四川省劳动模范
2005	杜毅刚	都江堰日昇奇异果合作社	四川省劳动模范
2005	任鸣钟	四川省双流县中学	四川省劳动模范
2005	张易陶	成都市双庆中学	四川省劳动模范
2005	廖学军	四川省成都市大弯中学校	四川省劳动模范
2005	李为民	四川南山之桥微电子有限公司	四川省劳动模范
2005	王大钢	地奥集团成都药业股份有限公司	四川省劳动模范

续表

年份	姓名	单位	称号
2005	王金蓉(女)	成都川岛食品有限公司	四川省劳动模范
2005	邹相英(女)	成都市锦江区三圣红砂村	四川省劳动模范
2005	曾德明	成都市锦江区三圣街道江家堰村	四川省劳动模范
2005	赖　强	金堂县淮口地区食用菌联合促进会	四川省劳动模范
2005	李兴才	成都市新都区木兰镇木兰村	四川省劳动模范
2005	胡世勋	成都市温江区寿安镇三邑村	四川省劳动模范
2005	杨茂兰(女)	双流县中和镇府河社区	四川省劳动模范
2005	廖明春	彭州市磁峰镇石门村	四川省劳动模范
2005	王文松	崇州市白头镇三洞村	四川省劳动模范
2005	吴天元	邛崃市临邛镇骑龙村	四川省劳动模范
2005	杜诚斌	成都希望食品有限公司	四川省劳动模范
2005	马志惠(女)	郫县德源镇永光村 4 社	四川省劳动模范
2005	蔡田英(女)	成都市新津牧山农业发展有限公司	四川省劳动模范
2005	任旭平	四川省旭平兔业有限公司	四川省劳动模范
2005	张世文	龙泉驿区区一医院	四川省劳动模范
2005	冯瑞文	四川乐斯实业集团	四川省劳动模范

二、成都市烈士名录

姓名	性别	出生年月	籍贯	单位	职务	牺牲时间	授予单位
乐绍明	男	1954	都江堰市中兴镇	中兴镇水利管理站	会计	1990.8	省政府
黄家林	男	1977.11	龙泉驿区	武警贵州省总队黔南支队一中队	副班长	1990.12	民政部
何国治	男	1967.11	四川简阳	成都市房地产经营公司	职工	1991.5	省政府
李文松	男	1964.7	新都区	成都军区电子对抗营	副连职中尉站长	1991.6	成都军区司令部直属政治部
刘维富	男	1966.11	新都区	空军 12 飞行学院 4 团	副连职教员	1991.8	空(京)军烈子第 00100 号
游　进	男	1967	成都市	四川人民广播电台	记者	1992	省政府

续表

姓 名	性别	出生年月	籍 贯	单 位	职务	牺牲时间	授予单位
邹忠孝	男	1943.2	高新区石羊场乡清和村			1992.5	省政府
何克军	男	1954	金堂县	金堂土桥镇长沟村	民兵连长	1992.10	省政府
钟占强	男	1968.3	四川蒲江	解放军海军 38143 部队 668 艇	海军中尉副机电长	1993.9	中国人民解放军总政治部
田正文	男	1969	四川开县	金牛区茶店子派出所治安联防中队	分队长	1994.5	省政府
杜仕荣	男	成都军区测绘大队	中校副大队长			1994.7	成都军区直属政治部
任先成	男	1950.12	四川郫县	郫县郫筒镇派出所	民警	1994.11	省政府
许永平	男	1972	四川威远	金牛区公安分局治安队	联防队员	1994.12	省政府
吴德华	男	1950	成都温江	和盛渡桥村 11 组（原玉成村 1 组)农民		1995	省政府
陈万顺	男	1981.5	双流	九江镇初级中学	学生	1995.8	省政府
李建军	男	1974	四川荣昌	金牛区乡农市派出所保安联防队	队员	1995.12	省政府
吕新民	男	1954.1	山西山阴	新都区公安分局刑警大队	探长	1996.2	省政府
徐　波	男	1970.5	湖南宁远	成华区公安分局巡警大队	办事员	1996.5	省政府
刘先火	男	1964	双流县	合江乡天灯村	农民	1996.9	省政府
林云志	男	1973.1	金堂县	金堂县赵家镇治安室	治保员	1997.2	省政府
付尚彬	男	1963.7	四川蓬溪	郫县新民场镇派出所	民警	1997.5	省政府
曾良元	男	1979.1	双流	文星中学	学生	1997.9	省政府
刘光春	男		都江堰市柳街镇	成都军区第十四集团军补兵第四十师高射炮兵团	上尉	1998.3	民政部
李　威	男	1978	大邑县	53206 部队	列兵	1998.9	
卓小军	男	1979	锦江区	53200 部队	列兵	1998.10	中国人民解放军总政治部

续表

姓 名	性别	出生年月	籍 贯	单 位	职务	牺牲时间	授予单位
刘 辉	男	1963.9	吉林扶余	金牛区公安分局西安路派出所	副所长	1998.11	省政府
李 明	男	1970.4	成都	武侯区跳伞塔派出所保安中队	队员	1999.1	民政部
张 勇	男	1970	双流			1998.7	省政府
包维超	男	1972.10	四川金堂	青白江区公安分局治安大队	民警	2001.3	民政部
邓 辉	男	1976.2	金堂县	浙江 91055 部队	飞行员	2001.7	解放军海军东海舰队航空兵政治部
张圣国	男	1956.3	贵州毕节	金牛公安分局西南交大派出所	一级警督	2001.11	省政府
龚满明	男	1982	湖北谷城	太极集团成都西部医药经营有限公司	经济民警	2002	省政府
何晓雨	男	1973.4	成都市	成华公安分局巡警大队	巡警	2002.5	省政府
龙 健	男	1979	成都温江		空军	2003	中国人民解放军总政治部
刘金芝	女	1956.7	金堂县	金堂县土桥镇流存湾村	村民	2003.7	省政府
张科跃	男	1952.12	成都	成都仁和春天物管公司	物管部副经理	2004.2	市委、市政府
曾 庆	男	1981.10	新都	新都区公安分局巡警大队	三级警司	2004.4	省政府
王欣泉	男	1975	成都	沙河源街道友联社区	治安联防队队员	2005.8	省政府

附录

一、文献辑存

中共成都市委　成都市人民政府
关于进一步增强国营大中型企业活力若干政策措施的通知

国营大中型企业是我市经济建设的重要支柱和财政收入的主要来源。增强国营大中型企业活力，对实现我市第二步经济发展战略日标,巩固社会主义制度,都将产生深远的影响。为了认真贯彻落实国务院《关于进一步增强国营大中型企业活力的通知》(国发〔1991〕25 号)和省委、省政府《关于进一步搞活国营大中型企业的决定)(川委发〔1991〕20 号)的精神,进一步增强我市国营大中型企业活力，促进我市国民经济持续、稳定、协调发展,结合我市实际,现将进一步增强国营大中型企业活力的若干政策措施通知如下：

一、进一步落实企业自主权

1. 认真检查清理有关政策,把《企业法》赋予企业的自主权和搞活企业的政策措施真正落实到企业。市级各部门要认真检查清理本部门下发的文件,凡不符合《企业法》和不利于搞活企业的,应立即废止;对企业过多的控制,必须取消;截留的权限,必须还给企业。今后,各区(市)、县和市级各部门不得自行出台上收企业权限的政策。具体清理办法,由市法制局牵头。会同市计委、经委、体改委、财政局、劳动局、工商局、税务局和物价局等有关部门共同制定,并提请市人大监督实施。

2. 缩减指令性计划,扩大自销比例。市下达的指令性计划要给企业留有余地,使企业有产可超。指令性生产和调拨计划要相应提供计划内主要原燃材料、能源、运输等必备条件。对不能按计划保证供应企业所需主要原燃材料的,企业有权相应增加自销比例.企业对分成产品、国家计划外产品、库存积压产品,均有权自销。

3. 承担指令性计划生产任务的企业,优先安排产、供、销、运;不得截留国家计划分配给企业的原材料、能源和戴帽下达的资金;计划内产品使用计划外原材料,经市物价局批准,可适当调整价格。

4. 适当放宽经营范围。允许中央在蓉工交供销企业和市级工交供销企业适当兼营相关产品和配套产品。具体办法由市体改委牵头,会同市经委、计委、物资局、工商局制定。

5. 放宽企业自定价格的权限。除列入国家管理和关系国计民生的重要产品的价格外,其他产品逐步由企业自主定价} 凡上收的企业定价权,必须还给企业。获金质奖、银质奖的产品，在国家规定幅度内，企业可根据市场需要，自行定价。优质奖产品按市物价局批准的加价幅度执行。新产品、非标产品和自销出市的产品，其价格由企业自行确定，报市物价局备案。

6. 进一步落实企业自行设置机构的权力，企业有权自行确定机构设置、撤并和人员配备。各部门不得擅自要求企业对口设置机构和规定人员配备比例以及机构规格，更不得以此作为评比、达标、升级的依据。

7. 在继续抓好超前改革试点的基础上，今年选择部分产品质量好、市场潜力大、管理水平高的工业企业，进行放开经营、放开价格、放开用工、放开分配以及执行集体企业财务制度的试点；引入“三资企业”、乡镇企业对发展社会主义商品经济有益的机制，进行转换国营大中型企业运行机制的探索，取得经验后，明年在全市推行。具体方案由市体改委会同有关部门制定。

二、继续完善和发展企业承包经营责任制

8.“八五”期间，要把承包经营责任制作为搞活国营大中型企业的重要形式，继续加以完善和发展。在落实新一轮承包的同时，要严格履行上一轮承包合同，兑现奖惩。要继续搞好“税利分流、税后承包”试点。有重大技术改造任务的企业，其承包期限大体上要与本企业技术改造的“八五”计划相一致；对国家重点支持和技改任务重的企业，适当提高留利水平，充分考虑企业发展后劲。合理确定承包基数。

9. 政策性亏损企业，继续实行“亏损包干、超亏不补、节亏全留”的办法；经营性亏损企业，可实行“扭亏目标责任制”，在1—2年内扭亏的，其实现的利润，从扭亏之日起.两年内全部留给企业；亏损企业当年实现扭亏为盈后，在弥补以前年度亏损之前，由企业主管部门商银行后，报市财政局批准，可从扭亏额中留一部分作为职工福利基金。

10. 对按规定不交所得税，也没有承包上缴任务的微利企业，经市财政局核准，企业可以从留用利润中连续三年提取一定数额资金，建立“亏损风险准备金”，专项存储，用于弥补以后年度可能发生的亏损。三年内没有发生亏损的，所提取的风险准备金并入企业留利分配使用。

三、加快企业技术进步，增强企业发展后劲

11. 提高固定资产折旧率。从1991年开始，对符合国家产业政策、经济效益好、技改任务重、有承受能力的盈利企业，在保证完成承包任务的前提下，经市财政局批准，生产性固定资产折旧率可提高1一2个百分点，全部用于企业更新改造；企业新增加的折旧基金不再上交能源交通基金和预算调节基金(简称“两金”)。对产品符合国家产业政策、完成扭亏责任目标的扭亏增盈企业，经市经委、财政局批准，可适当提高折旧。

12. 根据国家产业政策和我市产品结构调整规划，由市国有资产管理局牵头，会同有关部门在重点企业中，选择部分技改任务重、还贷数额大的企业进行资产重估，按重置价值计提折旧的试点，按重置价格增提的折旧基金不再上交“两金”。

13. 建立技术改造贴息贷款基金。采取由财政贴息的政策，有计划地对重点行业、重点产品发放技改贴息贷款。技术改造贴息贷款基金具体管理办法由市财政局会同有关部门制定。

14. 实行税前还贷。在“八五”期间，除试行“税利分留，税后承包”的企业外，其他大中型企业继续实行税前还贷。对“工效挂钩”企业，税前还贷部分的50%视同完成上交任务。

15. 企业用自筹资金进行技术改造的项目，凡符合国家产业政策，经可行性论证后，均由企业自行确定，报各级经委(计经委)备案。企业用自筹资金进行的技改项目，可免缴城市建设配套费。企业拟在国家立项的技改项目，需要地方出具资金证明或担保的，有关部门要予以支持。

16. 从1991年起，市重点支持的大中型企业按规定应缴纳的“两金”中属地方分成部分，拨给企业用于技术改造。企业可以自主处理闲置设备，其收入全部用于设备更新和技术改造，免交“两金”。

17. 银行要从中央规定的处理积压产品资金中拿出一部分，支持大中型企业搞小额技术改造。凡50万元以内小额技术措施贷款用于调整产品结构的技改项目，不占投资规模。由市经委会同银行尽快安排，力争当年投入，当年见效。

18. 实行承包经营责任制和扭亏目标责任制的盈利企业，在完成承包上缴基数和扭亏目标前提下，可按销售收入的1%—2%提取技术开发费；实行超前改革试点企业和重点企业、获技术进步奖或科技先导型企业，可按销售收入的2%—3%提取技术开发费。企业提取的技术开发费由财政集中30%调剂使用，这部分在计算新增工资时，可视同实现利润计算，提取新增效益工资。

19. 大中型重点企业开发新产品、新技术所需的关键测试仪器和设备，单台价格在5万元以上的，经市财政局批准，可分期摊入成本。

20. 列入市级试制计划，并纳入“市级新产品减免税名单”的新产品，给予减免产品税和增值税1一2年，期满后纳税仍有困难的，经批准还可适当减免。其中，销售收入利润率达到15%以上的要单独核算，经市财政局、税务局和经委共同审定后，可按该产品的销售收入提取5%以内的资金，作为单项留利，用于归还新产品开发贷款。

21. 列入市级以上计划的新产品，视其开发难易程度和实现利润的多少，报市经委、科委、财政局、税务局审定后，可按该产品创造利润的1%一5%计算，在企业留利分配之前，优先提取奖励基金。企业对开发新产品有功科技人员可实行重奖。

22. 企业技术转让以及技术转让中发生的同技术转让有关的技术咨询、技术服务、技术培训等年净收入在50万元以内的，免征所得税，用于企业产品开发。

23. 企业用税后留利搞的生产性投资项目增加的利润，两年内全部留给企业，第三年按40%的税率征收所得税，第四年起按利改税办法执行。留给企业的利润应专项用于技术改造。

四、逐步缓解企业资金紧张状况

24. 有计划分步骤地补充流动资金。对符合国家产业政策的企业，从1991年开始，每年从销售收入中提取1%用于补充国拨流动资金，或按国拨流动资金5%—7‰的比例，按月提取流动资金占用费，全数用于补充国拨流动资金；继续执行按年从税后留利中提取10%一20%对企业自有流动资金进行补充的政策；因国家、省、市调整价格，企业库存产品升值部分，要全部用于补充企业自有流动资金。今后，凡新建企业和重点建设项目，要在充分考虑物价因素的前提下，把企业铺底流动资金纳入投资总概算。有出口创汇任务的企业，要解决配套流动资金，并纳入企业流动资金定额。

25. 鼓励企业多渠道筹集资金。对效益好而缺乏资金的技术改造项目，银行要及时给予贷款支持，不足部分经人民银行批准，企业可以向社会发行股票和债券。企业职工由市外引入的资金，经企业开户银行审核，可按全年平均占用额的一定额度，奖励直接有功人员，费用在核定的业务招待费中列支。企业职工集资用于流动资金的利息高于国家基准利率的部分，可控制在国家基准利率的30%之内，并允许进入成本。

26. 为盘活流动资金，压缩成品资金占用，对1990年已停止生产的积压产品，经企业主管部门同意。报同级财政和银行批准，可按推销积压产品的销售收入提取1%以内的资金，用于处理积压产品所必需的开支。对于完成市下达的降低成品资金、发出商品、应收货款三项资金占用和加速流动资金周转的企业，可按其相应减少资金占用节约利息支付额的10%—15%的比例，计提利息支出节约奖，奖金额可进入成本。

五、开拓市场，扩大销售，减少产品积压

27. 为调动批发、零售企业推销本市产品的积极性，对长期积压、销售不畅的地方产品。经市财政局、税务局核定，推销费数额可适当提高，所提推销费可进入成本．使用办法由企业自行制定。其中用于奖励有关推销人员的部分，经企业主管部门审核，市税务局批准，免征奖金税和工资调节税。

28. 为拓宽销售渠道，可以建立多种形式的轻工产品供销联合体。由市经委、财办共同研究开辟处理品、积压品“廉价市场”。经主管部门和财政局批准，批发和零售企业可对部分积压、滞销的本市产品实行有奖销售或议价销售。

29. 为强化销售措施，经市财政局批准，企业的业务招待费可根据情况具体核定，核定的业务招待费在企业管理费中列支。

30. 对产品符合国家产业政策、销售遇到暂时困难但有发展前景的企业（包括有扭亏措施、能在短期内扭亏的企业），银行要适当给予贷款支持。

31. 积极处理积压产品，减少资金占用。凡库存产品积压超过正常储备期半年，企业因处理积压产品而造成临时性亏损的，在规定期限内银行资信等级不受影响；工效挂钩的企业职工工资和奖金不受影响；对因处理积压产品纳税有困难的，按税收管理体制报批，适当减免产品税；银行要把企业处理积压产品收回贷款的60%留给企业继续使用。

32. 工业、物资、供销企业处理超储物资，经批准可一次性销售和跨行业调剂串换，所发生的价差收入不进入利润，单独计帐；平转议的价差收入，用于议转平的价差补贴，按年度结算，年末余款上缴财政。物资企业销售本市工业产品，超过去年同期水平的，可按销售额提取1%—2‰的市场开拓费。

33. 企业经批准削价处理库存积压产品发生亏损而减少利润额较大的，属于1990年底前已停止生产的库存积压产品发生的亏损，经主管部门审核，市财政局批准，盈利企业在不影响完成承包上交任务，亏损企业在不增加亏损和不突破扭亏目标前提下，可一次或分次均衡摊销。今后企业不准再发生类似虚盈实亏。

六、进一步发展外向型经济

34. 国营大中型企业，有自营出口能力的，可按国家规定的审批程序，争取进出口自主经营；暂未取得出口自营权的，可与市外贸公司联营，在联营中积累经验，培养外向型经济人才，积极争取进出口经营权。企业自有外汇，可在市场调剂。所得人民币收入，视为税后留利。

35. 简化机电产品出口基地企业、有出口自营权企业推销服务人员多次出国或出境的审批手续。具体办法按市外事工作领导小组成外领组〔1991〕024号文件及有关规定执行。

36. 采取灵活手段和多种形式发展外向型经济。除兴办“三资企业”外，还可对外商实行部分产权转让、承包经营、吸收外资股份等。具体办法由市体改委、外经委、财政局、国资局、税务局和银行共同拟订。

七、大力促进企业组织结构调整

37. 各级政府、各部门，要按照社会化大生产、专业化分工和规模经济的要求，积极支持大中型骨干企业，以拳头产品为龙头，采取多种形式、发展多层次的企业集团。促进企业组织结构的调整。对已组建的企业集团要做好完善、提高工作，壮大核心层，发展紧密层，强化资产联结纽带，使其成为资产经营一体化的经济实体。具备条件的大型企业集团公司，经人民银行批准，可成立财务公司。对正在组建的企业集团要加快组建步伐。各部门对企业集团要从计划、项目、资金、物资等方面给予重点支持，增强企业集团在国内外市场的竞争能力，不断提高规模经济效益，充分发挥企业集团在我市国民经济中的骨干作用。

八、进一步深化企业内部改革

38. 认真贯彻《企业法》，坚持和完善厂长(经理)负责制。进一步发挥企业党组织的政治核心作用。全心全意依靠工人阶级，加强民主管理，保障职工群众在企业中的主人翁地位和权利。建立有权威的、高效率的决策和指挥系统。厂长(经理)任职不受任期届数的限制，可以连续任职。对不能胜任职务的厂长(经理)要适时调整。继续推行企业行政管理干部聘任制。

39. 企业有权自主决定内部分配。在执行国家统一工资标准和工资地区类别以及统一津贴、补贴的前提下，企业可根据按劳分配的原则，自主决定多种分配形式和分配办法。积极进行岗位技能工资制试点。

40. 继续实行多种形式的优化劳动组合，积极试行全员劳动合同管理，搞活用工制度。企业优化劳动组合后的富余人员，可兴办集体企业。兴办集体企业在明确资产关系和责、权、利的基础上，享受兴办集体企业的优惠待遇，职工全民所有制身份不变。对一时难以安排的，可实行厂内待业。

41. 企业有权按规定解聘、辞退、开除违法违纪职工。当地或原户口所在地的公安部门要准予落户；乡、镇、街道办事处要予以接收，就业服务机构要给予待业登记，对具备重新就业条件的要积极联系安置；符合职工待业保险规定的，要及时发放待业保险金。各有关部门在办理过程中不得向企业收取费用。

42. 鼓励企业抓好上等升级工作。不同等级的企业。厂长晋级权分别为；市级先进企业增至4%、省级先进企业5%、国家二级企业6%、国家一级企业8%、国家特级企业10%。

43. 完善企业内部经营机制。企业要眼睛向内，挖掘潜力，强化管理，注重调整产品结构，提高产品质量，降低物质消耗，全面提高企业素质。对长期管理不善、严重资不抵债的经营性亏损企业。经过限期整改仍无明显好转的，要坚决实行关停并转。

九、切实减轻企业负担

44. 维护企业合法权益。市委、市政府责成市廉政建设领导小组对市出台的费种、费率进行清理，并重新审定和调整。禁止任何部门在国家法定的收费外，任意向企业收取费用。罚没款凭据一律由市财政局统一印制。对乱罚款、乱收费、乱摊派的款项，一经查实，必须全部退还企业，并追究当事者的违纪责任。

45. 减少名目繁多的评比、检查。除中央、国务院、省委、省政府、市委和市政府直接行文部署的检查，执法部门法定范围内的业务活动，以及对案件、事故的调查处理外，市级各有关部门对企业的各类检查、评比（包括各类达标升级、创优、竞赛等活动），由市经委审查，统一安排进行。

中共成都市委

成都市人民政府

1991 年 9 月 2 日

中共成都市委　成都市人民政府
关于发展科技振兴经济的决定

（一九九二年六月三十日）

为了大力发展科技，促进科技与经济的紧密结合，加速成都经济的振兴.保证“八五”计划和十年规划的顺利实现，特作如下决定。

一、牢固树立发展科技振兴经济的战略思想

1、科技进步为我市提前实现第一步战略目标发挥了重要作用。但全市科技发展仍面临许多困难和问题：“科学技术是第一生产力”的观念尚未在全社会确立，科技成果转化率不高，为经济建设主战场服务的机制尚未完全形成，科技优势尚未得到充分发挥。这种状况严重制约着我市经济社会的发展。要改变这种状况，必须认真贯彻中发〔1992〕2号文件和川委发〔1992〕2号文件精神，进一步解放思想，转变观念，牢固树立依靠发展科技振兴经济的战略思想，加快改革开放步伐，把经济建设的重点真正转移到依靠科技进步和提高劳动者素质的轨道上来。

2、发展科技，振兴经济，要坚定不移地贯彻“经济建设必须依靠科学技术，科学技术工作必须面向经济建设”的基本方针，通过深化科技、经济体制改革，发挥科技与经济的综合优势，使我市科技进步对国民经济增长的贡献到本世纪末达到50%以上，科技成果应用率达到70%以上，高新技术产业的产值占全市工业总产值的比例达到20%以上。

3、发展科技，振兴经济，必须先兴科技。在今后十年，要逐步建立起和我市科技进步与经济发展相适应的、充满生机和活力的新机制，培养和造就一支优秀科技队伍。要加快传统产业的技术改造和高新技术的开发，加速科技成果的转化，加强科技工作体系建设，增加科技投入，提高科技为经济建设服务的能力，促进科技、教育、经济紧密结合，确保第二步战略目标的顺利实现。

二、进一步搞活科研机构

4、继续执行国家和省有关科技体制改革的一系列政策，进一步搞活科研机构。技术开发型科研机构，要在不断长入经济的过程中，逐步发展成为技工(农)贸一体化的行业技术中心；公益型的科研机构；要在完成各种社会公益性研究和服务的过程中，逐步形成布局合理、重点突出、结构网络化和功能社会化的研究服务体系。进一步深化科研机构运行机制改革，逐步建立起适应社会主义商品经济发展的.科技与经济紧密结合的运行机制。采取有效措施，激励科研院所、大专院校的科研力量积极投入到我市经济建设的主战场上来。

5、科研机构在不增拨事业费的条件下，可自主调进必需的科技人员，所需编制由同级编制部门解决，允许自浮工资总额30%，不计入单位应纳税奖金总额。事业费减拨到位和自收自支的科研机构，在保证事业发展的前提下，收入由单位自主支配，职工工资与单位效益挂钩浮动，自浮工资3年以上可转为固定工资，进入单位工资总额，作为上浮工资基数。事业费未减拨到位(含部分自立)的科研机构，以奖励和集体福利基金占纯收入50%为基数，事业费每减拨10%，奖励和集体福利基金增提2%。

6、鼓励和支持科研机构、大专院校、科技管理部门和科技群团积极创办科技型企业。经市科技主管部门批准的科技型企业，开办初期纳税有困难的，经税务部门批准，可给予减免产品税、增值税、营业税的照顾。有承受能力的科技型企业可从销售收入中分别提1%—3%的新产品开发费和流动资金补充费，实行科技贷款税前还贷。其固定资产中的机器设备折旧率，可比同行业增加2—4个百分点。其中属开发高技术产品使用的关键设备，折旧率可提高到15%以上。“八五”期间，科研机构、科技管理部门和科技群团新创办的科技型企业，经批准给予免征产品税、增值税、营业税、所得税照顾；老企业一律以1990年的纳税额为基数，新增税金经批准予以免缴。免缴、免征的税金作为科技发展基金，专款储存，专款专用。

7、鼓励科研机构、大专院校与企业实行多种形式的联合，从事科技开发。经科技主管部门批准建立的中试基地的建设，经核准执行固定资产投资方向调节税零税率。其生产的中试产品，经批准，可免征产品税、增值税、所得税。中试基地生产的其他产品，若纳税有困难，经批准，免征产品税、增值税、所得税，减免税金用于科技再开发。科研机构、大专院校对亏损的企业进行承包、租赁，扭亏转盈后，三年分得的利润免征所得税。

8、切实增强科研机构发展后劲。市属科研院(所)要结合中试基地和行业技术中心的建设，采取多种渠道。集中财力，分期分批进行更新改造。科研院(所)要重视预研工作，对从事储备课题的科研人员的岗位津贴和奖金应高于平均水平。

9、积极扶持和引导集体、个体科技机构的发展，继续执行和不断完善科技、组织、人事、工商、税务等部门联合制定的有关政策。新办的民办科技机构经税务部门批准，免征所得税两年，若纳税仍有困难的，经批准可减免产品税、增值税、营业税。减免的税金主要用于建立科技发展基金。

三、充分调动科技人员的积极性

10、认真贯彻中央和省关于放活科技人员的各项措施和落实知识分子政策的一系列决定，积极解决科技人员管理体制中的一些突出问题，充分调动科技人员的积极性和创造性，造就一支热爱祖国，拥护四项基本原则，遵守科技工作道德规范，努力攀登，多做贡献的优秀科技队伍。

11、市和区(市)、县，企业及有关单位，都要建立健全对科技人员的奖励制度。市政府建立科技人员奖励基金。对有突出贡献的科技人员，实行重奖。对直接承担国家、部、省、市重大科技项目的科技人员，实行岗位津贴。企业技术开发项目投产后，该项目年新增利润在20万元以下的按3%—5%，20万元以上部分按1%—3%提取一次性奖励费，经批准3—5年内每年还可从销售收入中提取一定比例奖励研制人员，列入生产成本。科技人员经组织批准的兼职所得收入，个人所得部分不低于30%，业余兼职收入全部归个人。组织选派到乡镇企业和中小企业承包、领办、租赁的科技人员（含党政机关干部），承包收入中，承包者所得应不低于50%。以上奖励均不计入单位应纳税奖金总额。

12、积极培育和完善人才市场，形成以人才流动中介组织为核心的人才流动服务体系，建立健全人才流动仲裁机构。采取优惠政策，吸引留学人员、驻蓉科研院所和大专院校为我市科技经济发展服务。民办科技机构和乡镇企业所急需的中级职称以上的科技人员，由市控办下达一定数额的进城指标，解决其入城户口。要继续鼓励科技人员到农村去，促进校、县结合和所、县结合。

13、完善专业技术职务聘任制度。要重点做好从事技术开发和成果扩大应用的科技人员的专业技术职务晋升工作。科研机构和转换经营机制的试点企业可试行评聘分开的办法。要加强科技人员的继续教育，制定科技人员培训规划，逐步建立和完善继续教育制度，着手建设市级科技管理干部、企业和农村人才培训基地。充分发挥科技群团组织的作用，多层次、多渠道地开展相关专业的继续教育，把科技人员的继续教育和提高劳动者素质落到实处。

14、各级政府要积极为改善科技人员的工作、生活条件办实事。继续落实和不断完善科技人员在夫妻分居、子女就业、家属农转非、特约就医等方面的政策规定。“八五”期间由市财政、科研单位和主管部门共同筹集资金，集中解决部分科技人员的住房困难。

四、加快高新技术产业的发展

15、以科研院所、大专院校和大中型骨干企业为依托，有计划、有重点地开发高新技术，发展高新技术产业。继续认真贯彻落实市委、市政府《关于加快建设成都高新技术产业开发区的决定》(成委发〔1992〕7号)，加快改革，扩大开放，把开发区建设成深化改革的试验区、示范区和对外开放的窗口。

16、为推动高新技术产业的发展，要积极创造有利于高新技术产业发展的政策环境。凡列入市级以上“火炬计划”“科技攻关计划”“消化吸收计划”的高技术产业项目，优先解决基建、信贷、外汇所需的计划指标，其产品按税务部门有关规定减免产品税、增值税。

17、支持和鼓励科研机构、大中型企业和大专院校开发高新技术产品，发展高新技术产业。允许开发区内经市科技主管部门认定的高新技术企业，将纳入统一核算的生产高新技术产品的分厂(车间)建在开发区外，享受高新技术开发区内的有关优惠政策；对开发区外企业开发、生产的属于国家定期公布的高新技术产品目录范围内的高新技术产品，由市科委、市税务局核发“高新技术产品税收专用证”，享受有关的优惠政策。

五、认真抓好农村科技工作

18、以“三三工程”“菜篮子工程”为主要内容，进行农业综合开发。要大力抓好以良种为中心，改制为重点的农业科技进步，用高新技术改造传统农业，走种、养、加，技、工、贸，产、供、销一体化的道路，发展优质高效的外向型农业，提高综合经济效益，推动农村经济的全面振兴。

19、加强农村科技管理体系和农业社会化服务体系的建设。各级政府要建立健全科教兴农协调领导小组。加强农业科研机构和试验、示范基地建设，加快市级农业推广中心建设步伐；进一步增强县级农业推广中心的服务功能；巩固完善乡镇农业服务站；建立健全村级农业综合服务机构，充分发挥乡镇科协和农村专业技术协会的作用，鼓励、扶持他们兴办服务性经济实体。积极开展以乡镇为重点的科技、经济、社会发展的综合示范工作。切实抓好“星火计划”“丰收计划”“燎原计划”的实施。

20、制定推动乡镇企业科技进步的政策，促进乡镇企业产品结构的调整，提高技术水平和管理水平；开展“星火技术示范企业”的评选活动，列入“星火计划”的产品，纳税有困难的，经税务部门批准给予减免产品税、增值税、所得税的照顾。

六、大力推进企业技术进步

21、建立健全企业技术开发机构，认真执行促进企业科技进步的政策措尔和行业技术政策，逐步建立起企业依靠科技进步的新机制，增强企业依靠科技进步的动力、压力和活力。

22、大中型企业和企业集团都要通过吸收独立科研机构或自建等方式建立自己的技术开发机构,真正做到人员、经费、任务三落实,充分发挥其在企业科技进步中的作用。小型企业也要通过合办技术开发机构,实行横向联合等多种方式形成稳定的技术依托。经科技主管部门批准实行独立核算的企业技术开发机构,享受独立科研机构的有关政策。

23、建立健全企业内部科技进步管理体系。推行厂长领导下的总工程师技术负责制,明确规定总工程师在组织制定企业科技进步规划和计划、技术改造、技术引进、技术开发、技术开发基金使用等方面的职责。

24、运用财政、金融、税收、物价等经济杠杆和组织、人事等行政手段,制订和推行促进行业技术和企业科技进步的政策,建立企业科技进步考核指标体系,积极开展创建"科技先导型企业"的活动。经济管理部门在编制企业和行业技术进步规划、计划,进行项目前期论证时,要邀请科技管理部门或科研院所、高等院校参加,以促进科研与生产的紧密结合。

七、加速科技成果转化

25、加强科技成果转化的中间环节,积极培育技术市场,以产品为龙头,以市场为导向,以科研院所、大中型企业为依托,加速科技成果的商品化、产业化、国际化。

26、各级政府要建立健全技术市场管理机构,制定技术市场法规和政策,加强专利工作,保护知识产权。建立科技成果、信息数据库,开展形式多样的成果交易和信息交流活动。积极培育和发展技术市场,使之真正成为社会主义商品市场的重要组成部分。

27、有计划地在大中型企业建立中试车间,在大专院校建立科技园。经科技主管部门批准的中试车间、大学科技园,报经税务部门核准执行固定资产投资方向调节税零税率。对其生产的中试产品,经税务部门批准,可减免产品税、增值税、所得税,减免的税额主要用于科技再开发。

28、科研机构、大专院校和企业创办的独立核算科研机构可从技术转让、技术开发、技术咨询、技术服务的纯收入中提取20%—30%作为直接参加该项工作的科技人员的津贴和奖励,不计入单位应纳税奖金总额。集体、个体科技机构、科技群团和企业的科研机构在技术开发、技术转让、技术咨询、技术代理、技术服务、技术培训中所得收入,经税务部门批准,免征营业税,年净收入在50万元以下的,经批准免征所得税。经科技主管部门批准的技术中介机构,取得的技术代理收入,经税务部门批准,可免征营业税。在技术交易中,科技成果推广应用的新增效益,可在税后纯收入中连续三年提取5%—10%的金额给推广方和受益方。

八、全方位推进对外科技合作与交流

29、坚持官民并举,双边与多边并举,科学交流与技术贸易并举的对外开放方针;发挥我市科技密集、人才密集和中心城市的辐射与吸引功能,采取有效措施,增强科技对外开放;认真做好技术引进、智力引进和资金引进工作,重点做好高新技术产业国际化工作。

30、制定对外开放、推进科技合作与交流的有关政策,建立引进技术、引进智力和引进资金项目的论证制度,加强科技外事工作的管理。改善成都市引进国外智力办公室条件,组建成都市对外科技交流服务中心,建立科技外事发展基金。

31、支持科技人员积极参加国际科技交流,广交朋友,努力争取国际合作项目。提供优惠的合作条件和完善的投资环境,鼓励国外及国内经济特区的客商、大学、科研院所、团体来我市兴办独资或合资科研机构及科技型企业。采取切实有效的措施，促使高新技术、高新产品直接进入国际市场。

九、多渠道、多层次增加对科技的投入

32、在渠道、机制、人才等方面深化科技投入的改革，广辟财源，逐步形成和完善我市全社会、多渠道、多形式、多层次的科投技入新格局。

33、各级政府支出的科技经费应在财政经常性收入增长的基础上逐步增加。“八五”期间。市科技三项费(重大科学技术研究、中间试验、新产品试制)要逐步增加到市财政支出的1.5%—2%，区(市)、县科技三项费要逐步达到同级财政支出的1%，然后再视财政收入增长的情况逐步增加。建立科技开发风险基金，用于科研机构的中试基地和行业技术中心的建设。

34、逐步建立和强化企业技术进步资金的自我积累机制。全市工业企业要严格按照成委发〔1991〕21号文件的有关规定，建立技术开发基金。高技术企业按当年销售额的3%提取技术开发基金，其中属于集成电路、程控交换机、软件、计算机行业中经国家批准实行优惠政策的企业，可按销售额的10%提取技术开发基金。乡镇企业按销售额的1.2%提取技术开发基金。

35、金融机构要积极发放支持科学技术项目开发、应用和科研中试生产的流动资金贷款。增加重点科技进步和高新技术专项贷款比重，对大中型企业的科技进步、重点高新技术的开发和科技兴农实行倾斜政策。对科技开发贷款项目投产后，在企业按规定筹足铺底流动资金的前提下，确需增加流动资金贷款的，银行要优先予以安排。1993年，重点科技进步和高新技术专 项贷款发放比重，应占该项贷款额新增额50%以上。

十、切实加强对科技工作的领导

36、各级党委和政府要真正重视科技工作，把发展科技放在经济和社会发展的关键地位，切实加强对科技工作和科技与经济结合的领导及组织协调。党政第一把手要抓好科技工作。落实领导责任制，从政策、资金、物资等方面切实搞好科技计划和经济发展计划的有机衔接，形成发展科技振兴经济的总体部署。要把科技进步状况，科技投入强度，发挥科技人员作用等，作为各级党政领导政绩考核的重要内容。

37、市和区(市)、县都应建立科技工作领导小组，及时研究和决定科技工作中的重大问题，充分发挥领导、组织和协调作用。建立健全科技管理机构。市和区(市)县科技主管部门的人员要适应工作需要，不足的要适当充实加强。区(市)、县要配齐科技副区(市)、县长和副乡、镇长。

38、加强自然科学和社会科学的有机结合，充分发挥市科技顾问团在决策科学化、民主化进程中的重要作用。软科学研究要围绕市委、市政府“四开发、一开拓”，增强经济实力和发展后劲的工作思路，为市委、市政府提供有决策价值的报告，发挥科技参谋的作用。充分发挥各级科协、技协等群众团体在推动科技进步、开展科普活动和学术交流以及对重大经济技术决策提供咨询等方面的作用。

39、大力加强科技宣传工作，增强全社会科技意识。要充分利用各种宣传媒介和宣传方式，宣传科学技术是第一生产力的科学论断和把经济建设转移到依靠科技进步和提高劳动者素质的轨道上来的战略决策；宣传优秀知识分子的模范事迹。形成“尊重知识、尊重人才”的良好社会风尚，宣传我市地方性科技法规、规章和政策，为发展科学技术提供强有力的舆论导向，创造有利于发展科技、振兴经济的社会环境。

40、区(市)、县和市级各部门要结合实际，尽快作出贯彻执行《决定》的具体部署和实施细则，贯彻执行情况及时报告市委、市政府。

部、省属驻蓉科研院所、大专院校和大中型企业科研机构可参照执行本《决定》的有关政策。

中共成都市委　成都市人民政府
关于进一步扩大对外开放若干问题的决定

(1994年4月27日)

成委发〔1994〕16号

为全面贯彻落实党的十四届三中全会精神和市第八次党代会提出的各项任务,加快成都改革开放和社会主义现代化建设步伐,特对进一步扩大成都对外开放若干问题作出如下决定。

一、成都对外开放面临的新形势和新任务

(一)在邓小平同志建设有中国特色社会主义的理论指导下,经过十多年的努力,特别是实行计划单列和沿海开放城市政策以来,我市认真实施全方位对外开放战略,以招商引资为重点,加强出口基地、开发区和投资环境建设,扩大自营出口企业和区(市)县对外开放的权限,初步形成了多层次、多渠道、全方位对外开放的格局。对外经济技术合作逐步扩大,对外贸易持续发展,非贸易创汇持续增加,利用外资势头强劲,引进技术收效明显,对外经济文化交流取得新的成绩,投资环境明显改善,成都在国内外的知名度有了进一步提高。开放推动了改革的深化,促进了社会生产力的发展,使我市的经济建设、人民生活和综合经济实力上了一个新的台阶。

(二)只有大开放才能大发展。改革开放以来,我市经济建设虽然获得了前所未有的发展,但与沿海地区相比,差距有拉大的趋势。在加快发展社会主义市场经济的新形势下,我市被国家确定为综合配套改革试点城市,要求我市率先建立社会主义市场经济体制,充分发挥在西南地区科技、商贸、金融中心和交通、通信枢纽的作用。时代的要求,历史的责任,都需要加快成都经济的发展。要快速发展,突出的制约因素,一是资金短缺,二是基础设施滞后,而加快基础设施建设也离不开大量的资金投入。靠老思路、老办法是不行的,一条重要的出路,就是进一步扩大开放。引进资金、先进技术、关键设备和企业管理方法,都是实实在在的生产力。成都今后的发展速度,在很大程度上取决于对外开放的广度和深度,只有大开放才能大发展,大发展才能促进社会的长期稳定。

(三)进一步扩大对外开放总的指导思想和奋斗目标。以邓小平同志建设有中国特色社会主义的理论和党的基本路线为指导,全面贯彻落实党的十四大和十四届三中全会精神,抓住我市被列为内陆开放城市和全国综合配套改革试点城市的机遇,紧紧围绕九十年代“翻两番、达小康、建都会”的战略目标,以招商引资为重点,充分利用国内外两种资源,积极开拓国内外两个市场,强化全市整体开放意识,调动一切积极因素,实施全市总动员、全民齐动手、全方位共参与、全面主动出击的方针和高起点、多层次、宽领域、纵深化的大开放战略,提高对外开放的实效,以大开放推动改革的深入,促进经济的大发展。

按照上述总的指导思想,全市对外开放工作要逐步实现四个方面的转变,即从过去的部门分割、力量分散转到加强统筹,各级各部门协调配合,全社会共同参与的格局上来;从过去以引进中小型项目为主转到大中小项目并举,重点放在与国际大财团、大公司、大商社合作的重大项目上来；从过去主要依靠减税让利等优惠政策吸引外商转到既要发挥政策优势，更要重视提供优质服务和法律保障上来；从过去抓投资环境建设，重“硬”轻“软”转到既重视硬环境建设，更要重视软环境建设上来。力争到1998年，引进利用外资累计达到15亿至20亿美元，创办外商投资企业达到3000至4000家，出口创汇达到8亿至10亿美元，非贸易创汇1亿美元。

二、切实搞好招商引资大力发展外商投资企业

（四）用好政策，拓宽招商引资领域。充分利用沿海开放城市和综合配套改革试点城市政策，结合成都实际，贯彻落实国家宏观改革措施，抓紧修改完善有关涉外法规。1993年12月31日前已批准设立的外商投资企业，要继续实行《成都市鼓励外商投资条例》所规定的优惠政策，对外商投资企业改增值税、消费税、营业税后增加的税赋，要按国务院〔1994〕10号文件精神，认真做好退税处理。抓紧落实省委、省政府制定的小城镇建设试点的优惠政策，搞好招商引资，加快我市试点小城镇建设。充分利用我市资源优势、劳动力优势、科技优势和市场优势，大力开展招商引资。进一步放宽外商投资范围，除国家明令禁止的，都要鼓励外商投资经营。要在大中小项目一起上，资金、技术、智力、管理同时引进的基础上，把工作重点放在吸引国际大财团、大公司、大商社和兴办高新技术、高创汇、高效益的工业项目以及能源、交通、市政建设等重大基础设施项目上来。重大项目的招商洽谈和建设要全盘统筹，在谈判和建设中，我市各方出现的争议问题，由市对外开放领导小组统一协调，一旦决定，各方必须服从，全面落实。市外商投资服务中心牵头尽快设立全市招商引资项目库，加强对外资投向的引导，按照国际惯例，提高招商水平。

（五）进一步办好各类开发区，充分发挥开发区在招商引资中的“窗口”和龙头作用。要继续改善开发区的软硬投资环境，以良好的形象吸引外资进区开发。要进一步落实开发区享有的对引进项目的市级审批权限，继续实行和进一步完善开发区内“一站式”服务和进区项目的全过程管理。高新技术产业开发区要用好国家赋予的各项政策，在继续抓好起步区建设的同时，根据发展需要，抓紧选点规划，制定新的发展方案，加快发展步伐。成都经济技术开发区、台商投资区、新都卫星城工业区、西南航空港经济开发区、新加坡工业园区和都江堰旅游业开发区要努力改善投资环境，加大招商引资力度，使开发区建设再上一个新台阶。有条件的区（市）县要从实际出发，突出特色，发挥比较优势，继续办好省、市已确定的开发区、试验区。各类开发区的建设，要着力抓好项目的引进，注重投资效益，节约土地，严禁弃耕撂荒。

（六）扩大企业招商引资力度，提高外向型经济水平。国有企业要积极引进境外资本，促进企业产权关系的变革和现代企业制度的建立。要结合产品结构调整，有组织、有步骤地选择一批具备条件的企业向外出让全部或部分产权，搞活企业存量资产，实现资源的优化配置。利用东郊和青白江老工业区的整体优势，大力与外商合资、合作，嫁接改造老企业。要加快企业技术改造和产品升级换代，努力发展一批能进入国际市场并具有国际竞争力的拳头产品和支柱产品。要重视对国外大企业、大公司的商标、技术等无形资产的引进，利用国外的先进技术和管理经验，加速传统产业的改造。要进一步办好境外“窗口”企业，发挥好他们在对外开放中的“前哨”作用。要抓紧制定出我市发展10个年产值达10亿元、利税上亿元、出口创汇上千万元的支柱产品的招商引资规划，用大项目对外招商，提高引进外资的实效。要认真搞好中外合资经营零售商业的试点，借鉴国际现代化管理经验，提高国有大中型零售商业企业现代化管理水平。要引导乡镇企业和民营企业大力发展外向型经济，积极引进外资，兴办外商投资企业，争取更多的产品进入国际市场。

（七）加快房地产招商引资步伐，搞活房地产市场。坚持以房地产开发为突破口，加快旧城改造步伐。要按照“放有度，管有法，活有序”的原则，建立开放的房地产市场体系。要扩大市场容量，放宽政策，吸引更多的境外房地产经营者、中介组织和经纪人、消费者进入房地产市场。要建立基准地价、标的地价和出让地价体系，实行土地价格动态管理，坚持公开、公平、公正的原则，加快建立正常的土地使用权价格市场形成机制，促进城市土地的优化使用和合理配置；要继续采取优惠政策，积极支持外商投资进行成片旧城改造。进一步规范外商开发房地产的各种税费，为外资开发房地产创造良好的外部环境。要认真抓好府南河综合整治、金融街、地铁建设等一批重点项目，在积极争取国内投资的同时，全面向境内外投资者开放。

（八）建立和发展国内外投融资体系。要争取在一两年内引进境外、国外金融分支机构，发展中外合资金融机构。要积极用好国际金融组织和国外政府贷款，组织有关部门到境外、国外通过发行企业债券，筹集中、短期建设资金。各专业银行要加强与境外、国外金融机构的合作，扩大业务往来，提高国际金融配套服务水平，提供高效优质的结汇、售汇、付汇柜台服务，保障外汇收支渠道畅通；加强外汇资金调度，保证人民币有条件可兑换制度的顺利实行；完善国际结算业务功能，开拓向海外行短期贸易融资领域。积极争取在香港建立成都国际信托投资公司，充分发挥国际担保公司职能。进一步搞活金融市场，发挥专业银行和地方非银行金融机构在招商引资中的筹资、融资作用，积极做好我市在引进项目、资金、合资、合作企业等方面配套人民币的落实工作。要通过盘活国有存量资产和挖掘部门沉淀资金潜力，建立偿债风险基金、投资担保基金和社会保障基金，提高我市吸引外资能力。

三、扩大外贸出口，增强对外开放实力

（九）按照国家外贸体制改革目标，加快我市外贸体制改革。坚持“统一政策、放开经营、平等竞争、自负盈亏”的原则，鼓励专业外贸企业、自营出口生产企业、外商投资企业出口创汇全面发展。要充分发挥专业外贸公司的主导作用，为了逐步消除专业外贸公司负债经营的问题，五年内企业所获利润可在缴纳所得税前，用于消化超亏挂账。为缓解我市出口运输压力，鼓励专业外贸公司出口本市以外商品，对持有合法征税票据的予以全额退税。要赋予自营出口生产企业、外资企业享有同外贸专业公司出口经营的同等权利，调动其开发、生产出口产品和出口创汇的积极性，提高自营出口企业和外商投资企业在全市出口创汇中的比重。积极争取授予具备条件的国有生产企业、科研单位、商业物资企业外贸经营权，增强我市出口创汇能力。

（十）加快转换外贸企业内部经营机制，搞活分配，采取多种激励扩大出口的办法。继续划小外贸专业公司、工贸公司的核算单位，按商品经营部单独核算，有条件的商品经营部可以单独组建子公司，实行个人分配与经营成果挂钩，打破公司内部的“大锅饭”。有条件的外贸企业，可继续试行个人风险承包经营责任制。外贸公司、工贸公司和工业、内贸、自营企业中的外贸部门，可试行美元工资含量的激励出口办法，“上不封顶，下不保底”，充分调动外贸职工扩大出口创汇的积极性。

（十一）积极开展外贸企业组织创新的改革试点。鼓励专业外贸企业、内贸企业、生产企业和科研院所在平等互利的基础上，通过投资、参股、联合开发、联合生产、联合经营等方式，形成一批以贸易为龙头、贸工农相结合的或以生产科研企业为核心的工贸技一体化的大型企业集团，共同开拓国际市场。选择几户技术含量高、售后服务完备、并有较大出口潜力的工业企业进行跨国经营，组建跨国集团的试点。选择具备条件的外贸企业进行规范化的有限责任公司和企业职工内部少量持股的股份制改造试点。为加快与国际市场接轨，争取国家有关部门同意，试办几家中外合资的贸易性公司。

（十二）扩大农业对外开放，发展高产、优质、高效的创汇农业。要积极进行国际农业科技合作交流，引进优良品种、先进技术、国外资金和科学的经营方式与管理方式；简化从事外向型农业人员的出国审批程序，引导农业生产参与国际竞争；要有计划地组织农业劳动力到国外尤其是到周边国家兴办种植、养殖和加工业；要下大力气抓好优质肉类、珍稀禽类、中药材、良种、种苗、蔬菜、水果、花卉等创汇值高的科技示范出口基地的建设。

四、努力拓展对外经济文化交流，扩大非贸易创汇

（十三）加强国际经济、技术、科学、文化交流。采取走出去，请进来的办法，争取每年在成都、在境外举办几次富有成效的国际性招商洽谈会、商品交易会，推进成都同境外、国外的广泛合作。努力拓展交流渠道，官

民并举，积极开展国际科技文化交流活动，加强同国际友好城市和其他城市的联谊和交流，鼓励中外合资、合作兴办文化、教育、卫生、体育等社会事业。要按照逐步建设国际大都会的要求，积极筹建多功能的国际会议、展销中心。

（十四）大力发展劳务、技术输出。充分发挥我市人才和劳动力资源优势，增加非贸易创汇。成都国际公司要加强同各区（市）县的联系，积极发展联营公司，联合科研院所和各类企业，勇于参与国际竞争，承揽国际工程承包和扩大技术、劳务合作。积极向国家争取对外民间劳务经营权，选择一两个外贸公司申请对外劳务经营权，其他有条件的部门和企业要协助和参与劳务输出。要巩固外派劳务老市场，开拓新市场，有计划地加强文秘、护理、会计、烹饪等专业、技术人员的培训，扩大劳务、技术的输出，提高劳务、技术输出人员的素质。

（十五）大力发展国际旅游业，继续抓好旅游资源、客源、商品的开发。要做好国家级都江堰旅游度假区的申报工作，引进外资和开展各种形式的合作，加强旅游资源开发和基础设施建设，提高综合配套和接待能力。试办中外合资旅行社，积极向国家争取在西南航空港实行对境外旅游者“落地签证”，扩大国际旅游客源。继续搞好“熊猫系列产品”的开发和银、漆、绣、竹、锦等具有地方特色的工艺旅游产品的生产和销售。要加强对涉外旅游行业的管理，积极培训涉外旅游人才，提高服务质量，逐步使我市旅游业发展成为支柱产业之一。

五、搞好经济联合协作，进一步扩大对国内的开放

（十六）继续大力推进对国内的开放。充分发挥驻外办事机构的综合服务功能。以“借桥回家”为重点，搞好沿海、沿边“窗口”企业的建设，发挥好“窗口”企业的内联外引作用，加强我市与西南

五省(区)六方经济技术合作。要积极参与长江流域的经济开发,充分利用好长江、成渝高速公路的有利条件,加强与重庆市的经济技术协作,开辟成—渝—沪,路—江——海联运出海通道。

(十七)贯彻省委提出的“两点两翼两线”发展战略,加强同川西、攀西经济区的联合协作。要加强区域性资源的联合开发利用,实现优势互补;加快区域旅游业的共同发展,形成点、线、面结合的区域旅游网络;大力开拓区域市场,加快“统一、开放、竞争、有序”大市场的建设。

六、进一步改善投资环境,为招商引资创造良好条件

(十八)抓好以交通、能源、通信和市政基础设施为重点的工程建设。要按照把成都逐步建设成为现代化国际大都会的目标,借鉴国内外建设国际大都会的经验,结合成都实际,研究选定发展模式,超前进行总体规划,抓好各项基础设施建设。近期要重点抓好外环路、快速轨道交通系统、双流机场扩建、紫坪铺水库、成都热电厂扩建改造、川陕超高压输变电工程、天然气综合开发、成都卫星通信地面接收站、程控交换机扩容系统工程、移动电话、自来水六厂改造、府南河综合治理、金融一条街改造,以及铁路会战、高速公路系统建设等重点工程项目。要按照国际惯例,对一些重点工程实行项目业主负责制。要继续抓好重大基础设施项目领导 分工负责制,加强对建设中的资金、物资、施工等重大问题的协调工作,加快建设进度。

(十九)减少办事程序,提高办事效率。政府涉外部门和机构要公开办事程序。公开收费标准,简化办事手续,积极推行“联合办公,一次性收费,一条龙服务”审批制度。逐步推行工商准则注册登记制度,除特许专营行业外,改行政审批制为工商准则登记制。要放宽和改善企业经营人员、科技人员因公出国(境)的出入境管理,要按照规定用好“一次审批(一年内)多次有效”的权限。进一步加强市外商投资服务中心的建设,增强招商服务功能,切实搞好招商前、招商中和招商后的全过程服务。市和区(市)县要建立外商投诉中心和外商恳谈会制度,定期当面听取外商意见,帮助他们解决生产经营中的困难和问题,认真办好现有的外资企业,更好地发挥招商引资示范作用。各级涉外部门和机构的工作人员,要不断提高政治思想水平和业务能力,树立廉政、勤政、优质、高效的敬业精神,做好本职工作。

(二十)加强法制建设,为对外开放提供法律保障。要根据国家法律和国际经济一般准则,按照急用先立逐步完善的原则,把涉外法规作为立法重点,加快地方立法。建立健全涉外仲裁、经济审判及其他法律服务机构,加强法律监督服务机制建设。司法、行政执法机关要提高司法、执法水平,对涉外案件要做到快立、快审、快结、快执行,切实保护投资者和中方雇员的合法权益。坚持群防群治,齐抓共管,搞好社会治安的综合治理,为改革开放创造良好的社会环境。

(二十一) 加快建立和完善各种涉外中介服务组织。各区(市)、县和市级各部门要适应国际化新形势的要求,积极支持和发展各种涉外中介组织。按照国际惯例,发挥会计师事务所、审计师事务所、律师事务所、检验认证机构、信息咨询机构、资产和资信评估机构、行业协会、国际商会等中介组织的作用,争取国际上著名的中介服务机构到成都拓展业务。要加强对国际经济发展趋势的研究和信息网络建设,及时掌握与成都经济社会发展密切相关的国际经济动态,加快信息产业国际化。

(二十二)进一步加大对外宣传的力度,提高成都在国际、国内的知名度。要以制作宣传精品和拓宽宣传渠道为重点，力争对外宣传有新的突破。宣传、新闻、出版、广播、电视等部门，要围绕经济建设和对外开放这个中心，找准对外宣传工作的结合点、着力点，积极组织好各种大型对外宣传活动，不断拓宽国内外的宣传渠道，完善宣传网络，突出宣传特色，加大对外宣传的广度和力度，让世界了解成都，使成都走向世界。

七、调动一切积极因素，打好对外开放总体战

（二十三）树立整体开放意识。要进一步解放思想，更新观念，在全市开展扩大对外开放的大宣传、大动员、大讨论。按照逐步建设国际大都会的要求，在市民中广泛开展对外开放知识的教育、文明礼貌教育，在50岁以下的机关干部和企事业职工中大力开展日常外语会话和微机操作技能的学习，增强全民、全社会的开放意识，提高市民的整体素质，以大开放推动改革不断深入，促进经济加快发展。

（二十四）建立激励机制，重奖有突出贡献的单位和个人。要建立全市对外开放工作目标体系和考核办法。各区（市）县、各部门都要制定本地区、本部门的目标体系，并层层分解，落实到基层单位和个人，实行目标与奖金、干部政绩考核挂钩，定期检查，奖惩逗硬。要制定奖励办法，重奖对外开放中成绩显著的单位和个人。对引进外资并取得成功的单位和个人可按引进资金额的一定比例，发给一次性奖金。对市外、境外在招商引资中作出重大贡献的引荐者、投资者，授予“荣誉市民”称号并给予一定物质奖励。具体奖励办法，由市对外开放办公室牵头，会同市外经委、外办、财政、税务、公安等部门制定，经市委、市政府讨论同意后实行。

（二十五）加强领导，调动一切积极因素，真抓实干。成都市对外开放工作领导小组要切实加强对全市对外开放工作的指导和对各区（市）县及市级各部门对外开放工作的协调，强化宏观管理。各区（市）县、各部门要从加快成都发展的战略高度，切实把对外开放工作列入重要议事日程，坚持“三个有利于”的标准，研究制定搞好对外开放工作的具体措施，狠抓落实，务求实效。要认真处理好改革、发展和稳定的关系，加强调查研究，及时研究解决对外开放工作中出现的新情况、新问题。要充分发挥工会、共青团、妇联等人民团体和民主党派，工商联、无党派人士以及驻蓉机构、高等院校、科研单位等在对外开放中的积极作用，鼓励台胞、港澳同胞、海外侨胞和留学生等为我市招商引资传递信息、牵线搭桥。要在服从国家宏观调控的总原则下，继续落实各区（市）县在对外开放工作中的各种权限，发挥各区（市）县在扩大对外开放中的重要作用。要坚持“两手抓、两手都要硬”的方针，越是对外开放，越是要重视和加强党的建设、廉政建设、社会治安综合治理和社会主义精神文明建设。要充分发挥广大干部群众的积极性，创造性，扎扎实实地做好对外开放工作。各地区、各部门、各行各业要齐心协力，共同开创全市对外开放工作的新局面。

中共成都市委　成都市人民政府
关于在我市率先建立社会主义市场经济体制的意见

成委发〔1994〕8 号

党的十四届三中全会的召开,标志着我国的经济体制改革已进入一个新的发展阶段。在这重要的历史时刻,《成都市综合配套改革,率先建立社会主义市场经济体制试点方案（纲要)》(以下简称《方案》),于一九九三年十一月十六日得到了国家体改委的批准,我市被正式列为全国新一轮综合配套改革试点城市。为了深入贯彻党的十四届三中全会精神,在我市全面推进综合配套改革,率先建立社会主义市场经济体制,特提出以下意见,望认真贯彻执行。

一、我市综合配套改革的目标

成都市进行综合配套改革,率先建立社会主义市场经济体制的总体目标是:深入贯彻党的十四届三中全会精神，在中央统一的宏观调控下,强化市场取向,充分发挥市场机制对优化资源配置的基础性作用,从现在起至一九九八年,用五年左右的时间,初步建立起社会主义市场经济体制的基本框架。

——转换国有企业经营机制,建立现代企业制度。在转换国有企业经营机制的同时,逐步理顺企业产权关系,完成对具备条件的国有企业的公司制改造,使企业真正成为自主经营、自负盈亏、自我发展、自我约束的法人实体和市场竞争的主体。

——形成高效畅通的市场体系,逐步建立起以资本、劳动力、技术为重点的各类生产要素市场，绝大部分商品和劳动力价格形成市场化,使成都成为中国西部最大的金融、商贸中心城市。

——转变政府职能,建立起区域经济调节体系。全面完成政府机构改革和职能转变,政府经济管理职能由直接管理转为间接管理,充分运用经济手段、法律手段和必要的行政手段调节经济。

——建立和完善有利于市场经济稳定运行的社会保障制度和效率与公平相统一的社会分配制度。

——发展个体经济、私营经济、外资经济等非国有经济。形成以公有制为主体、国有经济为主导、利益主体多元化、产权逐步明晰化的所有制结构新格局。

——扩大开放,形成对外资有较强吸引力的良好投资环境。建立起能较好利用境外资金、资源、技术和管理方式的机制。集中力量开拓国外市场,积极参与国际市场竞争。

——初步形成严谨、科学、完备的经济法规和监督体系。

二、一九九四年综合配套改革的主要任务

一九九四年成都市综合配套改革的指导思想是:深入贯彻党的十四届三中全会精神,充分利用成都被列为综合配套改革试点城市的机遇,各项改革整体推进,综合配套。在建立现代企业制度、培育和发展市场体系、建立社会保障体系、转变政府职能上,力求率先,重点突破,扎扎实实地打好各项试点基础。

一九九四年我市综合配套改革的主要任务是:以建立现代企业制度为重点,整体推进宏观体制的各项改革，配套进行以要素市场为主的市场体系建设，加快社会保障和住房制度改革。要在以下几个方面取得实质性进展。

（一）加快国有企业经营机制转换，进行建立现代企业制度试点

1、尽快完成现代企业制度的研究，制定出试点方案，选择50户企业进行建立现代企业制度新体制试点，并认真总结经验，逐步推广。

2、加快国有大中型企业的公司制改造步伐，积极、稳妥、规范地进行股份制试点。进一步规范现有股份公司，争取将具备条件的3—5家公司推荐上市；大多数企业可改组为有限责任公司或股份有限公司；大力推行股份合作制。

3、进行中小型国有企业改、转、租、卖的试点，选择10户小型国有企业通过产权拍卖或承包、租赁等形式，转变为股份合作、集体、个体（私营）企业。

4、有步骤地清产核资、界定产权，查清国有企业资产家底，贯彻《企业国有资产所有权界定的暂行规定》和《国有资产产权登记管理办法（试行）》，搞好所有权界定和产权登记工作。

5、加强国有资产的监督管理，完成成都市国有资产监管办法的起草工作，并选择2—3个行业，2—5户国有大型企业实行国有资产授权或委托经营试点，探索实现企业国有资产保值增值的途径。

（二）建立统一、开放、竞争、有序的市场体系

1、发展金融市场。完善中心城市的金融体系，积极推进专业银行向商业银行进行转换的试点，进一步搞活非银行金融机构。继续选择条件成熟的股份制企业进行公开发行股票试点；发展和规范证券市场、中介机构。积极推进外汇体制改革，争取国家在我市设立全国外汇交易市场成都分市场。

2、大力发展商品市场。按照有形市场和无形市场协调发展，商业网点、批发市场、仓储设施三大系列配套布局构思，完善各类专业批发市场，形成大容量、多功能、全开放、高效益的市场网络。积极试办期货市场。

3、规范和发展房地产市场。地产一级市场必须由政府垄断，并以招标竞价、公开拍卖的方式公开、公平地出让。加强对土地二级市场的管理，逐步建立正常的土地使用权价格的市场形成机制。坚持以房地产综合开发带动旧城改造和新区建设，加快商品住宅建设，促进房地产市场的发展。

4、发展产权交易市场。完善成都产权交易中心，规范操作方式、转让规则和交易行为，促进企业的单项、整体存量资产流动和结构调整。进行企业收购、转让、拍卖试点。

5、规范和发展劳动力市场。从市场机制的培育、法规建设、社会化服务、社会保障几个方面加快劳动力市场的建设步伐。

（三）加快分配制度改革，建立健全新型的社会保障体系。

1、建立和完善以按劳分配为主的收入分配制度。按照中央部署搞好机关和事业单位工资制度改革。选择部分企业进行“市场机制决定、企业自主分配、政府监督调控”的工资改革试点，逐步建立适应市场经济的企业工资体制。

2、建立多层次的社会保障体系。要统一社会保障政策，提高社会保障事业的管理水平。进一步扩大我市的社会保障覆盖面。积极稳妥地搞好机关事业单位的社会保障制度改革。进一步充实和完善各项社会保障的具体实施方案。

3、利用世界银行贷款的机遇，积极推进我市住房制度改革。

（四）切实转变政府职能，完善区域性经济调节和管理体系

1、切实转变政府职能。一是把属于企业经营自主权范围的职能切实交还给企业；二是把配置资源的职能转移给市场；三是把经济活动中社会服务性和相当一部分监督职能转交给中介组织。

2、完善和健全国有资产监管和经营体系，逐步做政资分离。

3、大力发展各类社会中介机构，使其发挥政府与企业、企业与企业、政府与市场之间的桥梁和纽带作用。

4、逐步建立起地区经济调节和管理体系。根据国家的统一部署，充分利用综合配套改革的契机，搞好各方面的衔接，加快财税、金融、投资、计划、外贸体制改革，逐步建立起利用财政、税收等经济杠杆以及法律手段进行经济调节和管理的体系。

(五)加大对外开放力度，深化外贸体制改革

1、加快以“五区”为重点的开发区建设，各类开发区管理要上等级，新区、新项目、新企业一律实行新体制。

2、进一步提高对外开放的广度和深度.对外开放要逐步向第三产业扩展。

3、进一步扩大企业外贸经营自主权和延伸外贸企业的进出口经营权，按照现代企业制度的要求发展外向型企业集团。

4、改善投资环境，继续积极开展招商引资工作，加快利用外资对现有国有大中型企业进行技术改造的步伐，鼓励外商在基础设施、基础产业、高新技术项目中投资。

5、积极扩大对国内、省内的开放，继续加强同“五省(区)六方”和省内各市地州的双边、多边经济技术协作。

(六)加快区(市)、县经济体制改革

1、进行各具特色的县级综合改革试点。

2、稳定和不断完善以家庭联产承包为主的责任制和统分结合的双层经营体制。在稳定土地承包关系，坚持土地集体所有和不改变土地用途的前提下，土地使用权可以依法进行有偿转让。

3、搞好集镇综合改革试点，加快小城镇建设。以集镇为重点大力发展农村社会化服务体系，推进农村市场建设，促进农业向专业化、商品化、社会化的方向发展。

4、鼓励发展集体、个体、私营等非国有经济成分。办好青羊集体经济综合试验区。积极抓好成华、新津个体、私营经济试验区试点。建立多元化所有制经济结构，促进县域经济发展。

5、大力发展乡镇企业，积极推行股份合作制。进一步深化乡镇企业改革，在明晰产权的基础上，采取横向参股、财产折股、农户合股等多种形式，积极稳妥地发展股份合作制。

三、切实加强领导，精心组织实施

建立社会主义市场经济体制是一项开创性的伟大事业；综合配套改革，率先在我市建立社会主义经济体制，是一项复杂的系统工程，任务十分艰巨。各区(市)、县委和政府，市级各部门要以党的基本路线和十四届三中全会精神统揽全局，把更多的精力放到改革上来，切实加强对综合配套改革工作的领导，建立责任制，把各项改革试点列入一级目标，研究制定方案，精心组织实施。

(一)转换企业经营机制，建立现代企业制度。由市委副书记张锋同志、副市长孙家源同志牵头，市体改委、市计委、市财政局、市经委、市财办、市建委、市农委、市国有资产管理局承办，会同有关部门，制定出建立现代企业制度试点实施方案，建立国有资产管理、经营、监督体系的试点实施方案，以及与之配套的各种方案。在制定上述方案和实施方案的过程中，政府有关部门要同企业紧密合作，并充分发挥各种中介机构的作

用，将试点纳入法制化的轨道。

（二）培育和发展市场体系。由市委副书记张锋同志、副市长何绍华同志牵头，市体改委、市计委、市财办、市人民银行、市工商局、市税务局、市建委、市科委、市劳动局、市人事局、市国有资产管理局等承办，分别制定和完善建设商品流通市场、金融市场、证券市场、劳动力市场、产权市场、房地产市场、技术市场、信息市场以及市场中介组织建设等试点实施方案和各项规则。

（三）转变政府职能，改革政府机构。由市委副书记苏碧群同志、常务副市长朱永明同志牵头，市编委、市委组织部、市人事局、市体改委承办，会同有关部门，在市政府《关于转变政府职能，促进经济发展的意见》和已经取得成果的基础上，进一步制定和完善党政机构改革、转变政府职能、建立区域经济调节和管理体系的试点实施方案。

（四）改革分配制度，健全社会保障制度。由常务副市长朱永明同志牵头，市体改委、市计委、市劳动局、市人事局、市财政局、市民政局、市卫生局、市房管局承办，会同有关部门，分别制定和完善企业工资体制改革、收入分配制度改革以及养老、医疗、工伤、失业、女职工生育、住房制度改革试点实施方案和社会保障管理体制改革试点实施方案。

（五）加大开放力度，加快外贸体制改革。由市委书记黄寅逵同志、市长王荣轩同志牵头，市外经委、市外办、市计委、市台办、市侨办承办，制定我市加快外贸体制改革、扩大开放、加速招商引资等方案和实施办法。

（六）由市委副书记王少雄同志牵头，市委宣传部负责承办，会同有关部门，制定加强精神文明建设的实施方案。

（七）市级各部门都要围绕我市综合配套改革的主要任务，制定本部门率先建立社会主义市场经济体制的实施方案。其中，市农委牵头，市体改委、市委政研室等部门参加，制定我市农村建立社会主义市场经济新体制的实施方案；市科委牵头，制定我市科技体制改革实施方案；市教委牵头，制定我市教育体制改革实施方案；市委宣传部牵头，会同有关部门，制订我市文化、新闻、出版等体制改革实施方案；市法制局牵头，制定我市市场法规和监督体系的实施方案。

（八）各区（市）、县要根据国家体改委原则同意的《方案》的总体思路，从实际出发，尽快制定具有本地特色的建设社会主义市场经济体制的改革方案或实施办法。

（九）市体改委是主管全市体制改革的综合职能部门，要在市委、市政府的领导下，督促全市各级党政机关加快改革步伐，充分发挥综合规划和协调作用。各部门拟定的重大改革规划、方案，均应送市体改委研究、论证或备案，对其中涉及其他部门的问题，由市体改委负责协调，以保持政策的统一性。各项改革规划、方案经市委或市政府批准后，实施过程中遇到问题，也由市体改委负责协调。

一九九四年，是我市率先建立社会主义市场经济体制的关键一年。各级党委和政府，一定要抓住我市作为国家综合配套改革试点城市的机遇，进一步解放思想，大胆探索，组织广大党员、干部和群众，以经济建设为中心，加大改革力度，扩大对外开放，加快发展步伐。同时，一定要坚持两手抓、两手都要硬的方针，加强党的建设和精神文明建设，加强社会主义民主和法制建设，促进我市社会主义市场经济体制的早日建成。

中共成都市委

成都市人民政府

1994年2月19日

中共成都市委　成都市人民政府
关于推进农业产业化经营的意见

成委发〔1997〕43号

农业产业化经营是实现两个根本转变的一种有效方式，有利于提高农民的组织化程度，提高农业的经济效益，增加农民的收入，加快农村小康建设步伐，进而不断推进农业现代化。根据《中共中央国务院关于1997年农业和农村工作意见》(中发〔1997〕6号)和《中共四川省委四川省人民政府关于加快农业产业化发展的若干意见》(川委发〔1997〕21号)精神，按照农业产业化发展的基本要求，结合我市实际，特制定以下意见。

一、推进农业产业化经营的指导思想和原则

推进农业产业化经营要立足本地资源优势，以市场为导向，以提高经济效益为中心。对当地农业和农村经济的主导产业按照产供销、种养加、贸工农、经科教一体化经营模式，实行多层次、多形式、多元化的优化

组合，发展各具特色的产业组织，逐步形成区域化布局、专业化生产、一体化经营、社会化服务和企业化管理的新格局。

推进农业产业化经营要坚持以下原则：(一)在稳定和完善家庭承包责任制和统分结合的双层经营体制的基础上，推行农业产业化的原则；(二)坚持以市场为导向，以经济效益为中心，有利于资源的合理开发与综合利用，有利于生产要素的优化配置的原则；(三)正确处理“龙头”组织与农户之间的利益关系，建立利益共享、风险共担的农业产业化经营机制的原则；(四)坚持因地制宜和多形式、多样化推进农业产业化经营的原则；(五)围绕建立社会主义市场经济体制并与发展高产优质高效农业结合起来，推进农业产业化经营的原则；(六)坚持统一规划，重点突破的原则；(七)坚持经济、社会和生态互相协调、持续发展的原则。

二、农业产业化经营的发展目标和重点

到2000年，全市力争农林牧副渔产业化经营产值占总产值的30%以上；年产值或销售收入5000万元以上的“龙头”组织发展到40个左右，带动农户占总农户30%以上；产业化经营的农产品商品率达到85%以上；科技进步对农业增长的贡献率达到55%以上；参加产业化经营的农民人均纯收入达到3000元以上。到2005年，年产值或销售收入1亿元以上的“龙头”组织发展到100个左右，带动农户占总农户的40%；经营的农产品商品率达到90%；科技进步贡献率达到60%；参与农业产业化经营的农民人均纯收入达到5000元以上。

为实现上述目标，必须抓好以下重点：

(一)以确立主导产业为重点，加大结构调整力度。要结合我市资源优势和市场需求，逐步形成全市性的主导产业，包括粮油(优质稻、油、种子)、蔬菜、水果、生猪、肉牛、家禽、花卉七大类；逐步形成跨村、乡、区(市)县的区域性的主导产业，如三木药材、食用菌、奶牛、水产、森林旅游业等；逐步形成区(市)县的主导产业。市和区(市)县都要按照种养加、产供销、贸工农、经科教一体化的经营格局培育发展主导产业。

培育发展主导产业，必须加大产品结构调整力度，发展质量优、科技含量高、效益好的产品，大力提高农产品的市场占有率和商品率，大力开发耐贮运、适宜加工的品种，增加农产品附加值。到2000年，全市优质稻油面积要分别占播种面积的50%和40%，并搞好优质稻谷制种、生产、综合加工一条龙建设；蔬菜在稳定面积和产量的基础上，积极发展反季菜、大棚菜、外销和加工菜等品种，努力改善贮藏、运输、加工条件，逐步提高精细菜的比例；水果应加快老果园、老果树改造步伐，扩大优质果面积，如脐橙、葡萄、水蜜桃、良柚、猕猴桃、枇杷、良种梨、草莓等，优质果比重由现在53%提高到70%；花卉应作为城市郊区农村经济的新增长点加以培育，形成产业，要引进品种、提高档次、增加批量、拓展市场；在稳定生猪出栏600万头、产肉43万吨的基础上，积极推广高瘦肉率的三元杂交技术，增加深加工量和外销量；建立肉牛生产基地，形成较大规模的肉牛深加工企业，开辟肉牛内外销市场；家禽产肉13万吨，并积极发展优质高效的珍禽养殖。

（二）以实施区域化布局为重点，大力发展商品生产基地。在确立主导产业的基础上，要大力抓好商品基地建设，逐步形成一批较大规模的高质量农产品商品生产基地，使“龙头”组织有依托，产业化经营有基础，逐步提高优质农产品市场占有率，并达到成批量均衡供应。商品基地应围绕市上确定的七大主导产业和当地确定的主导产业着力发展区域性农业。按照三环发展战略，一环圈层重点发展菜、蛋、奶及花卉等高效农业生产基地；二环圈层重点发展粮、油、猪、水果、蔬菜、禽、蛋、水产品基地；三环圈层重点发展粮、油、肉牛、猪、林、果、药经济林木等。生产组织上应突破行政区域，尽量集中连片，提高经营规模和集约化程度。

（三）以发展龙头组织为重点，加快贸工农一体化经营步伐。“龙头”组织是联结农户的纽带。要着力发展一批具有经济实力和带动能力的农业产业化经营“龙头”组织，逐步联结商品生产基地和广大农户，形成一体化经营格局。成都市发展三个以上较大规模的、具有较强带动能力的市级“龙头”组织；各区（市）县也要按照贸工农一体化经营要求，力争用四年时间创立五个以上公司连基地、基地连农户的“龙头”企业。发展“龙头”组织要坚持多样性和谁有能力谁当“龙头”的原则，不搞凑合。一是要大力发展农产品加工企业和批发市场；二是与商品基地建设和实施农业产业化经营项目结合，大力发展专业大户和专业合作社、专业技术协会等新型合作经济组织；三是努力推进各种经济实体之间以及经济实体和农户组成的新的联合和合作，对农户与“龙头”结成的股份合作制的产业化经营组织，要给予大力支持，促进两者的紧密合作。

（四）以开拓建设市场为重点，培育和完善统一开放的市场体系。一是要以市场为导向，按市场需求组织生产，并实现其价值。在确定主导产业、生产主导产品、兴建“龙头”企业、延伸产业链条过程中，各级政府和生产流通企业都要研究和论证市场，提供和开发市场信息。强化市场引导作为组织产业化运行的重要任务。二是积极培育农村经济的市场主体。逐步强化企业和农民的市场主体地位，通过开展各种形式的合作与联合，提高企业，农民的组织化程度。农业产业化经营组织，可以享受与其他工商业组织同样的经营自主权，参与市场平等竞争。鼓励和支持农民发展各种形式的购销组织，以多种方式进入流通领域。三是努力开拓市场空间，进一步实施名牌战略。要巩固发展原有名牌，形成批量生产，开发名优新特产品，提高产品档次，加大宣传力度，使更多产品打入国内外市场，千方百计提高市场占有率。四是抓好市场载体建设，有效解决“有场无市”或“有市无场”问题。要继续抓好以批发市场为中心，集贸市场为基础的市场建设，组建一批高档次、远辐射、多功能与国内外市场对接的大型农产品及其加工制品综合市场。或各具特色的专业批发市场。五是积极培育和发展各类生产要素市场，探索农产品主要由市场形成价格的机制，按切实可行的市场运行规则和有关法律法规，保证生产者和经营者的合法权益。

三、实施农业产业化经营的主要措施

(一)搞活土地经营权，推进农业适度规模经营。在不改变农户承包经营的基础上，鼓励和支持土地经营权的流动，通过发展贸工农一体化的产业化经营来实现农业生产的专业化、社会化，以取得规模效益。为鼓励发展开发性农业，开发非耕地资源从事农业生产的，实行谁开发，谁管护，谁受益的政策；对在新开发的荒山、荒地、滩涂、水面生产农业特产品的，自有收入起。一至三年内免交农业特产税。

(二)增加对农业产业化经营的投入。要建立以农民和“龙头”组织投入为主体，财政投入为导向，信贷、外资、社会资金共同投入的多渠道投入体系。市财政每年划拨专款，重点扶持全市确立的主导产业、商品基地和“龙头”组织建设。其他财政支农资金要在渠道不变的前提下，集中使用，支持一批重点产业化经营项目，各区(市)县也要有相应的资金投入。各种农业开发要尽量与农业产业化经营项目结合起来，提高综合开发效益。政策性银行和商业性银行都要加大对农业产业化经营项目的投入力度。积极鼓励城市企事业单位、社会团体和个人带资金、带项目从事农业产业化经营，以吸引各种社会资金投向农业。

(三)大力扶持多种类型的“龙头”组织。推进农业产业化经营，“龙头”组织是关键。要打破部门、地区、行业和所有制界限，贯彻谁有能力谁为“龙头”的原则，发展多层次、多形式、多成分的“龙头”组织。要从注册登记、土地征用、原料供应、信贷税收等方面制定多种优惠措施，扶持“龙头”组织发展。城市工商企业兴办农业产业化经营“龙头”组织，可以享受国家对乡镇企业的扶持政策。凡是一头带市场、一头带农户的乡镇企业，可按国家有关规定享受企业所得税优惠政策。要创造条件，鼓励支持外向型“龙头”组织发展创汇农业。出口创汇型“龙头”组织，经批准可赋予自营进出口权。各种“龙头”组织应与农户之间建立利益协调机制，形成紧密的利益共同体，共同发展。

(四)抓好科技推广。要建立健全科技推广、技术开发、人才培训体系，通过普及和提高农业科学技术，提高农业增加值中的科技含量。要大力推广农业科技，尽快使新技术、新成果渗透到产前、产中、产后的每一个环节。要按照农业产业化经营的要求，改革农技管理体制，把科技人员组织到各个产业体系中，用其所长，展其所能。各级政府确定的产业化经营重点项目，应以相应的科研单位、大专院校为依托，采取科技集团承包等多种形式抓好重点项目。

(五)建立和完善经营机制。推进农业产业化经营，重在建立新的经营机制。要以经济利益为纽带，建立互惠互利、共兴共衰的经济利益分配制度。加工、经营部门要着眼长远利益，把生产作为自身实现经济效益的源泉，主动扶持生产、服务生产、保护生产。生产、加工、经营者要共同承担市场风险及利益盈亏，真正结成共损共荣的经济利益共同体，从而使产业化经营持久稳定地进行下去。各个产业体系要通过建立健全章程，用契约规范各方经济行为，使承担责任、履行义务、利益分配以及违约处罚等。都有法可依、有章可循，真正把农村经济纳入依法管理、有序运行的轨道。

四、加强对农业产业化经营的领导

各级党委和政府要从战略的高度，充分认识农业产业化经营的重要性，切实加强领导，抓点示范，逐步推广。实施农业产业化经营重在落实，贵在坚持。要把推进农业产业化经营作为重要的工作目标，纳入政府国民经济和社会发展事业计划，分步骤有计划循序渐进地实施。要建立领导责任制、部门责任制和项目责任制。市和区(市)县都要建立农业产业化经营工作领导小组，办事机构设在农委，负责农业产业化的统筹协调、政策研究和日常工作。各行各业都要关心、支持和服务农业产业化经营，共同推进农业产业化经营的发展。

中共成都市委
成都市人民政府
1997年12月2日

中共成都市委　成都市人民政府
关于加快旅游业发展的决定

(1998年2月20日)

成委发〔1998〕5号

我市是国务院批准的历史文化名城和中国西部重要的旅游中心城市，旅游资源十分丰富，旅游业发展潜力巨大。改革开放以来。我市旅游业发展较快，基础设施逐步改善，综合接待能力明显增强，产业规模不断壮大。但是，我市旅游业的总体发展水平还较低，主要表现为投入不足，旅游配套设施特别是交通条件亟待改善，行业管理水平和服务质量亟待提高，综合效益亟待增强。这些薄弱环节影响着我市旅游资源优势向经济优势的转化。为认真贯彻落实党的十五大精神，按照江泽民总书记关于“中西部地区要加快改革开放和开发，发挥资源优势，发展优势产业”的指示，把旅游业作为我市新的经济增长点，培育成为国民经济的支柱产业，将成都市建设成为“中国优秀旅游城市”，特作如下决定：

一、抓住机遇，解放思想.把旅游业培育成为我市国民经济的支柱产业

当前，国内条件和国际环境对加快旅游业的发展十分有利。各级党委和政府要提高认识，解放思想，紧紧抓住难得的历史机遇，确立旅游业的产业地位，将其列入本地的国民经济和社会发展计划。要坚持政府主导，各方支持，大办旅游，以市场为导向，以效益为中心。国际国内旅游并举，突出蜀汉文化、熊猫故乡、天府风光等特色，按照《成都市旅游发展总体规划(纲要)》，切实搞好旅游资源、设施、客源和产品的开发，形成城区旅游圈、市郊旅游圈和辐射省内外周边旅游圈的三环旅游网络。要努力壮大产业规模，加强旅游设施建设，提高行业管理水平，优化旅游服务，大力改善旅游环境，加快旅游资源优势向经济优势的转化，确保旅游业持续快速发展，把旅游业作为我市新的经济增长点，培育成为国民经济的支柱产业。

二、建立适应旅游业发展的管理体制，强化行业管理

要逐步理顺和建立与发展“大旅游、大市场、大产业”相适应的旅游管理体制。凡旅游资源丰富、发展旅游业潜力大的区(市)、县,要有相应的机构,对旅游业实行归口管理。对市旅游产业开发委员会的组织机构要进行调整和充实,充分发挥其领导和协调作用。要强化旅游行业管理,实行旅游经营许可证制度。要加强旅游安全工作,支持保险公司积极开办旅游安全保险险种.加强宣传,热忱服务,为旅游者提供保险保障,促进成都旅游业发展。要严格旅游基本建设审批制度,凡新建的旅游基本建设项目,应有旅游行政主管部门参与会审。

三、建立多元化的投入机制,加大对旅游业的投入

继续坚持“国家、地方、部门、集体、个人一起上,自力更生和利用外资一起上”的方针,以市场为导向。调整投资结构,制订政策.鼓励社会、企业、外资投入,建立起多层次、多渠道、多途径的多元化投入机制,使旅游基本建设投资逐年有所增加。各级政府要根据自身的财政状况,安排一定比例的资金,对旅游重点建设项目及旅游基础设施建设实行导向性投资。市财政和各区(市)、县财政要根据旅游业发展情况,每年安排一定数额的专项资金,支持旅游业的发展。金融部门对国家、省、市支持的重点旅游项目及重点旅游商品的研制和生产,应优先安排资金。税务、旅游等有关部门要进一步加大对旅游发展基金的征收力度,加强管理,合理使用。要按照改革的思路。采取多种形式,广泛吸纳社会资金投入旅游业。要积极引导境内外的大企业、大集团来我市投资开发旅游资源和旅游商品,兴办旅游交通等基础设施,增强旅游业的发展后劲。

四、以改善旅游交通为重点,加快旅游基础设施建设

交通部门要把通往市级以上风景区的道路建设纳入计划,提高公路质量等级,力争五年内形成高等级路面,制定鼓励和扶持旅游汽车运输发展的政策,加快旅游汽车的更新换代,缓解供需矛盾。要加快成都双流国际机场的扩建和改造。加强与民航部门的联系。重点解决好旅游包机和定期航班的问题。加强与铁路部门的联系,改善和提高旅游列车的服务质量。电信部门要按照国际化城市要求,进一步改善旅游通讯设施,以满足国内外游客的需要。

五、适应市场需求,开发旅游商品

市经委、科委、旅游、轻工等部门要加强旅游商品的规划、研制和生产。要充分发挥我市绣、锦、竹、银、漆等传统工艺优势,大力开发新的旅游商品。要把旅游商品的开发与我市的自然风光、风土人情及历史典故有机地结合起来,不断推出具有地方特色集纪念性、观赏性、实用性为一体的旅游用品、纪念品和工艺品。要加强国际国内的旅游经济合作,不定期举办旅游商品展销会,引导和组织旅游商品生产企业,开展生产技术、工艺设计等方面的交流.共同促进旅游商品的生产和销售。要针对不同层次、不同客源市场发展旅游商品.努力提高旅游商品在我市旅游经济中的比重。

六、强化旅游促销,拓展国际国内客源市场

旅游市场促销和宣传招徕是旅游业发展的“开路先锋”。各级党委和政府要重视成都旅游整体形象宣传。各级财政部门每年要安排一定数额的旅游促销经费,并逐年有所增加。宣传部门以及广播、电视、报刊等新闻单位要把成都旅游业的总体形象宣传纳入年度工作计划,加大宣传力度。旅游部门要根据市场需求,开展多种形式的境外促销活动,有选择地参加世界性的旅游交易会、博览会;有计划地邀请国际旅游组织、旅行商、新闻记者来成都观光考察。要充分利用现代信息技术，加快建立饭店、旅行社预订系统及旅游资源信息系统等信息网络。充分发挥其宣传促销功能。提高市场促销的针对性和实效性。

七、加强旅游行业精神文明建设和旅游法制建设

要按照全市精神文明建设规划，在旅游行业深入开展“讲文明、树新风、创一流、树形象”活动，加强对旅游企业职工的社会公德和职业道德教育，搞好服务规范化建设，不断提高旅游队伍素质，以优质的旅游服务、优美的旅游环境、优良的旅游秩序、文明的都市风貌，展示成都的整体形象，给海内外旅游者留下“文明在成都、满意在成都、优美在成都”的美好印象。要加强旅游法制建设，尽快制定《成都市旅游管理条例》及其他相关规章，坚持依法治旅，加强旅游执法队伍建设，加大监督检查力度，规范旅游市场，建立良好的旅游市场秩序，保障旅游业健康发展。

八、增强全局观念和整体效益意识，共同促进旅游业的发展

发展旅游业既是旅游部门的职责，也是各相关部门和行业的共同任务。建管、国土、文物、环保、农业、林业和水利等部门要将旅游业发展纳入城乡建设、土地利用、历史文物保护、生态农业开发和水资源利用规划。公安、民航、海关、边防、商检等部门要牢固树立服务观念，为旅游业的发展创造宽松、稳定的环境，简化手续，改进服务，加强协调配合，提高工作效率，为旅游者提供方便。要深化旅游企业改革，按照“抓大放小”的原则，以资产为纽带，通过市场形成具有较强竞争力的跨地区、跨行业、跨所有制和跨国经营的大型旅游企业集团；通过改制、改组、联合、兼并、租赁、承包、出售等形式，加快开放搞活国有小型企业的步伐，实行规范的公司制改造，增强发展实力和竞争力，使企业成为适应市场的法人实体和竞争主体。相关部门对旅游企业的改革要给予支持和指导。物价、旅游等部门要适时制定旅游市场指导价格。各相关部门和行业都要从加快我市旅游业发展，促进成都经济社会繁荣进步和扩大对外开放的全局出发，树立发展大旅游的整体观念，按照本决定提出本部门、本行业扶持旅游业发展的政策和措施，制订与旅游业协调发展的规划。

九、搞好旅游部门自身建设，进一步提高管理水平

旅游部门的全体干部特别是领导干部一定要按照江泽民同志提出的“把握大局，再接再厉.同心同德，开拓前进”的要求.牢固树立改革观念、全局观念和市场经济观念，努力掌握市场经济特别是旅游经济的客观规律，探索发展现代化旅游业的新路子。要认真学习社会主义市场经济知识、法律知识、历史知识和现代管理知识，学好旅游政策法规。提高工作能力与领导水平。要转变工作作风，加强勤政廉政建设，把旅游业的长远目标和阶段性任务结合起来，把研究部署工作和具体落实工作结合起来，把议大事和干实事结合起来，以务实的态度和实干的精神。带领全行业为加快发展我市旅游业而努力奋斗。

十、实行目标管理，加强旅游工作领导

各级党委和政府要把发展旅游业摆上重要议事日程，把旅游开发、旅游管理和创建“中国优秀旅游城市” 等各项任务纳入政府目标管理，建立目标责任制，加强对各项旅游综合经济指标的统计和考核，强化监督检查，狠抓落实。各区（市）、县要根据《成都市旅游发展总体规划（纲要）》，按照高起点谋划、高品位建设、高标准发展的要求，确定旅游开发建设思路，制定本地区旅游发展规划。创建“中国优秀旅游城市”是加强行业管理、优化旅游业发展大环境的综合性举措，是发展旅游业的一项重点工程。各级党委、政府和市级相关部门要下大决心，花大力气，齐心协力，坚定不移地完成“创优”目标，把我市建成“中国优秀旅游城市”。

附：成都市旅游产业开发委员会成员名单

主　任：王荣轩　市政府市长
副主任：王少雄　市委副书记
　　　　吴平国　市政府副市长
　　　　狄廷国　市政府副市长
成　员：郭昆林　市政府副秘书长
　　　　向在仁　市委宣传部副部长
　　　　朱昌问　市计委主任
　　　　杨守德　市经委主任
　　　　马树臣　市体改委主任
　　　　吴国生　市建管委主任
　　　　王和永　市外办主任
　　　　李茂成　市财政局局长
　　　　李　健　市公安局副局长
　　　　朱树喜　市政府目标督查办副主任
　　　　陈效全　市旅游局局长
　　　　张代平　市地税局局长
　　　　杨玉培　市园林局局长
　　　　艾毓辉　市规划局局长
　　　　林兆东　市林业局局长
　　　　王树基　市交通局局长
　　　　邵文库　市工商局局长
　　　　史家健　市文化局局长
　　　　汪良吉　市卫生局局长
　　　　李明昌　市人行行长

成都市旅游产业开发委员会下设办公室。办公室设在市旅游局，陈效全同志任办公室主任。

中共成都市委　成都市人民政府
关于大力发展个体、私营经济的决定

（1998年4月20日）

成委发〔1998〕19号

为贯彻落实党的十五大精神，加快个体、私营经济发展.根据省委、省政府《关于进一步加快民营经济发展若干政策的意见》(川委发〔1997〕33号)的要求，结合我市实际，特作出如下决定。

1.公有制为主体、多种所有制经济共同发展，是我国社会主义初级阶段的一项基本经济制度。个体、私营等非公有制经济是社会主义市场经济的重要组成部分，也是我市经济发展极具潜力和活力的新的增长点。改革开放以来，我市个体、私营经济快速发展，在增加财政收入、扩大劳动就业、繁荣城乡市场、调整经济结构等方面发挥了重要作用。但从总体上看，我市个体、私营经济的发展，与经济发达地区相比还存在较大差距，在国民经济中的地位还不够突出，经济总量和规模偏小，整体运行质量不高。各级党委、政府一定要从加快成都改革开放和现代化建设全局的高度，进一步解放思想，转变观念，增强发展个体、私营经济的紧迫感和责任感，把发展个体、私营经济作为加快我市经济发展的一项重要战略措施，理直气壮地推动、坚定不移地支持、实实在在地发展个体、私营经济。

2.我市发展个体、私营经济的指导思想是：

高举邓小平理论的伟大旗帜，以党的十五大精神为指导，按照“三个有利于”的标准，把发展个体、私营经济作为加快全市新一轮经济发展的突破口，放宽环境，放开政策，放手发展，不限发展比例，不限发展速度，不限经营方式，不限经营规模，大力倡导，积极扶持，突出重点，加快发展，使个体、私营经济在整个经济结构中的比重显著提高，成为全市经济的重要一翼和区（市）、县经济的主力。

3.发展个体、私营经济要调动多方面的积极性，坚持以市场为导向，以效益为中心，积极推进两个根本性转变，在加快发展速度、扩大经济总量的同时，不断提高个体、私营经济质量和效益。在继续提高个体、私营经济在第三产业所占比重的同时，加快向第一、二产业拓展，进一步优化产业结构和产品结构。在搞好商品生产经营的同时，着力发展资本经营，增加资本积累，实现资本有效扩张；在发展中小型私营企业的同时，引导和推动私营企业组建大企业集团。基础较好的区（市）、县和高新技术开发区，要把科技型企业作为重点，推动个体、私营经济向新兴产业和高新技术产业发展；经济发展相对落后的地区，要依托资源优势.努力形成特色经济和优势产业。

4.申办个体工商户、私营企业实行工商登记注册制，取消法人设立审批制。凡国家法律法规未作规定的，均可直接到注册登记管理机关申办注册，核准注册后再按有关法规办理相关的许可证和专项审批手续。法律法规未作规定的许可证、登记证和专项审批，一律取消。凡国家法律法规未明令禁止或未作特殊限定的，允许个体工商户、私营企业自主选择经营范围和经营方式。鼓励有条件的私营企业参与能源、交通、水利等基础设施建设。鼓励新设立的私营企业采用有限责任公司和股份有限公司的企业组织形式。对由于历史原因已登记为集体或股份合作等形式的私营企业，应逐步规范，允许登记为私营企业或私人控股企业。

5.对开办和改建注册资本在50万元以下的私营企业，注册资本达到规定标准的30%；申请开办生产型、科技型和为农业生产服务的私人资本控股有限责任公司，注册资本达到规定标准的60%，可先行注册，随后在规定期限内补足。商标、技术等无形资产，经资产评估，可抵充不超过35%的注册资金。凡核心企业注册资本在1000万元以上，具有两个以上紧密层企业；核心企业和紧密层企业合计注册资本达到2000万元以上的，可直接申办企业集团，核心企业名称可不带行业特征。

6.除国家公务员和参照公务员管理的人员外，其他人员均可申请从事个体经营或申办私营企业。鼓励党政机关分流的下部职工从事个体经营；创办、合办私营企业或到私营企业就业，两年内保留原身份，其工资和其他待遇等由本人与原单位协商确定。鼓励大专院校、科研院所、国有企事业单位的科技人员、管理人员从事个体经营、创办或就职于私营企业，其职称按正常程序进行评聘和晋升。参加社会养老保险，继续按规定缴纳养老保险费的，工龄及缴费年限连续计算。鼓励在国外工作的科技人员及留学归国人员回蓉创办、合办私营企业。鼓励外地投资者来蓉兴办科技型私营企业，凡3年累计纳税额50万元以上者，经批准，本人及其配偶、未成年子女可在企业纳税所在地落户并免征城市增容费。

7.市外投资者到我市独资或控股联办非公有制企业.所得税全额返还两年；两年期满后，经期在十年以上的减半返还所得税三年。减税期满后，凡出口产品产值占企业当年总产值70%以上的。当年返还一半所得税。符合增值税一般纳税人条件的私营企业,由税务机关按规定供应使用增值税专用发票;对规模较小、财务管理暂不完备的私营企业,可设专门窗口代开。对个体工商大户和私营企业,有条件的可建账建制,实行查账征收;暂不具备条件的,经县以上主管税务机关批准,可实行定期定额征收。

8.金融机构要加大对个体私营经济信贷投入,支持其合理的资金需要,逐步提高信贷投放比重。国有商业银行要积极扶持符合国家产业政策、有市场、有效益、有信誉的个体工商户、私营企业,重点扶持科技型私营企业。城市商业银行、城市信用社和农村信用社要把个体工商户、私营企业作为主要服务对象。在已取得信用等级的重点扶持的私营企业中有条件地推行主办银行制度,银行和企业签订银企协定。多渠道筹措资金试办担保有限责任公司,为重点扶持的私营企业提供贷款担保。

9.个体工商户、私营企业生产经营用地,在批租价格和使用年限上按国家有关规定办理,与国有、集体企业同等对待;个体工商户、私营企业依法获准使用的土地,经批准可出租、抵押、转让、折价入股。供水、供电部门对个体工商户、私营企业的水、电供应和收费标准应与国有企业一视同仁。

10.支持个体工商户、私营企业通过参股、控股、租赁、兼并、收购等形式参与国有经济结构调整和资产重组。私营企业托管或租赁、承包现有亏损国有企业5年以上的,在经营期限内,全部返还所得税2年、减半返还所得税3年,返还的税款用于发展生产或抵减原国有企业的负债。私营企业兼并、收购国有中小企业,一次性付款的,给予10%~20%的优惠。私营企业兼并国有中小型亏损企业,安置企业在岗职工,可按国有小企业改革有关规定执行;参加社会保险的离退休人员可在社会保险机构实施社会化管理。积极鼓励个体工商户、私营企业吸收国有企业下岗职工,具体政策按省市有关规定执行。

11.鼓励私营企业发展外向型经济,有关部门要积极为符合条件的私营生产型企业申报自营出口经营权.有进出口经营权的私营生产型企业自营出口或委托外贸企业代理出口的自产货物.按国家有关规定实行“免、抵、退”税的办法。私营企业引进国外资金、技术、设备兴办中外合资、合作企业,可享受国家和地方制定的“三资”企业优惠政策。支持重点扶持的私营企业到海外筹资或到境外建立分支机构,开展合资、合作、租赁经营等业务活动。

12.加大扶优扶强力度,在全市范围内确定20~30户竞争力强、带动面大、经济效益好的私营企业予以重点扶持,并实行“五优先”,即优先审批技改、基建项目,优先安排信贷资金,优先安排水、电、气供应,优先申报自营进出口经营权,优先推荐上市。凡年上缴税收100万元以上的私营企业,税务部门征税后,财政部门按其所得税实际新增部分的50%以返代奖,用于企业新增资本。各类开发区、试验区要制定更加灵活和宽松的政策措施,积极吸纳私营企业特别是科技型私营企业,使其集中成片发展。

13.大力扶持科技型私营企业。科技型私营企业在申报政府科研计划项目、申请科研成果鉴定和科技进步奖励、技术职称评定、科技贷款、高新技术企业和产品认定、知识产权保护、享受税收优惠政策等方面,享有国有科研单位同等待遇。个体工商户、私营企业投资建设和经营科技含量高的特色农业、节水农业、高效农业,享受农业产业化龙头企业的各项优惠政策。重点扶持的科技型私营企业,每年可按经营收入的3%—5%提取科技风险金。私营企业经市科技部门批准建立的科研中试基地，享受中试基地有关优惠政策。私营科技机构(含企业)从事技术转让、技术咨询、技术培训、技术服务，年净收入在30万元以下，按省上有关规定执行。私营企业开发的科技新产品。经科技部门认定，财政部门批准，可连续5年返还其缴纳的所得税。经市科技部门认定为高新技术的私营企业，经市财政部门批准，所得税征收后，按国家和省最优政策的比例返还。生产专利产品和经有关部门认定的国家级新产品，财政部门按其增值税地方分成比上年增长部分的征收和返还亦按以上原则办理。科技人员为私营企业的技术改造、新产品开发获得的奖励，按国家有关规定给予税收优惠。科技人员为企业创造重大经济效益，企业可给予一定的股份。

14.依法保护个体工商户、私营企业产权，任何部门和单位不得平调个体工商户、私营企业财产，不得强行改变业主财产的权属关系。冠以其他名义的私营企业，应按照自愿原则，恢复本来的所有制性质。依法保护个体工商户、私营企业的自主经营权、知识产权、投资权和劳动用工权。对侵犯个体工商户、私营企业合法权益的行为要严肃查处，构成犯罪的要依法惩处。

15.切实减轻个体工商户、私营企业的负担。要按照国务院和省市有关规定，严格执行向个体工商户、私营企业的收费项目和标准。凡向个体工商户、私营企业收费.须经物价、财政部门批准，严格按规定的范围和标准收取。收费项目和收费标准要向全社会公开，实行亮证收费，并开具由财政部门统一印(监)制的专用票据。凡未办理收费许可证、未使用专用票据的，一律视作非法收费。个体工商户、私营企业有权拒绝各种名目的乱收费、乱罚款、乱摊派。有权拒绝任何单位和个人强行推销的各种物品或征订的各种报刊。坚决制止影响企业正常生产经营活动的检查。确需检查的，要按规定程序报批.并出示行政执法证。任何部门和社会团体不得强行要求企业参加评比、竞赛、赞助、联谊、学会等活动。对违反规定的.要追究当事人和有关领导的责任。

16.各级党委和政府要切实加强对发展个体、私营经济工作的领导，把发展个体、私营经济纳入重要议事日程，纳入国民经济和社会发展总体规划，纳入对各级领导的实绩考核。党政一把手要亲自抓，分管领导要具体抓，做到领导到位，措施到位，工作到位，形成齐抓共管的工作态势。综合经济管理部门要将发展个体、私营经济作为重要的工作.搞好指导和服务。财政、工商、税务、物价、技术监督等经济职能部门要制定和完善有关配套政策措施；政法部门要主动提供法律服务和法律保障；纪检监察机关要为发展个体、私营经济提供监督服务；宣传部门要加强舆论引导，大力宣传发展个体、私营经济的方针政策和典型经验，创造良好的社会舆论环境；目标管理督查部门要把个体、私营经济发展作为各级党委、政府和有关部门的重点目标，强化督查，严格考核，逗硬奖惩。

17.个体工商户、私营企业要遵守市场规则、维护市场秩序，做到公平竞争、守法经营、依法纳税，坚决杜绝制售假冒伪劣商品。加强内部管理，建立健全财务、统计等各项制度，严格遵守国家有关产品质量、安全生产、环境保护、劳动用工、社会保障等法律法规，积极创建文明个体工商户和文明私营企业、塑造良好的企业形象。

18.造就一支高素质的私营企业家队伍，是个体私营经济健康发展的关键。依托成都科教优势，有计划地对个体工商户、私营企业经营者进行培训。组织非公有制企业家到市外、国外考察，开阔眼界，增长知识。私营企业要按照建立现代企业制度、实行科学管理的要求，引进智力和人才,改善经营管理者结构,提高经营管理者水平。适当扩大个体工商户、私营经济代表人士在人大、政协以及其他群团组织中的比例,使其更好地参与国家的民主决策和民主管理、发挥参政议政作用。将个体工商户、私营企业的经营管理人才和科技人才纳入我市"人才兴市百千万工程",列入享受市政府津贴评选范围。

19.工商联(商会)是党和政府联系个体、私营经济人士的桥梁和纽带,是政府管理个体、私营经济的助手。各级党委和政府要积极支持工商联(商会)的工作,充分发挥其职能作用。各级工商联(商会)要按照"团结、教育、引导、服务"的方针,经常向个体、私营经济人士宣传党和国家的方针政策,进行爱国主义、集体主义、社会主义教育和时事政治、职业道德和法制教育,提高他们"爱国、敬业、守法"的自觉性。工商联(商会)要协助政府对个体工商户、私营企业进行管理。协调个体工商户、私营企业发展中遇到的困难和问题。个体劳动者协会和私营企业协会要做好"自我教育、自我管理、自我服务"的工作。

中共成都市委　成都市人民政府
关于抓住西部大开发机遇实现跨越式发展的意见

(2000年6月11日中国共产党成都市第九届委员会第五次全体会议通过)

实施西部大开发战略,是党中央总揽全局、面向新世纪作出的重大决策。根据中发〔2000〕2号文件和国务院西部大开发工作会议精神,按照中共四川省七届七次全委会的要求和部署,为抓住历史机遇,迎接挑战,实现成都跨越式发展,现提出如下意见。

一、基本思路和目标任务

新中国成立以来特别是改革开放以来,在省委、省政府的领导下,经过全市人民艰苦创业,成都改革开放和现代化建设取得显著成绩。经济持续快速发展,综合经济实力不断增强;改革开放深入推进,社会主义市场经济体制框架基本建立;基础设施建设成效明显,城市综合服务功能逐步完善;城乡人民生活水平显著提高.全市基本达到小康。但是.成都经济社会发展还面临不少问题:结构性矛盾突出,经济增长后劲乏力,对外开放层次较低,城市化水平不高,推进现代化进程任务艰巨。在现有基础上加快发展.有效解决面临的困难和问题,工作紧迫。势在必行。

成都是四川省省会和西南地区重要的中心城市,在西部具有相对的区位优势、产业优势、科技优势和市场优势,战略地位十分重要。当前,国家实施西部大开发战略,成都正成为国内外投资者关注的热点,面临难得的历史机遇;省委、省政府对成都发展寄予厚望,明确要求我市"构建西部战略高地,率先基本实现现代化";全市人民人心思进,加快发展的愿望十分强烈。抓住西部大开发历史机遇,实现成都跨越式发展。条件具备,正当其时。

实现成都跨越式发展的基本思路是:以邓小平理论和党的基本路线为指导,遵循江泽民同志"三个代表"的要求,抓住西部大开发的历史机遇,坚持"改革立市、开放强市、科教兴市、依法治市"的战略方针,解放思想,求实创新,以效益为中心,实现"两个根本性转变";完善基础设施,加快城市化进程,促进经济、社会、人口、环境协调发展.开创工作新局面,实现成都新跨越。

未来10年,成都在西部大开发进程中发展

的总体目标是：构建西部战略高地，基本实现现代化。

主要目标是：

经济增长目标：全市GDP年均增长速度高于全国、全省平均水平，到2005年人均GDP由1999年的1433美元增加到2500美元，2010年达到4000美元。经济质量和效益明显提高，财政收入增长高于GDP增长幅度。

结构调整目标：调整和完善所有制结构，形成公有制实现形式多样化和多种经济成分共同发展格局，进一步解放和发展生产力。调整优化产业结构，2005年一、二、三产业增加值比例由1999年的10.5:44.7:44.8调整到7:45.5:47.5，2010年达到5:45:50。调整优化城乡经济结构，加快推进城市化进程，2005年城市化水平由1999年的33.5%增加到38%，2010年达到45%。

城市建设目标：按照国务院批准的我市城市总体规划，加快建设城市中央商务区和城市副中心，逐步使城市功能布局趋于合理，基础设施明显改善，城市管理规范有序，形成现代化城市的基本框架；建成以中心城为核心、卫星城（镇）为纽带、远郊区域中心城镇和小城镇为依托的城市群体；生态环境明显改善，城区空气质量稳定在Ⅱ级，国家级和省级风景名胜区稳定在Ⅰ级，基本实现城市设施完善、环境优美、生态良性循环。

社会发展目标：人民生活水平显著提高，城镇居民人均可支配收入年均实际增长6%以上，农民人均纯收入年均实际增长5%以上；2005年城乡加权平均恩格尔系数降到46%，2010年降到43%；人口年均自然增长率控制在4‰以内，城镇登记失业率控制在4%以内，社会保障体系基本健全，各项社会事业全面发展。2005年基本普及高中阶段教育，2010年基本实现高等教育大众化。

二、加快基础设施建设

近年来，我市基础设施“瓶颈”制约虽有所缓解，但仍不适应特大中心城市发展的需要。要以完善城市基础设施为目标，统筹规划，适度超前，突出重点，加快建设，大力改善经济社会环境，为实现跨越式发展打好基础。

（一）交通通信。形成市域贯通、内外通达、方便快捷的交通通信体系。强化成都在西南地区的交通通信枢纽功能。

城市交通：全面完成“五路一桥”工程，规划建成二环路、三环路、绕城高速路之间的快速交通网络。结合旧城改造改扩建城区道路，规划建设较为完善的交通管制系统，建成一批停车场站。大力发展公共交通，增设公交专线。积极争取地铁工程尽快立项，2005年基本建成一号线，2010年初步建成二号线。

市域交通：全面完成成灌高速路、绕城高速路等在建工程，规划建设连接卫星城（镇）环线西半环、成温邛、郫彭等高速路，全面完成“村村通公路”工程规划的1万公里水泥（沥青）路建设。

对外交通：积极配合和参与国家、省交通干线建设，提高成都与周边城市地区通达水平。重点抓好川藏路成都段、川西旅游环线成都段、成南高速路成都段和公路客货运枢纽站、成都铁路枢纽和双流国际机场改扩建等重大项目。

邮电通信：加快邮电通信和广播电视基础设施建设与改造，抓好第二通信枢纽工程、邮政通信生产指挥调度中心建设，积极发展移动通信系统，强化通信枢纽功能。以建设适应知识经济时代要求的成都信息港为重点，加快信息集结中心和网络建设步伐，实现互联网、广电网、电话网“三网合一”，提高信息化水平。

（二）市政公用设施。加快城市和县域城镇河道整治步伐，重点抓好府南河综合整治二期工程、沙河综合整治工程和区(市)县域城镇河道整治。搞好城市森林带建设和大熊猫繁育基地绿化工程,加快城市园林绿地建设,力争3年建成国家园林城市。加强城市垃圾无害化处理,搞好综合利用,力争建成一座垃圾发电厂。坚持集中和分散处理相结合的原则,加强对污水的治理。要加快污水处理二厂建设,3年内全市区(市)县各建成一座垃圾处理场和污水处理厂。加快城市水厂建设、天然气的综合开发及水、气配送管网建设和改造,增强配供能力,提高区(市)县自来水普及率和天然气气化率。加快城乡电网改造进度,争取2年左右完成改造任务。

(三)水利工程。抓好大中型水利工程和节水整治工程,重点抓好紫坪铺水利枢纽工程、岷江干流成都段(金马河)防洪整治工程、岷江和沱江流域水土保持重点治理工程、都江堰灌区成都市渠系改造整治工程等。

三、推进经济结构战略性调整

结构调整是推动经济持续发展的根本途径。要从战略上大力调整所有制结构、产业结构和城乡经济结构,优化资源配置,全面提高经济整体素质。

(一)积极推进所有制结构调整,促进多种经济成分共同发展。坚持“有进有退、有所为有所不为”的方针。加快对国有经济布局的战略性调整,切实改变我市国有经济比重过高而又集中于一般性竞争行业的状况,使国有资本向支柱产业和优势企业集中。提高国有资产运行质量和整体效益,增强国有经济的控制力、影响力和带动力。放手发展非公有制经济，大力发展混合所有制经济,形成公有制有效实现形式多样化和多种经济成分共同发展的格局。

(二)着力推进产业结构调整,促进经济结构的优化升级。坚持市场导向,依靠科技进步,采取综合措施,稳定发展第一产业,优化发展第二产业,加快发展第三产业,特别要突出发展高技术产业,培育和形成新的经济增长点,增强整体经济实力。

——大力推进高技术产业化,形成新的产业优势。把高技术产业作为成都经济第一增长点,力争到2005年，全市高科技产品产值占工业总产值比重达25%,高技术产品出口额占出口总额的20%。

发展高科技,实现产业化。要认真研究、及时跟踪经济全球化和信息技术革命所带动的知识经济发展趋势,积极培育发展一批有市场竞争力的高技术产品。加快发展电子信息、生物与现代医药、新材料、环保设备、航空航天和光机电一体化等产业。发展高技术产业,要优先扶持壮大现有高技术企业特别是成长型科技企业,推进高科技产业化进程。

加快高技术产业化基地建设。办好各类科技园区、创业园区和孵化基地,带动和促进全市高新技术产业的发展。加大成都高新技术产业开发区、成都经济技术开发区体制创新和管理创新力度。完善“一区多园”开发模式,建立产学研结合机制,加强技术引进、吸收、消化、创新工作,利用资本市场搞好高新技术企业资本运营,使其成为西部一流的高技术产业化基地、技术创新基地、技术人才培训基地和高技术产品出口基地。

加快技术创新体系建设。建立以企业为主体、以高等院校、科研院所为依托的技术创新体系。支持鼓励企业自办技术研究和开发机构,扶持建设一批重点工程技术中心,组织实施一批技术创新工程，消化创新一批国内外先进科技成果,实现较高水平的技术跨越。积极采用新技术和先进适用技术改造传统产业,实现高技术产业和传统产业的共同发展。建立以政府投入为引导、企业投入为主体、金融机构和社会资金共同参与的多层次、多渠道、多元化科技投入体系，切实加大科技投入，着力提高全市研究开发经费占GDP的比重。

——培育壮大主导产业，提高产品的市场竞争力。在全面发展成都工业经济的同时，要以培育壮大主导产业和优势行业中的骨干企业为重点，实施名牌发展战略，推进产品结构、企业组织结构和产业结构调整，增创新优势，实现新发展。

进一步培育壮大主导产业。充分发挥我市资源优势和技术优势，继续培育壮大电子信息、医药、食品、机械（含汽车）主导产业。积极发展石油化工、建筑、建材业，使其逐步成为我市第二产业的主导产业。

电子信息业：重点发展光通信产品、军事电子装备、计算机软硬件、系统集成及网络设备、电子信息材料及新型原器件，带动相关产业发展，努力建成国家电子信息产业基地。

医药工业：大力发展化学医药、中成药制剂和生物生化制剂。加快生物医药研究开发。积极扶持优势企业，以自主知识产权的中成药为重点，加快建设国家中药现代化科技产业园。

食品工业：抓好名烟、名酒和绿色食品、名优食品、饮料，引导名牌企业实现规模扩张，质量提升，力争建成国家重要的食品工业生产基地。

机械工业（含汽车）：以现有优势企业为基础，以大型机械装备和环保设备国产化为主要方向，重点支持柯斯特中高档旅行车、建筑工程机械、城市污水处理设备、数控机床及工具、航空零部件等优势产品。根据城市轨道交通设备国产化政策.有选择、有重点进行机电设备开发和产业化，争取获得国家定点生产许可。

石化工业：利用西南地区石化工业空白、市场前景广阔的有利条件，积极争取国家支持。抓好兰州——成都输油管道工程建设，力争尽快在成都建设四川石化总厂，形成石油化工生产能力，发展乙烯及合成材料等下游产品。

根据主导产业发展方向和重点，集中力量加快一批重大技改和骨干建设项目，增强我市经济发展后劲。近期重点抓好托普集团数控机床及自动编程软件、前锋公司数字集群移动设备、全兴集团生物工程材料与制品等技改项目。抓好四川汾煌食品有限公司成都生产基地、都江堰拉法基水泥有限公司水泥生产线、新都环境工程设备厂一体化氧化沟城市污水处理成套设备开发等重点在建项目。发挥军工企业技术装备和人才作用，支持军工企业军品生产和重大军转民项目。

实施集团化发展战略。在积极发展中小型企业和劳动密集型企业的同时，以四川丰田公司、成都卷烟厂、全兴集团、成飞公司、地奥公司、托普集团、国腾通信等一批优势企业为依托，打破所有制、隶属关系和地域界限，通过强强联合，优势互补，培育和发展一批跨所有制、跨行业、跨地区、跨国经营的企业集团。到2010年，逐步形成3至5家年销售总额在100亿元以上的大型企业集团。

——着力发展新兴产业，提高第三产业层次和水平。以增强城市综合服务功能为重点，加快新兴产业发展，推进传统服务业结构优化和产业升级，力争第三产业增加值比国内生产总值年均增长速度高1—2个百分点。

大力发展旅游业。加强旅游资源、旅游产品开发。发展特色旅游，重点抓好青城山一都江堰景区、西岭雪山风景名胜区、大熊猫繁育基地、杜甫草堂、刘氏庄园等旅游设施建设。开放旅游投资市场，设立中外合资旅行社，吸引社会资金和境外资金参与投资和经营。加强旅游行业管理，提高服务水平。建立旅游综合服务中心,加大旅游促销力度,大力开拓国内外旅游市场,提高旅游客源和旅游收入增长幅度。

提升发展流通业。继续深化商贸中心城市改革试点,按照商品市场建设规划,调整和优化商业业态,重点发展大型综合超市、连锁便民超市、专营专卖店、购物中心和区域性物流、配送中心。大力发展科技型商业企业,积极发展电子商务。加强流通秩序整顿,规范市场竞争行为。探索和加快发展会展业、服务业、拍卖业、租赁业等产业。

积极发展房地产业。以住宅建设为重点,建立和完善多层次住房供应体系,加快住宅产业化,搞好住宅小区建设。建立健全房地产市场运作机制,规范房地产一级市场,进一步培育和发展二级市场,大力发展房地产租赁市场。发展居民住房信贷消费,建立廉租房制度。扩大住房有效需求。探索房地产开发投资新形式,规范发展房屋装饰装修业。

加快金融业发展。支持办好国内外驻蓉金融机构,强化金融中心城市功能。支持成都市商业银行、信托投资公司等地方金融机构规范发展,积极发挥农村信用社的作用,加快发展证券业、保险业。加强银行和企业间的协调,建立新型银企关系。做好项目论证、推荐工作,争取国家政策性银行的支持。坚决制止金融"三乱"和逃废债行为,防范和化解金融风险,为金融业的发展创造良好的环境。积极开展金融创新,加快金融电子化步伐,为经济社会发展提供良好的金融服务。

加快发展信息服务、社区服务业,积极发展教育、文化、卫生、体育产业。培育和发展无形市场,拓宽第三产业发展领域。

——发展现代农业,提高农村经济整体素质和效益。紧紧围绕农民增收,按照面向市场、依靠科技、因地制宜原则,以优化农业区域布局、农产品品种品质、粮经比例和种养业结构为重点,推进农业和农村经济结构的战略性调整,加快实现农业增长方式由数量型向效益型转变,传统农业向现代农业的跨越。2005年,粮经比例由1999年的2.1:1调整达到1.5:1,养殖业产值占农业总产值比重由1999年的36.2%提高到50%以上,优质稻种植面积由1999年的13.8%提高到40%以上。"双低"(低芥酸、低硫甙)油菜率由1999年的23%提高到85%以上。

调整优化农业生产布局。继续实施"三环"发展战略,发挥区域比较优势,壮大优势产业。近郊重点发展都市型农业,中郊重点发展优质高效型农业,远郊重点发展生态型农业。

优化农业产业和品种品质结构。加强畜禽良种繁育体系和疫病防治体系建设。积极发展饲料工业和畜产品深度加工,加快发展畜牧水产业。适度调减粮食作物面积,发展效益较高的经济作物。加大"种子"工程实施力度,着力引进、选育和推广优良品种,加快农产品品种、品质结构的调整.提高农产品质量。发展名优特新产品和绿色产品。

大力推进农业产业化经营。在稳定和完善家庭承包经营责任制的基础上,积极探索农业土地使用权有偿流转机制,发展多种形式的农业适度规模经营,提高集约化水平。抓好一批龙头企业,促其加快发展壮大。积极引导乡镇企业发展农副产品精深加工,延伸农业的产业链,增加农产品附加值。积极发展"合同农业"、"订单农业"。加强农产品市场体系建设,鼓励农民和非农实体参与农产品流通。加大农产品营销力度。

继续抓好科教兴农。鼓励农业科研单位和科技人员下乡承包和建设示范基地。重点抓好成都平原现代农业示范带和现代农业科技园区建设。

进一步稳定和健全农技推广体系，大力推广农业科技成果。逐步建立农产品质量标准体系。加强农民技术培训，提高劳动者科技文化素质。

（三）大力推进城乡结构调整，促进城乡经济协调发展。要加快小城镇建设，将其作为城乡经济结构调整、推进经济社会发展的战略措施，把小城镇建设与发展乡镇企业结合起来，与转移农村剩余劳动力结合起来，科学规划，合理布局，扩大试点，提高层次。要大力发展县域经济，始终把区（市）县经济发展放在全市经济发展的重要位置，继续实行“放手、放权、放活”的政策，在中央、省上政策允许范围内，大力支持、全面落实一切有利于区（市）县经济发展的政策措施。支持区（市）县大力发展股份合作制经济和个体私营经济，加快区（市）县经济发展。引导区（市）县充分发挥自身优势，优化区域经济布局，扩张经济总量，提高经济质量，形成各具特色的区域经济。

四、加快城市化进程和生态环境建设

实现跨越式发展，必须加快城市化进程。要严格实施城市总体规划，抓紧制定实施分区规划，进一步完善小城镇发展规划.坚持实施可持续发展战略，合理利用土地资源，力争2010年初步建成经济繁荣、科教发达、设施完善、环境优美的现代城市体系。

（一）大力推进城市化进程。认真落实国务院批准的成都市城市总体规划，加强城市体系建设。优化中心城产业结构和土地利用结构，调整发展第二产业，重点发展第三产业，逐步降低中心城生活与居住用地、行政用地比重。制定政策措施，引导城市向东、向南发展。加快城东、城南两个城市副中心建设。搞好县（市）域中心城镇建设，培育、形成新的经济增长带，带动和发展具有地方特色的优势产业，将其建设成实力较强的县（市）域经济中心。加快小城镇建设步伐。鼓励乡镇企业向小城镇集中。改革户籍管理制度，逐步放开本地农民到小城镇落户的限制，积极引导农村劳动力向小城镇转移和聚集，到2010年全市力争转移150万农业人口成为城镇居民。

（二）加大治理力度，改善城市环境。进一步完善城市管理体制，加大依法管理城市力度。充分发挥街道在城市管理中的职能作用，加快社区建设。强化城市市容环境卫生管理，大力开展城市环境综合整治。抓住国家支持环保基础设施建设的有利时机，加快污水处理和垃圾处理项目建设。做好清洁能源推广工作，提高优质能源在全市能源消费中的比重。抓好加气站配套建设，加快推广应用压缩天然气清洁汽车，治理汽车尾气污染。采取技改、转移、关闭等多种方式，抑制污染企业的发展。继续实施“光彩工程”和“畅通工程”。全方位塑造现代化城市整体形象。

（三）加强生态保护，建设绿色屏障。按照建设大生态的思路，加大生态环境建设力度。重点治理岷江、沱江流域山区和丘陵地区。近期重点实施天然林资源保护工程120万亩，退耕还林还草、坡耕地改造工程40万亩。实施生态农业工程，发展节水农业，增施生物有机肥，大力开展秸秆综合利用，建设一批生态农业示范基地。继续抓好大邑、崇州、都江堰等第一批国家生态环境建设重点县（市）综合治理工程，逐步扩大试点范围，实施市域县（市）全面综合治理。

五、深化经济体制改革

以国有企业改革为中心环节，抓好各项配套改革，大力探索适应新形势的新思路、新方法、新机制，推进“两个根本性转变”。

（一）加快国有企业改革步伐。以产权制度改革为突破口，积极探索公有制多种有效实现形式，鼓励非公有制经济企业参与国有企业资产重组，大力发展混合所有制经济，对国有企业实行战略性改组。把国有企业改革、改组、改造和加强管理结合起来,加快建立现代企业制度,完善法人治理结构,切实转换经营机制。积极探索国有资产管理的有效形式,建立和完善国有资产管理、监督、营运体系。进一步完善对企业经营管理者管理办法,落实经济责任审计制度,健全经营者激励和约束机制。充分发挥企业党组织的政治核心作用。健全企业民主管理制度。积极争取国家政策支持,力争更多的重大企业结构调整项目列入国家计划。用好国家支持军工企业改革政策,充分发挥军工优势,加快军转民步伐。

(二)深化财税和投融资体制改革。深化财政体制改革。逐步建立公共财政体制。坚持依法治税,加强税收征管和财政监督。开展审计检查工作,加强对重点项目和重点国有企业投资的监督管理。加快建立投资主体多元化、融资渠道多样化的投融资体制。逐步实现行业管理职能和投资建设职能分离,实行政府投资企业化经营。凡政府投资的基础性、公益性项目,一律实行招投标。加大利用资本市场力度,通过资产与项目组合,努力争取规范发行股票、可转换债券和扩大地方企业债券发行规模,积极探索建立产业投资基金。充分利用国家政策性银行贷款,积极利用国外政府优惠贷款、国外银行贷款、国际资本市场和项目融资等形式扩大融资规模。

(三)继续推进综合配套改革。按照综合配套改革试点城市的要求,大力发展资本、人才、劳动、信息、技术等要素市场,加快资源优化配置的市场化进程。继续深化金融、科技、教育、分配、流通等体制改革。完善社会保障制度,形成基本社会保险、补充保险和商业保险相互协调、覆盖范围广、社会化程度高、管理制度完善的社会保障体系。按照上级部署,搞好党政机关的机构改革,切实转变政府职能,理顺关系,精简机构和人员。建立高素质的国家公务员队伍,规范党政管理体系。健全工作机制,提高服务质量和办事效率。

六、扩大对内对外开放

抓住我国即将加入 WTO 和国家实施西部大开发的历史机遇,坚持“开放强市”战略方针,以发展外向型经济为重点,“引进来”,“走出去”,大力开拓国际市场。实行对内对外并举,外资外贸并进,软硬环境并重,以大开放推进大开发,以大开发促进新跨越。

(一)做好与国际惯例接轨的充分准备。加强对我国即将“入世”新形势下对外开放工作的宣传引导,抓好各级领导干部、企业经营者和涉外人员对国际经贸知识和国际经济运行惯例的学习培训,强化企业主体意识和观念的转变。组织力量研究“入世”对成都经济发展的影响,及时制定因应对策,做好各项准备工作,并着力培育具有国际竞争力的公司。利用一切有利条件,寻求多种方式,扩大对外联谊和交流。加快与国际经济接轨步伐。

(二)扩大招商引资和对外贸易。积极利用国家扩大西部地区开放的政策措施,努力争取在金融、电信、旅游、商业、中介服务等领域利用外资的试点。充分发挥企业在招商引资中的主体作用,不断改进和创新招商方式,采取多种形式合资合作,广泛吸引国内外资金、技术和人才,促进企业机制创新、技术创新、管理创新。加大利用外国政府和其他国际金融组织贷款力度,扩大实际利用外资规模。把握世界知名企业的市场开发取向和资本技术投向。按照国际惯例搞好项目筛选、包装和储备,加大对国际知名大公司、大财团、大商社招商引资力度。坚持实施大经贸发展战略。深化外贸公司改革,盘活存量资产。转换经营机制,激发经营活力。鼓励企业开拓国际市场,推动企业通过国际质量管理体系、环境管理体系认证。推进外向型经济的发展。加快赋予具备条件的各类国有、乡镇和个体私营企业进出口经营权,扩大对外出口规模。充分利用国家鼓励出口政策,大力调整出口商品结构,加大高新技术、机电产品和地方特色优势产品的出口。鼓励企业与跨国公司联合生产、配套协作,开展来料加工。鼓励有条件的企业到境外、国外发展,提高我市与国际经济的融合度。继续扩大对内开放。加大“东引西联”力度,特别是加强与长江流域经济带和东部地区多形式、全方位经济技术合作,大力引进国内名牌厂商来蓉投资办企业, 互惠互利,共谋发展。

(三)大力改善投资环境。在进一步完善投资硬环境的同时,下大力气整治“乱”“慢”“散”等突出问题,从法制、政策、服务等方面。优化外商投资和外商投资企业发展的软环境。制定较东部更为宽松的政策,包括放宽外商投资领域、股权限制、降低土地实际价格等,积极引导外资流向目前竞争力较弱、易受进口产品冲击的产业和高新技术产业。实行对内对外开放并重,对国内外的投资者可给予外商投资政策待遇。大力提高涉外人员业务素质,严格规范办事程序,提高服务质量和办事效率。积极发展律师、公证、会计、审计等中介服务业,培育规范的市场秩序。

(四)加强开发区建设。以建设“体制新区、经济强区”为目标,集中抓好国家级成都高新技术产业开发区(包括海峡两岸科技产业园、国家中药现代化科技产业园区、托普软件园区)、成都经济技术开发区建设, 支持办好省市级各类开发区、试验区。以出效益、出形象为目标,加强开发区功能开发和基础设施建设,用足用活用好开发区的政策和机制,充分发挥开发区、试验区在体制创新、技术创新、产业升级和对外开放中的先导、示范和带动作用。

七、发展科技教育事业

认真实施“科教兴市”战略,把科技进步和教育事业放在经济社会发展的重要位置。努力提高科技水平。全面提高劳动者素质和人口素质,推进科技、教育和经济的有机结合。

(一) 加快发展科技事业。深化科技体制改革, 推动应用型科研机构向企业转制或进入企业,走出大联合攻关、多学科交叉、高效益转化的产学研协作新路子。大力发展科技中介机构,完善技术交易有形市场, 健全科技推广服务体系。加速科技成果推广和应用,加快科技优势向经济优势的转化,提高各行各业的科学技术现代化水平。落实技术入股等优惠政策,建立科技风险投资基金,充分利用国内外资本市场,多渠道增加科技投入。要坚持不懈地在全市人民中普及科学知识,提倡科学方法,弘扬科学精神,努力形成在全社会学习科学、相信科学、依靠科学的良好氛围。

(二) 大力发展教育事业。全面推进素质教育, 着力提高学生思想政治素质和创新实践能力。深化教育体制改革,引导和支持社会力量以多种形式办学,逐步形成以政府办学为主、社会各界共同参与、公办和民办学校共同发展的格局。继续巩固“普九”及扫盲成果,加快普及高中阶段教育。积极发展高等和中等职业教育,大力发展农村教育,逐步建立和完善社会化、多层次的终身教育体系,到 2010 年,全市适龄人口高等教育入学率达到 25%,接受岗前就业职业技术培训的比例达到 95%以上。积极发展教育产业,优化教育资源配置, 加快四川省大学科技园区、四川成都教育产业园区建设。完善教师选聘机制,提高教师整体素质,到 2005 年,小学、初中、高中教师学历合格率分别达到 98%、90%和 85%;到 2010 年,培养造就 50 名左右在国内有一定影响的教育专家后备人才,300名左右在省内有较大影响的优秀中青年学科带头人。

(三)着力构建人才高地。人才是经济社会发展的第一资源。要多渠道培养人才,采取有力措施,重用、吸引人才,特别要重视以政策吸引人才,用项目聚集人才,靠环境留住人才,建机制激励人才,形成尊重人才、人尽其才、才尽其用的良好社会环境。要制定引进人才的具体措施,吸引一大批硕士研究生、博士研究生、海外留学生和国内外的高级专家,尤其要重视吸引、鼓励具有现代意识、系统知识、创新能力的各类人才,特别是掌握核心技术的科技人才,熟悉现代管理的经营人才和拥有资金项目的创业人才聚集成都,成就事业。

八、加强领导,为实现跨越式发展提供坚实保证

实施西部大开发战略,实现成都跨越式发展,关键在于加强和改善党的领导。要认真学习、深刻领会、全面贯彻江总书记关于“要使我们党始终成为中国先进社会生产力的发展要求、中国先进文化的前进方向、中国最广大人民的根本利益的忠实代表”的重要思想,全面加强党的思想、组织、作风建设。要按照“三个代表”的要求,深入开展“三讲”教育,坚持“四化”方针和德才兼备原则,切实加强干部队伍建设。推进以公开选拔、竞争上岗、轮岗交流、公示制为重点的干部人事制度改革,大胆选用德才兼备的优秀年轻干部。要按照“三个代表”的要求,从严治党,从严治政,切实加强党风廉政建设,深入开展反腐败斗争,努力把各级领导班子建设成为政治上强、开拓进取、团结协调、勤政廉洁的领导班子,进一步提高执政水平和领导水平,为实现成都跨越式发展提供坚强的组织保证。

坚持“两手抓、两手都要硬”的方针,切实加强社会主义精神文明建设,为实现成都跨越式发展提供精神动力。要坚持不懈地以邓小平理论武装广大党员、干部,进一步坚定建设有中国特色社会主义信念,凝聚广大干部群众的智慧和力量。加强以爱国主义、集体主义、社会主义为核心的思想道德教育,大力倡导实事求是的科学精神,艰苦奋斗的创业精神。切实加强新形势下的思想政治工作,大力宣扬先进典型,充分发挥其示范、引导作用。深入广泛地开展群众性精神文明创建活动,努力形成健康向上的社会风尚。广泛开展“抓住新机遇,实现新跨越”大讨论,加强“致富思源、富而思进”的教育。摒弃“农耕文化”的负面影响和封闭、狭隘、粗放的落后观念,弘扬时代精神,增强开放意识、创新意识、机遇意识,把干部群众的思想认识统一到中央实施西部大开发战略的决策精神上来,统一到实现省委、省政府对成都发展的要求上来,以敏锐的触觉寻求机遇,以时代使命感珍惜机遇,以踏实的工作抓住机遇。加大实施西部大开发战略宣传力度,充分发挥舆论的引导和鼓劲作用。营造良好的舆论气氛,提升成都在国内外的知名度。

加强民主法制建设,维护城乡社会稳定。继续实施“依法治市”战略方针,坚持和完善根本政治制度和基本政治制度,提高民主化、法制化水平。深化普法教育。加强地方立法工作,提高执法队伍综合素质。强化执法监督。促进依法行政。维护司法公正,为实施西部大开发营造良好的法制环境。层层落实维护社会稳定领导责任制,高度重视、正确处理新形势下的人民内部矛盾,认真解决社会热点、难点问题,及时、妥善处置群体性突发性事件,把问题解决在基层,把矛盾化解在萌芽状态。依法加强对宗教事务的管理和对民间组织的管理。加强社会治安综合治理,严密防范,依法打击各种严重刑事犯罪,确保社会政治稳定。坚持国有企业下岗职工基本生活保障、失业保险和城镇居民最低生活保障“三条保障线”制度，切实做到制度到位，资金到账，保障到人。努力开拓就业门路，搞好职业培训，帮助下岗职工尽早实现再就业。做好扶贫济困工作，认真解决农村贫困人口的基本生活问题。坚持采取有效措施。切实减轻农民负担和企业负担。高度重视安全生产，消除事故隐患，杜绝重大恶性事故发生。

各级领导干部要振奋精神，改进领导方式，迎难而上，真抓实干。要努力提高决策水平，坚持一切从实出发，紧密结合当地和本部门实际情况，在研究实施“新思路、新办法、新机制”上下功夫，把主要精力放在抓事要事、抓主要矛盾上，自觉做到思想艰苦、工作艰苦、作风艰苦，不断提高科学决策水平和协调实践能力。要突出抓好工作落实的实施环节，全面提高执行效率，综合运用经济、行政、法律等多种手段，落实领导、部门、区（市）县的工作责任，层层细分目标，级级明确任务，确保工作高效，任务落实。要切实增强督查实效，加强对重大决策、重要部署贯彻情况和主要目标任务完成情况的督查，加大奖惩力度。支持和保护广大干部群众参与西部大开发的积极性和创造性，为肯干、会干、干得好的鼓劲，营造跨越式发展的进取氛围。

实现跨越式发展，是我市现阶段和今后一个时期的中心任务和头等大事。要根据国家实施西部大开发的总体部署和省委、省政府的要求，制定好跨越式发展的总体规划和专项规划，并纳入成都市经济社会发展“十五”计划和长远规划。各区（市）县和市级职能部门要尽快制定具体措施，抓好工作落实。当前，要选好重点项目，成熟一个，启动一个，开工建设一批重点项目。加快建设一批在建项目，保质保量竣工一批项目，为跨越式发展开好局、起好步。

市委、市政府号召，全市各级组织和广大干部群众，要更加紧密地团结在以江泽民同志为核心的党中央周围，高举邓小平理论伟大旗帜，在省委、省政府领导下，抓住机遇，开拓进取，同心协力，艰苦创业，为实现成都跨越式发展的宏伟目标而努力奋斗。

中共成都市委　成都市人民政府
关于推进农业和农村经济结构战略性调整的意见

（成委发〔2001〕30号）

各区（市）县委和人民政府，市委各部委，市级各部门，各人民团体：

成都是大城市带大郊区，农业和农村经济工作历来是我市的重点工作之一，抓好农业和农村经济，事关全市改革、发展和稳定的大局。当前我市农业和农村经济正处于一个关键阶段，主要农产品已由长期短缺转变为阶段性供大于求，经济结构性矛盾突出，农民增收难度加大；国家实施西部大开发和我国即将加入 WTO，既为我市的农业和农村经济发展带来了新的机遇，又面临着严峻挑战，必须采取有力措施，积极稳妥地推进农业和农村经济结构战略性调整，提高农业和农村经济的整体水平，为基本实现农业和农村现代化奠定坚实基础。为此，根据《中共四川省委四川省人民政府关于实施我省农业和农村经济结构战略性调整的意见》（川委发〔2001〕8号）精神和《成都市国民经济和社会发展第十个五年计划纲要》以及《中共成都市委成都市人民政府关于印发〈成都市基本实现农业和农村现代化建设规划（2001—2010年）〉的通知》（成委发〔2001〕22号）精神，现就推进我市农业和农村经济结构战略性调整提出如下意见。

一、农业和农村经济结构调整的思路和发展目标

"十五"期间，我市农业和农村经济结构战略性调整的思路是：抓住西部大开发的历史机遇，着眼于城乡经济协调发展，发挥大城市郊区的区位优势，坚持市场取向原则，以科技进步和改革开放为动力，以增加农民收入为核心，稳定和加强第一产业，大力发展农村二、三产业，优化农村经济结构、优化农产品质量、优化农业区域布局，着力提高农业、农村经济的整体素质和效益，加快传统农业向现代化农业、粗放经营向集约经营转变，为基本实现农业和农村现代化奠定坚实基础。

（一）农村经济发展目标：到2005年，郊区（市）县（含五城区及成都高新区的乡镇，下同）人均国内生产总值达到15300元，年均增长10%以上，其中农业增加值年均增长3%以上；乡镇企业增加值年均增长14%。农民人均可支配收入达到3 900元，年均增长6%。

（二）农村经济结构调整目标：到2005年，郊区（市）县国内生产总值中一、二、三产业结构比由2000年的17∶46∶37调整为11∶48∶41；养殖业产值在农林牧渔业产值中的比重由2000年的37%调整到50%；粮食与经济作物（含饲料）的播种结构比由2000年的63∶37调整为60∶40。

（三）农村劳动力结构调整目标：农业劳动力转移和劳务输出增加人数年均达到8万人以上。到2005年，在全市乡村从业人员总数中，第一产业与二、三产业的从业人员结构比由2000年的60∶40调整为50∶50。

二、农业和农村经济结构调整的工作重点

"十五"期间，对农业和农村经济结构调整，要在保证农产品供应总量稳定增长和多样化的基础上，发挥市场对资源配置的作用，着眼于产品质量和经济效益的提高，着眼于增长方式的转变，着眼于农业长远发展和城乡协调发展。调整重点是优化农村经济结构、农产品质量和农业区域布局。

（一）优化农村经济结构。在稳定和加强第一产业的同时，着力提高二、三产业在农村经济总量中的比重、养殖业在农林牧渔业中的比重和经济作物在种植业中的比重。

稳定和加强第一产业。一是优化种植业内部结构。在保护好基本农田，稳定粮食综合生产能力的基础上，根据市场需求，扩大效益较高的秋淡菜和精细蔬菜、食用菌、瓜果、茶叶、花卉苗木、中药材、青饲料等生产，推动种植业向粮食、经济作物、饲料三元结构转变。全市小麦种植面积要由2000年的240万亩调整到2005年的150万亩左右。二是大力推动养殖业发展。在稳定生猪饲养量和提高其肉品质量的同时，重点发展肉羊、肉牛、奶牛、肉兔及水禽、水产品等生产，稳步发展特种养殖业，使养殖业成为农村经济的一大支柱产业和农民增收的重要来源。

加快发展第二产业。一是大力发展农副产品加工业。积极推进农业产业化经营，重点抓好畜禽、蔬菜、食用菌、中药材、果品等优势产业和农副产品精深加工骨干项目。到2005年，力争全市农副产品加工率达到45%，其加工业产值与农林牧渔业总产值比达到1∶1。二是着力发展优势工业。以乡镇企业为主体，积极吸纳城市生产要素，着力培育和发展食品饮料、机械、医药、化工、电子电器等主导产业。坚持把农副产品加工业作为乡镇企业发展的一个重点和新的经济增长点，积极发展农副产品精深加工及储藏、保鲜、包装等产业，拉长农业产业链，提高农业的后续效益。三是切实抓好农村建材建筑业。充分利用农村劳动力和建材资源丰富、城乡房产开发领域广阔等有利条件，进一步发展农村建材业和建筑业。

大力发展第三产业。一是着力发展农产品营销业。支持和鼓励农民进入农产品流通领域，积极拓展农产品营销渠道，扩大产品销售半径，搞活农村经济。二是积极发展生产、生活服务行业。以小城镇为载体，积极发展农村商业、餐饮、文化、运输、信息、中介等为生产生活服务的行业。三是抓好农村休闲旅游和观光农业。搞好“农家乐”的发展规划和规范管理，丰富休闲内涵，提高旅游品味，使休闲旅游成为农村经济和农民增收的一个重要增长点。四是认真抓好劳务输出。抓好务工人员的培训，提高其素质，不断拓展农村劳务输出空间和规模。坚持埠外输出和就地转移相结合，引导农民积极参与城乡公路、桥梁等工程建设和农田水利设施建设。

（二）优化农产品质量。核心是提升农产品的科技含量，提高农产品的优质品率，创成都的优质品牌，增强市场竞争力。加快优良品种的引进、选育和推广，加速农产品品种的更新换代，大力发展绿色食品，全面提升农产品质量。到2005年，全市农产品综合优质率达45%，其中，优质稻种植面积占水稻总面积的比重达50%以上，优质油菜种植面积占油菜总面积的比重达85%，优质果品产量占果品总产量的比重达70%，“三元杂交”优质猪肉产量占猪肉总产量的比重达65%以上。蔬菜面积每年保持在230万亩左右，重点发展无公害蔬菜和秋淡菜、反季蔬菜、精细菜及森林蔬菜。

（三）优化农业区域布局。近郊一环地区重点发展都市农业，充分发挥背靠大城市、大市场的区位优势，积极发展精品农业、设施农业、休闲观光农业及农副产品加工业，逐步退出粮、油生产。中郊二环地区重点发展优质高效农业，着力提高农产品质量，加强粮、油、肉、菜、蛋、鱼、花卉苗木等商品生产和加工基地建设，大力发展特色农业和创汇农业，努力提高农产品附加值。远郊三环地区重点发展生态农业，以生态环境建设为切入点，将全市25度以上及市级以上旅游景点地区坡耕地逐步退耕还林（草）；发挥山丘区的资源优势，积极发展果品、木本药材和草食型的牛、羊、兔等养殖业；充分利用、开发丰富的自然和人文景观，因地制宜地发展旅游经济。

三、农业和农村经济结构调整的重点发展项目

推进农业和农村经济结构战略性调整，必须以项目为载体，突出抓好“51133”（5大基础工程、10大类优质农产品生产加工基地、100个产业化重点龙头企业、30个区域性中心城镇和3个重点现代农业科技园区）工程建设。

（一）搞好5大基础工程建设。一是农业基础设施建设工程。主要抓好中低产田土改造、节水灌溉、江河堤防和渠系配套整治工程项目。继续推进农业综合开发，每年安排改造中低产田土25万亩，不断提高地力。大力抓好以丘陵地区干旱缺水严重的乡村为重点的节水灌溉工程建设，从根本上解决农村常年生产、生活用水问题。积极争取国家和省对岷江、沱江干流（成都段）及其他大河整治的支持，继续推进标准堤防建设。切实抓好都江堰、玉溪河两大灌区的渠系配套设施及九龙滩灌区节水改造工程建设，增强排灌能力。二是农村生态建设工程。坚持抓好天然林保护和长江防护林工程建设，进一步实施退耕还林（草）项目。着力开展以岷江、沱江流域（成都范围）水土保持为重点的生态环境综合治理。积极推进国家级温郫都生态环境示范区及龙泉驿、蒲江等地生态工程建设。“十五”期间，新增成片造林70万亩、封山育林12万亩、退耕还林(草)30万亩、四旁植树4000万株、水土治理面积600平方公里，全市森林覆盖率达到33.5%。三是种子种苗工程。重点抓好优质杂交稻制种、蔬菜新品种选育、优质水果母本园建设、中药材良种繁育及优质畜禽良种、优质花卉种苗、水产良种和林木种苗工程项目，保证全市优质种子、种苗供应。四是动植物保护工程。完善农业病虫监测网络，建立市级和区域性农药残留监测及疫情监测站。配套完善市县两级植物检疫检验室、动物疫病诊断室和疫苗保存运输冷链体系。五是农业标准化工程。适应市场对农业发展的要求以及我国即将加入WTO的新形势，建立健全农业标准化体系。重点建设市级农业质量检验测试中心，建立健全农产品质量监测网络，配备必要测试手段。严格执行国家农产品质量标准，并结合我市实际，制定主要农产品的地方质量标准。

(二)建设10大类优质农产品生产加工基地。按照发挥优势，提高质量，扩大规模，创立品牌，实施产业化经营的思路，依托现有各类农产品生产基地和加工企业，重点抓好10大类农产品基地建设。一是优质粮油基地。重点在10个主产水稻、油菜籽县(市)建立中档优质稻和优质油菜开发基地。到“十五”末，全市部颁二级优质稻种面积达200万亩以上，“双低”油菜种植面积达100万亩以上。二是优质蔬菜基地。主要发展无公害蔬菜、精细菜、反季菜、特种菜，特点扶持出口创汇的蔬菜生产加工基地建设。到“十五”末，使全市无公害蔬菜面积达100万亩以上。三是优质畜产品基地。重点发展高瘦肉率的“三元”杂交猪，建立成都地区无规定疫病出口猪肉基地。发展优质肉牛、肉羊、肉(毛)兔生产，在山丘地区建设优质草食型畜产品基地。在一、二环地区积极发展奶业生产，建设奶产品生产加工基地。四是优质水果基地。重点发展优质甜橙、蜜桃、枇杷、早熟梨、猕猴桃、果梅、冬草莓等果品生产，在金堂、龙泉、双流、蒲江、都江堰等地进一步扩建特色水果生产加工基地。到“十五”末，全市优质果品生产基地的水果种植面积达70万亩。五是优质食用菌基地。重点发展茶树菇、姬菇、杏胞菇及香菇、猴头菌等优质品种，在金堂、青白江、大邑、郫县等地建立优质品种食用菌外销生产加工基地。六是花卉苗木基地。重点发展中高档鲜切花、观叶植物、绿化苗木、川派盆景，进一步抓好锦江、温江、郫县、都江堰等地的花卉苗木生产基地。七是中药材基地。重点发展黄柏、厚朴、杜仲、黄莲、丹皮及郁金、泽泻等优质中药材生产，稳定川芎种植面积，在邛崃、大邑、彭州、都江堰、崇州等适宜地区形成规模生产基地。八是名优茶叶基地。重点发展无性系名优茶和本地特色茶种，进一步抓好邛崃、蒲江、大邑、都江堰等地高档生态茶叶生产加工基地。九是优质水产品基地。积极引进优质品种，发展本地特色产品，重点在新津、成华、都江堰、崇州等地建设鳟鱼类等冷水性鱼类和鳜鱼、鲈鱼、鲟鱼、黄颡鱼等名特优水产品基地。十是优质桑蚕基地。引进优良蚕桑品种，改进养殖技术，在金堂、大邑、邛崃、蒲江等地建设蚕丝出口生产基地。

(三)加快农业产业化经营骨干项目建设。重点扶持产业化龙头企业建设优质农产品生产、加工、出口基地，引进、开发新产品、新技术、新工艺，增强市场竞争力和对农户的带动力。引导龙头企业加快机制创新步伐，建立健全与农户的合理联结和利益分配机制，重点推广产销合同制，大力发展“订单农业”。到2005年，年产值或销售收入达5000万元以上的产业化重点龙头企业发展到100个左右，全市各类产业化经营组织带动农户面达50%以上。

（四）抓好小城镇建设。认真贯彻落实国家和省、市有关政策措施，始终把小城镇建设作为农村经济结构战略性调整的主要阵地，高起点、高标准地制定和完善建设规划。充分运用市场机制，抓好试点小城镇的给排水、供电、道路、通讯等基础设施建设，改善镇域经济发展环境。根据城镇体系规划，选择30个具有产业优势和基础条件较好的区域性中心城镇进行重点扶持，促其加快发展，增强聚集和辐射功能。抓好镇域经济布局调整，引导乡镇企业逐步向小城镇工业园区集中，成片发展，形成规模经济。发挥区域比较优势，着力培育发展小城镇优势产业和特色产业，繁荣镇域经济，增强吸纳农业富余劳动力的功能，加快农村城镇化进程。

（五）建设现代农业科技示范园区。按照优化农业区域布局、发展特色农业的要求，通过政府引导、企业参与、市场运作的办法，依托农业科研和技术推广单位，积极引进和应用农业高新技术、先进生产手段和现代经营方式，在我市不同区域合理规划布局，并建设一批现代农业科技示范园区，带动农业科技成果转化和结构调整，加快传统农业向现代化转变。“十五”期间，重点抓好“成都现代农业示范区”“龙泉驿农业科技示范园区”和“双流县农业高新技术示范园区”建设，使其成为我市农业科技创新、农业高新技术转化和辐射带动作用较强的现代农业示范基地。

四、加大农业对外开放力度

充分运用国家实施西部大开发的政策措施，大力改善软、硬投资环境，运用新机制、新方法，扩大对外经济技术交流与合作，形成农村向城市、农业向非农产业的多层次、宽领域、全方位的开放格局，为农业和农村经济结构的战略性调整注入新的活力。坚持以项目为载体、加大招商引资力度。充分发掘和发挥我市农业的比较优势，认真搞好项目库建设，抓好农业项目的筛选、储备和包装推荐工作，以项目为载体，吸引外地资本到成都进行农业开发，投资二、三产业，参与小城镇建设。积极引进沿海发达地区的项目、资金、人才和先进技术、设备及管理方式，改造传统农业，建立一批外向型生产加工基地，提高我市农产品生产和加工业水平，增强市场竞争能力。同时，鼓励和支持有条件的企业到外地投资办厂，开展农产品加工贸易，合作开发土地、林业以及渔业等资源，建立生产加工基地。对在农业招商引资工作中做出突出贡献的，按《成都市人民政府关于印发〈成都市引荐外商投资奖励暂行办法〉的通知》（成府发〔2001〕46号）有关规定予以奖励。

五、加强农村三大服务体系建设

（一）建立健全农业科技服务体系。高度重视县乡两级农业技术推广机构建设，在搞好机构改革和定编、定员工作的基础上，增加推广经费，切实抓好设施设备建设，改善工作条件，提高人员素质，发挥其在优良品种和节本增效技术推广、生物技术应用、病虫疫病防治、农产品营销及机耕、机播、机收、用水、气象等方面的作用。同时，积极支持发展各类农业技术协会和民办科技组织，鼓励产业化龙头企业、农村专业技术协会和民办科研机构等社会组织参与农业技术推广。创新农业科技服务方式，逐步建立农业社会化服务体系市场化运行机制。到2005年，科技进步全市农业经济增长中的贡献率达52%以上。

（二）建立健全农产品市场体系。结合小城镇规划建设，新建和扩建一批以肉类、蔬菜、果品、食用菌、花卉苗木、水产品、中药材为重点的产地农副产品批发交易市场，配套完善区域性的综合集贸市场，形成以“成都农产品批发中心”“彭州蔬菜批发市场”等国家和市级农产品批发市场为核心，产地批发市场为骨干、中小型市场和遍及城乡的集贸市场为基础的开放性、竞争性的农产品市场体系。依托产品批发交易市场，建立健全市场信息网络，逐步发展电子商务；积极发展农产品营销中介组织和经纪人队伍，拓展农产品营销渠道。同时，加强市场管理，规范交易秩序，打破地区封锁，畅通农产品营销的绿色通道。

（三）建立健全农村信息服务体系。依托成都市农村经济信息中心，以“中国西部农业在线”为窗口，着力推进全市农村经济信息体系建设。力争在2—3年内，形成横向连接市级农口各部门，纵向连接区（市）县、乡镇和农产品批发市场、产业化龙头企业、农产品加工企业、农业专业生产经营大户的信息网络，并通过互联网交流国际、国内农产品市场动态和信息，传递最新的国内外农业科技信息，为市委、市政府及有关部门提供及时、准确的科学决策依据，为全市农业企业和农民提供科技、市场及政策等信息服务，引导农业生产经营企业和农民按市场需求调整农业和农村经济结构。

六、采取切实的政策措施

（一）多渠道加大农业投入。逐步健全以财政投入为导向，农村集体和农民投入为主体，多渠道、多元化的农业投资机制，确保农业投入的持续增长。各级财政对农业投入的增长要高于财政经常性收入的增长幅度，并确保及时足额到位。要优化财政的投资结构，不断提高对农业科技和产业化经营建设项目的投入比重，建立市、县两级扶持农业科技创新的专项资金。以项目为载体，积极争取国家和省对我市农业的支持，争取金融部门增加对农业和农村建设的贷款。充分运用市场机制，认真落实“谁投资、谁受益”的政策，鼓励社会资金和城镇工商企业投资开发农业，参与小城镇建设和农村基础设施建设。

（二）大力扶持农业产业化龙头企业。市和各区（市）县要建立扶持农业产业化经营建设项目的专项资金，并逐年增加。市上每年选择一批有基础、有优势、有市场前景的产业化重点经营项目，进行重点扶持。对市以上认定的产业化重点龙头企业，参照农业部等国家八部委联合下发的《关于扶持农业产业化经营重点龙头企业的意见》（农经发〔2000〕8号）和财政部、国家税务总局的有关规定，实行税费减免。进一步制定完善我市的扶持政策和措施，加大对产业化龙头企业的支持力度。

（三）引导和鼓励农村土地使用权合理流转。积极探索新形势下搞活农村土地使用权的有效途径，建立和完善土地流转机制。在坚持土地集体所有权和农民承包权不变的前提下，按照自愿、有偿和依法转让的原则，支持和鼓励农业产业化企业、专业生产经营大户及农业科研单位、市内外企业和科技人员采取各种形式成片经营农民的承包地，允许乡村干部“反租倒包”，发展多种形式的农业适度规模经营。采取农户承包地使用权的转包、转让、股份合作和集体“四荒”使用权的租赁、拍卖等形式，促进土地生产要素的合理流转和优化组合。

（四）着力支持乡镇企业发展。按照《中共成都市委成都市人民政府关于进一步加快乡镇企业发展的意见》（成委发〔2001〕21号）精神，落实发展乡镇企业的各项政策措施。市和各区（市）县要建立扶持乡镇企业的专项资金，主要用于支持重点企业的技术改造、新产品开发、出口创汇项目的贷款贴息。对乡镇企业高新技术重点发展项目，要在建设用地上优先安排，在税收和有关费用的收取方面予以政策优惠。

（五）积极扶持发展小城镇。认真贯彻国家和省的有关文件精神，按照《中共成都市委成都市人民政府关于进一步抓好小城镇建设试点工作的意见》（成委发〔2000〕31号）要求，重点落实好试点小城镇建设的用地政策、资金政策和户籍改革等方面的政策措施。有关部门要抓紧研究和制定有关土地整治置换、鼓励农民到小城镇落户等方面的具体实施办法，促进小城镇加快建设和发展。

农业和农村经济结构战略性调整，是一项长期而艰巨的任务。各级党委、政府要列入重要议事日程，切实加强领导。在实施中，要谋划长远，着眼当前，注重与我市的“十五”规划、农业和农村现代化建设十年规划相衔接，切实解决制约我市农业和农村经济发展，影响农民增收的突出问题。各有关部门要加强调研，强化指导和服务工作，积极帮助解决结构调整过程中出现的新问题，不断完善有关政策措施，加大扶持力度，保证我市农业和农村经济结构调整顺利进行。

中共成都市委　成都市人民政府
关于进一步加快县域经济发展的意见

（2002年12月11日以成委发〔2002〕36号印发）

各区（市）县委和人民政府，市委各部委，市级各部门，各人民团体：

县域经济作为国民经济的基本单元，是宏观经济与微观经济的结合部，是城市经济与农村经济的连接点。县域经济占我市经济总量和财政收入的60%左右，发展县域经济对促进我市经济持续、稳定、协调发展具有重要战略意义。近年来，我市对区（市）县实行“放手、放权、放活”的政策，县域经济得到较快发展。但是，与沿海发达地区和省内部分市（县）相比，还存在一定差距，还难以适应加快农村现代化、推进我市发展新跨越的需要。为认真贯彻党的十六大精神和省委、省政府对成都发展提出的要求、省“体制创新、工业强县”工作会精神，进一步加快我市县域经济发展，提出如下意见。

一、指导思想和奋斗目标

（一）指导思想。高举邓小平理论伟大旗帜，全面贯彻“三个代表”重要思想，抓住西部大开发和加入世贸组织的历史机遇，进一步解放思想、转变观念，破除“自我感觉良好”的意识，围绕全面建设小康社会奋斗目标，以跨越式发展为主题，以经济结构战略性调整为主线，以改革开放和科技进步为动力，以改善城乡人民生活为根本出发点，发挥优势，突出特色，加快工业化进程，推进农业产业化、农村城镇化和农村现代化，促进县域经济的可持续发展。

（二）奋斗目标。“十五”期间，我市县域经济发展速度高于全省同类地区平均水平，财政收入增长幅度高于国内生产总值增长幅度。城镇居民人均可支配收入年均增长8%以上。农民人均可支配收入年均增长6%以上。到2010年，力争有5至7个区（市）县进入全国100强县，建成人口20万人以上的中等城市2至4个。努力把区（市）县建设成为经济繁荣、社会进步、人民富裕、环境优美的新型区（市）县。

二、突出重点，加快县域经济发展步伐

（一）优化生产力布局，发展县域特色经济。坚持从实际出发，综合分析各区（市）县现有经济基础、区位优势、资源特点，按照以城带乡、"一、二、三产业互动，城乡经济相融"的思路和全市经济发展总体规划，抓紧制定全市县域经济产业布局的指导性规划。发挥区域比较优势，培育和壮大符合当地实际的主导产业，形成具有市场竞争力的特色经济，发展多元化、多层次、开放型的县域经济。

（二）实施工业强县战略。强化工业在县域经济中的主导地位，通过加快工业化，带动农业产业化，推动农村城镇化，促进一、二、三产业互动。立足本地资源优势和市场需求，突出特色和效益，培育和扶持一批上规模、上档次的骨干企业；大力引进先进设备、技术和管理，增强企业的技术创新能力，改造和提升传统产业；实施名牌战略，调整产品结构，打造有特色的名牌产品和拳头产品。引导中小企业走"专、精、特、新"的路子，促进中小企业健康发展。建设好现有工业区和特色园区，充分发挥示范带动作用，增强县域经济发展后劲。切实减轻企业负担，严禁"三乱"，进一步优化企业发展环境。

（三）推进企业改革创新。推进产权制度改革，采取改、转、并、卖等形式，实现国有企业百分之百改制、改制企业百分之百触动产权。各区（市）县要在2003年底前全面完成各类企业产权制度改革，2004年底前全面完成自收自支国有事业单位的产权制度改革。市级有关部门要积极支持区（市）县企业产权制度改革，服务好、配合好区（市）县做好改革中的各项具体工作。

（四）放手发展非公有制经济。把非公有制经济作为县域经济的重要支撑，进一步优化外部环境，做到政治上关心，法律上保护，政策上鼓励，经营上指导，发展上扶持，服务上热情。积极支持非公有制企业深化改革，建立和完善现代企业制度。支持和鼓励非公有制经济通过购买、兼并等多种形式，参与国有、集体企业改革。加大扶优扶强力度，支持非公有制经济上规模、上档次。放宽非公有制经济主体的市场准入条件，除国家法律法规明令禁止的以外，非公有制企业从事生产经营的领域不受限制。

（五）进一步扩大对内对外开放。引进一批能够壮大本地支柱产业和特色经济的内外资企业，对投资本地主导产业、特色经济以及符合国家产业政策的本地企业，应比照外来投资企业的有关政策给予支持。加强与沿海发达地区的经济技术合作，积极参与西南各省区市及成德绵高科技带的区域性经济合作，加强各区（市）县间的经贸合作，形成多层次、多形式的对内对外开放新格局。进一步改善投资环境特别是软环境，营造"人人都是招商主体，处处都是招商环境，事事都关招商大局"的招商氛围。保持招商引资政策的连续性，避免无序竞争，提高招商引资实效。认真落实有关引进外商投资奖励政策。大力发展外向型经济，加大培育企业自营出口力度，加快国有外贸企业改革步伐。实施市场多元化战略，扩大出口。坚持以质取胜，提高出口商品的竞争力。

（六）大力推进农业产业化经营。多渠道加大投入，扶持壮大一批有特色、有优势、带动力强的龙头企业，抓好农产品专业生产基地、专业营销大户、专业（批发）市场、专业场（站）、专业合作经济组织的发展，扩大对农户的带动面，提高农民进入市场的组织化程度。鼓励和引导农民在自愿、平等、民主等原则基础上组建农民经济合作组织。加快发展农产品加工、储藏、保鲜、包装和运销等产业，延长农业产业链，扩大农业的后续效益。高度重视食品卫生和安全，推进农产品标准化生产，抓好农产品质量标准体系和检验检测体系建设，加快发展无公害食品、绿色食品、有机食品。坚持农村土地承包关系和统分结合的双层经营体制，按照依法、自愿、有偿的原则，稳妥推进农村土地使用权合理流转，促进农业规模生产和集约经营。完善农村科技、市场、信息服务体系建设。抓好农村劳务开发，多渠道、多形式搞好劳务输出，促进农村富余劳动力转移。加大扶贫开发力度，搞好新村扶贫工程、帮扶促变工程、帮户脱贫工程，继续抓好部门对口帮扶工作，引导贫困地区群众自力更生、艰苦奋斗，改善生产生活条件，增加经济收入，扩大小康层面。切实搞好农村税费改革，确保农民负担明显减轻、不反弹，确保乡（镇）机构和村级组织正常运转，确保农村义务教育经费的正常需要。采取有力措施，化解乡村不良债务。

（七）加快中小城市（镇）建设，加速城市化进程。加快中等城市建设步伐，尽快形成几个经济辐射能力较强的中等城市和城市副中心；坚持科学规划、合理布局、规模适度、注重实效的原则，加快重点小城镇建设；形成以中心城市为核心、中小城市为主体、小城镇为基础的城镇体系，促进城乡一体化发展。进一步创新机制，广泛吸纳社会资金投入，加快城镇供水、供气、道路、治污、垃圾处理等基础设施建设。加强城镇管理，抓好城镇绿化、亮化和美化工程，提升城镇形象。着力抓好城镇经济发展，把引导企业合理集聚、完善农村市场体系、发展农业产业化经营和社会化服务等与小城镇建设结合起来，突出产业支撑，建设县域中小企业集聚地和商贸流通中心。加快推进户籍制度改革，引导农民有序地向城镇转移。

（八）加强基础设施和生态环境建设。进一步建设和完善主城区与各区（市）县及各区（市）县间的骨架公路网。深入推进村村通公路工程。加快城乡电网改造。加大农业投入，多渠道筹措资金，加强农村水利基础设施建设和中低产田土改造，加快实施微水治旱工程和农业节灌工程，改善农村生产生活条件。加大生态环境保护力度，抓好退耕还林、天保工程和水保工程，结合生态示范县建设的试点，建成一批生态区（市）县。

三、强化服务，加大对县域经济发展的支持力度

（一）按照分级管理的原则，合理界定市和区（市）县两级政府的人事权和管理权。市对县域经济的管理和指导主要体现在制定规划和政策，协调、解决区域性重大问题等方面，要做到真放手、多服务、少干预，增强区（市）县统揽本地区经济社会发展的能力。区（市）县在市的总体规划指导下，因地制宜制定本地区经济社会发展战略、目标任务，并具体组织实施。

（二）完善财税体制，增强区（市）县调控能力。进一步完善市对区（市）县分税制财政管理体制，调整转移支付结构，加大市对区（市）县一般性转移支付力度。国家分配和市掌握的农业、基础教育、科技、卫生、文化、体育等专项资金补助，要向中远郊区（市）县倾斜。五城区新征土地获得的土地纯收益，市和该土地所在区按 6:4 的比例分成。加快落实税收属地管理，规范税收征管秩序。

（三）改革投资审批权。对国家非限制、非禁止类的非政府投资项目（除五城区房地产项目外），一律由各区（市）县投资主管部门进行登记备案；对符合国家产业政策，不由国家、省、市政府解决建设资金，属成都市审批权限内的政府投资项目，按属地原则由各区（市）县投资管理部门自行审批。

（四）加强土地使用管理，拓展发展空间。严格按规划用地，坚持节约用地，采取多种办法，优先解决并保证工业项目特别是高科技项目用地。对事关县域经济发展的重大项目用地，市级有关部门要配合区（市）县，积极向中央和省上争取用地指标。建立新的土地动态平衡管理机制，在全市范围内有偿平衡重大项目用地指标。积极争取省上将省内机动用地指标向我市倾斜。

（五）采取多种措施，多方筹集资金。市财政每年要列出一定资金，用于区（市）县重点项目、企业技术改造、农业产业化经营龙头企业和中小企业贷款贴息。金融机构要积极支持县域经济的发展，特别是国有商业银行要扩大转授权，适当下放贷款审批权到区（市）县支行，对有基础、有市场、技术含量高的项目要提前介入。市和区（市）县有关部门要会同金融部门筛选、确定一批信用好、产品有销路、效益突出、有发展潜力的重点优势企业和符合贷款条件的农业产业化经营龙头企业，给予重点支持。建立健全为中小企业信贷服务的中介担保机构，帮助中小企业解决抵押担保问题。市中小企业担保有限公司要积极调整资产结构，完善措施，加大为各区（市）县中小企业融资担保的力度。要协调登记、评估等中介机构，降低企业融资中的各种收费，减少中小企业的融资成本。认真贯彻《中华人民共和国中小企业促进法》，建立和完善促进中小企业发展的风险投资机制，切实帮助有实力的中小企业积极对接资本市场，加大证券市场融资力度。政府、企业和银行要紧密合作，加强社会、企业信用制度建设及其基础工作。

（六）推进用电改革，提供能源保障。结合农电体制改革，积极协调解决城乡居民和企业同网不同价的问题；加快电力企业股份制改革，探索建立电力市场各主体的利益共享机制，逐步理顺电价；结合国家电力体制“厂网分离和竞价上网”的改革，创新电力企业运行机制。继续争取扩大电厂直供用户试点，建立电厂与用户直接协调价格的机制。适应县域经济发展要求，超前搞好电力网点布局规划，继续加强电力设施建设。

（七）加快科技教育发展，提供智力支持。到“十五”期末，各区（市）县要基本普及高中阶段教育。引导和促进区（市）县与大专院校、科研院所联合协作，兴办企业。引导在蓉高等院校、科研院所到区（市）县开办经济管理和适用技术培训班，采用网络媒体等现代教学方式，大力发展远程教育、电子教育，帮助区（市）县培养专门人才和适用型人才。加快实施“县、乡、村实用人才工程”。区（市）县要加大人力资源开发力度，加强职业技术教育，加快人才培养，提高劳动者素质。

（八）直管部门设在区（市）县的分支机构应切实做好服务工作。紧紧围绕当地经济发展的目标和任务，增强服务意识，提高服务水平。直管部门设在区（市）县的分支机构的工作业绩纳入区（市）县部门年度考评，并作为行业考评的主要依据；其主要领导的职务任免，应听取并征求当地党委、政府的意见。凡国务院和省上没有明确规定的，不得实行由市级部门直管区（市）县职能部门。

四、加强指导，形成县域经济发展的合力

（一）加强对县域经济工作的指导。坚持因地制宜、分类指导的原则，根据不同区域特点，制定相应的指导意见、经济政策和考核办法。坚持“抓两头，带中间”的工作方法，为基础好、有条件的区（市）县加快发展创造更加宽松的环境，发挥其示范带动作用。加强对基础较差特别是“三片一地”的区（市）县工作的指导，加大政策、项目、资金的扶持力度，促进其快速发展。

（二）建设坚强有力的基层党政领导班子。坚持用“三个代表”重要思想教育干部，强化县域经济发展意识，提高区（市）县领导班子驾驭市场经济的能力，更好地团结和带领广大干部群众加快县域经济的发展。不断巩固和扩大农村“三个代表”学教活动成果，加强基层民主和法制建设，选好配强乡(镇)领导班子，抓好以党支部为核心的村级组织建设，确保党和国家的方针政策在基层的贯彻落实。

（三）努力形成加快县域经济发展的强大合力。加快县域经济发展至关重要，各级党委、政府要认真贯彻落实省委主要领导和省委、省政府对我市发展提出的要求，并充分体现在我市加快县域经济发展进程中。市级各部门要充分认识加快县域经济发展的重要性和紧迫性，加大对县域经济发展的支持力度，进一步转变工作作风，切实为基层排忧解难，为区(市)县办实事、办好事，为加快县域经济发展创造良好的服务环境。各有关部门要根据本《意见》精神，提出具体工作措施，合力推进县域经济发展。

二、经济与社会发展情况表

1990—2005 年成都市地区生产总值

表 10-1　　单位:万元

年　份	合　计	第一产业	第二产业	第三产业
1990	1940857	405650	770657	764550
1991	2327841	413213	880691	1033937
1992	2925556	454357	1089187	1382012
1993	3885838	539474	1500798	1845566
1994	5073962	745596	1987076	2341290
1995	6472632	941089	2462805	3068738
1996	7722699	1051228	2913114	3758357
1997	8754888	1089434	3248582	4416872
1998	9618871	1118116	3549095	4951660
1999	10449059	1121632	3837886	5489641
2000	11567929	1163651	4221275	6163003
2001	13220544	1184869	4902971	7132704
2002	14887638	1254993	5585906	8046739
2003	17052732	1370525	6524538	9157669
2004	20310663	1682481	8055886	10572296
2005	23759858	1771481	9841863	12146514

1990—2005年成都市人口基本情况

表10-2

年 份	总户数（万户）	总人口（万人）	其中市区总人口（万人）	在总人口中 男（万人）	在总人口中 女（万人）
1990	262.61	919.50	280.81	471.00	448.50
1991	268.15	927.73	284.18	475.11	452.62
1992	274.56	936.88	288.28	479.69	457.19
1993	278.42	947.30	293.35	485.09	462.21
1994	285.05	960.39	301.47	491.01	469.38
1995	289.51	971.60	307.86	496.78	474.82
1996	295.50	980.74	317.12	501.16	479.58
1997	300.08	989.19	321.92	505.50	483.69
1998	304.29	997.00	325.98	508.64	488.36
1999	309.93	1003.56	330.29	511.54	492.02
2000	317.20	1013.35	335.86	515.80	497.55
2001	320.63	1019.90	341.52	518.89	501.01
2002	325.35	1028.48	439.79	523.61	504.87
2003	336.12	1044.31	452.57	531.77	512.54
2004	350.53	1059.69	464.54	538.17	521.52
2005	366.72	1082.03	482.07	548.40	533.63

1990—2005年成都市国有经济单位固定资产投资情况

表10-3　　单位：万元

年 份	总计	基建投资	更改投资	房地产投资
1990	282024	129438	117733	29883
1991	349698	210967	95843	31021
1992	523473	269816	151885	94449
1993	757296	440521	202886	106647

续表

年 份	总计	基建投资	更改投资	房地产投资
1994	910033	507497	270687	125555
1995	1081961	673204	211501	191869
1996	1192478	764703	189582	231519
1997	1480027	1043977	273403	162647
1998	2101225	1487162	379701	234362
1999	2339883	1683602	319915	336366
2000	2278569	1745390	192205	340974
2001	2869402	2180143	242981	437594
2002	3322330	2625351	265369	432496
2003	4014537	3217917	395262	380273
2004	4414864	3900470	387299	126432
2005	5773710	4560259	563727	240869

1990–2005 年成都市全社会固定资产投资构成情况(按经济类型划分)

表 10–4

年 份	总计	国有经济(%)	集体经济(%)	私营及个体经济(%)
1990	100	70.3	11.4	18.3
1991	100	72.1	11.6	16.3
1992	100	66.4	19.1	14.5
1993	100	53.6	24.0	8.9
1994	100	50.6	22.6	10.5
1995	100	50.2	25.5	10.1
1996	100	46.1	21.9	11.9
1997	100	47.7	20.2	10.7
1998	100	56.5	14.1	9.8
1999	100	55.8	10.8	8.7
2000	100	47.9	7.8	8.9
2001	100	49.3	7.2	11.4

续表

年 份	总计	国有经济(%)	集体经济(%)	私营及个体经济(%)
2002	100	47.3	6.8	11.6
2003	100	46.5	4.7	12.2
2004	100	41.8	4.7	13.2
2005	100	39.6	0.7	12.3

1990–2005 年成都市基本建设投资资金构成

表 10–5　　单位:万元

年 份	总计	国家预算内资金	国内贷款	利用外资	自筹资金	其他资金
1990	153562	28054	25080	30233	60674	4519
1991	284734	42430	48183	26860	95996	5710
1992	274872	48738	86710	1993	128219	9212
1993	443309	54743	112848	2190	227407	31194
1994	572310	55648	132642	24528	298296	52548
1995	749469	52162	164330	52768	370592	100367
1996	904586	47601	113683	45759	582707	102652
1997	1027699	50663	141203	34899	676260	119272
1998	1727367	130821	332852	134347	904951	138107
1999	2153283	133684	391282	134786	1187582	130037
2000	2430402	112098	528789	291572	1139342	201677
2001	2975173	152543	551451	242192	1588114	287703
2002	3467694	172506	765695	202394	1973426	172902
2003	4227149	122237	1416414	174279	2046469	319621
2004	5302645	201418	1409990	224757	2918829	196397
2005	6703345	133313	1501204	161095	4270249	336800

1990-2005 年成都市主要工业行业、工业产品产值

表 10-6

单位：万元

年份	总产值（万元）	轻工业（万元）	重工业（万元）	主要工业产品产量							
				钢材（万吨）	生物制品（吨）	原煤（万吨）	水泥（万吨）	汽车（辆）	布匹（万米）	卷烟（万箱）	发电量（万千瓦小时）
1990	2012797	933052	1079745	86.32	194.22	310.98	112.87	5230	8772	22.01	235977
1991	2428067	1144504	1283563	92.50	177.54	312.88	145.89	9113	8700	26.00	379300
1992	2736355	1231252	1505103	118.06	171.09	346.46	177.78	18834	10400	27.00	390100
1993	4218591	1847910	2370681	183.86	126.96	432.04	210.06	23951	7800	28.00	406000
1994	6122260	2951811	3170449	123.84	108.71	519.10	214.75	19298	8500	27.00	435600
1995	7388470	3704971	3683499	141.67	102.43	437.92	226.23	43912	10200	28.00	440200
1996	9368535	4748800	4619735	108.73	106.56	346.86	253.73	23513	12012	30.00	456060
1997	11016783	5830648	5186135	125.91	145.26	312.97	235.41	22629	8075	30.00	501146
1998	12195700	6617075	5578625	130.95	161.10	293.00	277.43	19701	8756	50.24	457098
1999	13208027	7181699	6026328	127.85	79.70	280.52	301.00	19040	7600	49.00	390800
2000	14082648	7599043	6483575	126.21	85.00	250.17	324.00	20124	5942	51.10	531300
2001	15705746	8263063	7442683	168.13	65.05	270.92	338.82	21879	5732	54.00	485258
2002	17434613	9070867	8363746	173.16	35.40	218.71	370.69	33500	3591	53.47	492120
2003	19718467	10191885	9526582	170.06	25.16	236.33	492.81	33109	2276	57.79	631511
2004	–	–	–	184.15	46.56	256.16	484.00	53415	1747	299.20	623595
2005	–	–	–	221.90	49.37	210.36	559.33	54702	3001	461.25	565513

1990—2005 年成都市农业基本情况

表 10–7　　单位：万元

年份	农作物播种面积（公顷）	农业人口（万人）	总产值（亿元）	主要工业产品产量							
				粮食（万吨）	油菜籽（万吨）	蔬菜（万吨）	水果（吨）	年末牛存栏数（万头）	牛奶（吨）	年末生猪存栏数（万头）	生猪出栏数（万头）
1990	990944	668.51	601911	381.70	19.85	222.80	111714	16.14	31700	532.93	533.52
1991	33.79	23885	997071	671.69	639111	392.26	19.92	227.29	138857	16.47	31995
1992	535.05	552.52	34.76	24578	998114	670.12	739631	399.05	17.88	244.93	156277
1993	16.61	35530	529.51	567.12	35.87	25750	988281	671.16	884061	397.53	13.05
1994	258.10	296061	20.22	37740	520.52	581.67	37.40	29504	991071	669.41	1279351
1995	397.30	14.38	271.33	246980	22.80	39420	532.87	617.94	39.49	32697	999204
1996	670.74	1504482	398.97	18.30	283.87	285301	22.48	37011	525.45	637.94	41.81
1997	34405	995636	670.59	1683751	400.61	15.68	292.47	339787	20.05	36103	521.58
1998	655.07	43.00	37281	1001714	670.69	1812981	402.10	14.11	307.00	385907	16.03
1999	39568	502.56	670.65	44.19	40588	1015221	669.71	1919066	403.86	15.06	337.77
2000	434088	15.40	42750	490.76	676.03	44.82	44407	1016458	667.41	1935590	397.02
2001	14.37	361.81	482662	15.30	44502	436.83	665.26	45.41	45922	988093	667.45
2002	1977360	363.71	18.59	409.82	523978	15.45	49753	433.17	680.06	46.52	49622
2003	962576	665.12	2121433	310.73	18.40	398.40	595274	17.92	62778	438.29	724.25
2004	49.81	54863	928899	662.76	2256349	299.08	18.64	425.93	644948	18.08	84183
2005	447.97	753.68	52.02	60112	864410	658.08	2438091	265.12	18.16	423.23	836679

1990—2005 年成都市财政与金融

表 10-8 单位:万元

年份	财政		金融			
	财政收入	财政支出	金融机构年末存款余额	金融机构年末贷款余额	国家银行现金收入	国家银行现金支出
1990	203981	119179	1723157	1605300	1751065	1616964
1991	224354	167589	2227217	1996183	2256416	2046852
1992	249041	167589	2975379	2485056	3356674	3199444
1993	337751	244909	3494672	3091224	5237439	5097752
1994	458905	284996	4522346	3880226	7241492	6982354
1995	528933	352085	6919448	4978719	10189352	9467860
1996	654185	444024	7596120	5990567	12919604	11849209
1997	772534	528323	9068225	7022430	15063348	13661810
1998	894140	600676	10870715	8160632	16789857	15762008
1999	1047867	722136	16364174	13742177	24126046	22950528
2000	1186106	829432	18904394	14871362	28189459	27026857
2001	1453175	1056589	22571432	17622699	33919325	33100139
2002	1819760	1296823	26356135	21817846	41130487	40728767
2003	2161256	1545576	32407873	25879425	48819720	48347133
2004	2751491	1875653	37715442	28598705	53991306	52923407
2005	3657817	2417938	44774948	30187025	58027002	57195480

1990—2005 年成都市国内商业与物价

表 10-9 单位:万元

年份	国内商业		物价指数(以上年为 100)		
	社会消费品零售总额(万元)	社会消费品零售总额发展速度%	商品零售价格指数	居民消费价格总指数	居民消费价格总指数(食品类)
1990	856919	107.1	102.9	103.5	102.5
1991	1022264	119.3	104.7	105.2	105.8

续表

年 份	国内商业		物价指数(以上年为100)		
	社会消费品零售总额(万元)	社会消费品零售总额发展速度%	商品零售价格指数	居民消费价格总指数	居民消费价格总指数(食品类)
1992	1188406	116.3	108.5	110.8	113.5
1993	1601707	134.8	115.1	115.9	118.7
1994	2204903	137.7	123.3	126.5	136.2
1995	2859688	129.7	114.5	117.5	124.2
1996	3470809	121.4	106.5	109.7	109.4
1997	4099934	118.1	102.9	105.7	104.1
1998	4511917	110.0	98.4	100.3	96.9
1999	5000817	110.8	97.1	98.3	96.3
2000	5542123	110.8	98.2	100.2	96.3
2001	6275187	113.2	100.7	100.8	101.6
2002	7095076	113.1	98.8	98.7	98.4
2003	7759984	109.4	100.2	102.1	103.0
2004	8807581	113.5	101.4	103.9	107.6
2005	10058833	114.2	99.8	102.3	104.5

1990—2005 年成都市交通运输

表 10-10 单位:万元

年 份	货运量(万吨)	货物周转量(万吨公里)	客运量(万人)	客运周转量(万人公里)
1990	10139.0	1478332	12894.0	984166
1991	10719.0	1579549	14003.0	1180397
1992	10505.2	1616289	14728.0	1318135
1993	11073.8	1690540	13942.0	1485535
1994	11191.5	1815262	14769.0	1688276
1995	11659.3	1824422	19931.0	1874098
1996	13073.9	1918702	24668.0	1981118
1997	14341.9	1993532	29092.0	1946330
1998	18598.4	3398369	36248.1	2465278

续表

年 份	货运量(万吨)	货物周转量(万吨公里)	客运量(万人)	客运周转量(万人公里)
1999	19633.0	3405441	40140.4	2703787
2000	21489.2	3626456	46459.0	2889525
2001	23718.5	4140255	52432.7	3156153
2002	15309.5	4264690	28884.6	2918837
2003	17117.9	4459619	28234.4	2686781
2004	25686.0	11619900	35511.0	5343000
2005	26696.0	11869780	38086.0	6949029

1990—2005 年成都市邮电通信

表 10-11　　单位:万元

年 份	邮电业务总量(万元)	电话交换机总容量(门)	函件(万件)	市内电话用户(户)	农村电话用户(户)
1990	15520	84186	7538	50562	3686
1991	20137	90084	7415	67287	4105
1992	31160	164873	8483	105098	4914
1993	48535	217828	10070	144867	5879
1994	72166	466652	11430	246681	8776
1995	110949	836969	11939	353470	13774
1996	161132	1077455	11480	477250	21020
1997	196888	1507487	9256	663758	53361
1998	292225	2265378	9970	813411	94306
1999	464628	2228600	8983	1054019	167579
2000	716428	2574169	9481	1481152	283163
2001	731300	3103191	9565	1684436	425982
2002	756000	4208563	11400	2216899	565373
2003	808000	5464699	12428	2959814	499703
2004	866000	5972728	8467	3837826	512472
2005	933000	7518272	6877	4283974	651818

1990—2005 年成都市人口与就业情况

表 10-12 单位：万元

年 份	人 口			从业人员情况		
	年末人口	其 中		从业人员数	其 中	
		市区人口	郊县人口		城镇	农村
1990	919.50	280.81	638.69	546.2431	160.1995	386.0436
1991	927.63	284.18	643.55	563.5666	167.3366	396.2300
1992	936.86	288.28	648.58	575.8985	171.2250	404.6735
1993	947.30	293.35	653.95	577.4780	174.2175	403.2605
1994	960.39	301.47	658.92	583.1656	177.8956	405.2700
1995	971.60	307.86	663.74	583.6411	180.4559	403.1852
1996	980.74	317.12	663.62	583.7795	184.0098	399.7697
1997	989.19	321.92	667.27	585.2911	184.5810	400.7101
1998	997.00	325.98	671.02	574.3156	178.4744	395.8412
1999	1003.56	330.29	673.27	562.3175	162.2163	400.1012
2000	1013.35	335.86	677.49	554.2616	158.1270	396.1346
2001	1019.90	341.52	678.38	554.7855	156.6395	398.1460
2002	1028.48	439.79	588.69	562.2623	167.2472	395.0151
2003	1044.31	452.57	591.74	569.8903	178.7767	391.1136
2004	1059.69	464.54	595.15	579.2932	200.0511	379.2421
2005	1082.03	482.07	599.96	619.0374	276.5412	342.4962

1990—2005 年成都市从业人员产业分布情况

表 10-13 单位：人

年 份	从业人员总数	第一产业	第二产业	第三产业
1990	5626680	3010955	1457603	1158122
1991	5809154	3046286	1531561	1231307
1992	5941185	3039578	1587082	1314525
1993	5959391	3019385	1514713	1425293

续表

年 份	从业人员总数	第一产业	第二产业	第三产业
1994	6029501	2878742	1720745	1430014
1995	6037492	2835200	1806794	1395498
1996	6045850	2732497	1774346	1539007
1997	6064707	2691771	1764825	1608111
1998	5948336	2680317	1646067	1621982
1999	5829821	2538904	1529615	1761302
2000	5741347	2576208	1519515	1645624
2001	5758033	2410214	1481423	1866396
2002	5844215	2315113	1583001	1946101
2003	5932727	2209537	1666227	2056963
2004	6039731	2107853	1808403	2123475
2005	6190374	2001677	1905898	2282799

1990—2005 年成都市全市在岗职工人数情况(按经济单元性质)

表 10-14　　单位:人

年 份	在岗职工人数(人)	国有经济单位	城镇集体经济单位	其他经济单位
1990	1527114	1188123	334923	4068
1991	1588060	1240718	339265	8077
1992	1618676	1268306	340172	10198
1993	1610430	1225842	334397	50209
1994	1594135	1217480	302369	74286
1995	1615166	1230768	300071	84327
1996	1540594	1148671	268049	123874
1997	1450610	1103500	248945	98165
1998	1340520	994736	198221	147563
1999	1299774	953582	182005	164187
2000	1245294	896721	166909	181664
2001	1173195	841870	115574	215751

续表

年 份	在岗职工人数(人)	国有经济单位	城镇集体经济单位	其他经济单位
2002	1213477	791372	119343	302762
2003	1216720	786691	119736	310293
2004	1232511	757038	117561	357912
2005	1295541	755951	105167	434423

1990—2005 年成都市在岗职工工资总额及平均工资

表 10-15

年 份	在岗职工工资总额(万元)	其中国有经济单位	其中城镇集体经济单位	其中其他经济单位	在岗职工平均工资(元)	其中国有经济单位	其中城镇集体经济单位	其中其他经济单位
1990	328585	273879	53891	815	2189	2347	1687	2037
1991	359676	29343	62559	1774	2412	2571	1909	2594
1992	439675	367603	69359	2713	2752	2943	2123	2953
1993	549777	449782	80444	19551	3451	3684	2434	4583
1994	780236	618509	120742	40985	4821	5103	3412	6147
1995	893039	724678	115025	53336	5592	5926	3835	6313
1996	1005061	812199	126252	66610	6258	6666	4316	7001
1997	1082417	884054	124669	73694	7420	7911	5019	7944
1998	1119941	888237	106567	125137	8248	8822	5310	8328
1999	1200672	950075	100949	149666	9035	9763	5462	8753
2000	1332340	1042404	111302	178634	10370	11197	6533	9738
2001	1489823	1171993	90628	227202	12493	13613	7753	10585
2002	1672484	1247596	99681	325207	13712	15581	8404	10828
2003	1873261	1405355	108225	359681	15275	17704	9098	11591
2004	2156401	1570673	118798	466930	17556	20785	10297	13071
2005	2572464	1820795	117452	634217	19962	23987	11431	14857

1990—2005年成都市城市居民家庭人均现金收入

表10-16 单位：元

年 份	家庭实际收入	其中可支配收入	储蓄借贷收入	实际支出	其中消费性支出	存入银行及储金会款
1990	1870.91	1755.37	246.34	1767.28	1680.77	195.49
1991	2062.98	1924.71	262.35	1941.01	1845.11	214.37
1992	2254.44	2101.87	443.38	2217.68	1988.08	258.13
1993	2807.35	2807.35	532.88	2745.09	2428.32	286.48
1994	4239.48	3940.47	682.96	3907.62	3641.19	574.77
1995	5075.82	4708.99	676.28	4857.78	4502.46	541.43
1996	5700.71	5265.64	808.60	5432.62	4925.45	644.04
1997	6046.84	6018.74	1204.41	6083.39	4959.48	493.43
1998	6490.18	6446.44	1529.18	6458.53	5482.28	768.57
1999	7140.96	7098.01	1321.76	6639.39	5797.97	846.41
2000	7694.95	7649.09	1527.74	7174.33	6423.48	922.94
2001	8181.60	8128.39	1624.51	7672.85	6801.19	1083.36
2002	9026.38	8971.91	2616.02	9373.40	6874.17	1359.31
2003	10177.34	9641.00	2261.10	9582.58	7057.68	1800.11
2004	11057.90	10394.10	4052.10	12876.30	8996.97	1593.73
2005	12039.21	11358.81	3275.11	14263.24	9642.45	2223.34

1990—2005年成都市城市家庭平均每百户年末主要耐用消费品拥有量

表10-17

年 份	洗衣机(台)	电冰箱(台)	彩电(台)	电脑(台)	汽车(辆)
1990	93.0	76.0	92.0		
1991	87.0	72.3	88.0		
1992	86.7	70.7	92.3		
1993	86.0	72.3	89.0		
1994	92.0	83.7	100.0		
1995	95.7	89.0	111.3		
1996	95.7	88.7	114.0		

续表

年 份	洗衣机(台)	电冰箱(台)	彩电(台)	电脑(台)	汽车(辆)
1997	99.0	91.3	117.7	2.7	
1998	97.3	93.0	119.3	9.0	
1999	99.7	99.7	124.0	9.3	0.7
2000	96.0	96.0	141.0	17.7	1.3
2001	99.3	99.3	145.0	25.0	3.3
2002	98.5	98.5	140.4	26.4	3.4
2003	98.3	98.3	143.4	30.2	3.1
2004	99.3	99.3	147.1	42.1	8.5
2005	98.3	98.3	145.8	50.5	8.8

1990—2005 年成都市城市公用事业情况一览表

表 10-18

年 份	自来水供水量(万吨)	天然气供气量(万立方米)	用电量(万千瓦小时)	公交营运车(辆)	出租汽车(量)	铺装道路(公里)	园林绿地面积(公顷)
1990	40962	104030	356117	942	1585	423	1896
1991	38307	104456	405748	1339	1801	634	1897
1992	43592	104401	446621	1519	2529	654	1995
1993	44694	109994	511759	1408	3812	712	2029
1994	48863	111586	555674	1402	3998	744	2059
1995	54269	128342	594427	1526	4665	698	2287
1996	40792	119243	647423	1512	5400	807	2308
1997	46198	133420	678070	1618	6093	884	3328
1998	47927	135522	699964	1652	6742	909	3420
1999	45919	140024	734982	1701	7027	922	3830
2000	46798	151756	821001	2118	7852	1058	4013
2001	42605	183128	903557	2535	8425	1125	4335
2002	47874	230730	1115973	3381	8703	1413	6305
2003	48912	251627	1181635	4052	8803	2229	11582
2004	53278	259529	1318347	4177	8804	2279	13315
2005	55718	273865	1465839	4643	9029	2493	13562

1990—2005年成都市社会消费品零售总额及分类情况一览表

表 10-19 单位:元

年份	社会消费品零售总额	社会商品零售额	在总额中				
			国有经济	集体经济	个体、私营经济	股份制及其他经济	外资及港澳台经济
1990	856919	859016	338499	293852	217232		9433
1991	1022264	1028718	416455	333806	266559		11898
1992	1188406	1180980	520126	336960	305577		18317
1993	1601707		360384	392418	469300	124933	12813
1994	2204903		497286	539405	646942	171751	17308
1995	2859688		641735	701299	696770	201108	48615
1996	3470809		618417	862025	971979	218771	73789
1997	4099934		644606	1021204	1248082	250130	91801
1998	4511917		632353	1109907	1444982	250272	127119
1999	5000817		568113	1015090	1830621	301512	212356
2000	5542123		547979	949167	2302111	426885	324435
2001	6275187		577638	1051145	2604057	560519	420392
2002	7095076		582283	1093529	2937575	854292	562792
2003	7759984		643456	1012999	3298024	2156410	649095
2004	8807581		625647	1002736	3918703	2394951	865544
2005	10058833		585849	936638	4701097	2766313	1068936

说明:1.1992年以前按社会商品零售额分类,1992年以后按社会消费品零售总额分类

2.社会消费品零售额=社会消费品零售总额+对农民的农业生产资料零售额-农民对非农业居民的零售额

1990—2005 年成都市教育事业基本情况(一)

表 10-20

年份	普通高等学校(所)	其中 在校学生(人)	专职教师(人)	普通中等专业学校(所)	其中 在校学生(人)	专职教师(人)	普通中学(所)	其中 在校学生(人)	专职教师(人)
1990	19	56874	10699	50	27972	3262	580	347004	24947
1991	19	56390	10725	50	28817	3240	586	333841	25476
1992	19	59662	10417	51	31943	3404	570	320877	25483
1993	20	70509	10788	54	38253	3320	570	312309	25668
1994	20	77382	10658	55	44807	3399	561	342503	26194
1995	20	77507	10701	55	51160	3514	558	373207	26976
1996	20	81083	11051	55	57387	3572	559	37304	27578
1997	20	85686	10876	55	61859	3621	558	354566	28047
1998	21	92196	11156	53	65939	3234	548	365164	28281
1999	21	109367	11539	53	72301	3446	552	421792	29081
2000	20	140661	11246	51	64969	3175	548	482494	30655
2001	22	188394	12657	46	53647	2491	552	520641	32032
2002	28	256257	15774	38	49796	2352	531	545413	33533
2003	29	300742	17196	31	52487	1636	528	569577	34923
2004	33	353199	23006	65	120977	4483	528	587750	35713
2005	38	482692	27915	68	148246	4942	524	592474	36391

1990—2005 年成都市教育事业基本情况一览表(二)

表 10-21

年份	小学(所)	其中 在校学生(人)	专职教师(人)	幼儿园(所)	其中 幼儿数(人)	教师(人)
1990	3580	670718	40492	2497	181959	8142
1991	3480	650710	40510	1953	208770	7660
1992	3398	649575	40446	2260	242731	8245
1993	3294	678553	40482	1941	219685	7645

续表

年份	小学(所)	其中		幼儿园(所)	其中	
		在校学生(人)	专职教师(人)		幼儿数(人)	教师(人)
1994	3154	705277	40653	2887	249737	9082
1995	3063	725625	37036	3003	265145	9363
1996	2869	760667	37349	2961	276271	9334
1997	2819	794376	37727	3173	276641	9970
1998	2749	800611	37710	2949	281620	10207
1999	2601	785849	37758	2805	275492	10562
2000	2467	771582	37618	2835	270318	10193
2001	2142	767201	37057	1645	252022	8424
2002	589	765544	36928	1649	251046	8800
2003	569	762667	36684	1765	257720	9545
2004	586	774265	35963	1760	257362	9797
2005	573	757468	35786	1797	152243	10391

1990—2005年成都市文化体育事业基本情况

表10-22

年份	艺术表演团体(个)	艺术表演场所(个)	图书馆(个)	博物馆(个)	群众文化馆/站(个)	体育场地(个)
1990	20	27	16	8	486	2831
1991	20	27	16	8	488	2865
1992	20	25	16	8	406	2890
1993	20	25	16	8	390	2902
1994	20	25	16	9	371	2935
1995	20	24	16	9	380	2955
1996	20	24	16	9	392	3138
1997	20	24	17	9	395	3260
1998	20	23	17	10		3308
1999	19	25	17	10	410	3333
2000	19	25	17	10	419	3414

续表

年份	艺术表演团体(个)	艺术表演场所(个)	图书馆(个)	博物馆(个)	群众文化馆/站(个)	体育场地(个)
2001	15	23	18	11	418	3366
2002	15	20	17	11	418	3595
2003	15	20	18	12	423	5003
2004	12	20	21	13	341	5241
2005	12	19	21	14	336	5411

1990—2005年成都市城市居民家庭人均现金收入

表10-23 单位:元

年份	医院、卫生院(个)	卫生技术人员(人)	医院、卫生院床位(张)
1990	1675	49016	35121
1991	1657	49443	36786
1992	1671	51061	36973
1993	1571	51403	38185
1994	1568	51717	38549
1995	1559	52295	38579
1996	1560	53099	38129
1997	1533	54047	38960
1998	1503	53845	38801
1999	1478	55134	39658
2000	1435	55176	39796
2001	6558	53331	39893
2002	8151	62223	41168
2003	4616	56967	42296
2004	4493	58332	44415
2005	4458	58548	45873

三、地名录

(一)1990—2005年成都市主城区新增街(路)名

1990—2005年锦江区新增街(路)名

表10-24

街道辖区名称	新增街道(路)名
督院街	锦兴路
春熙路	岳府街(道路延伸命名)
书院街	望福街、中道西巷、福字街、武成大街(道路延伸命名)、华星路
合江亭	下莲池街(道路延伸命名)
龙舟路	河心路、河滨路、国信路、龙舟东巷、龙舟南街
莲新街	莲桂路、莲桂东路、莲桂西路、莲花北一巷、莲花北二巷、莲花北三巷、莲花南一巷、莲花南二巷、海椒市东街、莲花北路、莲花西路、莲花中路、莲花南路、莲花东路、顺江路(道路延伸命名)、东四街(道路延伸命名)
东光街	锦华路、东光街、东光北顺街、静居寺南街、东光北一巷、东光北二巷、东光南一巷、东光南二巷、东怡街、糍粑店街、锦华路一段、华润路、北顺西巷、安信路
狮子山街	静康路、静明路、静渝路、静安路、菱窠路、劼人路、菱窠东路、菱窠西路
柳江街	琉新路、琉璃一街、琉璃二街、琉璃三街、琉璃中街、科创路、仁居路、锦华路二段、锦华路三段
双桂路	牛沙路、牛沙北路、牛沙南路、牛沙后街、牛沙横街
成龙路	经天路、晨辉路、晨辉东路、晨辉北路、大观街、静宁路、大观里、仁居路、锦华路二段、锦华路三段、成龙大道静安路段、成龙路成龙路段、驿都大道静明路段、南三环路一段、南三环路二段、东三环路五段
沙河街	秀水街
三圣街	成龙大道一段、驸江路、洪柏路、锦华路三段、成龙大道一段

1990—2005 年武侯区新增街(路)名

表 10-25

街道辖区名称	新增街道(路)名
玉林	玉林西路、元通桥北路、祥和路、蓝天路;芳草街、蓓蕾街、白云街、彩虹街;新能巷、沙子堰西巷、沙子堰东巷、沙子堰中巷、白云巷蓓蕾巷、蓓蕾西巷
红牌楼	武阳大道、龙腾西路、龙腾中路、龙腾东路、龙腾路、龙华北路、龙祥路、云霞路;双丰路、双丰西路、双丰中路、双丰东路、碧云路;红牌楼北街、广福桥街、广福桥北街、广福桥西街、广福桥横街、永盛北街、永盛东街、长益街、长益东街、长益西街、大华街、广福桥正街、龙安街、董家湾东街;双安北巷、双安南巷、双安东巷、双安西巷
双楠	燃灯寺路、大石南路、置信路、情融路、云影路、逸都路;百花正街、百花东街、百花西街、百花南街、百吉街、燃灯寺北街、燃东寺西街、少陵横街、少陵西街、少陵正街、少陵东街、天乐街;
火车南站	科华中路、桐梓林路、桐梓林东路、桐梓林北路、桐梓林中路、桐梓林南路、桐梓林西路、新希望路、长寿路、长寿北路、高攀路、火车南站西路;棕树东街、棕树西街、棕树南街、棕树北街;中苑巷
机投桥	武青北路、武青南路、武青东一路、武青东二路、武青东三路、武青东四路、武青东五路、武青东六路、武青西一路、武青西二路、武青西三路、武青西四路、武青西五路、潮音路、业兴北路、业兴南路、吉晋路、晋阳路、果堰路、吉福路;业青北街、业青南街、潮青北街、潮青南街、果阳北街、果阳南街、果晋街、吉果街、万福东三街、万福西三街、祥和街、万盛街、万盛北街、万盛北二街、万盛西一街、万寿西二街、果堰街
金花桥	金瓦路、武青西六路;金花街、金凤街、映月街
小天竺	小天南街、小天中街、小天北街;小天东巷、小天西巷、小天北巷、小天南巷
浆洗街	洗面桥东一街、洗面桥东二街
晋阳	晋阳路、金雁路、武晋路、晋吉北路、晋吉南路、吉福路、吉福北路、吉福南路;晋阳街、沙堰街、沙堰东街、晋阳街、沙堰西一街、沙堰西二街、晋康街、红运街、晋吉东一街、晋吉东二街、吉顺街、吉果街、胜利桥街、晋吉西一街、晋吉西二街、晋吉西六街、晋吉街、沙堰巷、晋阳巷
簇桥	福锦路一段、百锦路;簇桥上街、簇桥后街、望锦东街、双拥街、文锦街、新苗街
武侯科技园	武兴四路

1990—2005 年青羊区新增街(路)名

表 10-26

街道辖区名称	新增街道(路)名
金沙	金凤路、同怡横街、金鹏街、金沙遗址路、金阳路、蜀源路、蜀辉路
东坡	瑞星路、东顺路、贝新巷、瑞联路
文家	精诚街、日月大道(包含一段、二段)
少城	实业街
府南	同友路
西御河	东华门街
光华	家园南街、光华大道(包含一段、二段、三段)
草堂	浣花南路延伸至草堂东路交汇处南止滨河路、浣花里

1990—2005 年金牛区新增街(路)名

表 10-27

街道辖区名称	新增街道(路)名
抚琴	抚琴中街、抚琴街南三巷、抚琴街南四巷、抚琴街、抚琴西南街、抚琴西路南一巷、抚琴西路南二巷、金鱼街
西安路	西青路、银杏路
人民北路	五丁街、白马寺北顺街、西北桥河边街、新村巷、城隍庙南一巷、城隍庙南二巷、花圃路南一巷、花圃路南二巷
驷马桥	泰宏路、平福路、树蓓街、福蓓巷、红花东路、红花南路、红花西路、红花北路、驷兴街、小沙河东路、三友巷、解放西路、芳倍街、砖头堰巷
荷花池	爱民路、先锋路、肖一南巷、肖二南巷、肖三南巷、肖家村二巷、肖四北一巷、北站西三巷、西北桥东街、木综南巷、木综南支巷、九里堤南支路
五块石	五块石路、玉赛路、福宁路、赛云台北支路、文轩路
九里堤	交桂巷、交桂一巷、交桂二巷、星河路、星辰路、交桂路、星汉路、星辰一巷、星辰二巷、星辰东一街、星辰东二街、星辰西一街、星辰西二街、交桂三巷、星科路、九里堤西路、星月街、星月东街、星光街、星科北街、长平街、顺星街、星月西街
营门口	安居苑巷、营康西路、蜀营街、蜀兴东街、蜀通街、蜀兴中街、蜀蓉路、蜀汉西路、蜀华路、蜀光路、同善街、同兴路、同和路、银沙路、银沙北街、银沙正街、银沙南街、银沙横街、五里墩东路、银沙北路、金房苑东路、金房苑南路、金房苑西路、金房苑北路、营康巷、营中巷、蜀康路、花照壁街、子云路东一巷、子云路东二巷、子云路东三巷、子云路东四巷、子云路东五巷、子云路东六巷、子云路西一巷、子云路西二巷、子云路西三巷、子云路西四巷、银河路、蜀明路、蜀明西路、蜀明东路、蜀明东巷、长庆路、长宁路、银河北街、花照壁东街、金房苑横街、益民路、长久一巷、长庆东路、长庆东一路、长兰路、长庆西一路、长庆西路、银沙西路、长丰街、长福街、花照壁上横街、花照壁中横街、花照壁下横街、花照壁正街、花照壁西顺街
茶店子	安蓉西路、蜀兴西街、蜀兴西巷、蜀通西街、育苗路
黄忠	黄忠街、黄忠路、星河街、星河南街、黄苑街、黄苑东街、黄忠西街、同兴路、同怡路
金泉	蜀汉路、蜀西路、迎宾大道、华严路、蜀跃路、兴平路、金富路、两河路、金科苑正街、金科苑东街、金科苑南街、金科苑路、金科苑中街、育仁北路、育卉街
沙河源	长青路、长青横街、洞子口路、古柏西街、金丰路、古靖路、踏水桥上街、踏水桥下街、踏水桥西四巷、踏水桥西三巷、踏水桥西二巷、踏水桥西一巷、泉水路、泉水东路、泉水西路
天回镇	金华寺东路、金华寺南路、金华寺北路、天龙桥街、天兴街、天龙桥北街、天龙桥南街、海滨堰街、天裕街、天和街、天龙桥西街、兴业路
凤凰山	拥军路

1990—2005 年成华区新增街(路)名

表 10-28

街道辖区名称	新增街道(路)名
望平街(2003 年撤销)	望平街、天祥街、天祥滨河路、玉双路、东风路北一巷、东风路北二巷、布坝子街、祥和里
猛追湾	猛追湾滨河路、游乐园滨河路、猛追湾街、猛追湾东街、猛追湾南街、双林巷、新鸿路南一巷、新鸿路南二巷、建华北巷、建华南巷、建设北路一段、石油路
双桥子	水碾河路、经华北路、双林北巷、双林中横街、双林南支路
新鸿路	双园巷、双林北支路、双林北横路、新鸿南路、小龙桥路、蔌香里、万年场横街

续表

街道辖区名称	新增街道(路)名
建设路	培华东西路、建设南一路、建设南二路、菽香里一巷、菽香里二巷、建设西街、建设中路、建设中街、建设南新路、建设北路二段、培华东路、培华西路
跳蹬河	建设南路、建设北路三段、建设南支路、二仙桥东一路、万年场路、东篱路、杉板桥路
府青路	华油路、三友路、平安正街、泰兴街、华泰巷、泰安街、前锋街、泰兴路
万年场	禾田路、万年巷、长天路、长天东一巷、永平路、双庆路、竟成路、万兴街、洁美街、洁美南巷、积步街、积步东巷、五桂桥北路、多宝寺路、双桂路
桃蹊路	桃蹊路、桃源街、明珠路、踏水桥巷、踏水桥北街、桃林街、香木林路、双建南巷、双建北巷、文德路、文德巷、新风路、新风巷、师友路、怡福路、二仙桥南一路、二仙桥西路、二仙桥西一巷
二仙桥	二仙桥东路、二仙桥东二路、二仙桥东三路、二仙桥西北路、二仙桥北路、二仙桥北二路、二仙桥北三路
双水碾	站北路、站北东街、站北东横街、站北西横街、站北中街、站北北街、站北东横巷、花径路、福康路、朝阳街、东沙路、西横街、水武街、小市巷、双水碾路、八里桥路、双兴街
保和	华龙路、东虹路、五桂路、迎晖路、迎晖南街、杨柳店南路、杨柳店北路、杨柳店西路、槐树店路、建材路、胜天路
圣灯	民兴路
青龙	熊猫大道、青龙路、洪山路、昭青路、昭觉寺南路、昭觉寺北路、蜀陵路、石岭路、双荆路、云龙路、双沙路、致祥路、致和路
龙潭	龙潭东路、龙潭西路、龙潭南路、龙潭北路、火神庙东街、火神庙西街、火神庙南街、火神庙北街、魁星楼巷、隆兴路

(二)1990–2005年成都市主城区消失街(路)名

1990–2005年锦江区消失街(路)名

表10–29

街道辖区名称	消失街道(路)名
督院街	金字街、东桂街、状元街、东龙须巷、斧头巷
书院街	毛家拐街
合江亭	金玉街、坛罐窑巷、三元横街、三元巷、南马道街、北马道街、红布横街
水井坊街	香巷子、孙家巷、锦官驿街
牛市口	一洞桥街、得胜下街、得胜新街、米市坝街、羊子市巷、上水巷、下水巷、鸡市口
龙舟路	石佛寺街
双桂路	文化街、东永安街、胜利街
莲新街	古佛寺街

续表

街道辖区名称	消失街道(路)名
莲新街	古佛寺街
沙河街	沙河铺横街、大营门街
东光街	东光北一巷、五桂路
柳江街	琉璃一、二、三街
成龙路	琉三路

1990—2005 年武侯区消失街(路)名

表 10-30

街道辖区名称	消失街道(路)名
致民路	小龙村、老华大路、十三街、十四北街、十五南街、小西天(里)、太平中街、太平上街、万事桥街、华大里、复兴里、南虹路、观音阁巷、四维村
望江路	锦江村、金陵新村、太平下街、白塔村、与文里、史家巷、白塔寺街、太平下街、文化路、劳动路、法云阉路、培根路、和睦村、太平南街、太平巷
小天竺街	曾家一村、玉华村、小天二路、小天三路、小天四路、小天五路、小天六路、小天七路、小天八路、小天九路、小天二巷、小天三巷、小天四巷、小天五巷、小天六巷、小天七巷、小天八巷、小天九巷、张爷庙、放生池、小天北路、小天西路
浆洗街	建国一村、建国二村、民主一村、民主二村、周家碾、新民村、新华村、新蓉村、杀牛巷、浆洗上街、浆洗中街、浆洗下街、洗面桥上街、洗面桥下街、凉水井街、樊家堰、浆洗后街、农村一路、农村二路、农村三路、农村四路、农村五路、农村六路、珠宝巷、大通巷、元通巷、清洁巷、补家村、槽营坝、太平巷、白塔巷、竹林村、肥猪市街、肥猪市横街、桓侯巷、桓新巷、大石东一巷、大石东二巷、体育路、农村巷
双楠	大石西巷
机投桥	万寿东路、万寿南路、万寿西路、万寿北路、机投南街
玉林	玉林西街南巷、玉林西街北巷、玉林横街南巷、玉林横街北巷
跳伞塔	磨子桥西巷
簇桥	水巷子、翻身巷、劳动路、生产路、解放路、学习巷、人民路、建设路、和平巷、三婆殿街、潼梓林街、商业街、富民路、华兴路、幸福巷
红牌楼	红牌楼路

1990—2005年青羊区消失街(路)名

表10-31

街道辖区名称	消失街道(路)名
东通顺	仁寿里、富德里
太升路	炮厂坝街
祠堂街	永兴街、牌坊街、仓房街、半节巷、锦江街、永靖街、西顺河街、半边桥北街、小西巷
北大街	北月城街
白家塘	下河坝街、上河坝街、后河边街、长春巷、大南海巷、火巷子、大井巷、鸡市巷、福善巷
青羊正街	青羊后街、青羊街、铁匠巷
黄瓦街	竹叶巷、栅子西街、西半节巷
鼓楼南街	小红土地庙街、建业里、东域河北街、二巷子、三桂中街、三桂后街、亲仁里
汪家拐街	轿铺巷、梓潼巷、仁里巷、复兴村、外南人民路、羊皮坝街、城边街、柳荫街、水巷子、百花新村、娃娃坟、刘家坝、鸿雁路、文惠路、落酱园巷、相友巷、观音巷、仁义巷、小巷子、西都街、半边桥南街
忠烈祠西街	任家巷、文明巷
新华西路	常平巷、灯笼巷、王爷庙居民点、世外村、北校场后街、昆明路
西御河沿街	人寿巷、寿安街、东垣街、西皇城边街、五福巷、林家巷、里仁巷、大红土地庙、平安桥街、马道街、西御河边街、羊市北巷、上西顺城街、中西顺城街
光华	光华村街
草堂	青羊北巷
金沙	银杏西大街、银杏东大街、芙蓉北路、芙蓉南路、溢香北路、溢香南路、蜀风东大街、蜀风西大街

1990—2005年金牛区消失街(路)名

表10-32

街道辖区名称	消失街道(路)名
抚琴	抚琴西路南面的抚琴一巷、抚琴西路南面的抚琴二巷、抚琴南三巷
其他街道	乡农市后街、互利正街、互利横街、江源巷、新一巷、明星巷、黎家巷、丁家巷、抚琴北三巷、平福路、李家巷、马鞍山、红花村、张家巷居民点、诸葛庙居民点、银桂桥居民点、前沙湾、后沙湾、协和村、金鱼村、铁路新村、南巷子、北巷子、杀猪巷、殷家沟、下河坝街、新罗路、西安中路、青羊东一路北巷、青羊东二路一巷、西安中路二巷、西安中路三巷、西安中路四巷、西安中路五巷、西安中路六巷、西安中路七巷、西安中路八巷、西安北路一巷、青羊东二路五巷、青羊东二路六巷、青羊东二路七巷、青羊东二路八巷、青羊东二路九巷、青羊西路一巷、青羊西路二巷、北站南巷、任家湾街、金华巷、成华北巷、白马巷、白马前巷、白马后巷、白马一巷、白马二巷、白马三巷、白马四巷、皂角巷、荷花池西路、站东路、城隍东路、一水巷、二水巷、铲布巷、顺沙巷、红花巷、簸箕巷、都司巷、白家巷、永安巷、泰安里、松如巷、水井巷、西安南路一巷、西安南路二巷、冰岛路、西坛神巷

表 10-33

1990—2005 年成华区消失街(路)名

街道辖区名称	消失街道(路)名
望平街 (2003 年撤销)	天祥寺街、天祥寺河边街、望平正街、望平后街、望平河边街
猛追湾	白庙子、白土地庙
双桥子	东风路北一街、东风路北二街、东风路北顺街
建设路	滚子堰、庞家碾、
新鸿路	响水沟、法华寺、邝家粉房、陈家梁子、红土地庙、
万年场	五显庙
建设路	马槽沟
圣灯	严家三座坟、上三洞桥、中三洞桥、放生池、三道龙门、响水堰、新华北村、猛追湾第一居住点、猛追湾第五居住点、猛追湾村、马鞍山、独柏树、马鞍村、八里庄第三居住点、八里庄第五居住点、老君庙、圣灯寺
保和	双林村、点将村、万年村、鬼报堰、双巴堰、黄竹堰、教化碑、雷打咀、上莲花堰、下莲花堰、孟家湾、马草堰、乌龟坝、高竹林
青龙	玉带桥、东林园、西林园、落凤桥、荆竹坝、狮子碾、三涧槽、新碾、老碾、新山庙、回龙寺、石岗堰
龙潭	关山坡、张家祠、朱家老院子、三义桥、马家堰、长林盘、陈家祠、牛王庙、何家大堰、陆家桥、天星桥、雷打店、蛇形地、洞洞店、卢家桥、双林观、观音桥、花楼门、罗汉寺

附：

2005年高新区街(路)名一览

街道辖区名称	街道(路)名
肖家河	高朋大道、九兴大道、高朋东路、高朋西路、科园一路、科园二路、科园三路、科园四路、西门子路、兴蓉街、兴蓉北街、兴蓉南街、兴蓉东街、兴蓉西街、肖家河街、肖家河北街、肖家河中街、肖家河沿街、肖家河正街、兴蓉西巷、兴蓉东巷、兴蓉南一巷、兴蓉南二巷、兴蓉南三巷、肖家河环一巷、肖家河环二巷、肖家河环三巷、肖家河环四巷、肖家河巷、肖家河东一巷、肖家河东二巷、肖家河东三巷、肖家河西一巷、肖家河西二巷、联谊巷、高新大道、永丰路、创业路、肖家河沿巷、高升、桥东路、维信街
芳草	一环路南三段、二环路南三段、玉林北路、玉林中路、玉林南路、玉林西路、蓝天路、蓝草路、华姿路、永丰路、创业路、新光路、神仙树北路、神仙树南路、神仙树西路、紫荆北路 、紫荆南路、紫荆西路、紫荆东路、紫杉路、紫薇西路、紫薇东路、芳草街、芳草西一街、芳草西二街、彩虹街、 芳草东街、芳华街、芳华横街、白云街、蓓蕾街、紫竹北街、紫竹中街、紫竹南一街、紫竹南二街、紫竹西街、紫竹东街、瑞名街、瑞升北街、瑞升南街、芳沁街、新能巷、沙子堰东巷、沙子堰中巷、沙子堰西巷、祥和巷、白云巷、蓓蕾东巷、蓓蕾中巷、蓓蕾西巷、火烧堰巷、元通一巷、元通二巷、紫丁巷、元华一巷、元华二巷、紫荆巷、新源巷、玉虹巷、白玉巷、无名巷1、无名巷2、无名巷3
石羊	新乐中街、新乐北巷、新乐北街、新北街、新义西街、新义路、新乐路、新义路、新乐南街、新义东街、新义西街、新园大道、新园南一路、新园南二路、新雅正街、新雅街、新雅横街、新雅东街、新雅中街
桂溪	天晖路、天韵路、天晖北街、天晖中街、天晖南路、天益街、天益北巷、天益南巷、天顺路、天泰路、天顺北街、天顺中街、天顺南街、三瓦窑街、大源街、大源北一街、大源北二街、大源中街、大源南一街、大源南二街、大源东街、大源西街、天仁路、天仁北一街、天仁北二街、天仁南街、天和路、天和东街、天和西一街、天和西二街、天和西二街
合作	西区大道、西芯大道、西源大道、百草路、百叶路、百川路、天目路、天辰路、天河路、天朗路、天虹路、天宇路、新川路、新力路、新业路、新航路、新创路、新达路、新文路、科新路、檬梓环街、檬梓街、檬梓中巷、檬梓东巷、独柏环街、独柏街、独柏中巷、独柏北巷、独柏西巷、顺清街、顺源环街、顺源北巷、顺源东巷、顺源南一巷、顺源南二巷、清源环街、清源北巷、清源西巷、清源南巷

四、掌故选辑

千年多宝寺

成都佛教的兴盛始于东晋中期。因中原战乱，一些高僧陆续从中原和江南入蜀，弘扬佛法。如东晋哀帝兴宁三年（365年），释道安遣使弟子，纷纷入蜀。如法和“率徒入蜀，巴汉之士，慕德成群”(梁·慧皎《高僧传》卷5《释法和传》)。慧持于隆安三年（399年）“辞远入蜀”，住成都龙渊寺，“大弘佛法，并络四方，慕德成侣”。

多宝古寺便是始建于魏晋间，乃天竺高僧宝掌入蜀禅修道场，是成都最早佛教兴盛时建起的寺庙。相传宝掌和尚天生神异，初生时右手握拳不放，至七岁削发出家方伸拳展掌，故法号宝掌。此僧信奉多宝古佛与《法华经》，即以多宝名寺。多宝古佛又称多宝如来，是东方宝净世界之佛。当年入灭后，以本愿为全身舍利藏之宝塔。待诸佛宣讲《法华经》，必以七宝塔中佛身当场显现，以证佛法。

据传宝掌禅师入蜀来到这里，在经由城北驷马桥流泄而来的升仙水(今沙河)里洗手，但见水清岸绿，山野苍苍，自我感觉找到了好地方，于是背倚一片林地，开出一片净地，把这里作为道场，终日修道参禅，后来还收了不少弟子。那时，这一带还是一片荒郊野地，小庙简陋，只能避风雨而已。

后小庙多宝寺于隋末废毁，直至唐初高僧道因法师避乱入蜀主持多宝寺。据文献载：“唐益州多宝寺道因，姓侯氏，濮阳人也。”在中州一带有很大名声，为当时名流推崇。在隋唐之际，因中原战乱，“避难三蜀，居多宝寺，开论维摩，听者千数”。因道因法师名声显赫，为时所重，故寺庙里募集得了一笔钱，于是大兴土木，将寺庙进行重修，为之一新。当时的龙朔中官中台司藩大夫李俨还欣然题写“道因法师”碑文，由当时书法大家、欧阳询之子欧阳通书“道因法师”碑文而流传于世。这是多宝寺的第一次大修，也从此有了名气。

道因法师在主持多宝寺期间，广开经筵，宣讲佛典。后移驻彭门山寺。少年玄奘时随二兄长捷法师避乱入蜀，曾聆听道因说法，印象深刻。玄奘西游取经返国，组织译场，翻译佛经，特聘道因法师赴长安，共证梵经。

1430年左右的明宣德年间，寺庙又遭遇兵火，化为灰烬，荡然无存。一部分僧人投往他处，一部分僧人则留下坚守。直到后来英宗继位，朝廷看好这里，于是拨款重修，并立下两块方形的石柱，称为石幢，高三尺，直径两尺。其中一块前面刻有《佛顶尊胜陀罗尼咒》，背面刻有《多宝寺石幢记》，记述这次重修多宝寺的情况。

寺庙修好后，朝廷御赐大藏经典，修建藏经阁。住持为答谢皇恩，率弟子前往京城。在京城受到英宗皇帝召见，嘱他好生管理寺庙，弘扬佛法，广播善心；并赐宝钞三千缗以作回蜀之盘缠。

一年后，主持与弟子回到成都。见山门北的塔有些破败，为不辱皇恩，于是又进行修缮，修成一座高塔。这时的多宝寺，寺庙高大辉煌，寺庙周围种下上万棵松柏，于是寺院森森，暮鼓晨钟，这时也开始寺庙有史以来的最大扩张。寺院把大安门外等一大片的田地，东到官草山，南到多宝寺左边的沙河，西到北土沟，北到象鼻嘴，共计370多块田土都纳入自己的财产范围。当时不计亩数，以块而计，可谓富甲一时。这也是多宝寺历史上最为风光辉煌的时候。寺内僧徒众多，蒸蒸日上，南来北往的香客都慕名而来。

多宝寺历经千年，曾何等辉煌，但终究明末清初的战乱而致成为荒野，加上地处郊外，离市太远，又无车马可代步，来往不便，故来人渐少。到乾隆年间，多宝寺已门庭冷落，香火稀疏了。

民国初年，世道混乱，当时的住持豁然由于戒律不严，有僧人不习功课，反而惹事生非。一个僧人耐不住寂寞，偷偷跑出去喝酒赌钱，还和当兵的打了起来，一溜烟跑回寺庙。早有军阀盯上了这块肥肉，于是登门而来，一番威胁恐吓，趁机夺了寺庙田产。寺庙从此衰败，一蹶不振。没有了香火，又没有了田产，众僧纷纷走避。住持虽号豁然，但到头来还是不豁然，他没办法，提着包裹看了看昔日辉煌的寺庙，还俗回原籍种地去了。曾经辉煌一时的多宝寺从此关门。

据说多年后，有人走这里来，寺庙早已荒废无存，只剩残砖断瓦。在一片荒芜的杂林荆棘中，还依稀可见那两块石幢，其中的一块上刻有《妙法莲花经》，这是雍正时所立，其余尽无。

虽然多宝寺已不存在，但成都人并没有忘记它那一千多年的厚重与曾经盛极一时的辉煌。今天的多宝寺公园一步一景，院内有成都著名书法家刘奇晋先生挥毫题词的“多宝亭”，以纪念曾经福泽一方的多宝寺。坐在亭内观来往络绎不绝的市民、游客，似又看见了多宝寺当初香客盈门的盛大场景。

磨盘山的皇陵

五代十国时期，成都建立前蜀政权的开国皇帝王建在执掌政权后，励精图治，注重农桑，实行“与民休息”的政策，蜀中得以大治。特别是他喜浪漫而好文，目不知书而“善待士”的性格作风受人称道。他喜欢与文士议政论文，并且一度加封重用文士。说他骨子里对文化艺术渴望也好，附庸风雅也罢，但当你看到他永陵地宫的二十四乐伎石刻时，便多少会惊叹此人浪漫之极，那可是迄今为止全国发掘出唯一完整的唐朝宫廷乐队形象，被誉为“中国的交响乐团”。他的浪漫情怀在这一支宫廷乐队上体现得淋漓尽致，也让后人见识了唐及五代时期宫廷乐队的宏大气势。

不过前蜀的岁月太短，进入后蜀，后蜀皇帝孟知祥也是一位具有鲜明特色和浪漫故事的历史人物。我们来到成都市北郊的磨盘山南麓，距北郊公墓西侧约0.5公里的一座古墓——和陵，这座古墓是1970年冬当地农民在改田改土时发现的。为何称其为“和陵”？因为这里是孟知祥与其皇后福庆长公主的合葬墓。古墓掩映在一片绿林之中，让人颇有“凤凰台上凤凰游，凤去台空江自流”的时空变幻之感。和陵是由石条、石板砌成中间高、两旁底的3座蒙古包似的古墓，中间室内高8.16米，直径6.5米，两座耳室边墓略小。3个墓包外还有一睹高3米的石墙，周长达74米，可谓宏大。其墓型特殊，分墓道及宝城两部分，全用青石砌成。墓道长12.5米，由青砖砌作步梯。墓门为牌楼式石构建筑，刻青龙白虎等浮雕；内侧两壁，画男女宫人彩绘像。而最为特别的就是其独具圆形穹隆顶式的墓室，像极了草原上的蒙古包，其中为主室，两旁有耳室各一，结构相同，与主室相通，是一座带北方草原建筑风格的陵墓，这在南方极为少见。在南方土地上诠释北方草原的“天似穹庐”，有说是孟知祥自己向往，有说是他为自己的妻子而建，也许二者兼有，反正能够“青山一道同云雨”，算得上是极浪漫的一种情感表达了！“天似穹庐，笼盖四野”，多么美好，多么自在，古人心中大概也是受了太多的羁绊吧，不禁要叹一声，“归去来兮”！此种墓建与合葬的方式，让现今人着实领略了后蜀皇帝孟知祥对故土的眷恋与对故人的痴念。

另据1989年4月8日《四川工人日报》郑光福先生的一篇文章《后蜀皇帝的棺台》中说道：“孟知祥墓最奇特之处还在于他墓室中的棺台。”何以这样说呢？那是因为前面讲到的王建墓棺台，大概有0.8米高，而孟知祥墓棺台却“高达2.1米，长5.1米，宽2.75米，全为青石垒成，分三层：底下层为莲瓣浮雕，前后共塑力士10人；中间层四角各有作跪状负棺裸体力士；上层四面各有2条栩栩如生的龙正在作戏珠状。顶端为放置棺台的地方。这座两米高的棺台总用石料81吨(经建筑学家计算)。如此高大、精美的棺台真是世上少有！”于是很多人开始猜测其中缘由，有人说是因为他是北方人，四川雨多水多，他怕被水淹；有的说为了彰显他作为皇帝的威武……说法不一，但无论怎样，孟知祥墓确为四川境内的一处古墓奇观，引来过无数人的瞻仰惊叹。虽然因为种种原因，至今未能开放，但其历史影响依然非常重大。

龙浴碧潭佛寺兴

旧时成都东郊有“东山五场”(龙潭寺、西河场、甑子场、石板滩、廖家场)，居首的龙潭寺具有不寻常的历史文化地位。唐代大诗人刘禹锡在他的名篇《陋室铭》中说：“山不在高，有仙则名，水不在深，有龙则灵。”龙潭寺内有佛，潭中有龙，更是灵气溢九州，灵光射斗牛。龙是由原始图腾演变而来，原始社会民族以抽象的“龙”奉为自己的保护神与标记，后为中华民族所接受和崇拜。

龙潭寺之“龙潭”不知其名由来者，联想到“龙潭虎穴”一语，不免敬畏，退避三舍。因为传说中的龙能呼风唤雨，能潜水，能腾飞，法力无边。而对龙潭寺之名由来了解甚者，不仅不畏不避，而敬而近之，津津乐道。

其实龙潭寺的由来跟三国蜀汉历史分不开。东汉末年，魏、蜀、吴争汉鼎，各自立国，汉献帝刘协于延康元年(220年)退位，东汉灭亡。在这之前，刘备在诸葛亮的谋略策划下率军入西川，占领成都。后闻曹丕于黄初元年(220年)称魏文帝，章武元年(221年)，刘备在成都武担山(今成都市北校场)南面，即皇帝位，国号汉(简称蜀)。其子刘禅，封为太子。刘禅生性好耍，常在太监黄皓陪同下出宫到城外郊游。他们先是在近郊凤凰山上骑射狩猎(后人因此称为学射山)，而后到甑子场戏耍(太子把腰上玉带坠落井中，后人因此称该镇为洛带)，再后到龙潭寺游观。

蜀汉章武二年(222年)盛夏的一天清晨，年少的刘禅在黄皓陪同下，率着一伙宫人到东门外玩游。他们都骑着马，在东郊一路观山望景，谈笑风生。这天天气晴朗，天空万里无云，红日冉冉东升，照耀着大地热气腾腾。俗话说：“冷不过三九，热不过三伏。”当他们离城二、三十里时，一个个在马背上汗水淋淋。刘禅有些口渴，吩咐随从去讨些水来，可是偏偏这地方前不巴村后不巴店，又去谁家讨呢？唯有黄皓眼明，他翘首四顾，望见了在前方的林荫里露出了飞檐翘角，便带领众人奔驰而去。抵时，果然见是一座寺庙，大家下马，进得山门。和尚见来了一伙穿戴非凡之人，赶忙上前恭迎。在得知是太子刘禅驾到，更加毕恭毕敬，立刻请到禅堂献茶。这下刘禅也不客气，端起碗来喝了个痛快，顺便在庙上把斋饭吃了。临走，太子吩咐黄皓给和尚些银子。

当他们出得庙来，骄阳当空，比先前更为火辣。他们骑着马离庙子不远发现土坡下一个水潭，约十来亩大小，潭边芦苇丛生，豆沙色的芦花探出苇叶在空中摇曳；潭中碧波微荡，清澈见底，且有小鱼小虾游动。刘禅本来就感到天热难受，此时见此水潭，大有如鱼得水一般，立刻下马，吩咐众人把马拴好在潭边的树上，陪他下潭沐浴，凉快凉快。黄皓嘱咐随员们别下潭去，就同自己一道在岸上保护好太子。潭水不仅清澈，而且凉爽透骨，令刘禅沐浴感到退热舒心。若非黄皓在岸上一再催促，说众人在岸上被烈日晒灼得难受极了，还不知太子在潭中弄波戏水到何时呢？

这时，太子下潭沐浴的情况早已惊动了寺内，众多僧人和香客已前来围观。当刘禅一行离去时，大和尚上前双手合十致意说道：“太子能在此潭沐浴，真是万幸之至，佛祖保佑太子一路平安！阿弥陀佛！”

光阴荏苒，一年后，昭烈帝刘备为义弟关羽报仇，御驾亲征讨伐孙吴失败，病死于永安宫(今重庆奉节城内)，葬于惠陵(今成都市武侯祠内)。国不可一日无主，在诸葛亮、赵云等众臣拥戴下，太子刘禅登上了蜀汉皇位宝座，世称后主，在位40年(建兴癸卯223年至炎兴癸未263年)。刘禅既然做了皇帝，且在位时间又那么长，在民间视为真命天子，天子即原始图腾演变来的龙，故皇帝的脸叫“龙颜”，“心”叫“龙心”，穿的衣叫“龙袍”，那么他沐浴过的潭被称为“龙潭”就不奇怪，而龙潭旁边的寺冠予“龙潭寺”之名也就顺理成章了。

龙潭寺因此名声远播，四面八方的香客前往拜佛，香火旺盛，朝钟暮鼓经声佛号回荡原野。不少商家便来寺旁摆摊设点、建房开店，渐渐形成街市，到两晋、隋、唐、宋时，形成规模像样的镇子，有正街、横街、后巷。因龙潭寺在镇中，这镇也就用寺名冠之，保持至今。

龙潭寺从三国蜀汉建兴算起，已近两千年历史，世事沧桑，原有的龙潭寺早已为今日之北湖代之，龙潭古镇焕然一新，正以现代文明的建筑风貌汇入成都市国际都会的建设中去。不过，无论历史如何变迁，龙潭寺具有的三国文化内涵都永存于世，千秋不灭，成为成都东郊一方灿烂古迹。

圣灯古寺的传说

圣灯寺地处成都市东郊，现属成华区二环路东段东侧，古时是一座驰名古刹。《华阳县志》记载：“圣灯寺，又名观音寺，在圣灯山，明万历二十年(1592年)建，清康熙时重修”。仅从这段记叙，已可洞察该寺的兴衰成败，大起大落。

明代初期，成都郊区很多地方还存在丘陵，如浣花溪畔的笔架山、沙河畔的塔子山、圣灯山……随着时间的推移，这些小山已逐渐消失。据史记载：圣灯寺就建在圣灯山。至于建寺的原因有多种传说：

其一，明万历十六年秋天，有一和尚至圣灯山，时至黄昏，只见山上金光灿烂，有如圣灯照耀，遂灵感突发：像这样的宝地何不在此建一寺庙呢？一可弘扬佛法，二可教化一方乡民。于是大和尚便四处奔走，化缘筹资，经过两年多时间，筹足了建寺资金，便动工修建。该寺竣工，时值明万历二十年秋天，寺宇金碧辉煌，在夕阳余晖映照下，金光闪闪，好似圣灯照耀，故大和尚联想起建寺前后的情景，给寺庙命名为圣灯寺。

其二，据明朝喻茂坚《重逢观音桥碑记》云："成都去城七里有沙河，成化丙申（1476年）河桥颓圮……丁酉（1477年）桥告建成……桥碑有观音堂，因题名观音桥。"传言水灾过后观音显灵，乡民陷于饥饿之中，来一贵妇人布施，给钱给物，解饥民之苦。贵妇人自称遂宁人，姓妙，名三姐。当她离去时，有人跟踪至观音桥则不见踪影。人们联想起传说中遂宁妙庄王所生三个女，三女修道成了观世音菩萨，正如童谣唱："观音菩萨三姊妹，同锅吃饭同修行，大姐修在河这边，二姐修在河那边，唯有三姐最会修，一修修到普陀山。"消息传开，乡绅民众都感谢观音的大恩大德，普度众生，消灾免难，便踊跃集资，于明万历二十年，在圣灯山修建观音寺。

其三，明万历年间，成都郊野民风不振，盗匪猖獗，刁民横行于乡里，甚至影响到一些家庭道德沦丧，夫妇不和，父子反目，大打出手，家破人亡。尽管当政者出动差役缉拿嫌犯，关监丢狱，杀头问罪，但仍不能扭转世风，制止犯罪。在众怒民怨的情况下，当政者采纳社会名流成都人万世源提出的"建一座寺庙，胜过修十座监狱"的建议，便在城乡广修寺庙，圣灯寺或观音寺便是其中之一。在当时社会处于混乱和一些民众蒙昧的情况下，自圣灯寺或观音寺建后，当地世风民风都驱向好转，吃斋念佛、烧香许愿的善男信女愈来愈多。

无论圣灯寺或观音寺修建成因如何，但有一点是确凿无疑的，即它是明代东郊一座名刹，给方圆数十里传播佛音，教化于民。

如此圣寺，又何以到清康熙时重修呢？传说明末张献忠率领的大西军占领了成都城，把蜀王宫八千多人斩尽杀绝后，张献忠便在宫中坐上龙椅号称大西王。在他兵败撤离成都前夕，便下旨全军将士对城内城郊大肆烧杀。随着成都城的烧毁、民众的杀光，东郊的观音堂、观音桥、圣灯寺俱毁。直到清康熙后期（1720年左右），两广一湖填四川后，成都人烟逐渐恢复，被大西军破坏的城市、寺庙、桥梁等开始恢复，圣灯寺自然就提到了重修的议事日程上来了。据说这次重修的寺宇由于资金的短缺，比原先的规模小些，原来是四重殿，后来只有三重殿：天王殿、罗汉殿、观音堂。不过，在罗汉堂佛祖像前左右设置的塔式神灯仍高耸长明，在经声佛号中，光照荧荧。圣灯寺名掩盖观音寺也许缘于此因吧！

斗转星移，尘世沧桑。1952年圣灯寺一带规划圣灯村，寺已不存在了，寺址改作学校，寺大门在村内东北角。该村现属成华区建设路，小学也因此得名。尽管圣灯寺已往事如烟，但它曾有过的辉煌仍记入了成都史册。

功瑞吉祥青龙场

成都府青路北头有一座驰名古镇青龙场，其西南方有千古驷马桥，西北方有成都四大禅林之一的昭觉寺，东方是带着神话色彩的二仙桥。青龙场地处这样一个历史遗迹围绕的区域，自然有其厚重的历史文化底蕴。

成都人常说："成都四大场，东门牛市口，南门红牌楼，西门茶店子，北门青龙场。"的确，在过去千百年来，这四大场起到了对成都城郊农副产品贸易交换的作用，方便了成都人民的生活。

就四大场名称而论，东南西三场皆实有其名：牛市口设有牛市，红牌楼立有红色牌楼，茶店子由一茶店发展起来的；唯有青龙场是务虚之名。

早在明末清初之时，由于经历了战乱，北郊一片荒凉。在“两广一湖填四川”驱动下，人烟渐渐增多，一些人家便聚在名为白虎坡的左侧建房，逐渐形成了小镇。后来有人提出为小镇命名，恰在这时有一道长经过，便请他为之命名。道长围着小镇转了一圈，见小镇右边隆起是白虎坡，立刻哈哈笑道：“这小镇的名有了，就叫青龙吧！”镇民不解，问为何取此名？道长解释说：“青龙乃东方之龙。我们道教把青龙、白虎、朱雀(红鸟)、玄武(黑龟或龟蛇合体)，合称四方之神。又按《礼记·曲礼上》‘行前朱雀而后玄武，左青龙右白虎。’此镇右边不是有一白虎坡吗？在左边方位的镇子以青龙为代号乃符合礼仪天道呵！”众人听明白后，齐声叫好。从此，世人称小镇为青龙镇，由于街镇后来发展成赶集的农贸市场，大家就叫它青龙场。

青龙场除了赶集热闹，还就是正月元宵舞龙灯，最为壮观。20世纪三、四十年代，民谣说：“两条龙灯闹元宵，黄龙顺着锦江绕，青龙围着城边跑，上下腾舞火焰高。”这里说的“黄龙”指黄龙溪的龙灯，“青龙”指青龙场的龙灯。每逢元宵佳节，满街都张灯结彩，什么蝴蝶灯、金鱼灯、白果灯、金瓜灯、佛爷灯、观音灯，还有一些戏灯，如太公钓鱼、天赐黄金、桃园结义、唐僧取经等。观灯者甚众，如潮似水。驷马桥方向金光闪耀，一条火龙缓缓舞动而来。龙是用竹木纸布等扎成，呈多节，皆为单数，每一节一人持竹舞。各节内有烛燃，称龙灯。烛光摇曳，照透彩龙。一壮汉持龙头舞，一矮人持龙尾摆。龙头前有一人持彩珠戏龙作舞。逗得龙左右摇摆，上下翻腾，似必欲含珠而后甘。大冷天，舞龙者全裸上身，人们则点燃手上的花炮朝着他们喷烧，不过火焰喷到身上瞬间而灭，而他们则表现出既不畏冷也不怕烧。观众都为之交口称赞：“青龙场的龙灯舞得太精彩了！”

青龙人除了舞火龙，还舞水龙。每逢干旱，禾苗缺水之时，青龙人就要水龙祈雨。水龙是布草竹竿做的，舞者赤露上身，仅穿一条短裤。当他们舞着水龙经过时，围观的人群用水冲泼，更有胜者把瓢中水搅旋转之后泼的能把舞者打痛，据说愈欢愈痛降雨的可能性就愈大。

如今，青龙场已建设一新，早年的白虎坡已在镇由小变大中消失。但青龙场绚丽多彩的历史文化还会代代流传，永不停息。

锦官绮丽耀古今

提起锦官城，世人皆知那是成都的别称，而知道锦官城本是古代成都蜀锦织造工场的人就少了，进而明白锦官城所处具体位置、兴衰历程的人更是凤毛麟角，哪怕就是成都人甚至武侯人，大多数也是“不识庐山真面目”。在今天国家大力弘扬传承丝绸之路文化，振兴具有全球意义的丝绸之路经济带的背景下，拂去笼罩锦官城光彩的历史雾霾，大力宣扬其作为南方丝绸之路源头曾有的辉煌，正当其时，且意义重要而深远。

曾经辉煌千年的锦官城，它究竟在哪儿呢？答案简单明确且史籍已有定论——它就在成都锦江(古流江)的南岸，今百花潭公园以东至彩虹桥的大片区域。大部分在今天的武侯区地域内。不过也有人对此存有异议，说是应为锦江北岸锦里路一带，理由是“锦官城”即为“锦里”，今之锦里的街和路应为古之锦里旧地——此说似乎也有道理，只是除名称有因袭关联外，却找不出其他更有力的证据。

其实，能确定锦官城位置的古籍记载并不少，其中民国修《华阳县志》载，“李膺《益州记》：‘锦城在益州南笮桥东，流江南岸皆蜀时故锦官处也，号锦里，城墉犹在。’《华阳国志》：‘夷里桥南岸，道西有城，故锦官也。濯锦鲜明，命曰锦里……’”又说“杜工部‘丞相祠堂何处寻，锦官城外柏森森’，此乃诗人隶事之词，非考古之实。抑或工部时锦官城遗址尚在，而丞相祠堂正当笮桥东流江南岸，与锦官城相近则亦为可知也”。《华阳县志》为说明锦官城的位置，不仅引用了《益州记》，还引用了《华阳国志》，不仅引用史志类典籍为佐证，还引用杜甫诗句作辨析。作为官修史志，这样引经据典的明确记载，应当是很权威，可信度很高的吧。

至于杜甫诗中“丞相祠堂何处寻，锦官城外柏森森”句，既是对丞相祠堂位置的确定，也相应间接指明了锦官城的位置。虽然锦官城后来往往被用于指代成都，乃至成为成都的别名，但据诗意分析，这里的锦官城，并非代指成都城，如果是那样，丞相祠堂的位置就模糊了，成都城外有东南西北，到底在哪里呀？这句话等于没说。因此，这里的锦官城必是遗迹还在的那个蜀锦生产之地无疑了。

杜甫另一首提到锦官城的著名诗篇叫《春夜喜雨》：

好雨知时节，当春乃发生。
随风潜入夜，润物细无声。
野径云俱黑，江船火独明。
晓看红湿处，花重锦官城。

这首诗里的锦官城，人们大都不会将其狭隘地理解为锦江南岸的织锦之城。虽然从诗中“野径”“江船”等景物，可看出诗中描绘的美景就像是作者所居草堂(浣花溪边)与锦官城一带，但此诗开阔的意境，给人留下无尽联想的空间，看到令人欣喜陶醉的眼前景物，一个遍地鲜花沾雨带露、花团锦簇的成都美景便跃然于脑海，诗的意境、意蕴得到进一步升华和张扬——这就是此锦官与“锦官城外柏森森”之锦官的区别所在吧。

确定锦官城位置的诗句还有——晚唐诗人李商隐诗云：“他年锦里经祠庙，梁父吟成恨有余”。宋朝诗人陆游在其《感旧》诗中写道：“我思杜陵叟，处处有遗踪。锦里瞻祠柏，绵州吊海棕。”“锦里经祠庙”“锦里瞻祠柏”，这两处的“锦里”同“锦官城外柏森森”的“锦官城”一样，很显然均不是代指成都，而是明确无误地表明了锦江南岸的锦官城与武侯祠的邻里关系。

锦官城的位置基本无疑义了，人们会问锦官城形成为何时，因何得名呢？这又有不一致的答案。一说是东汉时期，朝廷就在成都设置了专门管理蜀锦生产的机构“锦官”，其官署就在成都东南的“流江”岸边，后世称成都为“锦官城”即源于此。一说是三国时期，诸葛亮治蜀时，把织锦的工匠集中起来进行生产，专门设置官员进行管理，故该区域叫锦官，又叫锦里。有认为《益州记》“锦城在益州南笮桥东，流江南岸皆蜀时故锦官处也……”这句话中的“蜀时”就是蜀汉时，以说明锦官城兴起于三国蜀汉时期。但这里的“蜀时”未必确指三国蜀汉时，因为四川自古都称蜀；蜀时锦官处，也未必不是汉时锦官处，正如宋时成都，也未必不是唐时成都一样。仅用一个“蜀时”来证明锦官城始于三国蜀汉时期恐难坐实。因此，在没有确切证据的情况下，笔者更倾向于锦官城出现于东汉时期的说法。那个时期蜀锦方兴未艾，名扬天下，并已通过南方丝绸之路销往西亚诸国，进而传播欧洲。而设官管理蜀锦集中生产也就有了必要。

尽管因历史久远而在上述问题上持有一些异议，但蜀锦和锦官城绚丽辉煌的历史是举世公认的。蜀锦作为成都历史悠久的手工业产品，是世界上最早的丝织品，也是丝织品中的优秀代表。最早的文字记载见于春秋秦国的惠文王年间。至迟在战国时期，成都的丝织工匠就在织帛技艺基础上发明了织锦。据《尚书》记载，时人把成都出产的锦专称为蜀锦。蜀锦是用多种色彩蚕丝织成的提花织物，其用料考究，工艺复杂，华丽精美，色调明艳，图案文饰古朴典雅，寓意吉祥，充满浓郁的民族风情，因而“其价如金”，天下闻名。不仅百姓喜爱，更被达官贵人、皇室宫廷以至海外客商视为珍宝。当时全国产锦的地方主要有三处，除成都生产的叫“蜀锦”外，兖州生产的叫“织文”，扬州生产的叫“织贝”。三锦之中，蜀锦以产量最大、质量最好、销路最广居于首位。后来它又与南京的云锦、苏州的宋锦、广西的壮锦一起，并称为中国四大名锦。蜀锦也是日本国宝级传统工艺品京都西阵织的前身。

到了汉代，成都锦江边形成蜀锦织造的集中工场。左思《蜀都赋》赞锦官城织锦盛况曰：“阛阓之里，伎巧之家。百室离房，机杼相和。贝锦斐成，濯色江波。黄润比筒，籯金所过。”扬雄《蜀都赋》赞蜀锦之华贵曰：“尔乃其人自造奇锦，紌缳？？，縿缘卢中，发文扬采，转代无穷。其布则细都弱折，绵茧成衽，阿丽纤靡，避晏与阴。……筩中黄润，一端数金。”

为什么蜀锦织造选择于锦江边？除了这里依傍锦江便于织锦濯锦外，还因为这段江水濯锦能使其色彩艳丽鲜明。《华阳国志》记载：“锦江，织锦濯其中则鲜明，他江则不好，故命曰锦里也。”《水经注》也载：“夷里桥道西，故锦官也。言锦工织锦，则濯之江流，而锦至鲜明，濯以它江则锦色弱矣，遂命之为锦里也。”此外，锦官城近处的万里桥梁码头、万里桥南端的城南通外大道，形成以蜀锦为主的“成都造”产品运销外地的水陆路交通枢纽，南方丝绸之路也从这里发端。由此可见，依江傍路的这块城南宝地，是多么独具优势的织锦业发展的理想之地呀！

蜀锦在这里生产，因其濯锦时染得江水焕彩，锦江之名也由此而来。蜀锦染艳了锦江，使之平添诗意文采，历代文人雅客以生花妙笔，淋漓尽致地描写锦江的旖旎风光和人文风采。“濯锦清江万里流，云帆龙舸下扬州。”“锦城丝管日纷纷，半入江风半入云。”“锦江春色来天地，玉垒浮云变古今。”……优美诗歌俯拾皆是，这让锦江魅力倍增，又为蜀锦增添文化光芒。在延续千年的历史中，二者相得益彰，共同谱写了成都锦文化的绮丽篇章。

诸葛亮治蜀时，为了实现恢复汉室，一统天下的抱负和理想，更加重视蜀锦的生产经营，并增派官员进行管理，将蜀锦业作为战时经济的支撑。他在《教令》中说：“今民贫国虚，决敌之资，惟仰锦耳。”他还以身作则，在自己家庭田园内种桑800棵，以支持蚕桑、织锦业发展。他将蜀锦提到战略的高度而倾力动员百姓扩大生产，无非说明蜀锦是当时国家恢复生产、抵御外敌的支撑，财政的主要来源。当时魏、蜀、吴三国虽然兵戎相见，拼死拼活，但在经济贸易上却互有往来。刘备联吴抗魏，多次以蜀锦作为礼品赠送吴国。蜀汉章武二年（公元222年），刘备一次就送给孙权蜀锦千端（一丈八尺为一端）。后主刘禅也曾赠送吴使张端以蜀锦，表示两国友好。魏、蜀之间虽然势不两立，曹操却多次派人入蜀购锦。公元238年，魏明帝送了许多礼物给日本女王，内中就有绛地交龙锦5匹、绀地句文锦3匹。这些珍贵的“国礼”都是蜀锦。由此可知三国时期的蜀锦在国民经济中占有多么重要的地位。更为可贵的是，诸葛亮还将蜀汉的先进技术推广到了云南、贵州、广西等地“无蚕桑、少文字”的少数民族地区.教他们栽桑、养蚕、织锦，促进了各地的经济发展。正因为蜀汉政权的重视，锦官城织锦业从此走向鼎盛时期，直到蜀亡，国库尚有锦、绮、彩、绢各二十万匹，蜀汉时织锦业之繁盛可见一斑。

两晋以降，锦官城织锦业已逐步衰微，到了南北朝时期，偌大锦官城只剩下遗迹城墙了。是什么原因让辉煌千年的锦官城消失了呢？锦官城的衰落必有诸多原因，且不论哪种原因起主要作用，其中一种是不容忽视的——那就是水质污染问题。当时成都虽然水清树绿，天碧云净，当然也还没有污染、环保等概念，但上百家织锦作坊都在江边濯锦，日复一日，年复一年，以至成百上千年，锦江水倒是染得绚丽多彩了，那么，随着城市的发展，下游人口的增加，给同饮、同用锦江水的下游人带来的是什么呢？水美了，却是好看不好吃，不好用，“濯锦清江万里流”的诗意锦江带给下游岸边生活的人只能是逐步加重的水污染侵害乃至灾难。

可以料想，可能是迫于下游人的强烈反对巨大抗争，甚至因此惹出人命官司，加之官方也迫不得已而明令禁止，锦官城才在短时期内搬迁异地，竟然消失得踪影皆无——仔细思之，锦官城这种令人惋惜的结局，难道不是事物发展的必然结果吗？

锦官城在原地消失，但城中织锦户却不会坐以待毙，好在成都郊外多是桑蚕之乡，而且水流密布，很容易找到新的织锦场所。至于只有“锦江濯锦则鲜明，他江则不好”的话就顾不了那么多了，何况都是都江堰流下来的水，也差不了哪儿去。于是，这就给成都西南郊外的同在南方丝绸之路源头的簇桥、金花桥、机投桥等乡镇的织锦业带来发展机遇。这几个乡镇都以“桥”命名，有桥必有江河，水流充沛的江河是织锦业濯锦必要条件。当然没有河流的地方也可织锦，但那只是小家小户，成不了大的规模。这几个乡镇中桑蚕、织锦业最繁盛的当数簇桥镇，簇桥镇因织锦闻名也叫簇锦镇，这里的桑蚕丝织业历史悠久闻名遐迩，且一直延续到新中国成立初。其次是机投镇，机投的名字也与织锦的机头有关。由此可见，锦官城虽然消失了，但成都织锦业仍是长盛不衰，蜀锦依然绮丽辉煌，在唐、宋时期达到全盛。后经过明末的衰落，在清代中晚期又有了复兴。到了民国时期，随着工业文明兴起，成都织锦业才慢慢淡出历史舞台。

21 世纪开篇，成都武侯旁建成一条名曰“锦里”的仿古街，此街集三国文化、成都民俗文化、建筑文化、丝绸文化之大成，为海内外游客提供了一个认识老成都和休憩游乐的好去处。这里也特别采录和展示了古锦里的文化印迹，让感兴趣的人们循此印迹去探望历史，然而它并非成都历史上的锦里(锦官城)的原样复制。作为曾有的客观存在，真正的锦里当时的主要功能和历史贡献就是织锦、濯锦、经营蜀锦，让蜀锦誉满天下，走向世界。而今它已成为不可复制、也无须复制的历史珍藏品。

故蜀别苑何处寻

在今天人们大造园林，发展生态旅游被炒得火红热烈之际，有多少人知道成都西郊还有一处湮没近千年的古代园林——故蜀别苑？

故蜀别苑亦称前蜀南苑，因园中遍种梅花，故又称梅苑或梅林，是供前蜀皇帝王建游乐的别苑，距今已有 1000 多年历史。后世又成为成都达官贵人、骚人墨客、名媛仕女以及市井百姓郊游宴乐的地方。南宋爱国诗人陆游也算得上个梅痴，宦游成都时逢梅花盛开季节常遛马过来赏梅，留下了许多脍炙人口的咏梅诗篇。通过放翁诗中的描绘，我们仿佛看到一个珠楼玉殿掩映，笙歌缭绕，游人如织的偌大梅林。千树万树梅花簇拥在茫茫雪地娇艳绽放，绵延数十里花香袭人，其间高大若龙的古梅龙盘旋欲飞，微风不经意吹下几片花瓣，伴着雪花轻盈盈飞舞，有的竟飘进了游客邀梅共饮的酒杯里——那是一个独领风骚数百年有着太多诗情画意令人神往心醉的游乐胜地！

至于故蜀别苑的具体位置在今何处，只有陆游的在《梅花绝句》的诗句和注、《故蜀别苑梅龙》序里有大致说明。《梅花绝句》曰："当年走马锦城西，曾为梅花醉似泥。二十里中香不断，青羊宫到浣花溪。""二十里"与后一首诗序注明的"十五六里"不同，显然是诗的夸张写法。其注中称："成都合江园，盖故蜀别苑"。《故蜀别苑梅龙》诗序说："故蜀别苑在成都西南十五六里"。依此我们可确定它今天的大致方位，具体地点在哪里，还须考证。数年前笔者曾从一篇报道中了解到故蜀别苑故地就在今天的机投镇，还专门到机投镇查阅了《机投镇志》，最近又向镇上的朋友借来一册，对照其他史籍进一步分析查证。志中的确记载故蜀别苑在该辖区内，但也的确未指明具体位置。机投古时辖地比现在广，且多有变化，故古机投（古代不叫此名）非今机投也。

正因为如此，有人推断故蜀别苑在今苏坡桥附近，也就是说在青羊区境内了，但笔者对此说不敢苟同。陆游诗序中说明故蜀别苑在成都西南十五六里，查看地图，苏坡桥却在成都正西方向，而里程也不止十五六里（据专家言，宋代华里里程与今天并没什么差别）。确定故蜀别苑具体位置，仅根据陆游提供的材料虽不能达到十分准确（他毕竟只是流寓成都的古人），但在机投镇范围是可信的。一是有机投镇志的记载。志书为地方的历史记载，机投镇志所记史迹，应是沿于双流县志，可信度是很高的。二是即使古代苏坡桥在机投镇范围，但方位和距离与陆游所言不符。如果没有更多的历史佐证，以陆游提供的三点，是不难确定故蜀别苑的位置的。第一点："青羊宫到浣花溪"，今清水河属浣花溪上游，应视为诗中所指浣花溪。第二点："合江园，盖故蜀别苑"，说明故蜀别苑还有个"合江园"的别名，这名称显然是根据"合江"这一具体位置和特点来取的，合江者，两江交汇或两江交汇之处也——也就是说故蜀别苑必在两江（浣花溪与另一条小河）交汇处不远。第三点："成都西南十五六里"，这句话表明了方位和里程两个要素。一个是西南方位，虽然他在曾诗中说："当年走马锦城西"，但毕竟是艺术表现方式，在序中的说明才更为可信。唯有浣花溪机投段才在成都西边稍偏南的位置。二个是离成都的距离。这里的成都应指以古城墙（或护城河）为界的成都城。当时武侯祠（锦官城外柏森森）、杜甫草堂（锦官城西草堂寺）都在成都郊外。若从青羊宫起，沿蜿蜒曲折的浣花溪南岸向西南去十五六里，当在机投镇万寿桥村正在修建的西郊艺术公园一带。从万寿桥的得名分析，该处应留下过皇帝的足迹（"万寿"即对皇帝的称颂），且有河渠与浣花溪交汇，也符合"合江园"的条件。

花林坊与韦庄

武侯区机投桥这片土地，因处于成都之西南，得益于美丽的浣花溪（现为清水河）清流的滋润，是古代成都达官贵人、文人墨客居住、游乐较集中的地方，故花林、别苑等古迹众多，盛及数代，但恐怕是因明末的战乱吧，当今几乎难寻那些古迹的踪影，只有通过有关历史记载来考察它们的遗迹了。

据史料记载，花林坊就在故蜀梅苑旁，与花

林坊相邻的书台坊及以东的度人坊都是久负盛名的名胜古迹和官邸园林所在。书台坊相传是诸葛亮读书的地方，花林坊与度人坊的位置都排列在浣花溪旁。在五代前蜀后蜀时，皇家高级官员的官邸所在多选址于浣花溪上游沿岸，这除了是为了沾前蜀皇帝王建的光而外，还因为是看中了这块百花匝岸、清流满溪的风水宝地。

花林坊位于风光秀丽的浣花溪畔，与故蜀别苑一样，都是古成都的游乐胜地。故蜀别苑既然是皇家花园，那当时就只有皇帝及高官随从游玩的专利，而花林坊的主人贵及宰相，也不是任何人都可随便去玩的。只是到了后代，朱楼玉砌虽犹在，只是物是人非，这类的园林就逐渐成了大众游玩的地方。自古成都盛行郊游，无论达官贵人、名媛仕女以及市民百姓都乐于此俗。游玩的路线主要集中在浣花溪一带，处于浣花溪上游的花林坊自然是仅次于百花潭、草堂沧浪亭游人聚集之地。郊游从一开春，就沿风光旖旎的浣花溪展开，到了四月达到顶峰。任正一《游浣花记》载："成都之俗，以游乐相尚，而浣花为特甚，每岁孟夏四有九日，都人士女，丽服靓装，南出锦官门，稍折而西行……"宋代张唐英所作《蜀梼杌》载："四月，游浣花溪，龙舟彩舫，十里绵亘……游人士女，珠翠夹岸。"陆游《老学庵笔记》也说："四月十九日，成都谓之浣花遨头，宴于杜子美草堂沧浪亭，倾城皆出，锦绣夹道……"可见，包括花林坊在内的浣花溪一带，的确占尽了锦里春风，吸引了倾城游人，独领了千年风骚。

花林坊的著名，还因为这里住过几位名人，在百花争艳中"谈笑有鸿儒"，自然增加了文化品位。宋代张唐英所作《蜀梼杌》里介绍："陈敬瑄、欧阳炯、韦庄宅于花林坊。"尤其是韦庄，他不仅是王建的宰相，在中国文学史上，还是唐末五代成就突出的诗人，而且又是著名的词家，与"花间派"鼻祖温庭筠齐名，世以温韦并称。韦庄的不少格调新颖、脍炙人口的优秀诗词，就是在花林坊写成的。

文学史上对韦庄的生平是这样记载的：韦庄(836—910)，字端己，京兆杜陵(今陕西西安)人。乾宁元年进士，曾官右补阙，后入蜀为王建书记。唐亡，王建称帝，庄为宰相，死于蜀。

韦庄有不少写山水田园的诗，或抒发及时行乐的颓丧心情，或流露凄婉感伤末世情调，艺术上较有成就。他的长篇叙事诗《秦妇吟》和《悯耕者》、《睹军回戈》等，谴责了当时的不义战争，充满了对饱受战乱之苦的劳动人民的同情，具有一定的现实主义意义。

韦庄作为花间派词人，他的词内容的实在和风格的清新明朗上还要胜过温庭筠一筹。举两首为例：

其一，《思帝乡》

春日游，杏花吹满头，陌上谁家少年足风流，

妾拟将身嫁与一生休。纵被无情弃，不能羞。

用白描的手法写出一个天真烂漫追逐爱情幸福的少女，形象颇为生动传神。

其二，《菩萨蛮》

人人尽说江南好，人人只合江南老。春水碧于天，画船听雨眠。

垆边人似月，皓腕凝霜雪，未老莫还乡，还乡须断肠。

此词写得情景交融，诗(词)中有画，画中有诗(词)，让人回味无穷。荡漾着春江的画船，倾慕着酒店的美女，真有些乐不思归了。这词中的情景，是否就是花林坊江边的写照，无从考证，不得而知，但有一点可以肯定：其间必或多或少映照着花林坊和浣花溪的影子，流露出作者发自肺腑的真实情感。

可见，这样的诗人兼词人以花林坊为府邸，

怎能不为花林坊锦上添花？怎能不是“诗意的栖居”？

交子的诞生与演变

私交子的诞生

隋、唐、五代时期，普遍流通的货币是铜钱。因蜀中产铜甚微，后蜀广政十八年(955 年)，始铸铁钱(广政通宝)入市，以利流通。北宋灭蜀后，设监管制货币，采取“铁钱不出界，铜钱不入川”的货币政策，以新铸铁钱回收旧有铜钱，使铜钱基本退出四川流通领域，四川成为独立的铁钱流行区，也是宋代铁钱铸造时间最早，铸量最大，流通时间最长的地区。而宋代的成都正当“带二江之流，为一都会，四民州处，万商成渊”之时，粗重的铁钱却为极其繁盛的商业贸易带来了不便。作为大宗长途贸易的货币，铁钱的运输成本极高，大大挤占了商品的利润空间，且长途运送的风险极大。一种更加便捷、安全的结算和交易方式成为历史的客观需求。于是，专为商家代管现金，并以此牟利的行业在民间应运而生，“私交子”在官督民办的形式下诞生。它的诞生地位于成都东门，现锦江区内的均隆街。

宋真宗咸平年间 (998—1003 年)，成都 16 家富商共同集资 36 万缗 (一千文使绳穿一串为一缗)在成都东门东大街一带的一条小街道上开设了历史上最早的交子铺户，开启了“私交子”时代。存款人在交子铺户存入现金后，交子铺户将存放金额填写在楮纸卷面上，再交由存款者保管，作为提取存款之凭证。由于交子是制楮为卷，是为楮纸制成，这种楮纸卷谓之“交子”，又名“楮币”，在湖广又称为“会子”，更后才为钞，成为商品市场上带有信用担保作用的支付手段。

“私交子”后期，“富民十六主之”。行业为 16 家铺户所垄断，这 16 户交子铺户向政府承担每年夏秋粮仓的翻仓和岁修糜枣堰的工料费，同时以财产作担保，相互监督。这一时期，交子的发行规模渐大，动及万百贯，街市交易皆用之。在经营过程中，一些铺户开始由以往的将空白交子临时填写存款额变成预先印制成不同面额的现成交子投放市场，每年丝茧米麦将熟时就主动发行一批交子进行收购，后来发展到以交子经营房地产和宝货。从此才成为通行于市场的真正意义上的交子时代。

官交子的发展普及

北宋仁宗天圣元年(1023 年)，交子发行权收归官府，宋仁宗诏从知益州薛田、转运使张若谷之请，始置益州交子务，由官府印发掌管交子，又固定交子的面额为一贯至十贯，规定发行比例，按照分界发行的办法，每界两年，以旧换新。1024 年，首界官交子发行 125 万余贯，交子正式成为国家法定纸币，“官交子”时代到来。

北宋徽宗大观元年(1107 年)，交子改为钱引，改益州交子务为钱引务，设监官二员专事管理。从天圣二年到大观元年的 83 年间，共印发交子 43 界；钱引从北宋到南宋共发行 59 界，流通了 147 年。

进入“官交子”时期后，交子的用纸与发行管理也更加严格。熙宁元年(1068 年)，益州交子务监官戴蒙请置抄纸院，以革伪造之弊。绍熙五年(1194 年)，始创抄纸场(抄纸是手工造纸的工序之一)，专制官交子既钱引用纸，也是纸币用纸的官作坊。抄纸场只产纸，不印币，抄纸与印币两个生产场地分离管理，分属两位主官相互制约，这也是管理交子制造环节的重要手段之一。时至宋末咸淳五年(1269 年)，朝廷直接下达印币数额，并将印币钞版发给转运使司，由管纸的制置使司发纸到转运使司，经转运使司印制完毕后再交由制置使司加盖总领所官印，然后发行。官交子首先从川内向陕西、河东、京西各地推广，进而普及全国，成为广泛流通的纸质货币。

水井坊溯源

成都自古盛产名酒，酒文化源远流长。当今闻名于世的水井坊酒的前身是全兴酒，全兴酒的酿造历史，可以追溯到宋代，全兴酒的前身是明代的薛涛酒，薛涛酒是传承了宋代锦江边酿制的蜀中名酒“锦江春”的酿造技术，到元末明初技艺已经非常成熟。这两种酒制的作坊，就在水井街一带，水井坊遗址之处。

水井坊位于成都老东门大桥外，是一座上起元末明初，历经明、清，下至当今的川酒老烧坊的遗址。遗址的发现是在20世纪的1998年，这年的8月四川全兴股份有限公司在曲酒生产车间改造厂房时，发现了地下埋藏有古代酿酒的遗迹，于是在1999年由多家考古、研究单位的挖掘下，“发现了不同时代的酒窖、晾堂、灶坑、蒸馏器基座、灰坑、灰沟、路基(散水)、木柱及柱础、墙基等遗迹，以及大批的瓷器和陶器残片、兽骨等遗物。

水井坊呈“前店后坊”布局，延续六百余年从未间断生产，是我国现发现的古代酿酒作坊和酒肆的唯一实例，有力地佐证了明朝李时珍在《本草纲目》中“烧酒非古法也，自元时始创之”的观点。此考古发现被考古界、史学界、白酒界专家认定为“中国最古老的酒坊”。水井坊遗址是迄今为止最全面、最完整、最古老、最具有民族独创性的酒坊，作为中国白酒的源头，其史学价值堪与“秦始皇兵马俑”媲美，并被国家有关部门誉为“中国白酒第一坊”。坊间数百年来酒坊与技艺流传并存至今，是活着的文物，被誉为“中国白酒的一部无字史书”。由于它填补了我国酒坊遗址专题考古的空白，被国家文物局评为“1999年中国十大考古新发现”之一。2001年6月25日由国务院公布为全国重点文物保护单位。以后又被载入大世界吉尼斯之最，“世界上最古老的酿酒作坊。”水井坊遗址的发掘极大地丰富了中国传统酒文化研究的内容，填补了中国古代酒坊遗址、酿酒工艺等方面的考古空白。

水井，主要用于开采地下水的工程构筑物。它可以是竖向的、斜向的和不同方向组合的，但一般以竖向为主，可用于取水、排水，也可用于注水。根据地下水的埋藏分布、含水层岩性结构，人类创造了多种多样的井型。水井对于人类文明的发展有着重大意义。还可以积水。

史载明末清初，有王氏兄弟两位客商，先经营酒店，后经营酿造，在成都东门外的大佛寺旁水井街开起了酿酒作坊。作坊名福升全(即水井坊前身)，谐“佛身全”之音，传承宋明的酿酒技艺，酿造的酒味醇甘冽。为扩大发展，王代后人又在城内创建全兴成烤房和永兴烧房，后来从福升全作坊到全兴成烤房和永兴烧房，所产的酒统称全兴酒。故而水井坊所产之佳酿具有悠久的历史，其间经过代代传人的不断总结、提炼、完善、传承，先后存在、酿制有“锦江春”“薛涛酒”“天号陈”“八百春”“福升全”“全兴成”“全兴大曲”“水井坊”等字号、品牌。

水井坊遗址被中国考古界、史学界、白酒界专家誉为白酒行业的“活文物”“中国白酒第一坊”。能有如此高的评价，是因为它有“实物资料”，“可以复原出传统白酒酿造工艺的全部流程。”

传统的白酒酿造工艺主要有三大工序：蒸煮、蒸酵、蒸馏。第一道工序蒸煮。从发掘出土的石碾、碾盘等遗物看，显然是对五谷杂粮等酿酒原料进行碾制加工,然后将碾碎的原料置于锅灶内进行蒸煮,遗存灶坑中的火膛残部就可以证明这一点。第二道工序发酵。发酵分两步完成,先在晾堂上,后在酒窖内完成。通常将蒸煮后的原料在晾堂上拌料、配料、堆积,进行初步发酵,其发掘的三座晾堂就是进行这道工序之处。拌料时要用石臼将酒曲捣碎,均匀地拌入蒸煮的原料中,然后堆积起来,繁殖酵母菌达到预发酵效果,然后再将原料投入泥窖池,并封密严实,让其发酵变酒和酯化老熟,所需时间一般两个月左右。遗址发现的清代酒窖,就有互相配套的酿酒设施。第三道工序蒸馏。提纯酒精的浓度,所用的装置俗称“天锅”,其结构是在圆筒形的基座上先放一口大口径铁锅,其上竖立一个同口径木桶,桶口再放一大锅。经窖池发酵的酒母、酒料浓度较低,要在渗入酯化老熟的酒母后进行加热蒸馏,在大桶顶部的铁锅内注入冷水,使气体的酒精冷却成酒液,再用冷凝管道导出于盛酒容器中。这是白酒酿造的工艺流程,水井坊遗址发掘出的晾堂、窖池、灶坑、火膛等实物,就说明了这个流程。

水井坊酿酒造方法至今仍不间断地使用,被相关专家誉为“活文物”。

水井坊,作为"中国白酒第一坊",历史上最古老的白酒作坊,其史学价值堪与"秦始皇兵马俑"相媲美。现代科技表明,窖池是有生命力的,在它的窖泥中生活着数以万计的微生物,窖池越老,酿酒微生物家族也就越庞大,所酿之酒也就越陈越香。水井坊窖池历元、明、清三代,经无数酿酒师精心培育,代代相传,前后延续使用六百余所,纳天地之灵气,聚日月之精华,由此孕育出独有的生物菌群,赋予水井坊独一无二的极品香型。水井坊丰富的文化内涵,完整的堆积层面,完备的酿酒工艺设施,以及酒窖中古老神秘的生物群,使水井坊显得弥足珍贵,点点滴滴皆为天地灵气与人类智慧的结晶,散发出香醇的酒香。

进入21世纪,以“水井坊”命名的白酒正式问世。今天的艺术家从水井坊蕴含的深厚的中国传统文化及其流露出来的东方神韵得到灵感,为水井坊设计出具有现代艺术品味,高贵典雅的包装。包装中的瓶形设计简洁,承载传统文化、历史性而又不失个性。内凸的六面表现古井台,好水酿好酒,这即是佳酿的标志,井台上六幅历史文化景点图则再现酒坊历史渊源。精致的木台基座是从古代帝王登基台上得到的启发,展现出中国的高贵与威严。纸盒设计简洁明快,用纸颜色古朴典雅,给人以悠远回味的视觉享受。

水井坊,深厚的文化底蕴与现代艺术表现相融合,承载六百年中华传统文化的精髓,彰显现代艺术美的典范,无论外在和内涵,每一点滴,每一细节皆散发出浓郁的中国文化韵味,呈现高贵典雅气质。

考古新发现“水井坊”的重现盛世,为中国白酒的起源翻开了新的一页。经国内学者考证,水井坊不仅是中国现存最古老的酿酒作坊,而且是中国浓香型白酒酿造工艺的源头,是我国古代酿酒和酒肆的唯一实例,堪称中国白酒第一坊,她集中体现了川酒醇香隽永的特色,也代表了中国白酒酿造的最高水平,以至于人们这样评价:水井坊,真正的酒!

东大街旧时光景

民国时期杨森修春熙路以前,东大街是成都最繁华的街道。以前成都出老东门往简阳、重庆走,叫东大路。成都的交通当时只有向东去是最发达的。东大街特别长、特别宽。民国13年(1924年)杨森修了春熙路以后,春熙路繁华了,东大街还是很繁华。从盐市口到东门城门洞儿的迎晖门,这样长一条街,全是开门做生意的铺面,很有商机,一般居民都把铺面租出去,居民在铺子后面住。一些大的百货、匹头(就是布匹)、药材、货栈、瓷器、五金、电器、干杂都在东大街。

现在盐市口一带叫西东大街。西东大街有三家大的瓷器铺,规模很大,全部卖景德镇的瓷器。以前的人买瓷器常常是买一堂, 全家人用的,好几十件。西东大街过来叫中东大街,中东大街分上、下中东大街。接着是春熙路南段,再过去叫城守东大街。清代城守衙门就在那条街上,衙门口在现在省图书馆的后门。从衙门口到东大街这一段叫城守街,街不长。杀石达开的地方在城守衙门门口。现在锦华馆立的那个碑,刻的是石达开的诗《入川题壁》,原诗是:"大盗亦有道,诗书所不屑。黄金若粪土,肝胆硬如铁。策马渡悬崖,弯弓射胡月。人头作酒杯,饮尽仇雠血。" 现在把最后两句铲了,不全了。可能是认为人头作酒杯,喝敌人的血,太恐怖了。现在连杀狗都不文明了,还杀人喝血,人们更不太接受这点了,就铲掉了。

省图书馆原来的大门开在城守东大街。任何人进图书馆,都要发一个青铜牌子,圆的,中间有一个孔,上面有编号,拿铜牌可借任何书看,出门交还铜牌。省图书馆有两个阅览室做得实在很好。报纸就放在桌上,好多人围着看报纸。还可以看到香港的《文汇报》《星岛日报》。国民党政府好多新闻不准发, 只有在香港的报纸上才看得到。

城守东大街往东走,叫下东大街,快到东城门洞儿,路口是抗日英雄的塑像。塑像与现在的不同,姿态不同,今天的要稳定些,原来的塑像人物还要向前倾斜一些, 反映了抗日战争的艰难。军人弓起背,背一把刀,还有草帽子,短裤子,穷啊,造孽,吃得好 "撇"(差)哦,人也精瘦,目光穿过城门洞,盯到城外,好像在冲锋,好像敌人的子弹在头上飞,用黑色大理石雕的碑名:抗日阵亡将士纪念碑。塑像后来被人化成了铜水。

上东大街有一家有名的西药铺,叫华洋大药房。卖常用的药品,如消炎片 、十滴水、金灵丹、小儿安等。这家药房在许多县上都有广告,在成都的电影院也打过广告, 最多的广告就是十滴水。记得电影正式放映前三分钟,就打 "十滴水" 广告: 一个客厅的沙发上有一个美女, 捂胸,皱眉, 在沙发上痛得打滚, 家里人忙拿来 "十滴水",吃下后马上就眉开眼笑。

20 世纪 40 年代,东大街往北走,有南新街、北新街、暑袜街, 银行业主要就集中在这里,有 10 多家。原东风商场后门是有名的银行,叫聚兴诚。

东大街城隍庙有讲评书的,说曲艺的,卖打药的……

东大街上的华华茶厅,在当时最有名了。再远的人都要到这儿来喝茶。这里也最有档次,在这儿喝高档茶荣耀得很哦。华华茶厅当时就有座位 1000 多个。

最难忘的是百货业的宝元通,前门在中东大街,后门在走马街,规模宏大,现代理念经营。店员皆着统一样式的服装,服务态度良好。徒弟称练习生,服务业绩优异,可以一级一级提拔上去,一直到经理位置。宝元通在全国各大城市有连锁店,如宝元沪、宝元津、宝元渝等,后通名宝元通。顾客从中东大街前门进去, 两边橱窗琳琅满目,日用百货应有尽有,若今之超市然。从走马街后门出来,方知其大。

苏坡桥的来历

苏坡桥的历史在千年以上。汉代苏坡桥所在场地是烧窑的窑址,称为"黑窑街"。宋代以后,此地因与大文学家苏轼(号东坡居士)的名字联系在一起而有了名气。原来这个场呈带状聚落，淙淙流淌的清水河(府河支流)自北向南从场中流过，将整个场镇分隔为东西两部分，一座三孔石拱桥横卧江上又把两个部分连在一起，这就是著名的“苏坡桥”。据《中国历史文化名城词典》记载：“苏坡桥跨南河上，有三孔石桥。宋元佑年间，文学家苏轼任翰林学士，曾在成都城南杨柳堤讲学。后人为纪念他，在巧神宫内造苏轼刻像，在他经常来往的南河上建一桥，名苏坡桥。”

而当地的民间传说，谓此桥是苏东坡捐资修建的，故名苏坡桥。相传北宋年间，苏轼进省城赶考，路经温江，临到成都时见这清清江水，两岸杨柳垂河，翠竹成荫，唐槐、汉柏扶桥而立，江中游鱼追逐，池里白鹅戏水，胜似人间桃源胜景，便在河西一家客栈住了下来。备考中，日观白鹅戏水，游鱼逐浪，夜赏玉兔东升，池映月色，读书作赋，写下了不少流芳百世的诗词佳句，如“竹外桃花三两枝，春江水暖鸭先知”等。数月后，苏轼进京考中进士，尔后成了北宋一代大文豪，他在诗中有许多对故乡山水的描写和追忆。为了表达对故乡的怀念和感激之情，苏东坡捐资将原来的小桥改建为三孔石桥。后人为纪念苏轼曾在这里读书赋诗的轶事，将其曾读书后住过的馆舍改为亭子，称之为“东坡亭”。苏轼当年常走过并捐资修建的桥，人们便叫它“苏坡桥”了。原桥有对联“听长公当年曾吟大江东去；愿吾辈今朝齐作砥柱中流”。遗憾的是，作为老成都十大风景之一的“东坡亭”，在“文化大革命”后期被拆除，那副对联也随苏坡桥的改建重修而不存。留给人们记忆和思索的，便是晚清诗人周济的那首记载了苏轼在西郊发迹之地的诗句“西出送仙桥，青羊闻鼓声。浣溪绕草堂，东坡月黄昏。”

多子巷更名的由来

多子巷在清代称太平胡同，因满营曾在此开炉铸造刀剑，民国初名“刀子巷”，后来改名为“多子巷”。是谁因何改此名?民间传说与真实情况各异。按民间的说法是：中华民国二十四年(1935年)刘湘居此巷，恶“刀子”二字于己不祥，加之他的两个儿子早年死去，膝下只有一儿一女，而女儿是不能继刘家香火的，在怕挨刀和多子多福的两种情感交织之下，为了避讳和祷祝，便将“刀”字改为“多”字。从此此巷便叫多子巷了。这是陶亮生先生所辑录的故事，在民间流传得很广。

但事实上，多子巷的名称是张圣奘先生取的。张圣奘，湖北人，出身名望贵族，系明代名臣张居正的第13代孙。父亲张绍欣是前清蒙古都统，母亲是民族英雄林则徐的孙女。他自幼跟随曾任北洋政府总理的叔父张国淦长大。中学就读于天津名校南开中学，与周恩来同班4年。进入北京大学后曾两次相助毛泽东，而成为毛的挚友。

1929年，在先后获得英国牛津大学、德国莱比锡大学、美国哈佛大学 等国外名校的文学、法学、医学5个博士头衔后，张圣奘被电召回国，由国民政府教育部聘为教授。但爱才心切的张学良将军执意将他聘到东北大学任教。1931年“九一八”事变后，受时任四川总督刘湘的热情邀请来四川任教，担任重庆大学商学院长。

刘湘为了疏通政府与下属之间的矛盾，使政策法规在川内能够顺利施行，便决定办《新四川报》，于是将张圣奘由重庆请到成都筹措办报之事，住在刀子巷刘湘公馆。由于张圣奘精通《周易》，曾为蒋介石讲授过《易经》，因此，张对居住之地——刘湘公馆的风水十分关注。有一天，张圣奘随刘湘回公馆，走到街口，便把这几天藏在内心的话说了出来:“刀子巷” 之名多有不祥，不如改为“多子巷”。刘湘立即应允，马上让手下换下街牌，另立“多子巷”的街牌。多子巷的名字也就从此流传下来。

1949 年后，张圣奘受邓小平之托调查文物，发现了距今 35000 年的“资阳人”头骨化石。1954 年，张出任四川省文物管理委员会主任，再后任四川省政府参事，退休后任省文史馆特约馆员。张圣奘先生在四川生活了半个多世纪，为巴蜀文化建立了功勋，其中也包括为地名文化所做的贡献。

猫猫巷变名将军街

少城内有一条小街，东起东城根上街，西止长顺上街南口，叫将军街。其实，这条街清代为满城之永安胡同，又名正蓝旗蒙古胡同，民国初期名叫猫猫巷——因为巷口有一石柱，柱顶刻有虎头，四川人习称老虎为“猫猫”，猫猫巷之名由此而得。那么猫猫巷又咋个变成将军街的呢?这得从军阀杨森说起。

在民国时期众多军阀中，原国民党陆军上将、二十军军长杨森是最具传奇色彩的一位。他既有早年讨袁护国炮击英舰保护朱德、陈毅、胡志明的正义之举，又有勾结吴佩孚破坏革命，制造平江惨案，积极追随蒋介石打内战的劣迹。到台湾后任"总统府"国策顾问，最后以 96 岁高龄寿终正寝，成为四川军间中活动空间最广、经历最复杂、寿命最长的一位。在四川当督理时，杨森确实也办了不少好事，如改造旧城修春熙路就是一例。但此公十分好色，经常带着年轻貌美的小姐回到猫猫巷公馆逍遥，引起不少人的非议。加上杨森嘴巴尖，又长了两颗突出的门牙，有人就叫他耗子精，把他拈花惹草叫做“耗子偷油”。此话传到杨森耳里，他甚为恼火。因为猫是逮耗子的，“耗子精”住进“猫猫巷”，实在太危险了。于是掌握兵权的督理大人让左右为猫猫巷改个雅名，但许久也未有称心如意的，这事就搁了下来。

杨森办的报纸经常吹嘘杨将军英雄盖世，在四川所作所为皆为国为民，实乃大侠哥。于是杨成了当时四川少女的偶像，好多人写信给他以表仰慕之情。有一次，一位少女在信中这样写道“愿为将军妾，不作庸人妻。”杨森看后大悦，立即下令把猫猫巷改为“将军街”。那位少女后来是否成了杨将军的“妾”，史料未见记载，但将军街的街名却实实在在留了下来。

铁像寺与尼众佛学院

铁像寺位于成都市南郊石羊古镇(现为成都高新区石羊街道辖区)，为始建于明代的尼众丛林。据《华阳县志》记载：明万历十八年(1590 年)，掘地得铁铸释迦牟尼佛像，因建寺供奉，即以铁像名寺。天启六年(1626 年)，铁像寺重修。清乾隆四年(1739 年)，寺院再次重修。20 世纪 40 年代，高僧能海法师进藏削发后再度开创，一度达到鼎盛而闻名遐迩。

抗日战争初期，由于年久失修，铁像寺败瓦颓垣，房倾檩折，仅住比丘尼 1 人，因无法独立生活，遂将铁像寺送给近慈寺，自已到近慈寺挂单住下。因为战争，后来大批逃难男女无以为生，涌入寺院，名为出家，实际是借寺栖身。为维护寺院的声誉和清规戒律，能海法师将涌入本寺院的女弟子安排在距近慈寺 2 5 公里的一所孤儿院内，并将铁像寺和孤儿院合并，世人称“女孤儿院”。同时，能海法师在近慈寺开坛讲经，法筵听众云集，且常有女众听经。道场戒律精严，听经女众一律不得留住。铁像寺与近慈寺距离5公里，居住符合律制，能海法师指派尼众接管铁像寺，由隆莲、定静负责成立比丘尼道场，成为我国汉族地区7个金刚道场中唯一的尼众道场。

1949年底，铁像寺的大雄宝殿倾颓，定静个人出资维修寺庙，近慈寺派人协助培植果树，后发展成寺北大片园林，寺南大片板栗林。1951年，铁像寺有尼众20余人，在土改运动中，其中8人分到土地，从事农业生产，其余则从事手工业。1965年，太平生产大队在铁像寺大雄宝殿内办起条粉厂，并在寺内晒粉和进行其他生产。1966—1976年"文化大革命"期间，铁像寺内仅有尼众10余人。铁铸释迦牟尼佛像被捣毁，尼众将佛首拾起，妥为珍藏。1979年，党和政府落实宗教政策，条粉厂被迁走，归还寺院。隆莲法师、定静法师率领铁像寺尼众修复铁像，重塑金身，供于大雄宝殿内，并修复山门、玉佛殿、藏经楼，扩建照壁。之后，建起三圣殿、普同塔、观音阁、钟鼓楼、大观堂、餐厅、客堂、尼众房等。1983年底，国家拨款在寺内建成当时国内第一所尼众高等学府——四川尼众佛学院，由中国佛教协会原会长赵朴初任名誉院长、高僧隆莲法师（女）任院长。1984年10月，四川尼众佛学院在铁像寺内开学。20世纪80年代，铁像寺成为成都市58座开放寺庙之一。

以后铁像寺经过多次维护和修缮，至2005年，逐渐恢复旧观。铁像寺山门匾额及楹联由中国佛教协会原会长赵朴初题写。入山门即是雄伟庄严的玉佛殿，系南传佛教布局，供一尊洁白的缅甸玉佛，四壁皎洁无尘。第二重是大雄宝殿，明清建筑，保存了古朴繁复的窗花。宝殿内的佛像以铁铸释迦牟尼为主尊，左为文殊，右为弥勒，手持宝瓶及法轮。铁像寺造像布局，汉地寺庙所无，大雄宝殿后是藏经楼，琉璃瓦屋顶，以法轮双鹿为脊，仿藏传建筑风格。全寺尼众继承道场家风，力求规范丛林生活，发扬佛教优良传统，爱国爱教，勤修三学，严谨毗尼的精神。每天著衣持钵，上殿过堂，半月诵戒，年年结夏安居。每逢佛事活动，隆莲法师即升座，与寺众一齐诵经礼佛，香烟缭绕，铃声鼓声节奏和谐，庄严肃穆。每逢农历初一、十五，四方善男信女络绎不绝前往从事佛事活动，人数达数千人，除夕夜则更是香火鼎盛。

近慈寺的来历

近慈寺位于距离铁像寺5公里之处，据传为明朝万历二十八年（1600年）创建。近慈寺地原属华阳县濯锦厢故址，后为张仲寿所有。张妻吴氏生有一女，清新脱俗。吴氏信佛，遂与夫商议送女出家于礼草堂寺沙门妙琴足下为徒，取法名智简。智简出家后，淡泊宁静，"戒、定、慧"三学精进，依佛敬孝。其父张仲寿逝世后，遗下其母及弟妹三人于濯锦厢无人照料。张家族人商议，迫使智简还俗。智简说："我既已入佛门，受大戒，还俗万万不可；但孝敬亲长的道理，佛门早有教导，我牢记族中父老教导，将尽心尽力侍奉母亲。于是，她便从草堂寺回到濯锦厢。归乡后，智简持戒甚严，将家产房屋建成佛寺，以既尽力侍奉慈颜，又竭力弘化佛法，秉佛制以作规范，继祖业以厚宗风。佛寺建成后，智简与慈颜近在咫尺，故定名为近慈寺。智简圆寂后，远近乡邻继续维持香火，寺院规模逐渐扩大，占地约3公顷。

清康熙九年（1670年），真悟和尚重修该寺。清乾隆四十三年（1778年），成都草堂寺嫡派显章大师参学归来，因见此地山环水抱，竹翠松青，朝览淑气，晚眺烟波，乃发心重建。前后经历30多年，近慈寺便有兴起之色。嘉庆十四年（1809年），由住僧弘道、本慧、圆澈等七人募化重建大雄宝殿，时近慈寺宝殿琳宫，金碧辉煌，寺貌大为改观。同治四年(1865年)，近慈寺住持慧恩，年届古稀，欲回遂宁安养，但因后嗣无良，恐失其宗，将寺产尽交文殊院承管。文殊院住持耨云以银三百四十两顶接租佃近慈寺，自此成为文殊院南庄。清末民初，近慈寺长期被军队占用，大殿失修，壁朽屋漏，文殊院无力顾及。

1937年，高僧能海法师从西藏学法归来，住持近慈寺，开办密宗道场。他先设法让驻军撤离，又率弟子维修寺庙。之后历九年艰苦经营，将近慈寺建成能安单接众、宏传正法的十方丛林，树立起汉族黄密僧团先例，成为四川唯一的密宗道场。1966年，“文化大革命”开始，成都红卫兵来近慈寺破“四旧”，将寺内的佛像捣毁，将译经院石匾弃之地下。后近慈寺被拆除，建为成都整流器厂和成都继电器厂(两厂均在21世纪初破产，厂址于2005年被拆除)。

1982年，在原近慈寺西面修建“古近慈寺”，占地2800平方米，作为安置原近慈寺僧人用。时有僧人4人，现均已去世。1984年，上级佛教部门鉴于古近慈寺场地狭小，遂将位于龙泉山东麓占地8公顷的明代古刹石经寺作为近慈寺僧人从事法事活动的场所，辟为藏传佛教的金刚道场，为成都58座开放寺庙之一。1997年，古近慈寺打造一尊2.2米高的铜制能海法师灵骨塔，供于寺内。同年，寺院从缅甸请回缅玉观音、阿弥陀佛、释迦、药师佛像，供奉于寺内。

石羊的传说

成都南郊有一个石羊场镇，石羊的名字来源于一个美丽的传说。

在古代，青城山中有个岩洞，洞中有一对山羊，因吃了山中灵芝草和长生果，活到300多岁，并经常到天师洞偷听张天师讲道。有一天，公羊突然变成一个帅小伙子，母羊变成一个漂亮姑娘，他们成了亲，在一起修炼。不料，当时有个老虎精看中母羊，便假装天上之神，骗走母羊。公羊发现母羊被骗走，拼命地追赶。当追到川西坝子时，仍不见母羊的影子。公羊心想，母羊一定是被老虎精抢了去，于是大哭起来，连哭了好几天，依然不见母羊，公羊只好独自向坝子里走去。一天，公羊走到一个场口，看到好多人在修一座桥，可是建桥墩的石料用完了，还差一个桥墩，急得匠人团团转。公羊于是二话没说就跳到河中，变成一座桥墩。大家看见河里突然冒出一座桥墩，大吃一惊。其中一个匠人说道：“那个桥墩好像山羊哟！”大家仔细一看，果然是只山羊。于是，大家认为这是天上神仙在帮助穷人。桥建好后，人们就把原来的地名石柱乡改名为石羊乡。后来，公羊听说母羊在灌县(今都江堰市)的伏虎乡，因为不愿跟老虎精过日子，就跳崖自尽化成石羊。公羊忘不了母羊，一年年西望。不知过去了多少年，河里的公羊就一直向西望。这对石羊，一个在华阳县石羊乡(今成都高新区石羊街道办事处)，另一个在灌县的石羊乡(今都江堰市石羊镇)。于是，两地均因石羊而得名。

华阳的石羊除了传说，还有个石羊的雕像。《华阳县志》记载：华阳县的石羊雕像是清康熙年间修建关帝庙内的遗物，身高1.15米，长1.6米，四脚向腹部弯曲，作伏地状，用红砂石料雕成，身上毛纹清晰、细腻。后据文物部门考究，此石羊具汉代遗风，属明代石像。此后，石羊一度不知所踪，但民间一直有传说它埋在石羊场侧的龙爪支渠中的筒车(抽水工具)附近。20世纪70年代末，石羊公社组织人员从该河段果然挖掘出石羊雕像，置于石羊中街文化站内；80年代中期将其迁置于乡政府办公楼侧的石羊影剧院前大院内。

21 世纪初，在撤除石羊影剧院和石羊场镇时，石羊不知所踪。

“米母”褚信相

褚信相出生于成都青城县（现都江堰市）黑水溪乡，女僧人，自幼尚佛，后遁入空门，又依佛制云游四方。

隋朝开皇年间(581—600 年)，褚信相从江都(扬州)云游到洛带镇，她翻过龙泉山来到洛带场口时，见此地山形呈椅子状，开口向洛带场镇，中间溪水潺潺，地形甚佳，就在场外东口的三峨山半山腰选择了一处非常好的地方住下来，开始营造长住和修行之所，并按照禅宗和印度佛教传统，精修佛教教义。她在此创立了安居修行制度，带领弟子和信众一起追求“缘起性空”的真实境界。日日月月，精进不止，毫不懈怠，周围的人们都乐意信奉和供养。

公元 635—638 年，成都平原遭遇连年大旱，褚信相修行之所附近的百姓闹饥荒，褚氏利用平常积蓄的粮食和药材，专门做了龙头小鼎锅，用来煮粥和施药，救济附近百姓，帮助他们顺利度过灾荒年景。当地人对褚信相感恩戴德，视她为“米母”，即衣食父母。

没过多久，褚信相圆寂(去世)了，人们用佛教的礼仪将其火化，异香弥漫整座三峨山，火烧尽后得到晶莹的舍利子。当地人为纪念褚信相，专门为其修建了祠堂和佛塔，用来安顿其骨灰和神像，取名为“米母院”。从此，这座寺庙的历史绵延一千多年，与山下洛带古镇相得益彰。

龙泉山的龙和龙骨

宋代黄休复著《茅亭客话》卷九的一则《鬻龙骨》，是有关成都蚕市和我国买卖化石最早的文献资料，同时也是龙作为生物形象的最早最生动的描述之一。这个故事还显示住在分栋山(即龙泉山)的当地人，每年都能见到成都人到长松山蚕丛王庙祭祀，虽然规模时大时小，但聪明的当地人还是探听到一些商机，靠山吃山，充分利用本地特产致富。故事如下：

成都有个主要交易与蚕相关商品的集会，每年的正月到三月之间，在成都城内及其属县一共 15 个地方轮流循环举行。那些年高望重的人传下来的话说，成都地区在蚕丛王当政时，老百姓还没有固定在一处居住的风俗，都是跟着他走，他到哪里人们就跟着到哪里居住并兴市场，现在这种轮流兴市就是保留当年的做法。只不过现在是将蚕市作为兴场的叫法而已，因为除了要交易蚕农的用具外，还要交易花、木、果、草药等物。

有一天，有个卖龙骨的老头和他的孙儿们，带着好几担龙骨、齿角、头脊等山上的化石，也来赶集，到傍晚时卖完了。问他这些东西是从何处得来的，他说：“我家住在灵池县分栋山，这山离成都府城有 70 余里，它北面连着秦岭和甘肃，南边要接泸水。在崇山峻岭之间，山间水沟、山洞、土洞之内，凡是有能兴起云雨的地方，就有龙蜕下的骨头。这些龙骨中的牙齿、角、头骨、脚骨，都带有五彩之色，有的色白如绵丝一样，有的显得年代久远，都要朽腐了，大的龙有十多丈长，小的也有三五丈长，很多，我们都是去挖掘而得到的。龙蜕骨头实际上和蝉蜕皮没有什么差别。还听说龙有五个最痛苦的时候，分别是出生时、睡眠时、舞蹈时、发怒时和蜕骨时。每年夏秋中有一两次，我远远望见分栋山上阴云突然升起，那云中有一白色的奇特之物，拖着的尾巴像伸展屈曲得很有气势的白绢。钻入云层时像白色的云气或江水，长七八十尺。有时它要到锦江里去洗涤身体，那时锦江桥上有上千人观看,吃点东西后就要奋力盘曲着沉下去,紧接着就会下滂沱的暴雨,并要打很多声雷,然后突然由阴转晴,这龙啊,要蜕骨一次就是这么艰难。”

蚕市里有个王仲璋,他得到一张蛇蜕的皮,长五六尺,蛇腹下有四个爪子就像雀鸟的爪子一样;胡本立得到一只跟小钱般大小的乌龟,绿色背壳上有金线画成的八卦图像;郑伯广得到一个小瓢子,重重叠叠的,两皂荚子非常坚实重厚,没有哪个的能比得上。笔者本人也曾得到过两层的灵芝,而且是抱着石头而生的。每年赶蚕市的一些好事者,凌晨就去了,当中有的遇到了神仙,有的遇到了灵药,有的遇到了奇特之物。这些现象据老人们传说,是青城山的仙人、隐士,偶尔来到市场接济救助些人罢了。

杨升庵与上升街

明朝的正德皇帝,不理国事,淫乐无度.所以年纪轻轻就短了命。尽管他有三宫六院七十二嫔妃,却没有一个继承皇位的太子,金銮殿只有让他的兄弟嘉靖来坐了。嘉靖当了皇帝,比死去的哥哥更荒唐,他竟不顾皇家尊严和人伦道德,公开调戏和侮辱皇嫂们,丑闻传遍皇宫内外,朝堂上下敢怒而不敢言。由状元充任经筵讲官的杨升庵,一直不避权势、敢于仗义执言,他利用给嘉靖皇帝讲书的机会,私下多次进行劝谏。嘉靖不以为然,继续胡作非为。于是,杨升庵决定当着文武百官的面揭露皇帝的丑事。

杨升庵第二天将轮到在金銮殿上当值日官。头天晚上,他特意请人用白荚竹扎了一只很大的扫帚带进朝房。到了第二天,文武百官已经来齐,皇帝上朝了,杨升庵还抱着这只特制的大扫帚在金銮殿上扫地。嘉靖皇帝好奇地问:“爱卿,这么大的扫帚怎样扫啊?”

“陛下,这个很简单,抱扫(嫂)嘛!”杨升庵故意把“抱扫”两个字说得很重,声音拖得很长。文武百官彼此会意,无不敬佩杨升庵胆识过人,敢于一语双关,讥刺万岁爷,同时又为他捏了一把汗。

嘉靖皇帝做了坏事,自己心里明白,他见杨升庵当众揭底,于是恼羞成怒了:“好!你说寡人抱嫂,抱嫂又怎样?”

杨升庵答:“王子犯法,与民同罪!”

又问:“该判何罪?”

又答:“发配充军!”

再问:“自古以来,哪有皇帝充军的?”

再答:“皇帝不去,也该找人代替!”

皇帝笑道:“哈哈!寡人就命你替我充军好了。”

皇帝金口玉言,说了就得上算。杨升庵深知嘉靖专横跋扈,朝廷昏暗,这官也没有啥做头,倒不如回到四川老家著书立说的好。于是灵机一动说道:“充军我哪儿都去,就是不去始康县(新都旧称),始康县有一条猪市街,街上猪屎遍地,臭气熏天,而且一只蚊子有四两,一个跳蚤有半斤……”嘉靖心想:你不去,我偏叫你去,非让那儿的蚊子跳蚤咬死你不可。但嘉靖还是粗中有细,他打算先派人去始康县看个究竟。如果杨升庵是撒的谎,再判他个欺君之罪,一杀了之。于是说:“让寡人想想再作发落吧。”

嘉靖随即派了他的心腹太监骑马疾行而去。不到二十天,太监已来到始康县境,因旅途劳累,便坐在路旁的树荫下歇气。他顺便向一位农夫打听起杨升庵所讲猪市街的情况。农夫想,杨升庵是当今的状元,学识渊博,明白事理,怎么会说出“蚊子有四两,跳蚤有半斤”的谎话?嗯,其中定有缘故。再看这个京城来的人,鬼头鬼脑,阴阳怪气，料到他对杨状元是不怀好意的。这时，农夫发现竹篱边有几只吊脚蜂飞来飞去，便趁机答道："我们知道杨状元是从不撒谎的，莫说猪市街的蚊子有四两，我们这里的蚊子也比京城的大好多倍哩！你看！那儿不就是吗？"太监好奇地走到竹篱边看个究竟，那几只"大蚊子"也不惊不诧，在人的周围嗡嗡乱飞，太监正伸手去赶，其中一只猛然在他脸上一蜇，又得意地飞向空中。太监被恶蜂蜇后，疼痛难忍，顿时脸肿得来像猪心肺一样。他想，我到了猪市街，若再被四两重的大蚊子咬一口，那可更倒霉了。这时，又有几只癞蛤蟆从沟边跳过来，太监猛然意识到，这不就是半斤重的跳蚤吗？于是，太监捂着脸撒腿就跑，一口气跑到大路边，赶忙翻身上马，回京城向皇帝汇报去了。结果呢？皇帝果然把杨状元发配到始康县充军。

杨升庵代替皇帝充军从京城南下，步行两月有余，由陕西进入四川广元地界。只因长途跋涉，受了风寒，竟然病倒在一家小旅店里。店主人非常同情这位贫病交加的落魄文人，不但不要他付给店钱，还为他请医治病，伺候汤药，使杨升庵的病情逐渐好转。

不知不觉年关迫近了，店主人实指望来年交上好运，生意兴隆，便在除夕之夜送来红纸和笔墨，请杨升庵写一副吉祥的对联。写什么好呢？杨升庵想，眼下家家户户都在吃团年饭，点放爆竹，喜迎新年，自己却贫穷潦倒，困病于异乡的旅店之中，不得与家人团聚。于是感慨万端，挥笔写了两句戏言："人家有年我无年，替主充军杨状元。"

一经贴出，全城顿时轰动起来。人们知道替皇帝充军的杨状元住在这个旅店里，都纷纷前来看望，把个小旅店挤得水泄不通。有的问寒问暖，有的还送来食品、衣物和银两，杨升庵推辞不了，只好领情收下。过了春节，升庵病体痊愈，继续南行，便将银两大都留给好心的店主人，自己带了些散碎银子，不久回到了始康县猪市街，与夫人黄峨等亲人团聚，过着闲适安乐的生活。始康县的父老们觉得杨状元居住的猪市街名称不雅，后来便改名为"上升街"了。

新都与军屯的渊源

公元前7世纪左右，蜀王开明氏称帝后，营建了开明政权的都邑。为有别于杜宇氏的旧都郫邑，新建都邑遂名"新都"，治所在今军屯镇的静平村。军屯镇位于新都城北7公里。

军屯静平村作为蜀国开明王朝的"新都"，一共延续了三百多年，开明王朝的一至十二蜀王朝都以此为都城，直至秦灭蜀。

开明王朝的第十二世蜀王是个昏庸贪婪、目光短浅、贪杯好色、见利忘义的人。他把自己的弟弟封为苴侯，命他镇守蜀国的北大门葭萌关(今广元昭化)。那时在川东重庆的巴族人建立了巴国，蜀国和巴国为了争夺国土疆界，经常征战，结为世仇。苴侯为想自立为王，和巴国暗通，欲联合巴国征讨蜀王。蜀王闻讯大怒，亲率重兵讨伐，苴侯战败逃往巴国。苴侯和巴国王联合向秦王求救。秦惠王在接到求援信以后，认为蜀道艰险，地理偏僻，道路崎岖，军队和战车不易通行，不想出兵伐蜀，意欲东征韩国。战国著名的纵横家张仪道："我可以不用大王一兵一卒，一钱一粮，凭我三寸不烂之舌，为大王修好道路。"秦王问："爱卿用何法修好路？"张仪道："我只需借大王金银珠宝一用。"秦王有些不舍，张仪道："暂借大王金银珠宝两年，两年后，我除将大王金银珠宝如数奉还外，连同蜀国土地、宝物奉上。"秦王听后大喜，将金银珠宝交给张仪。张仪携金银珠宝，翻山越岭，过葭萌，越剑门，来到古蜀国"新都"，拜见蜀王。张仪先将金银珠宝献给蜀王，蜀王眉开眼笑。张仪巧舌如簧地对蜀王说："秦王愿与大王世代结好，秦王叫我将金银珠宝奉献给大王。有了秦蜀之好，今后蜀王有任何事，秦王都将出兵援助，并愿出兵帮助讨伐巴国。"说得蜀王心花怒放，张仪道："秦王为表示同蜀王世代友谊，还准备将秦国的国宝能'屙金子'的石牛，五名秦国的国色美女送给大王。"蜀王精神为之一振，贪心地问："秦王打算什么时候送来？"张仪答道："蜀地山高岭险，恶水险滩，道路行走不便，运石牛和美女的车辆无法通行，大王如将道路修好，秦王马上将石牛和美女送来。"

蜀王承诺尽快将道路修好。送走张仪，蜀王征发民工，命五丁筑路。逢山开路，遇水搭桥，蜀王称能"屙金子"的石牛为金牛，所修道路为金牛大道。金牛大道修好后，秦王借送"金牛"和美女之名派兵攻打蜀国。蜀王闻讯，急忙在"新都"调兵遣将，御驾亲征，在葭萌关与张仪、司马错率领的秦军相遇。秦军久经沙场，锐不可挡，蜀军大败。蜀王逃回"新都"，与蜀太子商议分头逃命。蜀王南下，连夜逃到武阳(今彭山县)，被秦军快马追上，生擒斩杀。蜀太子率"新都"残部西进逃至彭县白鹿山，秦军蜂拥追上诛杀。秦军乘胜利之锐气，一鼓作气，攻打巴国。巴军抵挡不住秦军攻势，秦军势如破竹，巴王被俘，巴国灭亡。

秦军占领蜀国"新都"后，为防蜀国死灰复燃，镇压反叛，重军驻守。并将"新都"城的人全部迁移至今天的新都城区，把新搬迁的地方取名新都。巴蜀战争结束以后很长一段时间，秦军重兵一直驻扎屯守在军屯静平村，直到秦国由三峡出兵讨伐楚国，军队才撤离"新都"，临行前他们把"新都"城全部拆毁，夷为平地。由于秦军长期屯守在那里，人们遂把那个地方称作"军屯"。

巴蜀木兰与木兰寺

新都木兰寺位于新都镇东南约15公里。木兰镇木兰村亦因木兰寺而得名。

木兰寺有一个美丽的传说，一直在民间流传至今。

故事得从元末明初说起。在今川北阆中市的保宁路有个韩家庄，村中农户韩成娶妻徐氏，生个女儿取名韩娥。韩娥从小命苦，三岁时父韩成被乱兵杀死，七岁时母亲又病故。叔叔韩立收养了韩娥，待如亲生。当时的元朝政权实行苛刻残暴的统治，加征税银，冒收钱粮，致使民不聊生。各地农民纷纷揭竿而起，涌现了许多抗元的起义军。这些起义军每个人的头上都裹着一块红布，当时的老百姓都称他们"红巾军"。这就是中国历史上赫赫有名推翻元朝统治的"红巾军"。由于兵燹不断，四处盗贼蜂起，韩立将韩娥从小就装扮成男孩，教她读书识字，练武习剑，用以防身自保。几年下来，韩娥竟成耍拳舞剑的行家，书艺兵法都有极大长进，成为知书识礼，有勇有谋的女中豪杰。

湖北随县人(今随州市)明玉珍集结乡勇数千人，举兵响应红巾军起义。归顺湖北蕲水"天完"皇帝徐寿辉的红巾军，麾师转战沔阳、荆门、宜昌、秭归，很快拥兵数万人。奉命征蜀，沿夔州、万州入川，取陷重庆，晋封为奉国上将军统兵都元帅。川西北农民不堪忍受元朝苛政，起兵响应红巾军，占领剑阁、广元、绵竹，明玉珍率军北上接应汇合在攻打阆中时，韩娥女扮男装同叔父韩立参加了明玉珍的红巾军。明玉珍领兵南下，路过新都时，新都人马复宗也率一支起义军参加了红巾军。在攻占泸州、长宁、古蔺的战斗中，韩娥、马复宗二人冲锋在前，不避矢镞，且武艺高强，兼有谋略，被明玉珍重用，任命为“千夫长”。乘胜回师明玉珍领兵攻打成都，命驻重庆的红巾军从东攻击，数万红巾军三面攻打成都。韩娥、马复宗奋不顾身率先攻进成都，元政权四川行省在丞贴窣铁木耳率残部从南门逃往嘉定(今乐山市)。明玉珍封二人为偏将。

元军在嘉定纠集了四川残存的兵力，准备同红巾军决一死战。关系到生死存亡的大战，明玉珍不敢掉以轻心，亲率在川的红巾军主力数万人赶到嘉定，准备同元军展开殊死决战。韩娥、马复宗向明玉珍献计，两人愿各率本部数千人绕道敌后，待战斗打响后，从敌后两翼夹击元军。元军和红巾军的殊死决战打响了，明玉珍率红巾军主力与元军浴血奋战，你砍我杀，刀光剑影，尸骨成山，鲜血染红了江水。战斗正激烈进行时，元军背后传来震天喊杀声……是役全歼在川元军，明玉珍晋封二人为将军。由于徐寿辉在湖北武昌被部将陈友谅杀害，陈友谅自封为王，命令明玉珍率兵回建康，明玉珍派强兵扼守夔门，拒绝同陈友谅往来，并在重庆自立为王。派韩娥、马复宗领兵南下攻占贵州务山、遵义、湄潭等地。又北上攻取巴中、汉中、甘肃、武都、定西。明玉珍次年称帝，国号大夏，改元天统，明玉珍在朝大封功臣，韩娥文武双全，明玉珍视为股肱，欲将女儿下嫁韩娥，招为驸马。韩娥无奈，只好将自己女扮男装从军之事全盘说出，满朝文武大惊，连同在一起征战数年的马复宗也不知韩娥是女儿身。君无戏言，明玉珍派人验明韩娥女儿身后，赐金银珠宝让韩娥致仕归家。韩娥经叔父韩立牵红线搭鹊桥，同马复宗结为连理，生一男一女。韩娥女扮男装，从军十多年，南征北战，战功显赫，封为将军，成为大夏王朝开国重臣被世人誉为“巴蜀花木兰”。明玉珍死后，10岁幼子明升继位，明升幼小无能，皇太后听政，权奸满朝，嫉贤妒能，争权夺利，自相残杀。马复宗大失所望，遂携妻韩娥及儿女回老家新都定居。

韩娥、马复宗病逝后，其子女为纪念父母荣耀一生，倾资修建寺庙，当地乡亲也纷纷捐助，在赤岸山选定寺址。为了纪念韩娥“巴蜀花木兰”传奇的一生，将寺名定为“木兰寺”。木兰寺鼎盛时期有48殿堂、亭塔无数。

木兰寺毁于“文化革命”，2000年重修木兰寺。

白螺泉的故事

马家镇白螺村有一白螺泉，泉塘面积五十多平方米，直径约1米的泉眼终日碧波荡漾，流水滔滔。现泉边立有石碑两块，大小相同，高165厘米、宽80厘米。一为清代嘉庆新都县令杨道南撰书《白螺泉创修庙宇碑记》，一为清代道光新都县令张奉书撰书《重修白螺泉记》两碑文均为楷书，稳重端庄，雄浑有力。为新都区文物保护点。

清代嘉庆《四川通志·舆地》云，“白螺泉在(新都)县北五里。相传有白螺在此为泉，居民春作设祭，泉即涌出。”关于白螺泉许多志书碑文均有记载。清嘉庆新都县令杨道南《白螺泉创修井庙宇碑记》说，甲戌春，天干大旱，久未降雨，土地龟裂，庄稼枯槁。新都县城乡绅士民众敲锣打鼓，集体来到白螺泉边，用三头羊、一头猪祭祀白螺仙姑，果然泉水涌出，是夜大雨倾盆。田地庄稼得救。此泉灌溉农田二千余亩，后来百姓在泉边修建白螺泉庙，正殿为灵泉阁，大门为灵泉门。

关于白螺泉的来历，不仅志书和碑文有所记载，民间也有美丽的传说。据传很久以前马家场路边住着一个姓王的单身汉，因排行二，人称王老二，父母早亡，孤身一人，凭一身气力与别人搭伙抬轿挣碗饭吃。

一天，王老二抬轿子到青城山，遇见几个小孩子争抢一个白螺，这个白螺长二尺，颜色洁白如雪，斗碗粗细。小孩们准备砸烂吃螺肉，王老二看见白螺可爱，赶忙掏钱买了几个馍馍给小孩换下。

王老二回到马家后，将白螺放在草房后的吃水凼里养起来，水凼慢慢变深变宽，水也清莹透明，涛涛汹涌。

原来这只白螺是千年得道的白螺仙姑，被真武祖师收为侍水使者，她奉命到青城山给张天师当值日神，由于贪恋青城山清水秀，现原形在山泉中游览时，不小心被小孩抓上岸来，险些丢了性命。白螺仙姑非常感激王老二，在这里修起水下宫殿，要报答救命之恩。

每天当王老二抬轿回家，锅里热气腾腾煮熟了香喷喷的大米饭和菜。一年春天，成都平原大旱，河水断流，田地龟裂，庄稼枯黄，可王老二的白螺泉水流不断，附近百姓都来取水。白螺仙姑暗将扎水龙求雨方法告诉王老二，果然下了一场大雨。于是人们便在泉塘边为白螺仙姑建庙宇、立石碑。白螺仙姑办完好事，便飘然而去，而白螺泉庙、塘、碑等便世代流传下来，白螺村也由此得名。

清代诗人傅荐元《白螺泉诗》云：

沧海濡缨歌孺子，兰亭载酒契羲之。

如何此地螺泉水，胜似城南普国池。

春湛琼膏培粳稻，秋邀明月灌涟漪。

凝他化物留遗爱，传与当年邑宰知。

由于这些美丽的传说，人们对白螺泉格外钟爱，灌溉庄稼时要取泉水挥洒一些在田地。煮饭烧水时要取一些泉水放进锅里。姑娘们出嫁时一定要取一些白螺泉水洗头洗澡。白螺村后来在附近开办了一个酒厂，专门取白螺泉水酿酒，酒质醇香扑鼻，取名为“白螺酒”。

青白江与赵抃

新都区有两条较大的河，一条是北面的青白江，一条是南面的毗河。青白江以灌溉农田为主要功能，在它的南面还有两条平行的支流——锦水河和蟆水河。因此，青白江流域的面积大大超过毗河，为全县之冠。

青白江汉代称为湔水。汉景帝时，蜀郡守文翁带领民众疏凿湔江口，灌溉田地一千七百顷，这是汉代对青白江水系的治理。《读史方舆纪要》说，湔水“自灌县西湔堰(今都江堰)分流，经崇宁、彭县、新都至汉州南而会于洛(今石亭江)”。这是史书上对湔水流向的记载。湔水继续东南流，经金堂、简阳、内江、泸州而汇入长江。简而言之，青白江是都江堰内江派衍的支流，其上游为蒲阳河。蒲阳河流至彭州市人民渠分流口，以下简称青白江。青白江从利济镇任家沟进水口处流入新都县境，再经青白江区、广汉市流到金堂县城，全长约九十公里，灌溉着两岸近百万亩良田。

湔水为什么叫青白江呢？这当从北宋时的成都知府赵抃说起。

赵抃(1007-1084年)，字阅道，衢州(今浙江衢县)人，北宋仁宗景祐元年进士，在朝廷作殿中侍御史。由于他为官正直，不避权贵，名震京师，被人称为“铁面御史”，赵抃后任梓州、夔州路转运使。赵抃生活俭朴，廉洁奉公，在任期内整肃吏治，使蜀中风气为之一变。英宗治平初年，改任成都知府。入蜀赴任时，不讲排场，单人匹马，随身只有一琴一鹤。他办事干练，清正廉明，为民兴办了许多实事，深受老百姓信赖。据民间传说，赵抃的白鹤后来成仙，它经常到民间帮助赵抃了解百姓疾苦。每晚当赵抃焚香祷告上苍之时，白鹤便飞来向他报告真情，使他的作为深得民心。宋神宗即位，赵抃奉调回朝任参知政事，后因反对王安石青苗法而去位。

宋神宗熙宁六年（1073年），赵抃再次任成都知府。有一次，赵抃到成都府属各县察访民情，在过湔水时，他坐于船上，见江水澄碧，滚滚东流，便对随行官员说：“我们为官者就要像这江水一样保持清白。”后来，这条江就被人们叫做青白江。

宋神宗元丰七年（1084年），赵抃以七十七岁高龄去世。他一生为官清廉，不蓄私产，宋神宗赵顼褒奖他的品德和才能，追封为太子太师，并谥号“清献”。川西人民为了纪念这位历史上少见的清官，特在成都给他修建祠堂，又在新繁东湖筑青白江楼。清乾隆年间，新繁知县郑方城的《繁城杂咏》诗云：

湔水西头望大江，
江流清白透船窗。
当时琴鹤焚香吏，
太息前年未得双。

清人李应观缅怀前贤，登青白江楼题诗云：

江流清白赵公名，
兀兀高楼惬远情。
俗吏风尘须洗涤，
有谁政绩继芳声？

流露出人们对贪官污吏的憎恶，为见不到赵抃那样的清官良吏而叹息。

赵抃当年过江的渡口，后来扩建为新繁县青白江场。20世纪50年代初期，沟通秦蜀的宝成铁路跨江而过，为避免相隔不远的两地地名混淆，新都县青白江畔的车站遂改为青白江站，把“清”字去掉了三点水。后来，成都市又设置青白江区。总之无论是青白江还是青白江，都会使人联想到九百年前赵抃的故事。

马家场娘娘会抢童子

在过去每年农历三月初三，是新都马家场普利寺的娘娘会。除新都各乡场外，邻县的生意人也要到此赶会做生意，会场中有卖珠宝玉器的、有卖百货布匹的、有卖各式各样农具的、有西洋镜和各种杂耍的，使庙会热闹非凡。特别是前来膜拜送子娘娘的善男信女，更是挨肩擦背。庙会会场每年都设在普利寺右侧的几个田内，占地十余亩，庙会期间开办在普利寺的中心小学也要停课数日，将校址作为庙会场地。

普利寺庙会有着悠久的历史。清朝初年，四川的人口稀少，田地荒芜得太多，清王朝为了开发四川，便从两湖两广移民四川，也就是人们说的“湖广填四川”。从湖广来这里的人，多不服四川的水土，加之时疫流行，人口出生得少。为了人丁兴旺，人们把繁衍子孙后代的希望寄托在神的身上，这位神即是普利寺庙中的送子娘娘。普利寺原本是杨氏族人的家庙，明朝亡国后，杨氏家族也接近绝嗣的境地，人们便在庙内塑一尊送子娘娘神像。娘娘殿设在进山门的左侧，常年香火兴旺，前来求子的善男信女络绎不绝，雄鸡刀头摆满神龛，花红彩缎系满娘娘周身。来川的湖广人随着水土的适应，生活条件的好转，人丁也就逐渐繁衍起来，人们都认为这是送子娘娘显的灵。为了感恩，便把三月初三这天定为娘娘会，以抢童子、唱大戏回报送子娘娘的赐福。娘娘会在开办时设有会首，有固定的田产作为办会资金。到了20世纪40年代，则由马家场的四家袍哥公口轮流负责办会。这四家公口是：“德兴社”“三杰社”“载华社”“青白社”。经费来源由各公口凑份子。庙会设首事、庶务、会办、交际、秩序等部门。首事总管全面，会办除会场安排外还得做童子；

交际负责各方联系应酬;庶务管理钱财;秩序维持会场安全。庙会期间,凡杀人越货、偷、抢、盗窃者一经拿获,情节恶劣者无论是哪个公口的弟兄伙,均可抛出(枪杀)。

做童子是沿清代传下来的规格,头童一尺、二童八寸、三童三寸。会办做好童子描绘色彩后,交首事,首事在娘娘会开办起,便将童子拿到送子娘娘神像前用雄鸡血滴祭。在神龛的香炉上绕香蜡三圈,然后用红绸包好供奉在娘娘座下,享受香火。三月初二的晚上,是娘娘殿内最热闹的时刻,各地来的居士婆婆,都云集在此以"请佛"祝贺娘娘。"请佛"词内容很多,曲调各异但都是唱的颂扬神仙、菩萨之类的歌词。如:

问:……请问上八洞神仙叫什么名?

答:……听我把八洞神仙说分明。

拐李仙师道法高,钟离祖师把扇摇,

洞宾背剑青锋绕,湘子云端吹洞箫,

国舅手执云牙板,果老骑驴现凤毛,

仙姑手提长生酒,采和摘花献蟠桃。

就这样你一句,我一首地唱下去,一直要闹到天明。

庙会会期五天,从三月初一到初五。三月初三,是会期的正日子,这日,抢童子队早已云集在会场的空坝里,组队的人多是各公口上的管事。因为,这些管事早已受人之托,请他组队抢个童子,并许以报酬若干。这天,会场里除聚集抢童子的各队队员外,还有众多前来观看热闹的群众。辰巳之交,庙会首事带领手下人,来到娘娘殿内,虔诚礼拜后将童子取出,手捧童子站在最高处抛童。先抛出头童,头童被抢走后再抛二童,最后是三童。抛童是将童子以抛物线式抛向高空,童子向下落时,抢童人像打篮球中的争球一样,跳起来夺抢。但谁要接住童子,任凭你是三头六臂也休想一下拿起走,其他各队会一窝蜂地围上来,你争我夺,如潮似浪的掀过来推过去,观众的呐喊助威声一阵高过一阵,可说是热闹极了。各队都在等待时机,只要该队的队员得手,将童子抢到手,便逢沟跳沟、逢田踩田地飞奔,只要跑出百余米后,此童便归该队所得。抢童子有严格规定:一不准打架斗殴;二不准携带武器;三不准扰乱会场,损坏买卖人的物件,若违反就得矮起说(下跪)。

抢到童子后,下午便送童子,送童子的礼仪相当庄重,首先要挑一名聪明伶俐,长相漂亮的儿童,由他怀抱童子坐在椅轿上,在队员的护送下,吹吹打打送至约定要童子的主家。童子进门后,主人恭而迎之,引导抱童子的小孩进卧室。抱童小孩便登床而卧,在床上要学叫数声婴儿啼哭声,将童子放于枕边,即算礼成。然后主家设酒席款待并付给酬金,以作抢童的辛苦费。领头人也要向主家说几首多子多福的四言八句,然后告辞而去。

宝光寺紫霞山的来历

宝光寺藏经楼后面有一座高不过十米、周围也不过六十多米的土丘。土丘上长满了高大的楠木,这些楠木很奇特,它们的枝桠排列整齐,互不侵扰,各有疆界,树与树之间形成一条狭缝,人称"一线天"。更奇特的是,这座土丘还有一个和它实际大小极不相称的名字——紫霞山。

说起紫霞山,还有一段不寻常的来历呢!

清朝初年,宝光寺殿宇残破,荒草丛生,和尚也没有了。为了弘扬佛法,夔州府梁山县双桂堂的破山祖师,命弟子笑宗和尚到宝光寺重兴殿宇、再塑金身。笑宗是一位苦行僧,他先在寺旁搭了个茅棚住下,然后开荒种地,广招信徒。笑宗和尚成了清朝宝光寺的第一代祖师。之后笑宗传法给尔生，尔生传法给从芝，从芝传法给恢彰，四代方丈，在八十余年里，虽积攒了不少钱财，但与恢复寺庙所需的费用相比，还差很远很远。宝光寺本是一座建筑雄伟、塑像精美、闻名天下的禅宗丛林，要恢复旧貌必须花大力气。恢彰是一位足智多谋的和尚。他想，四川历经战乱，百姓还很穷困，哪有更多的钱财施舍给寺庙。但佛教是清朝的国教，顺治、康熙、雍正皇帝和当今的乾隆皇帝都非常信奉佛教，文武官员、富商巨贾中信徒也不少，我何不到京城去募化呢？

于是恢彰和尚纳衣芒鞋、托钵云游。他穿秦岭、过黄河，受尽风霜之苦，最后来到京畿之地。他发下宏誓大愿：不募化够银子，宁可死在京城！恢彰和尚忍饥受冻，沿街募化，一个两个的小钱，凑成一贯两贯的大钱，再换成一锭两锭的银子。如此十年，共积蓄了一、二百两银子，而重修寺庙起码需要一、二千两银子。恢彰和尚大失所望，他静坐街头，不吃不喝，等待着去西方极乐世界。

三天三夜过去了，恢彰和尚周围撒满了银钱，他闭目等死，无心拾掇。这时，一个洪亮的声音叫道："和尚，寻死并非解脱之法啊！"恢彰睁眼细看，原来是一位衣着华丽富商模样的人，身后还跟了一个眉清目秀的童仆。恢彰见这人和颜悦色，像是一位大施主，便诉说了为重修寺庙到京城募化的经过。"富商"接着说道："建寺造像，无量功德，筹集银两，有何难哉！"于是，叫童仆取出一张两千两的银票，并说："银子不便携带，你可凭此条直接向四川布政使衙门兑取"。恢彰和尚满脸堆笑，双手合十，跪送慷慨的大施主。"富商"回头又问："和尚是四川哪座山来的？"因为自古以来，佛教寺庙一般都修在山上。可是宝光寺很特殊，偏偏修在了川西坝子的中心，附近也没有山。恢彰正苦于不好回答，突然急中生智，想起大唐僖宗皇帝住在宝光寺时，一天晚上曾见地面放射出紫霞光，于是赶忙回答："贫僧是四川紫霞山来的。""富商"点点头说："好，我今后还要到四川紫霞山来烧香拜佛哩！"

恢彰和尚有了银钱，高兴得睡不着觉，他日夜兼程，很快回到了成都府。他拿着银票走进四川布政使衙门，藩台大人接过银票，看后大吃一惊：这张银票乃是专管皇室事务的内务府所发。藩台大人向恢彰问明了银票的来龙去脉，寻思道：我曾在京城晋见过当今皇上，据和尚所言，送银票的"富商"定是微服出行、游访京城的乾隆皇帝无疑！藩台大人为了讨好皇帝，命人取出三千两银子，郑重地对恢彰和尚说："那两千两银子是当今皇上赐你的，本司再赏你一千两银子，拿去培修寺庙吧！"恢彰和尚喜出望外，再三合掌，谢恩而去。

恢彰和尚用这三千两银子，很快把宝光寺修葺一新。为了报答皇帝的恩赐，恢彰在大雄殿供上了"大清高宗皇帝万岁万岁万万岁"的牌位，并每天早晚为皇帝祈福。过了不久，乾隆皇帝下江南的消息传来，可把恢彰和尚急坏了。皇上来到四川，若不见紫霞山，自己就犯了欺君之罪，肯定会被杀头。恢彰不敢向外声张，只好悄悄命寺里和尚日夜挑土、加紧垒山。紫霞山终于垒成了，但山门上还没有挂匾，临时做也来不及了。恢彰和尚赶忙拿起大笔在山门正中的壁额上写了"紫霞山"三个大字。时间一天天、一年年地过去了，乾隆皇帝六次巡行江南，一次也没有到过四川，也许他早就把紫霞山的事忘了。

由于紫霞山的来历与皇帝有关，所以这座长满楠木的土丘从此便成了宝光寺的胜地，山门上"紫霞山"三个大字也成了寺中墨宝，宝光寺的历代方丈更自称为"紫霞主人"。第十代方丈妙胜禅师还在名扬四海的宝光寺罗汉堂内，为乾隆皇帝塑了像；塑像手中的元宝，正象征着乾隆皇帝送给宝光寺的两千两银子哩!

显灵寺与三元堂的历法

对四川易学史熟稔的人都知道，崇宁县(1958年并入郫县)有个三元堂。三元堂的主人被誉为“张天师”,他的本命张肇修倒被人遗忘了。张肇修土布长衫,不修边幅,貌不惊人,但他却是个深藏不露，对易学有高深造诣的易学大师。他利用所学易学知识,在家编修历书,由三元堂刊印发行。他所编历书,包括阴、阳对照,其中年、月、日、时、季节以及日、月蚀的初亏、食甚、复圆的时分都准确无误，太阳的出没时分也很精确。因此他编的历书群众很喜爱,特别是农民都愿户有一册。每年他的历书销量几百万册甚至上千万册。除了本地,还远销云南、贵州、湖南、陕西等省。

1946年南京天文台将阴历某少推一天与张肇修的历书大有矛盾,群众纷纷议论,不少人认为张肇修用土法推的有错,谁知不久天文台出了更正通知,自此“张天师”的大名就更加远扬了。

张肇修大概生于清光绪四年（1878年),家里薄有田产,原住崇宁西区后一甲(相当于现在的战旗村西北一带)。民国十几年移居唐昌小南街。幼时在易家大院精于易学的易含章处读私塾。

张肇修每天去易家大院易先生处学习,都要经过当时一座有名的寺院——显灵寺。显灵寺是明代万历年间的一座寺院，经过明1644年的甲申之变,毁于兵火。在清乾隆年间才在易家大院先祖易简的支持下恢复起来。当时显灵寺的住持是从广东嘉应州来的一位僧人燦可。清初康熙、乾隆年间从广东梅县(即嘉应州)来四川插估的人不在少数。僧人燦可估计是来崇宁的梅县人介绍来主持显灵寺的。这位僧人平时也不像其他僧人念经拜忏、做佛事,他每天只是在庙里看书,用算盘计算着什么。那时人烟稀少,老百姓对他只是好奇而已。一天张肇修去易家的私塾路上下起了瓢泼大雨,他只好到显灵寺躲雨。由于他每天都要经过显灵寺,所以燦可认识他。燦可招呼他坐下后给他倒了一杯茶,就兀自看他的书,敲打他的算盘。张肇修好奇去看他看的什么书,他过去一看大吃一惊，这是一本久已罕见的有关周易的书《火珠林》。在朱子语录中多次提到此书。

张肇修没有看过这本书,但知道这是研究周易重要的书籍,是以六壬、太乙、奇门三种方式阐释易经,是汉代流传下来的京、焦之学。清代大学者毛奇龄著有《推易始末》《春秋占筮书》,也用的是《火珠林》的观点。张肇修隆重地向燦可行了大礼,要求跟他学习周易。燦可淡淡地一笑说:“好吧,我等了你几年了,你今天才来。”至此张肇修跟燦可学习了三年。一天燦可对他说,他已没有什么可教他的了,即给他写了一封信推荐他去广东他的师哥处学习。张肇修到广东学习了两年即回到崇宁,张肇修的学问、识见走科举仕途的路是易如反掌的,但他没有这样,只是痴迷于他的易经研究。

他回到崇宁后即将自己的书房取名“三元堂”,意即天、地、人三元。他发现当时流行的历书大都质量不高,错诈较多,老百姓用这种历书来指导生产,很容易耽误农时。他决心用自己的知识编历书。他用的方法就是现在研究周易的盖天派的方法。

盖天派是一种原始的观测天文的方法。连山易、归田易都是建立在盖天派天文观测基础上的。2007年邹学熹教授听笔者介绍了张肇修的“三元堂历法”,即告诉笔者张肇修的“三元堂历法”是用盖天学派的方法推衍的。

邹学熹教授说：“盖天派是动用的一种最原始的观测天文的方法，即直观的方法，所用仪器也极简单，盖天派观测天文的观点，是人站在天内，即站在地平上观测天象，所以它只能看地平以上的半面，对地平以下的半面，则正立而待之，等下半面转到地平以上再观察，这就是昼参日影，夜考极星。在方位上，则白天面南而立，以观测太阳的影子，在地下打符号，见日影每日移行1度，移行360度而形成一个圆周，一年365.25度有余，这称为天圆学说。晚上则观测人在原地转了180度，面北而命其位，因为要从太阳反面的月亮去观测，月亮是一个不发光的球体，古人已知月光是太阳的反光，所以要从天上打符号去观测，于是以北极为天顶，遂将天顶周围的星群划为28等分，形成28宿，每方7宿，四方恰28宿，这称为地方学说。按阴阳法，天为阳，地为阴；日为阳，月为阴；圆为阳，方为阴。所以将太阳归为天部，月亮归为地部，天部用圆，地部用方，这就产生了盖天家观测天文的天圆地方学说。

盖天派观测天文的目的，是为了掌握气象变化，所以要掌握气象变化，则是为了生产和生活，质言之，古人就是为了生存下去。因此，便产生了古天象学，从四时八节，二十四气以推测气候的寒热温凉，以及风寒暑湿燥火六气的变化。古天文学，还运用了土圭和标竿测影的方法，还运用了南中线和璇玑玉衡等仪器观测天体，并以漏刻计时。在纪理方面，产生了历法，关于历法的历数，最初是用卦的符号来纪理的，以60卦360策合周天360度，也即日影每天移行1度。360度而形成圆周，另有4卦合24气。乾坤两卦12爻记12辰，每爻1个时辰；以十二辟卦记12月，每月合1卦等。又五日1候，一年72候，易卦以日主1爻，每月5卦30爻，以当6候，12月60卦，以当72候。后来采取了十天干纪天，十二地支纪地，就成为主要的历数了。但盖天派和浑天派运用历数运算的方法完全不一样，这是基于它的天文观点不同所决定的。因盖天派是人站在地平上面半面半面的观测，所以它用天干纪天，地支纪地，分开来纪理。浑天派是人站在天外观测天象，把天体看成一个整体，与现代天文的观测方法基本一致，提出‘天包地外，地居天中’之说。纪理方法是天干地支并用，以六十甲子轮转计数，这与发现易学的盖天派古天文的纪理是迥然不同的。

张肇修的“三元堂历法”仅凭一把算盘，就能把历法的修订做到如此精深的地步，实在匪夷所思。他编的“三元堂历法”至今还在川西地区流行不衰。

三道堰红灯教举义败绩

1949年上半年，郫县三道堰和马街一带闹红灯教，说得更神乎其神的是，红灯教的教徒刀枪不入，能在秧叶子上行走如飞。其实，这是一个以袍哥为骨干的、与政府作对的武装集团，它的正式名称是中华三教同盟军司令部。

据说，这是中国国民党革命军事委员会（简称“民革”）的成员，利用民间帮会组织袍哥反对国民党政权，在三道堰、马街一带组织的袍哥武装，参加者有枪的自带枪支，无枪的带上铡刀组成铡刀队。崇宁县和马街的袍哥参加的人较多，三道堰袍哥码头上也有许多“重量级”人物参加。这支民间所称的红灯教的首领，是马街袍哥码头的头领马相揖、楚伯良和崇宁籍人何玉成（外号何幺舅）。

马相揖，郫县古城乡（马街）敖家石桥人，家贫，居无定所，其妻生子时也寄居在其二哥马玉如家。此人个子不高，体格强壮，生性剽悍，武功娴熟,身手敏捷,枪法很好,是个打家劫舍的职业棒客头目,手下有十多个贴心兄弟伙。暗地里,他又是崇宁县参议会参议长王蕴滋秘密组织的地方武装小头目。民国 38 年(1949 年)5 月初的一天,马相揖接到王蕴滋的通知,命令他 5 月 14 日前带领队伍到崇宁县山区的丰乐场参加武装起义。11 日马相揖就带领 10 多个兄弟伙赶往丰乐场,当晚赶到时王蕴滋的起义已经失败了,原来,王蕴滋内部因经济问题出了叛徒, 原定 5 月 15 日的武装起义不得不提前到 5 月 9 日,由于准备不足,行事匆忙,结果被打败,这就是有名的“五·九”起义。王蕴滋失败后决定退到雅安投靠刘文辉, 就宣布愿去雅安的每人发大洋 3 元各自前往,不愿去的每人给大洋 2 元各自回家。马相揖带来的兄弟伙大多不是职业棒客, 不愿远离家乡。马相揖就把这伙队伍带回马街。

马相揖回到马街,决定自己继续干,就把何玉成、楚伯良等动员来加入他的组织。

他们商量, 决定成立中华三教同盟军司令部,利用红灯教的名义在马街、三道堰一带展开活动。楚伯良根据从王蕴滋那里学来的说法,加上自己的想法,拟出了三教同盟军的告示:“本军吊民伐罪,解放一切不平。铲除贪官污吏,打倒土豪劣绅。所过秋毫无犯,市民勿自相惊。特此明白布告。”三教同盟军的行动口号是:“一打乡公所,二打县政府,三砍仓,四抢枪,五劫监狱,六抗丁粮。事成之后,每人分三亩水田。”马相揖任三教同盟军总司令,何玉成任副总司令,楚伯良任参谋长,成员共二三十人。

三教同盟军的主张和口号受到群众的拥护,于是马街、三道堰一带盛传闹红灯教,红灯教的人刀枪不入,行走如飞。

由于楚伯良是马街袍哥码头的龙头大爷,在袍哥界有声望,马相揖就让他出面到三道堰袍哥码头去秘密发展队伍。楚伯良把三道堰袍哥码的三排袍哥陈子云动员来加入三教同盟军,陈三爷又把贴心兄弟伙朱务清等重量级人物带领入伙。永定乡(即三道堰)第三保保长马玉如是马相楫的亲二哥,也是三教同盟军的骨干分子。不过,马玉如和陈子云这些人的情况,除了马相揖和楚伯良,其他人(包括副总司令何玉成)都不知道。由楚伯良与他们单线联系。

农历五月十五(公历 6 月 11 日)是新民场的大端阳会。这天,马相揖在新民场码头吃茶,他安插在郫县警察中队里的眼线来向他说,他被兄弟伙韩老四出卖了。当晚,他就把韩老四骗到敖家石桥杀死。第二天(6 月 12 日)上午,马相揖把这件事情向何玉成和楚伯良说了,他们一致认为应该马上停止活动。

当天下午,楚伯良亲自到三道堰袍哥码头找到陈子云,请他带领兄弟伙晚上到三道堰西栅子外不远的张家庙子召开“敬神祭符”大会,也就是誓师大会。半夜,马相揖和楚伯良带了一个祭神的法师来到张家庙子,陈子云带了一二十个贴心兄弟伙也准时来到张家庙子。马相揖的二哥、保长马玉如还带上了三教同盟军军旗,这面军旗是由他妻子马二嫂和三教同盟军成员张子明的妻子张二嫂一起赶着缝制的。

张家庙子的娘娘殿里八支火把熊熊燃烧着。总司令马相揖鼓励大家说:“我们三教同盟军是顺应民心的队伍,虽然我们的短炮火不及军队的长炮火,但是我们有红灯教的神符,能刀枪不入,每一个教友都要得到一道神符。我们借神符的功力,先攻下崇宁县,然后夺取郫县,再攻打省城。”为了验证神符的功力,他把神符戴在身上,举枪射击左臂,据传果然毫发无损(他是神枪手)。接着,举行杀鸡祭旗仪式。祭神法师提起一只大白公鸡,手起刀落宰下公鸡的头,立即把鸡颈喷出的血洒向军旗，他丢下鸡，走到军旗前仔细地看了一下，然后走到总司令马相楫面前低声说了几句话，马相揖又和参谋长楚伯良低声说了几句话，然后说：“你来宣布吧。”

楚伯良上前一步向大家说：“弟兄们，我们本来打算今天晚上祭了旗就去攻打崇宁县，尽管大功即将告成，但是发生了意外情况，大家都看到，刚才的鸡血没有一点粘在军旗上，祭不起旗是个不祥之兆，看来起事的时机还没有到来，这是天意，不可违抗。司令部决定把起事的时间往后推，时机到了再通知各位弟兄。”

法师也补充说：“我今晚出门的时候，碰到一个白胡子老翁，他对我说了一句没头没脑的话：‘杀鸡不杀人，杀人搞不成。’我就觉得不吉利，刚才杀鸡祭旗没有祭起来，那就更是不祥之兆，这个时候动不得手。”

总司令马相揖接着就宣布：“从今天起，大家都不要动了。以后时机到了再通知大家。”

参加誓师大会的人一听“时机还没有到”，也不知道到底是天意还是其他什么原因，总司令宣布了就算事，就都散了回家。其中，以朱务清为首的4个人比较机警，他们感觉到大事不妙，当夜就离开三道堰，一起跑到重庆去了。

三道堰的袍哥三爷陈子云回到家里，妻子陈三娘问他：“你们不是说今晚要去攻打崇宁县吗？怎么回来了呢？”

陈子云回答说：“拐了拐了，旗子没有祭起来，搞不成了。我们正在杀鸡祭旗，一个白胡子神仙从天上下来，说：‘杀鸡不杀人，杀人搞不成。现在动不得手，要待机行事。’鸡血没有洒在旗子上，不吉利。这是天意，我们就回来了。”

6月14日半夜，总司令马相揖和副总司令何玉成，到孙家巷子的孙家的院子召集马街地区的三教同盟军成员开誓师大会，还吃了一顿“上马饭”。开会的过程和会上的说法与张家庙子的情况如出一辙：杀了白公鸡祭旗，没有祭起来；白胡子老官儿说：“杀鸡不杀人，杀人搞不成，要等待时机。”乘兴而来的徒众只得散了，向别人借来攻打崇宁县城的铡刀也归还了。

两天过去了，没有动静，三教同盟军的人员都松懈了。

6月16日半夜，郫县县长周大敏亲自带领自卫警备队第三中队的士兵悄悄来到三道堰乡公所，叫中队长黄云发迅速到孙家巷子、高石桥一带去抓人，先到朱泽明家逮马相揖。黄云发骑着马带领士兵们跑步，来到孙家巷子，找人带路直奔朱泽明家。这时，朱泽明的婶娘朱三娘刚从院子里出来，远远看见一个穿军装的人骑着马，带了一队人向她家院子跑来，连忙转身跑进院子，边跑边喊：“警察来了！警察来了！”

马相揖正躲在这里，听到喊声，连忙和朱泽民从院子后面逃跑了。黄云发虽然没有逮着马相揖，但从朱泽明家里搜出3支中华三教同盟军的红色军旗、一块木刻关防大印和一叠告示等造反铁证。因为没有逮着人，黄云发就把正在担粪水的朱泽民兄弟朱绍成逮了。他立即转回孙家巷子逮名单上的其他人。

这时天已大亮，很多农民在田里薅秧子。黄云发经人指引来到薅秧人的田边，喊着名单上的名字逮人，正在田里薅秧子的黄三娃(德宗)、李三哥(西泽)等三教同盟军的成员，看见一大队警察来了，心里害怕又不敢跑，听到喊自己的名字，惶恐中不由自主地放下薅秧钉耙，从秧田里走上田坎，一上田坎就被绑起来。与警察一起来的永定乡乡丁班长刘天长，看见自己的一个亲戚被点到名字从秧田里走上来，就恶狠狠地对他说：“你满脚的泥巴像啥话！到沟边去把脚洗干净再过来！”这个人也是吓坏了，他没有听懂刘天长的话是暗示他从沟边逃跑，就洗了脚又乖乖地过来受绑。名单上有个名字是李傑成，黄云发认不得“傑”字，喊成“李啥子成”，李傑成一听把自己的名字喊错了，灵机一动就不答应，等警察转身到别处时，他立刻趴在水田里，在长长秧苗的掩盖下，像泥鳅一样梭到另一个田里一动不动地藏着。

在孙家巷子、敖家石桥一带共有 11 个红灯教成员被警察逮捕，其中有副总司令何玉成、团长谢大汉(德元)、成员李泽成、敖春官(春祥)、杨建云、骆云东、雷步奇等，黄云发随即又到高石桥逮捕参谋长楚伯良。郫县警察中队押着这些红灯教叛乱分子回到郫县，进县城的时候，县城里的人听说捉到了红灯教的人，纷纷到街上观看，有人指着被押的人中一个满脸络腮胡、长满胸毛的大汉说：“你们看他这副样子，肯定是红灯教的教主。”

孙家巷子、敖家石桥一带的红灯教其他人员，纷纷离家躲藏。副保长薛丈手家的长年张俊良也参加了红灯教，跑到灌县蒲村的亲戚杨家藏了一个多月才回来。

郫县县长周大敏亲自审讯被捕人员，判处何玉成、黄德宗、李西泽、敖春祥 4 人死刑，李西泽才 19 岁，大喊：“冤枉呀！我没有做啥子，只吃了一点莲花白呀！”6 月 28 日(农历六月初三)4 人被杀害。其余的人继续关押候审。周大敏留下参谋长楚伯良，想从这个读书人口中得到关于中华三教同盟军的更多情况。楚伯良是有政治理想的民革成员，是有传统道德观念的读书人，又是讲究义气的袍哥大爷，周大敏怎么是他的对手？楚伯良受审时毫无惧色，承认自己是三教同盟军参谋长，跟周大敏大讲民主政治、自由平等，引经据典，侃侃而谈。周大敏见威逼利诱均不见效，就在 8 月 24 日(农历闰七月初一)判处楚伯良死刑，楚伯良留下一封遗书后，随即被杀害在郫县北门外成灌马路旁的沱沱堰。他临刑时面不改色，盘膝而坐。举枪杀死楚伯良的那个警察，回家后就包上白孝帕子，表示对楚大爷的敬重。

楚伯良的儿子楚兆奎，曾对笔者背诵过他父亲遗书的全文，其中有告诫子孙的愤激之词：“书不可不读；官绝不能作。”

周大敏杀害楚伯良后，把雷步奇和朱绍成释放回家。

三道堰的三教同盟军骨干人员马玉如、陈子云等人，是和参谋长楚伯良单线联系的，由于楚伯良守口如瓶，没有透露三道堰袍哥码头的人参加三教同盟军的事，所以这些人没有遭到逮捕。逃跑到重庆的朱务清、高伯勋等 4 人不久就回来了。

马相揖和朱泽民逃到雅安，加入刘文辉的 24 军，被编入补充连。

4 个月后，周大敏宣布郫县起义。1949 年 12 月 31 日，三教同盟军要迎接的队伍终于来了——中国人民解放军第 48 师浩浩荡荡地开进了郫县城，被关在监牢里的三教同盟军人员全部释放回家。

二十世纪八十年代末，政府经过周密调查，确认这次起义属于革命性质，追认楚伯良为革命烈士。其幼子楚兆奎落难 30 多年之后终于得到妥善安置，恢复教师身份，分配到三道堰中学工作。

郫县豆瓣史话

郫县豆瓣是川菜食谱中很重要的调味品，以味辣、香醇、瓣子酥脆、黏稠绒实、鲜红油亮等特点著称。用于炒菜烧肉，分外提味增色。特别是烹调回锅肉、豆瓣鱼、红烧豆腐、红烧鲢鱼及调和川味豆花等，更是别具风味，因此被饮食界誉称为“川菜之魂”。郫县豆瓣香味醇厚，并未添加任何香料，色泽油润，并未添加一滴油脂，全靠酿造中一套精细、独特的传统操作工艺。其来龙去脉，经对多种资料进行梳理，情况大致如下。

话说明末清初，四川经过长期战乱，人口锐减，土地荒芜，百业凋敝。清政府实行移民政策，大批湖广及沿海一带贫民迁入四川。大约距今三百年前的康熙年间，福建汀州府永定县孝感乡翠亨村人陈逸仙移民入川后，见郫县土地肥沃，气候宜人，便在县城南门外一公里处(今火烧桥附近)落户生根。

天长日久，子孙繁衍，大家都叫此地为“陈家笆子门”。这家人最初以农耕为业。后来开始在家中少量生产以农副产品为原料的酱油、麸醋，挑担进城走街串巷贩卖。经过几辈人的积累，家境渐丰。到嘉庆九年(1804 年)，开始在县城西街独资开设“顺天酱园”，除继续生产酱油醋外，还现制现卖盐渍类佐餐品，如盐白菜、豆豉、豆腐乳、盐辣椒等。其中，盐渍鲜辣椒就是后来远近驰名的“郫县豆瓣”的雏形。生意不错，收益可观。陈家人为了增强家族的凝聚力和与外姓人抗争的能力，不久在县城文庙旁又购买了一块地皮，修建了陈家祠堂。到咸丰年间，店主陈守信将祠堂打通，在南街开设了“益丰和”酱园。为什么要这样起名？陈守信号益谦，于是将“益”作为商号名称的第一个字；时值清朝咸丰年间，于是以“丰”暗示开创店铺的时间；“和”则蕴涵顺应天地人和的意思。“益丰和”前门设店，后院为作坊。除继续生产酱油醋等外，考虑到盐渍辣椒销量最好，于是每年夏末秋初大量收购鲜红海椒，宰细后制成盐渍辣椒。但存货若积压过多，时间稍长，会翻泡化稀，甚至引起霉变。于是命工人每日搅拌，一出太阳就揭开盖子曝晒。没有料到经过长期日晒、搅拌后，其味愈加醇厚。后来又发现加入适量去壳的胡豆瓣子，既能吸水，又能增加辣椒酱的鲜味。再后来，发觉胡豆瓣子经过发酵处理后，辣椒酱分外可口香醇。到这时候，“郫县豆瓣”的制作就基本上定型了。

陈守信不断扩大生产规模，后又把西街的“顺天号”并入南街“益丰和”，统一生产、销售。最初雇工匠 10 人左右，年产豆瓣几千斤。主要销售县城及近邻场镇饮食店铺，部分供城关居民食用。

光绪年间陈守信去世后，益丰和酱园由其第六个儿子陈竹安经营，豆瓣产量上升到三四万斤。光绪三十一年(1905 年)，彭县元丰和酱园老板来郫县县城东街开设分号“元丰源”。这家酱园开设后，改变了“益丰和”独家经营的局面。陈竹安有了危机感，开始注意改进产品质量。他用小缸小碟盛装各种酱油、豆瓣样品，放在起居室内，不时品尝鉴定，如不合意，便命工匠改正等级货号，星夜返工另造。他对豆瓣的质量严格地进行层层把关。首先在选料上，他发现本地因地势偏低、气候潮湿，辣椒、胡豆虽条型长、个头大，但水分重，肉头薄。于是不顾增加运费，改用丘陵地区的产品。主要采购简阳东山一带的二筋条新鲜伏天椒，连夜运回郫县后，及时摘去椒柄、洗净、宰细入缸。胡豆则专选彭县等地生产的“二流板”青皮干胡豆。盐则专用自贡生产的精盐。胡豆经脱壳、制瓣、发酵、拌和掺入辣椒中，继经翻晒、吸露等工序，约需半年以上的生产周期，才算最后制成待售成品。陈守信还建立了比较严格的管理制度。晒场划片包干到人，每个工匠负责一百缸，坚持晴天晒，下雨盖，白天翻，夜晚露。勤翻勤查，直到豆瓣呈红褐色，油润发亮为止。

“元丰源”酱园不甘落后，奋起直追，管理上实行经理制。在曾宝卿、刘乃清等人任经理期间，豆瓣产量几乎与“益丰和”不相上下，但质量稍微逊色。两家酱园在工艺技术上互相保密。元丰源经理曾宝卿在茶余酒后向益丰和老板陈竹安打探制作豆瓣的工艺诀窍，陈不是笑而不答，就是顾左右而言他，决不泄露半句，就连工匠也不准相互往来。很长一段时间，“元丰源”所用的大称，称杆竟然是一根青杠锄把，上面根本没有计量刻度。称配料时，全靠负责掌称的主管凭经验估算斤两。

民国时期，两家酱园互相竞争，共同发展。1940年后，“益丰和” 发展到拥有近十亩晒场和五千口晒缸，年利润相当于600亩田的地租收入；其时陈氏家族已拥有二千多亩土地和三家商号。“元丰源”的利润与“益丰和”不相上下，两家各顾工匠40人左右，年产豆瓣各约20万斤，双双发展成为郫县工商界的实力大户。

郫县豆瓣的外销始于民国初年。那时候郫县盛产大烟，从外地到郫县来收购大烟的庄客，常购买郫县豆瓣馈赠亲友，郫县豆瓣的名声于是越传越远，销量逐步扩大。当时，郫县豆瓣多随大烟经成都销往重庆、宜昌、贵州、西康、陕西等地，大烟销到哪里，郫县豆瓣就传到哪里。民国4年，四川军政府派员去西藏犒赏川军，在益丰和与元丰源各订购豆瓣三四万斤。两家酱园互比质量，如期交货，都用荷叶和油纸作为内封，外面用竹篓包装。所有豆瓣全用人力挑运，三个多月后才运到驻藏川军营地，产品色味不变，深受官兵欢迎。四川军政府特此传令嘉奖两家酱园并发给奖牌。到1930年代，四川省劝业会将郫县豆瓣评为全省酿造优等品，使郫县豆瓣更增光彩。1936年，陈守信的长房长孙陈文伯主持“益丰和”业务期间，在商界威望甚高，被选为县商会主席和县参议员。到1940年代，“益丰和”改变经营制度，实行家庭人员轮流坐庄制，出了两位“豆瓣公爷”，因管理不善，漏洞百出，挪用资金和挥霍浪费现象严重，生产日益萎缩。“元丰源”制度虽严，无奈官府、警察、袍哥经常光顾“打秋风”，生意也很难做。到1949年，两家酱园总共只生产26万斤豆瓣，不到最高年产量的一半。

1950年起，豆瓣生产逐步恢复发展，1958年开始调往省内各市县和临近各省。1971年国际友人韩素音回故乡郫县参观访问，曾购20多斤郫县豆瓣带往国外。1978年后，郫县豆瓣开始大量调往国内各大城市；1980年前后开始运往日本、泰国、香港、南斯拉夫和美国，供当地川菜餐馆使用。香港一些川菜馆如临时出现郫县豆瓣供应不上的情况，宁愿关门几天，不愿影响所烹制川菜的质量。更有意思的是，1983年著名诗人流沙河作为中国作家代表团团长出访印尼时，当地华人同行知道他是四川人，喜吃辣味，特赠送流沙河包装十分精美的两瓶郫县豆瓣。诗人愕然，这郫县豆瓣不仅是当时见所未见的玻璃瓶装，而且产地在台湾。真是黑色幽默，诗人接过礼品，不禁哑然失笑。1985年郫县豆瓣被评为轻工部优质产品。到90年代末，郫县豆瓣年产量飚升至6万吨以上。如今年产值已超过10亿元。

故籍瀚海觅郫筒

郫筒酒、郫县豆瓣、郫县女红，是郫县人引为骄傲的杰作，是郫县传统地方名特工艺产品中的三绝。

从唐、宋起，有多少诗人雅士咏叹过郫筒酒，又有多少典籍文章介绍过郫筒酒，实在难以统计。老一辈郫县人多传此酒创于魏晋时期的山涛，而今日东瀛某厂家，则把竹筒盛酒称为是他们的“发明”。这引起了今天的郫县人从浩瀚的故籍中，再次寻觅郫筒酒历史踪迹的几分责任感和兴趣。

其实，史料说明，郫筒酒源远流长，有载也已一千五百多年，是当之无愧的川酒的老祖宗。

倾春酿与盛美酒

历史上的郫筒酒究竟是什么样的酒？《辞海》和《词源》中，引用了三条史料为之作释。依其成书时间先后为，唐代张周封的《华阳风俗录》："郫县有郫筒池，池旁有大竹。郫人刳其节，倾春酿于筒，苞以藕丝，蔽以蕉叶，信宿香达于林外，然后断之以献，俗号郫筒酒。"宋代赵抃的《成都古今集记》："成都府西五十里，曰郫县，以竹筒盛美酒曰郫筒。"明代曹学佺的《蜀中名胜记》："郫县治内东，土台坟起，下有池，其底有井，谓之郫筒井。井畔产巨竹，刳之为筒，汲水而酿。包以蕉叶，缠以藕丝，信宿香达于外。或云山涛治郫，以筠管酿酴醾酒，旬日香闻百步。今池井俱存，竹则不产。"

清嘉庆《四川通志·古迹》载："郫筒井在(郫)县治内，晋山涛治郫时，刳大竹酿酴醾作酒兼旬方开，香闻百步。"这些资料为常见介绍郫筒酒的文章的主要依据。

对于郫筒，《华阳风俗录》的说法是"倾春酿于筒"，《成都古今记》则说是"以竹筒盛美酒"。但这春酿用什么酿成？这美酒又是那种品种？即郫筒酒到底是什么样的酒，两文都没有讲明白。《蜀中名胜记》和嘉庆《四川通志》则从正面做了回答："以筠管酿酴醾酒"，"刳大竹酿酴醾作酒"。

郫筒酒是经过加工的酴醾酒，酴醾酒又是什么？《汉语大字典》解释"酴醾"时说："酒名，不去渣的麦酒。一说重酿酒。"《集韵·支韵》："醾，酴醾，酒名，一曰麦酒不去渣而饮。"《洪武正韵·支韵》："醾，酴醾，重酿酒。"

这里，我们不妨给郫筒酒的词条做个进一步的补充阐明："郫筒酒，历史名酒酴醾酒的一种。因产于郫县，以竹筒精酿盛装而扬名。"

诗坛美酒及宫廷重赐

从魏晋起，就有有关郫筒酒的传说。到唐宋时，郫筒酒风靡了唐宋诗坛，扣开了大家、名流的心扉，留下了许多传世佳话佳作。

咏叹郫筒酒的诗，当首推诗圣杜甫："鱼知丙穴由来美，酒忆郫筒不用沽。"（《将赴成都草堂途中有作先寄严郑公》）唐代大家李商隐有："锦石有棋子，郫筒当酒壶。"（转引自清同治《郫县志》，以下凡未注明题目的均同）宋代名家苏轼："可恨蜀山君未见，他年携手醉郫筒。"陆游："长瓶磊落输郫县，轻骑联翩报海棠。"（《夜闻雨声》）还有，"青钱三百幸可办，且判烂醉沽郫筒。"范成大："草草郫筒中酒处，不知身已在彭州。"（《入崇宁界》）穆修："水曲林幽独杖藜，郫筒香入乱花携。"（《独游》）……

汪元量更进一步为诗圣句作注："燕云远使栈云间，便遣郫筒助客欢。闪闪白鱼来丙穴，绵绵紫鹤出巴山。"（《咎相公席上》）

郫筒酒不仅风靡唐宋诗坛，而且作为贡品进入宫廷，成为皇帝赏赐有功之臣的礼品。《元和郡郡县志》中，唐代元和年间郫县的贡品首列此酒。

《旧唐书·职官志三》载："若应进者，则供春暴、秋清、酴醾、桑洛等酒。"《(唐)辇下岁时记》说："新进士则于月灯阁置打毬之宴，或赐宰臣以下酴醾酒，即重酿酒也。"《白孔六帖·卷十五》："帝入，谓左右曰：'绛(李绛，贞元进士，元和中拜相。历任宪、穆、敬、文诸朝，直言敢谏，无所迁就)言骨鲠，真宰相也。'遣使赐酴醾酒。"

在民间，《浙南金钱会起义》中，也有"二月好景吃酴醾"的描述。

范成大的疏误和贾思勰的丰功

八百多年以前的宋淳熙四年(1177年)六月初一日，诗人范成大来到郫县。他在《吴船录》中记道："郫邑屋极盛，家家有流水修竹，而杨氏之居为最。县圃大竹万个，流水贯之，浓翠欲滴……郫筒，截大竹长二尺以下，留一节为底，刻其外为花纹。上有盖，以铁为提梁。或朱或黑，或不漆，大率挈酒竹筒耳。华阳风俗记所载，乃刳竹倾酿，闭以藕丝蕉叶，信宿馨香达于外，然后断之以献，谓之郫筒酒。观此则是就竹林中为之，今无此酒法矣。"

这是宋代郫县客人对郫县和郫筒酒的直接观感。他虽在文中说当时已无此酒法，但当天确实又喝过郫筒酒。因为在前面引到的他的《过崇宁界》一诗中，就说明他是带着几分郫筒酒的酒意，飘飘然走进当时属于彭州管辖的崇宁县安德镇，而"不知身已到彭州" 的了。

从宋代起，就有人说郫筒酒的制作方法失传了。但事实上，郫筒酒的生产，从唐宋元明清直至今天，仍在继续进行。说失传，可能指的是文献失载。但就文献记载讲，依然并未失载。这应归功于北魏农业科学家贾思勰先生，他早于范成大来郫县之前六百多年，就作了详细记载。

他费了十年功夫，编成了我国第一部系统的农业科学专著《齐民要术》。在这部专著的《苯曲并酒》篇中，记下了"蜀人作酴醾酒法：十二月朝，取流水五斗，渍小麦曲二斤，密泥封。至正月二月，冻释，发漉去渣。但取汁三斗，杀米三斗。炊作饭，调强软，合和；复密封。数十日，便熟。合渣餐之，甘、辛、滑，如甜酒味，不能醉人，多啖，温温小暖而面热也。"

他记下的，是一千五百年前的做法。一千多年后的今天，国营郫县郫筒酒厂除生产规模大有扩展，产品品种大为增多外，其主要原料(糯米和小麦)、主要工艺流程(双重发酵、精工酿制)、主要特色(色鲜味淳、酒精度低、营养丰富)等等，都依然继承和保持了当年古老的传统风格。当然，当代科学技术的进步，必将给老传统增添新的风采。

郫县人十分感谢这位生于山东益都的远方客人，感谢他写出了不朽之作《齐民要术》。由于他的介绍，不仅使郫筒酒走出四川，走向全国，而且传播到世界，立下了丰功伟绩。

家乡赞歌和开明甘醴

郫县县志的新旧版本都说，山涛并未治郫。而郫筒酒的创始，也远远早于魏晋。

在郫县人的先辈，西汉著名哲学家、文学家扬雄先生的《蜀都赋》中，就有"附子巨蒜，木艾椒蓠，蒟酱酴清，众献储斯" 的名句。章樵在《蜀都赋》注中说"蒟酱，枸椹酱；酴清，酴醿酒。" 即早在两千年前，扬雄先生就为家乡的名酒唱过赞歌。

与扬雄先生同时代的邹阳在《酒赋》中更称："精者为酒，浊者为醴，其后发展而为郫筒酒。"

如果循着历史的长河再向远古追溯，还可以追溯到古蜀国时期的"开明甘醴"。《华阳国志·蜀志》说："九世开明始立宗庙，以酒曰醴。"《诗诂》释："(醴)酒之甘浊而不滤也，即今之所谓醪糟水也。"

郫筒酒，是从古蜀王开明九世的醴酒发展而来。应该说，是当之无愧的川酒老祖宗。

郫县地沃人勤，早自"杜宇教民务农"时期，农耕即具相当规模。粮丰物茂，为酿造业发展创造了极为有利的物质基础。秦汉之际酿酒业的兴旺，不仅有文字记载，而且有文物可循，这是另一种珍贵的文献资料。

从 20 世纪七十年代起，在本县境内和县境邻近，出土了一批有关酿酒的汉代画像砖、石，为我们刻画实录了当时某些具体而生动的真实画面。其中，有地主庄园酿酒作坊中，投曲酿造生产的"酿酒"砖，有既经营酿造又兼营卖酒的"酒舍"

砖；有聚宾欢宴和歌舞助兴的“宴饮”，还有专门卖酒的“酒卢”等等，都是当时场景的再现。这些制作画像砖的不知姓名的老祖宗，比《蜀都赋》告诉我们的内容，要丰富得多，直观得多。

现代人的寻访和郫筒酒

在我的手边，恰好还抄录有两条与郫筒酒有关的现代史料。

一条是人民教育家、作家叶圣陶老五十多年前的实录。他在《成都近县视学日记》中记道：“(1940年)12月4日……郫县附近尚有杜宇蚕丛墓，及扬雄之子云亭，亦不欲观之。独行入城，尝郫筒酒。酒价每斤一元四。初以为白酒，孰知是黄酒，微苦，带有橘皮味。尽半斤，食面一碗为晚餐。”叶老不去望丛祠、子云亭，而独行入城去尝郫筒酒，并且以为是白酒，可知确实是慕名而行。

按新编《郫县志·解放前六十年郫县米价月计表》，当月米价每石268元，每市斤为0·67元。郫筒酒每斤当天酒价，可折换大米2·1市斤(1030克)。

其二是解放军总司令、共和国副主席朱德的感受和关怀。新编《郫县志·大事记述》中。专题记述了1957年2月26日，朱副主席在省委第一书记李井泉陪同下，对郫县的工作视察。

说到郫筒酒，朱副主席说：“我年轻时在成都读书(1907年，笔者注)，就听说郫县盛产郫筒酒。经过品尝，味道不错。不知这项地方土特产，解放后生产情况怎样？”在听完县领导同志的情况回答后，他勉励大家，在抓好农业的同时，要抓好像郫筒酒这类地方工业的生产，发展经济，造福人民。

当今，郫筒酒正以崭新的风采，重新风靡当代诗坛、文坛、工农商贸各“坛”，更好地为人民的健康和欢乐服务，争取走进人民共和国国宴，并在对外交往中建树功勋。郫县人正期待着它更美好的发展前景。

吐凤桥的来历

吐凤桥，现名子云桥(“子云”是扬雄的字)，位于郫县友爱镇子云村内，离扬雄墓不远。此桥从前叫吐凤桥，1956年后改名为子云桥。

吐凤桥建于清代嘉庆年间，清嘉庆《郫县志》“津梁”卷记载：“吐凤桥，：在城西二十五里，长一丈，高八尺，宽五尺。碑记入《艺文》。”所谓“碑记入《艺文》”，指的是清嘉庆年间郫县著名文人卫道凝写的一篇文章《吐凤桥碑记》。

卫道凝，郫县花园场人，他在清乾隆四十九年(1786年)参加四川省乡试考中举人，名噪一时。

卫道凝认为，扬雄年轻时崇拜屈原，写过一篇《反离骚》赋，并把这篇赋投进岷江以表示对屈原的纪念，所以扬雄的墓和后人为纪念他所修的子云亭都修建在在五斗河边。扬雄墓的西边有一条南北走向的道路，河流由西向东穿过这条道路，河上有一座有房盖保护的木桥。尽管如此，木桥还是常坏常修，往来行人时常受阻，非常不便。后来，地方上有个叫李怀经的人出面募捐，把木桥改为高拱石桥。石桥的宽约8尺，高约1丈6尺，长约3丈。石桥落成后，人们在桥头立碑作为纪念，请当时郫县著名文人卫道凝给石桥取个名字，并撰写一篇碑记。卫道凝给这座石桥取名叫“吐凤桥”。

为什么取名“吐凤”呢？因为《西京杂记》里有一个关于扬雄口吐白凤的传说，说的是扬雄撰写《太元经》，殚精竭虑，呕心沥血，以致在梦中口里吐出一只白凤凰，这凤凰停息在他的《太玄》简册上面，他醒来后就大病一场。取名“吐凤桥”，是为了表彰乡贤扬子云做学问的专注精神，和呕心沥血的写作态度。卫道凝在《吐凤桥碑记》里介绍说，扬雄在朝廷做官，只愿读书做文学官员，不做京官，也不愿做地方官，只当一个专职的文学官员。汉成帝答应了他的要求，还奖励他6万笔墨钱。卫道凝做此番介绍的目的，和取“吐凤桥”的目一样，是鼓励年轻人向扬雄学习，不汲汲于富贵，不戚戚于贫贱，用心读书，专心做学问，在学业上做出巨大成就。卫道凝在文章的末尾说：“吾意过斯桥也，必有览兹德辉而奋志为朝阳之鸣者，轩车题柱，何足以云。”“轩车题柱”这个典故出自司马相如的故事，传说司马相如赴京路过成都升仙桥时，曾在桥柱上题字：“不乘高车驷马，不过此桥。”他勉励年轻人，在经过“吐凤桥”时，要学习司马相如，树立“不乘高车驷马，不过此桥”的雄心壮志。

张宰相巧建观音寺

新津县永商乡的地盘内有座九莲山，以前叫岩滩观，山下面是南河，山上长满了柏树翠竹。雀鸟和猿猴的叫声，到处都可以听到，好像山东的蓬莱仙境一样。山的周围有九个山峰，远远看去，像九个莲花瓣，所以叫九莲山。宋代宰相张商英就出生在这里。他原是王安石一派的革新人物，后来，与朝中的奸臣蔡京不和，不想当官就回到老家，住在九莲山中。因为政治上不得意，加上晚年又没有儿子，生活感到孤寂，就在住宅内修一家庙供奉观音大士，研究佛学以度晚年。他的家庙前有一口水塘(后称相府塘)，门前种有数十笼竹子，他编了一副对联自述：“云影空明，一塘清水当户绕；风声寂静，千竿修竹向门栽。”

张商英回乡两年后，京城中皇太后患了眼疾，一双眼睛都看不见了，太医都没医好。宋皇非常焦急，悬榜天下求医。

张商英懂得医术，听说后，特取了屋右边的一股能解热祛毒的清泉水，用竹筒装好，亲自带上京城，与太后滴眼。竟把太后的双眼医来看得见了，太后非常高兴，宋皇也十分欢喜地问：“哪里得来这么好的药水？”张巧妙地说是因太后拜佛，感动了观音大士，特送给净水瓶中的甘露水来给太后治好眼疾。宋皇相信张说的是真话，为了感谢观音大士显灵，拨库银万两，于宋孝宗淳熙八年(1181年)派御用工监匠到新津九莲山动工修建观音寺。就这样，这座在四川很出名的观音寺，因张宰相巧借观音大士的佛力，被修在风光秀丽的九莲山中。

庄辅臣报恩建纯阳观

清光绪年间，陕西籍做花椒生意的大商人庄辅臣在成都烟袋巷开杂货铺。

一天，他带了许多银子进山办货。天擦黑时，一群匪徒拿起刀棒来抢他的银子。这时，突然出现一个五绺青须的道人，手拿一把宝剑，把匪徒们杀跑了。庄辅臣赶忙上前道谢过道人，还拿出银子酬谢他，道人摆手高矮不收下，庄又叩问道人的仙号及住处。道人说：“新津西门外凉水井。”说完话就不见了。

庄辅臣把货办好回成都，特别来新津西门外凉水井找这道人，乡人们都说没有看到过这人。庄辅臣见凉水井有一吕仙祠，想进去歇一下气再回去。哪晓得走进去一看，祠堂内塑的五绺青须道人好像在哪里见过。忽然，庄辅臣想起进山遇匪徒时正是与这塑像相似的人救了他。他这才晓得是神仙吕纯阳救了他，立刻去找祠堂边的王彩庭老先生说明，自愿捐银钱新修纯阳观。王老先生听说后，也愿意捐地建庙。就这样，在清光绪二十七年(1901年)开始修建纯阳观祖师大殿，纯阳观由此得名。

东汉文史学家李尤

嘉庆《金堂县志·荐辟》里，记载着一位金堂县籍的著名文史学家，他就是东汉人李尤。

荐辟，就是举荐和征召的意思，这是汉朝时候选举官吏的制度。那时，还没有科举考试制度，就采取乡举里选的办法。一是无定期选举，譬如新皇登基或天灾等特别时刻，往往下诏希望全国各地选举人才到朝廷。二是定期选举，一年一举的郡国孝廉制度。

汉朝时候，处于四川盆地的天府之国，属于楚汉之争的大后方，远离战争浩劫，因此这里经济繁荣，文风昌盛。西汉时候，就出了两位汉赋泰斗——司马相如和扬雄。

那时，还没有金堂县，现在金堂县这地盘分别属于犍为郡的牛鞞县和广汉郡的雒县及新都三个县。而广汉郡的郡府就建在现在的赵镇东，且做了300多年郡府。所以赵镇这地盘在当年可谓繁华之都啊！奇珍异宝斗富夸奢，俊秀贤能荟萃于此。就在这繁华之都，有一位少年学富五车、才高八斗，受了蜀中汉赋泰斗司马相如和扬雄的影响，他很喜爱赋。也希望自己能像相如和扬雄一样，凭着美文跻身显贵，名扬万里。这个少年名叫李尤。

勤奋好学的李尤，文章与日俱进。他的赋铭达到了很高的水平，文人墨客争相抄阅，朝野上下都知道广汉郡有一位善作赋铭的李尤。朝中有一位做侍郎的著名经学家贾逵，他看到了李尤的赋铭，拍案叫绝，大加赞赏。向和帝推荐说李尤“有相如、扬雄之风”。相如、扬雄是西汉时文学界的泰斗人物，相如逝去二百余年，扬雄逝去近一百年，巨星陨落后，夜空久失色。和帝一听李尤有相如、扬雄之风，不禁一惊，为在自己登基不久能出这样的文学巨擘而欣喜不已，立马吩咐拟写诏书，征召李尤入朝。

李尤被征召到了东观。东观，位于洛阳南宫，建筑高大华丽，美轮美奂，最上层高阁十二间，四周殿阁相望，绿树成荫，环境幽雅。和帝时，这里就成为宫廷收藏图籍档案及修撰史书的地方。当时许多名儒硕学云集于此，或皓首习经，或静心修史，有点现今中国社科院的味道。李尤初到，则鸿才展露，写下了著名的《辟雍赋》《东观赋》《德阳殿赋》《平乐观赋》。篇篇鸿文，字字珠玑，深受和帝喜爱，于是李尤官拜兰台令史，负责“典校秘书”，创作“赋”“颂”“奏书”。安帝登基后，升迁李尤作了谏议大夫。因为他的学识和才能在当时已是首屈一指的人物，安帝下诏让他和谒者仆射刘珍等一起编修《东观汉纪》。全书143卷，是一部记载东汉历史的纪传体断代史巨著。书成，李尤名声大噪。顺帝时，李尤升迁为乐安国相。

李尤享年83岁。一生著作颇丰，作《辟雍》《德阳》诸观赋，《怀戎颂》，《百二十铭》，著《政事论》七篇。历史著作有《蜀记》《东观汉纪》。

雁过留声，人过留影。《后汉书》《华阳国志》《通志》《明一统志》《蜀中广记》《大清一统志》等诸多史志文献中都有李尤传。他的赋铭中的佳句，如玑珠一般洒落在古典文献之中，令后代学子能俯仰皆拾。

李八百兄妹修道成仙

金堂县有两座名山，都与仙人李八百有关。一座叫金堂山，一座叫三学山。

距今约三千年前，这两座山树木葱茏，虫蛇侵道，虎豹出没，渺无人迹。当然更没有山的名字。但是，山中瑞气氤氲，灵草丛生。蜀中一位叫李脱的人，来到现在的金堂山龙桥峰，在此搭建“金堂”，修道炼丹。现在的三学山后山，有一石洞，宽一丈，高一丈，洞口狭窄，仅仅容一人通过，进得洞口，向里走，石洞越来越宽，越来越高。往里走究竟有多深，无人知晓。这就是李脱修道的“玉室”，里面依稀可见丹灶。后人称着“八百洞天”。李脱就在这山中苦苦修道炼丹，终于练成了九华丹。他离开此地，去游五岳十洞，遍访名师，拜师学艺。历经两百余年，他在海上寻得了飞阳君，虔敬的拜飞阳君为师。向飞阳君学得水玉之法，又回到这山上炼丹。炼成之后，又离开，出去拜师学道。就这样神龙见首不见尾，时而隐去，时而出现。又过了数百年，他再次回来。这次不知拜了何方神圣为师，居然炼出了金鼎九还丹。丹成之时，他把金丹涂抹在山崖上面，顽石竟然变成了美玉，光彩莹润，夺人眼目。后来有人想要把那美玉从崖壁上凿下来，一凿崖岩，顷刻间，狂风大作，霹雳震天，随之而来是暴雨如注。从此再也没有人敢对这丹崖怀有觊觎之心。

当他炼成金鼎九还丹的时候，历代蜀人已经看见他在世上经历八百年了。所以人们都称他“李八百”。后来，李八百在此白日冲升，成了神仙，人们就把他建有“金堂”的山，称作“金堂山”，把他三次修炼的地方称作“三学山”，三学山又叫“栖贤山”，意思是居住了贤人(李八百)的山。

唐人诗人符载有一首写三学山的诗，写得很好，把三学山与李八百的关系说得极为清楚。诗曰：

太极之年混沌坼，
此山亦是神仙宅。
后世何人来飞升，
紫阳真人李八百。

再说李八百的妹妹李真多，当李八百在金堂山和三学山修道时，她就在距离三学山不远的浮山修道。浮山是一座浮在水上的山，水涨山高，水消山落，仿佛一艘巨大无比的船，浮在海面一般，水涨船高。李真多往来于什邡与浮山之间几百年了，看上去却仙姿绰约，“神气庄肃，风骨英伟”，像是二十来岁的妙龄女子。后来“太上老君与玄古三师，降而度之，授以飞升之道，”李真多就得道升天成为神仙。这座山，也就因了李真多在此修道成仙，被叫成了“真多山”。山上有水潭，水色鲜红，那就是神仙炼丹的泉水形成的。还有“二师井”，那井水能治百病，一饮井水疾病即除。

明代状元新都人杨升庵在他的《蜀志补罅》里，把李真多升天的细节描述得更是神奇：浮山上人迹罕至，荫翳蔽日，奇怪的是却常常看见一个婴孩在这荒郊野里出没，并且时隐时现。于是李真多便悄悄地跟踪他。一次李真多趁其不备，突然出现在他面前，那婴孩躲之不及，一慌神，突然钻进了地里，只剩下一束茯苓苗还没有来得及钻下去。李真多一把拽住了茯苓苗，一手拿出挖药的小锨，顺着苗子挖了下去，居然是一颗硕大的人形茯苓娃娃。这可真是灵山仙药哦。她把这仙药炖来吃了，真多便觉身体一天轻似一天，仿佛腋下长出翅膀，身轻欲飞。一个皓月如昼的夜晚，她登上山中一株巨大的楠木树，便飞上了天空。楠木上留下了北斗七星一样的足迹，于是这楠木便有了一个美称——“星楠”。

东汉时，张道陵创建天师道，为了便于管理，在全国设立了二十四个教区——“治”，金堂境内有两个，一个就设置在真多山上，名“真多治”，并且建有道教活动场所“真多观”。

白马涌泉

清朝《金堂县志》里记载“涌泉，在治东万安乡”。万安乡,即今官仓镇。关于白马涌泉,有一个动人的传说。

康熙年间,天旱了许久,农田干裂,民无饮水,就连常年奔流不息的绵远河也断了流。一位刘姓的老翁却常常看见一匹似雪白马到干涸的田里去饮水。老翁奇怪,哪里有水给它喝呢?每每跑近去看。待到老翁跑近,白马便杳然隐去,无踪无影。一次,老翁潜伏而前,终于看见白马遁入了不远处的田里。于是老翁就在白马遁入的地方挖掘,挖不到几尺,地下一股巨大的清泉喷涌而出。村民们欢呼雀跃,便筑起堤坝,围成水塘。站在堤岸可以看到塘里有四个泉眼,泉水推动着银白的细沙翻滚,周围没有一丝水草和绿藻,形成直径丈余的白花花的圆形,老人们说,那四个泉眼就是白马的四蹄。有了这泉水,方圆千余亩农田都靠它灌溉,村落里原来干硬得石板一样的农田,都变成了膏腴之地,从此四季瓜果飘香,年年五谷丰登。春秋时节,风和日丽,堤岸绿柳扰扰,远处的磨坊里,水碾咿呀作歌。少男少女在这碧波里荡舟游玩,老翁们便在远处的僻静处垂纶钓鱼。好一派桃花源美景。

嘉庆年间的某个秋天,县令谢维杰来到这里,喝足了农家酿制的腊酒,围着泉塘漫行,目睹白马涌泉,诗兴泉涌,趁着微醺,展纸泼墨,写下了《白马涌泉赋》:

白马遗踪何处寻,
泉塘且喜对遥岑。
源头活水含生意,
镜里天光见道心。
春满花堤云锦覆,
秋高荻浦月勾沉。
好随烟艇投竿去,
一曲涟漪入醉吟。

距今三百多年了,白马泉还是那样洋洋洒洒的涌泻而出,在这被称着官家粮仓的平畴沃野书写着诗情画意的鸿篇巨制。只分出一股泉水来,就形成了四百余亩的白马湖,用作国际铁人三项赛的水域赛场。

诸葛亮故居“葛陌”

诸葛亮在双流曾经有过故宅,后人谓之“葛陌”。据《四川通志》载:武侯宅有三,一在成都县;一在广都县;一在双流县。

在成都县者,据《太平寰宇记》云:“武侯宅在西北二里,今为乘烟观”。公元221年,刘备在成都即皇帝位,诸葛亮辅翼刘备。这个名为“乘烟观”的地方,是诸葛亮一家临时的寓所。

在广都县者,据《元和郡县志》云:诸葛亮宅在广都县南一十九里。据考证,为今双流县黄水镇与新津县接壤处,名为“黄陵渡”附近。蜀汉时期,这里是个天然的练兵场所,为武侯八阵营基之一。诸葛亮曾在此进行过较长时间的水陆攻战军事操练,此地也就成为诸葛亮行营驻跸之地。

在双流县者,诸葛亮在他的《自表后主》中,言“成都有桑八百株,薄田十五顷,子弟衣食,自有余饶。”唐李吉甫《元和郡县志》载:“诸葛亮旧居在双流县东北八里,今谓之葛陌”。西晋泰始五年(公元269年)己丑,《诸葛氏谱》有如下的记载:王览为太傅,诏录故汉名臣的子孙肖、曹、邓、吴等皆赴阙受秩。孔明之后独不至。访知其第三子诸葛怀,公车促至,欲爵之。怀辞曰:“臣家成都,有桑八百株,薄田十五顷,子弟衣食,自有余饶。材同樗、栎,无补于国,请得归老牖下,实隆赐也。”婉言拒绝朝廷的笼络。晋主司马炎也只好从之。可见诸葛亮死后的三十五年中,其三子诸葛怀,还仍定居在双流“葛陌”的故宅中,生息繁衍。

“葛陌”故迹,现在何地?据民国版《双流县志》载:“而‘葛陌’,则询之双流城东北,无间妇孺,皆识其处焉”。其处者,据考,即今金花、通江毗邻处,小地名叫“八角庙”地方的附近。为纪念“桑八百株,薄田十五顷”,对彪炳千秋的古遗迹,立庙祭祀,理所当然。庙名曰“葛陌庙”。遗憾的是这一使双流人民为之可资骄傲的“葛陌庙”,不知何时被讹呼为“八角庙”。所幸的是,历经千百年岁月的流逝,葛陌村依然保留至今。

世界最早的茶市在黄龙溪

千百年来,茶,一直被中国人列为开门七件事,被世界公认为人类的三大饮料之一。饮茶作为一种生活习惯,究竟始于何时,恐怕没有人说得清楚。

茶的发现,是从其药用价值开始的。成书于先秦的《神农本草经》记载:“神农尝百草,日遇七十二毒,得茶而解之。”这里所谓的“茶”,就是今天说的茶。由于茶能解毒,药用价值广泛,先秦古籍屡不绝书,《尔雅·释木篇》记载:“槚,苦茶也”。《礼记·地官》还出现“掌茶”“聚茶”等词,《晏子春秋》载有“婴相齐景公时,食脱粟之食,炙三弋,五卵茗菜耳。”这些记载证实了茶(茗)在其药用价值基础上,又曾用来祭祀和供奉之用,并作为菜蔬出现古人的餐桌上。随着我们的祖先对茶的器重和应用的逐步加深,进而形成了茶市,从事茶叶交易。

距今两千多年的西汉初,川人王褒所写的《僮约》一书,是中国现存最早的关于茶的文献记载。书中提到“武阳买茶”“烹茶尽具”“往来聚市”,字虽不多却明白晓畅地描绘了蜀先祖烹茶、选择茶具、买卖茶叶等情景,也说明了成都这座古老且文化积淀深厚的城市,在西汉初就成为闻名遐迩的茶市。

最使双流黄龙溪人藉以自豪的,莫过于“武阳买茶”四字。黄龙溪古称赤水,又名武水。蜀汉时期,诸葛亮南征曾在此驻扎重兵,曾梦见有黄龙沿武水腾江而出,视为南征必胜的吉兆,遂将武水更名黄龙溪,沿称至今。汉武帝灭秦后,在蜀郡拓展疆域,新增广汉郡、黔中郡、武阳郡(后更名犍为郡),按照山河方位—山南水北为阳的称谓,武水之北为阳—这就是武阳郡得名的由来。古人更迷信龙脉地望,面南筑城,左有黄龙,右有青龙,武阳郡故治当在今天黄龙溪附近的牧马山上,并非后来人们习惯所指的彭山江口。了解这一历史渊源后,对王褒的“武阳买茶”可以毫无疑义地说就是“黄龙溪买茶”。王褒所写的《僮约》是中国现存最早的关于茶的文献记载,因而,可以说,黄龙溪是史载的世界上最早的茶市。黄龙溪距成都 50 公里,两地相距并不太远,两地茶市间形成了“茶贾塞道”的繁荣景象,更创造了成都特有的茶船文化,也叫盖碗茶文化。

温江地名的由来

西魏恭帝二年(555 年),县初置时即名温江。二十三年后于隋初废入郫县,仁寿三年(603 年)置万春,三年后又废入郫县。唐初再置万春县,贞观元年(627 年)复名温江县,2002 年 5 月撤县建立温江区。

温江地名的由来,据文字记载及口头传闻,有如下四种说法:一、以“地濒温江而名”;二、以“江水至此始温”故名;三、以岷江曾名汶江,因“汶”“温”音讹得名;四、以城南“温泉”名县。

地濒温江而名

出自《辞源》。《辞源》“温江”条一项释文为:“县名。属四川省,汉郫县,属蜀郡。隋为万春县,唐贞观五年(按应为元年)改为温江,以地濒温江而名……参阅《太平寰宇记》”。经查阅《太平寰宇记》，在温江县下记及：“大江，在县西二百步，自青城县界入流，俗谓之温江也。”此外，《元和郡县志》在温江县下也记有“大江，俗谓之温江，南流经县一里，出麸金”的内容。而西魏新置的温江县辖地，正好在“大江”两岸，因此《辞源》以“地濒温江而名” 的结论虽较后三说更接近实际情况，但欠准，改“地濒”为“地跨”就准确了。

“江水至此始温”得名

“江水至此始温”的意思是，江水流到温江区域就温暖了，故名温江。据《四川通志》和清乾隆版《温江县志》看，此得名缘由出自《名胜志》。《名胜志》无法找到，但从侧面得知它是元末之后成书的。我们认为“江水至此始温”的提法是不符合历史地理的实际的，正如《社会科学研究》1980年第6期刊登的《四川地名考释·温江地区十二县·温江县》一文中所说的那样是有点见文生义。因为岷江之水流入成都平原处处皆温，何以唯独在温江县内才“始温”呢？因此“江水至此始温”一说是把事物绝对化了，所以是欠妥的。

要探求水温的特殊规律，还要从李冰“穿二江成都之中”说起。《华阳国志·蜀志》记述“周灭后，秦孝文王以李冰为蜀守……冰乃壅江作堋，穿郫江、检江别支流双过郡下，以行舟船……”。“检江别支流”的河道，就是前引《括地志》的流江。众所周知，益州成都秦时为郡治，且驻有重兵；自汉代起变为州、郡、县三级治地，是蜀地政治、经济乃至军事的中心，地位十分重要。为了保证成都既有舟楫之便，灌溉农田之利，又能避洪水之灾，乃遵“低作堰”之法筑鹿角堰。堰低，洪水至此就从堰顶漫溢入下游的“大江”了，水枯季节，江水受鹿角堰阻拦引去成都，以利行舟，只有微量江水从鹿角堰的隙缝渗漏下，堰下的大江主要凭地下水补给。由于大江沿岸地势低洼，地下水位较高，故汇入的地下水量相当可观。冬季里，成都平原地温明显高于气温，地下水温也明显高于地表水温，因此，大江之水尤为温暖。所以，在李冰“穿二江”后若干年，这段“大江”就被人们称为“温江”了。正是如此，唐时曾两度为相的李吉甫在《元和郡县志》中把它记为“俗谓之温江”。这“俗谓”二字相当讲究，它生动地体现了温江因约定俗成而得名的历史，留给后人去体味。从唐宋时的史志看，县境内称“温江”的河道，除了这条大江之外，再没有哪条河流称为温江。只是到了清代及民国初年，因受《名胜志》“江水至此始温”说的影响，才想当然地把大江(即杨柳河)历史上的专名“温江”加在金马河和江安河身上(见《清史稿》、《蜀水考》和民国版《温江县志》等)。

因“汶”“温”音讹得名

岷江曾名汶江，因“汶”“温”音讹得名。此说出自《四川地名考释·温江地区十二县·温江县》一文。文中说，西魏统帅尉迟迥攻克两川后，从郫、江原二县析置温江县。由于县境地跨岷江正流(原文指今金马河)，岷江当时称汶江，故尉迟迥拟名 “汶江县”，尉迟迥系北方代州人，发音“温”“汶”不分，文书人员以为当时北部郡广阳县曾名汶江县，于是依尉迟迥口音写成“温江”。这一断定有三处失误：一是以静止的观点看待岷江正流金马河，以为它在西魏时也是正流而非支流。二是温江县地域是濒而不是跨金马河，真正跨的却是“俗谓之温江”的“大江”即原杨柳河。三是温江县中部岷江的“岷”字，历史上长期写为“汶”字，岷、汶二字，是异形同音字，汶仍读 mín 音。《辞海》“汶水”第5项说明：“亦作汶江，汶读与岷同，即岷江……《三国志》：蜀建兴十四年(公元236年)，‘后主致湔、登观坂，观汶水之流’，即此。”“汶江，即四川省的岷江。汶读同‘岷’……”。只有山东和苏北汶水的“汶”字，才读成 wén 音。

由此可见，以尉迟迥发音“温”“汶”不分而定县名之说欠妥。

以城南温泉名县

此说虽然很不科学，却在民间广为流传。但是否真正的有温泉，主要以两条标准衡定：1.常年恒温超过20℃，或在当地年平均气温以上；2.一般是矿泉，含一定矿化度，是下渗的雨水和地表水，循环至地壳深处而形成，多在高低悬殊之地。温泉的成因是由于泉源靠近火山，或者泉中所含矿物放出热量所致。温江城南的所谓“温泉”，不具备上述因素，实际上它是原云溪水温高，凤溪水温低，二溪合流后两水的温差明显存在而“出名”的。由于地处温江城之边，为了增添胜景，而称温潭，久之又衍化为“温泉”。

龙门与“六个半举人”

龙门是温江区名胜之一，建于清光绪十六年(1890年)，位于文庙前，即原灯光球场南端。龙门的修建，有一段故事流传。

原来温江在清乾隆、嘉庆以后，文风不盛，少出人才。县中的知识分子，囿于风水堪舆的迷信之说，认为少出人才，是因文庙前面的白龙池淤涸荒芜，象征人才的龙不能腾飞。早在嘉庆时，县人胡时超就修建了一座文峰阁于南门城墙上，与文庙的圣域门遥遥相对，希望能考上几名举人、进士，但后来只考上一名文进士徐从枢，一名武进士王荣生。到公元1889年，县知事施德培把淤涸荒芜的白龙池重新规划修建，四周砌石为坎，凿为方塘，引水灌注。池长10丈(33.3米)，宽8丈5尺(28.3米)，这时，县上士绅趁修复白龙池之机。集资修建龙门于白龙池上。

龙门的建筑风貌，是牌坊形式。中间正门较高，为4丈2尺(14米)；左右为侧门，较低一点。龙门的正门上方，泥塑妖娇的二龙戏珠，脊中塑的是一条倒盘龙。左右侧门的楣窗上，各塑涌水的两条金龙奔向龙门，共有五条龙盘绕于龙门上，栩栩如生。整个龙门的四根柱子顶端均有泥塑陪衬，外侧两柱顶上各有一条鳌鱼，中间两柱上各塑有展翅的凤凰。构思奇巧，工艺精美。龙门正面门楣上的“龙门”二字由县知事李徽典书写，北面门楣上的“龙门“二字由县中秀才、书法家戴宅安书写，均系楷书。龙门构筑材料，以砖石为主。

龙门建成后12年，即公元1902年壬寅科乡试时，温江中了六个半举人，他们是王铭新、张锡典、李天桢、曾学仁、赵钟灵、李元白，半个举人是季昌辅(副榜)。人们由此就更迷信龙门的风水作用了。其实这不过是偶然的巧合，并非修建了龙门而产生的效果。龙门在“文革”中被毁，殊为可惜。

温江四大名山

据说明朝杨慎还在皇帝身边的时候，因四川灾情严重，被奉旨到四川巡视民情。当他巡视到温江后，提出要看这里的文物古迹。当地的官员就带他去视察了温江古迹大墓山、小墓山、八卦山和筲箕山。但由于这些地方保护不善，荒草杂木丛生，一片荒凉的景象，使杨慎很是感慨。回到京城之后，他就对皇帝说：“温江县是个小县，所管辖的范围很小，并且那个地方山还很多，老百姓的赋税也很重，望皇上开恩，给温江减免一些赋税。”皇帝听了，有些疑惑地问：“听说温江地处平原，土地肥沃，人称‘天府之国’，还有‘金温江’的美誉，怎么会有山呢？”杨慎若有其事地回答道：“启禀圣上，圣上有所不知，那温江方圆不过几十里，但却有大墓山、小墓山、八卦山和筲箕山这四座大山，尽长荒草，‘金温江’不过徒有虚名罢了。”皇帝听了，温江这么荒凉，就准了杨慎的奏，减免了温江的赋税。从此，温江有四座山也就出名了。

杨慎在这里所说的四座山，民间有这个叫法，至今还这么称呼。

大墓山。相传是古蜀王之一鱼凫王的墓，当地人确实叫作“大墓山”，又称“鱼凫王墓”，在今寿安镇火星村，为成都市文物保护单位。据《温江县志》乾隆版、嘉庆版和民国版记载，“大墓山，在县北二十五里，相传为鱼凫王陵。”清代温江人王侃，才识广博，有经世之志，早年任江南军务，晚年回温江居住，在江安河畔之杨湾（今温江公园下侧）建居所。他每日乘着满载书籍和美酒的船舫，游江安河上下十余里，时而畅饮，时而高歌，人们称之为花舫先生。他有一首《大墓山怀古》（又题为《访鱼凫城故址》），极写当时大墓山的景致：“湔水滔滔送远天，鱼凫踪迹久茫然。但闻仙去乘斑虎，不肯魂归作暮鹃。万古衣冠沉土壤，一朝宫殿成桑田。欲寻故老谈兴废，大墓山前霭白烟。”这里的“仙去乘斑虎”，指晋代《华阳国志·蜀志》载，“鱼凫王畋于湔山，忽得仙道”。又有记载，说鱼凫王成仙乘虎而去。

小墓山。相传是鱼凫王妃子的墓地，在大墓山北约一公里处寿安镇境内，为温江县文物保护单位。《温江县志》也有明确记载。

八卦山，实际是柏灌山。一种说法是，因“八卦”与“柏灌”谐音，故后人把柏灌山称。八卦山，相传是古蜀王之一柏灌王的墓，在今寿安镇长青村。为四川省文物保护单位。据《蜀王本记》载：“蜀王之先，名蚕丛、柏灌、鱼凫、蒲泽、开明。”可见柏灌王国早于鱼凫王国。柏灌王墓基面积一亩有余，高十几米，呈长方形，墓地附近地面有古磴八处，略像八卦形，故俗称“八卦山”。

在八卦山西，原有一座八卦桥，桥亭立有石碑一座，八卦桥和桥亭均已不存世。后来陈家碾修建房屋，把露放在荒郊野外的石碑搬回当柱脚。据传，此碑上刻有一首诗，描绘在八卦山可以看到的八景。诗文曰：“八卦山分八卦形（八卦山），长桥远映碧流清（青远桥）。烟横马坝二三里（马家坝），鼓响龙蟠四五声（龙蟠寺）。河接白衣缟佛句（白衣庵），堰堆黄土成笔埂（黄土堰）。五灵铁像千斤重（五灵庵），永春新河浪布停（永春桥新开河）。”

至于筲箕山，暂时还没有查到出处。不过，从前几座山的情况推断，筲箕山大概也应该是一处古迹的俗称。

叶县长的“劣政碑”

对于确实为百姓办了好事的父母官，古有树“德政碑”之举。1949 年，崇庆县人民却为即将去任的县长叶春杰，在羊马场头树了一块“劣政碑”。

叶春杰于 1947 年 2 月就任崇庆县长，历时两年，劣迹昭彰，弊政累累。当年 5 月，县内饥荒，他勾结地方势力，伙同控制全县粮油命脉的时利和商号，假赈济之名，动用社济仓积谷，抬高市价，从中捞取大洋 2000 元。为了镇压敢于反抗的饥民，他又一手炮制了“六二”惨案，以“共党煽动闹事”为由，在火神庙米市前，枪杀岳鹏全、胡兴顺、杨长生 3 个无辜平民。同年 7 月，因河道失修，连降暴雨，全县 10 条大河洪水泛滥，淹没农田 20 万亩，不少百姓葬身鱼腹。叶春杰欺上瞒下，趁火打劫，竟从水灾赈济中鲸吞黄谷 3000 多石。时有儿歌一首传遍全县：“天老爷，下大雨，县长老爷心欢喜，多谢龙王送财礼！”

1948 年 12 月，叶春杰借转发《四川省二五减租推行须知》之机，勾结地主豪绅，在农民换约时增加租额。民众忍无可忍，纷纷上告，倒叶呼声日高。省府为了平息事端，不得不于1949年3月，下令将叶调离。消息传出，县民奔走相告，并在羊马场头连夜赶工，树起了一块“劣政碑”。

“劣政碑”问世的消息不胫而走，成都《新新新闻》报也于3月12日予以报道。报道称：“崇庆县长叶春杰，省令调职后，县中人士甚为欣慰，并于崇温道上之羊马场立一‘劣政碑’。上联为‘早去三朝天有眼’，下联为‘迟走几日地无皮’。上有四个大字为‘民之继母’……”叶春杰读到《新新新闻》，恼羞成怒，将报纸撕得粉碎，并连夜唆使心腹将碑捣毁，溜之大吉。

西江桥的石板

崇州古老的西江桥已于1959年8月毁于特大洪水，被新建的西江大桥所取代，然而关于其桥面上的石板的传说，却一直为县人津津乐道。

城西的西河，河面宽阔，过渡十分不便，但地处要冲，过往行人很多，古称“西江晚渡客三千”。每年洪水暴涨，常常溺人性命。清道光年间，在贡生黄步云的倡募下，一呼百应，有钱出钱，无钱出力，于1835年(道光十五年)开始建桥，经过整整10年的辛苦努力，这座全部结构为石墩石拱券的11孔大桥终于建成。桥长51丈7尺2寸，宽2丈6尺，高2丈8尺。东西桥头有赤石牌坊巍然挺立，桥中设四角重檐庑殿式桥亭一座，中孔悬一铁剑，名斩龙剑。州官王臣福以桥规模可与昆山县“云中第一桥”匹敌，故名之为“川西第一桥”，并竖碑于桥西引道之侧。随着时间推移，车水马龙，轮碾蹄踏，桥面石板出现了一些裂痕。有好事者以数石板为乐，未得确数，颇以为奇，疑修桥时有仙人暗中相助，因而石板块数无法计算。久而久之还杜撰出一个传说：一个穷石匠，半年凿一石，大桥合龙时，只有这块石条合适，但却找不到这穷石匠了。众人恍然大悟，疑为鲁班相助。此说传扬开去，给西江大桥增加了神秘的色彩。“西江桥的石板数不清”，遂传为定论。

1932年，二十四军驻崇，一个连驻扎在离西河东岸不远的杨祠堂。连长是个外地人，他听了这个“数不清”的传说，决定亲自去试一试。他走过去，走过来，反复数了四遍，总得不出一个相同的数字。第二天清早，他向别的连队借了一些士兵，分到各个班，带着队伍来到西江桥上。安排一个士兵站一个石板，直到把石板站完为止，然后发出“报数”的口令。但是排在末尾的士兵报出的“134”这个数字，比他昨天最后一次的数字多了许多。他又仔细检查是否都是一人站一个石板。把队伍整顿一番后，又在桥中间第二次大声喊“报数”。结果，末尾报出的数字与第一次比，差了三个。他发火了：“吃粮都吃老了，连几块石板都数不清！”说完，再次检查一下队伍，下令第三次报数。最后一个士兵报出的数字与第一、二次又不一致。连长不肯就此罢休，又接连两天领着队伍来站队，报数，数石板，结果还是得不出两次相同的数字。他终于相信地说：“西江桥的石板果然数不清。”

事隔18年后，1950年夏天，中国人民解放军驻崇部队某警卫营营长乔正东在参加地方防洪抢险后，决心要摸清这“数不清”的底。他从调查研究入手，亲自到西江桥仔细观察，发现桥面三路石板虽然笔直成线，但其中不少因年深日久，早已出现裂痕，造成板块界线不清。为弄清石板块数，他选择了几块完整的石板进行典型测量，得知每块石板大体4尺。他用一根约4尺长的竹竿作为量具，从东到西，又从西到东，一块一块地比划石板，做上记号。经过这番工夫，排除了断痕造成的假象，标示出板块之间原来相互衔接的缝隙。为了扩大影响，破除神奇，一天下午，他带领全营干部战士来到西江桥上，顺中间一路石板把队伍拉成双行，相距3步，相向散开，各按一块石板站一个战士，一行做报数人，另一行做监数人。在各排、连长分段检查符合列队要求后，乔营长下达了“报数”口令。一、二、三、四……清脆洪亮。最后一个数字是“138”。刚刚报数完毕，乔营长又命令战士从排尾开头再次报数。当原来报“1”的排头兵报出“138”的时候，在场围观群众和桥头桥尾的老住户，不约而同一阵欢呼，一致赞扬解放军把从来没有数清过的石板数清了。

文君井与文君酒

邛崃市文君井园林内有有一口西汉遗井——文君井。此井“口径不过二尺，井腹渐宽，如胆瓶然”。据文献记载：卓文君与司马相如一曲琴音相通，文君夜奔相如，驰归成都。后因相如家徒四壁，不久遂与相如归临邛，卖尽车骑，买酒舍。文君当垆，相如自著犊鼻裈，与保庸杂作，涤器于世。相传此事感动了太上老君，老君决意好好帮助他俩。

一日，老君来到文君酒舍喝酒。酒酣，老君对文君说：“此酒不知系何水所酿，味不正，莫若我壶中之酒好”。文君指着身旁的井道：“老翁，我舍的酒乃是用此井水所酿。”老君道：“来，你若将我这壶中之酒倒入井中，往后所酿之酒定然好喝无疑矣！”文君将信将疑地照办了。翌日晨起，文君到井边汲水涤器，但闻井中飘出浓郁酒香，汲而尝之，尽酒也，且味绵醇净，甘冽爽口。消息不胫而走，远近酒客争相来舍品酒，也有不少欲以一睹一代文宗与仕女班头的风采为快者。由是，酒舍顾客盈门，财源不断。文君与相如欣喜异常，日子越过越美。

不久，相如官拜中郎将，出使西南夷，酒舍遂不再开设。此时，井中之水汲出后虽不再是酒，但用此井水所酿之酒，总是比其他井水所酿之酒香醇。人们崇敬、怀念文君，称此井为文君井，称用此井水所酿之酒为文君酒。

明人曹学佺《蜀中名胜记》卷十三引《本志》：“白鹤驿有文君井，水作酒味。”

孔明治火井

邛崃西门外60里之地，有火井镇，隋代建置火井县。

相传，古时候的火井一带有火从地下冒出来，当地人叫它“神火”。三国时候，刘备当了蜀汉的皇帝，坐镇成都，封孔明为丞相。

有一回，孔明带着一些官员到火井地方看“神火”。他见地下冒出来的火微弱得很，好像快要熄灭。又到盐井溪去看盐井，只见老百姓正架起柴火熬浑浊的盐水，费了许多柴火，也熬不开。孔明长叹一声走了。

晚上，孔明辗转反侧，不能入睡。半夜，他起床来到火井旁边，手举鹅毛扇对着井口扇了四十九下。真奇怪，那原来快要熄了的火，瞬间转为熊熊大火了，孔明这时才放心去睡。次日黎明，许多人跑到孔明那里说：“丞相爷，快去观看火井里的‘神火’燃的好大呀！”孔明一听，连忙同人们一起去看“神火”。果然，烟焰漫天，火势很猛。孔明书忙叫大家上山砍来几根大如碗口的斑竹，打通竹心，一节一节地衔接起来，一头塞入火井，一头用盖子封起来。“神火”关起来了，孔明又安排乡民在隔火井不远处砌灶安锅，装满盐水，然后把竹筒口对着锅底，揭开筒盖，“神火”便呼啸而出，一霎时,锅里盐水就沸腾起来了。远近乡民成群结队,来看稀奇。火井周围人家都把“神火”引来烧水、煮饭。

孔明死后不久,“神火”就熄了,当地群众感到伤心,便在附近的卧龙岗上修了一座八角楼,里面供奉孔明的神像。逢年过节,人们还在像前燃点孔明灯。直到如今,照明用的八角灯笼,还叫做“孔明灯”。孔明治理过火井的地方,人们都把叫做“火井”,今之火井镇即其地也。

女状元黄崇嘏

黄崇嘏,五代时前蜀临邛人,早失父母,幼时常着男装。崇嘏善诗,通晓琴棋书画。唐僖宗时,王建扩充武力,攻取西川诸州。唐僖宗文德元年(888年),王建攻下邛州,十二月,于邛州置永平军,自任为永平节度使。不久,王建去成都,其幕僚周庠为永平军留后(即留守)。一日,临邛县送失火人黄崇嘏到周庠幕中,后被关押在狱。黄崇嘏在狱中写一首诗献给周庠。周阅诗后,立即召见崇嘏。崇嘏自称乡贡进士,年三十许。周爱崇嘏应对敏捷,年轻有才,遂将其释放回家。

不数日,崇嘏又写长诗一首献给周庠。周叹崇嘏奇才,便请到书院教授子侄。后,周庠又推荐崇嘏任幕中司户参军,其职务是稽查户口,管理赋税,调派差役。公务虽纷繁,然崇嘏处理迅速果断,上下官员无不叹服。因之,周庠欲招崇嘏为婿,崇嘏急甚,遂向周庠写一封致谢信坦露真情,并附诗云:

一辞拾翠碧江湄,贫守蓬茅但赋诗。
自服蓝衫居郡掾,永抛鸾镜画蛾眉。
立身卓尔青松操,挺志铿然白璧姿。
幕府若容为坦腹,愿天速变作男儿。

周阅诗,颇为惊讶,立即召见崇瑕,问其身世,方知其为黄使君之女。由是,崇嘏便辞去司户参军职,仍归隐临邛。人们敬佩崇嘏的文才,给她以“女状元”的桂冠。

清嘉庆《四川通志》卷四十七“邛州”条载:“唐黄崇嘏……卒葬州西铜鼓山,人呼为崇嘏山。”崇嘏山在今火井镇西之银台村,至今崇嘏墓尚存。另有崇嘏塔、状元桥也尚存。

张大千与青城山

“自诩名山足此生,携家犹得住青城。”此诗是1938年张大千从北平侵华日军魔掌中逃出,经香港转桂林后再入川,携家人借居青城山时写下的青城山组诗之一《青城借居》中的诗句,表达了他因摆脱日本侵略者的掌控而舒畅的心情,也是对他在青城山朝夕潜心绘事的心境的真实写照。

在张大千的艺术道路上,青城山可称得上是

攀登艺术高峰的一个重要驿站。抗战期间，他在山上住了近三年，创作了数十首诗作和千余幅画作。在青城山上清宫内外和通往山顶的路径旁，这位“青城客”不仅种了上百棵梅树，还饲养鸟雀和幼猿，供他和学生写生。后来，有朋友送他一只小豹，作画时，小豹就伏卧在画案下面，夜里则睡在他的床下，散步时，它服服帖帖地跟在他身后。他之所以由名家到大家，这与他在青城山“搜尽奇峰打草稿”大有关系。

有人把张大千的绘画分为三个阶段，三四十岁“以古为师”，属于学习古人技法领悟古人画风的阶段；四五十岁是“以自然为师”时期；六十岁以后达到“以心为师”境界。客居青城山，正是张大千“以自然为师”的起始时期。

青城山以它清幽的景致与瞿塘天下险、剑门天下雄、峨眉天下秀同享美名。1939 年，作家易君左在《青城山上一大千》文章中这样描述：“它像一座纯用青色筑成的城堡，整个山容被高林密树的青光所笼罩，山以青城而名。”易君左在青城山与张大千为邻，他常到张大千画室看他作画，摆“龙门阵”。他总结出张大千成功的三点：天才高；见识广；锻炼勤。

青城山最高峰是大面山（也称赵公山），一次，张大千登上大面山，见山脉为云雾所盖，山容变幻离奇，无论从何角度望去，都是画稿，他目摹心追，将其景致藏于腹中。从他作于 20 世纪 40 年代的青绿山水画及中后期的大量画作中，可以读出他对青城山自然景色的眷恋。青城山生活的积累，为他中岁以后变法积蓄了能量。

由于青城山永驻张大千心间，旅居域外后，常有青城山的诗句出现在他的诗文中，如“平生梦结青城宅”“自写青城旧佳山”“归来犹得住青城”等，表达了他对青城山的无尽思念。20 世纪 70 年代，他在台湾将新筑建的两座小亭取名为“分寒亭”、“翼然亭”，其名源自青城山上两座亭。

四连屏《青城山通景屏》系张大千平生中绘制的三幅巨幅山水画中的第一幅，并开泼墨之风。青城山山门匾“青城山”三字，即为张大千晚年在台湾手书。

1959 年，张大千忆起青城山，写下了“十载投荒愿力殚，故山归计尚漫漫。万里故乡频入梦，挂帆何日是归年”的诗句，将他离乡后的痛楚，希望归乡的急迫寄托于梦中的青城山。可以说，青城山是张大千艺术生命中的一座圣山，亦是他胸中的诗山、画山。

南桥的历史

都江堰市境内江河多，各种形制的桥梁也多，民国时期仅廊式古桥就有二百余座。近年来凡到过都江堰旅游的，大都观赏过位于南街与复兴街之间的南桥，这是一座横跨宝瓶口下侧的岷江内江上廊式古桥，它古朴典雅，雄伟壮丽，为都江堰市区增添的一道亮丽的风景线。

这么漂亮一座桥，是何人何时修建的呢？据历史记载，南桥的修建距今已有 130 多年。那时都江堰城区西南大江横阻，两岸交通极其不便，清代吴之英有“南门外路不达郭”之叹(《普济桥碑》)。但刚从宝瓶口奔腾而下的内江水深流急，要在此修一座桥解决两岸交通并不是一件容易的事。元代揭傒斯在《蜀堰碑》中虽有“江水又东过离堆，又东过凌云、步云二桥”的记载，但二桥是否在今南桥位置则不得其详。

到了清光绪四年(1878 年)冬，知县陆葆德用丁宝桢大修都江堰所余“金二千余两，粟百余斛”修建了一座横跨城南内江的木桥，名曰“普济桥”，“容三轨(两车轮之间的距离，古制为八尺)焉”。光绪二十四年(1898 年)，夏水时至，漂木撞坏梁柱，县令陈伟勋帅邑士马顺章、易象恒等“理而新之，复其旧”（《普济桥碑》）。1925 年，驻军旅长郑世斌重修时将桥拓宽。1933 年，毗河战争爆发，木桥中孔被拆毁，战后修复时，增建了寨门。桥长约 133 米，4 排 5 孔，白天开放，晚上关闭。1958 年，桥毁于洪水，重建时改木桥桩为混凝土桥墩，增建了牌坊形桥门，仍为 5 孔，长 45 米，宽 10 米，正式定名为“南桥”。1979 年，经四川省人民政府批准并拨款重修，1982 年 3 月竣工。新建南桥桥身及下部采用钢筋混凝土结构，桥面增宽至 12 米。桥头楼门 3 层，高 12 米，上塑飞禽走兽、戏剧人物。桥身雕梁画栋，屋面盖绿色琉璃瓦。桥廊桥廊立柱 88 根，增饰诗画匾联。桥头增建了桥亭、石阶、花圃，不仅保持了古桥风貌，而且建筑艺术十分考究，成为都江堰市一处旅游胜景。1982 年，国务院将南桥划入都江堰文物保护区范围。南桥既保留了廊式古桥的特点，又比原有的廊式古桥更雄伟，更壮丽，有更深的文化内涵，是廊式古桥的代表作。

当今南桥是都江堰市区南的一处胜景，每年有大批中外游人前来参观。站在桥上，或观赏楹联诗画，或眺望“离堆锁峡”，或避暑乘凉，令人心旷神怡。

青城老人村

提到青城老人村，许多人都熟焉能详。老人村位于水磨镇东南部，寿溪河左岸，距都江堰市 36 公里，距汶川县城 78 公里，距成都 76 公里，属水磨古镇国家 AAAA 旅游景区核心区域。水磨镇是镶嵌在都江堰、青城山、卧龙大熊猫栖息地、九寨沟、黄龙之间的一颗璀璨明珠，被称为世界遗产群中的世界地震遗产。老人村是阿坝藏羌文化走廊上的汶川县精品旅游村寨之一，是《灌阳十景》之一。青城老人村与泰安（青城后山）接壤，在 1957 年以前一直归灌县管辖，当时叫仁兴场，后划归汶川县管辖。将近 300 年前，马玑写作“灌阳十景”诗时，老人村自然是灌县所辖区域。即使目前，从地理位置上看，青城老人村仍属大青城山区的范围。

老人村早在商代就享有“长寿之乡”的美誉，时称老人村，后更名为水磨至今。《集仙传》云：“司马季祖，楚人也。北游五六年，西入蜀，居青城山老人村。”北宋大文豪苏轼《和陶桃花源诗并序》中描述老人村：“世传桃源事，多过其实.....蜀青城山老人村，有见五世孙者，道极险远，生不识盐酰，而溪中多构杞，根如龙蛇，饮其水，故寿，桃源盖此也欤。”

其诗曰①：

青城山周八百里，石洞丹房碧云里。中有一村名老人，渴饮金浆老不死。

老人已老不知年，世外别有壶中天。同住一村无少长，数家鸡犬翠微巅。

当时采药相缘入，冷翠岚光衣上湿。流水空山见落花，芳草斜阳烟际立。

初行竹里净无尘，行尽花间不见人。遥看一簇攒云树，隐隐溪桥隔溪雾。

竹篱茅屋自成村，夹岸穿花知有路。一溪横过一桥通，沿村无数牡丹红。

深巷入林闻犬吠，数家门掩淡烟中。老人出见遽留宿，山月入窗映松竹。

为具鸡黍见儿孙，更出婴孩蒸已熟②。坐客无言心自商，是真未达不敢尝③。

老人相劝手分④剖，全家饱啖喜欲狂。须臾食讫笑开口，云是肉芝藏已久。

千年松下茯苓精⑤，今出供客本非偶⑥。客闻此言乃大惊，悔逢仙药不知名。

老人老人天上星，知⑦为隐逸为仙灵。朝辞

老人出门去，烟中不辨花多处⑧。

回头但记入山深，前村岂是桃花林。三十六峰青不断⑨，欲问老人何处寻⑩！

青城山自古以来长寿老人多，青城老人村山青水秀，风景优美，民风淳朴，村民们过着日出而作，日落而息的纯朴生活，自然是健康长寿。

张道陵到青城山后，他以“黄老之学”改造古代巴蜀的“五斗米道”为“天师道”。从此正式建立了道教，明确道教的一个重要理念就是“修身养性”，靠练武、调理饮食、药物疗身，达到“长生”和“不老”。张道陵因创道修身和所处青城山优良环境，竟然活了122岁。

到了清代，据乾隆《灌县志》记载：“治西南七十里，有老人村”（今青城后山）。“如秦人之桃园，昔人避难其中，多享年寿”，故后人称之为“长寿村”“老人胜地”。又云“溪中多枸杞，根盘如龙蛇，饮其水故寿”。

清人马玑（清顺治进士，曾任灌县知事），有诗赞誉：“桃园避客同千古，安得长生老此山。”据那里老人讲：长寿村不少90多岁的老人童颜鹤发，常跋山涉水下山赶集。到了道光年间，又据县志记载：全县人口不足10万人，就有百岁老人11人（今据全国长寿之乡的标准，每10万人口必须有百岁老人3人，可见灌县当时百岁老人的数量远远高出今天全国“长寿之乡”的标准）。因此引起道光朝廷注意。道光十年（1830年），灌县按朝廷旨意颁发给长寿老人的奖赏标准为：活70岁以上许一丁侍养；80岁以上给于绢一疋，米一石，肉十斤；90岁以上倍之；100岁者给予建坊，加赏大缎一疋，银10两……到了道光三十年，凡活100岁者，给予七品顶戴。据县志记载：咸丰十一年（1861年）马智海活128岁，其妻黄氏活108岁。那时，在灌县“五世同堂”早已不罕见，而且都受到各方面的关照。至今天，水磨镇老人村更是倍受关爱的全国长寿之乡。

2008年的“5.12”汶川大地震让水磨镇遭遇重大损失。一方有难八方支援，在灾后重建的日子里，水磨镇在全国各地的大力支援下，抓住新农村建设之契机，以重建家园之志，再造古镇桃源。水磨镇这个汉族和少数民族的交融区，在灾后重建中赋予其厚重的南粤新元素，内地风情和藏羌文化交相辉映，西蜀人文和禅佛文化联袂绽放。在抗震中，水磨古镇重建了“禅寿老街、寿西湖、羌城”三大区。古今历史文化交汇，川广发展理念结合，藏羌人文风情荟萃，俨然一幅“高山峡谷、湖光山色、古街林立、风情四溢”的水墨画，被誉为汶川大地震灾后重建第一镇，老人村更是青春焕发，景美民乐。

【注】

①此诗最初照民国《灌县志》打印，最后校对《释耒轩诗存》手写稿。

②更出婴孩蒸已熟，一作“盘中异品骇心目”。

③坐客无言心自商，是真未达不敢尝，一作“状若婴孩凝脂香，座客投箸不敢尝”。

④相劝手分，一作“劝客亲手”。

⑤千年松下茯苓精，民国《灌县志》作“深山松下茯苓根”。

⑥出以供客本非偶，一作“出供佳客匪世有”。又，出以，民国《灌县志》作“今出”。

⑦知，一作“或”。

⑧朝辞老人出门去，烟中不辨花多处。一作“寸心惝恍不可测，但觉清气空中生，一丸红日射烟树”。又，门，一作“山”。

⑨三十六峰青不断，前有“回望”。

⑩何处寻，一作“无觅处”。

太平天国的八王交椅

在大邑县安仁镇的刘氏庄园博物馆珍品馆内，陈列着当年太平天国天王府里的8把交椅。每两把交椅之间，各有一张茶几，共计12件珍品。整套家具造型典雅，雕镂精湛，风格古朴。

这套家具全用珍贵的红豆杉木制成。每把交椅高108厘米，宽99厘米，深60厘米。交椅靠背和扶手上，分别镶嵌着碧玉、珊瑚等橙红翠绿的宝珠各27颗。交椅四周还各嵌有人物、鸟兽、花卉等图案，幅幅玲珑剔透，栩栩如生。

每把交椅的椅面，均用纹理清晰的大理石精工镶嵌而成。有趣的是，每把交椅的靠背处，各嵌一块直径为50厘米的圆形大理石。其上的天然纹理，有的如行云流水，有的似层峦叠嶂，有的又像小桥流水人家……让人见了，不禁拍案称奇：既是天然形成，何纳人间万象？

每把交椅之间的精巧茶几，也由大理石镶嵌，并也嵌有珊瑚碧玉等宝珠16颗。4张茶几工料精新，厚重华美，与8把交椅交相辉映。

天王府这8把交椅、4张茶几是中国传统式珍贵家具，它们又是从何而来呢？

据说，1853年太平天国定都天京后，在兴建天王府时，洪秀全派人去广西紫荆山区，采伐来珍贵的红豆杉木，再由能工巧匠精工特制成8把交椅。其时，冯云山、肖朝贵两王已战死，但洪秀全仍给他们各配置了一把，以示对亲密战友的深切怀念。其余6把的主人分别是：天王洪秀全、东王杨秀清、北王韦昌辉、翼王石达开、英王陈玉成和忠王李秀成。

这8把交椅本是天王府宝物，又怎么会传入刘氏家族之中呢？

原来，1864年曾国藩率清兵攻下太平天国首府天京后，天王府陷落。曾国藩部将鲍超闯入天王府，把这套红豆杉木珍贵交椅抢走，据为己有，后经长江水路运回四川奉节老家。

到了20世纪20年代初，鲍氏家道中落，其孙女鲍大金嫁与时任成都市长陈篱时，其父就把这套家具作为嫁妆陪奁，送到陈家。尔后，陈篱又将这套家具送给兄长陈古之。

1935年，国民革命军军长刘文辉40岁诞辰时，部下一旅长以重金从陈古之手里将这套家具买下，作为寿礼，送给了刘文辉。后来，刘文辉长女刘元恺与二十四军参谋长伍培英结婚，刘文辉便把这套家具作为嫁妆，送到伍家。

1949年12月，二十四军起义前夕，伍培英派人把这套家具运回大邑老家。新中国成立后，伍培英夫妇自愿将这套交椅献给国家。1958年，地主庄园陈列馆建馆时，大邑县人民政府将这套交椅移交陈列馆珍藏。近几年来，经有关专家鉴定，确认这套交椅为当年太平天国天王府造物。

大邑箭道街的来历

三国时候，魏、蜀、吴三国之间，连年打仗，致使在川西大山里的僰人渐渐强大起来。有一天，得知成都的刘备兴兵远征的消息，其首领焚布伙同散布在大山里的羌人，带领一万人马去攻打成都。他们很快攻下临邛、崇庆州，直逼成都。探马报前线，刘备大惊，忙问诸葛亮咋办？诸葛亮说："好办，派赵子龙去，就可退敌。"

赵子龙带领兵将很快回到了成都，在柳城与焚布的人马相遇，两军摆开阵式大战起来，赵子龙打得焚布连连后退到大邑。焚布将营盘扎在静惠山下，准备与赵子龙决一死战。

赵子龙的追兵追到了大邑，焚布的兵马驻守

静惠山，凭着山势，赵子龙久攻不下。一天，赵子龙率兵来到山下阵前大声喊叫要焚布下山投降，焚布下山大怒说：“你敌得过我手中的砍虎刀，我就降你。”于是，二人叮叮当当拼杀起来，斗了五十余个回合，不分胜负。赵云想，焚布武艺高强，不能硬拼只能智取。于是假意败退，焚布不知是计，紧追到斜江河边，提刀向赵子龙砍下去。哪知赵子龙早有准备，把马一拨，身子一偏，焚布便一刀砍个空。赵子龙顺势用枪一拨，把焚布打下马来活捉了。焚布说：“这不算你赢。你是用的计。你敢与我比箭吗？若你能赢我，那我就真心服了你”。于是赵子龙便放了焚布，约定时间比箭法定输赢。

当天晚上，赵子龙拿过雕弓拉了几下，弓弦嘣嘣作响，命人取过箭来，赶紧操练起来。

约定比试的时间到了，这天静惠山竖立起了很多个箭靶。双方军士都来到了比赛场，分别站在两边，让出一条箭道，看双方主将比试射箭，并喝彩助威。一百步，二百步，直到五百步的距离，双方都射中箭靶，不分输赢。一连几天，赵子龙与焚布又商量以背射、骑射、走射、跑射、斜射、正射、反身射、跪射等射法相较，还是半斤八两分不出胜负。一次，赵子龙指着焚布所中的箭靶说：“看我射你的箭洞。”说完，羽箭就从射箭洞穿了过去。军士们齐声喝彩，焚布大惊，向赵子龙作了一个长揖，说：“赵将军果然武艺高强，我认输了。”说罢跪了下去，赵子龙扶起焚布，好言宽慰，并摆酒席款待，与他结为兄弟。

因为赵子龙与焚布比试射箭时，士兵来去观战和运送箭支，踩出了一条又宽又大的路。后来那条路的两边都修起了街房，人们就为这条路取名箭道街，一直沿用至今。

问道鹤鸣山

宋代爱国诗人陆游写有一首脍炙人口的《夜宿鹤鸣山》。诗云：“西游万里已关天，采药名山亦宿缘。老柏干霄如许寿，幽花泣露为谁妍。苔黏石磴扪萝上，灯耿云房扫榻眠。安得仙翁索米术，一生留此弄寒泉。”在大邑县西北连绵逶迤的青山中，坐落着一座殿宇巍峨、亭阁错落的宫观，这就是天下闻名的中国道教祖庭鹤鸣道观。这里古柏葱茏，遮天蔽日；百鸟啁啾，清脆悦耳；三面耸翠，两溪合流；洞经盈耳，仙雾升腾。

东汉和帝永元四年（公元 92 年），汉留侯张良的八世孙张陵来到鹤鸣山，与弟子王长、赵升一起在鹤鸣山天谷洞中炼丹。传说经过三年，龙虎大丹炼成，他吞后便返老还童。其时虽已年过花甲，看起来却如同 30 岁般年轻。后来，张陵带徒弟王长、赵升一起赴昆仑山求道，得到了《黄帝九鼎丹法》。据说他此时便能分形散影、此出彼入、神妙莫测。张陵潜心修道，他的诚心感动了太上老君。汉顺帝汉安元年（142 年）正月上元之夜，太上老君亲临鹤鸣山，授予他三洞众经、全丹秘诀，并赠雌雄二剑和都功印一枚，命他为道教天师，让他替天行道，降服鬼神瘟疫，拯救百姓于苦难之中。张陵受道后，在鹤鸣山著道书 24 篇，正式创立了“正一盟威之道”。他将百姓和道徒们组织起来，设立了 24 个教区即 24 治。道教祖庭鹤鸣山为中央教区，名曰“鹤鸣神山太上治”。他们在教区打井修路、造林种谷、发展生产。他还用道家医术、气功及山间草药为百姓治疗，驱除瘟疫，深受百姓爱戴，人们都尊称他为张天师。东汉永寿二年（156 年），张陵在鹤鸣山被毒蛇咬伤而死。然而人们却不愿接受这一事实，都说他乘鹤飞升到天庭仙境去了，以此寄托对他的怀念。

到了明代，张陵的后代张三丰，也循着祖先的足迹来鹤鸣山修道，并且得道成仙。张三丰在鹤鸣山修道时留下了不少诗作，例如《天谷洞》《鹤鸣山》等。三丰真人写道："道士来时石鹤鸣，飞神天谷署长生。只今两涧潺流水，助我龙吟虎啸声。"又云："沽酒临邛入翠微，穿崖客负白云归。逍遥廿四神仙洞，石鹤欣然啸且飞。"明成祖闻之，专派朝廷官员胡滢遍巡天下访求张三丰。胡滢在鹤鸣山道观前建迎仙阁，苦等十年不见，最后客死他乡，葬在鹤鸣山下。《邛州志》载："鹤鸣山迎仙阁外，有胡滢访张三丰诗碑"。十年之后，永乐皇帝派使臣、龙虎山道士吴伯理到鹤鸣山拜见张三丰，请他进宫面谈。张三丰不愿前往，在拜见吴伯理之后飘然而去，不知所踪。如今，在鹤鸣山尚存"访仙岩"胜迹。

张三丰与王泗美酒

话说明朝洪武年间，张三丰因仰慕先祖张道陵成仙之名，不远万里，云游到了鹤鸣山，在玄鹤高飞、清幽爽洁的天谷洞修炼。每日夜晚打坐练功，白天便四处观景游历，吟诗作赋，甚为潇洒。

美酒与道家素来有着不解之缘，张三丰也不例外。他曾诗云："沽酒临邛入翠微，穿崖客负白云归。逍遥廿四神仙洞，石鹤欣然啸且飞。"意思是说：我时常去临邛周边去买好酒，买了好酒边走边喝。一路山色青翠、云雾缭绕。逍遥自在的我在似醉非醉中，一一游遍了鹤鸣山里的二十四个神仙洞穴，就连山里的石鹤见我来到都十分高兴，清脆地鸣叫着展翅高飞！

古时大邑县属邛州管辖，史有以州称县之说。张三丰在诗歌里所写的临邛，指的就是如今临近邛崃的王泗镇。旧时，王泗镇名王泗营。据老人们说，王泗营旧有"三丰墩"，墩上林木繁茂，百鸟鸣翠。如今，这三丰墩遗址就在昔时尚家老酒坊、今日的蜀之源酒业公司旁边。

传说张三丰一日来到王泗营尚河碥，远远就闻到一股扑鼻的醇香，这一闻不打紧，馋得这位人称"道中酒圣"的鹤鸣道长哈喇子长流。闻香而至一处烧酒坊，但见烟囱林立、酒甑密布、雾气缭绕，人影穿梭，一派繁忙景象。烧酒坊坊主姓尚，一见有客前来，便热情迎上前去。只见来客丰姿魁伟、大耳圆目、须髯如戟，虽穿着破旧，不修边幅，却有一股仙气扑面而来，让人神清气爽。尚坊主吃了一惊，拱手相问："敢问客官高姓大名？"来客笑答："去高免大，在下姓张名通，字君宝，号玄子，鹤鸣山小道也！"尚坊主听罢激动不已："啊，是鹤鸣道长、三丰真人！"慌忙将张三丰迎请至客堂上座。尚坊主曾听说洪武和永乐皇帝多次下诏、派使臣迎请三丰真人，张三丰却避而不见，万没料到他竟然登门自家酒坊。于是吩咐家人先给张三丰葫芦里灌满美酒，又备下数样菜肴，抱来一坛陈年老窖，热情款待三丰祖师。两人边喝边谈，从"天人合一"谈到"道法自然"，从练功养生谈到酿酒之法，甚为投缘。张三丰不拘礼节，开怀豪饮，而尚坊主却不胜酒力，慢慢睡去。

直至黄昏时分，家童见客堂空无一人，便四处寻找尚坊主和张三丰。寻来寻去，发现尚坊主醉卧酒坊旁一个林木繁茂的土墩上，旁边的草地里还留有另一人坐过的痕迹。尚坊主被家人叫醒，四处一望，却不见张神仙，问家人，皆不知。门童又说："我站门外，未离半步，从未见老爷及贵宾出门。"尚坊主在万般疑惑中回到家，发现客堂八仙桌上留有一方墨宝，龙飞凤舞、狂草不羁，竟全不认得。尚坊主急忙请来村中私塾先生解读，原来是仙糊配方一副。配方后还留有五言诗一首，曰："尚家老酒坊，雪水酿琼浆。仙糊老君配，醇香万年长。"

此后，尚家老酒坊以三丰祖师所赠的太上老君所配之方改进制釉、酿酒工艺，所酿之酒果然更加甘甜清冽、醇香扑鼻、回味绵长。为了感激三丰祖师，每年端午节，尚家老酒坊都要为鹤鸣山送去十坛好酒；每年农历九月初九，尚家历代都要抬上一坛美酒，去村边三丰墩祭拜这位为尚家老酒坊送来绝佳制釉、酿酒配方的道教祖师。岁月如流，往事如风。经过三百多年的沧桑变迁，尚河老酒坊的制釉、酿酒工艺日渐炉火纯青，所酿之酒香飘四方、享誉神州。如今，“王泗白酒”这一著名品牌，已经成为四川省的著名商标和中国地理标志保护产品！

崇州张松与张松祠

桂花镇有座祠庙叫张松祠，是纪念张松而修建的。

相传东汉快完了那阵，连年的兵荒马乱，田头种不上庄稼。百姓没吃没穿，好多人无家可归。有人就想横了，饿死不如造死，拉起一伙人造起反来。那阵的地方势力曹操、孙权、刘备、刘璋……也各霸一方，就形成历史上的三国时期。

彭州市在那个朝代的名字叫繁县。繁县的(今桂花镇) 丰乐场的口上，有一个名叫张松的人，他在益州(成都)头头刘璋手下，当了个别驾(师爷)。刘璋这人胸无大志，是个草包，成天只晓得吃喝玩乐，不问政事，手下人做了许多坏事，他也不管。张松暗中起了心，把西川的要道、山川、地形画成地图。

刘璋听到说张鲁在汉中拉起一伙人，要打益州，就吓倒了。忙找张松商量。张松说：“不着急，不着急。我们派起人去说服曹操，他一出兵打张鲁，我们不就太平了吗？”刘璋准备了礼物，就叫张松到许都去了。张松正碰上曹操打了胜仗，一连等了三天才接见他，曹操见到张松长得又丑又矮，听到他的声音粗声粗气的，说话硬头冰梆的，心头很不安逸，就有意挖苦他。张松咋个受得了挖苦，早就要毛了，还是忍倒。有人夸奖曹大王的《孟德新书》，张松装着不知道，等了一会儿，张松接嘴说“你们在说这本书吗？这，这哪是新书啊？我们蜀中的小娃儿早都背得了，听到他们背，我也能背几句。不信，我就背给你们听。”他噼噼叭叭从头背到尾，一字不漏，在场的人都惊了。一旁的曹操气来胡子翘起，眼睛鼓起，马上暴跳起来骂道：“来人啊，跟我用乱棒把这怪物打出去。”

张松从许都转来要到荆州。刘备知道了，亲自迎他进城，一直陪着他，专门为他设宴摆酒席。张松见到刘备这样热情，厚礼相待，很受感动。刘备为人忠厚，又有远见，一心恢复汉室江山，他简直高兴昏了，就开怀饮起来，从中午喝到半夜，不知不觉都醉倒在椅子上。过了好一阵张松醒了，咋个有一条白龙在他身边，吓得他出不赢气。等他清醒白龙已不见了，刘备还是赔着他。张松明白了刘备不是凡人，是一位真龙天子。

他认为刘备才是他真正要找的人。他决心离开刘璋，投奔刘备，就把益州的地理、人情、山川、物产向他介绍，还把早已画好的西川地图献上，请刘备早日出兵入川。张松要走了，刘备十里送行。

张松回到益州，痴心痴巴地等刘备入川，很长时间也不见刘备入川的影子，急性子张松等慌了就给刘备写信，催他快些进兵益州。谁知这封信落到刘璋手头，刘璋简直要气炸了。下令把张松全家抓来，他手下的人看到要斩张松，都暗中流泪、啜泣。刘璋下毒手把张松全家斩杀在益州街头。

张松死后，他有家奴抱着血淋淋的人头，边哭边对旁人说：“张松这人真了不起，他五岁能吟诗，七岁会做文章，眼睛能看十行书，看过就能背，没想到他为了寻找一位英明天子，落到这个下场。”家奴把他的尸首运回彭县，葬在九陇镇松塔寺背后的山坡上。张松的后人、亲朋好友及当地百姓为纪念他，在其故里修建了张松祠，把松塔寺改名为双松寺，还在寺内塑了张松的像。唐代大画家吴道子专门到双松寺为他立碑纪念。当地百姓为了纪念张松，每年春秋三季都要举办庙会，请戏班子唱大戏；寺内香火不断，乡民们都要到庙里朝拜和祭奠他。

附记：张松，字永年。民国《崇宁县志》载，故宅在丰乐乡三圣寺，墓在桂花乡葛麻庵前。东汉末年任益州牧刘璋的别驾(相当于幕僚长)。为了投奔刘备，被刘璋所害。

官渠水倒流　黄因自斩头
——“倒转埝”的来由

从前，彭县(今彭州市)是个旱坝子，十个年头就有七八年是天干年份。那阵乡坝头的农民，把水看得比命一样重要，一到芒种季节，赶紧磨田下种，要是碰上天干，那就拐了；人家什邡那边，田，打磨完了，到处水汪汪，绿油油的，大家好眼红哟！“水什邡、干彭县”便成了彭州市民间老百姓爱说的一句口头禅。

那阵子，乡坝头的人都盼望把灌县(今都江堰市)的水，引到彭县来灌田。一些人除了自家捐钱捐粮筹建修渠外，也望官府尽快挖通官渠堰。在百姓一再要求催促下，官老爷也不得不拿出点钱来，为民修凿官渠。

一天，有一位热心官渠的小官儿，被知县大人召到官府大堂中。县上大老爷开口就问：“你是渠首吗？叫什么名字？”

“我是渠首，名叫黄囚。”

“嗯，囚字不好，不如在人字上加一横，读成因。你看咋样呢？”

“要得，要得”。黄囚跪在叩头道谢。

“这修凿官渠这事，你能行吗？”

黄因说：“请你放心，我敢具结，克期凿通官渠。”

什么叫具结？就是立下军令状，完成了有奖，完不成要杀头。黄因立下军令状就走了，他带着几个人，顶着快入冬的寒气，风里来，雨里去，扛着一个木制的水槽匣子，在荒坡古埂，田边地角测过来量过去，起五更、睡半夜到处奔波。从灌县地界又走到崇宁境内，再回到彭县，不知熬了多少个穿夜，终于将官渠堰的引水渠道图绘成了。

入冬了，民工们在寒冷的冬天破土动工，北风呼呼，大雪飘飘，冻得浑身打颤。不晓得咋个的，刚刚开始修渠挖沟，扯筋吵嘴的事就多起来了。头天李财主来找黄因说：“不能从我的田地上挖沟过水，那么多荒坡古埂你们不挖，偏偏要挖我的家业，这田挖了还吃不吃饭？”第二天，张员外也找上门来骂斥道：“黄因，你胆大包天，敢带起人挖断我家的龙脉，我不打断你的脚杆才怪。”又过几天，施豪绅也来质问黄因：“我家好久挖了你黄因的祖坟？把你得罪伤心了，你哪里是在修渠，明明是挖我祖坟，断我家脉气。我非拉你打官司不可！”

黄因简直是顶着碓窝跳加冠，人也累了，戏又不好看。在这些有钱有势的绅士、财主面前，他把嘴巴子说出了血，人家反以为是苋菜水；那些人简直象四季豆，一点油盐都不进。黄因忍着眼泪，把人们吐在他脸上的口水、涎痰揩了。有的人说大话吓唬他，有的人拉他去打官司。他修官渠的决心，还是没有动摇。

一天下午，黄因路过一家财主的门前，被这家老财主看见了，硬要缠着他进屋去喝杯淡茶，夸奖他不怕劳累，接着摆酒设宴。黄因要走又走不脱，硬着头皮吃了酒席。财主就棒出十两白花花的银子，求他高抬贵手，把渠道改在埂子下边，还说这埂子高，沟挖得深，这银子就算我的一点改道工钱。

黄因手边已收到四、五十两银子。他知道这些银子又重又烫手，如若乱改渠道，修渠出了拐，到头来咋个脱得了手。他请人把银子背起，连更宵夜赶到县城，第二天一早呈知县大人。知县见他来了，脸黑来扭得出水，出口训斥道："黄因，好多告你的状子在本官手里，你为何要挖人家的祖坟，断人家的龙脉？"黄因把官渠的地理状况，水位测量情况，以及手边收到的银子之事呈报后，知县深感事情烫手，便转怒为笑，不痒不痛地对黄因说："修渠之事你就酌情办理，兴修水利是件大事，该挖哪里不该挖哪里，你是内行，这些银两就由你去支配吧。"

黄因知道县大老爷是个溜肩膀，滑脑壳，把麻烦推到自己身上。他横下一条心该咋个办就咋个办，仍然同民工一起挑土挖沟，妻子、媳妇为民工烧茶煮饭。不知不觉两冬功夫过去了。

第三个年头的春天，官渠堰工程已快要归一了。这年三月二十八日，请来了县大老老爷、本地乡绅、财主举行开渠放水典礼。当地百姓也欢天喜地赶到渠边，等待渠水流来。中午，果然清悠悠的河水从灌县、崇宁流到彭县境内的丽春乡（今丽春镇），再流到人和乡（今天彭镇）时，渠水逐渐停了下来，到了糍粑店子，渠水就不再向前流了，反而倒转流。看热闹的人群便嘈起来，一传十，十传百，不到一袋烟工夫，糍粑店子看稀奇的人挤得水泄不通，有人大喊大叫道："快来看啊。怪事情！水到这儿不流了。糍粑店子变成了倒转埝了。"看稀奇的人越聚越多，在场的民工们暗暗落泪，黄因也把脑壳搭下了。一时县官的指责，乡绅、财主的咒骂，百姓的埋怨，黄因巴不得钻进土里。

天打麻子眼了，工棚里冒着炊烟，民工们像猪尿泡蔫了气。黄因忍受着这一切凌辱。安慰民工说："大家不要蔫气，天垮下来有我顶着。只要我们再把沟底挖深些，水就会流走的。"

第二天黄因同民工一齐动手，一连挖了七八天。把沟底挖深一两尺，再放水试流，水流到糍粑店子背后还是倒转流。这天夜里黄因哪里睡得着瞌睡。爬起来一个人在渠边走来走去。在月光下，他眼泪水不停地流着说："天哪，哪一天才会有一眼能测出高低的罗盘，能算出坡坎高矮来啊！耗费了这么多银两，还有啥脸面见人；你上对不起官府，下对不住黎民百姓，这是军令啊！"说完从身上取出宝剑，抹颈死了。

现在，黄因盼望的水平仪、测地仪早就广泛运用了。但在彭州市，仍流传着："官渠水倒流，黄因自斩头" 的歌谣和黄因凿官渠的故事。"倒转埝"也这样出名了，老老少少都晓得这个地名的来由。

磁峰场与四川"白瓷碗"

磁峰镇的磁峰场，建于清乾隆十六年（1751年），古名冯街镇。这里群峰环绕，自唐宋以来盛产"金城窑"白瓷（古"磁"同"瓷"）。据考，这里曾有48座古窑包，所废弃之瓷片和窑具堆积成山。"磁峰"之名正如实反映了这种情况。

据20世纪50—80年代在四川汉墓中出土的大量瓷器考证，专家认为四川制瓷始于东汉，三国两晋南北朝是青瓷的发展期，隋代并创白瓷，唐五代青、白瓷齐驱并驾，制瓷业繁荣发达，赵宋而益盛。唐瓷出土物有"天宝二载"年号，即唐玄宗二年（743年）。据《鉴戒录》载：前蜀时，王建入蜀,欲割据蜀地,闭关而王,居然“役陶匠二十万烧砖,欲塞剑门”,足见前当时陶瓷业之盛况。又据《奉天录》载:蜀都门附近,窑门甚多,太史奏曰“天子出窑门”以讽,蜀王遂下诏“去城七里内诸窑尽废之”。

而关于彭州之制瓷情况,却在1997年前,长期湮没在历史的长河中,缺乏文献明载,仅从一些古籍中所载和20世纪二十年开始对蜀瓷的研究中所举实物来对照彭州金城窑产品特征可窥知,如《景德镇陶录》称蜀窑器:“体薄而坚致,色白声清,为当时所珍重。”民国著名历史学家傅振伦先生在《四川古代陶瓷器用》中言:“余所见者,素器花器均有之,釉色或月白,某某有蜀窑月白釉色数器,尊二,一大一小,小者有絃纹三道,大者葵瓣。二者足部均不着釉,‘小渣饼’烧制之痕,仍显然可见。五代之器无疑矣!又一月白脱胎刺花凤凰花草盏,刺花极细,向日观之,清晰如画。亦同时之物也。”类似这样的情况,见载颇多,但未明言来自哪里?产地究竟在哪里呢?

天宝年间,流寓成都的大诗人杜甫在友人资助下,居所草堂甫成,大邑的朋友韦某应其求,给送了一副碗为礼,诗人激动之余,写了一首诗盛赞其碗:“大邑烧瓷轻且坚,扣如哀玉锦城传。君家白碗胜霜雪,急送茅斋也可怜。”从此以来有的学者,特别是一些研究中国美术的学者们都以老杜诗为是,认为这白瓷碗是大邑生产的。英国著名历史学家、四川古代史专家郑德坤先生却认为:“把诗篇作为数据,按一般科学家的惯例,这是不能接受的”(《四川考古研究》)。尽管如此,但这是四川白瓷产地唯一的线索,也还得试试。1956年9月,省文管会组织温江专区八县成立文物调查组,在川西地逐县调查。在其古城遗址和古墓中基本上都发现了老杜所詠的白瓷碗和大量的白瓷碗碎片,如在彭县敖平宋墓中发现一个完整的白瓷碗,崇宁花街子(今彭州市丽春镇)收集到一批白瓷碗,郫县两路口,华阳、双流、新津、蒲江、崇庆、大邑等都有收获,这些在成都省博馆、重庆市博物馆、杜甫纪念馆,都曾展出过。“据说,这种碗就是唐代大诗人杜甫诗中所说的大邑白瓷碗。”可惜,除杜甫诗说和专家“在大邑东关场”说,“东关场与大邑城郊等处我们皆去调查过,除了大邑北关同样发现了许多印花瓷片外,都没有窑址的痕迹发现”(徐鹏章执笔《川西古代瓷器调查记》)。调查组同样提出疑问:这批瓷器是这样的精美,是这样的普遍存在于川西各地,它究是那里烧造的呢?它的窑址在什么地方呢?

1976年,省博物馆和重庆市博物馆,组成调查小组又在成都附近县进行实地调查,“遗憾的是我们在大邑县境内仍未发现古窑址。”(魏达议《四川彭县金城窑白瓷》),重庆博物馆陈丽琼也同样表示:“遗憾的是大邑窑,近年来笔者和四川陶瓷编写组的同志,曾多次前调查,至今仍未有发现。”天道酬勤,老天不负苦心人,调查组根据一件于1953年修官渠(今人民渠)时,在彭县金山寺出土的白瓷碗上的“彭州金城乡窑户”铭文提供的线索,在彭县磁峰场(今彭州市磁峰镇)找到了历史学家、考古学家朝思暮想的金城乡“白瓷碗”产地。1977年元月11日至2月4日进行了近一月的试掘。1978年,重庆博物馆、省文管会先后又到磁峰进行调查。彭州金城白瓷窑的发现,在全国考古界和瓷器、美术研究者中激起了层层涟漪,金城白瓷碗影响越来越大。1984年,来川参加中国古陶研究会的故宫博物馆专家又到金城窑考察。1985年7月22日彭州金城白瓷窑遗址被列为成都市文物保护单位。2001年11月14日至12月25日成都市文物考古研究所会同国家文物研究所,对彭州金城白瓷窑遗址进行了历时最长的正式发掘。终于正式结束了从20世纪二十年代以来对四川白瓷产地的探究,也结束了“杜老先生给四川人开了一个天大的历史玩笑”(《彭州文物》)，基本上搞清四川白瓷生产的历史状况。

1977年的试掘，开了五个探方，共掘160平方米，包括窑址结构和作坊，最引人注目的是：在作坊遗址中出土有唐代 残片；出土器物中碗有大、小碗和喇叭形碗三类五百余件、十余样式。碟盘、杯百余件，也分若干样式，有刻书。瓶、罐、钵若干件，也分几样式。钵刻划有福禄寿喜等吉祥语，盒有扣榫。这些实用器物皆饰花纹；生产工具，拉坯用的石质辘轳，“从形制来看，它与今天省内部分手工业生产的陶瓷厂用来拉坯的车盘一样，甚至比某些个别小厂脚登车盘还要先进。车盘的边缘有两个小孔，是用木棒绞动的，比足登的要快的多。说明当时彭州金城窑的生产力已经相当发达了。”(冯德安 丁祖春《试掘报告》)。必须说的还有一点就是金城窑生产工具“火表”的使用，据专家陈丽琼讲，据已知材料，使用测温“火表”仅耀州窑于南宋时使用，其他均晚于耀州窑，而金城窑于北宋时就开始使用了。这种有实效而相当科学的方法，充分证明了金城窑烧制水平和控火能力是很高的，同时又证实了我国开始使用“火表”测温，是早在公元十世纪的北宋初期的彭州金城窑就使用了，这对后世陶瓷工业产生了深远的影响。

这次试掘产生了几个重要的结论：

1.窑址的时代在唐代至明代这段时间。因窑址结构，属于唐宋时代北方常见的馒头窑，又称马蹄形窑，印花白瓷碗其花纹的细微、工正、富丽、布局严谨，都与北方定窑的风格相似。丁先生在另文中，具体地讲述了金城窑白瓷印花的技法。花纹雕刻非常繁缛，有分组、缠枝、串枝，有的刻有北宋仁宗嘉佑(1056年)年号，金城窑的花纹题材几乎与定窑完全一致，尤其是牡丹、萱草、双鱼、飞鸟等。印花技术很高，工艺过程特别精细，艺术效果也很不错。在江源(今崇州市)古城发现过金城窑的印花白瓷碗，其花纹制作之精细，完全可以和定窑媲美。在江源古城遗址中发现的这种碗，与北宋真宗咸平元年(998年)至大中祥符(1008年)的地层中共存，出土的喇叭形碗，是北宋最典型的器物，所以金城窑最发达的是两宋。

2.焙烧方法，有正烧、砂垫重叠式仰烧、支垫式仰烧、挂烧四法。四法各有千秋，正烧法：一匣钵只装一器，质量最高，可能用于烧制精致的瓷品，烧出的产品釉面光洁莹润。砂垫式重叠仰烧法：一匣钵装同一类品若干，每只间垫以数个小瓷丸或石英沙粒。此法优点是产量高，火位利用率高。但器底会留芝麻点疤痕，影响美观。对此见仁见智，专家陈丽琼女士称“这种装烧工艺是具有独创性的。”定窑是覆烧，以口沿着匣，底足悬空，故定窑内外皆平整，而口沿为芒口(注：使时必须在沿口镶金、银边才能用)，若从金城窑口沿有釉这一点，又比定窑先进而实用(参见《试谈四川古代瓷器的发展及工艺》)。专家徐鹏章先生更是乐观：“这种小疤点从上面看去，似乎是碗内特别印的几朵无釉小花，更给碗增加了趣味”(《四川古代瓷器调查记》)。三法同二，只是支垫物为墊圈或墊柄之类。

3.装饰艺术：方法有印、刻、划、绘花四种。题材有花、草、鸟、鱼等十余种表现形式，图案结构富于变化。划花与刻花相配合，自由放纵，刀法犀利，繁简皆有。印花为其主，图案设计严整雅洁，编排配置对称美观。植物图案花叶密茂，动物图案，生动自然，富有浓郁的气息和民间风味。专家们在谈到金城窑的装饰艺术时更是赞誉有加，特别是刻划的折枝莲花、缠枝牡丹更是奇趣独具。印花多工细秀丽，图案布局严谨，对称美观，疏密变化有致，达到密不嫌满，疏不嫌稀的艺术效果。更引人入胜的是，花中之冠(牡丹)、鸟中之王(凤凰)组成的纹饰满布碗的内壁,宾主分明,神采飘逸,虚实相衬,可谓达到诗情画意的美妙景界,充分显示了金城窑的民间艺术匠师们,对自然界一切美的形象和事物有着极为锐敏的审美感和独特的表现能力(参见《试谈四川古代瓷器的发展及工艺》)。专家丁祖春先生在《略谈彭县磁峰窑白瓷的装饰艺术》中也讲:民间制瓷工匠对自然界美的形象和事物,有着极为锐敏的审美和独特的表现才能。金城窑的瓷器继承了前代优秀传统,也显示了他们的独创精神。如穿凤牡丹是经过夸张、变形的牡丹花,它是从不同的角度美的综合,是装饰艺术的创造,任何写实牡丹也为之逊色。以鱼鹅戏莲花的作品中,作者的安排大胆而有趣,本来荷花盛开的夏季是难以见到莲蓬莲子的,但是为了表现红艳艳的莲花和蜂窝状的蓬斗,突出花果并茂,在画面上出现了花艳果硕富丽清新的形象。成双成对天鹅和鱼,在整体上对称和谐浑然一体,颇具匠心……总之,专家们真是陶醉其中,推崇备至。

1983 年元月因大邑城修建银行大楼时出土了一批具有地方特色的古代民用瓷器,其中就有彭州金城窑白瓷产品,经考古学家赵殿增先生研究,出土的白瓷碗釉色晶莹、白里泛黄。白瓷盘制作精细,是宋代彭县磁峰窑的产品,当时大邑居民中能使用彭县窑瓷器已不很多,也证实了大邑并没有生产“轻且坚”“胜霜雪”“扣如哀玉”的白瓷器。古代大邑所用白瓷器皆出彭州金城窑。

2000 年底的发掘,面积为 700 平方米。发掘清理出大型宋代瓷窑一座,作坊遗迹三处,精美白瓷器皿一大批。瓷窑完整,有门道、燃烧宝、窑床和二个烟道,窑炉最宽处为 3.45 米,长 7.32。据成都考古研究所黄晓枫讲:如此规模,如此完整的古代白磁窑在四川实属罕见。发掘的作坊遗址,有两座室内作坊和一处露天作坊。作坊分布练泥池、陈腐池、釉缸、排水沟等设施,完整地再现了从练泥到拉坯成型、刻、印、绘花,再上釉入窑烧制的完整工艺流程。

从 20 世纪二十年代开始对川瓷的研究,特别是对杜甫《又于韦处乞大邑瓷碗》诗中那精美白瓷碗产地的探寻。千百年来无论是古董商或是古陶瓷研究者视为珍宝收藏的“大邑瓷”是否其是产于大邑?在没新的考古证据出现前,终于有了结果,那就是彭县金城窑“是四川省发现的唯一一处烧白瓷的窑址”(冯先铭《四川省古窑址》);“与定瓷一样历史悠久技艺精湛,具有中华民族的独特风格,浓郁的地方色彩,是我国古代瓷器中的珍品”;“是四川已发现的唯一的唐宋时期的白瓷窑”(魏达议《具有地方特色的四川古窑》)。定窑是我国古瓷中的一颗明珠,则金城窑的白瓷艺术,“也应是我国西南地区的一颗明珠。”(参见《史学论文集》)。

彭州金城窑以其窑区有铅、耐火石、硅石、方解石、长石等丰富的制瓷资源,以其先进科学的烧培设施和技术,以其独具特色的装饰艺术手法,烧制出成本较低,实用性强,形制美观又具欣赏性的产品,迅速占领了四川市场。据本文所记和考古资料所载,四川普遍使用金城窑产品。金城窑白瓷器同广元的黑瓷与外省的湖田、景德、龙泉等窑口瓷器,构成四川瓷器市场的主体,而金城窑以其先进的工艺,美观的造型,精美的装饰,占据市场的最大份额,定窑白瓷反倒居于末位。所以宋代彭州在成都府路所设的商 场多达 13 个,居第三位,在川陕四路 50 余个府州宋监申中居第四位(参见《四川古代史》)。金城乡即为其中之一个。彭州的白瓷贸易和茶叶贸易、丝织品贸易,共同塑造了纳税大产的形象。彭县金城窑无愧于“四川白瓷艺术的明珠”,无愧于“西南地区的一颗明珠”。

后　记

《成都市志》(1990—2005)是首轮《成都市志》(1840—1989)的续编，于2004年7月正式全面启动编纂。在市委、市政府坚强领导下，市志编纂委员会、市志审查验收委员会、市志专家咨询委员会各司其职，有序开展工作，市级各单位、市属各区(市)县及社会各界专家2000余名专兼职人员先后参与编纂。至2008年底，基本完成各部门资料长编和初稿；2009年底，基本完成志稿合纂。后因故停滞。

2013年6月，市委、市政府加强领导力量，重启《成都市志》(1990—2005)编纂工作。根据前期积累的市志资料和志稿状况，结合当时全国方志理论实践需要，重启后编纂工作主要围绕如下四个方面展开：一是坚持完善在全国率先实践的“统编统纂”模式。统一修订《成都市志》(1990—2005)总纂操作规范体系，组建精干务实的专家型总纂班子，并建立完善以后期资料补充、核实为重点的统(市地志组织)、分(市级各单位组织)联动机制，以精品志书质量要求为核心的编纂工作督查机制。二是进行志书总体结构重塑。在遵循按类立卷、按四级分层基础上，调整原志大类大篇结构的编纂方式，在全国率先探索中篇结构的“新纲目体”，以“述”(含全志总述、分卷概述、分类综述)为纲，彰显断限期内宏观逻辑；以“点”(特点、重点、亮点、难点)立目，凸显断限期内成都特色。三是突出城市志书的“城市”特点，进行资料、内容记述重大补充调整。围绕记述断限期内成都作为“西南地区科技、商贸、金融中心，交通、通信枢纽”的国家定位，新增能源、生态建设两卷，以补首轮市志城市基础设施记述之缺；重新编纂商贸、旅游卷，整合强化交通通信、科技、金融各卷内容记述。同时，按属地记述原则，对各卷“市属”以外的重要属地单位资料缺略做了必要补充。四是对照有关国家标准，统一规范全稿称谓、数字、计量、语言文字记述及图、表编制。

2016年10月开始，市志总纂稿陆续完成，并分批(次)进入审查验收程序。2019年9月，全面完成市志总纂稿，并通过市地方志审查验收委员会复审、四川省市州志审查验收小组终审验收。2020年4月底，在完成省、市两级审查意见落实和整体提升修改后，正式交付出版。

全志首为总述、图志、大事记，末为附录，主体内容凡32卷，总计1000万字，前后历时16年完成编纂。值此出版之际，衷心感谢多年来参与该志的编纂人员的辛勤付出，衷心感谢市级各部门、各区(市)县的鼎力配合支持，衷心感谢市志专家咨询委员会的悉心指导，衷心感谢四川省市州志审查验收小组、成都市志审查验收委员会领导和专家们的精心审订，衷心感谢方志出版社编审团队细致、严谨、高效的工作，衷心感谢社会各界人士的热心参与，特别是著名篆刻家孙适舟先生为该书设计特别创作了书名古玺体篆刻作品(见封底)。限于编者学识水平，书中误漏之处在所难免，敬请广大读者批评指正。